임진왜란과 남명학파의 전쟁실기

임진왜란과
남명학파의 전쟁실기

최재호

고반

최재호

대구대학교 인문대학 국어국문학과를 졸업하고,
경북대학교 대학원 국어국문학과에서 박사학위를 받았다.
현재 육군3사관학교 교육학과 부교수로 재직하고 있다.

주요 논문으로 「남명학파의 임진왜란 전쟁실기 연구」, 「전쟁실기(戰爭實記)의 새로운 분류방법 모색 시론(試論) : 임란(壬亂) 전쟁실기(戰爭實記)를 중심(中心)으로」, 「임난(壬亂) 전쟁실기(戰爭實記)에 나타난 경상우도(慶尙右道) 의병(義兵)의 의식(意識)과 시각(視角)」 외 다수가 있으며, 저서로 『생도들을 위한 화법과 논술』, 『단국대학교 연민문고 해제집』(공저), 『토론을 하다』(공저), 『글쓰기를 하다』(공저), 『손에 잡히는 글쓰기』(공저) 등이 있다.

임진왜란 전쟁사, 한국의 고유 문화유산, 동아시아 3국의 문명에 대한 문제에 관심을 두고 연구를 하고 있다.

임진왜란과 남명학파의 전쟁실기

제1판 제1쇄 발행   2020년 12월 30일

지은이   최재호
펴낸이   허재식

펴낸곳   고반
주소   10859, 경기도 파주시 탄현면 헤이리마을길 82-91. B동 301호.
전화   031-944-8166
전송   031-944-8167
전자우편   gb@gobanbooks.com
홈페이지   www.gobanbooks.com
출판신고   제406-2009-000053호(2009년 7월 27일)

ISBN   978-89-97169-51-1 (93810)
ⓒ 최재호, 2020
값은 뒤표지에 있습니다.

이 도서의 국립중앙도서관 출판예정도서목록(CIP)은 서지정보유통지원시스템 홈페이지(http://seoji.nl.go.kr)와 국가자료종합목록 구축시스템(http://kolis-net.nl.go.kr)에서 이용하실 수 있습니다. (CIP제어번호 : CIP2020054737)

고반(考繁)은 『시경(詩經)』에 나오는, 은자(隱者)의 즐거움을 읊은 시입니다.
은자는 단지 숨어 사는 사람이 아니라 현실과 끊임없이 싸우면서 자유로운 정신세계를 지켜낸 큰사람입니다.
출판사 고반은 큰사람의 지식과 지혜를 모아 세상에 이로운 책을 만듭니다.

| 들어가는 말 |

1

　임진왜란 당시 전쟁의 피해를 가장 오랫동안 입은 지역은 왜적(倭賊)의 침입로의 시발점인 경상우도(慶尙右道) 지역이었다. 경상우도는 임진왜란 발발 시점인 1592년 4월부터 정유재란이 끝나는 1598년까지 전화(戰火)가 끊이지 않았지만 경상우도민은 재지사족(在地士族)을 중심으로 일치하여 임진왜란을 슬기롭게 극복하였다.

　임진왜란 당시 경상우도 지역 재지사족 상당수가 남명학파(南冥學派)였다. 남명학파는 남명 조식(南冥 曺植, 1501~1572)을 종장으로 하는 학파로, 임진왜란이 발발하자 많은 수의 의병을 배출하여 사족(士族)들의 지남(指南) 역할을 하였다.

　나는 임진왜란 당시 가장 오랜 기간 전쟁의 참화를 입은 지역임에도 불구하고, 그 지역민을 단합시켜 위기를 극복한 남명학파의 생체험이 담긴 전쟁실기에 주목하였다.

　이 책은 2부로 구성되어 있다. 제1부에서는 남명학파 문인들의 임진왜란 전쟁실기를 통해 이들의 전쟁체험이 어떻게 문학적으로 형상화되는지와 남명학파의 임진왜란 전쟁실기가 전체 임진왜란 전쟁실기에서 차지하는 의미를 파악하였다.

　우선 임진왜란 당시 대표적 경험주체인 관료·의병·전재민의 입장에 따른 경험의 차이가 작품에 어떤 영향을 주는지를 확인하였다. 즉 남명학파의 임진왜란 전쟁실기 중에서 관료의 입장에서 기술된 전쟁실기, 의병의 입장에서 기술된 전쟁실기, 전재민의 입장에서 기술된 전쟁실기의 대표작을 선정하여 그 작품이 지니고 있는 문학적 의미를 고구하였다.

이에 각 경험주체가 지니고 있는 입장의 차이로 인해 그 작자들이 기술하고자 하는 내용도 분명히 차이가 있을 수밖에 없을 것이며, 각 경험주체들이 작품에서 주로 다루고자 한 내용이 무엇인지에 주목하였다. 남명은 이상과 현실과의 괴리에 대하여 심각하게 고민하였으며, 선비[士]라는 신분은 그 역할로 인해 사회적 대립과 갈등에 노출될 수밖에 없다고 하였다. 이러한 생각은 남명의 현실인식에 그 기반을 두고 있다. 남명학파는 남명으로부터 이어져 온 현실인식으로 인해 전쟁의 참상과 갈등에 더욱 관심을 둘 수밖에 없으며 이것은 작품 속에서 자연스럽게 발현되었는데, 각 작품에서 이것이 어떻게 기술되고 있는지를 확인하였다.

경험주체에 따라 전쟁을 바라보는 시각의 차이는 사회·정치적 시각으로 볼 수 있지만 시각차를 통해 기술에 있어 차이가 나는 것은 문학적인 것이기에 이 책에서는 여기에 관심을 가졌다.

남명학파는 종장으로부터 시작된 학풍(學風)이 비교적 잘 유지된 학파이다. 남명의 경우 '敬義(경의)'로 표현되는 사상이 가장 대표적인데, 직전제자와 재전제자들에게 이러한 사상이 계승되었다.

기존에 학계에 알려진 남명학파의 임진왜란 전쟁실기는 약포(藥圃) 정탁(鄭琢)의 〈용사일기(龍蛇日記)〉, 송암(松巖) 이로(李魯)의 〈용사일기(龍蛇

日記〉, 고대(孤臺) 정경운(鄭慶雲)의 〈고대일록(孤臺日錄)〉, 검간(黔澗) 조정(趙靖)의 〈용사일기(龍蛇日記)〉, 모계(茅谿) 문위(文緯)의 〈모계일기(茅谿日記)〉로 5편에 불과한데, 이외에도 새로운 작품을 찾아내어 임진왜란 당시 대표적 경험주체인 관료·의병·전재민의 전쟁실기로 구분하였다.

또 각 유형별로 작품을 분석하여 작품 속에서 드러나는 참상과 갈등이 각 유형별로 어떻게 표현되는지, 임진왜란을 바라보는 시각이 각 경험주체 유형별로 어떤 차이를 보이는지를 살펴보았다.

그리고 남명학파 임진왜란 전쟁실기가 임진왜란 전쟁실기 전체에서 차지하는 위상이 어떠한지, 즉 남명학파 임진왜란 전쟁실기의 특성과 문학사에서 차지하고 있는 위상을 고구하였다.

제2부는 남명의 인성교육과 제자들의 실제적 실천, 그리고 임진왜란 당시 경상우도 의병들의 시각과 함께 특기할만한 전쟁실기를 깊이 들어가 보았다.

남명은 자신이 사는 시대를 '썩은 나무'라 하고 '회오리', '사나운 비'라는 용어로 현실에 대한 위기의식을 드러내고, 이에 대한 철저한 반성과 실천을 강조하였다. 이러한 차원에서 인성교육자로서의 남명의 모습을 살펴봄으로써, 남명이 남긴 의의를 고구하고, 현대 인성교육과의 상관성을 찾아보고자 하였다. 남명이 생각하고 있던 인성교육에 대한 개념, 즉 인성교육에 대한 교육철학과 교육방법에 대하여 논의하였고, 남명으로부터 교육을 받은 제자들이 어느 위치에서 어떠한 모습으로 사회적 실천이 있었는지 고구하였다. 즉 남명의 직전 또는 재전제자들이 임진왜란이라는 국가적 위기를 맞아 어떻게 발현되었는지를 살펴보았다.

또 곽재우의 의병 창의가 가진 의미를 살폈으며, 송암 〈용사일기〉의 문학적 특수성과 약포 〈용사일기〉의 소재와 기술 방법에 관해서는 일반적인 전쟁실기와는 달리 공적인 성격이 강한 전쟁실기로서의 특징을 살펴보았다.

2

나는 2007년 군(軍)의 배려로 경북대학교 국어국문학과 고전문학 박사과정에 입학할 수 있었다. 그때 나에게 주어진 시간은 3년이라는 짧은 기간이었다. 첫해는 석사과정 당시 은사(恩師)이신 김일렬 교수님 방에서 선생님의 재임 마지막 해를 준비해 드리면서 박사논문에 대한 방향만을 준비하고 있었다.

그해 가을에 김일렬 선생님의 퇴임 이후 내가 계속 공부할 연구실을 찾게 되었는데, 2006년에 학교로 부임하신 정우락 교수님을 찾아뵈었다. 내가 방문했을 때 교수님께서는 '최선생이 군인이다 보니 임진왜란 당시 의병장들의 활약상에 대해서 학위논문에서 다루면 어떻겠냐'고 말씀하셨다.

사실 내가 군인 신분이다 보니 학위 주제가 한정되어 있었고, 나 역시도 전쟁실기에 대해서 많은 관심을 가지고 있었다. 다만 내가 석사학위 당시까지 고전비평(한문학)을 전공하지 않았기에 기대감보다는 우려가 많이 앞섰다.

정우락 교수님과의 면담은 밤늦게까지 지속되었고, 결국 남명(南冥)

조식(曹植) 선생과 그의 가계(家系)에 대해서도 자연스럽게 말씀을 나누게 되었다. 그 와중에 남명과 나와의 인연을 우연히 알게 되었다. 나의 본관은 통천(通川)인데 통천 최가의 중조(中祖)라고 할 수 있는 최윤덕(崔潤德) 장군이 남명의 외증조부라는 사실을 그날 처음으로 알았다.

퇴계 선생과 함께 조선시대 중기 사상계를 양분하던 남명 선생이 우리 가계와 관계가 있다는 사실과 정우락 교수님이 내가 오실 줄 미리 아시고, 그 당시 작업 중이시던 〈고대일록(孤臺日錄)〉 미완성 형태의 국역본을 흔쾌히 나에게 건네주신 것만으로도 나의 연구 방향은 이미 정해진 것이다.

나로서는 평생의 공부 주제와 은사님을 얻게 된 소중한 기회였지만, 정우락 교수님의 입장에서는 첫 제자로 받기에는 너무나 우둔한 사람을 얻게 된 불운의 시간이 아니었을까 생각해 본다.

이후 정우락 교수님의 지도와 이지하 교수님의 헌신, 김문기 교수님의 관심, 고(故) 김기현 교수님, 장경남 교수님의 가르침에 힘입어 무사히 박사 학문을 마치게 되었다.

남명 선생의 '배운 것을 그대로 행하라'는 가르침을 연구 성과에서는 나 스스로가 강변하고 있지만 스스로를 돌아보면 학문과 행동 둘 다 놓치고 지나간 아까우면서도 소중한 시간이었던 것 같다. 이 책이 나온 이후로는 다시 한 번 마음을 집중(執中)할 수 있는 계기가 되었으면 한다.

이 자리를 빌어 바쁘다는 핑계로 찾아뵙지 못하고 있는 김일렬 은사님, 이지하 은사님, 김문기 은사님, 장경남 은사님께 감사드린다.

특히 제자를 위해 따끔한 충고를 아끼지 않으셨던 고(故) 김기현 은사님께는 고마움의 마음과 함께 사무치는 그리움의 마음을 함께 전하고 싶다.

또 몸은 비록 영천벌에 있지만, 마음만은 항상 복현골의 모공재(慕孔齋)에 있다는 것을 평생의 은사님인 정우락 교수님께 전하고 싶다.

마지막으로 작금의 어려운 출판 환경에도 불구하고 졸저를 펴내 준 고반출판사의 허재식 사장님께 감사드린다.

2020년 12월 영천벌에서
최재호 삼가 씀

들어가는 말_5

제I부 임진왜란과 남명학파

1장 ● 남명학파의 임진왜란 전쟁실기 _15
1. 서론 _15
2. 남명의 '경의(敬義)' 정신과 남명학파의 임란 대응 양상 _30
3. 남명학파 임진왜란 전쟁실기의 유형 _89
4. 남명학파 임진왜란 전쟁실기의 유형별 특징 _129
5. 남명학파 임진왜란 전쟁실기의 특성과 위상 _319
6. 결론 _343

제II부 남명학파의 실천과 기록

2장 ● 남명의 인성교육과 제자들의 실제적 실천 _353
1. 남명의 인성교육 철학과 교육방법 _355
2. 인성교육을 바탕으로 한 제자들의 실제적인 실천 _375

3장 ● 경상우도 의병의 의식과 시각 _411
1. 남명학파의 활동과 경상우도 의병 실기 현황 _413
2. 경상우도 의병 실기에 나타난 갈등의 양상 _420
3. 갈등을 통해 본 경상우도 의병의 의식과 시각 _428

4장 ● 곽재우의 宜寧 倡義가 갖는 含意 _457
　　1. 서론 _457
　　2. 의령 창의의 배경과 의의 _460
　　3. 의령 창의의 전략적 효과와 곽재우의 전술 _489
　　4. 결론 _503

5장 ● 이로 〈龍蛇日記〉의 문학적 특수성 _507
　　1. 서론 _507
　　2. 인물중심의 기술에 대한 논의 _509
　　2. 작자와 주인공의 불일치에 대한 논의 _522
　　3. 서술 시점(時點)에 대한 논의 _531
　　4. 결론 _539

6장 ● 정탁 〈龍蛇日記〉의 소재와 기술 방법 _541
　　1. 서론 _541
　　2. 약포 〈龍蛇日記〉의 체제와 내용 _543
　　3. 호종을 소재로 한 공적 기록 _555
　　4. 시·공간 배경 중심의 객관적 시각에서의 기술 _575
　　5. 결론 _589

참고문헌 _591
찾아보기 _613

제I부

임진왜란과 남명학파

1

남명학파의 임진왜란 전쟁실기

1. 서론

'전쟁은 나의 의지를 실현하기 위해 적에게 굴복을 강요하는 폭력행위이다.'[1] 이것은 오스트리아의 전쟁사학자인 클라우제비츠(Clausewitz, Karl Von)가 정의한 '전쟁'의 개념이다.

1592년 4월부터 1598년까지 일본에 의해서 조선에 자행된 미증유의 폭력행위를 우리는 임진왜란(壬辰倭亂)이라고 부른다. 전쟁이란 전쟁을 일으킨 당사국과 함께 이에 맞서는 상대국이 있어야 성립한다. 하지만 임진왜란의 경우, 조선은 자의(自意)에 의한 전쟁 상대국이라기보

---

1 카알 폰 클라우제비츠 지음, 김만수 옮김, 『전쟁론』(카이로스 총서 7), 갈무리, 2006, p.46.

다는 생존을 위해 일본의 침입을 힘겹게 막아내는 전쟁의 일방적인 피해국이었다.

임진왜란 당시 전쟁의 피해를 가장 오랫동안 입은 지역은 왜적(倭賊)의 침입로의 시발점인 경상우도(慶尙右道) 지역이었다.[2] 경상우도는 임진왜란 발발 시점인 1592년 4월부터 정유재란이 끝나는 1598년까지 전화(戰火)가 끊이지 않았지만[3] 경상우도민은 재지사족(在地士族)을 중심으로 일치하여 임진왜란을 슬기롭게 극복하였다.

임진왜란 당시 경상우도 지역 재지사족 상당수가 남명학파(南冥學派)였다. 남명학파는 남명(南冥) 조식(曺植, 1501~1572)을 종장으로 하는 학파로, 임진왜란이 발발하자 많은 수의 의병을 배출하여 사족(士族)들의

---

2   임진왜란 초기 토요토미 히데요시는 30여만 대군 중 158,800명을 9軍으로 나누어 침입하였다. 이들의 진격로는,
     中路:東萊-梁山-密陽-淸道-大邱-仁同-善山-尙州-鳥領-忠州-驪州江-楊根-龍津나루-京城 東路
     左路:東萊-長鬐-機張-左兵營-蔚山-慶州-永川-新寧-義興-軍威-比安-龍宮-聞慶-鳥嶺-忠州-竹山-龍仁-漢江
     右路: 東萊-金海-出右道-星州-茂溪-知禮-金山-秋風領-永同-淸州-京畿道
     3로 모두 경상우도를 그 출발점으로 하고 있다. 또한 이들의 전술이 각 邑城과 道路를 점령하는 點線占領 방식을 취하고 있기에 7년 동안 경상우도는 항상 戰禍에 시달려야 했다.; 金弘,「壬辰倭亂의 軍事史的 硏究」, 慶北大學校 大學院 史學科 博士學位論文, 1992, pp.28~42.
3   정유재란 당시에는 일본의 전쟁 목적은 영토할양이기 때문에 휴전 후에도 일본의 입장에서 지배하기가 용이한 경상우도와 전라도 지역을 중심으로 공격이 집중되었다. 이러한 이유로 경상우도는 정유재란 당시, 임진왜란 당시보다 더 많은 피해를 입었다.; 金康植,『임진왜란과 경상우도의 의병 활동』, 민족문화 학술총서 24, 혜안, 2001, p.70.

지남(指南) 역할을 하였다.

　임진왜란은 그 충격의 강도만큼 다양한 형태의 문학으로 표현되었다. '사실(事實)을 기록(記錄)한다'라는 의미를 지닌 실기(實記) 또한 임진왜란을 계기로 부각된 문학 장르이다. 실기라는 장르는 임진왜란 이전에 이미 있었지만 전쟁의 생생한 체험을 바탕으로 작자의 감정·사상이 투영된 전쟁실기(戰爭實記)는 기존의 실기보다 문학으로서 가치가 있다.

　필자는 임진왜란 당시 가장 오랜 기간 전쟁의 참화를 입은 지역임에도 불구하고, 그 지역민을 단합시켜 위기를 극복한 남명학파의 생체험이 전쟁실기를 통해 문학적으로 형상화되는 과정에 주목하였다.

　남명학파의 임진왜란 전쟁실기에 주목하는 이유는 첫째, 경상우도 지역이 임진왜란 당시 가장 오랜 기간 동안 피해를 입은 지역이라는 점이다. 이러한 지역적 특성과 남명학파의 경험이 합쳐져 전쟁실기가 완성되었을 때, 타 지역·타 학파의 전쟁실기와는 변별되는 특성을 지니고 있으리라는 생각에서다. 둘째, 임진왜란 전쟁실기 중 다수를 차지하는 것이 바로 종군실기(從軍實記)이며, 종군실기 작자의 대다수는 의병이기에, 임진왜란 당시 가장 많은 의병을 배출한 남명학파의 임진왜란 전쟁실기를 논의하는 것 또한 의미가 있기 때문이다.

　남명학파 임진왜란 전쟁실기가 지니는 큰 의미에도 불구하고 남명학파 임진왜란 전쟁실기 전반에 대한 논의는 아직까지 없었는데, 이것은 두 가지 이유에서 찾을 수 있다.

　첫째, 임진왜란 전쟁실기가 학계의 관심에서 점점 멀어지는 데서 그 이유를 찾을 수 있다. 임진왜란 전쟁실기가 처음 학계에 소개된 1960년 당시, 전쟁실기는 비문학적 장르로 분류되었으며 문학을 전공하는 연구자들은 이러한 편견에 맞서 전쟁실기가 지니고 있던 문학성을 발굴하고자 노력하였다. 초기 연구자인 장덕순(張德順)으로부터 시작하여 유기룡(柳基龍), 소재영(蘇在英), 황패강(黃浿江), 이동근(李東根), 이채연(李埰衍), 장경남(張庚男) 등이 전쟁실기의 문학성을 부각시키기 위해 노력한 대표적 학자들이다.[4]

특히 이들 중에서 전쟁실기를 본격적으로 문학의 한 장르로 끌어안기 시작한 이는 유기룡으로, 그는 전쟁실기가 지니는 진실성 추구에 대한 문제에 관심을 두었다. 유기룡은 기록문학에 머물렀던 전쟁실기를 그 속에 지닌 문학성을 끌어내 문학의 한 장르로 끌어올리는데 가장 큰 역할을 하였다.[5]

---

4 張德順,『國文學通論』, 新丘文化社, 1960,
柳基龍,『韓國 記錄文學 硏究』, 螢雪出版社, 1978.
蘇在英,「壬亂과 捕虜日記」,『壬辰倭亂과 文學意識』, 韓國硏究院, 1980.
黃浿江,『壬辰倭亂과 實記文學』, 一志社, 1992.
李東根,「『壬亂戰爭文學』硏究 - 文學에 反映된 應戰意識을 中心으로 -」, 서울대학교 大學院 國語國文學科 碩士學位 論文, 1983.
李埰衍,『壬辰倭亂 捕虜 實記 硏究』, 도서출판 박이정, 1995.
張庚男,『임진왜란의 문학적 형상화』, 아세아문화사, 2000.

5 유기룡은 文學의 장르체계는 항상 固定되어 있지 않고 流動的이라는 부분에 착안하여, 문학은 受容層이나 時代의 흐름에 의해 相補的이면서도, 동시에 競爭的인 관계형성이 가능하여 새로운 장르의 자연스러운 출현이 가능함을 시사하였다. 즉 역사적인 사건들은 眞實性[reality]의 추구를 중요시하여 事實性에는 구속 없이 창조적·상상적 美的 문학을 지향하려 했던 경우와, 사실성

장경남의 연구 이후, 2000년을 기점으로 임진왜란 전쟁실기에 대한 논의는 지속되긴 하지만 선학들을 뛰어넘는 연구 성과는 나오지 않았기에[6] 전쟁실기는 자연스레 학계의 관심으로부터 멀어졌다. 이것은 후학들이 선학들이 제시한 '전쟁실기의 문학성 확보'와 같은 전쟁실기 연구에 대한 뚜렷한 목표를 갖지 못한 것에서 기인한다.

둘째, 임진왜란 전쟁실기에 대한 학계의 한정된 연구방법에서도 그 이유를 찾을 수 있다. 임진왜란 전쟁실기에 대한 연구방법은 2000년

[factuality]을 전제로 하여 진실성을 추구하려는 기록문학으로 나눌 수 있다고 분류하였다. 이것은 별로 의미 없는 논의라고 치부할 수 있지만 사실 유기룡 이전의 학자들은 진실의 추구를 중요시하여 사실성에는 구속이 없는 창작문학만을 문학으로 인정하는 경향이 있었기에 유기룡의 논의는 매우가 의미가 있는 연구 성과인 것이다. 즉 학계에서는 사실을 통해 진실을 밝히려는 행위가 문학이 가지고 있던 큰 능력이라는 것을 간과하고 있었던 것이다.

6 장경남 이후 임진왜란 전쟁실기에 대한 논의가 거의 멈추었다고 해도 무방하다. 장경남 이후의 연구 성과로 대표적인 연구로 장영희의 「『亂中雜錄』의 形成過程과 人物敍事의 樣相」(成均館大學校 大學院 漢文學科 博士學位論文, 2003.)을 들 수 있다. 장영희는 임진왜란 관련 기록류를 저자 자신의 기록류, 공적인 기록, 제3자의 기록류로 나누고 있는데, 이들을 분류할 때 임진왜란 관련 기록류가 실제로 기술되어지는 시점에 대한 논의가 없는 것에 아쉬움이 있다. 제3자의 기록류인 경우 당대의 인물에 의해 기술되었을 수도 있지만 대부분이 후대 사람들에 의해 기술되었을 가능성이 큰데 여기에서 생길 수 있는 여러 가지 문제점을 쉽게 간과하였다는 점을 한계로 볼 수 있다. 이 밖에 최근에 金鍾泰의 「黔澗 趙靖의 辰巳日錄 硏究」, 成均館大學校 大學院 漢文學科 碩士學位論文, 2009; 최재호의 「戰爭實記의 새로운 분류방법 모색 試論 - 壬亂戰爭實記를 中心으로 -」,『퇴계학과 한국문화』46호, 경북대학교 퇴계연구소, 2010,「松嚴『龍蛇日記』의 문학적 특성 논의」,『퇴계학과 유교문화』48호, 경북대학교 퇴계연구소, 2011 등이 있다.

을 기점으로 양분되는데, 2000년 이전에는 임진왜란 전쟁실기 전체를 조망하는 거시적 관점에서의 연구가 진행되었으며, 2000년 이후에는 작품을 분석하는 미시적 관점에서의 연구가 주류를 이루었다.[7] 하지만 거시적 관점과 미시적 관점의 중도라 할 수 있는 특정 학파나 특정 지역을 중심으로 하는 연구는 시도되지 않았다.

현재 학계에서 남명학파 임진왜란 전쟁실기로 분류되는 작품은 약포(藥圃) 정탁(鄭琢)의 〈용사일기(龍蛇日記)〉, 송암(松巖) 이로(李魯)의 〈용사일기(龍蛇日記)〉, 고대(孤臺) 정경운(鄭慶雲)의 〈고대일록(孤臺日錄)〉, 검간(黔澗) 조정(趙靖)의 〈임진왜란일기(壬辰倭亂日記)〉[8], 모계(茅谿) 문위(文緯)의 〈모계일기(茅谿日記)〉 등 5편에 불과하다. 이것은 임진왜란 당시 남명학파의 활약상에 비하면 작은 수이다. 연구 성과 또한 〈고대일록〉[9]을

---

7 임진왜란 전쟁실기 전체를 논의하는 거시적 관점의 연구는 개별 작품이 지니고 있는 특수성을 간과하기가 쉽고, 개별 작품을 연구하는 미시적 연구는 임진왜란 전쟁실기 전체가 지니고 있는 보편성을 경시하는 경향이 있기에 이를 보완할 수 있는 새로운 연구방법론이 등장해야 한다.

8 검간 조정의 일기에 대한 명칭은 〈龍蛇日記〉, 〈辰蛇日錄〉, 〈壬辰日記〉, 〈黔澗龍蛇日錄〉, 〈壬辰倭亂日記〉 등 다양한 하지만 본 연구에서는 이후부터 일반적인 명칭인 〈壬辰倭亂日記〉로 사용하겠다.

9 『고대일록』은 1986년 경상대학교의 吳二煥 교수가 발굴 이후 김우윤, 「咸陽 義兵有司 鄭慶雲과 『孤臺日錄』」, 『南冥學硏究』 제2輯, 경상대학교 남명학연구소, 1992.; 김경수, 「壬辰倭亂 關聯 民間日記 鄭慶雲의 『孤臺日錄』 硏究」, 『國史館論叢』 제92輯, 1999.; 정우락, 「사림파 문인의 유형과 隱求型 사림의 전쟁체험」, 『한국사상과 문화』 28, 한국사상문화학회, 2005.; 노영구, 「전쟁과 일상; 『고대일록』을 통한 임진왜란 이해」, 『역사와 현실』 64, 한국역사연구회, 2007.; 정해은, 「임진왜란시기 경상도 사족의 전쟁체험: 함양 양반 정경운을 중심으로」, 『역사와 현실』 64, 한국역사연구회, 2007.; 김경수, 「孤臺 鄭慶雲의

제외한 〈모계일기〉[10], 〈임란일기〉, 〈용사일기〉에 대한 논의는 질적으로나 양적으로 아직 초보단계에 머물러 있으며, 더욱이 이 작품들을 문학적으로 접근한 연구 성과는 정우락, 김종태, 최재호의 논의 정도에 불과하다.

정우락은 「사림과 문인의 유형과 隱求型 사림의 전쟁체험」에서 향촌사림의 전 쟁체험 양상을 사례로 검토하면서 서계(西溪) 김담수(金聃壽)의 전쟁시와 고대 정경운의 〈고대일록〉을 논의하였다. 정우락의 경우 〈고대일록〉에 대하여 처음으로 문학적 접근을 시도하였다는 점에서 의의가 크다. 이후 정우락은 「『고대일록』에 나타난 서술의식과 위기의 일상」에서 기존의 논의를 확대하여 〈고대일록〉에 내재한 저자의 서술의식을 심층적으로 연구하였다.[11]

『고대일록』과 의병 활동」, 『남명학파 의병 활동 조사연구(1)』(보고서), 남명학연구원, 2008.; 정우락, 「『고대일록』에 나타난 서술의식과 위기의 일상」, 『퇴계학과 한국문화』 제44호, 경북대학교 퇴계연구소, 2009.; 설석규, 「鄭慶雲의 현실인식과 『孤臺日錄』의 성격」, 『南冥學』 第十五輯, 南冥學硏究院, 2010.; 박병련, 「『孤臺日錄』에 나타난 정치사회적 상황과 의병 활동의 실상」, 『南冥學』 第十五輯, 南冥學硏究院, 2010.; 한명기, 「『孤臺日錄』에 나타난 明軍의 모습」, 『南冥學』 第十五輯, 南冥學硏究院, 2010.; 신병주, 「『고대일록』을 통해서 본 정경운의 영원한 스승, 정인홍」, 『南冥學』 第十五輯, 南冥學硏究院, 2010.; 오용원, 「16세기 후반 咸陽 士族의 戰爭 體驗과 現實 克服」, 『南冥學』 第十五輯, 南冥學硏究院, 2010 등의 연구 성과가 있었다.

10 설석규, 「茅谿 文緯의 현실대응 자세와 의병 활동」, 『진주문화』 17, 진주교육대학교 부설 진주문화권 연구소, 2003.는 〈모계일기〉를 학계에 처음 소개하였으며, 모계가 당시 지니고 있었던 현실인식 문제와 그 현실인식으로 인해 임진왜란 당시 의병으로 창의하게 된 배경을 논의하였다.
11 정우락, 「사림과 문인의 유형과 隱求型 사림의 전쟁체험」, 『한국사상과 문화』,

김종태는 석사학위 논문인 「黔澗 趙靖의 辰巳日錄 硏究」[12]에서 기존의 작자론 중심의 연구를 탈피하여 작품론 중심의 연구를 진행하였다. 특히 작품 주제의 특징과 표현상 특징으로 나누어 문학적으로 접근하였다는 점에서 의의가 크다.[13]

최재호는 송암 이로의 〈용사일기〉를 인물 중심의 기술에 대한 논의, 작자와 주인공의 불일치에 대한 논의, 경험과 서술의 시점(時點) 간의 간격에 대한 논의를 하였다.[14]

즉 남명학파 임진왜란 전쟁실기에 대한 논의가 본격적으로 시작되지도 않았으며 이러하기에 남명학파 임진왜란 전쟁실기의 대략적인 규모조차도 확인할 수 없다는 것이 학계의 현주소라 하겠다.

이 책에서는 남명학파 임진왜란 전쟁실기를 자료로 삼아, 다음과 같은 연구목적을 제시한다.

첫째, 남명학파의 '경의(敬義)' 사상이 어떻게 계승되는지와 임진왜란 당시 '경의' 사상이 어떻게 행동으로 발현되는지를 살펴본다. 임진왜란이라는 국가적 비극을 당시 전쟁의 대표적인 경험주체라 할 수 있는 관료(官僚)·의병(義兵)·전재민(戰災民)의 입장에서 어떻게 대응하는지 살

  28, 한국사상문화학회, 2005.
12 金鍾泰, 「黔澗 趙靖의 辰巳日錄 硏究」, 成均館大學校 大學院 漢文學科 碩士學位論文, 2009.
13 〈임진왜란일기〉에 대한 논의는 권태을·김시황·김영숙·박영호·성교진 등에 의하여 연구되었지만 이는 작품 보다는 주로 작자인 검간 조정에 대한 작가론 중심의 연구였기에, 작품론 중심의 연구는 김종태가 처음이다.
14 제2부 4장 참조.

펴본다.

둘째, 임진왜란 당시 많은 사람들이 자신이 몸소 경험한 내용을 중심으로 전쟁실기를 기술하고 있는데, 남명학파 문인들이 관료·의병·전재민의 입장에서 어떠한 작품을 남겼는지를 확인한다.

셋째, 남명학파 임진왜란 전쟁실기 중 관료·의병·전재민 전쟁실기가 지니고 있는 유형별 특징을 논의할 것이다. 즉 각 경험주체별로 어떠한 내용이 주를 이루고 있는지와 각 경험주체가 경험한 참상과 갈등의 양상, 각 경험주체가 지니고 있는 전쟁을 바라보는 시각(視角)을 살펴볼 것이다.

넷째, 남명학파 임진왜란 전쟁실기의 특성과 남명학파 임진왜란 전쟁실기가 전체 임진왜란 전쟁실기에서 차지하고 있는 정확한 위상을 찾아보고자 한다.

지금까지 학파 중심의 전쟁실기 연구는 없었기에 이 책을 통해 학파 중심의 전쟁실기 연구도 전쟁실기 연구의 한 방향으로 정착될 수 있기를 기대한다.

전쟁실기에 대해 본격적으로 논하기에 앞서 먼저 그에 대한 개념을 규정하고자 한다. 지금까지 학계에서는 전쟁실기에 대한 정의가 뚜렷하지 않았기에 전쟁실기의 수를 파악할 수조차 없었다.[15]

---

15 지금까지 학계에 알려진 임진왜란 전쟁실기의 수는 연구자에 따라서 많은 편차를 보인다. 임진왜란 관련 전쟁실기의 수가 차이가 나는 것은 '實記'에 대한 용어의 정의가 아직까지 명확하지 않다는 사실에서 찾을 수 있다. 이 문제점을 해결하기 위해 '임진왜란 전쟁실기'에 대한 명확한 정의가 필요하다.

전쟁실기란 "전쟁과 관련된 실제의 사실을 있는 그대로 적은 기록"이라고 정의 내리면 간단하지만 여기에는 몇 가지 전제가 필요하다.

첫째, 전쟁실기는 당대(當代)에 전쟁을 직접 경험한 사람이 기술해야 한다는 점이다.[16] 이것은 매우 중요한 전제로써 실제 체험을 하지 않은 작자를 전쟁실기의 실제 작자로 논의해서는 안 될 일이다.[17]

임진왜란 이후 여러 가문에서 경쟁적으로 문집을 간행하였는데, 문집의 대표적 장르 중 하나가 바로 임진왜란 중에 기술된 전쟁실기와는 다른 형태인 또 하나의 전쟁실기이다. 후인(後人)들은 선인(先人)들의 임진왜란 당시 업적을 현창(顯彰)하기 위해 전쟁실기를 작성하였는데, 이러한 작품은 전쟁을 직접 경험한 당사자들이 작성한 것이 아니기에 전쟁을 직접 경험한 당대의 인물이 기술한 전쟁실기와는 반드시 구별

---

16 황패강은 "正史와 같이 公式的인 서술만 시종한 實記類도 적지 않다. 그러나 이것들은 대부분 後人이나 後孫들이 先人이나 先祖를 顯揚하려는 목적에서 제작한 까닭으로 당자의 생생한 체험과는 거리가 없을 수 없고, 자신의 체험을 서술한 실기와는 구별하지 않을 수 없다"라고 하면서 실제 전쟁을 겪지 않은 작자가 서술한 실기를 전쟁실기의 범주에서 배제하였다.(黃浿江, 『壬辰倭亂과 實記文學』, 一志社, 1992, p.11.)

17 논의를 확대하자면 임진왜란 당시에도 인물 중심으로 기술된 전쟁실기들이 발견되기도 하는데, 이것은 대상 인물의 死後 그 인물을 顯揚하려는 목적으로 기술된 전쟁실기들이 대부분이다. 물론 기술자가 그 인물에 대해 잘 알고 있던지, 또는 동일한 체험을 한 공유하고 있는 상황에서 전쟁실기를 기술하였다면 문제의 소지가 없다. 하지만 단순히 그 인물의 업적을 기리기 위해 다른 기록을 撫錄하거나 그 인물을 정확히 모르는 상태에서 업적만을 과장하였다면 이것은 아무리 당대에 기술된 전쟁실기라 하더라도 전쟁실기의 범위에 포함시키는 것은 곤란하다. 그 가장 큰 이유는 기술주체와 경험주체가 동일한 전쟁체험을 공유하지 못하고 있기 때문이다.

되어야 한다.[18]

따라서 이 책에서는 직접 전쟁을 경험한 인물이 당대에 작성한 작품만을 전쟁실기로 한정하고 자료로 삼았다.

둘째, 일기(日記)와 실기(實記)에 대한 정의 또한 명확히 할 필요가 있다.[19] 전쟁일기는 날짜에 따라 기술하는 편년체적(編年體的) 성격을 지니고 있다면, 전쟁실기는 전쟁과 관련된 모든 사실적인 기록을 의미하기에 반드시 편년체일 필요는 없다. 즉 전쟁일기와 같은 편년체뿐 아니라 시작과 끝이 명확한 기사본말체(記事本末體) 또한 전쟁실기에 포함된다. 그러므로 전쟁일기 또한 전쟁실기의 한 부분인 것이다. 하지만 이런 변별성에도 불구하고 학계에서는 여전히 이 둘을 혼용하는 경향을 보인다.[20]

---

18 戰爭實記와 戰爭實紀라는 용어만으로 전쟁을 직접 경험한 사람이 기술하였는지, 후인들에 의해 기술되었는지 정확히 알 수 없다. 하지만 전쟁을 경험한 작자가 당대에 기술한 실기와, 타인에 의해 후대에 기술한 실기는 반드시 구별되어야 한다.

19 사전적인 의미로 '日記'는 '매일 생긴 일이나 감상을 날짜에 따라 적은 기록'을 말하며, '實記'는 '실제의 사실을 있는 그대로 적은 기록'을 의미한다. 하지만 지금까지 학계에서는 전쟁일기와 전쟁실기를 구분하지 않거나, 題名만으로 전쟁일기의 범주에 전쟁실기를 포함시키기도 하였다.

20 학계에서 이로 〈용사일기〉, 정탁 〈용만문견록〉, 류성룡 〈징비록〉, 안방준 〈은봉야사별록〉 등이 편년체적 기술이 아님에도 전쟁일기로 분류하기도 하며, '포로일기'로 분류된 많은 일기들이 전쟁 당시의 기록을 적기 보다는 난후 또는 귀향 이후, 예전 경험을 떠올리며 기술하고 있음에도 그 형식에만 초점을 둬 편년체적 기술로 보기도 한다. 기존 연구자 중 장경남만이 전쟁실기에 전쟁일기를 포함하고 있으며, 아직까지도 전쟁일기와 전쟁실기에 대한 구분이 명확하지 않아 혼용되는 경우가 많다.

위의 두 가지 전제를 바탕으로 '전쟁실기'를 정의하면 "전쟁실기란 전쟁을 직접 경험한 작자가 자신이 경험한 내용을 편년체 또는 기사본말체 양식으로 기술한 작품을 의미한다."로 규정할 수 있다.

다음으로 남명학파에 대한 논의 또한 필요하다.

학파는 지역(地域)·인맥(人脈)·학문(學問)적 경향이 비슷한 일군의 문인(門人)들을 이르는 말이다. 남명학파란 남명 조식을 종장(宗長)으로 하는 학파로, 특히 일두(一蠹) 정여창(鄭汝昌), 한훤당(寒暄堂) 김굉필(金宏弼)의 학풍을 계승하고 있다. 지역적으로는 주로 경상우도 지역을 그 기반으로 삼고 있다. 이러한 특성을 바탕으로 남명학파의 범위를 재설정하였다.

첫째, 남명학파의 시간적 범위를 다음과 같이 한정하였다.

남명학파의 범위를 크게 상정하면 남명과 동시대에 살면서 학문적 또는 인간적으로 교유한 종유인(從遊人), 남명에게 직접 가르침을 받은 직전제자(直傳弟子), 남명에게 직접 가르침을 받지 못했지만 남명을 존경하고 남명의 학풍을 따르려는 사숙인(私淑人)으로 분류할 수 있다. 사숙인의 경우 직전제자들이 배출한 문인들이 대부분이며 이들을 대체로 재전제자(再傳弟子)라고로 부른다.[21]

남명은 72세를 일기로 영면하였으며, 임진왜란은 남명 사후 20년

---

21 南冥과 退溪 兩門에 출입한 직전제자들도 모두 남명학파로 분류하였다. 또한 이들의 제자 또한 남명학파로 분류하였다. 하지만 재전제자 중 퇴계학파로의 경도가 확실한 경우에는 남명학파로 분류하지 않았다. 대표적인 경우가 한강의 제자인 聱漢 孫起陽이다.

뒤에 발발하였기에 남명과 교유한 종유인은 대부분 임진왜란을 경험하지 못하였다. 실제로도 남명의 종유인에 의해 기술된 임진왜란 전쟁실기는 존재하지 않으므로 이 책에서 다루지 않았다.

남명의 직전제자들은 남명의 가르침을 직접 받은 인물들로 임진왜란 당시 노년 또는 장년층으로서 전쟁을 경험하였다. 임진왜란 시 생존하였던 남명의 직전제자 중 최고령자는 고사(孤査) 문덕수(文德粹)이다. 고사는 당시 73세의 노구를 이끌고 직접 창의(倡義)하기도 하였다. 반면에 남명의 직전제자 중 최연소자인 봉곡(鳳谷) 조이천(曺以天)은 당시 33세였다. 남명의 직전제자들은 임진왜란 당시 관계(官界) 및 향촌에서 중요한 역할을 담당하던 층으로 이들에 의해 기술된 전쟁실기에는 임진왜란 당시 사족들의 활약상과 전쟁에 대한 인식이 잘 드러나 있다.

남명의 재전제자들은 남명의 직전제자들로부터 직접 교육을 받은 문인들로 한정하였는데, 이들 중 상당수가 인조반정 이후에는 퇴계학파로 분류되는 아픔을 겪었다.

이 책에서는 재전제자의 스승이 남명학파의 직전제자임이 명확할 경우 재전제자들을 남명학파로 규정하였다. 재전제자들은 임진왜란 당시 중년 또는 청년층으로서 전쟁을 경험하였다. 직전제자들이 사회의 지도층으로 전쟁을 수행하였다면 재전제자들은 직전제자들의 지도하에 관료 또는 의병으로서 국난에 대응하거나 전재민으로서 피란을 경험하였다. 이들 역시 그들의 경험을 전쟁실기로 형상화하였기에 주된 자료로 활용하였다.

재전제자 이후의 남명학파 제자들은 임진왜란을 직접 경험하지 못하거나, 경험하더라도 아주 어린 나이였기에 자신의 경험을 작품으로 형상화할 능력이 없었으며, 대부분 퇴계학파 또는 서인으로 편입되었기에 이 책에서는 논의의 대상으로 삼지 않았다.

둘째, 남명학파의 공간적 범위를 아래와 같이 한정하였다.

남명학파는 학파의 종장인 남명이 세거하거나 강학을 펼친 경상우도를 그 지역적 기반으로 삼고 있다. 임진왜란 이전에 경상도는 행정과 군사통제의 목적으로 좌도(左道)와 우도(右道)로 분리되기도 하였으며 다시 통합되기도 하였다. 또한 경상상도(慶尙上道)와 경상하도(慶尙下道)로 구분하기도 하였다. 경상좌·우도를 나누는 기준은 낙동강을 중심으로 좌측과 우측에 위치함에 따라 명명되었다.

경상우도는 권역별로 상주권·선산권·성주권·진주권·창원권·김해권으로 나눌 수 있다. 경상우도에 해당하는 군현으로는 창원·상주·진주·성주·김해·선산·거제·합천·초계·함안·금산·고성·개령·삼가·의령·칠원·진해·문경·함창·지례·고령·사천·웅천·거창·하동·곤양·남해·안음·산음·단성·함양 등 31개 군현이 있다.[22]

남명학파 대부분이 경상우도를 근거로 하기는 하지만 경상하도, 경상좌도, 기호지방(畿湖地方)에 근거한 남명학파 문인들 또한 여러 명 있었다. 남명학파 문인 중 경상하도를 근거로 한 문인은 곽율(郭趪)이, 경

---

22 金康植, 『임진왜란과 경상우도의 의병 활동』, 민족문화 학술총서 24, 혜안, 2001, pp.27~28.

상좌도에는 정탁(鄭琢), 기호지방에는 김효원(金孝元)·이요(李瑤)·이순인(李純仁)·이제신(李濟臣)·유대수(兪大修)·허성(許筬)·송인(宋寅) 등이 대표적인 인물이다. 즉 남명학파는 경상우도를 근거로 하고 있지만 사실상 전국에 문인을 둔 광역적 학파였다. 또한 임진왜란이 경상우도에만 한정된 국지전이 아니므로 남명학파의 공간적 범위를 별도로 경상우도에 한정하지 않고 전국의 남명학파로 규정하였다.

즉 이 책에서 남명학파의 범위는 시간적으로는 직전제자와 재전제자까지로 한정하였만, 공간적으로는 남명학파가 전국적인 규모의 학파이므로 별도의 범위를 설정하지 않았다.

직전제자의 범위는 남명의 직전제자 수가 가장 많이 기재된 〈덕천사우연원록(德川師友淵源錄)〉에 근거한 이상필의 논의를 기반으로 하고, 재전제자의 범위는 이상필에 의해 논의된 직전제자에게서 교육을 받은 인물로 한정하였다.[23]

정리하자면 이 책에서는 남명학파의 직전제자와 직전제자로부터 교육 받은 재전제자가 임진왜란 당시 직접 경험한 사실을 당대에 직접 기술한 전쟁실기만으로 자료의 범위로 한정하였다.

---

23 이상필은 〈덕천사우연원록〉의 문인 134명에서 정인홍을 추가하고, 노둔, 전유룡, 정심을 제외하고, 추가로 확인된 권응인, 노과, 문덕수, 이린, 이칭, 성팽년, 김태을, 송희창, 전팔고, 전팔급 등을 추가시켰는데, 이 책에서는 직전제자의 범위를 이상필의 범위에 따랐다.(이상필, 『남명학파의 형성과 전개』, 와우출판사, 2005, pp.87~99.) 이 밖에 재전제자의 경우는 2008년 남명학 연구원과 국학진흥원에서 공동 제작한 '南冥學脈圖'를 참고하였다.

2. 남명의 '경의(敬義)' 정신과 남명학파의 임란 대응 양상

오스트리아의 전쟁사학자인 클라우제비츠는 "전쟁은 카멜레온과 같다."라고 하였다. 이것을 전쟁의 삼중성(三重性, trinity)이라고 한다. 쉽게 말하자면 민족, 군대의 지휘관, 정치가의 입장에서 보는 전쟁의 의미는 서로 차이가 난다는 이론이다.[24]

임진왜란 역시 클라우제비츠의 '전쟁의 삼중성' 이론의 적용을 받는다. 즉 임진왜란을 겪는 정치가[官僚], 군대의 지휘관[義兵], 민족[戰災民]은 자신이 경험하는 범위와 자신의 위치에 따라서 이에 대응하는 현실 양상 또한 반드시 차이가 있으리라 생각한다.[25]

여기서는 이러한 전제를 바탕으로 하여 전쟁의 참화를 가장 오랜 기간 동안 겪었던 경상우도를 학파의 본거지로 삼았던 남명학파의 임진왜란 당시 현실 대응 양상을 살펴보고, 그 의미를 도출할 것이다.

먼저 남명이 교육의 근간으로 삼았던 '경의(敬義)' 사상을 살펴보고, 그 '경의' 사상이 문인들에게 어떻게 계승되었는지를 살펴보겠다. 다음으로 임진왜란 당시 남명 문인들의 신분과 직책에 따라 전쟁에 대

---

24 카알 폰 클라우제비츠 지음, 김만수 옮김, 『전쟁론』(카이로스 총서 7), 갈무리, 2006, p.81.
25 이 책에서는 정치가, 군대의 지휘관, 민족을 임진왜란의 실정에 맞게 관료, 의병, 전재민으로 대치시키고자 하는데, 그 명칭과 신분에 조금 차이가 있지만 각 신분과 직책에 따라 전쟁을 보는 시각이 달라진다는 클라우제비츠의 이론과는 근본적으로 차이점이 없다고 생각한다.

응하는 양상이 어떻게 다른지를 살펴보겠다. 이 논의는 남명학파의 범위를 직전제자뿐 아니라, 재전제자들까지로 확대하여 그 외연을 넓힘으로써 기존의 연구와는 차별성이 있다.

가. 남명의 '경의(敬義)' 정신과 그 학파적 계승

학파를 분류하는 주된 기준으로 지역·인맥·학문적인 경향을 들 수 있다. 남명학파는 남명의 생전 강학처인 김해(金海)의 산해정(山海亭), 합천(陜川)의 계부당(鷄伏堂)·뇌룡정(雷龍亭), 덕산(德山; 산청의 옛지명)의 산천재(山天齋) 등 경상우도를 그 지역적 기반으로 삼고 있으며, 문인들끼리 서로 통혼(通婚)을 통해 매우 강하게 결속되어 있었다.

당시 영남지역을 양분하던 남명학파와 퇴계학파(退溪學派)는 서로 비교되었다. 퇴계학파의 근거지인 경상좌도는 토질이 척박하기에 토착성이 강하고, 부(富)보다는 귀(貴)를 지향한 반면, 남명학파의 중심지인 경상우도는 토질이 비옥하기에 육·해산물이 풍부하였으며, 귀보다는 부를 지향하였다. 이러한 지역적 차이는 고스란히 학풍으로 녹아들었다. 두 학파의 학풍을 가장 잘 설명한 사람은 조선 후기 남인 실학자인 성호(星湖) 이익(李瀷)으로, 그는 남명학파의 학풍을 '주의(主義)'로 퇴계학파의 학풍을 '상인(尙仁)'이라 하여 명확히 구분하였다.

이익이 언급하였듯이 남명학파 공부의 중심에는 '의(義)'가 있다. 남명학파의 경우 당시 다른 학파와 마찬가지로 '경(敬)'의 체득을 중시할 뿐만 아니라 이와 더불어 실천성을 강조하는 '의'를 매우 높이 평가하고 있다. 남명은 '의'를 기존 성리학자들이 중요시한 '경'과 같이 묶어 '경의'로 재해석하고 있으며 '경'과 '의'를 동시에 강조하는 것이 다른 학파와는 변별되는 남명학파 사상의 요체라고 할 수 있다.[26]

남명의 학문은 '치용·실천(致用實踐)'[27], '반궁체험(反躬體驗)'[28], '반구자득(反求自得)'[29] 등의 표현에서 나타나듯이 실천성에 무엇보다 중점을 두었다. '학자들은 배운 것을 반드시 실천하여야 한다'라고 강조한 것은 그의 사상의 바탕이 바로 '경의'에 근거하기 때문이다. 또한 남명은 성리학의 이론논쟁을 '도명기세(盜名欺世)'하는 것으로 매우 낮게 보았으며, 이것보다는 하학(下學)·인사(人事)의 실천적 측면을 강조하였다.

남명은 항상 '성성자(惺惺子)'라는 방울을 차고 다니면서, 방울이 울리는 소리로 하여금 스스로 마음에 경각심을 가지도록 하여 '경'을 중시하였던 점이나, 평소 즐겨 차고 다녔던 패검(佩劍)에 '內明者敬 外斷者義(내명자경 외단자의)'라고 새겨 행동이 '의'에 맞지 않으면 칼로 자르듯이

---

26 송대 성리학 이후 '敬義'는 학문의 중심개념이었다. 그런데 '義'는 항상 '敬'과의 관련 속에서 그 의미가 파악되는 것이 일반적인 경향이었다. 즉, '敬'이 먼저이고 '義'는 나중이 된다. 이는 '敬은 마음의 주인 노릇을 하고, 義는 밖에서 막아준다.(敬主乎中 義防乎外)'라는 朱子의 말에서 알 수 있듯이 義는 敬의 보조자 역할을 하는 것으로 보는 것이 일반적인 경우였다. 하지만, 남명의 경우는 敬과 義를 대등한 관계로 보고 의의 실천을 전제로 경을 바라보았다.(主敬行義); 사재명, 「남명교육과 학파의 계승」, 『교육철학』 18집, 2001, p.134.

27 『宣祖修正實錄』 卷六, 宣祖 五年 正月 一日 戊午, "植之爲學, 以得之於心爲貴, 致用踐實爲急, 而不喜爲講論辨釋之言, 未嘗爲學徒談經說書, 只令反求而自得之."

28 曺植, 『南冥集』編年 二十五世條, "反躬實踐爲務"

29 曺植, 『南冥別集』, "先生不論經說書 反求而自得之."

반듯하게 하기를 염원한 것은 그의 사상 저변에 깔려 있는 '경의' 사상의 중요성을 잘 알게 해주는 일화 중 하나이다. '안으로 마음을 밝히는 것은 경(敬)이요, 밖으로 행동을 결단하는 것은 의(義)다'라는 뜻은 먼저 자신의 수신(修身)에 스스로 힘쓰며, 이것을 바탕으로 하여 기초적인 생활에서부터 시작하여 가정과 사회, 국가의 일로 반드시 나아가야 한다는 뜻이다. 이와 같은 공부가 없는 상태에서 하늘의 이치나 강론에 힘쓰는 것은 '구이지학(口耳之學)'에 머무는 것이라 하며 남명은 크게 경계하고 있다.

남명의 교육방법이 다른 학파와 많이 다른 점 중의 하나는 문인들의 개인차를 인정하여 그에 따른 적절한 교육을 실시하였다는 것이다. 이러한 사실은 그의 수제자인 내암(來庵) 정인홍(鄭仁弘)이 지은 「행장(行狀)」에 잘 드러난다. '스승은 사람을 가르칠 때, 반드시 자품(資稟)을 보고 이를 따랐고 격려하였지, 책을 펼쳐 놓고 강론하려 하지 않았다.'[30] 이것은 남명이 학습자의 특성을 먼저 파악한 후에 그의 자질에 따라 교육하였음을 보여준다. 하지만 이러한 문인들의 개인차와는 무관하게 남명이 제자들에게 가르치려 한 교육의 중심은 바로 '경의' 사상이다.

남명은 '경'이란 시(時)와 장소(場所)에 관계없이 무심중에 나타나기에 평소 '경'을 통해 '의'가 표현되기 위해서는 항상 수양을 할 것을 강조

30　鄭仁弘 撰, 「行狀」, 『南冥先生續集』, "教人必觀資稟, 將順激勵之, 不欲便與開卷講論."

하였으며, '경의'는 수신(修身)의 시종(始終)이라고도 표현하였다. 또한 '경의' 사상은 강학에 의해 교육되는 것이 아니라 스스로 체득하는 것이라 하였다.

남명의 '경의' 사상은 남명학파에 의해 잘 계승되어 임진왜란 당시 창의라는 이름으로 큰 열매를 맺게 된다. 이에 대한 논의는 잠시 미루기로 하고 여기서는 우선 남명의 '경의' 사상이 남명의 직전제자들에게 어떻게 계승되었는지를 살펴보겠다.

남명이 그의 직전제자인 동강(東岡) 김우옹(金宇顒)과 내암 정인홍에게 남명 자신이 지니고 있던 성성자와 경의검(敬義劍)을 물려주면서 자신의 뜻을 전하려 했다는 내용은 잘 알려져 있다.

> 정인홍은 합천(陜川) 사람이다. 유년 시절에 조식에게서 글을 배웠는데, 조식이 지조가 보통 아이와는 다른 것을 기특하게 여겨 지경공부(持敬工夫)를 가르치니, 이로부터 굳은 마음으로 어려움을 무릅쓰고 공부하여 밤이나 낮이나 게을리 하지 않았다. 조식은 항상 방울을 차고 다니며 주의를 환기시키고 칼끝을 턱 밑에 괴고 혼매한 정신을 일깨웠는데, 말년에 이르러 방울은 김우옹에게, 칼은 정인홍에게 넘겨주면서 이것으로 심법(心法)을 전한다고 하였다.[31]

---

31 『宣祖修正實錄』, 卷七, 六年 五月 一日條, "庚辰鄭仁弘 陜川人也 童時從曺植學 植奇其志操異凡兒 誨以持敬 自是 堅苦用功 晨夜不懈 植常佩鈴喚醒 拄劍警昏 末年以鈴與金字顒 以劍與仁弘曰 以此傳心"

위의 내용에서 확인되듯이 남명에게 있어서 성성자는 '경'을 상징하는 신물(信物)이며, 경의검은 '의'를 상징하는 물품이다. 이것을 제자에게 주었다는 것은 단순히 아끼는 물건을 건넸다는 의미가 아니라 남명 자신의 사상과 교육철학이 제자들에게도 그대로 이어지기를 바란다는 것이다. 그리고 이러한 남명의 바람은 동강과 내암에게도 그대로 전해지게 된다.

김우옹의 경우 남명의 '경'에 대한 가르침을 이어받아 평생을 '경'에 대한 관심 속에서 일생을 보냈다. 선조에게 올린 〈경신잠(敬身箴)〉[32]이나, '경의' 사상이 잘 갈무리된 〈천군전(天君傳)〉[33]이 동강에 의해 기술되었다는 사실이 이것을 증명하고 있다.

내암의 경우 특히 남명의 '의'를 이어받았는데, 내암은 '의(義)'를 숭상하고 사(邪)를 미워하는 마음[尚義嫉邪之心]'이 남명의 기질과 많이 닮아 있음을 확인할 수 있다. 이러한 기질은 그의 정치 역정에서도 그대로

---

32 김우옹은 『敬身箴』을 통해 聖君으로서 갖추어야 할 자질과 덕목을 강조하였으며, 문인들에게는 학문이 밝은 요체를 익혀 몸소 힘쓸 것을 강조하였다.
33 〈天君傳〉은 김우옹이 27세(1566)되던 해 지은 소설이다. 그해 南冥은 일찍이 자신이 그리고 지어놓은 「神明舍圖」와 「神明舍銘」을 보이며 동강에게 '傳'을 짓게 하였다. 남명의 마음을 정확하게 읽은 동강은 太宰와 百揆를 '敬'과 '義'에 정확히 결합시키면서 天君을 중심으로 한 내외의 관계를 설명하였다. 즉 마음 천군이 太宰 '敬'에게는 안으로 엄숙하며 밝게 하고, 百揆 '義'에게는 밖으로 모든 일을 응하게 했던 것이다. 안으로 엄숙하며 밝게 하고 밖으로 만사를 제대로 응하라는 천군의 명령을 태재와 백규는 정확히 인식하여 사물을 잘 다스려 태평하다는 내용이 바로 『天君傳』의 내용이다.; 정우락, 「金宇顒의 事物認識方法과 그 精神構圖의 特性」, 『한국사상과 문학』 7집, 한국사상문화학회, 2000, p.41.

드러나고 있다.

　남명의 직전제자 중 한명인 덕계(德溪) 오건(吳健) 또한 남명의 '경의' 사상을 잘 계승하였다. 특히 덕계의 언론관(言論觀)에서 남명의 '경의' 사상이 잘 드러나는데 덕계는 언론이 조선시대 성리학의 공허한 이기론(理氣論)의 관념관을 타파하자는 실리(實理)에 그 중심을 두고 있다고 했다. 덕계는 관직에 있으면서 통치자에게 바르게 간(諫)하고, 백성을 올바르게 인도하고 탐관오리를 경계하는 언로(言路)는 선비의 도학(道學)에서 비롯된 것이라고 하였다. 덕계의 언로에 대한 관심은 선비가 통치자의 바른 길을 제시하여 왕권의 전횡을 방지하려는 치도론(治道論)과 연계되는데, 이러한 치도론은 남명의 '의' 사상과 연관되어 있으며, 오건 또한 이러한 정신이 남명으로부터 가르침을 받은 것이라고 서술하고 있다.[34]

　이 밖에 한강(寒岡) 정구(鄭逑)도 충(忠)과 신(信)을 바탕으로 경과 의를 위학(爲學)의 요목(要目)이라고 하는 등 남명의 '경의' 정신은 그의 직전제자들에게 자연스럽게 계승되었다. 이들 직전제자들의 '경의'에 대한 공부는 이후에도 남명의 재전제자들에게 자연스레 이어지고 임진왜란 당시 창의라는 이름으로 발현된다. 즉 남명학파의 임진왜란 당시 창의는 남명의 사상적 기반에서 그 연유를 찾을 수 있는데 그 이유는 다음과 같다.

34　한상규, 「南冥 曹植 敎育思想에서의 敬義 工夫論」, 『南冥學硏究論叢』 第十二輯, 2003, 남명학연구원 출판부, pp.119~120.

첫째, 남명의 위학체계(爲學體系)는 성리학이지만, '경의'를 중시하였다. 즉 남명은 성명(性命)의 연마에 있어 반드시 실천(實踐)이 있어야 함을 강조하고 오직 경의로써 모든 행동의 근원을 삼았다. 또한 남명은 반궁체험(反躬體驗)과 각답실지(脚踏實地)를 중요시하였으며, 이것은 실용(實用)의 중시로 나타나고 '하학(下學)'과 '인사(人事)'의 실천적 측면을 강조하게 된다. 이러한 남명의 실천의지가 남명의 제자들에게 그대로 이어져 임진왜란 당시 창의라는 행동으로 발현될 수 있었던 것이다.

둘째, 남명은 '의'를 상당히 중요시하였다. 이것은 후에 상무정신(尙武精神)으로 이어졌다. 성리학에서 의는 정당성으로 규정되었으며 의를 방해하는 것은 '사(邪)'이며, 사를 막는 것은 의의 실천이다. 남명이 직접 군사문제에 관심을 보이기도 하고 제자들에게 '무(武)'와 병법을 강조한 것은 의의 실천으로 이러한 상무정신은 훗날 남명학파 문인들의 창의에 자연스런 자양분이 되었다.

셋째, 남명의 일본에 대한 명확한 현실인식은 남명학파의 창의 활동에 큰 역할을 하였다. 남명의 대일(對日) 인식은 상당히 배타적이며 강경하였다. 그 이유는 남명이 직접 왜적의 포악함을 목도하였기 때문이다. 그의 대일 인식은 문인들에게 그대로 수용되어 전란에 대비하고 항전하는 요인이 되었다. 남명은 직접 〈을묘사직소(乙卯辭職疎)〉에서 조정의 굴욕적인 외교정책을 비판하고 왜구의 침략을 대비하도록 촉구하였으며 왜란을 예견하였다. 또 제자들에게 그 강구책을 논의하도록 하기도 하였다. 남명의 현실인식에 바탕을 둔 선견지명으로 인해 남명학파는 자연스레 일본을 경계하였고 임진왜란이 발발하자 이것은 단시일 내에 경상우도 전체가 창의하는 저력으로 발휘되었다.

남명의 경의에 바탕을 둔 실천력, 의를 바탕으로 한 상무정신, 정확한 현실인식을 바탕으로 한 선견지명이 남명학파 문인들에게 수용되어 나타난 것이 바로 창의이다. 이 밖에도 남명의 현실인식과 이를 바탕으로 한 실천의식은 임진왜란 당시 관료로 있던 남명학파 문인들에게도 자연스레 체득되었으리라 생각한다. 또한 남명학파 중 피란이라는 선택을 한 일군의 문인들 또한 남명의 경의 사상을 절대로 소홀히 하지는 않았으리라 생각한다.

나. 남명학파의 임란 대응 양상

지금까지 남명학파에 대한 대다수의 연구는 주로 남명 문인의 의병 활동에 초점을 맞추어 진행되어 왔다. 경상우도가 임진왜란 당시 최대 격전지이며, 남명 문인의 상당수가 창의하였다는 것은 주지의 사실이지만 한 방향의 연구 경향은 반드시 경계하여야 한다. 비록 소수이긴 하지만 관직에 나아가 관료의 입장에서 임진왜란을 맞이했던 남명 문인이 있었으며[35] 학계에서는 논외의 대상이지만 전재민의 입장

---

35 이상필은 「壬亂時 在朝 南冥 門人의 活動」(『南冥學硏究』 第二輯 - 壬辰倭亂 400周年 紀念 學術大會 特輯號, 慶尙大學校 南冥學硏究所, 1992.)에서 임진왜란 당시 관직에 있던 대표적인 남명 문인인 藥圃 鄭琢, 東岡 金宇顒, 寒岡 鄭逑의 활동상을 소개하였다. 임진왜란 당시 관료였던 남명 문인을 다룬 연구 성과는 이상필의 연구 외에는 없다.

에서 참혹한 전쟁을 경험하였던 인물도 상당수 있었을 것이다.[36] 더욱이 7년이라는 시간은 남명의 직전문인들뿐만 아니라, 남명의 재전문인들까지도 전쟁의 참상을 경험할 만큼 긴 기간이라는 점 또한 절대 간과해서는 안 될 것이다.[37]

본격적으로 논의하기에 앞서 전제할 것은, 임진왜란의 혼란상 및 당시 국정 상황으로 인해 한 명의 경험주체가 명확하게 관료, 의병, 전재민 중 하나의 경험을 겪는 것이 아니라, 둘 이상의 경험을 복합적으로 겪을 수 있다는 사실을 미리 밝혀둔다.[38]

1) 관료(官僚)로서 책무 수행

임진왜란 당시 남명학파의 상당수는 의병으로 활동을 하였다. 의병은 관군과는 대별되는 집단으로 관직에서 물러난 사람 또는 관직에 나아가지 않았던 사람으로 구성되었다. 이것은 바꾸어 말하면 임진왜란 당시 남명학파의 문인들 중에서 관료였던 사람이 적었다는 것을

---

36 정우락은 「西溪 金聃壽의 戰爭體驗과 그 文學的 對應」(『嶺南學』 제10호, 慶北大學校 嶺南文化硏究院, 2006.)에서 남명 문인인 김담수의 피란 체험과 그 체험을 바탕으로 작성된 문학작품을 소개하고 있다. 임진왜란 당시 상당수의 남명 문인이 戰災民의 입장에서 전쟁을 경험하였을 것으로 생각하는데, 이에 대한 논의는 사실상 지금까지 매우 소홀하였다.
37 재전문인에 대한 연구는 來庵 鄭仁弘의 제자인 鄭慶雲과 정경운의 전쟁실기인 『孤臺日錄』에 대한 논의로 매우 한정되어 있다.
38 여기서는 한 명의 경험주체가 복합적인 경험을 겪을 때, 복합 경험 중 가장 주된 경험을 중심으로 임진왜란에 대응하는 모습을 찾아내고자 함도 미리 밝혀둔다.

의미한다. 임진왜란 당시 남명학파 문인들 중 관료가 적었던 연유는 크게 두 가지에서 찾을 수 있다.

첫째, 남명의 출처관(出處觀)에서 그 영향을 찾을 수 있다. 남명은 '사군자(士君子)의 대절(大節)은 오직 출처(出處)에 있다'[39]라고 할 만큼 엄격한 출처관을 가지고 있었다. 이러한 스승의 영향으로 인하여 상당수의 남명학파는 출사(出仕)하지 않았다.[40] 이것은 비슷한 시기 영남을 양분하고 있던 퇴계학파와 비교하였을 때 확연한 차이가 있다.

둘째, 1589년에 일어난 '기축옥사(己丑獄死)'[41]에서 그 영향을 찾을 수 있다. 기축옥사로 인해 남명학파 문인들이 관직에서 축출되는 일이

39　曺植, 『南冥集』(乙酉本) 卷4 張13. 金宇顒所撰 行錄 "又語仁弘及顥述曰 汝等於 出處 粗有見處 吾心許也 士君子大節 唯在出處一事而已"

40　〈덕천사우연원록〉에 명기된 134명의 남명학파 중에서 出仕한 인물은 39명이다. 임진왜란이 1592년에서 1598년 까지 진행되었는데, 이 시기는 주로 남명의 직전제자들이 관료로서 활동하던 시기이므로 재전제자까지 영역을 넓혀 출사한 인물을 찾더라도 인원이 그다지 늘어나지 않는다.

41　선조 때 鄭汝立은 조정에 불만은 품고, 고향에 돌아가 그의 고향이나 다른 지방의 불평분자들을 모아서 大同契라는 조직체를 만들고, 인심을 현혹하여 큰 난을 일으킴으로써 자기의 천하를 만들려 하였는데, 1589년 10월에 황해도 관찰사 韓準 등의 密啓로 인하여 정여립의 음모가 탄로나 반란이 무산되었다. 이때 湖南 출신 西人들의 상소로 많은 사람들이 정여립과 관계가 있다는 이유만으로 탄압받게 되는데, 이것이 바로 기축옥사이다. 그 옥사를 맡아 처리한 사람은 서인의 영수였던 鄭澈으로, 동인의 朝臣 중에서 李潑·李洁·白惟讓·柳夢井·崔永慶·金宇顒·洪宗祿 등이 정여립과 관련되어 있다고 지목받았으며, 그 중에서 李潑·李洁·白惟讓·柳夢井·崔永慶 등이 처형되었고, 鄭彦信·鄭彦智·鄭介淸 등이 유배되고, 盧守愼은 파직되었다. 정여립의 옥사는 2년이나 걸려서 처리되었는데, 이 당시 많은 남명학파가 화를 입었다.

발생하였다. 당시 남명의 고제(高第) 중 한 명인 최영경(崔永慶)은 '길삼봉(吉三峯)'이라는 가공의 인물로 지목받아 목숨을 잃고, 그를 따르던 많은 수의 남명학파 또한 피해를 입었다.

위의 두 가지 이유로 인해 임진왜란 당시 관료의 책무를 수행한 남명학파는 사실상 많지 않았다.

이제 임진왜란 당시 관료의 입장에서 임진왜란에 대처한 남명학파의 행동을 살펴보겠다. 이에 앞서 당시 조정(朝廷)의 모습을 왕조실록을 통해 확인해 보자.

> (가) 선조 25년 4월 28일 (선조실록)
>
> 수찬 박동현(朴東賢)은 아뢰기를, "전하께서 일단 도성을 나가시면 인심은 보장할 수 없습니다. 전하의 연(輦)을 멘 인부도 길모퉁이에 연(輦)을 버려둔 채 달아날 것입니다." 하면서, 목놓아 통곡하니 상이 얼굴빛이 변하여 내전으로 들어갔다.[42]

> (나) 선조 25년 4월 29일 (선조실록)
>
> 이날 밤 호위하는 군사들은 모두 달아나고 궁문(宮門)엔 자물쇠가 채워지지 않았으며 금루(禁漏)는 시간을 알리지 않았다.[43]

---

42 『宣祖實錄』, 宣祖 二十五年 四月 二十八日條, "修撰朴東賢啓曰 殿下一出城 則人心不可保 荷輦之夫 亦將委諸路隅而走矣 仍失聲痛哭 上色變 遽還內"

43 『宣祖實錄』, 宣祖 二十五年 四月 二十八日條, "是夜 衛士盡散 宮門不下鑰 禁漏不傳更"

(다) 선조 25년 4월 30일 (선조실록)

　새벽에 상이 인정전(仁政殿)에 나오니 백관들과 인마(人馬) 등이 대궐 뜰을 가득 메웠다. 이날 온종일 비가 쏟아졌다. 상과 동궁은 말을 타고 중전 등은 뚜껑 있는 교자를 탔는데 홍제원(洪濟院)에 이르러 비가 심해지자 숙의(淑儀) 이하는 교자를 버리고 말을 탔다. 궁인(宮人)들은 모두 통곡하면서 걸어서 따라갔으며 종친과 호종하는 문무관은 그 수가 1백 명도 되지 않았다. 점심을 벽제관(碧蹄館)에서 먹는데 왕과 왕비의 반찬은 겨우 준비되었으나 동궁은 반찬도 없었다. 병조 판서 김응남(金應南)이 흙탕물 속을 분주히 뛰어다녔으나 여전히 어찌해 볼 도리가 없었고, 경기 관찰사 권징(權徵)은 무릎을 끼고 앉아 눈을 휘둥그레 뜬 채 어찌할 바를 몰랐다.[44]

(라) 선조 25년 4월 14일 (선조수정실록)

　임해군은 함경도로 가게 하면서 김귀영(金貴榮)·윤탁연(尹卓然)이 수행토록 하고, 순화군(順和君)은 강원도로 가게 하면서 장계부원군(長溪府院君) 황정욱(黃廷彧)과 그의 아들 전 승지 황혁(黃赫), 이기(李墍)가 수행하도록 하였다. 대체로 황혁은 딸이 순화군의 부인이며 이기

44　『宣祖實錄』, 宣祖 二十五年 四月 三十日條, "己未 曉 上已出御仁政殿 百官人馬 闐咽於殿庭 是日 大雨終日 上及東宮御馬 中殿御屋轎 淑儀以下到洪濟院 雨甚 舍轎乘馬 宮人皆痛哭步從 宗親 文武扈從者 數不滿百 晝點于碧蹄館 僅備御廚 東宮則闕膳 兵曹判書金應南 親自奔走於泥濘中 猶不能制 京畿觀察使權徵 抱膝 瞪目 罔知所措"

는 원주(原州)에 살았기 때문에 함께 보냈던 것인데, 이기는 강원도에 이르러 병을 핑계대고 따르지 않았다.⁴⁵

(마) 선조 25년 4월 14일 (선조수정실록)

이달 그믐에 상이 서행(西幸)하였다. 상이 일단 서행하기로 의논을 결정하자 대궐 안의 이복(吏僕)들이 떠들다가 물러가더니 조금 뒤에는 위사(衛士)들도 모두 흩어졌으며, 시각을 알리는 북소리도 끊어졌다. 밤이 깊어서야 이일(李鎰)의 장계가 비로소 도착하였는데, 적이 금명간에 도성에 이를 것이 분명하다고 하였다. 장계가 들어온 뒤 얼마쯤 있다가 상이 돈의문(敦義門)을 나가 서행하였는데, 사관(祠官)으로 하여금 종묘와 사직의 신주판[主版]을 받들고 앞서게 하고 세자가 그 뒤를 따랐으며 거가가 나간 뒤 왕자 신성군(信城君) 이후(李珝)와 정원군(定遠君) 이부(李琈)가 따랐다. 상은 융복(戎服)으로 말을 타고 왕비(王妃)는 걸어서 인화문(仁和門)을 나왔는데, 수십 명의 시녀가 따랐다. 밤이 칠흑같이 어둡고 비가 내려 지척을 분변할 수 없었는데, 도승지 이항복이 촛불을 잡고 앞을 인도하니 왕비가 성명을 물어서 알고 위로하며 권면하였다. 종묘 각실(各室)의 인보(印寶) 외의 의장(儀仗)은 모두 버렸으며, 문소전(文昭殿)의 위판(位版)은 지키던 관원이 묻어두고 도망하였는데, 그 뒤에 위판이 나왔으나 문소전의 제례

---

45 『宣祖修正實錄』, 宣祖 二十五年 四月 十四日條, 二十三 記事, "命臨海君往咸鏡道 金貴榮 尹卓然從行 順和君使往江原道 長溪府院君黃廷彧與其子前承旨赫 同知李墍從行 蓋赫女爲順和夫人 墍居原州 故幷遣之 墍到江原道 托病不從"

(祭禮)는 마침내 없애고 거행하지 않았으니 시대가 어지러웠기 때문이었다.[46]

임진왜란 당시 일반 백성뿐만 아니라 조정 또한 혼란에 빠져 있었다. 특히 그 혼란은 선조가 의주로 몽진(蒙塵)을 결정하면서 극에 달하고 있다.

(가)는 『선조실록(宣祖實錄)』 선조 25년 4월 28일의 기록이다. 선조가 몽진을 결정하자, 관료들과 종실(宗室)에서 몽진을 반대하는 장면이다. 선조는 이날 관료들과 종신들의 의견을 수렴하여 몽진을 철회하지만 결국 이틀 뒤인 4월 30일 야음을 틈타 몽진을 하게 된다. 당시 수찬(修撰)이었던 박동현(朴東賢)의 간언은 며칠 뒤 실제 현실로 나타났고 선조는 몽진은 매우 초라했다.

(나)는 『선조실록』 선조 25년 4월 29일의 기록이다. 조정의 위급함을 눈치챈 호군(護軍)들이 먼저 도망쳐버린 장면이다. 선조는 몽진을 결심하기 전 도성을 근거로 삼아 저항할 생각이 있었으나 백성뿐 아니라 궁궐을 지키는 호군마저 도망한 상황이 기술되어 있다.

---

46 『宣祖修正實錄』, 宣祖 二十五年 四月 十四日條, 二十七 記事, "是月晦日 上西幸 上旣決西幸之議 闕內吏僕等 喧譁而退 俄而衛士盡散 更鼓斷絶 夜深 李鎰狀啓 始至云 賊今明日必至都城 狀入良久而上出敦義門西行 令祠官奉宗社主版先行 世子隨後駕出 王子信城君珝, 定遠君琈從之 上戎服執鞭, 王[妃]步出仁和門 女侍數十從之 夜黑雨暗 咫尺不辨 惟都承旨李恒福執燭前導 王妃問知姓名慰勉之 宗廟各室印寶外儀仗皆棄 文昭殿位版 守官埋置而逃, 其後位版得出 而文昭殿祭禮遂罷不擧 時詘故也"

(다)는 『선조실록』 선조 25년 4월 30일의 기록이다. 4월 30일 본격적인 몽진이 시작되는데, 이때 선조를 따르는 문무관과 종친이 채 100명이 되지 않았다. 이것은 당시 조정의 급박함과 관료들의 왕실에 대한 충성심을 확인할 수 있는 장면이다. 즉 당시 조선 조정은 정권 장악능력을 이미 상실하였음을 확인할 수 있다.

(라)는 『선조수정실록(宣祖修正實錄)』 선조 25년 4월 14일의 기록으로, 4월 29일 몽진 당시 조정의 모습을 담고 있다. 몽진을 앞두고 선조가 왕자들을 호종할 관료들을 직접 임명하는 장면이다. 후에 왕자를 호종하는 관료들 중 일부는 자신의 책무를 방기하는데, 이것은 당시 관료들의 왕실에 대한 의식을 보여주는 좋은 예라고 할 수 있다.

(마)는 역시 『선조수정실록』 선조 25년 4월 14일의 기록으로, 4월 30일 몽진하는 조정의 모습을 보여주고 있다. 이는 『선조실록』 4월 30일의 기록과 유사하다. 조정의 이복(吏僕)과 위사(衛士)들이 도망가자, 승정원 도승지인 이항복(李恒福)이 직접 촛불을 들고 길을 안내할 정도로 상황이 긴박함을 알 수 있는 장면이다. 북인정권과 서인정권에 의해 각기 기술된 『선조실록』과 『선조수정실록』 둘 다 임진왜란 초기 조정의 혼란상은 동일하게 기술하고 있음을 볼 수 있다.

당시 왕실의 권위는 땅에 떨어졌고, 관기(官紀) 또한 매우 문란해져 있었으며, 특히 몽진 당시 선조를 호종한 문무관이 종실을 합하여 100명이 안 된다는 사실은 여러 가지 시사하는 바가 크다.

임진왜란 당시 남명의 문인 중 관직에 있었던 사람은 재전제자까지 포함하여 대략 20여 명으로 추정할 수 있다.[47] 그들은 자신이 처한 입장에서 가장 적극적이고 현실적인 방법을 선택하여 관료로서의 책무를 다하였다. 그들의 활약을 행동 양상에 따라 분류하기로 한다.

임진왜란 당시 내·외직(內·外職)을 불문하고, 자신의 직책을 성실히 수행하는 경우는 찾기가 힘들었다. 내직에 있는 경우 위의 사례처럼 선조를 호종하는 인물이 극히 드물었으며 외직 또한 이와 별반 차이가 없었다. 외직에 근무하면서 병권을 가지고 있는 인물들은 자신의 안위를 위해 관병(官兵)을 사병화(私兵化)하여 도망다니기에 바빴으며, 목민관들 역시 자신의 지역민을 돌보지 않고 먼저 피란하였다. 반면에 남명학파 출신 관료들은 비록 소수이지만 모두 자신의 책무를 성실히 수행하였다.

임진왜란 당시 관료로 있으면서 국난을 대처하는 방법에는 여러 가지가 있었다. 시의적절한 의견을 제시함으로써 국정운영에 도움을 주거나, 목숨을 걸고 국방의 책임을 다하거나, 사리(私利)를 뒤로한 채 선조(宣祖)나 왕세자의 몽진을 묵묵히 호종한 경우, 목민관으로서 백성들

---

47 임진왜란 당시 남명의 직전제자 중에서 관료의 임무를 수행하던 사람으로는 禮谷 郭超·寒泉 李曇·藥圃 鄭琢·鷺渚 李陽元·月潭 崔滉·孤潭 李純仁·篁谷 李偁·月汀 尹根壽·鵝溪 李山海·東岡 金宇顒·寧無成 河應圖·寒岡 鄭逑·岳麓 許筬·拙菴 柳永詢·八溪 李郁·省克堂 金弘微·雲岡 趙瑗 등이 있으며, 재전제자 중에서는 息庵 黃暹·葛村 李潚·鑑湖 呂大老·海月軒 黃汝一·梧峰 申之悌·農圃 鄭文孚·松齋 曺繼明 등이 대표적인 인물이다. 직전제자들에 비해 재전제자들의 수가 상대적으로 적은데, 그 이유는 재전제자들의 연령층이 청년 또는 중년으로 관료로서 주도적으로 정국을 주도할 시기가 아니었기 때문이다. 실제 榜目들을 확인하면 임진왜란 당시 남명학파 출신 관료들은 더 늘어나리라 생각한다.

의 위무(慰撫)에 힘쓰는 경우 등으로 분류할 수 있다.

먼저 냉철하고 정확한 현실인식을 바탕으로 국정운영에 도움을 준 경우부터 살펴보자.

임진왜란이 발발한 지 불과 보름 만에 조선 조정은 중대한 문제에 봉착한다. 그것은 왜적을 맞아 도성을 지킬 것인지 아니면 몽진 후 전쟁을 장기화할 것인가에 대한 판단이었다. 이 당시 많은 관료들이 내심으로는 몽진을 바라지만 체면상 표면적으로는 옥쇄(玉碎)를 주장하였다. 결국 선조는 도성을 버리고 몽진을 결정하게 된다. 비록 국가적 수치이기는 하지만 몽진이라는 과감한 결정으로 인해 조선은 7년이라는 전쟁을 극복해 낼 수 있었다. 이러한 과단성 있는 결정 뒤에는 남명 문인인 아계(鵝溪) 이산해(李山海)[48]의 노력이 있었다.

---

48 이산해(1539~1609)는 5세부터 숙부 이지함의 지도를 받아 주로 經學과 詞章을 근간으로 한 家學을 배경으로 학문의 성취를 이루었다. 남명에게 직접 가르침을 받지 못했기에 아계는 엄밀히 따지면 남명의 직전제자이기 보다는 사숙인에 가깝다. 그럼에도 아계가 남명의 문인으로 분류되는 것은 그가 남명학파가 중심이 된 北人의 領袖로 알려졌기 때문이다. 아계는 20세(1558)에 식년 생원 및 진사가 되었고, 23세(1561)에 식년문과에 병과로 급제하였다. 이후 여러 청 요직을 고루 거쳤다. 그는 왕실의 외척, 大北系, 小北系, 南人系, 西人系의 핵심적 인물들과 학파 및 정파를 뛰어넘어 광범한 인맥을 형성하였는데, 이러한 폭넓은 인맥형성과 선조의 절대적인 지지로 인해 50세(1588)에는 右議政에 올랐는데, 이 무렵 동인이 남인·북인으로 갈라지자 북인의 영수로 정권을 장악하였다. 51세(1589)에 左議政에 이어 임진왜란 당시 領議政의 임무를 수행하였다.; 남명학파 문인들에 대한 약력은 주로 사단법인 남명학연구원(http://www.nammyung.org)의 남명학파 문인들의 약력을 참고하여 정리하였음을 밝혀둔다.

아계는 1592년 임진왜란이 일어날 당시 영의정으로 국정을 책임지고 있었다. 몽진에 대한 논의로 조정이 분열상을 보이자 아계는 관료들의 비판을 무릅쓰고 몽진을 건의한다.

> 이때 대신 이하 모두가 입시할 적마다 파천의 부당함을 아뢰었으나 오직 영의정 이산해(李山海)만은 그저 울기만 하다가 나와서 승지 신잡에게 옛날에도 피란한 사례가 있다고 말했으므로 모두가 웅성거리면서 그 죄를 산해에게 돌렸다. 양사가 합계하여 파면을 청했으나 상이 윤허하지 않았다. 이때 도성의 백성들은 모두 뿔뿔이 흩어졌으므로 도성을 고수하고 싶어도 그럴 형편이 못되었다.[49]

아계의 건의로 조정은 결국 몽진을 하게 된다. 아계는 이후 선조를 호종하여 개성에 이르렀으나, 양사(兩司)로부터 나라를 그르치고 왜적을 침입하도록 하였다는 탄핵을 받고 파면된다. 백의(白衣)로 평양에 도착한 후 다시 탄핵을 받아 강원도 평해로 귀양을 가게 된다.

도성의 백성이 흩어져 방어할 병력이 없는 상황에서 제기한 아계의 몽진론(蒙塵論)은 사실상 가장 현실적 대안이었다. 그럼에도 아계는 정치세력의 집요한 공세에 밀려 파직 당했다가 이후 다시 정계에 복귀

---

49 『宣祖實錄』, 宣祖 二十五年 四月 二十八日條, "時 大臣以下每入侍 皆極言不可去邠 而領議政李山海 則惟噫嗚涕泣而已 旣又出謂承旨申磼曰 古亦有避去者 云 衆遂譁然 歸罪於山海 兩司合啓請斥免 上猶不允 蓋是時城中士庶 皆已奔潰 雖欲固守 勢有不可爲矣"

한다.[50] 아계는 정계 복귀 이후 영돈녕부사(領敦寧府事)로서 정치적 현안보다는 전란 극복에 힘썼다. 그는 선조에게 시폐십조(時弊十條)를 제시하고 차자(箚子)로 각종 시무책(時務策)을 제시하였으며, 임금과 면대한 자리에서는 인심의 수습, 상벌의 공정, 뛰어난 장수의 선발, 명과의 원활한 외교관계 유지 등을 건의했으며, 민생복구를 위한 각종 방안을 제시하고 외교문서를 전담하였으며, 광해군의 세자 인준, 비변사를 통한 변방 방어의 독려 등 전란 이후의 모든 정책에 대하여 관심을 기울였다.[51]

아계의 시무책은 철저히 현실인식을 바탕으로 하고 있음을 확인된다. 아계는 임진왜란 당시 명리(名利)보다는 실리(實利)를 앞세운 정책으로 인하여 여러 정파로부터 공격당하기도 하였지만, 이것은 화담(花潭)과 남명으로 대변되는, 공리공담(空理空談)보다는 실천을 중시하는 학파의 특색을 잘 보여주는 일단의 사례라고 할 수 있겠다.

동강(東岡) 김우옹(金宇顒)[52] 역시 예리한 현실인식을 바탕으로 국난극

---

50 아계는 선조 28년(1595) 經筵에서 같은 남명학파인 藥圃 鄭琢이 전란 초기의 급박한 상황은 아무리 지혜가 있는 자라도 다른 방도를 찾을 수 없었을 것이라는 점과, 과거에도 임금의 파천으로 國都를 옮긴 사례가 있었다는 점을 들어 赦免을 요청하여 解配와 더불어 職牒을 돌려받았다.
51 설석규, 「宣祖代 政局과 李山海의 정치적 역할」, 『退溪學과 韓國文化』 第46號, 경북대학교 퇴계연구소, 2010, pp.331~333.
52 김우옹(1540~1601)은 본관이 義城으로 星州에 거주하였다. 동강은 15세(1554)에 성주교수로 있던 남명 선생의 문인 오건에게서 많은 가르침을 받았다. 20세(1559)에는 오건으로부터 배웠다. 그 이후 24세(1563) 겨울에 남명 선생을 뵙고 남명으로부터 惺惺子를 받기도 한다. 동강은 18세(1557)에 경상도 향시

복을 위한 정책을 개진한 남명학파 출신 관료 중의 한 사람이다. 동강은 임진왜란 당시 기축옥사로 인해 적소(謫所)인 회령(會寧)에 있다가 면죄되어, 복직한 후 호종의 임무를 수행한 이례적인 경력을 갖고 있다. 동강은 임진년 5월 회령의 적소에서 특면(特免)의 교지(敎旨)를 받고 즉시 의주(義州)의 행재소(行在所)로 출발하여 5개월여 만에 선조를 뵙고 보필하게 된다.[53]

김우옹은 임진왜란 중 문집에 보이는 것만도 아홉 차례에 걸쳐 시무책을 올렸는데, 모두 학문에 근거한 현실 판단과 처방이라는 측면에 주목해야 한다. 여러 가지 시무책 중 대사헌 재직 시 올린 〈방어기무칠조(防禦機務七條)〉는 시의를 제대로 판단한 시무책이라고 할 수 있다.[54] 〈방어기무칠조〉의 7가지 방안 중 3가지는 선조의 자질에 대

에 응시하여 兩試에 합격하였고, 19세(1558)에 식년 진사 제1등으로 합격하고, 28세(1567)에는 식년 문과에 병과로 급제하였다. 32세(1571) 겨울에 스승 남명이 병이 나자 수개월 동안 직접 간호하기도 하였다. 34세(1573)부터 관료로서의 길을 걷게 되는데, 三司의 여러 직책을 수행한다. 48세(1587)에는 안동대도호부사에 임명되어 牧民官으로서 백성을 사랑하고 학문을 진작시키는 것을 백성 다스리는 기본으로 삼았다. 50세(1589)에 기축옥사로 함경도 회령부로 귀양을 갔다. 53세 되던 해에 임진왜란이 일어나는데, 이해 5월에 면죄된 후, 선조를 호종하게 된다.

53 동강은 피란지에서 副護軍 承文院提調로 기용된 후 12월에는 兵曹參判을 역임하였다. 54세(1593)에는 接伴使, 問慰使 등의 직책을 성심껏 수행하였고 선조의 御札을 明將 李如松에게 전하기도 하였으며, 同知義禁府事가 되어 왕을 호종하고 서울로 환도한 이후에는 漢城府左尹, 惠民署提調 등을 역임하였다. 55세(1594)에는 大司成이 되고 이어서 大司憲, 吏曹參判을 역임하였다.

54 〈防禦機務七條〉는 1594년(갑오년)에 동강이 선조에게 올린 임진왜란을 극복할 수 있는 7가지 방안을 이른다. 그 계책은 첫째, 선조가 허물을 고치는 데

한 예민한 논의임에도 동강은 이 시무책을 선조에게 건의하고 선조 또한 이를 따르리라고 다짐하기도 한다. 이러한 기개는 남명의 〈을묘사직소(乙卯辭職疎)〉를 올릴 당시의 모습을 재현한 것처럼 매우 어조가 강하였다.

동강의 시무책을 크게 분류하면 전시와는 무관한 진술과 전시와 유관한 진술로 분류할 수 있다. 전시와 상관없는 진술은 군주의 수양(修養), 언로(言路)의 개방, 인재의 등용에 대한 내용이다. 전시와 관련된 진술은 대부분 구체적인 군사작전에 대한 내용 또는 행정의 효율성을 강조한 것으로[55] 동강의 현실인식과 애민의식이 잘 드러나고 있으며, 이것은 남명의 출처관, 현실인식, 경의 사상에서 그 뿌리를 찾을 수 있다.

임진왜란이 장기화되자 선조는 다시 도성으로 입성하는데 이후 왜적의 재침이 가시화되자 조정은 다시 몽진에 대한 논의로 분분하였다. 이 당시 사간(司諫)으로서 선조에게 직언을 하여 관료의 책무를 다한 남명 문인이 있었는데, 성극당(省克堂) 김홍미(金弘微)[56]가 바로 그다.

인색하지 않아야 한다. 둘째, 私心을 이겨내어 백성을 보전하여야 한다. 셋째는 자주 경연에 나아가시어 상하가 서로 친근하여야 한다. 넷째, 대신에게 위임하여 소신 있게 일을 할 수 있게 하여야 한다. 다섯째, 人材를 맞아들이되 資格에 구애되지 않아야 한다. 여섯째, 장수를 선발하여 병사들을 훈련시켜야 한다. 일곱째, 감사와 수령을 잘 가려야 한다. 등 7가지이다.

55 李相弼,「壬亂時 在朝 南冥 門人의 活動」, 南冥學研究』第2輯, 경상대학교 남명학 연구소, 1992, pp.194~198.
56 김홍미(1577~1605)의 본관은 尙州이며, 거주지 또한 상주였다. 성극당은 남명의 문인이기도 하면서 퇴계의 문인인 류성룡을 사사하기도 하였다. 성극당은

성극당은 40세(1596)에 사간으로 있을 당시에 전황이 급박해지자 선조가 요동(遼東)으로 건너가려는 방책을 세우자 "임금은 사직과 같이 죽어야 하는 것이 바른 의(義)인데 전하께서는 이를 버리려 하십니까?"라고 간하여 선조의 내부(內附)를 막았다.

여기서 중요한 것은 '국군사사직(國君死社稷)'이라는 명분이 남명의 〈신명사도(神明舍圖)〉[57]에서 기인한 것이며, 이러한 간언이 가능했던 것은 실천을 중시하는 남명학의 특징이 드러난 것이라 할 수 있다.

아계, 동강, 성극당의 공통점은 자신의 견해가 비록 주류의 입장이 아니거나 선조의 견해에 반할지라도 그것이 바르다면 자신의 의지를 굽히지 않고 관철시키고자 하였다. 이들의 견해는 당리당략을 기반으로 하거나 즉흥적인 것이 아닌 철저한 현실인식을 바탕으로 하기에 이러한 과감성이 가능하였다.

    남명 선생이 세상을 떠날 때 제문을 짓기도 하였다. 성극당은 23세(1579)에 식년 진사에 제1등으로 합격하였고 29세(1585) 식년 문과에 을과로 급제하였다. 36세(1592)에는 慶尙左道都事에 제수되었고 37세(1993)에는 經筵官, 應敎, 司諫, 司成 등을 역임하였다.

57 남명은 敬과 義를 하늘의 해와 달로 표현하여 '神明舍圖'를 그렸다. 신명사도는 마음의 안팎을 敬義로 잘 다스려 至善에 도달하는 것을 표현하였다. 남명이 인간의 마음의 안팎을 굳은 성곽으로 표시한 것은, 외부로부터 들어오는 私慾을 반드시 막아야 하며, 이것을 전쟁에서 적이 쳐들어오는 것과 같다고 보았다. 그림 중에서 성곽 안의 '國君死社稷'이라는 글자가 있는데 이것은 임금이 국난을 당했을 때 사직을 위해 죽을 각오로 나라를 지켜야 한다는 점을 강조한 것으로, 마음을 다스리는데 있어서 잠시라도 敬을 떠나서는 안 된다는 것을 의미한다. 김홍미는 선조의 內附를 '군국사사직'이라는 표현을 사용하여 강력하게 반대하였다.

다음은 자신의 목숨을 담보로 국방의 책무를 충실히 하였던 남명학파 출신 관료를 살펴보겠다.

아계의 건의로 몽진이 결정되었을 때 선조는 조정의 기반을 군건히 하고자 광해군을 세자로 삼았다. 이때 관직의 이동이 일어나면서 다른 한 명의 남명학파가 중용되는데 그가 바로 노저(鷺渚) 이양원(李陽元)[58]이다.

선조가 몽진을 결심하면서 선조의 몽진을 후방에서 지킬 유도대장(留都大將)이 필요하게 되었는데 이때 노저가 선임되었다.[59] 유도대장의 임무는 도성에 남아 적의 공세를 지연시키는 것으로 그 당시 아무도 이 임무를 맡으려 하지 않았다. 당시 도성에는 왜적과 맞설 관군이 없는 실정이었지만 노저는 이를 마다하지 않고 자신의 책무에 최선을 다한다. 노저는 임진년 5월 3일 적과 조우하여 전투를 하지만 결국 양주(楊州)로 후퇴하고, 해유치(蟹踰峙)에서 부원수(副元帥) 신각(申恪)·남병사(南兵使) 이혼(李渾)의 군사와 합세하여 적과 싸워 승리한다. 이후 계속적인 적의 공격을 이기지 못하고 철령(鐵嶺)으로 후퇴하였을 때 선조가 내부(內附)하였다는 와전된 풍설(風說)을 듣고 통탄하여 8일간의 단식 끝에 피를 토하며 분사(憤死)하였다. 이러한 노저의 모습에서 남

---

58 이양원(1526~1592)은 본관이 전주이며, 定宗의 아들인 宣城郡 茂生의 현손이자 利原副令 鶴汀의 아들로 태어났다. 노저는 퇴계와 남명 兩門에 출입하였다. 그는 일찍이 산해정으로 남명을 찾아와 講學하였다. 31세(1556년) 문과에 급제하였다. 임진왜란 이전까지 三司와 승정원 등에서 여러 관직을 거쳤다.

59 『宣祖修正實錄』, 宣祖 二十五年 四月 十四日條, 二十七 記事, "以李陽元爲留都大將 大臣李山海以下及宰臣數十人 竝以扈從啓下"

명학파의 학풍을 찾기는 어렵지 않다.

나라를 지키는 데 나이는 문제가 될 수 없었다. 한천(寒泉) 이담(李曇)[60]은 임진왜란 당시 관료로 있던 남명학파 문인들 중에서 최고 연장자였다. 한천은 당시 옥포만호(玉浦萬戶)로서 노구에도 불구하고, 스스로 진두에 나서 왜적에 대응하였다. 이후 한천은 전공을 세워 원종공신(原從功臣)에 오른다. 임진왜란 당시 많은 관료들이 피란한데 반해, 한천은 노령에도 불구하고 전쟁이 끝날 때까지 자신의 본분을 다한 관료이다. 남명학파 문인들 가운데 관군으로 활약한 소수의 인물 중 한 명이기에 그 의미가 더욱 크다.

직접 왜적을 맞아 싸우는 것 이외에도 다른 방법을 통해 국방의 한 축을 담당한 경우도 있었다.

악록(岳麓) 허성(許筬)[61]이 대표적인 경우이다. 악록은 임진왜란 당시 내·외직을 고루 역임하면서 관료로서의 책무를 다하였다. 악록은 43세(1590)에 통신사(通信使) 황윤길(黃允吉), 부사(副使) 김성일(金誠一)과 함께

---

60 이담(1524~1600)의 본관은 星州이다. 한천은 1564년(명종 19)에 동생 이조와 함께 덕산으로 남명 선생을 찾아뵈었고 그 이후로 왕래하면서 敬義의 의미와 出處의 道를 배웠다. 한천은 음서로 임진왜란 당시 忠義衛玉浦萬戶를 지냈다.

61 허성(1548~1612)은 본관이 陽川으로 京城에 거주하였다. 악록은 1548년(명종 3)에 아버지는 許曄이며 許筠의 형이자 許蘭雪軒의 오빠이기도 하다. 악록은 젊어서 柳希春을 사사하였고 가학을 통해 학문에 침잠하였다. 악록은 남명의 문인으로 보기 어려우나 〈사우연원록〉에 명기되어 있는 것은 아버지 許曄이 화담의 문인으로 東人의 領袖로 활약한 데서 기인하지 않았나 생각한다. 악록은 21세(1568)에 증광 생원 1등으로 합격하였고 36세(1583)에는 별시문과에 병과로 급제하였다.

일본을 다녀왔는데, 이때 황윤길은 일본의 침략 의도를 지적하였으나 김성일은 침략 우려가 없다고 하였다. 이 당시 악록은 김성일과 같은 동인(東人)임에도 불구하고 그 의견에 반대하여 침략 가능성이 있음을 직고하였다. 이것은 명확한 현실인식에 의한 적합한 판단이라 할 수 있다.

1592년 임진왜란이 일어나자 악록은 이조좌랑으로 강원도 소모어사(召募御史)를 자청하여 군병모집에 진력하였다.[62] 직접 군을 이끌지는 않았지만 군병모집을 통해 조선이 임진왜란을 승리로 이끄는 데 일조하였다. 소모어사로 자청하여 군병을 모집한 점 또한 악록의 실천의식이 잘 드러나는 부분이다.

이후 정유재란까지 남명학파 출신 관료들의 종군은 계속된다. 졸암(拙菴) 유영순(柳永詢)[63] 역시 임진왜란 당시 내·외직을 두루 겸한 남명학파이다. 졸암은 임진왜란이 진행 중 장령(掌令), 사헌부집의(司憲府 執義), 승정원 우부승지(承政院 右副承旨), 병조참의(兵曹參議)를 거쳐 형조참

---

62 악록은 이후 47세(1594)에는 왜적의 상황 등을 서술한 자문을 보고하였으며, 그해 명의 總督을 맞이하는 接伴副使로 임명되었다. 50세(1597)에는 同副承旨, 右副承旨를 거쳐 吏曹參議에 제수되었다. 악록은 임진왜란 이전부터 書狀官을 역임하였으며, 임진왜란 중에는 명나라의 접반부사로 외교에 있어서도 탁월한 능력을 발휘하였다.

63 유영순(1552~1632)은 본관이 전주로 京城에 거주하였다. 졸암은 비록 직접 남명의 문하에 급문하지는 않았으나, 남명 사후 남명을 모신 서원의 중건에 크게 기여하였고, 스스로 문인의 대열에 있다고 자처하였다. 졸암은 22세(1573)에 식년 생원 제3등으로 합격하였고, 28세(1579)에는 식년문과에 을과로 급제하였다.

판(刑曹參判)이 되었다. 1597년에 정유재란이 일어나자 전란 중에 부친과 형을 잃고, 김시헌, 송순 등과 함께 군량, 무기 등을 준비하여 장정 700여 명을 모아 복수군을 조직하여 서울의 수성계획을 세우기도 하였다. 졸암은 선조에 의해 관군의 수장에 이르지만 관군의 힘만으로는 국가적인 재난을 막을 수 없다는 판단 하에 의병을 모집하여 기민한 현실인식과 이를 행동으로 옮기는 남명학파의 실천의식을 보여주고 있다.

졸암과 비슷한 활약상을 보인 경우로 팔계(八溪) 이욱(李郁)[64]을 들 수 있다. 팔계는 임진왜란 당시 35세로 분호조좌랑(分戶曹佐郞)으로서 가산(嘉山)의 병량보급을 관할하였으나 관료로서 자신의 역할이 한계에 다다르자 스스로 의병장이 되어 진주성에 들어갔다. 이듬해(1593)에 진주성이 함락되자 순절하였고, 후에 호조좌랑에 추증되었다. 졸암과 팔계의 행동은 관료라는 명리(名利)보다는 의병장으로서의 실천(實踐)을 더 중요시하는 남명학파의 학풍을 보여주는 좋은 사례라 하겠다.

갈촌(葛村) 이숙(李潚)[65]은 무관 출신의 남명학파라는 특이한 이력을 지니고 있다. 갈촌은 남명의 고제(高第)인 한강(寒岡; 鄭逑)의 문인으로,

---

64 이욱(1556~1593)의 본관은 驪興이다. 팔계는 일찍이 남명 선생의 문하에서 수업하여 天人性命의 說을 배웠다. 팔계는 31세(1588)에 천거로 奉先殿參奉이 되었고, 돈녕부에 전직하였으며, 35세(1592)에는 경상도에 있다가 이듬해 분호조좌랑이 되어 嘉山의 병량보급을 관할하였다.

65 이숙(1550~1615)의 본관의 再寧이며 함안에서 태어났다. 임진왜란 때 함안 召募官의 직책을 맡아 많은 의병들을 모집한 茅村 李瀞(1541~1613)의 동생이다. 27세 때 무과에 합격을 했으나 곧 물러나 벼슬하는데 뜻을 두지 않고 학문을

무과에 급제하고도 환로(宦路)에 나아가지 않았다. 1591년 왜적이 침입할 기미를 보이자 조정에서는 이를 대비하기 위하여 장수들을 가려 뽑았는데, 이때 갈촌은 제포만호(薺浦萬戶, 제포는 창원의 옛지명)가 되어 성을 수축하고 병기를 수선하여 왜적의 침입을 대비하였다. 이듬해 임진왜란이 일어나자 갈촌은 천성진만호(天城津萬戶, 천성진은 지금의 가덕도 부근) 신초(辛礎), 생질인 박진영(朴震英)과 함께 김해에 들어가서 적을 막아낼 계책을 세우려 했으나 중과부적으로 패퇴하자 적의 포위망을 뚫고 영산현의 멸포진(蔑浦鎭)에 도착하여 김수(金睟)의 휘하로 들어갔다.

갈촌은 곽재우와 김수의 갈등을 봉합하는데 힘썼으며 김수의 막하에 있으면서 항상 진두에 섰다. 이후 공로를 인정받아 영산현감이 되었다. 정유재란 시에도 통제사 정기룡(鄭起龍)과 함께 고령(高靈) 미숭산(美崇山)의 적을 토벌하였다.

갈촌은 무장이면서도 한강에게서 학문을 배웠는데, 이는 숭문(崇文)과 호무(好武)를 동시에 강조한 남명학파의 학풍을 잘 확인할 수 있는 부분이다. 갈촌은 곽재우와 김수가 서로 대립하였을 때 심정적으로는 곽재우의 의견을 존중하지만 관료로서는 김수의 입장을 대변하여 객관적이면서도 냉철하게 갈등을 진정시켰는데, 이것 역시 몸에 배인 현실인식이 잘 드러나는 부분이다.

이 밖에도 무관출신 남명학파에는 송재(松齋) 조계명(曺繼明)[66]이 있

강론하고 연마하였다. 이때 한강이 함안군수로 부임하자 한강의 문인으로 급문하였다.

66 조계명(1568~1641)의 從祖父는 남명이며, 아버지는 曺義民이다. 그의 尙武精

다. 송재의 종조부(從祖父)가 바로 남명이며, 아버지는 조의민(曺義民)이다. 1592년 임진왜란이 일어나자 송재는 아버지를 모시고 동생 조계장(曺繼章)과 윤탁(尹鐸)·박사겸(朴思謙)·박사제(朴思齊)·노순(盧錞) 등 함께 여러 싸움터를 누비며 전공을 세웠다. 그리고 망우당 곽재우(忘憂堂 郭再祐)와 함께 악견산성(岳堅山城), 화왕산성(火旺山城)을 수리하여 적을 물리쳤다. 1594년 무과에 급제해 왜적을 물리치는 데 더욱 큰 공을 세웠으며, 벼슬은 훈련원첨정(訓練院僉正), 은진현감(恩津縣監), 훈련원부정(訓練院副正) 등을 역임하였다.

또한 관군으로 활약한 인물 중에는 해월헌(海月軒) 황여일(黃汝一)[67]도 있다. 해월헌은 내암 정인홍의 문인으로 임진왜란이 일어나자 도원수(都元帥) 권율(權慄)의 종사관(從事官)으로 종군하여 왜군의 포로가 되었다가 풀려났으며, 이후 여러 전투에서 공을 세웠다. 1598년 명나라에 서장관(書狀官)으로 파견되었을 때 마테오 리치(Ricci, Matteo, 1552~1610)의 감수를 받아 세계지도를 제작하였다. 내암의 문인과 한강의 문인 대부분이 의병으로 임진왜란 당시 상당한 활약을 하는데 해월헌의 경우 관군으로 임진왜란을 종군하였다는 이력이 이채롭고, 세계지도를 제작하였다는 점에서 남명으로부터 이어지는 박물적(博物的) 학풍을 계승하였음을 확인할 수 있다.

神은 종조부인 남명에게서 기인하였으며, 후에 무과에 급제한다.
67 황여일(1556~622)은 본관이 平海이다. 21세시(1576) 진사시에 급제하고, 30세(1585)에 별시문과에 급제한 후 여러 淸宦職에 복무하였다.

감호(鑑湖) 여대로(呂大老)[68] 역시 한강(寒岡)의 문인이다. 감호는 임진왜란이 일어나자, 성균관 박사에서 물러나 5월에 의병을 일으켜 권응성(權應聖)을 부장으로 삼고 거창에서 곽준(郭䞭), 문위(文緯)와 합류하였다. 6월 초유사(招諭使) 김성일이 장계하여 형조 좌랑·지례현감에 제수되었으며, 8월 송암(松菴) 김면(金沔)과 협력하여 왜적을 무찔렀다. 정유재란 때 망우당 곽재우와 화왕산성에 들어가 의병모집을 상의하기도 하였다. 감호는 평화 시에는 책을 잡고, 전시에는 칼을 들어 자신에게 주어진 현실 속에서 국가를 위해 봉직하는 남명학파의 모습을 잘 대변하고 있다.

이상으로 많지는 않지만 남명의 문인들 중 관군으로 종군한 경우를 살펴보았다. 이들은 직접 관군을 인솔하거나 또는 관직을 활용하여 의병을 모집하기도 하며 상황이 급박할 시에는 의병장으로서 관군과 의병의 합진(合陣)을 지휘하는 등 매우 능동적으로 국난에 대처하고 있음을 살펴보았다. 이러한 능동성과 기민함이 가능한 것은 남명으로부터 이어 온 학풍에서 기인한 것이라 하겠다.

다음은 임진왜란 당시 선조나 왕세자의 몽진을 호종하였던 남명학파 문인들을 활약상을 살펴보겠다.

임진왜란이 발발한 지 보름이 겨우 지난 임진년 4월 30일 새벽에 선조는 몽진길에 오른다. 당시 선조를 호종하는 관료의 수는 매우 적었

---

68 여대로(1552~1619)는 본관이 星山으로 寒岡의 문인이다. 감호는 1583년 별시 문과에 급제하였으며, 1591년에는 성균관박사가 되었다.

는데, 이중에서도 남명학파 문인 출신 관료들을 쉽게 발견할 수 있다.

대가(大駕)를 호종하는 남명학파 문인 중 대표적인 인물은 바로 약포 정탁이다. 약포는 임진왜란 발발 당시에 67세로 의정부 우찬성겸지경연춘추관사내의원부제조(議政府 右贊成兼知經筵春秋館事內醫院副提調)로 있으면서, 몽진 시 대가와 학가(鶴駕)를 호종하였다. 도성으로 돌아온 이후로는 세자를 따라 무군사(撫軍司)에서 활동하기도 하였으며, 1595년(70세) 2월에는 의정부 우의정에 올랐다가 6월에 체직(遞職)되어 지중추부사(知中樞府事)가 되었다. 임진왜란 당시의 공훈으로 인해 광해군 5년에 위성공신(衛聖功臣) 일등에 기록되고 영의정에 증직된다.

약포는 전란 중에 부족한 인재의 발굴을 위해 당시 사형되었거나 파면되었던 인물들의 사면을 건의하였는데 이는 약포의 현실적인 정치 감각을 잘 보여주는 대목이다. 노수신·정언신·이산해 등이 그들인데, 노수신과 정언신은 기축옥사와 관련되어 있던 인물로 신원을 해 줌으로써 여러 사람들의 호국의지를 장려하였다. 특히 이산해는 몽진을 건의했다가 파면당한 인물인데 약포는 당시 현실상 몽진이라는 결정은 시의에 맞는 결정이라고 변호하였으며, 선조에게 주청하여 복직시키기도 한다. 한 명이라도 인재가 필요한 상황에서 선택한 남명학파 문인다운 현실적이고 실천적인 행동이라고 할 수 있겠다.

약포 이외에도 남명학파 문인들 중에서 대가 또는 학가를 호종한 경우를 더 찾을 수 있다. 월담(月潭) 최황(崔滉)[69]은 임진왜란이 일어나

---

69 최황(1529~603)은 본관이 海州로 京城에 거주하였다. 월담은 남명이 선조의

자 좌찬성(左贊成)으로 선조를 호종하였다. 대가를 호종하는 동안 시의 적절한 의견을 선조에게 올려 관료로서의 책무를 다하였다.

(가) 『선조실록』 선조 25년 6월 12일 3번째 기사

우의정 유홍(兪泓), 좌찬성 최황(崔滉)이 치계하였다.

"신들은 어제 내전(內殿)을 호종(扈從)하여 지금 덕천(德川)에 머물고 있습니다마는 왜적의 기세가 어떠한 지를 몰라 걱정이 그지없습니다. 지금 국가의 큰 계책은 두어 가지에 불과하니 평양을 굳게 지키면서 명나라 병사를 기다리는 것이 제일 상책입니다. 그러나 군부(君父)가 어찌 적병을 친히 방어하겠습니까. 상께서 만약 영변으로 어가를 옮기고자 하신다면 안주(安州)와의 거리가 큰 길로 하루 길이지만 성안에 백성들이 이미 비어 있으니 오래 머무실 곳이 못 됩니다. 만약 강계(江界)로 가신다면 적유령(狄踰嶺)이 비록 험준하기는 하지만 역시 믿을 수 없습니다. 북방에 야인(野人)들이 있으니 시기를 틈타 몰래 발동함이 없다고 어찌 보장할 수 있겠습니까. 식량도 부족하니 웅거하여 지키기가 어렵습니다. 만약 요동(遼東)으로 건너갈 계획이 있으시다면 선왕(先王)의 강토를 잃는 것이니 사수(嗣守)하는 뜻

召命을 받고 상경했을 때 찾아뵙고 배움을 청하였다. 월담은 30세(1558)에 식년 진사 제3등으로 합격하였고, 38세(1566)에 별시문과 병과로 급제하였다. 48세(1576)에는 수안군수로서 선정을 베풀어 고을 사람들이 송덕비를 세웠다. 51세(1579) 7월 2일에는 사간이 되었고, 52세(1580) 7월 6일에는 석강에서 『대학연의』를 강하고, 군자 소인의 변별을 논하였다. 임진왜란 당시 벼슬은 左贊成에 이르렀다.

이 아닙니다. 덕천에서 개천(价川)까지는 험준한 고개가 많은데 내전(內殿)께서 영변에 도착하신 뒤에 북도(北道)로 옮기게 될 경우가 생기면 겨우 갔다가 갑자기 되돌아와야 하니 한갓 옥체만 수고로이 할 뿐이어서 손해만 있고 유익함은 없을 것입니다. 그러므로 신들은 그대로 이곳에 머물러 있으면서 성상(聖上)의 명을 기다리겠습니다."[70]

(나) 『선조실록』 선조 25년 12월 13일 1번째 기사

우찬성(右贊成) 최황(崔滉)이 아뢰기를, "국가가 망하게 되었는데 한쪽 모퉁이에 편안히 있으면서 상하가 즐거워하고 단지 중국 군사만 믿고 있습니다. 전하께서는 대내(大內)에 깊이 계시면서 한결같이 걱정만 하고 여러 신하들에게 나랏일을 맡기고 계십니다. 그래서 내리는 모든 공사(公事)에 단지 '계(啓)' 자만 찍어 내리십니다. 바라건대 전하께서는 날로 부지런히 신하들을 접견하시어 여러 사람의 뜻을 살피시고 여러 사람의 계책을 채택하소서."

하니, 상이 이르기를,

"모든 공사는 비변사에 내리면 비변사가 자세히 살핀다. 내가 친

---

70 『宣祖實錄』, 宣祖 二十五年 六月 十二日條, "右議政兪泓 左贊成崔滉馳啓曰 臣等昨日扈內殿 今留于德川第 未知賊勢如何 憂悶罔極 今者國家大計 不過數策 堅守平壤 以待天兵 此最上策 然君父豈爲親禦敵兵 自上如欲移蹕寧邊 去安州大路只一日程 而城內人民已空 非可久駐之處 若向江界 狄蹤雖峻 亦不可恃 北有野人 乘時竊發 安保必無 糧餉亦少 據守爲難 如有渡遼之計 恐失先王之土地 甚非所以嗣守之義 自德川至价川 多有峻嶺 內殿至寧邊之後 若有遷北之事 纔往遽還 徒勞玉體 有損無益 臣等當仍留此地 以待聖命"

히 보더라도 무슨 일을 하겠는가. 근래에는 기후(氣候)가 편치 못하여 접견을 하지 못하였다. 오늘 비변사 당상 모두를 인견하겠는데 경이 와서 아뢰니 매우 가상하다. 나중에는 의견이 있으면 와서 아뢰라."[71]

(가)는 당시 학가를 호종하고 있던 월담이 임진년 6월 12일에 우의정 유홍과 함께 평양을 지키는 것이 상책이라는 내용의 장계를 올리는 장면이다. 즉 평양을 지키면서 명의 원군을 기다리며 옥체를 보존하라는 내용이다. (나)는 임진년 12월 13일에 선조를 알현하고 올린 계책으로, 명군 만을 너무 의존하지 말고, 관료들의 계책에도 귀를 기울여 달라는 내용이다. (가)와 (나)의 내용은 서로 상반되는 내용일 수 있지만 선조를 호종하면서 느낀 감정과 당시 시의에 맞는 가장 적절한 간언이었고 조선은 이를 통해 반격의 계기를 얻을 수 있었다. 월담의 이러한 현실인식은 남명의 현실인식과도 상당히 닮아 있다.

약포와 월담 이외에도 고담(孤潭) 이순인(李純仁)[72] 또한 임진왜란 당시

---

71 『宣祖實錄』, 宣祖 二十五年 十二月 十三日條, "右贊成崔滉啓曰 國破家亡 僅安一隅 上下恬憘 只待天兵 殿下深居大內 一向憂惱 付國事於群下 凡干出入公事 只踏啓字而下 伏願殿下 日勤三接 察群情採群策 上曰 凡公事 下備邊司 備邊司又爲詳察 予雖親見 何爲 近因氣不平 未得接見 今日備邊司堂上全數引見 卿委來啓達 至爲可嘉 後有所懷 亦爲來啓"

72 이순인(1533~1592) 본관은 全義로 京城에 거주하였다. 고담은 어렸을 때 素齋 李仲虎에게 배웠으며, 뒤에는 퇴계와 남명의 문하에서 수학하였다. 그는 남명 선생의 문하에 급문하여 길이 먼 것을 걱정하지 않았고, 남명 선생이 세상을 떠나자 挽詩를 직접 짓기도 하였다. 고담은 40세(1572)에 문과에 급제하여 성

호종의 임무를 수행한 남명학파 중 한 사람이다. 고담은 임진왜란 당시 예조 참의에 올랐는데, 이때 임금이 의주로 피란하게 되자 그는 왕명으로 중전과 동궁을 호위하여 평안도 성천(成川)까지 피란했다가 과로로 병이 들어 세상을 떠났다. 그 후 선조는 전란 중 동궁을 무사히 피란케 한 공적을 치하해서 이조 참판을 증직하였다. 고담 또한 학가를 호종하면서 자신의 목숨을 소홀히 여길 정도로 관료로서의 책임을 다하는 모습을 보여주고 있다. 이러한 행동은 남명의 실천의식이 그 기저에 반영되어 있음을 확인할 수 있는 장면이기도 하다.

호종의 임무를 수행하면서 특히 외교적 수완을 발휘한 남명학파 출신 관료가 있는데 월정(月汀) 윤근수(尹根壽)[73]가 바로 그 인물이다. 월정은 임진왜란이 일어나자 예조 판서로 등용되어 대가를 호종하면서 지경연사(知經筵事)·양관대제학(兩館大提學)·지춘추관사(知春秋館事)·지성균관사(知成均館事) 등을 모두 겸임하였다. 한편 문안사(問安使)·원접사(遠接使)·주청사(奏請使) 등으로 명나라와의 외교를 담당, 광녕(廣寧)에 세 번, 요동(遼東)에는 여섯 번이나 왕래하면서 국난극복에 힘썼다. 임진

    균관 전적, 사헌부 감찰, 정언, 병조좌랑, 이조좌랑 등 여러 관직을 거쳐 임진왜란 당시 예조참의의 직책에 있었다.

73 윤근수(1537~1616)는 본관이 海平으로 京城에 거주하였다. 영의정을 역임한 尹斗壽의 아우이다. 월정은 金德秀와 함께 어릴 때부터 퇴계의 훈자를 받았다. 남명과의 인연은 성리학이 爛熟期에 접어드는 시기로부터 시작되었는데, 남명을 찾아와 朱子와 陸九淵의 학문에 대하여 질의하였다. 퇴계와 남명의 영향을 받았으나 家系의 영향으로 인해 西人으로 분류되기도 한다. 월정은 22세(1558)에 문과에 급제하여, 한림관, 홍문관, 사간원 등 삼사의 여러 관직을 역임 후 임진왜란 당시 직책이 예조 판서에 이른다.

왜란이 끝난 후에는 호종의 역할을 인정받아 호성공신(扈聖功臣) 이등에 봉해졌다. 월정은 임금을 보위하는 책임에 충실하였을 뿐만 아니라 임진왜란 당시 원군을 보내 준 명과의 외교에서도 탁월한 능력을 보여주고 있음을 확인할 수 있는데, 이것은 현실인식이 탄력적인 정치의식으로 나타나는 좋은 예라고 할 수 있다. 이 밖에도 운강(雲岡) 조원(趙瑗)[74]은 임진왜란 당시 승지로서 선조를 보필하였다.

재전제자로는 약포의 문인이기도 한 식암(息庵) 황섬(黃暹)[75]이 스승인 약포를 따라 선조를 호종하다가 평양에서 모운사(募運使)에 제수되어 군량모집과 수송에 지대한 역할을 하였다. 〈팔조소(八條疏)〉를 올리기도 하였는데 그 주된 내용은 왜란 당시 군공(軍功)이 있음에도 합당한 대가를 받지 못한 이에게 수령으로 추천하거나 후한 상을 내려야 한다는 내용으로 이런 점을 볼 때 현실인식에 뛰어난 관료였다.

다음은 목민관으로서 자신의 임지를 지켜 내거나, 흐트러진 지역의 민심을 잘 수습한 남명학파를 살펴보겠다.

---

74 조원(1544~1595)의 본관은 林川으로 琴山에 거주하였다. 일찍이 남명에게 문하에 들어갔으며, 남명의 제문을 남겼다. 21세(1564) 식년 진사에 제1등으로 합격하였고, 29세(1572) 별시문과에 병과로 급제하였다. 33세(1576)에는 이조좌랑이 되었고, 50세(1583)에는 삼척부사로 나갔다가, 1593년(선조 26)에 승지에 이르렀다. 효성이 지극하였으며, 또 자손의 교육도 단엄하게 하였다.

75 황섬(1544~1616)의 본관은 昌原이며, 서울에서 태어났다. 약포 정탁의 문인으로 21세(1564) 성균관 유생이 되었고, 27세(1570)에 식년문과에 갑과로 급제하여, 호조좌랑, 사간원사간, 사헌부집의, 서천군수, 성주목사 등을 거쳐 도승지에 올랐다. 이어 병조참지에 임명되었고, 1592년 임진왜란 때는 선조를 호종하여 평양까지 갔으나 募運使에 제수되어 군량 수송에 공을 세웠다.

예곡(禮谷) 곽율(郭䞭)[76]은 62세 때 왜란이 일어나자 예천군수직에서 물러나 덕유산 아래 갈천동(葛川洞)에 있었으며, 당시 합천·초계·거창·삼가·고령 등지에서 정인홍·김면·박성·유생 곽준·하혼·조응인·문경호·권양·박이장·문홍도 등과 더불어 창의하였다. 그 후 초유사 김성일이 예곡의 사람됨을 알아보고 초계가수(草溪假守)로 임명하였다. 초계가수로 부임한 예곡은 당시 초계 의병장인 전치원, 이대기 등과 더불어 낙동강에서 배로 침입하는 왜적을 수차례에 걸쳐 토벌하였으며, 특히 의병군에게 군수물자를 공급하는 일에 많은 공을 세웠다. 그 후 초계군수로 임명된 후 성주, 합천·고령·고창·초계 등 5개 읍 군병과 합세하여 성주·무계 전투에 참여하였다.

예곡은 당시의 경험을 〈팔계일기〉와 〈견문록〉을 통해 기술하기도 하였는데, 〈팔계일기〉는 가군수(假郡守)로 재직 시 의병 활동이 주를 이루는 기록이며, 〈견문록〉 초계군수로 정식 임명된 후 초계 향민들의 선행을 기록하였다.

당시 초계 지역의 의병은 순수의병제(純粹義兵制)에서 관민연합체제(官民聯合體制)로 전환하는 과정이었는데, 예곡은 관과 민을 잘 조율하여

---

[76] 곽율(1513~1593)의 字는 泰靜이며 본관은 玄風이다. 1558년 28세 되던 해에 사마시에 급제하였으나 이후 과거에 뜻을 두지 않고 남명의 문하에 출입하였다. 1572년 성균관의 천거로 造紙署別提에 취임하였으나, 모친 봉양을 위해 金泉道察訪으로 부임하였다. 이후 鴻山縣監, 醴泉郡守로 승진되었다가 전임지에서의 일로 解職되었다. 임진왜란이 일어나자 草溪假郡守로 임명되었다가 정식으로 초계군수로 임명되었다. 왜적과 싸우다가 1593년 4월 13일, 63세의 나이로 초계 관사에서 병사하였다.

여러 전투를 승리로 이끌었던 인물이다. 또한 홍산현감(鴻山縣監)으로 재직 시에 백성들이 송덕비를 세워줄 만큼 뛰어난 치적을 쌓았는데, 이 모든 것이 남명 이래로 이어진 애민정신에 기인한 것으로 보인다.

황곡(簧谷) 이칭(李偁)[77]은 58세인 1592년 임진왜란이 일어나자, 모촌(茅村) 이정(李瀞), 황암(篁巖) 박제인(朴齊仁), 대소헌(大笑軒) 조종도(趙宗道) 등과 의병을 일으켜 모집한 군사를 당시 함안군수이면서 학봉 김성일의 중위장(中衛將)인 유숭인(柳崇仁)에게 인계하여 공을 세우게 하였

---

77 이칭(1535~1600)은 중종 30년(1535) 2월 17일 함안 들기미 마을에서 출생했다. 현재 함안군 함안면 대산리가 바로 이곳이다. 자는 汝宣, 황곡은 그 호이며, 본관은 星山이다. 아버지는 彰信校尉忠武衛 副司直 李士詡(1570~1553)이다. 황곡은 일곱 살 무렵 외조부 石泉 林得蕃 앞에서 시를 지어 외조부 외숙인 葛川 林薰(1500~ 1584)과 瞻慕堂 林芸(1517~1572)을 놀라게 하였다는 기록이 있다. 이는 황곡의 재능이 어릴 적부터 탁월하였다는 것임과 동시에 학문적으로 葛川과 瞻慕堂의 영향을 많이 받았음을 알려주는 것이다. 1552년 19세 때 부친상을 당하여 3년 동안 여묘살이를 살면서 禮書를 읽었다. 服喪을 마친 후 모친의 권유로 과거 공부도 겸하여 1558년 24세 때 생원이 되었다. 이때 사람들이 축하하자 "어머니 뜻에 따른 것일 뿐 군자의 해야 할 일이 여기에 있지 않다"고 하고는 경학 공부에만 전념하였다. 황곡은 일찍이 退溪와 南冥을 사사하였으며, 寒岡 鄭逑, 東岡 金宇顒, 旅軒 張顯光, 西川君 鄭崑壽, 守愚堂 崔永慶, 存齋 郭䞭, 竹閣 李光友 등과 도의로 사귀었다. 1584년 50세 때 유일로 천거되어 南部參奉에 除拜되었으나 부임하지 않았고, 1586년 52세 때 한강이 함안군수로 부임하여 『咸州誌』를 편찬할 적에 여러 모로 많은 도움을 주기도 하였다. 임진왜란이 발발하자 茅村 李瀞, 篁巖 朴齊仁, 大笑軒 趙宗道 등과 倡義하여 召募한 군사를 招諭使 幕下의 柳崇仁에게 인계하였다. 이후 靑陽縣監, 鎭岑縣監, 唐津縣監을 부임받았으나 나아가지 않았다. 난중에 宜寧, 三嘉, 草溪, 陜川, 居昌, 安陰, 山陰, 丹城 등지로 진전하다가 1599년 가을에 고향으로 돌아와 儉巖精舍를 지어서 후진을 교육하던 중 1600년 12월 16일 66세로 考終하였다.

다. 그 후 62세 되던 해인 1596년 정월에 석성현감(石城縣監)에 제수되었다. 부임해서 향교를 보수하고, 백성들을 보살피는 온갖 정성을 쏟았으며, 그 해 7월에 이몽학(李夢鶴)의 난이 일어나자 사퇴하였다. 사퇴할 당시 많은 백성들이 안타까워할 만큼 목민관으로서 존경을 받았다. 정유재란이 일어나자 동생 이길(李佶)과 함께 삼가·초계·합천 등지로 피란을 가는 등 전재민으로서 경험도 하였다. 전쟁 중에 쓴 전쟁실기인 〈황곡일기(篁谷日記)〉는 석성현감으로 재직 시 경험을 중심으로 기술하였다.

영무성(寧無城) 하응도(河應圖)[78]는 임진왜란 당시 진주성이 함락되자 이원익(李元翼)의 천거로 진주판관이 되어 흩어진 부민들을 수합(收合), 안집(安集)하게 하였으며, 목민관으로서의 역할을 충실히 수행하였다. 1596년에는 정개성별장(鼎蓋城別將)에 제수되고 이듬해 장원서별좌(掌苑署別座)·사근도찰방(沙斤道察訪) 등을 거쳐 다시 진주판관에 임명되었다. 영무성은 비록 높은 관직은 아니었지만, 혼란한 전시 상황에서 추천을 받을 정도로 덕망이 뛰어났으며 이러한 추천이 헛되지 않게 목민관의 역할을 충실히 하였다. 영무성의 이러한 행동은 남명으로부터

---

78 하응도(1540~1610)는 본관이 晋陽으로 新豊에 거주하였다. 영무성은 7세(1546)에 『小學』을 공부하였고, 15세(1554)에는 五經의 大義를 대략 섭렵하였다. 16세(1555)에 남명 선생을 찾아가 제자가 되었고, 22세(1561)에 덕산동으로 남명 선생을 뵈었다. 32세(1571) 봄 정월에는 남명 선생을 배알하고 「士喪禮」를 받았다. 영무성은 29세(1568)에 斷俗寺에서 과거공부를 하였고, 34세(1573년)에 식년 진사 제3등으로 합격하였다. 영무성은 1592년(선조 25)에 임진왜란이 일어나 진주성이 함락되자 李元翼의 천거로 진주판관이 되었다.

이어진 애민의식(愛民意識)을 몸소 실천한 것이라 하겠다.[79]

남명학파 문인 중에서 임진왜란 당시 외직에 있으면서 가장 활약이 컸던 인물은 바로 한강(寒岡) 정구(鄭逑)[80]일 것이다. 한강이 50세(1592)에

---

[79] 영무성은 뛰어난 관료이기 전에 훌륭한 효자이기도 하였다. 영무성은 임진왜란이 일어나자 진주판관으로서의 책임을 다하게 되는데, 정확하게 말하자면 관료로서의 임무를 수행하게 되는 것은 임진왜란 다음 해인 1594년부터 라고 할 수 있다. 그 이유는 영무성의 경우 1591년 11월에 모친상을 당하였으며, 三年喪을 마치기 위해 임진왜란이 일어나는 해 11월에 高隱洞으로 피란을 가게 된다. 그 이듬 해 이원익의 간곡한 부탁과 시세의 급박함으로 인해 진주판관을 임시로 맡아 소임을 다하기는 하지만, 1594년 정월 삼년상이 끝나서야 격식을 갖춘 出仕를 통해 관료로서의 임무를 제대로 수행하게 된다. 영무성은 한 사람의 효자로서의 임무를 마치고 나서야, 국가의 귀중한 관료로서의 역할을 수행하게 된다. 영무성의 경우 '忠', '孝', '禮'를 모두 실천하려 노력한 남명학파 문인임을 알 수 있다. 그는 항상 實踐躬行에 힘썼으며 효성이 지극한 것으로 평가되었는데, 이것은 남명이 특히 강조한 『小學』을 바탕으로 한 '灑掃應對 進退之節'의 실천에서 그 연원을 찾을 수 있다. 영무성은 효자로서 뿐만 아니라 제자로서도 스승인 남명에 대한 존경이 극진하였는데, 33세(1572)에 남명이 세상을 떠나자 장례절차는 남명이 생전에 그와 손천우, 유종지 등에게 써 준 「士喪禮節要」를 그대로 따랐으며, 37세(1576)에는 동문 제현들과 더불어 덕천서원을 창건하고 남명 선생의 위패를 모셨다.

[80] 정구(1543~1620)는 본관이 淸州로 星州에 거주하였다. 13세(1555)에 성주향교의 교수로 부임한 남명의 제자 吳健에게서 『주역』을 배우며, 21세(1563)에는 퇴계를 찾아가 배움을 청하였다. 또한 24세(1566) 봄에는 天王峯 아래 덕산으로 가서 남명 선생을 배알하고 문인이 되었다. 한강은 일찍이 鄕試에 선발되었으나 會試에 나아가지 않고 있다가 31세(1573)에 김우옹의 추천으로 여러 번 벼슬이 내려졌으나 나아가지 않다가 38세(1580)에 이르러서야 昌寧縣監으로 처음 宦路에 들어서게 된다. 그 후로도 知禮·同福縣監, 司憲府 持平, 古阜·咸安·通川·寧越郡守, 江陵·洪川·安東府使 등 주로 外職에서 활동하며 목민관으로서의 역할을 다하였다. 임진왜란 당시에는 통천군수로 재직하였다.

통천군수로 재직 시 임진왜란이 발발했는데, 한강은 적을 토벌하기 위하여 여러 고을에 격문을 돌려 혈성(血誠)으로 개유(開諭)하여 왜적이 침입하지 못하도록 하였고 자결한 하릉군(河陵君)의 시신을 토적(土賊)에게서 빼앗아 염습하기도 하였다.

또한 임란 전에도 부임하는 고을마다 읍지(邑誌)를 남겨 새로 오는 수령의 참고가 되도록 하였는데 임진왜란 중에도 이 작업을 중지하지 않고 『통천지(通川志)』·『임영지(臨瀛志)』·『관동지(關東志)』 등을 발간하였다. 이러한 읍지의 편찬은 평시에는 안민선속(安民善俗)의 바탕이 되었고, 임진왜란과 같은 전시에는 고을의 수령이 군무(軍務)에 적극적으로 대처할 수 있었다.[81]

한강은 1592년 임진왜란 당시 통천군수, 1593년 강릉부사, 1594년 승지 등으로 임진왜란 당시 2년 정도만 내직에서 활동하였으며, 다시 1596년에는 강원도관찰사, 1597년에는 성천부사를 역임하는데 백성들과 같이 생활하며 그들과 어려움을 같이 나누었다. 이러한 그의 행적 모두가 남명의 애민의식과 결부되어 있으며, 읍지의 편찬 또한 남명의 박학적(博學的) 학문경향에서 연유된 것이라 할 수 있다. 한강의 제자들 역시 한강의 뜻을 이어받아 경상우도 각 지역에서 의병으로서 큰 역할을 한다.

한강의 문하에서 한강의 유지를 이어받아 외직에서 책무를 다한 인

81　李相弼, 「壬亂時 在朝 南冥 門人의 活動」, 南冥學硏究』 第2輯, 경상대학교 남명학 연구소, 1992, p.200.

물이 오봉(梧峰) 신지제(申之悌)[82], 농포(農圃) 정문부(鄭文孚)[83] 등이 있다.

오봉은 한강의 문인으로 22세(1592) 때 예안현감으로 있다가 임진왜란이 일어나자 예안현 안집사(安集使)가 되어 안동부사를 겸임하며 예안과 안동의 의병을 거느리고 예천 호명리, 용궁 지역에서 진을 쳐 왜군을 막았으며 이 일로 뒷날 선무호성공신(宣武扈聖功臣) 일등에 올랐다. 오봉이 목민관으로서 존경을 받고 있었기에 의병 모집도 가능했을 것인데 이러한 모습은 그의 스승 한강의 모습과 흡사함을 확인할 수 있다.

농포 역시 한강의 문인으로 28세(1592)에 함경북도병마평사로 부임하였다가 현지에서 임진왜란을 당하였다. 이때 함경도 지역의 사민(士民)을 규합하여 국경인(鞠景仁)의 난을 진압하고, 이어 길주의 장평(長坪)과 임명(臨溟)·쌍포(雙浦)·백탑사(白塔寺) 등에서 왜적을 대파함으로써 함경도 지역을 완전히 수복하였다. 30세(1594)에 영흥부사에 이어 온성부사·길주목사·안변부사 등 함경도 지역의 수령을 역임한 뒤 공주목사가 되었다. 농포 또한 무기력한 관군을 대신하여 관료로서 의병을 이끌기도 하고, 목민관으로서 선정을 베풀기도 하였다.

---

82 신지제(1562~1624)는 본관이 鵝州이다. 惟一齋 金彦璣와 寒岡 鄭逑를 사사하였다. 18세(1589) 증광문과에 甲科로 급제하여, 사섬시 직장이 되었다. 20세(1591) 禮安縣監으로 있다가 임진왜란을 맞이하였다.

83 정문부(1565~1624)는 본관이 해주이며, 寒岡의 문인이다. 21세(1585)에 생원이 되었고, 24세(1588)에 식년문과에 급제하였다. 26세(1590)에 司憲府持平이 되었고, 27세(1591)에 咸鏡北道兵馬評事로 부임하였다가 현지에서 임지왜란을 당하였다.

임진왜란 당시 목민관으로서 자신의 책무를 다한 인물들은 종군 또는 호종과 같이 눈에 띄는 활약상을 펼친 것은 아니지만 민심을 안심시킴으로써 임진왜란이라는 장기전을 수행할 수 있는 밑거름이 되었다.

지금까지 임진왜란 당시 관료의 입장에서 전쟁을 경험한 남명학파 문인들의 활약상을 살펴보았다. 이들의 공통점은 자신의 직책에 따라 맡은바 소임을 다하였을 뿐 아니라 시대 상황에 맞게 현실감각을 발휘하여 국난을 극복하는 데 힘썼음을 찾을 수 있었다. 이러한 현실인식은 남명으로부터 이어져 온 경의(敬義) 정신이 바탕이 된 것임을 확인할 수 있었으며 이러한 정신은 위로는 충(忠)으로 발현되었으며, 아래로는 애민정신으로 구현되었다.

2) 의병(義兵)으로서 창의(倡義) 주도

경상우도는 임진왜란 당시 가장 먼저 남명 문인 곽재우에 의해 창의의 기치가 오른 지역이며 또한 가장 많은 수의 의병이 창의한 지역이다. 이것을 단순히 임진왜란의 가장 큰 피해를 많이 입은 지역민의 자경(自警)의식에서만 찾는 것은 부족함이 있다.

경상우도의 의병 활동은 재지사족의 활동과 기반을 토대로 하는데, 당시 경상우도의 재지사족 대부분은 남명학파의 문인이기에 남명학파를 논의하지 않고서는 경상우도의 의병 활동을 논의할 수는 없는 것이다.

〈덕천사우연원록〉에 명기된 134명의 직전제자들의 생몰년을 확인한 결과, 임진왜란을 겪은 문인이 77명, 임진왜란 이전에 사망한 문인이 43명, 생사를 확인할 수 없는 문인이 약 20여 명으로 파악된다.[84]

실제 임진왜란을 겪거나 생사를 확인할 수 없는 남명학파 중에서 총 50여 명의 의병장 또는 의병이 나왔다는 논의가 있지만 남명학파에 대한 초기 단계의 연구 성과로 그 신뢰성은 많이 떨어진다.[85] 이러한 논의가 아니더라도 경상우도를 대표하는 3대 의병장인 김면(金沔), 정인홍(鄭仁弘), 곽재우(郭再祐)가 남명학파 문인이라는 사실 하나만으로도 남명학파와 경상우도의 의병은 같은 연관성 상에서 논의될 수밖에 없다.[86]

남명학파의 의병 활동에 대한 연구들은 대부분 『선조실록』, 『선조수정실록』과 같은 역사서와 이로(李魯)의 〈용사일기〉, 조경남(趙慶男)의

---

84 남명학파 문인들의 범위는 직전제자의 경우 〈덕천사우연원록〉과 儒賢의 문집, 문인록, 등을 종합하여 2007년도에 남명학연구원과 한국국학진흥원이 같이 제작한 '남명학맥도'를 기초자료로 하였다. 여기에 『南冥學 關聯 文集 解題』를 참고하였다. '남명학맥도'를 남명학파 범위를 산정하는 기초자료로 삼은 것은 '남명학맥도'가 가장 최근의 연구 성과이기도 하지만 남명학파의 범위를 가능한 넓게 보고 있다는 점 때문이다. 이것은 이 글의 목적과 부합하는 것으로 임진왜란 당시 창의한 인물 중에서 남명학파 문인으로 분류되지 못한 인물을 최소화하여 남명학파의 임진왜란 당시 의병 활동에 대한 성과를 모두 정리하는데 있다. 재전제자들은 직전제자의 제자들을 중심으로 재선정하였다.
85 崔完基, 「南冥 曺植 北人 性理學」, 『韓國性理學의 脈』, 느티나무, 1989.
86 지금까지 경상우도의 의병 활동에 대한 기존의 연구 성과는 매우 방대할 뿐만 아니라 탁월하다. 하지만 대부분 저명한 인물 중심의 연구라는 점에서 한계가 있다. 더욱이 지금까지 많은 연구가 있었음에도 불구하고 남명학파 문인들의 임진왜란 당시 의병 활동의 정확한 규모를 제시한 연구는 없었다.

〈난중잡록(亂中雜錄)〉, 오희문(吳希文)의 〈쇄미록(瑣尾錄)〉, 이탁영(李擢英)의 〈정만록(征蠻錄)〉과 같은 전쟁실기 자료, 『연려실기술(燃藜室記述)』과 같은 야사와 남명학파 의병장들의 문집을 의존하여 진행되었다. 하지만 지금까지의 연구는 주로 저명한 의병장 중심으로 집중되어 있어서[87] 임진왜란 당시 정확한 남명학파의 창의 활동 규모를 판단할 수는 없다.[88] 문집을 중심으로 남명학파의 임진왜란 당시 창의사적을 확인하다 보니[89] 직전제자들 중에서는 대략 30명 내외의 인물들이 의병 활동을 하였음이 확인되었다.[90]

〈덕천사우연원록〉에 나오는 남명의 직전제자 중 77명이 임진왜란을

---

87 경상우도의 의병 12,000명 중 김면의 군사가 5,000명, 정인홍의 군사가 3,000명, 곽재우의 군사가 2,000명 도합 10,000명으로 3명의 장수가 경상우도 의병 전체를 거의 3분하고 있었다. 실록에도 이 3명의 장수 위주로 기술되어지다보니 학계의 연구는 이 세 사람에 집중될 수밖에 없었다.

88 이수건과 김강식은 남명학파 의병 활동의 규모를 제시하고 있으나, 학파 중심이기 보다는 경상우도 라는 지역 중심으로 되어 있어 남명학파가 아닌 인물 중 의병 활동을 한 인물들도 같이 거론하였다.

89 개인 문집이 없는 문인들의 경우 사서와 전쟁실기, 야사 등을 통해 사적을 참고할 수 있지만 한계가 있다. 즉 문집에 창의사적이 확인된 문인보다 더 많은 문인들이 임진왜란 당시 의병으로서의 활약했다고 보아야 한다.

90 개인문집에 창의사적이 기재된 남명학파 직전제자는 孤查 文德粹・立齋 盧欽・濯溪 全致遠・喚醒齋 河洛・禮谷 郭趪・月窩 陳克元・篁谷 李偁・白巖 金大鳴・篁巖 朴齊仁・來庵 鄭仁弘・大笑軒 趙宗道・嶧陽 鄭惟明・坪川 卞玉希・原泉 全八顧・石谷 成彭年・竹牖 吳澐・茅村 李瀞・松菴 金沔・月汀 裵明遠・頤齋 姜熺ㅍ 晩松 姜濂・松巖 李魯・蒼涯 朴而絢・敬慕齋 曺義民・萬樹堂 朴寅亮・琴月軒 鄭仁涵・浮査 成汝信・兎川 李賢佑・源堂 權濟・西溪 梁弘澍・梅軒 崔汝契・雪壑 李大期・芝峰 李宗榮・晴暉堂 李承・忘憂堂 郭再祐 등 30여 명에 이른다.

겪었으며, 그 중 15명 이상이 임진왜란 발발 당시 관료로서 책무를 다 하였고, 대략 30여 명이 창의하였으니 남명학파를 논의하지 않고서는 임진왜란의 의병 활동을 설명할 수는 없을 것이다. 특히 남명학파 직전제자들은 연령의 고하와 지역의 원근에 관계없이 국가의 위기를 극복하고자 동문들끼리 합심하는 모습도 발견되었다.[91] 이것은 남명으로부터 교육받은 현실인식을 통한 실용성의 극대화와 깊은 관련이 있다.

남명의 직전제자들이 의병장으로 활동하면서 의병 활동을 앞에서 이끌었다면 남명학파 재전제자들은 당시 30~50대의 청, 장년층으로 스승인 직전제자들을 도와 의병 활동의 실제적인 행동주체로서 활약하였다.

남명학파 재전제자 중에서 문집을 통하여 명확하게 의병 활동이 확인되는 인물은 44명 정도로 파악된다.[92] 이들은 의병장으로 창의하기

---

91 孤査의 경우 창의 당시 연령이 73세였으며, 忘憂堂은 41세였다. 동문 사이의 이러한 연령 차에도 불구하고 남명학파 문인들은 오히려 후배인 망우당의 휘하에 들어가는 것을 부끄럽게 생각하지 않았으며, 창의 지역의 거리가 있더라도 동문끼리 서로 연합하여 작전을 계획하는 경우가 많았다.

92 南溪 鄭承尹·龍潭 朴而章·槐軒 郭再謙·睡足堂 全雨·大庵 朴惺·鶴巖 朴廷璠·龜潭 鄭仁濬·存齋 郭趍·竹溪 安熹·復齋 鄭湛·沃村 盧克弘·松亭 河受一·茅谿 文緯·感樹齋 朴汝樑·黔澗 趙靖·梅溪 朴思齊·花陰 權濩·孤臺 鄭慶雲·陶村 曺應仁·嶧陽 文景虎·可畦 趙翊·風皐 盧昰·梧月堂 李惟諴·漁適 柳仲龍·月澗 李𡊠·迂溪 盧士尙·追慕堂 姜應璜·大瑕齊 金景謹·東籬 金允安·茅山 崔琦弼·慕亭 裵大維·慕醒齋 曺以復·訒齋 崔晛·九峰 金守訒·思湖 吳長·混庵 洪慶承·浣石亭 李彦英·德庵 許洪材·遯齋 許洪器·匡西 朴震英·龍湖 朴文榞·竹軒 河惺·知足堂 朴明榑·養直 都聖兪·菊潭 朴壽春 등이 남명학파 재전 제자 중에서 의병 활동을 한 대표적 인물들이다.

보다는 직전제자들의 수하에서 참모 및 예하 장수의 역할을 성실히 수행하였다. 이들은 주로 내암(來庵) 또는 한강(寒岡)의 문인이 주를 이루었다.[93]

남명학파는 진주·삼가·합천·초계·의령·거창·산음·함양·칠원·단성·사천·고성·김해·창원·영산·창녕·현풍·성주·상주 등 경상우도 대부분의 지역에서 의병 활동을 하였으며, 여기에 거론되지 않은 지역들 역시 남명학파의 영향 아래에서 의병 활동을 수행하였다. 남명학파는 동문들끼리 연합작전을 펼치기도 하였고, 재조(在朝)에 있던 남명 문인들은 지방에서 창의 활동을 하는 동문들에게 힘을 실어주기도 하였다.

남명 문인 가운데 특수한 환경 속에서 의병으로 활동한 경우도 있다. 즉 남명 문인 중 일부는 전재민으로서 피란의 경험이 있을 뿐 아니라 의병으로서도 활동을 하게 되는데 이에 대해 살펴본다. 이런 복합적 경험이 나타나는 이유는 주로 가족 내의 문제에 의한 것이 대부분이다. 여기에서는 그 중에서도 주로 노부모를 봉양하거나 또는 부모의 상례(喪禮)와 관련하여 의병과 전재민의 경험을 하게 된 인물들에 주목하였다. 이들은 시의에 따라 '충(忠)과 의(義)'와 '효(孝)와 예(禮)'의 우선순위가 변화하였으며 그 우선순위에 따라 의병으로서의 책무를 수행하기도 하고 자식으로서 부모님을 모시고 피란을 하는 전재민

---

93 재전제자 44명 중 來庵의 문인이 20명이고, 寒岡의 문인이 15명으로 상당수를 차지하고 있다. 특히 내암의 문인들은 스승 정인홍을 중심으로 잘 결속되어 있음을 확인할 수 있다.

의 경험을 하기도 한다. 그 구체적인 예를 살펴보도록 하겠다.

지봉(芝峰) 이종영(李宗榮)은 42세(1592)에 왜란이 일어나자 곽재우와 창의하여 상당한 전공을 세웠는데, 실상 그 이름이 알려진 것은 의병장으로 세운 전공 때문이 아니라, 전시임에도 부모에 대한 효성이 극진하였기 때문이다. 전쟁 후 정려를 받기도 하였다. 그는 부모님에 대해 극진한 효성을 다하는 특수한 상황에서도 의병장으로서 자신의 직무를 성실히 수행한 대표적 인물 중 한 사람이다.

학암(鶴巖) 박정번(朴廷璠)은 한강의 문인으로, 17세(1566) 되던 해에 부친상을 당하여 여묘살이를 하였는데, 3년 동안 한 걸음도 여묘를 벗어난 적이 없었고, 찾아온 사람들과 말도 나누지 않았다. 집안일에도 일체 관여하지 않았으며, 상기를 마칠 때까지 법도에 어긋남이 없었다. 41세(1590) 되던 해에는 생부(生父)의 상을 당하였다. 모친이 충격으로 인해 실명하자, 한시도 자리를 뜨지 않고 봉양하였다. 그리고 임진왜란이 일어나자 김면의 진중으로 가서 활동하였다. 1595년에 모친상을 당하자, 전쟁 중에도 불구하고 예의에 맞게 장례를 마쳐 여러 사람의 귀감이 되었다. 학암의 경우 '충과 의', '효와 예' 중 어느 하나 소홀함이 없었다.

감수재(感樹齋) 박여량(朴汝樑)은 내암의 문인으로, 39세 때 임진왜란이 일어나자 창의하여 많은 활동을 하였다. 감수재 또한 학암과 마찬가지로 임진왜란 당시 의병으로서의 활동이 뛰어났다. 전란 중 41세 때 부모의 상을 당하여 도북리(道北里; 경상남도 함양)에 안장하고 3년 동안 시묘의 예를 다하였다. 이때 가계가 빈곤하여 장례절차를 다하지 못한 것을 평생 통탄해 하였다. 만년에 고향으로 돌아와 부모의 장례를 잘 치르지 못한 것이 더욱 간절하여 집 이름을 '감수재(感樹齋)'라 하였다. 이것은 '풍수지탄(風樹之嘆)'에서 나온 말로 감수재의 효심을 알 수 있는 작명이다. 감수재는 어렸을 때 체득한 『효경』을 몸소 실천하였으며, 국가가 위기에 처하였을 때는 목숨을 아끼지 않았다. 이는 남명과 내암으로 이어지는 실천의식을 전승하였음을 보여주는 사례이다.

국담(菊潭) 박수춘(朴壽春)은 한강의 문인으로 임진왜란이 일어나자 부모를 모시고 피란을 하였으나 1597년 정유재란 때는 의병을 모집하여 창녕의 화왕산성(火旺山城)에서 곽재우와 함께 싸웠다. 1636년(인조 14) 병자호란 때 창의 격문을 돌려 의병을 일으켰으나, 화의(和議) 성립 소식을 듣고 산중에 들어가 숭정처사로 자처하며 학문을 깊이 연구하여 많은 저술을 남겼다. 국담 역시 피란의 이유가 부모님의 봉양에 있었지, 개인의 안전도모에 있지 않았음을 알 수 있다.

이 밖에 월간(月澗) 이전(李㙉) 또한 부모님을 모시고 피란을 다니다가 부모상 이후에 창의하며, 우계(迂溪) 노사상(盧士尙)은 반대로 임진왜란 당시에는 종형 노사예(盧士豫)와 함께 창의하였으나 정유재란 때는 노모를 모시고 피란을 다닌다. 검간(黔澗) 조정(趙靖) 등도 창의하기 전 노부모를 모시고 피란을 갔다가 시의에 맞게 창의한 대표적인 인물들이다. 이들의 공통점은 자신의 안위를 생각한 것이 아니라 노부모에 대한 걱정이 앞서 창의보다는 피란을 선택하게 되지만, 노부모에 대한 걱정이 없어지는 순간부터 창의로 우선순위가 옮겨지고 있음을 확인할 수 있다.

지금까지 남명학파 문인들의 임진왜란 당시 의병 활동을 살펴보았다. 남명학파 문인들은 임진왜란 초기에 신속하고 조직적으로 창의 및 의병 활동을 하였는데, 이것은 다른 지역 의병봉기의 도화선이 되었을 뿐만 아니라 이반된 민심을 수습하고 포망(捕亡)한 군민을 집결시키는 데 중요한 역할을 하였다. 또한 남해 상에서 아군의 제해권 장악을 위한 배후기지를 제공하였을 뿐 아니라 호남 곡창지대를 지켜내 종국에는 임진왜란을 승리로 이끌 수 있는 기반을 마련하였다는 점에서 그 의의가 매우 크다.[94]

3) 전재민(戰災民)으로서 가족애(家族愛)의 구현

임진왜란 당시 관료의 입장에서 전쟁을 수행하거나, 의병으로서 전쟁에 종군하지 않은 대부분의 경우는 전재민의 입장에서 전쟁을 경험하였을 것이다. 실제로 남명 문인들 중 상당수가 전재민으로서의 경험을 하였지만 그럼에도 그러한 인물은 그리 많이 드러나지 않고 또한 그 행적을 추적하는 것 또한 쉽지 않다. 그 이유는 첫째, 남명학파 상당수가 의병으로 활약을 하여 전재민으로서의 경험을 가진 인물이 타 학파에 비하여 희소한 데서 직접적인 이유를 찾을 수 있으며, 둘째, 남명학파의 강인한 학풍으로 인해 수치스러운 피란의 기록은 문집에 기술되지 않았기 때문이라 생각한다.[95]

---

94 李樹健, 「南冥學派 義兵活動의 역사적 意義」, 『南冥學硏究』 第2輯, 경상대학교 남명학연구소, 1992, p.29.
95 문집은 조상들의 업적을 顯彰하기 위해 후손들이 만들기에 피란생활의 고달

전재민은 전쟁의 공포를 실제로 겪는 계층으로 피란을 선택한다. 피란은 전쟁이 수반하는 당연한 결과라고 생각했기에 여기에 대한 논의는 거의 시도된 적이 없었다.[96] 하지만 우리가 간과하고 있는 것은 남명학파 문인들 중 상당수가 남명으로부터 계승된 체질화된 '경의' 사상으로 인해 창의와 피란 사이에서 많은 갈등을 겪었으리라는 것이다.

남명학파 문인들은 창의와 피란 사이에서 고민을 하였으며, 창의를 선택하게 되면 의병으로서의 경험을, 피란을 선택하게 되면 전재민으로서의 경험을 하게 된다. 이러한 갈등의 배경에는 남명의 '경의' 사상을 바탕으로 한 실천의식이 자리를 잡고 있다. 이 갈등 속에서 몇몇 문인들은 '가족애의 실현'라는 가치관이 우선시 되어 피란을 선택하게 되는데, 그 선택만으로 창의를 선택하지 않은 상당수의 남명학파 문인들이 폄하되어서는 안 된다. 그 이유는 창의가 '충과 의'의 실천적 구현이라면, 그 대척점에 있는 피란도 '효와 예'의 실천적 구현이기 때문이다.[97]

    품 등이 기술되기 보다는 어려운 피란생활 속에서도 다른 사람의 귀감이 될 만한 선조들의 업적을 중심으로 기술되고 있다. 이런 사정으로 인해 문집에서 구체적인 피란 양상을 발췌해 내기는 어려움이 따른다. 반면에 전쟁실기의 경우 전쟁을 경험한 작자가 직접 자신의 경험을 기술하기에 피란의 양상이 구체적으로 나타난다.

96 전재민의 경우 전쟁 발발 시 주로 戰禍를 피해 避亂하였기에 여기에 대한 논의가 학계에서는 불필요하다는 입장이 지배적이었다. 즉 학계에서는 인물의 업적만을 중요시하는 습성으로 인해 창의한 인물 중심으로 연구되어져 왔으며, 창의와 피란 사이의 갈등을 다룬 과정을 도외시하는 경향이 있었다.

그러면 지금부터 '충과 의', '효와 예' 사이에서 갈등한 남명학파 문인들의 행적을 살펴보겠다.

죽각(竹閣) 이광우(李廣友)의 경우가 '충과 의', '효와 예' 사이의 갈등에서 후자를 선택한 대표적인 인물이라 할 수 있다. 죽각의 경우 임진왜란이 일어났을 당시의 나이가 64세로 사실상 창의를 하기에는 늦은 나이였다. 그는 노모를 모시고 덕산동으로 이주하였으며, 곧 초유사 김성일을 만나게 된다. 죽각은 자신의 사위인 전유룡(田有龍)을 김성일에게 천거하였다. 전유룡은 곧 김성일에게 발탁되어 소모관의 역할을 수행한다. 전유룡은 정유재란 때 곽재우를 따라 창녕 화왕산성전투에 참여하여 왜적을 무찌르는데 지대한 역할을 하였다. 죽각의 경우 임진왜란 당시 노구임에도 불구하고 김성일의 군진에 참여하지 못함을 아쉬워하며, 사위를 대신 전장에 보냈다. 죽각이 창의하지 못한 이유는 다른 데 있는 것이 아니라 바로 노모에 대한 봉양에 기인함을 확인할 수 있으며, 창의와 노모의 봉양 사이에서 고민한 죽각의 모습은 잘 드러나고 있다.

죽각의 경우 '충과 의'에 대한 실천의식 만큼 '효와 예'에 대한 실천의식이 강하게 나타났던 것은 그의 강학 태도에서 찾을 수 있다. 죽각은 11세(1539)에 종형인 이광곤과 함께 『효경』을 가장 먼저 공부하였고, 그 이후 14세(1542)에 『중용』과 『대학』, 18세(1546)에 『주역』과 『예

---

97 남명학파 문인들이 반드시 '孝와 禮'을 실천을 위해 避亂을 택한 것은 아니지만, 남명학파 문인들의 경우 상당수가 '忠과 義', '孝와 禮'의 구현 사이에서 갈등하고 있는 모습을 발견할 수 있다.

기』 순으로 공부하였다. 남명에게 강학한 이후에는 『소학』에 근본을 두고 경전(經傳; 경은 성인(聖人)의 술작(述作), 전은 이에 대한 현인(賢人)의 주해(注解))의 범위를 넓혔다. 효제(孝悌)와 충신(忠信)으로 덕에 나아가는 부절(符節)을 삼았으며, 성(誠)과 경(敬)으로 첫 번째의 공부라 여긴 것이다. 이러한 강학 태도로 인해 죽각은 임진왜란 당시 '효와 예'를 구현하는 실천의식을 몸소 행동으로 실현한 것이다. 죽각은 많은 나이임에도 창의와 피란 사이에서 고민할 만큼 남명의 영향을 많이 받은 문인 중 한 사람이었다.

임진왜란 발발 당시 50대 후반이었던 서계(西溪) 김담수(金聃壽) 또한 죽각과 똑같은 갈등을 해야만 했다. 서계는 1592년에 임진왜란이 일어나자 노모를 모시고 가야산으로 피란하였다. 하지만 피란 중에도 창의를 하지 못한 아쉬움을 시(詩)로써 표현하고 있다.[98] 서계는 전쟁을 맞이한 유자(儒者)로서의 임무를 시를 통해 제시하였으며, 직접 참전하지 못함을 아쉬워하였다.

서계의 효성은 남달랐는데 그 이유는 서계의 부친이 서계가 8세 때 돌아가신 것에서도 찾을 수 있다. 서계는 아버지가 돌아가신 후 어린 나이에도 예를 다했고, 어머니에 대해서는 '어머니를 봉양하는 일은 아버지를 섬기는 것과 달리 내가 평생 동안 잘 섬기지 못하긴 했지만 어버이의 뜻을 조금도 거스르지 않았다'[99]라고 자부하듯이 그는 부모

---

98 『西溪集』 卷一 張 三~四, 「寄金東岡」.
99 李象靖, 「行狀」, 『西溪集』 卷三 張一, "幹母之蠱 異於事父 吾平生 雖不能爲養 但未嘗拂親意也"

에 대하여 효성을 다하였으며 어머니에 대한 효심은 시를 통해 발현되기도 하였다.[100] 서계에게 있어서 '효와 예'에 대한 관심은 그의 개인사로 볼 때 당연히 '충과 의'보다는 앞설 수밖에 없는 덕목이었음을 확인할 수 있으나, 그 역시도 창의와 피란 사이에서 갈등할 수밖에 없는 남명학파 문인이었음을 확인할 수 있었다.

임진왜란 당시 지극한 효성으로 많은 사람들의 귀감이 된 무송(撫松) 손천우(孫天祐)[101]의 하루는 아침에 닭이 울면 일어나 세수하고 옷을 정제하고 가묘(家廟)를 참배한 후, 바로 앉아 종일토록 책을 읽는 것이었다. 형제간의 우애가 두터웠으며 특히 효성이 지극하여 부모의 상중에는 산소 곁에서 하루 세 번 음식을 올렸으며, 아무리 더워도 상복을 벗지 않았다. 임진왜란을 당해서는 부모의 신위(神位)를 상자에 모시고 피란을 다니면서 양식을 빌어 죽을 끓여 음식을 올렸다. 함경도 땅까지 피란을 가면서 부모를 공경하는 마음이 조금도 흐트러지지 않자 함경도 사람들이 이를 보고 감복하여 그가 세상을 떠난 후 '화조사(花鳥祠)'라는 사당을 세워 제사를 지내기도 하였다. 이러한 그의 효성은 남명의 가르침에 의한 것이 크다. 남명 또한 이러한 무송의 '효와 예'에 대한 실천의식을 높이 사서, 죽기 얼마 전 『사상예절요

---

100 『西溪集』卷一 張十三, 「夢述一絶但記首一句餘不記得回成下三句」. 『西溪集』卷一 張八, 「次孫叢巖韻」.
101 손천우(1533~1594)는 남명이 三嘉에서 德山으로 옮기자 그는 제자가 되기를 청했다. 이에 남명은 그의 원대한 뜻을 헤아리고 『소학』, 『근사록』 등의 각종 성리서를 가르쳤다.

(士喪禮節要)』라는 책을 그와 하응도, 유종지 등에게 주면서 그 책에 따라 장례를 치를 것을 명하기도 하였다. 그는 '충과 의'보다 '효와 예'를 더 소중히 생각하였으며 난리 중에서도 이를 소홀히 하지 않았다.

무송의 경우와 비슷한 행동으로 귀감이 된 남명학파로 일신당(日新堂) 이천경(李天慶)이 있다.[102] 일신당은 1592년에 임진왜란이 일어났을 당시 모부인의 상중에 있었다. 그는 신주(神主)와 제기(祭器)를 지고 다니면서 조석으로 상식(上食)을 올렸으며, 향당(享堂)의 사우(祠宇)를 세우는 데 주력하였다. 또한 일신당은 창의를 하고 싶었지만, 상중이라 창의하지 못함을 안타까워하며, 재종제(再從弟)에게 대신 창의를 권유하기도 하였다. 일신당 역시도 창의와 피란의 갈등에서는 자유로울 수 없었음을 확인하였다. 위험한 전장 속에서도 이렇듯 '효와 예'를 매일 실천한 것은 남명으로부터 가르침을 받은 상제예절(喪祭禮節)이 몸에 배어 자연스럽게 발현된 것이라 할 수 있겠다. 이 밖에도 문암(文庵) 정인기(鄭仁耆) 또한 노부모의 봉양으로 인해 창의하지 못한 대표적 인물 중 하나이다.

남명학파 재전제자 역시 직전제자들과 마찬가지로 창의와 피란 사이에서 갈등하는 경우를 찾을 수 있다. 삼익재(三益齋) 이천배(李天培)는 한강(寒岡)의 문인으로 여러 번 천거되었으나 '위기지학(爲己之學)'을 이유로 사양하고 은거하며 학문과 실천에 힘썼다. 임진왜란이 일어나자

---

102 이천경(1538~1610)은 23세(1560)에 처음으로 덕천에 있는 남명을 찾아뵈었으며, 29세(1566)에 비로소 남명으로부터 가르침을 받게 된다. 31세(1568)에는 남명에게서 喪制禮節을 묻고 이를 몸에 긴요한 것으로 보고 修養의 방법으로 삼았다.

"장대한 계책을 내고 의병을 모집하여 국난을 구원할 수 없다면 차라리 부모님이 물려주신 몸을 공경히 하고 삼가 무기를 피해서 제현들이 난리를 평정하기를 기다려 우리가 업으로 삼는 바를 마치는 것이 옳다."고 하면서 동생과 산골짜기 마을에 우거하며 조석으로 성현의 교훈을 강마하였다. 삼익재는 전란 시 부모를 모시고 피란을 하지는 않았지만 '身體髮膚 受之父母 不敢毁傷 孝之始也(신체발부 수지부모 불감훼상 효지시야)'라는 『효경』에 나오는 공자의 말씀을 실천지향으로 삼았다. 삼익재 또한 '충과 의', '효와 예' 사이에서 갈등하다 '효와 예'를 선택한 경우라 할 수 있겠다.

삼익재와 마찬가지로 한강의 문인인 복재(復齋) 이도자(李道孜) 역시 '효'를 실천의 우선순위로 삼았다. 임진왜란 때는 어버이를 모시고 피란하여 봉양하였다. 1597년 병화가 연이어 일어나자 강릉으로 피란하였으며, 가업이 탕진되자 장사를 하여 부모를 봉양하고 형제들을 거두었다. 이때 한강이 성천부사로 있었는데, 복재는 한강을 배알하고 아들을 부탁하였다. 한강은 복재의 효성에 감복하여 그 청을 받아들여 복재의 아들을 자신의 아들처럼 가르쳤다. 복재는 전재민의 고난한 삶을 보여주는 대표적인 경우인데, '가족'이라는 절대명제에 가장 충실히 행동한 남명학파 문인 중의 한 사람이다.

한강의 문인인 능허자(凌虛子) 박민(朴敏) 또한 임진왜란이 발발하자 노모를 모시고 지리산에 피신하였다. 진주성이 함락되고 절도사 최경회(崔慶會) 등이 남강에 몸을 던져 죽자, 능허자는 산에서 내려와 뱃사람과 함께 그의 시신을 찾아 장례를 치르고는 죽을 때까지 남강 물을 먹지 않았다. 진주성 함락을 안타까워하며 절도사의 시신을 안장한 것은 능허자가 전쟁에 대한 두려움 때문에 피란하였다기보다는 노모의 안전을 위하여 피란하였다는 것을 드러낸 행동이며, 이러한 구국의식은 정묘호란(丁卯胡亂) 때는 마침내 창의의 모습으로 발현되었다. 정묘호란 때 능허자는 영남우도 의병장으로 근왕병(勤王兵)을 일으켰다. 즉 임진왜란 당시 능허자가 창의를 하지 못한 것은 부모님의 봉양이 우선이라는 의식 때문인 것을 확인할 수 있다.[103] 석담(石潭) 이윤우(李潤雨) 역시 임진왜란 당시에는 부모님을 모시고 피란을 다니지만 정묘호란 당시에는 앞장서서 창의하기도 한다.

내암의 문인인 초료당(鷦鷯堂) 류덕룡(柳德龍)[104]은 임진왜란 때 부친을 업고 피란하여 온전할 수 있었지만, 두 누이는 적이 닥치자 절조를 지켜 목숨을 잃었다. 난리 중에 관동 지방으로 부친을 모시고 떠돌면서도 경서를 손에서 놓지 않았다. 난이 평정된 후에도 잠을 자지 않고 부친의 병을 간호하였다. 부친의 삼년상에 여묘살이를 하루도 폐하지 않았으며, 상복을 벗고는 삼가(三嘉) 토동(兎洞; 경상남도 합천)에 살았다.

---

103 그의 문집인 『凌虛集』에는 의병이 못된 것을 안타까워하는 내용의 書簡文이 발견된다.
104 류덕룡(1563~1644)은 來庵의 문인으로, 어렸을 때 남명이 "용모가 뛰어나고 才品이 매우 높으니 참으로 가르칠 만하다."라고 하면서 『小學』을 여러 해 직접 가르치기도 하였다. 초료당은 남명이 병이 있을 때 곁에서 모시며 떠나지 않았고, 남명은 임종할 때에 초료당에 대해 覺齋 河沆(1538-1590)에게 말하기를, "이 아이는 반드시 성취할 것이니, 잘 가르치면 우리 고장의 顔子가 될 것이다."라고 하였다. 초료당은 모친이 병중에 있을 때 직접 약을 달여 올려 간병하였고, 居喪에는 예를 다하였다.

초료당은 남명의 가르침대로 『소학』에 나오는 기본적인 예절과 그 실천에 충실하였음을 확인할 수 있다.

전재민 중 순수하게 피란의 경험만이 있는 남명 문인들 조차도 내면의 한 구석에는 창의와 피란 사이에서 갈등하고 있음을 확인하였다. 이것은 남명학파 문인으로서 당연한 갈등이라 할 수 있으며, 이러한 갈등의 기저에는 남명학파의 실천의식이 깔려 있다.

지금까지 남명학파 중 임진왜란 당시 피란을 선택한 문인들을 살펴보았는데, 상당수의 문인들이 단순히 자신의 안전을 도모하기 위해서 피란을 선택한 것이 아니라 '충과 의', '효와 예' 사이에서 갈등하다 후자인 '효와 예'를 구현하기 위해 피란을 선택한 것을 확인할 수 있었다. 즉 전재민의 입장에서 피란을 선택한 상당수의 남명학파 문인들은 전쟁이라는 극한 상황에 쫓기어 피란을 선택하기 보다는 '효와 예'라는 실천지향을 더욱 중시하여 자발적으로 이를 구현하기 위해 피란이라는 선택을 한 것임이 확인되었다.

다음은 '효'라는 실천지향에 관계없이 순수하게 가족들의 안위를 위해서 피란을 선택한 남명학파 문인을 살펴보도록 하겠다. 대부분의 전재민들이 여기에 해당하지만 그 기록이 남아 있지 않기에 구체적인 사례를 찾기란 쉽지 않다. 앞에서도 언급했듯이 피란의 구체적인 양상은 문집의 특성상 문집을 통해서는 사실상 확인하기기 힘들며 개인의 전쟁실기를 통해서는 확인 가능하다.

전쟁실기를 통해 피란의 양상이 명확히 드러나는 인물은 내암의 제자인 고대 정경운과 한강의 제자인 암곡 도세순 두 사람에 불과한데,

이들의 피란양상을 통해 전재민으로서 남명학파 문인들이 겪었던 고통을 유추해 본다.

고대는 임진왜란 초기에는 영남초유사인 김성일의 막하에서 참모의 역할을 수행하면서 의병의 일원으로 전쟁을 경험하고 있었다. 하지만 정유재란이 일어나자 고대의 가족 또한 전쟁의 참화에서 벗어날 수 없었고, 결국 고향인 함양을 떠나 피란길에 오르기도 하는 등 전재민으로서의 아픈 경험을 하게 된다.

고대는 임진왜란 초기인 1593년 처음 얻은 아들을 전쟁 통에 잃는 슬픔의 겪기도 하고, 딸인 정아(貞兒)를 정유재란 당시 왜적에 의해 잃기도 한다. 이후 슬픔이 채 가시기도 전에 나이 40에 얻은 아들 주복(周復)마저 피란 중에 먼저 보내게 된다.

특히 피란 도중에 생계를 유지하는 문제가 해결되지 않아 사대부의 체면을 생각하지 않고 걸식하기도 하고 직접 농사를 짓기도 하고 장사를 하기도 한다. 또한 조선을 돕기 위해 온 명군에게 자신의 말을 빼앗기기도 하고 구타를 당하는 수모를 겪기도 한다. 고대는 전쟁을 통해 사랑하는 가족과 생계를 유지할 수 있는 경제력을 상실하였으며 더욱이 사대부로서의 자존심마저 상처를 입는 등 피해를 입었다. 고대를 통해 당시 전재민 입장의 사족들이 가졌던 자괴감을 엿볼 수 있다.

암곡은 임진왜란이 발발한 당시 18세로 관료 또는 의병으로 활약하기에는 어린 나이였다. 암곡과 암곡의 가족은 임진왜란이 발발했다는 소식을 접한 직후 자신의 주거지인 성주 벽진면 운정리 개터를 떠나 피란생활을 시작하였다. 먼저 근처에 있던 걸수산(乞水山[빌무산])에서 숨어 지내다가 김천 증산면 황정리 문예촌·합천군 율곡면 두사리·군위군 의흥면 등지를 전전하게 된다. 이 기간 동안 암곡은 가족끼리 헤어지는 아픔을 겪기도 하고, 동생의 질병, 어머니의 죽음, 동생의 죽음을 겪는다. 또한 기아와 질병과 계속해서 반복되는 전재민의 고통을 겪게 된다. 암곡을 통해서는 남명학파 젊은 문인들이 겪었던 전쟁의 고통을 발견해 낼 수 있다.

남명학파 문인들은 전쟁이라는 큰 재난 앞에서도 '효'와 '가족애'를 끝까지 실천하려는 것을 확인할 수 있었으며, 특히 창의와 가족애의 실현 사이에서 갈등하는 모습을 찾을 수 있었는데, 이것은 '경의'를 숭상하는 남명학파의 강건한 학풍에서 기인한 것이다.

3. 남명학파 임진왜란 전쟁실기의 유형

가. 남명학파 임진왜란 실기의 생성 배경

문학 작품에서 '전쟁'과 '사랑'은 매우 인기 있는 소재로 많이 활용되었는데, 임진왜란 역시 예외가 아니었다. 임진왜란이라는 매우 큰 사건은 그 충격의 강도만큼 다양한 장르의 문학으로 활발히 표현되었다.[105]

---

105 임진왜란이라는 소재의 문학적 형상화에 대해서는 李東根, 「「壬亂戰爭文學」 硏究」 - 文學에 反映된 應戰意識을 中心으로 -」(서울대학교 大學院 國語國文學科 碩士學位 論文, 1983.)에 잘 소개되어 있다. 이동근은 平民逸話, 民謠, 士

학계에서는 초기에 전쟁의 생생한 체험을 바탕으로 작성된 전쟁실기가 작자의 경험이 굴절되지 않고 그대로 표현된다는 점으로 인해 비문학적 장르로 분류하기도 하였다.[106] 하지만 그 후 전쟁실기는 전쟁을 직접 목도이문한 후 그 체험을 바탕으로, 그 위에 작자의 감정·사상 등이 투영되었다는 점에서 문학으로서의 가치를 인정받았다.

지금부터는 임진왜란 당시 남명학파가 임진왜란 전쟁실기를 창작하게 된 배경을 살펴볼 것이다.

먼저 당시 문학이 가지고 있던 일반적인 특성에서 그 이유를 찾아본다.

첫째, 전쟁은 당시 문인들에게 있어 흥미로운 소재로 인식되었으며 전쟁을 소재로 한 다양한 장르의 문학이 등장하였다.

기존 문학에서 다루어졌던 성리(性理), 자연(自然) 등과는 차별성을 지닌 전쟁이라는 소재는 민요(民謠)·가사(歌辭)·시조(時調)·한시(漢詩) 등 시가에서 자연스레 차용되었다. 뿐만 아니라 전쟁을 소재로 한 설화(說話)·몽유록(夢遊錄)·소설(小說)과 같은 허구 서사체가 문학의 전면에 등

大夫逸話, 漢詩, 時調, 歌辭, 日記, 記行文, 實記, 說話, 小說 등 임진왜란이 소재로 활용된 문학 전반을 상세히 소개하고 있다.

106 전쟁실기는 처음에 사학계의 관심을 많이 받았다. 하지만 실제로 사학계에서는 역사가 가지는 고유의 특성인 收斂性으로 인해 正史가 아닌 모든 역사를 배척하려는 경향이 있고, 반대로 문학계에서는 문학의 특성상 가능한 한 모든 영역을 문학에 포함시키려는 擴散性을 가지고 있다. 문학의 확산성에도 불구하고, 실기가 가진 이중성으로 인해 문학계에서는 전쟁실기를 문학의 영역에 편입시키는 것을 부담스러워 했는데, 유기룡이 기록문학이라는 범주를 새로이 설정함으로써, 전쟁실기가 문학의 장르에 편입되는 데 큰 일조를 하였다.

장하였으며, 전·실기(傳·實記) 비허구 서사체 등에 문인들은 관심을 가지기 시작하였다.

남명학파 역시 예외는 아니어서 최현(崔晛)이 〈명월음(明月吟)〉·〈용사음(龍蛇吟)〉이라는 가사를 통해 전란의 피해로 인한 비분강개와 우국충정을 노래하였으며, 이양원(李陽元)은 시조를 통해 몽진을 획책한 간신들을 풍자하였다.

한시(漢詩)는 임진왜란 중에도 여전히 많이 창작되었다. 대표적으로 윤두수의 〈於義州行在地(어의주행재지)〉·〈平壤城有感(평양성유감)〉, 정문부의 〈玉田途中(옥전도중)〉·〈次富寧客舍韻(차부영객사운)〉·〈次歐陽公廣陵寺韻(차구양공광릉사운)〉·〈在北道巡行時作(재북도순행시작)〉·〈在北道避亂時作(재북도피란시작)〉 등이 있다. 이 외에도 당시 남명학파의 문집을 살펴보면, 전쟁의 울분을 한시를 통해 풀어내고 있는 경우가 많았으며, 전쟁실기 내에서도 작자의 한시가 등장하기도 한다.[107] 임진왜란 이전의 한시가 설리(說理)를 목적으로 한 찰리시(察理詩)나 풍경을 노래한 찰형시(察形詩)가 많았던 반면에 임진왜란 중에는 주로 인간과 사회를 소재로 한 찰세시(察世詩)가 상당수를 차지한 것도 큰 변화 중의 하나이다.

전쟁은 서사양식의 변화에도 큰 영향을 주었다. 전쟁은 작자들에게 호흡이 긴 산문을 선호하게 하였으며 그 결과, 허구 서사체인 설화 및 야담류(野談類)가 많이 등장하였다. 대표적인 예가 곽재우 등이 주

---

107 암곡 도세순의 〈용사일기〉, 검간 조정의 〈임란일기〉에 작자의 한시가 삽입되어 있다.

인공으로 등장하는 야담이며, 이산해는 〈김원성전(金原城傳)〉을 창작하는 등 '전(傳)' 문학에도 관심을 기울였다.

둘째, 임진왜란은 실용문의 위상을 순수문학과 비슷한 반열로 격상시켰다. 임진왜란 이후 조상에 대한 현창 차원에서 상당수의 문집들이 발간되었는데, 임진왜란 이전에 살았던 인물들에 비해 임진왜란을 겪었던 인물들의 문집에서는 전쟁의 위급함이나 현실이 잘 반영된 실용문들이 상당수를 차지하고 있음을 확인할 수 있다.

평상시에는 순수문학이 작품의 대부분인데 반해, 전시라는 특수한 상황은 실용문의 창작이라는 시대적 조류를 형성했으며, 후손들 역시 이러한 실용문을 문집을 통해 잘 정리하고 있는데, 이것을 통해 임진왜란 당시 실용문의 위상을 확인할 수 있다.

남명학파 역시 이런 문학사적 조류에 동참하였다. 임진왜란은 다양한 형태의 실용문을 요구하였는데, 남명학파 문인들의 문집 역시, 매우 다양한 형태의 실용문이 기재되어 있다. 남명학파는 실용문을 통해 전쟁에 대한 위기의식과 동문의식, 국가에 대한 우국 의지 등 다양한 감정과 실천의식을 표현하고 있다.

남명학파는 장계(狀啓)·치보(馳報)·전통(傳通)·복명서(復命書)·주문(奏文)·조계(朝啓)·격서(檄書)·통문(通文)·권문(勸文)·비망기(備忘記)·계유문(啓喩文)·패문(牌文)·헌책문(獻策文)·포고문(布告文)·고시문(告示文)·조보(朝報)·서간문(書簡文)·애사(哀詞)·만사(輓詞)·소(疏)·제문(祭文)·정(呈)·첩(牒)·제진(製進)·비문(碑文)·약서문(約誓文) 등의 양식을 활용하여 임진왜란에 대한 그들의 생각을 기록하기도 하였으며, 문학 장르는 아니지만 그림을 통해서도 당시의 상황을 기술하기도 하였다.

다음은 남명학파가 지니고 있는 특수성 속에서 남명학파 임진왜란 전쟁실기의 생성배경을 찾아보겠다.

첫째, 남명학파가 지니고 있는 경의 사상은 남명학파 임진왜란 전쟁실기를 촉발한 이유 중 하나이다. 남명학파는 앞에서 논의했듯이 경의 사상이 학파의 근간을 이루고 있다. 경의 사상은 그 실천을 매우 중시하는데 그 '경의(敬義)'를 위협하는 것이 바로 '사(邪)'라 할 수 있다. 남명학파의 입장에서 왜적의 침입은 '경의'를 위협하는 '사'이며 이러한 '사'의 침입을 격퇴하는 것이 바로 '창의(倡義)'인 것이다.

남명학파에서 사의 침입에 대한 경계는 〈신명사도〉나 〈천군전(天君傳)〉 등을 통해 표현 되었다. 하지만 실제로 남명학파 문인들이 임진왜란을 통해 사의 침입을 받자 '內明者敬 外斷者義(내명자경 외단자의)'를 행동으로 실천한다. 그리고 그 투쟁과정을 〈신명사도〉나 〈천군전〉처럼 기록하고자 하였으며 이것이 전쟁실기로 표현되었다.

더욱이 남명학파는 임진왜란 당시 가장 오랜 기간 동안 피해를 입었던 경상우도[108]를 기반으로 한 학파이기에 더욱 이러한 생각이 강

---

108 경상우도가 가장 오랜 기간 동안 피해를 입은 것은, 경상우도가 일본 침입로의 시발점이라는 점과 함께 경상우도가 지니고 있는 전략적 중요성 또한 같이 생각하여야 한다. 임진왜란 당시 조선의 입장에서 경상우도가 차지하는 전략적 중요성은 일본군의 호남진출을 차단하고, 일본군의 전략을 분산시킨 점이다. 즉 반대로 생각하면 일본 역시 곡창지대인 전라도로 진출하기 위해서는 경상우도의 선점은 반드시 필요했다. 또한 정유재란 당시에는 일본이 할양을 목적으로 전장을 경상우도와 호남으로 한정하였기에 경상우도는 임진왜란이

했던 것이다. 경상우도라는 지리적 위치로 인한 다양한 전쟁경험과 사족(士族)으로서 후대인에 대한 감계(鑑戒) 또한 염두에 두면 전쟁실기는 상당히 매력적인 문학 장르임에 틀림없다. 즉 남명학파가 임진왜란 당시 경의 사상의 실천을 잘 표현해내는 데 전쟁실기가 적합했으리라 생각한다.

둘째, 남명학파의 철저한 현실인식을 바탕으로 한 현실주의적 성향 또한 남명학파 임진왜란 전쟁실기 창작의 한 배경이 되리라 생각한다. 남명학파는 남명 이래로 현실적인 문제에 관심을 가졌다. 남명은 〈민암부(民巖賦)〉와 〈을묘사직소〉 등을 통해 애민의식, 우국의식을 표현하였다.

임진왜란이라는 미증유의 혼란은 사물을 바라보는 인식방법에도 영향을 주었다. 사물을 바라보는 관점은 크게 '관물찰물(觀物察物)', '관물찰리(觀物察理)', '관물찰세(觀物察世)'로 나눌 수 있는데[109] 임진왜란은 특히 '관물찰세'에 관심을 가지게 하였다. 즉 전쟁의 혼란 속에서 사람들이 사물을 바라보면서 그 사물이 가진 외형을 감상하거나 사물이 내재하고 있는 추상적인 이념에 관심을 가질 여유가 없게 된 것이다. 이보다는 사물이 당장 자신의 현실에 미칠 파급력에 더 관심을 가질 수밖에 없는 것이다. 그래서 전쟁문학에서는 사물을 바라보면서 사람을 생각하게 되는 '도물사인(睹物思人)'이 주제와 소재로 활용될 수밖에

끝나는 순간까지 피해를 감내하여야 했다.
109 정우락, 『남명학파의 문학적 상상력』, 도서출판 역락, 2009, pp.547~603.

없었다.

사물(事物)은 세밀히 분석하면 다시 '사(事)'와 '물(物)'로 양분할 수 있다. 이때의 '사'는 우리가 흔히 말하는 인사(人事)를 의미하는 것으로 인문과학적인 측면에서 많이 활용되고, '물'은 자연물(自然物)을 이르는 것으로 흔히 자연과학적 측면에서 많이 활용된다.[110]

'전쟁은 나의 의지를 실현하기 위해 적에게 굴복을 강요하는 폭력 행위이다.'라는 클라우제비츠의 말처럼 전쟁은 인간 사이에서 벌어질 수 있는 최대한의 갈등이 행동으로 표현된 것이다. 즉 '사물'을 '사'와 '물'로 나누었을 때 전쟁은 '사'의 입장에서 보면 최고의 재앙(災殃)이라고 할 수 있다. 이렇듯 전쟁이라는 큰 충격은 사람들에게 '사물' 중 '사'에 대하여 파행에 가까운 관심을 갖도록 유도하였다.

'사'에 대한 지나친 관심은 '사'의 네 가지 형식인 '순(順)·위(位)·격(格)·식(式)'에 대한 관심으로도 이어졌으며, 순·위·격·식으로 인한 지대한 관심은 사람들을 종·횡적(縱·橫的)으로 서로 분열하게 하였다. 이러한 사정이다 보니 전시의 문학에서는 평화시의 문학에서 보이는 경물(景物)에 대한 예찬(禮讚), 설리(說理)를 목적으로 하는 작품이 자연히 배제될 수밖에 없었다. 이보다는 인간과 사회에 대한 문제, 인간 사이의 갈등이 더 관심사로 떠올랐다.

남명학파는 남명 이래로 정확한 현실인식을 바탕으로 한 현실주의적 성향이 강하였는데 임진왜란처럼 국가의 위기가 생겼을 때는 이러

---

110 정우락, 『남명학파의 문학적 상상력』, 도서출판 역락, 2009, p.558.

한 현실주의적 성향이 더 강하게 나타날 수밖에 없으며 그 대표적인 현실주의적 태도가 바로 창의로 발현되었다.

현실주의적 성향은 창의뿐만 아니라 후인들을 위한 감계 차원에서 기록의식의 강화로 나타날 수도 있다. 전쟁실기는 전란을 직접 경험했던 당사자가 당시의 실상을 묘사의 방법으로 형상화하였기에 기존 장르보다는 순발력 있게 문학적으로 형상화될 수 있다는 점과[111] 형이하학(形而下學)적인 문제를 직서(直敍)할 수 있으며 당대의 풍속(風俗)과 사정(事情)을 다룰 수 있다는 점에서 남명학파의 현실주의적 경향과 아주 많이 부합하는 문학 장르이기에 남명학파 임진왜란 전쟁실기가 생성된 한 배경으로 생각한다.

지금까지 남명학파 임진왜란 전쟁실기가 생성된 배경을 당시 문학이 가지고 있던 보편적 특징과 남명학파만이 가지고 있는 특수성에서 살펴보았다.

모든 문학 장르는 그 이전부터 무의식적인 글쓰기에 의해서 이미 시도되고 있지만 개인적, 시대적 요구가 있어야만 비로소 표면에 올라 본격적인 장르로 인정받을 수 있다. 즉 이것을 문학의 확산성이라 할 수 있는데, 전쟁실기 또한 이러한 문학의 특성으로 인해 탄생한 대표

---

111 그 이유는 가사·시조·소설·전·설화 등 기존 문학 장르는 전쟁과정에서는 활발히 창작되지 못했기 때문이다. 즉 이들 장르는 시간과 정신적 여유가 있어야 조탁이 가능한데, 생명이 경각에 달린 상황에서 이들 장르는 활발하게 창작될 수는 없었을 것이다.; 李埰衍, 『壬辰倭亂 捕虜 實記 硏究』, 도서출판 박이정, 1995, p.50.

적인 문학 장르라 할 수 있겠다. 즉 전쟁이라는 특수한 상황으로 인해 새로운 수용층의 등장과 시대의 요구에 의해 기존의 문학을 대체하거나 보완할 수 있는 문학이 필요했다. 이러한 조류에 맞추어 나타난 문학 장르가 바로 전쟁실기이고 전쟁실기의 주 작자층은 전쟁의 참상을 극심하게 겪었으며, 경의 정신과 현실주의적 태도가 남달리 강했던 남명학파였던 것이다.

나. 경험주체에 따른 전쟁실기의 유형

1) 관료 실기(官僚 實記)

임진왜란 개전 당시 출사(出仕)하였던 남명학파의 수는 22명으로 당시 학파의 영향력에 비해 그리 많지 않다. 관료의 수가 적다 보니 이와 연계하여 관료의 입장에서 기술된 전쟁실기의 숫자 또한 많지 않다.[112]

하지만 실제 남명학파의 관료 실기를 조사하다 보니 기존 학계에 알려진 약포 정탁의 〈피란행록(避亂行錄)〉과 〈용사일기(龍蛇日記)〉 외에도 약포의 〈용만문견록(龍灣聞見錄)〉·〈용사잡록(龍蛇雜錄)〉·〈임진기록(壬辰記錄)〉과 예곡 곽율의 〈견문록(見聞錄)〉, 황곡 이칭의 〈황곡선생일기(篁谷先

---

112 이하 관료의 입장에서 기술된 전쟁실기를 관료 실기로, 의병의 입장에서 기술된 전쟁실기를 의병 실기로, 전재민의 입장에서 기술된 전쟁실기를 전재민실기로 지칭하겠다.

生日記〉등을 더 찾을 수 있었다.[113]

남명학파의 임진왜란 전쟁실기 중 관료 실기는 총 7편인데, 이 중에서 〈피란행록〉과 〈용사일기〉는 동일한 작품이므로[114] 작품 수는 실제로 총 6편이 되며, 이중에서 약포 정탁의 작품이 4편에 이른다.

약포와 예곡·황곡의 작품은 나름대로의 특성을 지니고 있다.

약포의 작품들은 약포가 내직에 있으면서 왕세자를 호종하면서 기술한 전쟁실기라면, 예곡과 황곡의 전쟁실기는 의병장으로서의 활약상을 인정받아 얻은 외직인 초계군수와 석성현감 재직 당시의 경험을

---

113 제2절에서 약포의 경우 관료로 분류하였기에 약포의 전쟁실기를 관료 실기로 분류하는 것에 異論이 없으나, 하지만 예곡의 경우 제2절에서 관료와 의병 양쪽에서 다 논의를 하고 있어 이에 대한 추가적인 설명이 필요하리라 본다. 예곡은 임진왜란이 발발 이전에 관직에서 물러나 있었으나 임진왜란이 발발하자 동문인 조종도 등과 함께 창의하여 많은 전공을 세웠다. 이후 예곡은 그 공을 인정받아 초계 가군수를 거쳐 초계군수로 재임용 된다.
예곡이 기술한 전쟁실기는 〈팔계일기〉와 〈견문록〉 2편이 있는데, 이 중에서 〈팔계일기〉는 곽율이 의병장 및 草溪 假郡守로서 활약한 창의 기록을 담고 있기에, 의병 실기로 분류하는 것이 바람직하며, 〈견문록〉은 예곡이 草溪 郡守의 입장에서 지역민들 중 본받을 만한 업적을 이룬 사람들을 알리기 위해 작성하였기에 관료 실기로 보는 것이 적절하다.
114 〈避難行錄〉과 〈龍蛇日記〉의 유사성으로 인해 母本 시비가 있는데, 〈피란행록〉은 1592년 4월 30일 서울을 떠나 선조를 모시고 호종하던 모습부터 왕세자를 호종하던 1593년 정월 28일까지의 기록으로 〈용사일기〉보다 총 91일 간의 사적이 더 기록되어 있기는 하지만 〈용사일기〉 보다 사실의 기록이 훨씬 적고, 첨부된 문서가 소략하거나 없는 경우가 많기에 〈용사일기〉가 〈피란행록〉의 모본으로 생각된다. 즉 〈용사일기〉의 시초 기록 75일과 최종기록 16일 부분이 缺落되기 이전에 〈피란행록〉이 작성된 것으로 보인다. 앞으로는 〈용사일기〉만을 논의의 대상으로 하겠다.

주로 기술하였다는 점에서 확연한 차이가 있다.

작품의 구성을 간략히 살펴보면 약포의 〈용사일기〉는 일기체 형식을 빌어 매일매일의 내용을 기술하고 있으며, 약포의 〈용만문견록〉·〈용사잡록〉·〈임진기록〉은 기사(記事) 중심의 기술을 하고 있다. 예곡의 〈견문록〉은 임진왜란 당시 귀감이 될 만한 인물을 중심으로 기술하고 있고, 황곡의 〈황곡선생일기〉는 황곡이 창의한 이후부터 시작하여 석성현감으로 재직 시 경험한 내용을 일기체 형식으로 기술하였다.

지금부터 각 작품의 내용과 서지사항을 살펴보겠다.

먼저 약포의 작품인 〈용사일기〉·〈용만문견록〉·〈용사잡록〉·〈임진기록〉의 내용과 서지사항이다.

〈용사일기〉[115]는 약포 정탁[116]이 왕세자인 광해군을 호종하여 북도

---

115 〈용사일기〉는 친필 초본으로 상하 2책으로 되어 있으며, 상책 117면, 하책 113면, 도합 230면으로 되어 있다. 각각 그 표지의 左邊에 '龍蛇日記上', '龍蛇日記下'라는 주제목을 쓰고 그 右肩에 각각 '遺墨'이라고 副題하였다. 상·하 각각 從 25㎝, 橫 29㎝, 두께는 약 0.7㎝이고, 그 內面을 조사해보면 상권 첫째 장은 그 前面이 下卷 끝장은 그 後面이 각각 缺落되어 있는데 면수는 上이 117면, 下가 113면 총230면이다. 每行 17字 內外로 上의 제23면까지는 行書, 그 이후는 草書로 쓰여 있어서 行數·字數 및 書體가 모두 일정하지 않다.; 李渭應 譯註, 『藥圃 龍蛇日記』, 釜山大 韓日文化研究所, 1962, pp.3~4.

116 정탁(1526~1605)은 본관이 淸州, 자는 子精, 호는 藥圃·佰谷이다. 慶北 醴泉에서 출생하였으며, 17세 때 퇴계에게 執贄하였으며, 36세 때 晉州의 교수로 있으면서 南冥에게도 執贄하였다. 약포는 임진왜란 발발 당시 67세로 議政府 右贊成兼知經筵春秋館事內醫院副題調로 있었다. 播遷時 分朝가 논의되어 大駕는 의주로 향하고, 東宮은 강계로 향할 때 鶴駕를 호종을 하게 되었다. 그 후

(北道) 각지로 전전하던 시기에 작성되었다. 앞의 부분이 결락되었지만 1592년 4월 30일 도성을 떠나는 시기부터 호종의 기록이 자세히 기술되어 있음을 〈피란행록〉을 보면 추정할 수 있다. 실제 〈용사일기〉는 1592년 7월 17일부터 시작하여 1593년 정월 12일까지 총 172일 간의 사적이 기록되었는데 기사는 없고 날짜만 쓰어 있는 날도 있다.

일기의 구성을 보면, 매일 간지의 기상을 표시하고, 이어서 그날그날에 일어난 주요 사실을 간략하게 기술했고, 다음에 줄을 바꾸어 '附(부)' 자를 써 놓고, 장계(狀啓), 치보(馳報), 교서(敎書), 비망기(備忘記), 칙유(勅諭), 헌책(獻策) 등을 수록해 놓았다. 주된 내용은 하루하루 기사가 아니라 각종, 장계, 치보, 교서로 이들이 일기의 대부분을 차지한다.

여기에서 작자인 약포가 호종 당시의 조정에서 어떤 역할을 수행하고 있었는지를 확인하는 것이 〈용사일기〉의 성격을 명확히 파악하는데 도움이 되리라 생각한다. 왕세자를 호종할 당시 약포는 내의원제조(內醫院提調)의 역할을 수행하였다. 약포는 단순히 내의원제조의 직책만을 수행한 것이 아니라 전시에 구성된 빈청(賓廳) 내에서도 중요한 입

伊川, 成川, 龍岡, 寧邊 등으로 전전하며 피란하다가 평양이 탈환된 뒤 영변을 떠나, 1593년 동궁을 모시고 대가를 정주에서 배알하였다. 1594년에 동궁을 모시고 전주, 공주, 홍주 등을 왕래하면서 飢民을 진휼하는 데 심혈을 다했고, 8월에 동궁을 모시고 돌아와 다시 비변사에 나아갔다. 또한 곽재우·김덕령 등을 천거하여 전란 중에 공을 세우게 하였으며, 1595년(70세) 2월에는 議政府 右議政에 올랐다가 6월에 遞職되어 知中樞府事가 되었다. 1597년 정유재란 시에는 72세의 노령으로 남쪽 지방으로 몸소 가서 인심을 안정시키고자 하였으나 선조의 만류로 실행하지 못했다. 이해 3월에는 옥중의 이순신을 극력 伸救하여 죽음을 면하게 하였다.; 鄭琢, 『藥圃先生文集』, 〈年譜〉참조.

안자의 한 명으로 참여했다.[117] 즉 약포는 전국에서 올라오는 장계를 관리하는 정보관리자 중 한 사람이었고 이러한 직책의 특성으로 인해 약포 〈용사일기〉의 부기문에 각종 공문서를 싣는 것이 가능했으리라 추정한다. 이러한 약포의 역할로 인하여 〈용사일기〉는 약포 개인의 의견이나 느낌은 배제되었고 공적인 기록이 중심을 이루게 되었다.

〈용만문견록〉[118]은 약포가 용만(龍灣; 의주의 옛 명칭)에 도착한 후 명나라 경략(經略) 송응창(宋應昌)에서부터 유격장(遊擊將)에 이르기까지 명나라 장수들을 접대한 사실을 기록한 것이다. 〈용만견문록〉 서문을 보면, 명나라 장수들을 전별하고 위로했던 사실은 모두 장계로 왕에게 올렸으며, 기타 사항과 주고받은 말을 한 권으로 기록한다고 하였다. 약포는 원군 온 중국 장사(將士)들의 말과 사적 중에 국가의 흥망에 관련된 것을 여사로 볼 수가 없어서 기록한다고 서술의도를 밝히기도 하였다.

〈용사잡록〉[119]은 약포의 친필로 기술되어 있는데 그 내용은 임진왜

---

117 내의원제조는 보통 종2품 이상의 관료가 겸임하는 경우가 많았으며, 제조 위에 있는 도제조의 경우 정승을 거친 사람이 임명되기도 하는 명예직이면서도 중요한 직책이었다. 빈청은 영의정·좌의정·우의정의 3정승과, 정2품 이상 고위관직자가 모여 국사에 관한 중요한 안건을 협의하는 협의체이다. 선조가 몽진을 할 당시 많은 관료들이 선조를 호종하지 못하였다. 여기에서 다시 分朝하였으니, 학가를 따르는 관료는 많지 않았다. 선조는 약포에게 왕세자의 후견인을 부탁하였기에, 행차소에서의 약포의 위세는 대단했으리라 생각한다.
118 〈龍灣聞見錄〉은 『藥圃集』 卷6 雜著에 실려 있으며, 『약포집』은 四周雙邊匡廓 從 21.3cm, 橫 16cm, 有界, 매면 10行 매행 20字, 上下二葉花紋語尾로 되어 있다.
119 〈龍蛇雜錄〉은 『藥圃先祖遺墨』에 실려 있으며, 『약포선조유묵』은 종 33.9cm,

란 때 신하들이 국왕에게 올린 상소문, 국왕 선조와의 문답 내용, 명나라와 일본 측 인물들과 주고받은 서신이나 외교 관련 문서 등을 모아놓았다.

'잡록'이라는 제명은 약포가 자신의 글을 싣지 않고 취집(聚集)했다는 의미를 가지고 있다. 하지만 〈용사잡록〉에 실린 상소문이나 차자(箚子)·서신(書信) 중 상당수는 다른 책에서는 찾을 수 없기에 임진왜란 연구에 중요한 의미가 있는 자료이다.

특히 〈용사잡록〉에는 1593년 7월 명나라의 1차 원병 주력부대가 철수 시 양국이 협의한 내용, 일본 장수 가토 기요마사(加藤淸正)가 조선 측에 보낸 서신, 토요토미 히데요시(豊臣秀吉)가 명나라에 보낸 서신 등이 있어 주목을 받는다. 이 밖에 류성룡과 권율이 국왕에 보고한 내용, 남명 문인 정인홍의 상소문, 비변사가 임진왜란 중 충신·효자·열녀의 공적 사항을 조사하기 위해 경상감영과 전라감영으로부터 받은 보고서도 흥미로운 자료라고 할 수 있는데, 특히 보고서에는 임진왜란 초기 경상도와 전라도 지역의 의병 활동에 대한 설명도 포함되어 있어 의병들의 활약상을 연구하는 데 매우 유용한 자료로 평가받고 있다.

〈임진기록〉[120] 또한 약포의 친필로 되어 있으며 임진왜란 3년차에

횡 28.4cm로 되어 있고, 行字 수는 일정하지 않다. 1권으로 되어 있으며 총 20면으로 되어 있으며 보물 494-4호로 지정되어 있다.
120 〈壬辰記錄〉은 2책으로 되어 있으며 규격은 27.4cm×28.1cm 로 行字 수는 일정하지 않다. 보물 494-6호로 지정되어 있다.

해당하는 1594년의 기록을 중심으로 임진왜란 당시와 임진왜란 직후의 기록이 일부 수록돼 있다. 내용은 주로 전쟁 수행과 관련된 여러 문제가 적혀 있으며, 명과의 외교 관계와 관련된 기록도 다수 포함돼 있다.

〈임진기록〉은 전쟁 중 장수들이 조정에 보고한 보고서나 명나라 측의 각종 문서 등을 그대로 기재하였다. 특히 도원수 권율, 삼도수군통제사 이순신의 장계 등이 원문 그대로 수록돼 있는 등 전쟁 중 각종 전황 관련 보고서가 실려 있다는 점이 〈임진기록〉의 특징이라고 할 수 있다. 또한 명나라 측 지휘관인 도독 이여송(李如松)이 1593년 1월 벽제관에서 패배했던 사건을 변명하는 문서와 이에 대한 명나라 병무의 입장도 문서 형식으로 실려 있는 귀중한 자료이다.

다음은 곽율의 〈견문록〉에 대하여 살펴보겠다.

〈견문록〉은 『예곡집』에 실려 있으며,[121] 예곡이 초계군수 시절에 기술하였다. 〈견문록〉은 총 4면으로 되어 있으며, 제명처럼 전란에서 공을 세웠던 사람들과 왜적에 항거하다 죽음을 맞이한 사람들의 행적, 초계 지역 사람들의 선행(善行)을 보고 들은 대로 기록하였다.

〈견문록〉은 예곡이 목민관의 입장에서 목도이문한 내용을 중심으로 기술하고 있다. 예곡이 〈견문록〉을 기술한 이유는 첫째, 전란의 어

---

121 表題는 '예곡집'이고, 內題 및 版心題는 '예곡선생문집'이며, 전체 상·하 103장으로 되어 있는 목판본이다. 四周單邊에 界線이 있으며, 판심에는 上下內向二葉花紋魚尾가 있다. 半廓의 크기는 세로 20.9cm, 가로 16.4cm이며, 每面은 10行 20字로 되어 있으며 〈팔계일기〉와 〈견문록〉은 文集 上 雜著에 기재되어 있다.

려움 속에서도 충(忠)·효(孝)·예(禮)·절(節)을 지켜낸 선인(善人)들을 기록함으로써 국난을 극복할 수 있다는 자신감을 백성들에게 부여하기 위해서이다. 둘째, 추앙받을 만한 이들을 기록함으로써 후대인들에게 귀감이 되도록 하기 위해서이다. 두 가지 목적 모두 공적 성격을 수반하고 있으며 당시 관료들이 전쟁에 임하는 자세를 확인할 수 있는 부분이다.

마지막으로 황곡의 〈황곡선생일기〉를 살펴보겠다.

〈황곡선생일기〉[122]는 황곡이 임진왜란 다음 해인 1594년 5월 24일부터 1596년 8월 14일까지 약 2년 3개월 동안 자신의 주변에서 일어났던 일을 기록해둔 전체 120쪽(60장) 분량의 필사(筆寫) 기록이다. 이 자료는 1596년 3월 4일 뒷부분부터 3월 15일 앞부분 사이의 기록 1장이 결락된 상태로 발견되었기에, 필사 당시에는 122쪽의 분량이었을 것으로 추정된다.

〈황곡선생일기〉에 기록된 시기가 황곡이 창의하여 자신이 모은 병력을 영남초유사인 학봉 김성일에게 인계한 이후이다 보니, 황곡의 의병으로서의 경험이 거의 드러나지 않고 있으며, 전재민으로서의 고통도 잘 표현되지 않고 있다. 이에 반해 1596년 2월 이후의 기록은 황곡이 석성현감으로 부임하여 목민관으로서 지역민을 위무하는 내용을 중심으로 기술되어 있다. 이 기간이 비록 6개월 정도로 전체 2년

---

122 〈황곡선생일기〉는 가로 16.5cm, 세로 20.0cm의 匡郭에 12행의 괘선이 인쇄된 한지에 필사하였으며 매 행의 글자가 대체로 22자 내외이다.

3개월의 기간 중 양적으로 차지하는 부분은 크지가 않지만, 관료라는 경험주체의 성격이 비교적 뚜렷하게 드러나기에 관료 실기로 분류하였다.

작품에 등장하는 인물들이 대부분 남명의 직전제자이거나 그 재전제자라는 점에서 당시 남명학파의 동향을 파악할 수 있는 중요한 자료이다. 또한 전쟁이 소강상태로 접어든 뒤 왜적과 관군 및 의병진이 서로 대응하는 방식과 당시 사족의 생활상을 엿볼 수 있는 귀한 자료이다.

지금까지 약포의 〈용사일기〉·〈용만문견록〉·〈용사잡록〉·〈임진기록〉과 예곡의 〈견문록〉, 황곡의 〈황곡선생일기〉 등 총 6편의 관료 실기를 살펴보았다.

남명학파는 임진왜란 당시 내직 또는 외직에 근무하면서 겪은 전쟁의 다양한 경험을 관료의 입장에서 기술하였다.

6편 작품의 공통점은 관료의 입장에서 전쟁실기를 작성하다 보니 작품 내에서 개인의 사적 기록을 가능한 배제하고 공적인 내용을 중심으로 기술하고 있다는 것이다. 이러다 보니 주된 내용은 개인사보다는 국가, 왕실, 전황, 지방 행정, 풍교 등에 치우쳐 있음을 확인하였으며 이를 통해 당시 관료들의 전쟁 수행의지를 확인할 수 있다.

2) 의병 실기(義兵 實記)

전투에 직접 참여한 경험을 바탕으로 하여 기술된 전쟁실기가 바로 종군실기(從軍實記)이다. 종군실기도 종군 당시의 경험주체에 따라 분류하면, 관군의 입장에서 기술된 관군 실기와 의병의 입장에서 기술된 의병 실기로 나눌 수 있다.

남명학파의 종군실기는 대부분 의병의 입장에서 기술되었다. 이것은 앞에서도 언급했듯이 남명학파는 관직에 나아가지 않는 경우가 많아 관군의 입장에서 기술된 전쟁실기는 전하지 않고,[123] 대부분 의병의 입장에서 기술된 종군실기만이 확인되었다.

남명학파의 의병 실기 중 직전제자의 작품에는 예곡 곽율의 〈팔계일기(八溪日記)〉, 송암 이로의 〈용사일기(龍蛇日記)〉, 원당(源堂) 권제(權濟)의 〈임정일기(壬丁日記)〉, 설학(雪壑) 이대기(李大期)의 〈임계일기(壬癸日記)〉・〈용사별록(龍蛇別錄)〉과 같은 작품을 찾을 수 있었다.[124] 재전제자의 경우에는 수족당(睡足堂) 전우(全雨)의 〈임계일기(壬癸日記)〉, 모계 문위의 〈모계일기(茅谿日記)〉, 검간 조정의 〈임란일기(壬亂日記)〉, 가휴 조익(可畦 趙翊)의 〈진사일기(辰巳日記)〉, 구봉(九峰) 김수인(金守訒)의 〈난중잡록(亂中雜錄)〉, 지족당(知足堂) 박명부(朴明榑)의 〈황석산성실적(黃石山城實跡)〉이 전한다.[125]

---

123 寒岡의 제자인 聱漢 孫起陽의 〈公山誌〉, 〈亂中日錄〉을 남명학파의 관군 실기로 분류할 수도 있으나, 남명학파에 의해 류성룡이 축출된 이후 오한이 북인 정권에 대한 뚜렷한 반감을 드러내기에 남명학파로 분류하지 않았다.

124 정인홍의 〈倡義日記〉는 남명학파의 다른 문인들의 문집에서 인용되거나 발췌하여 사용되기도 하나, 실제로 원문을 찾을 수 없었다. 그 이유는 인조반정 이후 정치적으로 이루어진 정인홍에 대한 貶下 때문으로 추정된다. 오운의 〈龍蛇亂離錄〉 또한 문집에 기록되어 있기만 할 뿐 전하지 않는데, 失傳되었을 가능성이 높다.

125 茅谿 文緯의 〈黃石山城事蹟〉은 모계와 직접적인 관계가 먼 '黃石山城'의 축성

이 외에도 남명학파 문인들의 문집에는 많은 전쟁실기가 전재되어 있다. 하지만 이중 상당수의 작품이 경험주체와 서술주체가 서로 일치하지 않는다. 즉 후손들이 선인들을 선양하기 위해서 지었거나 척록(摭錄)했을 가능성이 높은 작품들이다.[126]

남명학파 의병 실기 중 일기체 형식의 작품이 많은데, 예곡의 〈팔계일기〉, 원당의 〈임정일기〉 설학의 〈임계일기〉, 수족당의 〈임계일기〉, 모계의 〈모계일기〉, 검간의 〈임란일기〉, 가휴의 〈진사일기〉, 구봉의 〈난중잡록〉 등 8편이 여기에 해당한다.

예곡의 〈팔계일기〉는 앞에서 논의한 예곡의 관료 실기인 〈견문록〉과 마찬가지로 『예곡집』에 실려 있다. 〈팔계일기〉는 예곡이 초계의 가군수(假郡守)로 부임하는 1592년 6월 9일부터 9월 20일까지의 의병 활동과 관련한 간략한 기록으로, 당시 초계(합천의 옛지명) 지역의 의병 활동을 살펴볼 수 있다.[127]

경위 등을 다루고 있어 후손들이 작성했을 가능성이 크기에 제외하였다. 懿菴 姜翼文은 〈亂記〉를 지었으나 전하지 않으며, 復齊 鄭湛의 〈壬亂復城日記〉와 混菴 洪慶承의 〈奮義錄〉 등도 전쟁실기로 추정되나, 원자료를 구하지 못하여 확인할 수 없었다.

126 직전제자들 중에는 김면의 〈倡義略錄〉·〈倡義事跡〉, 전치원의 〈壬癸別錄〉, 곽재우의 〈龍蛇別錄〉, 이대기의 〈壬癸事實記聞錄〉, 노흠의 〈壬辰日記〉 등이 후손에 의해 만들어졌거나 척록했을 가능성이 높은 작품이고, 재전제자들 중에서는 장현광의 〈文康公避亂錄〉, 〈龍蛇日記〉, 곽준의 〈存齋實記〉 등이 후인에 의해 기술되거나 척록되었을 가능성이 큰 작품이다.

127 전체가 8면으로 되어 있는 분량은 매우 작지만 전투의 중요 부분은 상세히 묘사되어 있다.

예곡은 6월 9일 부임한 날의 기록을 자세히 하고 있으며 7월과 8월 의 기록은 대부분 생략하였고, 9월의 기록은 전황과 함께 날짜별로 상세히 묘사되어 있다.[128] 〈팔계일기〉는 임진왜란 초기 전황과 경상우 도 의병 활동에 관련한 상세한 기록인 만큼 사료적 가치가 높다. 〈팔 계일기〉의 경우 주된 내용은 초계 지역의 전황이지만, 동문과 가족에 대한 서술 등 예곡의 사적인 기록이 포함되어 있다.

예곡은 비록 군수(郡守)라는 직책을 맡고 있지만, 스스로 가군수임 을 밝혔듯이 관료의 입장보다는 의병의 입장에서 기술하려는 모습이 작품 속에서 더 강하게 나타나기에 〈팔계일기〉를 의병 실기로 분류하 고자 한다.

원당 권제[129]의 〈임정일기〉는 원당의 문집인 『원당실기(源堂實紀)』에 실려 있다.[130] 원당은 임진왜란이 일어나자 권세춘(權世春)과 함께 단성

---

128 9월에는 9월 6일부터 9월 20일까지의 기록이 서술되어 있다. 9월 13일, 9월 14 일, 9월 18일의 기록만 생략되었고, 나머지 12일의 기록은 짧게나마 다 서술되 어 있다.

129 권제(1548~1612)의 자는 致遠, 호는 源堂, 본관은 安東이다. 부친은 竹亭 權文 顯(1524~1575)이다. 남명에게 수학하였으며, 1591년 급제하여 홍문관 정자에 보임되었다. 왜란이 발발하자 곽재우·김면·곽준 등이 의병장으로 추천하여 창의하여 永陽兄山江 전투에서 큰공을 세웠다. 이후 예조좌랑·古阜郡守 등을 역임하였으며 후에 文山書院에 제향되었다.

130 〈원당실기〉는 3卷 1册의 木活字本이다. 〈원당실기〉에는 권제의 부친인 竹亭 權文顯(1524~1575)의 〈竹亭實紀〉도 함께 수록되어 있다. 表題는 '竹亭源堂實紀' 이고, 內題는 '竹亭源堂兩世實紀'이며, 版心題는 '源堂實紀'로 되어 있다. 四周單 邊에 界線이 있으며, 판심에는 上下內向二葉花紋魚尾가 있다. 半郭의의 크기는 가로 14.4cm, 세로 18cm이며, 每面은 10行 20字로 되어 있다.; 社團法人 南冥學

(丹城; 산청의 옛지명)에서 500여 명의 의병으로 처음 창의하였고 곽재우·김면과 더불어 여러 차례 공을 세웠다.

〈임정일기〉[131]에는 1592년 7월 6일부터 1598년 1월 22일까지 실제 권제가 의진(義陣)에 참가하여 활동한 내용이 일자별로 기록되어 있다. 분량이 적다 보니 내용이 매우 소략하게 되어 있으며 임진년의 기록이 다른 해보다 상세하게 기술되어 있다. 권심(權深), 박사겸(朴思兼), 박사제(朴思齊) 등과 창의한 일, 그리고 그 사실이 조정에 알려져 홍문관 박사에 제수된 일, 토벌계획과 진영의 이동 등을 기록하였다. 영양(永陽)·형산강(兄山江) 등지의 전투 현황과 곽재우 등 의병장들의 이동경로와 활약상도 잘 기록되어 있다.

다음은 설학 이대기[132]의 〈임계일기〉에 대하여 살펴보겠다. 설학의

研究院·慶尙大學校 南冥學硏究所, 『南冥學 關聯 文集 解題(II) - 南冥 門人 一部 및 南冥 私淑人 一部 -』, 圖書出版 述而, 2008, p.237.
131 〈원당실기〉 券1 雜著에 수록되어 있고, 총 11면으로 되어 있다. '임정'이라는 제명은 '壬辰'에서 '壬'을 '丁酉'에서 '丁'을 취하여 명명되었다.
132 이대기(1551~1628)의 자는 任重, 호는 雪壑, 본관은 全義이다. 아버지는 軍資監正을 역임한 李得賁이다. 16세 때 崔永慶에게 나아가 수학하고, 17세에 최영경을 따라 山天齋에서 남명을 만난 후 그의 문하에서 수학하였다. 22세 때 스승 남명이 세상을 떠나자, 이후 학문과 남명의 뜻을 이어 교육에만 매진하였다. 39세 때 일어난 鄭汝立獄事에 최영경이 연루되자, 李魯·朴齊仁·李瀞·吳長 등과 함께 최영경의 신원을 청하는 상소를 올렸다. 42세 때 임진왜란이 일어나자 李大約, 李胤緖와 함께 도내에 통문을 돌려 의병 모집을 시작하였고, 탁계 전치원도 같은 시기에 의병을 모집하여, 서로 內·外軍으로 나누어 초계 지역을 방어하였다. 이러한 공로로 설학은 掌苑署 別提를 제수 받았으며, 44세 때는 黃山道 察訪에, 45세 때는 義興縣監에 제수되었다. 47세 때인 1597년 정유재란이 일어나자 의흥에서 병사를 모집해 火旺山城 전투에 참여하기도 하

〈임계일기〉는 설학의 문집인 『설학선생문집(雪壑先生文集)』에 실려 있다. 『설학선생문집』은 국립중앙도서관본과 남명학연구소본[133] 2본이 전하는데, 이중 남명학연구소본에 〈임계일기〉와 함께 〈용사별록〉이 실려 있다.

〈임계일기〉[134]는 1592년 4월 13일부터 이듬해 1593년 10월 9일까지의 기록을, 그리고 4년 뒤 의흥현감(義興縣監)으로 재직 중 화왕산성으로 들어가 곽재우 등과 호응하여 왜적을 막는 1597년 7월 21일에 있었던 중요한 사건을 기록한 일기이다. 그 중간의 기록은 모두 빠져 있다. 임진왜란 당시의 상황, 특히 초계를 비롯한 경상우도 지역의 의병활동이 상세히 기록되어 있다.

〈임계일기〉는 임진왜란 발발일로부터 시작하여 동래부사의 죽음, 도원수 신립의 전사, 도성의 함락까지는 간략히 소개하고 있으며, 5월 8일 동생 이대약, 이윤서와 향병을 모집하고 전치원과 거병을 약속하는 부분을 시작으로 하여 초계 지역의 전황을 상세하게 기록하고 있다.

〈임계일기〉가 초계 지역의 전투를 위주로 상세히 전황을 전하고 있

였다. 49세 때 형조좌랑에 제수되었으며, 63세 때인 1613년 4월 癸丑獄事가 일어나자, 고향으로 돌아왔다. 64세 때 함양군수로 나아갔다가 정인홍과의 불화로 70세에 백령도로 유배되었다. 1628년 11월 14일 安知堂에서 숨을 거두니, 향년 78세였다.

133 남명학연구소 소장본 『설학선생문집』은 모두 4권 2책의 木活字本이다. 四周雙邊으로 되어 있으며, 半廓의 크기는 약 가로 16.2cm, 세로 20.5cm이다. 每面은 10행 20자이며, 注는 雙行이며, 上下內向二葉花紋魚尾가 있다.

134 〈壬癸日記〉는 『雪壑先生文集』 卷2 雜著 부분에 실려 있으며, 총 12면으로 되어 있다.

어, 동일한 시·공간적(時·空間的) 배경을 공유하고 있는 예곡의 〈팔계일기〉와 비교할 여지가 있다.

예곡의 〈팔계일기〉가 커다란 사건을 중심으로 경상우도 전체의 전황을 다루었다면 설학의 〈임계일기〉는 이보다는 미시적 접근을 통하여 경상우도 중 초계 지역의 전황을 위주로 세밀하게 기록하였다는 차이점이 있다.

〈임계일기〉는 1593년 10월 9일 초계 지역 전투를 마지막으로 임진왜란의 기록은 끝을 맺고, 1597년 7월 21일 정유재란 당시 화왕산성 전투에 대한 내용이 등장하면서 작품이 마무리된다. 실제적인 전과(戰果)를 중심으로 하고 있다는 점과, 사적인 기록이 전혀 없다는 점이 매우 특이하다.

수족당 전우[135]의 〈임계일기〉[136]는 임진왜란이 일어난 1592년 6월

---

135 전우(1548~1616)의 자는 時化, 호는 睡足堂, 본관은 完山, 출생지는 陜川이다. 濯溪 全致遠이 父이다. 그는 어려서부터 순진하고 효우를 돈독히 하여 문장에도 능했으며 글씨 또한 뛰어났다. 산수를 사랑하여 정자를 짓고 '睡足堂'이라 편액하니 諸葛孔明의 "草堂書睡足"이란 글에서 따온 것이다. 五峯 李好閔, 紫巖 李民宬, 大庵 朴惺, 浮査 成汝信, 无悶堂 朴絪 등의 명사들과 친교하였으며 來庵의 문인이다. 수족당은 1592년 임진왜란이 일어나자 아버지인 전치원을 따라 창의하였다. 곽재우의 휘하에서 공을 세워 그 공적으로 重林道察訪에 발탁되었으며 司憲府持平에 추증되었다.

136 〈임계일기〉는 『睡足堂集』에 실려 있다. 『수족당집』은 목판본으로 1858년에 만들어졌다. 2卷 1冊으로 되어 있으며 크기는 20.5cm×31cm이고, 목판은 半葉 匡郭으로 18cm×21cm이다. 四周單邊, 有界, 매면 10行 19字이고, 版心은 上下向 花紋魚尾이고 上下白口로 되어 있다. 〈임계일기〉는 卷1 附錄에 실려 있으며 4면으로 되어 있다.

22일에서 다음 해 정월까지의 전황을 기록한 일기체의 전쟁실기이다. 수족당이 직접 기술한 전쟁실기는 화재로 전소하였기에 현재 전하는 것은 가장(家狀)에 실린 것과 제현(諸賢)들의 기록에 뽑아서 기록한 것이다. 그래서 내용이 매우 소략하다.

작품은 중요한 전황 위주로 기술되어 있으며 17일 분량밖에 없다. 수족당은 아버지 탁계(濯溪; 全致遠)와 함께 망우당(忘憂堂; 郭再祐)의 막하에서 있었던 일을 생생하게 기술하였다. 특히 왜선이 출몰한 낙동강 주변의 성주·현풍·고양 등지의 전황을 기록한 것은 매우 특이하다고 할 수 있다. 임진왜란의 지역전란사(地域戰亂史)를 재조명 할 수 있다는 점에서 그 가치가 뛰어나다.

모계 문위[137]의 〈모계일기〉에는 임진왜란 3년 전인 1589년 정월부

---

137 문위(1554~1631)의 자는 順甫, 호는 茅谿, 본관은 南平이다. 모계는 1554년 6월 14일 거창 加祚縣 龍山村(현 거창군 가북면 용산리)에서 鶴山 文山斗(1528~1597)의 둘째 아들로 태어났다. 모계는 19세 때인 1572년 德山에 가서 南冥 曺植을 배알하려 하였으나, 그 해에 남명이 별세하여 가르침을 받지 못하였다. 21세 때인 1574년 德溪 吳健에게 나아가『周易』을 배웠다. 그러나 이 해 덕계마저 별세하자, 다시 寒岡 鄭逑에게 나아가 수학하였다. 1592년 임진왜란이 일어나 국토가 유린당하는 것을 보고, 거창에서 鄕兵을 모집하여 倡義하였다. 松庵 金沔을 의병장으로 추대하고, 문위는 그의 참모로서 知禮·高靈·星州·陜川 등지에서 왜적을 방어하였다. 다음 해 의병장 송암이 陣中에서 病死하자, 송암의 뒤를 이어 의병군을 통솔하였다. 44세 때인 1597년 부친이 돌아가자 3년간 상복을 입었다. 이후부터 과거에 응하지 않고 모계리에 書室을 열고 성리학에 전심하는 한편 후진양성에 주력하였다. 모계는 63세 때 스승 오건을 위해 西溪書院 건립을 주도하였다. 이때 수학한 인물로 眉叟 許穆이 있다. 문위는 1632년 12월 20일 78세의 나이로 별세하였다. 1686년 10월 거창의 龍源書院에 제향되었다.

터 1593년 4월 12일까지 4년 4개월간의 생활상이 기록되어 있다. 주로 모계 자신의 사적인 기록으로 되어 있으며 총 161쪽 분량의 필사본이다. 형식상으로는 일기(日氣), 의병사적, 스승인 정인홍과 관련된 기록, 사우록(師友錄) 등으로 나누어져 있다.

〈모계일기〉의 주된 내용은 모계가 김면의 의진(義陣)에 참여한 이후의 사건들이다. 모계는 김면의 휘하에서 모병을 하거나 장수(將帥)로 활약하는 모습을 기술하였는데, 고령의 개산포(開山浦), 두곡역(頭谷驛), 지례(知禮), 개령(開寧) 전투에서 승리하는 모습뿐 아니라 성산성(星山城) 전투에서 패배하는 모습까지 비교적 객관적 시각을 유지하면서 기술하고 있다. 즉 모계는 임진왜란 동안 의병장 김면의 휘하에서 지역방어를 위한 전쟁에 주로 참가하면서 간략하게나마 의병의 동향과 전투의 상황을 전하는 전쟁실기를 남겼다.

이 밖에도 원천 전팔고(原泉 全八顧), 원계 전팔급(原溪 全八及)과 이웃에 살면서 경사(經史)에 대해서 토론한 사실과 그가 만난 사람들을 자세하게 언급하고 있어 남명학파의 교유관계를 살펴보기에도 좋은 자료이다. 또한 왕이 정인홍에게 내린 〈교유대사헌서(敎諭大司憲書)〉를 비롯해, 그가 올린 〈대사헌계사(大司憲啓辭)〉·〈걸귀차자오불가(乞歸箚子五不可)〉·〈걸귀봉사(乞歸封事)〉 등이 필사의 형태로 실려 있으며, 서인과의 알력 등도 비교적 소상히 기술되어 있다.

검간 조정[138]의 〈임진왜란일기〉[139]는 1592년 4월 14일부터 시작하여, 중간에 1595년과 1596년의 일기가 누락(또는 분실)되기는 하였으나, 1597년 3월 17일까지 약 6년간 630여 일의 기사가 수록되어 있다. 특히 임진년의 기사는 10일간만을 제외하고는 4월 14일부터 12월 27일까지 빠짐없이 기록되어 있으며 1593년의 기사도 11월 7일까지 빠짐없이 기록되어 있어 다른 임란일기에 비하여 충실하게 기록된 편이다.

작품의 주요 내용은 1592년 4월 14일 관보를 얻어 보고 왜란 발발의 소식을 들은 일부터 시작하여 왜적의 만행·전투상황·강화조약의 소식·의병과 승병의 활약상·명군의 구원 소식과 명군의 횡포 등이 광범위하게 기록되어 있다. 작품의 전반부는 피란 체험에 대한 기록이고 후반부는 종군 체험에 관한 기록이다. 피란에 관한 기록은 임진년 4월 20일부터 7월 29일까지로 피란중의 참상이나 관료층의 잘못을 비판한 내용이고 이후로는 의병에 참가하여 군량미나 군수품을

---

138 조정(1555~1636)은 본관이 豊壤, 자는 安中, 호는 黔澗이다. 鶴峰 金誠一과 寒岡 鄭逑의 문인이다. 1572년 18세 때 鄕試에 합격하였다. 38세에 임란을 당하자 어머니를 모시고 난을 피하여 속리산으로 들어갔다. 이해 7월에 鄭經世 權景虎 李弘道 등과 함께 黃嶺寺에 모여서 李逢을 대장으로 추대하여 倡義軍을 일으키고 자신은 참모와 서기를 담당하고 군량조달에 힘썼으며, 軍中의 일을 맡아 했다. 1599년 천거로 참봉이 되고, 1603년 사마시에 합격한 뒤 1605년 좌랑으로 증광문과에 병과로 급제하였다. 1624년(인조 2) 李适의 난 때 공주까지 扈駕하였고, 그뒤 벼슬이 봉상시정에 이르렀다. 후에 상주의 涑水書院에 봉향되었다.
139 〈壬辰倭亂日記〉는 '日記' 上·下 2책과 '南行錄', '辰巳錄', '日記 附 雜錄', '西行日記' 각 1책 등 일기 6책과 '聞見錄' 1책의 총책을 일컫는 것으로, 각 작품마다 책의 크기가 조금씩 차이가 난다. '일기', '남행록', '진사록', '일기 부 잡록', '서행일기', '견문록'을 각기 하나의 작품으로 볼 수 있으나 임진왜란 전체에 대한 방대한 기록이라는 입장에서 학계에서는 〈임란일기〉라는 제명 하에 하나의 작품으로 취급하고 있다.

조달하는 등의 의병 활동이 주된 내용이다. 또한 이 일기는 다른 전쟁실기에 비해 작자 개인의 당파적 관점에서 사건과 인물을 평가하고 있는 부분이 나타나는 특징도 있다. 〈임란일기〉는 총 6년간의 기록 중 피란에 관한 내용은 주로 앞 부분에 한정되고 주된 경험이 의병으로서의 경험이기에 의병 실기로 분류하였다.

가휴(可畦) 조익(趙翊)[140]의 〈진사일기(辰巳日記)〉[141]는 2권 1책으로 이루어진 전쟁실기이다. 권(卷)7은 45매로 되어 있고, 권8은 28매로 되어 있다. 권7은 〈진사일기〉 가운데 전편에 해당하는 것으로, 1592년 4월 14일부터 임진년의 기록을 담고 있다. 임진년은 정세가 급박하게 돌아갔던 시기로 거의 빠진 날이 없이 기록되어 있고, 권8은 계사년 이후 무술년(1598)까지의 기록인데 빠진 날이 많고, 중요한 일 중심으로 기

---

140 조익(1556~1613)의 자는 斐仲, 호는 可畦, 本貫은 豊壤이다. 가휴는 伯氏인 黔澗 趙靖과 함께 寒岡 鄭逑에게 『小學』과 『心經』을 수강하였다. 1582년(선조 15) 生員試에 합격, 1588년 謁聖文科에 급제하여 承文院正字가 되었다. 임진왜란 중에는 김홍민과 더불어 의병을 일으키는데 1592년(선조 25) 7월 俗離寺에서 창의하기에 이른다. 김홍민을 대장군으로 삼았으며, 가휴는 병사를 모집하고 군량미를 대는 지원업무를 맡았다. 주로 선산과 상주에서 활동하며 왜적의 북상을 저지하였다. 그 후 慶尙都事, 梁山郡守 및 司憲府掌令을 지냈고, 장령으로 있을 때 기축옥사 문제를 거론하다가 5년에 걸친 유배 생활을 하기도 하였다. 난 후에는 陳奏兼賀至使의 서장관으로 중국에 다녀왔다. 涑水書院과 長川書院에 제향되었다.

141 〈辰巳日記〉는 『可畦先生文集』 卷7과 卷8에 실려 있다. 『가휴선생문집』은 목판본으로 1800년경 후손인 岐然이 편집, 간행하였다. 총 10권 5책으로 되어 있으며 四周雙邊으로 半郭의 크기는 22.3㎝×16.8㎝이고, 책의 크기는 32㎝×21㎝이다. 有界이고 반엽은 10行 21字1로 되어 있다. 上下二葉花紋魚尾가 있다.

록되어 있다. 왜군의 동향, 아군의 방어태세, 정부의 파천(播遷), 중국에의 원병 요청, 전재민의 참상, 의병의 활동을 적어 놓았다. 사생활 기록은 어머님과 형제제사에 관한 것이 조금 있기는 하나 주된 내용으로 의병 활동, 민심, 시사, 국사, 전황 등 공적인 내용을 기술하고 있다.

구봉(九峰) 김수인(金守訒)[142]의 〈난중잡록(亂中雜錄)〉은 구봉의 문집인 『구봉집(九峰集)』[143]에 실려 있다. 〈난중잡록〉[144]은 1592년 임진왜란이 발발한 4월부터 그해 12월까지 의병장인 종숙부 김태허(金太虛)를 종사하면서 일어난 사건들과 감회, 의병 활동 등으로 구성되어 있다. 특히 왜적들의 만행과 의병의 활동상이 상세히 기술되어 있어 임진왜란 당시 밀양지역의 모습을 확인할 수 있는 중요한 자료이다. 그리고 고을 수령의 무능함, 선조가 몽진한 것에 대한 자신의 견해, 명나라에 원군을 청한 것에 대한 자신의 견해, 왜적이 선릉(宣陵)과 정릉(靖陵)을 침범한 것에 개탄한 내용이 실려 있다. 〈난중잡록〉은 축일(逐日) 형태로 기술되어 있지만 일(日) 단위가 아닌 월(月) 단위로 기술되어 있으며, 중요한 사건 위주로 일 단위까지 기술되어 있다. 4월, 7월, 9월, 12월의

---

142 김수인(1563-1626)의 자는 君愼, 호는 九峰, 본관은 廣州이다. 康陵參奉을 지낸 부친 金太乙의 2남 중 차남으로 1553년(명종 18) 密陽府 九明洞에서 태어났다. 1588년(선조 21) 咸安郡守로 있던 寒岡 鄭逑에게 수학하였으며, 1592년(선조 25) 임진왜란 때에는 從叔父 金太虛를 따라 火旺山城에서 많은 전공을 세웠다. 이후 모친을 모시고 伽倻山으로 피란하였다. 1613년(광해군 5) 永昌大君의 獄事가 일어나자 全恩을 청하는 상소를 올렸으나, 비답이 내리지 않자 낙향하여 九明山에 은거하기도 하였다. 인조반정 이후 掌議로 천거받았다. 1626년(인조 4) 성균관 齋任으로 있던 중 泮邸에서 향년 74세로 졸하였으며, 울산 德陽祠에 배향되었다.

사건을 중심으로 기술하고 있다.

일기체 형식의 종군실기들은 전장의 생생함을 전하기 위하여 많이 활용되고 있다. 남명학파 문인들의 경우 종군의 경험이 많기에 현장감을 전할 수 있는 일기체 형식을 선호할 수밖에 없지만 전투의 급박함 등 여러 사정으로 인하여 변화하는 시·공간을 매일 기술할 수는 없었음을 확인할 수 있다.

다음은 일기체 형식이 아닌 중요한 기사(記事)를 중심으로 기술된 전쟁실기들을 살펴보도록 하겠다. 기사 중심으로 기술된 실기는 주로 특정한 사건이 종료된 이후에 기술되기에 현장의 생생함을 전할 수는 없지만 사건의 시종(始終)이 명확하기에 작자의 감정이나 의식을 반영할 수 있다는 점에서 또 다른 특성을 가진다. 남명학파 의병 실기 중에서 이에 해당하는 작품은 설학 이대기의 〈용사별록〉, 지족당 박명부의 〈황석산성실적〉이 있다.

이대기의 〈용사별록〉[145]은 〈임계일기〉와 마찬가지로 설학의 문집

---

143 『구봉집』은 3권 2책의 木版本으로 1854년에 간행되었다. 表題는 '九峰集'이고, 內題와 版心題는 '九峰先生文集'이다. 크기는 가로 21.2cm 세로 32.3cm이고, 半郭의 크기는 가로 16.8cm 세로 22.3cm이다. 匡郭은 單邊처리되어 있으며, 有界이고 上下向二葉花紋黑魚尾가 있다. 半郭은 10行이며, 각행은 20字, 주석은 雙行 처리되어 있다. 책머리와 1권을 합친 35판이 제1책으로, 2권과 3권을 합친 50판이 제2책으로 되어 있다.; 社團法人 南冥學硏究院·慶尙大學校 南冥學硏究所, 『南冥學 關聯 文集 解題(Ⅲ) - 南冥 私淑人 一部 -』, 圖書出版 述而, 2008, p.24.
144 〈난중잡록〉은 『九峰集』 卷二 雜著에 실려 있으며 총 14면으로 되어 있다.
145 〈龍蛇別錄〉은 『雪壑先生文集』 卷四 附錄에 실려 있으며 총 6면으로 되어 있다.

인 『설학선생문집』에 실려 있다. 〈용사별록〉은 1592년 4월 13일부터 1593년 4월 20일까지의 기록 중 중요한 사실만 간략히 기술되어 있어 앞에서 논의한 〈임계일기〉의 축소판이라 할 수 있다. 〈임계일기〉가 일기체 형식의 기술이라면 〈용사별록〉은 1592년 4월 13일 임진왜란 발발부터 전체적인 전황을 일기체 형식을 따로 빌리지 않고 사건 중심으로 간략히 소개하고 있으며, 1593년 4월 20일 도성이 이미 회복되었다는 내용과 학봉 김성일의 죽음에 대한 기사로 작품을 마무리 하고 있다.

이 밖에 설학의 문집에 〈임계사실기문록(壬癸事實記聞錄)〉이 있으나 이것은 설학의 후손들이 여러 문집의 기록을 발췌하여 실은 것이라 따로 논의하지 않겠다.[146]

지족당 박명부[147]의 〈황석산성실적(黃石山城實跡)〉은 지족당의 문집인

---

146 〈壬癸事實記聞錄〉은 설학의 후손들이 壬辰年과 이듬해 癸巳年 사이의 의병 활동에 관한 기록을 여러 문집에서 발췌하여 실어 놓은 것이다. 임란 초기 의병이 일어나는 과정, 협력하여 왜적을 토벌한 戰績, 초유사 김성일과의 內應, 각 의병장들의 이름과 주둔지 등이 나타나 있다. 본문은 주로 文緯의 〈義兵事蹟〉, 李魯의 〈龍蛇錄〉, 金誠一의 〈年譜〉, 柳成龍의 〈懲毖錄〉, 鄭仁弘의 〈倡義日記〉·〈甲午封事〉 등에서 발췌하였다.; 社團法人 南冥學硏究院·慶尙大學校 南冥學硏究所, 『南冥學 關聯 文集 解題(Ⅲ) - 南冥 私淑人 一部 -』, 圖書出版 述而, 2008, p.292.

147 박명부(1571~1639)의 자는 汝昇, 호는 知足堂, 본관은 密陽이다. 咸安 訓導를 지낸 朴德馨의 손자로, 咸陽郡 安義縣 光風里에서 태어났다. 16세(1586)에 桐溪 鄭蘊의 부친인 鄭惟明에게 학문을 배웠고, 寒岡 鄭逑의 문인이다. 20세(1590)에 과거에 급제하여 權知校書館 副正字로 벼슬길에 들어섰다. 22세(1592) 때 임진왜란이 일어나자 고향인 安義에서 의병을 모으고 晉州로 가서 招諭使 金誠一을

『지족당집(知足堂集)』[148]에 실려 있다. 〈황석산성실적〉[149]은 1597년 정유재란 당시 황석산성 전투에서 벌어진 사건을 중심으로 기술된 전쟁실기이다. 세부적인 내용은 도체찰사 이원익(李元翼)이 왕명을 받아 적을 소탕할 계획을 세워 각 고을에 분부하였는데, 안음현감(安陰縣監) 곽준(郭䞭)과 함양군수(咸陽郡守) 조종도(趙宗道)가 황석산성에 와서 성을 수리하고 적과 싸우다 전사한 사건, 곽준의 두 아들 또한 부친의 시신을 붙들고 울다가 모두 죽임을 당하는 사건, 사위 또한 적에게 잡혀가자 딸이 미리 준비한 끈으로 자결한 사건, 성이 함락되었을 때 지족당의 외종형 충의위(忠義衛) 유강(柳橿)이란 자가 노부를 모시고 북문으로 나가다가 적을 만나자 몸으로 부친을 막아서다가 모두 죽임을 당한 사건으로 되어 있다. 하지만 이러한 사건들은 지족당이 직접 목도한 것이

만나 왜적을 물리칠 계책을 논의했으며, 郭再祐 장군의 진영에 들어가 전투에 참여하면서 의병 모집하는 일 등, 적극적으로 활동하여 그 공으로 宣武原從功臣 2등에 책봉되었다. 임란이 끝난 후 司憲府持平을 거쳐 晉州判官, 陜川郡守 등의 벼슬을 역임하기도 했다. 이후 54세(1624) 때 竹山都護府使, 濟州牧使, 59세(1629) 때 刑曹參議 등의 내외직을 두루 거쳐, 66세(1636) 때 禮曹參判으로 승진하였다. 1639년 세상을 떠나니 향년 69세였으며 위패는 花川書院에 봉안되었다.

148 『지족당집』은 8卷 3冊의 목활자본으로 1915년에 간행되었다. 表題는 '知足堂集'이고, 內題와 版心題는 '知足堂先生文集'이다. 책의 크기는 가로 21.5cm 세로 31.1cm이고, 半郭의 크기는 가로 16.5cm 세로 20.8cm이다. 匡郭의 사방 경계는 굵고 가는 두 줄로 처리되어 있으며, 행간에 界線이 있고, 版心에는 上에는 三葉 下에는 二葉의 안쪽으로 향하는 모양의 花紋魚尾가 있다. 半郭은 10行으로 되어 있으며, 각행에는 20字씩 들어 있고, 주석은 小字雙行이다.; 社團法人 南冥學硏究院·慶尙大學校 南冥學硏究所, 『南冥學 關聯 文集 解題(Ⅲ) - 南冥 私淑人 一部 -』, 圖書出版 述而, 2008, p.265.

149 〈황석산성실적〉은 『知足堂集』 卷四 雜著에 실려 있으며, 총 7면으로 되어 있다.

아니라 정사회(鄭思悔)가 진술한 내용을 지족당이 다시 기술한 것이다.

　사건 중심으로 기술된 전쟁실기는 사건이 종료된 후 주로 감계(鑑戒)를 목적으로 기술되기에 기술의 치밀도(緻密度)가 일기체 형식보다 더 뛰어나다.

　송암(松巖) 이로(李魯)[150]의 〈용사일기〉[151]는 임진왜란 당시 영남초유사 학봉 김성일의 참모였던 송암이 학봉의 사적(事蹟)을 후대에 알리기 위해서 기술한 것이다.

　학봉이 1590년(선조 23)에 정사(正使) 황윤길(黃允吉)의 부사(副使)로 일본에 사행(使行)한 데서 기록이 시작되어 1593년 4월 진주에서 진몰되어 고향인 안동에 묻힐 때까지의 일을 기록하였다. 표제는 '일기'로 되어 있으나 편년체가 아닌 기사체의 형태를 빌어 시간 순서에 의해 서술

150　이로(1544~1598)는 본관이 固城, 자는 汝唯, 호는 松巖으로 宜寧에 거주하였다. 송암은 20세(1563)에 두 아우와 함께 덕산으로 남명 선생을 찾아가 수업을 받았다. 21세(1564)에 進士會試에 3등으로 합격하였고, 47세(1590) 10월에는 문과에 급제하였다. 41세(1584)에 奉先殿 참봉에 제수되었고, 48세(1591)에 종7품 벼슬인 直長에 제수되었다. 송암은 1592년(선조 25) 49세에 서울에 있었는데, 왜구가 쳐들어 왔다는 소식을 듣고 조종도와 고향으로 돌아가 의병을 일으킬 것을 약속하고 남쪽으로 내려왔다. 서울에서 고향으로 내려오다 5월 초 4일에 함양에서 招諭使 金誠一을 만나 김성일의 從事官·召募官·私儲官으로 활약하였다. 51세(1594)에는 比安縣監에 제수되었고, 53세(1596)에는 관직을 버리고 낙향하였으나 체찰사 이원익이 종사관으로 임명하였으며, 55세(1598)에 考終하였다.
151　〈용사일기〉의 원제는 〈鶴峯金先生龍蛇事蹟〉이다. 筆寫本은 1册으로 30.5cm × 25.5cm, 線裝되어 있으며 楮紙에 기록되어 있다. 71면으로 되어 있으며, 연세대학교에 있는 목판본은 25cm×15cm이며, 81면 10행으로 되어 있으며, 매 행 20자로 되어 있다.

되어 있다. 특히 임진년 4월 왜란이 일어난 뒤부터 약 15개월간의 난중 전투 상황과 각종 장수들의 인물됨과 활약상 등을 학봉을 중심으로 자세하고 사실적으로 기록하였다.

기존의 전쟁실기가 작자 자신을 중심으로 기술된 데 반해 작자가 관찰자의 입장에서 한 인물을 기술한다는 점에서 이로의 〈용사일기〉가 가장 변별되는 점이다. 학봉의 사적(事蹟)을 주된 내용으로 하고 있지만 학봉의 사적(私的)인 기록보다는 난중 전투 상황과 장수들의 활약상 등 공적(公的)인 기록에 치중하고 있다는 점을 확인할 수 있다.

일기체 형식의 전쟁실기에는 예곡의 〈팔계일기〉, 원당의 〈임정일기〉 설학의 〈임계일기〉, 수족당의 〈임계일기〉, 모계의 〈모계일기〉, 검간의 〈임란일기〉, 가휴의 〈진사일기〉, 구봉의 〈난중잡록〉 등 8편이 있으며, 기사 중심의 전쟁실기에는 설학의 〈용사별록〉, 지족당의 〈황석산성실적〉이 있음을 살펴보았다. 그리고 특이하게도 인물의 사적에 관심을 두는 송암의 〈용사일기〉도 있음을 확인하였다.

이들 작품들을 작자를 중심으로 다시 분류하다 보면 직전제자의 작품에는 예곡의 〈팔계일기〉, 송암의 〈용사일기〉, 원당의 〈임정일기〉 설학의 〈임계일기〉·〈용사별록〉이 있었고, 재전제자의 작품에는 수족당의 〈임계일기〉, 모계의 〈모계일기〉, 검간의 〈임진왜란일기〉, 가휴의 〈진사일기〉, 구봉의 〈난중잡록〉, 지족당의 〈황석산성실적〉 등이 있었다.

직전제자들보다는 재전제자들의 작품이 많이 있었는데, 이것은 재전제자들이 임진왜란을 경험한 시기가 주로 중·장년에 해당하므로 전쟁에 대한 충격 또한 더 컸으리라 생각되고, 그 충격에 비례하여 기록으로써 남기고자 하는 욕망 또한 더 컸기 때문이라 생각한다.

의병 실기 대부분은 남명의 확고한 가치분별적 자세를 바탕으로, 왜를 소멸되 어야 할 '사(邪)'로 규정하고 있으며 이에 대한 적대감과 더불어 의병으로서의 자긍심이 잘 표현되고 있다.

관료 실기가 국정과 지방 행정, 전황(戰況), 풍교(風敎)에 내용을 주된 내용으로 국가중심 적인 시각에서 기술된다면 의병 실기의 주된 관심은 자신이 직접 살고 있는 향촌으로서 주된 내용은 자신의 동문(同門), 자신의 거주 지역을 중심으로 한 전황, 자신이 직접 참전한 전투 등으로 좁아져 있음을 확인할 수 있다.

의병 실기는 관료 실기보다는 사적인 부분들이 많이 노출되곤 하지만 이들 스스로가 관료 이상의 자긍심을 가지고 있기에 전황을 기술하는 부분에 있어서는 역사를 기록한다는 심정으로 자세히 그리고 객관적으로 기록을 하려는 의지도 보이고 있다. 즉 의병 실기는 사적 실기의 성격이 그 바탕을 이루고 있지만 스스로 관료 이상의 자긍심을 가지고 공적 실기를 작성하는 정신으로 임진왜란 당시의 세부전투 현황이나 지역사(地域史) 중심으로 세밀하게 전쟁실기를 작성하였다. 또한 자신들이 사회를 이끌어 나가는 사족(士族)임을 항상 염두에 두면서 후인들에게 감계(鑑戒)가 될 수 있는 교훈적인 내용이나 경계를 해야 할 부분을 놓치지 않고 기술하고 있다.

3) 전재민 실기(戰災民 實記)

남명학파의 문인들이 지은 전쟁실기에서 피란실기를 찾는 것은 매우 힘들다.[152] 이것은 남명학파의 학풍과도 연관된 것인데, 대다수의 문인들이 의병으로서 창의하였으며, 의도적으로 피란에 대한 기록을 남기지 않으려는 풍토에서도 찾을 수 있다. 남명학파 임진왜란 전쟁실기 중에서 피란실기로 분류할 수 있는 작품은 암곡(巖谷) 도세순(都世純)의 〈용사일기(龍蛇日記)〉가 유일하다.

암곡 도세순[153] 〈용사일기〉의 원제는 〈용사난중일기(龍蛇亂中日記)〉이며 암곡의 문집인 『암곡일고(巖谷逸稿)』[154] 권1의 「잡저」에 수록되어 있으며, 40면으로 되어 있다.

〈용사일기〉는 성주 출신인 암곡이 18세 되던 해인 1592년(선조 25)부터 1595년(선조 28)까지 임진왜란의 피난 와중에 있었던 일을 일기체로 기록한 것이다. 암곡은 작품에서 왜적의 침입으로 비참한 상황에 처해 있었던 자신의 전시 생활상을 상세하게 적고 있다. 〈용사일기〉는 임진왜란을 맞아 작자의 가족과 동네 친척들 40여 명이 고향인 경북

---

152 전체 임진왜란 전쟁실기 중 한 부분을 차지하는 것이 바로 피란을 소재로 한 전쟁실기이다. 대표적인 작품으로는 吳希文(1539~1613)의 『瑣尾錄』, 鄭榮邦의 『壬辰遭變事蹟』, 柳袗의 『임진녹』이 있다.

153 도세순(1574~1653)은 자가 厚哉이고, 호는 巖谷이다. 본관은 星州이다. 아버지는 夢麒며, 어머니는 강양 이씨 양수의 딸이다. 일찍이 寒岡 鄭逑에게서 수업하였으며, 京山誌를 편찬하였다. 효성이 지극하였으며 임란 때에는 맏형과 함께 아버지를 업고 난리를 피하였다.

154 『巖谷逸稿』는 石版本이며, 刊寫地와 刊寫者는 未詳으로 1976년에 간행하였다. 『암곡일고』는 2卷1册으로 되어 있으며, 周雙邊 半郭 세로 20.7cm×가로 15.1cm이다. 有界가 있으며 10行으로 되어 있고, 매 행 18字로 되어 있다. 注雙行으로 되어 있고, 內向2葉花紋魚尾로 되어 있다. 卷之一은 祭文, 雜著로 되어 있으며 卷之二는 附錄, 跋로 되어 있다.

성주군 운정리 개터마을을 떠나 인근의 산속에 숨어 지냈고, 이어 경북 김천시 증산면 황점리 문예촌, 합천군 율곡면 두사리, 군위군 의흥면 등을 전전하며 파란만장한 피란생활을 한 내용이 기록되어 있다. 작품 속에서는 왜적의 살육을 피해 젊은 사람들은 멀리 도망가라는 부모의 눈물 어린 조언, 온 가족이 기아와 질병에 시달리는 모습, 전시에 극도로 간소하게 치러야 했던 관례(冠禮), 어린 동생의 불행한 죽음, 병든 노비를 버리는 모습, 어머니의 죽음, 도덕에 대한 불감증 등 평화 시에는 생각조차 할 수 없었던 전시의 온갖 참상을 나이 어린 청년의 시각에서 생생히 기록하고 있다.

〈용사일기〉가 더욱 의미가 있는 것은 남명학파 임진왜란 전쟁실기가 주로 종군실기인데 반해 〈용사일기〉는 전재민의 일상을 기록한 피란실기라는 점이다. 더욱이 암곡이 갓 소년을 면한 입장에서 자신의 전쟁에 대한 경험을 기술하였기에 전쟁의 참상이 문면에 더 적나라하게 드러나고 있다.[155]

전재민 실기에서는 관료 실기, 의병 실기와는 달리 작자와 작자의 가족을 중심으로 하는 가족사 중심으로 작품을 꾸려나가고 있다. 작품의 기술에 있어서도 기본적으로 거시적인 안목보다는 미시적인 안목을, 광역의 공간적 배경보다는 협소한 공간적 배경을 중심으로 작

---

155 〈용사일기〉 작성 당시 암곡의 나이가 관례를 치르기 전이다. 즉 암곡의 입장에서는 관료로 나아갈 수 있는 나이가 아니었으며, 창의하기에 마땅한 나이도 아니었다. 성년이 되기 전 戰時의 청년이 할 수 있는 경험은 避亂 정도일 것이다. 이런 상황으로 인해 남명학파 유일의 피란실기가 나올 수 있었던 것이다.

품을 기술하고 있다.

즉 전재민 실기는 가족과 가까운 일가의 피란이라는 소재와 작자의 세거지를 중심으로 한 피란지를 공간적 배경으로 하여 기술하고 있다. 이것은 앞에서 논의한 관료 실기, 의병 실기와는 그 내용 및 창작배경이 확연히 다른 것을 확인할 수 있었으며, 가족 중심의 미시사를 조명할 수 있다는 점과 전재민의 참혹상을 재확인할 수 있다는 점에서 특히 의미가 있다.

4) 복합 실기(複合 實記)

남명학파 임진왜란 전쟁실기를 관료 실기, 의병 실기, 전재민 실기로 나누어 살펴보았다. 하지만 실제 작품을 분류하는 과정에서 관료 실기, 의병 실기, 전재민 실기 어디에도 분류하기 힘든 작품이 있음이 확인되었다.

이것은 경험주체가 전쟁을 통해서 일정한 하나의 경험을 체득하는 것이 아니라 다양한 경험을 함으로써 생겨난 것으로 전쟁실기에서도 이러한 다양한 경험이 그대로 표출되기 때문이다.

임진왜란을 통해 한 사람이 경험주체로서 다양한 경험을 한다는 것은 그만큼 당시 사회가 혼란하였다는 증거이기도 하다. 임진왜란 당시 관료가 포의(布衣)로, 포의에서 의병장으로 또는 의병장에서 전재민으로 바뀌는 것은 매우 흔한 일이었다. 반대로 의병장으로서의 역할을 충실히 한 결과 관료로 영전하는 일 또한 당시로서는 충분히 가능한 일이다.

앞에서 논의한 예곡의 〈팔계일기〉, 황곡의 〈황곡선생일기〉가 대표적인 경우인데, 작품의 내용을 면밀히 분석하면 작품 내에서 특정한 경험주체가 더욱 두드러짐을 확인할 수 있다. 이러한 분석을 거쳐 예곡의 〈팔계일기〉는 의병 실기로, 황곡의 〈황곡선생일기〉는 관료 실기로 분류할 수 있었다.

하지만 정경운의 〈고대일록〉의 경우 3가지 경험주체인 관료, 의병, 전재민으로서의 경험한 내용과 성격이 작품 속에서 비슷한 비율로 나타나기에 '복합 실기(複合 實記)'로 명명하고 따로 논의하고자 한다.

고대 정경운[156]의 〈고대일록〉[157]은 1592년 4월 23일부터 1609 년 10월까지 약 17년간의 기록으로 4권으로 되어 있으며, 1권에서 3권 일부가 임진왜란에 관한 기록이다. 임진왜란과 관련된 기록은 주로 1권과

---

156 정경운(1556~?)은 본관이 晉州이며, 字는 德顒, 호는 孤臺이다. 宣祖朝에는 灆溪書院의 典穀有司 및 有司를 역임하였는데, 임란이 일어나자 招諭使 金誠一의 召募有司가 되어 활동했고, 金沔의 倡義에 호응하여 盧士尙과 함께 함양 지역의 招兵有司가 되었으며, 함양의 선비들이 모여 회의한 결과 노사상과 함께 義兵郡有司에 추대되기도 했다. 이후에도 계속 함양 지역을 중심으로 의병 활동을 전개하였다.

157 〈고대일록〉을 임진왜란 전쟁실기로 분류하는 것은 전체 분량 중 처음부터 卷 3의 일부분이 임진왜란과 정유재란을 다루고 있기 때문이다. 현존하는 『孤臺日錄』은 筆寫本으로 4卷 4冊 총 514면으로 되어 있으며, 匡郭의 크기는 가로 19.6cm, 세로 25.7cm이며, 한 면이 12행으로 되어 있다. 한 줄의 글자 수는 24字에서부터 30字까지 글씨의 크기가 고르지 않게 되어 있으며, 版心도 표시되어 있지 않고 行과 行 사이의 界線도 없다.; 김경수, 「孤臺 鄭慶雲의 『고대일록』과 의병 활동」, 『남명학과 의병 활동 조사연구(1)』(보고서), 남명학연구원, 2008, pp.163~164.

2권에 있는데, 임란 후의 기록인 3권 일부와 4권의 기록보다 분량도 많을 뿐 아니라 훨씬 자세히 기술되어 있다. 모계의 『모계선생일기』와 함께 임진왜란 당시 남명학파의 활약상을 잘 드러나는 귀중한 자료이다.

전쟁 초기에 고대는 학봉 김성일과 송암 김면의 막료이자, 한 사람의 의병으로서 경상우도의 전황을 상세히 기술하고 있으며, 정유재란 시에는 전재민의 입장에서 명나라 군사의 막심한 행패, 선조(宣祖)에 대한 원망, 전란에 의해 위협받는 가족의 모습 등을 기술하고 있다. 전쟁 초기의 내용과 전쟁 후반부의 내용이 차이가 많이 나는 것은 작자인 고대의 경험이 변화하기 때문이다. 새로운 경험으로 인해 작자의 가치관에도 변화가 생기고 이러한 가치관의 변화는 작품의 내용에도 영향을 끼치게 된다. 이런 점에서 〈고대일록〉은 작품 내에서 여러 개의 경험주체가 존재하는 복합 실기라 할 수 있겠다.

지금까지 남명학파 임진왜란 전쟁실기를 관료 실기, 의병 실기, 전재민 실기, 복합 실기로 나누어 살펴보았는데 이를 정리하면 다음 쪽 표와 같다.

같은 시간, 같은 공간에서 전쟁이라는 체험을 공유하고 있지만 위에서 보이듯 관료 실기, 의병 실기, 전재민 실기, 복합 실기로 분류되는 것은 경험주체의 사회적 신분과 처지에 따른 작자의 시각 차이에 의한 것이다.

분류	작자	작품명	내용
관료 실기	정탁 (약포)	龍蛇日記	약포 정탁의 호종실기, 1592. 7. 17부터 1593. 1. 21까지의 기록, 일기체
		龍灣聞見錄	약포가 왕세자의 호종에 대한 기록 중 중요한 부분과 명나라 사신 접대 등 사건중심의 기록
		龍蛇雜錄	약포가 왕세자를 모시면서 수집한 국내외의 여러 공문서의 모음
		壬辰記錄	임진왜란 3년차인 1594년의 기록으로 다양한 공문서가 기재되어 있음, 일기체의 형식을 차용하였지만 공문서의 모음집에 가까움
	곽율 (예곡)	見聞錄	임진왜란 초기 戰功者, 烈女 등 귀감이 될 만한 사람들에 대한 인물 중심의 기록
	이칭 (황곡)	篁谷先生日記	1594. 5. 24부터 1596. 8. 14까지의 기록, 강화 후 경상도 지역의 사족의 생활을 기록, 뚜렷한 경험 주체의 경험이 나타나지 않음, 일기체
의병 실기	곽율 (예곡)	八溪日記	草溪假郡守 시절 1592. 6. 9부터 1592. 9. 20까지의 의병 활동 기록, 일기체
	이로 (송암)	龍蛇日記	송암이 嶺南招諭使였던 鶴峯 金誠一의 사적을 따라 기술한 전쟁실기, 인물중심의 기록
	권제 (원당)	壬丁日記	원당이 의병으로 참여하여 활동한 1592. 7. 6부터 1598. 1. 15까지의 기록, 일기체
	이대기 (설학)	壬癸日記	1592. 4. 13부터 1593. 10. 9, 1597. 7. 21의 의병 기록, 실제적인 戰果 중심의 기록, 일기체
		龍蛇別錄	1592. 4. 13부터 1593. 4. 20까지의 기록, 일기체 형식이 아닌 주요 사건중심의 기록
	전우 (수족당)	壬癸日記	1592. 6. 12부터 1593. 1월까지의 기록, 실제 기록은 17일분밖에 없음. 일기체
	문위 (모계)	茅谿日記	1589. 1부터 1593. 4. 4까지의 기록, 의병 활동과 남명학파 문인들에 대한 기술이 주를 이룸, 일기체
	조정 (검간)	壬亂日記	1592.4.14~1597.3.17까지 6년 11개월, 630일의 기록, 임진왜란 전체를 자세히 기술, 일기체

	조익 (가휴)	辰巳日記	1592. 4. 14부터 1598년까지의 기록, 의병·민심·국정운영·전황 등 주요국면의 기록, 일기체
	김수인 (구봉)	亂中雜錄	1592. 4부터 1592. 12까지의 기록, 당시 전황과 이에 대한 감회, 의병 활동 중심으로 기록, 일기체
	박명부 (지족당)	黃石山城實跡	1597년 정유재란 당시 황석산성에서 벌어진 전투에 대한 기록, 사건 중심의 기록
전재민 실기	도세순 (암곡)	龍蛇日記	1592년부터 1594년까지의 피란 기록, 작자인 암곡의 처절한 가족사가 상세히 기술, 일기체
복합 실기	정경운 (고대)	孤臺日錄	1592. 4. 23부터 1609. 10. 7까지 16년간의 기록, 임진왜란과 그 이후의 생활상을 알 수 있음, 일기체, 임진왜란 초기에는 의병으로서의 경험이 기술되고 있으나, 정유재란 이후에는 전재민으로서의 고통을 중심으로 기술되어짐

4. 남명학파 임진왜란 전쟁실기의 유형별 특징

 이제 남명학파의 관료 실기·의병 실기·전재민 실기·복합 실기가 지니고 있는 유형별 특징을 논의할 것이다.

 그 첫 번째 작업으로 먼저 각 유형별 작품의 주된 내용을 파악할 것이다. 그 내용을 확인함으로써, 각 경험주체들이 전쟁 중 무엇에 관심을 가지고 있었는가를 확인하고자 한다. 두 번째로 각 경험주체들이 경험한 참상과 갈등의 양상을 살펴볼 것이다. 전쟁이라는 가장 큰 갈등은 여러 가지 무수한 작은 갈등과 갈등에 수반되는 참상을 만들어냈는데 이러한 참상과 갈등을 정리하고자 한다. 세 번째는 앞에서 논의한 각 유형별 작품의 주된 내용과 참상·갈등을 중심으로 각 경험주체가 전쟁을 바라보는 시각에 대하여 논의할 것이다.

가. 관료 실기(官僚 實記): 국가중심주의(國家中心主義)에 따른 객관적 기술

남명학파 관료들은 임진왜란 당시 많지는 않았지만, 내·외직에서 중요한 역할을 수행하였으며, 이들의 활약상은 전쟁실기에 고스란히 기술되었다. 본 항에서는 관료 실기에서 다루고자 하는 주된 내용이 무엇인지를 먼저 확인하고, 관료가 목도하는 전쟁의 참상과 갈등이 작품에서 어떻게 드러나는지 살펴본 후, 마지막으로 작자가 전쟁을 어떠한 시각을 가지고 보고 있는지를 살펴보겠다.

1) 내·외직 관료의 공무 수행 기록

남명학파 관료 중 내직에 근무하면서 전란 당시의 경험을 전쟁실기로 남긴 인물로는 약포 정탁이 있으며, 외직에 근무하면서 자신의 경험을 전쟁실기로 남긴 인물로는 예곡 곽율과 황곡 이칭이 있었다.

약포 정탁은 임진왜란이 발발할 당시 67세로 의정부 우참찬겸지경연춘추관사내의원부제조(議政府 右贊成兼知經筵春秋館事內醫院副提調)로 왕세자의 학가를 호종하면서 경험한 내용을 〈용사일기〉·〈용만문견록〉으로 남기고, 도성으로 복귀한 이후에는 〈용사잡록〉·〈임진기록〉을 남긴다.

예곡 곽율은 초계군수로 근무할 당시 초계 지역 주민들을 교화할 목적으로 〈견문록〉을 작성하였으며, 황곡 이칭은 석성현감으로 재직 시 자신이 행한 업무를 중심으로 〈황곡선생실기〉를 기술하고 있다.

약포는 임진왜란을 전후하여 좌찬성·우의정·판중추부사·영중추부사 등 행정부의 중요 요직을 거치면서 임진왜란을 승리로 이끈 장본이었다. 반면에 예곡과 황곡은 임진왜란 당시 먼저 의병장으로 활약하다가 그 공을 인정받아 외직에서 근무하였다. 즉 약포는 임진왜란 당시 줄곧 관직에 있었던데 비해 예곡과 황곡은 임진왜란 중 일정 기간만을 관료로서 활동을 하였다. 즉 약포가 예곡, 황곡보다는 관료로서의 대표성이 더 부각되며 이것은 약포가 4편의 관료 실기를 기술하였다는 사실과 무관하지 않다.

먼저 남명학파 관료 실기가 어떠한 내용을 다루고 있는지를 살펴보겠다.

약포의 〈용사일기〉는 임진왜란 당시 선조의 몽진과 왕세자인 광해군을 호종한 경험을 기술한 전쟁실기이다. 약포는 왕세자를 최측근에서 보좌할 수 있었고, 전국에서 올라오는 다양한 장계를 통하여 임진왜란 당시 국사(國事) 전반을 조망할 수 있는 특권을 지닐 수 있었다. 약포는 자신이 겪은 전쟁 체험 대부분이 호종과 관련된 경험이기에 사적(私的)인 내용보다는 자연스럽게 공적인 내용 중심으로 전쟁실기를 기술하였다.

〈용사일기〉의 주된 내용은 크게 약포의 개인사, 임진왜란 당시 전황 및 국정 운영 전반에 대한 내용 및 왕실, 특히 왕세자의 몽진기록에 대한 내용으로 나눌 수 있다.[158] 〈용사일기〉는 1592년 7월 17일부터 시작하여 1593년 정월 12일까지 총 172일간의 기록을 담고 있는데, 이 중에서 약포 자신의 사적인 내용을 담고 있는 기록은 불과 11일의 내용밖에 없으며 그 내용도 상당히 소략하게 되어 있다.[159] 〈용사일기〉의 문체에서도 공적인 성격을 쉽게 찾을 수 있다. 〈용사일기〉는 일기체 형식의 주문(主文)과 장계(狀啓), 치보(馳報), 교서(敎書) 등 공문서를 기재한 부기문(附記文)으로 구성되어 있는데 여기에서 공적인 성격을 쉽게 찾을 수 있다.

〈용만문견록〉은 약포가 선조의 명을 받고 의주(義州)에 이르러 경략(經略) 이하 유격장(遊擊將)에 이르기까지 빠짐없이 명나라 관원들과 장수들을 전별하고 위로하면서 보고 들은 사실들을 선조에게 바친 글이다. 〈용만문견록〉은 '수명도의주자경략북유격전위(受命到義州自經略北遊擊餞慰)', '부윤김신원시호공첩(府尹金信元示胡公帖)', '참군심무시답이부윤첩(參軍沈懋時答李府尹帖)'으로 구성되어 있다. 그 내용을 살펴보면, 명은 임진년 12월 송응창(宋應昌)을 경략(經略)으로, 이여송(李如松)을 동

---

158 왕실을 소재로 한 내용이나 국정 운영 전반에 대한 내용은 專制王政에서는 동일한 내용일 수 있으나 임진왜란 이라는 특수한 상황과 이로 인해 蒙塵이라는 특별한 경험이 등장한다는 점에서 세분하였다.

159 壬辰年 七月 二十日條, 七月 二十二日條, 七月 二十七日條, 八月 四日條, 八月 五日條, 十月 十三日條, 十一月 二十四日條, 十一月 二十八日條, 十二月 十日條, 十二月 十一日條, 癸巳年 一月 三日條 등 총11개의 條가 약포의 사적인 기록이다. 그 내용을 살펴보면 아는 사람이 찾아오거나, 친척이나 친구에게 편지나 글을 받은 내용, 거처를 옮기는 내용, 아는 사람의 근황을 듣는 내용, 아들의 근황, 조상의 제사에 대한 내용 등으로 매우 소략하게 되어 있다.

정제독(東征提督)으로 삼아 4만 3천여 명의 병력을 파견하였는데, 경략병부우시랑 송응창을 비롯해 8명의 원군(援軍)과의 대화가 기록되어 있다.

〈용만문견록〉은 먼저 각 인물의 자(字)와 호(號), 그리고 출생지를 기록한 후, 작자와의 대화를 기록하였으며, 각 인물의 됨됨이와 공과(功過)를 서술하였다.

또한 이외 조선 접반사들의 상황도 자세히 기록하고 있어서 임란 중 명군과의 관계를 확인할 수 있는 좋은 자료라 할 수 있으나, 공문서적 성격이 너무나 강하여 작자의 목소리가 전혀 드러나지 않는다는 점에서 문학성은 많이 떨어진다.

〈용사잡록〉은 약포가 임진왜란 당시의 상소문, 선조와 신하와의 문답 내용, 외교 문서 등을 직접 취집(聚集)한 자료집이다. 즉 약포가 직접 기술하지 않고, 자료를 모아 발간하였다는 뜻에서 '잡록(雜錄)'이라는 명칭을 사용하였다.

작품의 주요 내용은 '등소언(等所言)'·'덕거재전(德鋸才專)'·'좌승지권진기계(左承旨權盡己啓)'·'예문관차자(藝文官箚子)'·'도독재유청정서(都督再諭清正書)'·'일본전관백평수길상서(日本前關白平秀吉上書)'·'유격이상삼로분송당장질(遊擊以上三路分送唐將秩)'을 비롯하여, 54개의 공문서로 이루어져 있다. 〈용사잡록〉은 다른 사서(史書)에서 볼 수 없는 주요한 공문서들이 많이 기재되어 있어, 약포의 노력을 엿볼 수 있다. 하지만 기재자인 약포가 자신의 입장에서 취집 가능한 공문서를 중심으로 편찬하였다는 점에서 어떠한 뚜렷한 편찬의식을 찾기 어렵다.

〈임진기록〉은 임진왜란과 임진왜란 전후의 기사가 기술되어 있다. 〈임진기록〉의 주요 구성을 살펴보면, '과도관제본(科道官題本)', '사천사제본(司天使題本)', '송응창의공제본(宋應昌義貢題本)', '적장청정답총병서(賊將淸正答總兵書)' 등 21개의 공문서 및 기사로 되어 있으며, 크게 임진왜란과 직접 관련된 기사와 명과의 대외관계에 대한 내용으로 나눌 수 있다. 약포가 취집한 공문서가 주를 이루고 있으며 약포가 직접 기술한 기사도 포함되어 있으며, 2편의 시도 기재되어 있다. 임진왜란 당시의 상황을 엿볼 수 있다는 점에서 주요한 자료이지만, 앞에서 논의한 〈용만문견록〉, 〈용사잡록〉과 마찬가지로 공문서가 주를 이루고 있다는 점과 작자의 편찬의식이 보이지 않는 등 문학성 면에서는 많은 허점이 드러나는 작품이다.

예곡의 〈견문록〉은 『예곡선생문집』 「잡저」에 실려 있다. 〈견문록〉은 예곡이 초계가수(草溪假守)를 거쳐 초계군수(草溪郡守)의 직책을 수행하면서 초계 지역의 선양할 만한 인물들의 사적을 기록한 작품이다. 예곡은 목민관으로서의 기본적인 책무를 성실히 수행하면서 전쟁으로 인해 흐트러진 강상(綱常)을 바로 세우려는 풍교(風敎)에 힘을 썼으며 이러한 편찬의식으로 인해 〈견문록〉이 작성되었다.

황곡의 〈황곡선생일기〉는 황곡이 창의한 이후, 전쟁이 소강상태를 보이는 시기를 중심으로 작품이 전개되고 있다. 하지만 황곡의 의병으로서의 경험이 드러나지 않고 있으며, 전재민으로서의 경험도 찾기 어렵다. 오히려 6개월이라는 짧은 기간이긴 하지만 황곡이 석성현감으로 부임한 이후 관료로서 수행한 행적이 자세히 드러나 있다.

지금부터는 관료 실기로서의 특징이 비교적 잘 드러나는 작품을 중심으로 작품의 내용을 직접 확인하면서 관료 실기가 어떠한 내용을 다루고 있는지를 확인하겠다.

(가) 전라도 의병장 관하(管下)의 심수(沈秀)가 군중(軍中)에서 왔사옵거늘 그간의 사정(事情)을 자세히 듣사오니, 김천일(金千鎰) 의병(義兵)과 병사(兵使) 최원(崔遠)이 거느린 군사(軍士)가 지금 강화(江華)에 있는데, 접전기일(接戰期日)은 지금은(아직) 결정(決定)(하지못했다.)합니다. 전 부사(前府使) 고경명(高敬命)과 전 제독(前提督) 조헌(趙憲)도 역시 의병(義兵)을 거느리고 올라와 먼저 호서·호남(湖西·湖南)에 있는 적(賊)을 공격(攻擊)하고 있사와 (중략) 개성부(開城府)와 경성(京城)을 연달아 정탐(偵探)해 보니, 이전(以前)보다는 적의 기세(氣勢)가 약간 감퇴(減退)해졌다고 합니다. (중략) 가만히 듣자오니 황해(黃海)의 민정(民情)은 전도(全道)의 백성(百姓)들과 오래전에 함락된 성(城)이 학살(殺虐)의 고통(苦痛)을 견디지 못하여 모두 분기(奮起)하려고 생각하고 있사오니, 주위(周圍)에 가(可)히 의탁할 만한 장령지관(將領之官)이 없어서 날마다 크게 바라고 있다고 합니다. (중략) 함경도의 이즈음 적군(敵軍)의 소식은 양덕현감(陽德縣監)이 김귀영(金貴榮)·황정욱(黃庭彧)의 서장(書狀)을 급(急)히 주어 올려 보내옵고(하략)[160]

---

160 정탁, 〈龍蛇日記〉, 壬辰年 七月 二十七日條 附記文, 狀啓 2. "全羅道義兵將管下 沈秀 □來自軍中爲白去乙 □間曲折詳細探問爲白乎矣 金千鎰義兵及兵使崔 遠所領之軍方在江華 接戰日期時□決定爲白乎旀 前府使高敬命 前提督趙憲亦

(나) 전일에 해수증(咳嗽症)을 앓다가 얼마 후에 낫더니, 이 달 12일부터 다시 편하지 않으신 증후가 계시오나 오히려 서연(書筵)을 폐(廢)하지 않으셨는데 14일에 자세히 실섭(失攝)하신 줄 비로소 듣자옵고 문안드리니 평안하시다고 대답하시었습니다. 15일에 문안드리고 의관(醫官) 이공기(李公沂), 남응명(南應命), 김중부(金仲孚) 등을 청해서 들어가 진찰시킨즉 두통과 번열(煩熱)과 해수(咳嗽)가 멎지 않으시고 육맥(六脈)이 부활(浮滑)하오니 대개 12일 밤에 주무시는 방이 너무 뜨거워서 창문을 열어 감기가 드셨기 때문에 이러한 증세가 되셨다고 말씀하시고, 또한 동궁께서 아직 홍역을 치루시지 않으셨다는 것을 알았삽고 증세도 비슷해지는 고로 신(臣)이 의관(醫官) 등과 더불어 충분히 상의하옵고 가강활(加羌活), 천궁(川芎), 백지(白芷), 유백피(柔白皮), 행인(杏仁), 소자초(蘇子炒), 삼소음(蔘蘇飮)으로 다려 드리옵고, 겸하여 생맥차(生脉茶)를 드리고 17일 조조(早朝)에 문안드리온즉 병환 증세가 한결 낫다고 말씀하시었습니다. 당일 사시말(巳時末)에 자세히 듣자오니 여러 곳에 반진(癍疹)이 나타나기 시작해서 개수가 드물지도 않고 촘촘하지도 않으시며 반점 빛깔이 선명하게 붉으니, 이 증세는 일반적으로 몹시 번열(煩熱)이 있는 것이므로 삼두음(三豆飮),

---

率義兵上來 而先擊湖西湖南之賊, (중략) 開城府及 京城連次偵探則賊勢視前消滅是如爲白良置,(중략)竊聞黃海民情 一道之民 久陷城乎 不敢殺虐之苦 皆思軍奮起 而顧無將領之官 可以依歸 日夜遇望是如爲白去乙 欲送一員重將爲白乎矣,(중략) 咸鏡道近來聲息殷 陽德縣監馳與金貴榮黃廷彧書狀上送爲白遺 (하략)"; 약포 정탁의 《용사일기》의 번역문은 1962년 부산대 한일문화연구소의 李渭應 國譯本을 그대로 활용하였음을 미리 밝혀둔다.

진미음(陳米飮)과 생맥차(生脉茶)를 아울러 달여 드리옵고 경과를 기다리고 있사오며, 동일(同日) 저녁에 문안드리니 목이 더 하시다고는 하시지 않으시므로 건갈(乾葛), 승마(升麻), 박하엽(薄荷葉), 창방패독산(刱防敗毒散)을 다려서 드리고 진미음(陳米飮), 녹두죽(菉豆粥), 청정미미죽(淸淨米米粥)을 아울러 다려서 기다리다가 18일 조조에 문안드리니 두통과 신열(身熱)은 아울러 약간 감소하시고 이마 위에 발반(發瘢)했던 것이 약간 먼저 스러지는 것 같사오니 대체로 순조로운 듯하옵니다. 이 앞서 이 곳 민가에서 대소(大小)의 부스럼병(病) 홍진(紅疹) 등이 창궐하여 발생하니 의관(醫官) 등이 신(臣)에게 희두토홍환(稀痘兎紅丸)의 묘방(妙方)을 일러주므로 신(臣)이 영상(領相)에게 고하여 본관 현령 신현(申晛)에게 명령하여 빨리 생토끼 한 마리를 재촉해 얻어서 의관 이공기(李公沂), 남응명(南應命), 김중부(金仲孚) 등에게 명령(命令)하여 12월 초팔일(初八日)이 되어서 피를 뽑아 약방문(藥房文) 그대로 약(藥)을 지어서 복용하시도록 아울러 용법을 써서 드렸더니, 왕세자께서 곧 용법대로 복용하셨다 하옵니다. 그러나 산성(山城)은 두메오라 추위에 괴로워 하시는 거처에서 대조에 올릴 장계를 초(草)하시는 일로 조섭(調攝)에 방해가 되오니 깊이 두렵사온지라, 이 때문에 민망하고 걱정되옴을 걷잡지 못하오니 일일이 잘 여쭈어 주십시오.[161]

---

161 정탁, 〈龍蛇日記〉, 壬辰年 十二月 十八日條, 附記文, 狀啓. "頃患咳嗽症 未幾平復 自本月十二日 復有未寧之候 而猶不廢書筵 十四日詮次始聞 失攝 問安則以平安答之 十五日間安 請令醫官李公沂南應命金仲孚 入診 則頭痛煩熱咳嗽不止 六脉浮滑 蓋以前十二日夜 寢房過暖 開胸感冒 仍致此痘云 且審 東宮未經瘢疹 證涉疑

(다) 훈도(訓導) 김광우(金光瑀)는 난리 중에도 그 직분(職分)을 다하였으니 선인(善人)이라 이르겠다. 여러 지역의 위패(位牌)가 왜적(倭賊)에 의해 욕을 보았는데, 오직 초계(草溪)의 위패만은 다행히 욕(辱)을 면할 수 있었다.[162]

(라) 곽재흠(郭再欽)의 처(妻) 강씨(姜氏)는 적(賊)을 만나 스스로 목을 찔러 자결(自決)하니 희(禧)의 누이이다. 이는 창녕(昌寧)사람이다. (缺) 유정(惟精)의 처(妻) 주씨(周氏)도 죽음으로 절개를 지키니 핍(愊)의 딸이요, 사종(士宗)의 누이이다. 이는 창녕(昌寧)사람이다.[163]

(마) 3월 18일, 갬. 관아의 동헌(東軒)에 나가 앉아서 중에게 음식을 보내고, 또 종과 말을 제공해서 중을 보냈다. 서울 출신 신영남이 서

似故 臣與醫官等 十分商議 加羌活川芎白芷柔白皮杏仁蘇子炒 參蘇飲煎進 兼進生脉茶 十七日早朝問安 則症候一樣云 當日巳時末 詮次聞之 面面始現癍疹 箇數不稀不密 癍色鮮紅此症例爲煩熱故 三豆飲陳米飲生脉茶 並煎待候 同日夕問安咽喉不云加 乾葛升麻薄荷葉捌防敗毒散劑煎 陳米飲菉豆粥淸淨米米粥 並煎待候 十八日早朝 問安則頭痛熱勢並只稍滅 額上所發稍覺先除 大大槪平順爲白有置 前此 處處間闊 大小瘡疹熾發 醫官等告臣以稀痘兔紅丸之妙 臣告諸領相 令本官縣令伸倪 促得生兎一口 令醫官李公沂南應命金仲孚 及臘八日取血 一依方文劑出劑服 並書以入 王世子卽依法進服云 但山城峽中 苦寒居處草次 深恐有妨調攝 以此悶慮不已爲白去乎詮次 善啓"

162 곽율, 〈見聞錄〉,『禮谷先生文集』卷上 雜著, 四面."訓導 金光瑀 能盡其職於急亂之時 可謂善人 列邑位版 無不受污辱於倭賊 而草溪位版能免焉"
163 곽율, 〈見聞錄〉,『禮谷先生文集』卷上 雜著, 五面."郭再欽妻姜氏 遇賊自刎而死 禧之妹也 昌寧人, 惟精妻周氏 死節 愊之女 士宗之妹也 昌寧人"

울로부터 군병(軍兵)을 싣고서 바로 경상우도병마사(慶尙右道兵馬使)에게 갔다. 병사(兵使) 앞에서 글을 닦고, 또 명신의 서신을 부쳤다. 이 날에 각면(各面)의 규찰관을 불러서 대면하여 맡은 바 임무가 가볍지 않음을 가르쳤다.[164]

(바) 4월 큰 초1일(丁酉). 망궐례(望闕禮)를 행하고 수창(稤倉)에 쉬면서 환상(還上)을 나누어 주었다. 하루종일 비가 오다가 저녁때에서야 개었다. 도사(都事)가 현(縣)에 들어오기에 땅에 까는 자리를 빌리자는 은진(恩津)고을의 이공곡이 서신이 도달했다.[165]

(가)는 약포의 〈용사일기〉 1592년 7월 27일의 내용 중 부기문(附記文)으로[166] 공문서가 기재되어 있다. 공문서가 부기문에 기재되었다는 사실은[167] 작자가 〈용사일기〉를 공적인 목적에 의미를 두고 작성하였

---

164 이칭, 『篁谷先生日記』, 丙申年 三月 十七日條. "十八日晴 出座衙東軒饋僧朝 又給奴馬送僧 京居出身辛永男 自京載軍兵 直向慶尙右兵道 修書狀于兵使前 又寄明懟書 是日招各面糾察官等 面敎所任不輕事"
165 이칭, 『篁谷先生日記』, 丙申年 四月 初一日條. "四月大初一日丁酉 望 闕禮 息座 稤分給還上 終日雨當暮晴恩津倅李公穀馳書 借鋪陣以都事入懸故也"
166 약포 〈용사일기〉의 主文은 每月·日·干支 밑에 대개 (大)風, (大)雪, (大·夜·陰·微)雨 등 당일의 기상을 표시하고, 이어서 그 날에 일어난 주요 사실을 간략하게 기록해 놓았다. 附記文은 주문 다음에 이어서 줄을 바꾸어 '附' 자를 써놓고 狀啓·馳報·敎書·備忘記·勅諭·獻策·倡義文·牌文 등을 기록하였다.; 정탁, 『龍蛇日記』, 李渭應 譯註, 부산대 한일문화연구소, 1962, pp.4~5.
167 附記文에는 勅書 1건, 敎書 1건, 狀啓 57건, 馳報 13건, 傳通 1건, 復命書 1건, 奏文 2건, 朝啓 1건, 檄書 3건, 狀啓를 보고 抄錄한 글 1건, 引用文 1건, 備忘記

다는 것을 보여주는 부분이다.

(가)는 부기문 중에서도 두 번째로 기재한 장계의 내용인데, 이 부기문에서는 전라도 지역의 의병에 관한 정보, 개성(開城)과 경성(京城)의 정보, 황해도의 민정(民情), 함경도의 적정(敵情)을 보고하고 있다. 주로 임진왜란 초기의 전국의 전황을 싣고 있다.

약포는 자신의 개인적인 근황이 들어가야 할 자리에 국사(國事), 특히 국정 운영을 중점적으로 배치하고 있으며, 그 공적인 내용을 뒷받침하는 장치로 부기문을 활용하고 있다.

약포는 선조가 임명한 왕세자의 후견인의 신분을 십분 활용해 전국의 전황을 정보관리자의 입장에서 수집하고 자신이 취급하고 있는 고급정보인 공문서를 〈용사일기〉에 수록함으로써 〈용사일기〉는 사서(史書)를 대신할 수 있을 만큼의 공적인 성격이 강한 전쟁실기의 면모를 갖추게 된다.

(나)는 약포의 〈용사일기〉 1592년 12월 18일의 내용 중 부기문에 실려 있는 장계이다. 주된 내용은 왕세자의 병환에 대한 내용이다. 왕세자가 아프기 시작한 내력과 그 증상을 자세히 기술하고 있으며, 치료법 또한 소상하게 선조에게 보고하고 있다. 이런 내용은 이후에도 계속된다.

같은 해 12월 20일의 부기문에 있는 장계에는 (나)의 보고 이후 병

1건, 開諭文 1건, 牌文 3건, 獻策文 2건, 布告文 1건, 告示文 1건, 朝報 1건, 書簡文 1건 등 총 94건의 공적문서가 실려 있다.

세의 변화가 있는 상황을 보고하고 있다. 12월 20일의 부기문에는 이 장계 외에도 1편의 장계와 장계초(狀啓草)가 부기문에 더 실려 있다. 비슷한 내용의 장계가 한 편 더 있다는 것은 선조가 왕세자의 건강에 관심을 가지고 있었다는 뜻으로 행차소에 있던 대신들이 경쟁적으로 왕세자의 건강을 선조에게 보고하고 있음이 확인되는 장면이다.

같은 해 12월 25일의 부기문에는 당시 영상이었던 최흥원(崔興源)이 올린 장계와 약포가 중심이 되어 작성 한 내의원 장계초 2통이 같이 실려 있다.

(나)처럼 장계 1통이 온전히 왕세자의 건강과 관련된 내용으로 되어 있다는 것과 그 이후에도 왕세자의 병세에 대한 장계는 해를 넘겨 1593년 1월까지 지속적으로 행재소로 보고되는데, 이것은 당시 선조를 비롯한 조정 전체가 왕세자의 건강을 염려하고 관심을 가지고 있음을 보여주는 것이기도 하다.

왕세자의 건강에 온통 관심이 집중되는 것은 당시 왕세자를 중심으로 관군과 의병이 결집하고 있었기 때문이다. 전란의 주요 국면에서 왕세자의 건강 악화는 임진왜란 전체 전황에 심대한 영향을 미칠 수 있기에 조정의 최대 관심은 왕세자의 건강이었으며 약포 또한 이러한 기록들을 놓치지 않고 자신의 전쟁실기에 기록하고 있다.

이상에서 약포의 〈용사일기〉를 구성하고 있는 2개의 중심 내용은 국정 운영과 왕세자의 행적임을 살펴보았다. 약포는 임진왜란 당시 조선의 차상위 권력자의 최측근으로서 전국에서 올라오는 장계를 정리하고 분석할 뿐 아니라, 왕세자의 후견인 역할을 수행하였다. 약포는 노령에도 불구하고 적절하면서도 과단성 있는 제안을 항상 내어 놓는데 이러한 것이 가능했던 것은 약포가 임진왜란 전체를 조망하는 거시적 안목을 지니고 있음과 동시에 현실적 감각이 뛰어났기 때문이다.

이러한 안목은 남명으로부터 이어지는 현실인식에서 그 연원을 찾을 수 있다. 또한 약포는 왕세자의 후견인으로서 왕세자의 행적을 매우 세밀히 기록하고 있음이 확인되는데 이것은 약포의 철저한 기록의식을 알 수 있는 부분이다.

(다)는 예곡의 〈견문록〉 제일 첫 부분에 등장하는 훈도(訓導) 김광우(金光瑀)에 관한 내용이 다. 예곡은 〈견문록〉을 정리하면서 나름대로의 원칙과 차례를 가지고 다른 사람의 모범이 될 만한 인물을 선정하였는데, 그 첫 번째 인물이 바로 김광우이다.

예곡은 김광우가 임진왜란 당시 위급한 상황에서도 공자의 위패를 잘 모신 점을 칭찬하고 있는데, 이것은 강상(綱常)의 중심에 유학이 있으며, 그 유학의 시발점이 바로 공자이기 때문이다. 즉 공자의 위패를 잘 모신 인물을 다른 귀감이 되는 인물보다 상위에 놓아야 한다는 것이 작자인 예곡의 생각인 것이다.

김광우의 기사에 이어 충(忠)을 실천한 인물, 예(禮)를 다한 인물, 효(孝)를 실천한 인물, 절개를 지킨 여인 등 유학에서 강조하고 있는 강상(綱常)을 몸소 실천한 인물들을 차례로 소개하고 있다.

(라)는 예곡 〈견문록〉에 있는 곽재흠(郭再欽)의 처 강씨(姜氏)와 유정(惟精)의 처 주씨(周氏)의 절행(節行)을 높이 평가한 부분이다. 예곡 〈견문록〉에서는 23명의 인물을 선정하여 그들의 행적을 선양하고 있다.

그 중에서 11인이 절개를 지킨 여인들에 대한 기록이다.

예곡이 11명이나 되는 여인들의 절행을 싣고 있다는 것은 2가지를 의미하는데, 표면적으로는 〈견문록〉을 보고 많은 백성들이 이들의 행동을 귀감으로 삼아 이들을 따르기를 강요한다는 점이다. 하지만 그 이면을 잘 살펴보면, 총 23명의 인물 중 11명을 선양의 대상으로 삼고 있다는 것은, 반대로 절개를 지킨다는 것이 그만큼 어렵다는 것을 의미하기도 한다. 즉 목숨을 담보로 하지 않고는 절개를 지키기가 힘들다는 것이다.

예곡은 초계군수로 재직할 당시, 임진왜란으로 인해 흐트러진 강상을 바로잡기 위해 목민관의 입장에서 초계 지역 인물을 중심으로 당시 다른 사람의 귀감이 될 만한 인물들을 발굴하여 〈견문록〉을 작성하였다. 외직에 근무하는 관료로서 직접 적과 맞서 싸우는 역할 만큼 중요한 것이 흐트러진 민심을 바로잡는 일이었는데, 예곡은 〈견문록〉을 통해 풍교(風敎)의 기능이 달성되기를 원했던 것이다.

(마)는 황곡의 〈황곡선생일기〉 1596년 3월 17일의 기록으로 황곡이 석산현감으로 취임한 후현감으로서의 역할을 수행하는 장면이다. 황곡은 현감으로서 기본적인 업무 이외에도, 외직에 있는 관료로서 왜적과 맞설 준비와 함께, 전쟁으로 인해 흐트러진 민심을 바로잡기 위해 규찰관(糾察官)을 활용하는 모습을 기록하고 있다. 이 날의 기록만을 보아서는 전쟁 중 지방 수령의 하루 일과를 자세히 기록하고 있기에 전쟁 중 관료 실기의 전형이라고 하여도 무방할 듯하다.

(바)는 황곡의 〈황곡선생일기〉 1596년 4월 1일의 기록으로 '망궐례

(望闕禮)[168]를 하였다는 기록이 기술되어 있다. 이 날은 4월 초하루이기에 황곡은 선조가 있는 북쪽을 향해 '망궐례'를 행하고 있는 모습을 기록하였다. 이것은 임진왜란 당시 외직에 근무하는 관료의 모습을 잘 보여주는 기록이라 하겠다.

지금까지 내직과 외직에 근무하는 남명학파에 의해 기술된 관료 실기에 나타나는 주된 내용이 무엇인지를 살펴보았다.

내직에 근무하는 경우는 주로 임진왜란 전체 전황이나 국정 운영에 대한 내용을 중심으로 전쟁실기를 작성하고 있음을 확인하였다. 약포의 〈용사일기〉의 경우는 호종이라는 특수한 경험으로 인해 왕세자의 행적까지도 작품을 이루는 주된 내용 중 하나가 될 수 있음을 확인하였다.

외직에 근무하는 경우는 목민관으로서 수행해야 할 풍교, 지방 행정에 대한 내용이 전쟁실기의 중심내용을 이루고 있음을 확인하였다. 또한 내직과 외직에 관계없이 국가에 대한 충성심이 전쟁실기 문면에 자세히 드러나고 있음을 확인하였다.

2) 참상의 제한적 표현과 갈등의 객관적 나열

관료 실기는 공적인 성격이 매우 강한 전쟁실기이다 보니 전쟁의

---

168 '망궐례'는 임금을 공경하고 충성을 나타내기 위한 의식이다. 외직에 근무해서 직접 왕을 拜謁할 수 없었던 관찰사·절도사·목사·부사 등의 관리들이 음력 초하루와 보름에 지방 관청이나, 왕과 궁궐의 상징인 闕牌를 모신 客舍 등에서 대궐을 향해 예를 올리는 것을 의미한다.

참상을 기술하거나 각 집단 간의 또는 개인 간의 갈등의 기술할 때의 모습이 일반적인 전쟁실기와는 차이가 있으리라 생각한다. 이러한 추정을 바탕으로 하여 본 절에서는 남명학파 관료 실기에 나타나는 전쟁의 참상과 갈등에 대하여 고구해 보고자 한다.

일반적으로 전쟁실기가 개인의 경험이나 감정을 기술하는데 대부분의 지면을 할애하는데 반해 관료 실기는 개인적인 경험이나 감정의 표현을 절제하고 있다. 즉 전쟁실기 작자들 대부분은 전쟁의 충격으로 인한 감정의 과잉을 전쟁의 참상을 기술하는데 할애하고 있는데 반해 관료 실기의 작자들은 공적 실기를 지향하고자 하는 의도가 강하기에 자신의 감정을 최대한 억제하고 있으며 이것으로 인해 전쟁의 참상을 소개하는 부분이 그리 많지 않다.

남명학파 관료 실기 중 약포의 〈용사일기〉가 특히 그러한데, 약포는 일상을 기록한 주문보다는 공문서를 실어놓은 부기문에 지면을 더욱 많이 할애하고 있다. 공문서는 정확한 수치나 사건에 대한 시종을 매우 객관적으로 기술하기 때문에 전장에서 느껴지는 참혹함이 그대로 문면으로 전달되지 못하는 한계가 있다.[169]

지금부터는 남명학파 관료 실기 중 작품의 내용을 중심으로 관료 실기에 나타나는 참상과 갈등을 확인해 본다. 약포의 〈용만문견록〉,

---

169 공문서 중에서 檄文이나 의병들 간의 通文에서 전쟁의 참상이나 감정의 개입이 드러나기는 하지만 이것은 작자 자신이 직접 기술한 글이 아니라 다른 사람의 글을 간접적으로 옮겨왔다는 점에서 독자가 체감하는 전쟁의 참혹상은 반감될 수밖에 없다.

〈난중잡록〉, 〈임진기록〉은 공문서이거나, 공문서로서의 성격이 강하고 실제 작자가 기술하지 않은 부분이 많기에 여기서는 다루지 않겠다.

먼저 작품 속에 드러나는 전쟁의 참상을 확인해 보자.

임진왜란 당시 몽진이라는 뼈아픈 왕실의 기록을 담고 있는 약포의 〈용사일기〉에는 전쟁의 참상이 어떻게 드러나는지를 찾아보겠다. 약포의 〈용사일기〉에 기술된 전쟁의 참상은 개인의 경험이 아니라 왕실에 초점이 맞추어졌다.

(가) 이 날에 오산도정(烏山都正) 현(鉉)이 선릉(宣陵)과 정릉(靖陵)의 양릉(兩陵)을 봉심(奉審)하고 돌아와서 하는 말 가운데 선릉(宣陵) 위는 평안(平安)하시나, 정자각등처(亭子閣等處)에 파괴된 곳이 있다 하옵고 정릉(靖陵) 능상(陵上)은 사토(莎土)를 파헤쳤다고 말하오니 지극히 놀랍사와, 본도관찰사(本道觀察使) 서장(書狀)을 감봉하와 승정원(承政院)에 수송(輸送)하옵고 오산도정(烏山都正) 현(鉉)으로 하여금 나아가게 하옵나이다. (하략)[170]

(나) 내 장차 어디로 돌아가거나! 이러한 난리를 만났으니 국란(國亂)이 아직 정함이 없으매 너에게 군국의 권을 맡기노라. 다행히 부탁할 사람을 얻어 조종(祖宗) 유업(遺業)을 회복하기 바람이라. 돌아보건

---

170 정탁, 〈龍蛇日記〉, 壬辰年 九月 十二日條 附記文, 狀啓. "卽日 烏山都正鉉 奉審 宣靖兩陵回還言內 宣陵之上則平安 而亭子閣等處 有破壞處 靖陵陵上莎土掘破 云 極爲驚愕 本道觀察使書狀 監封承政院以 輸送 烏山都正鉉亦爲 進去爲白置"

대 내 소망(所望)이 진실로 두터우며 생각하건대 네 책임(責任)이 또한 넓구나. (중략) 이에 여기에서 세자(世子)를 명(命)하여 국사(國事)를 권섭(權攝)하게 하노니, 상벌(賞罰)과 제배(除拜)는 편의(便宜)하도록 자단(自斷)해하되, 관작(官爵)은 사사로운데 미치지 말 것이며, 상벌(賞罰)은 정당(正當)한데서 나오게 함이 옳도다. (중략) 우리나라에 경사(慶事)가 있게 된다면, 곧 너 아니고 뉘 때문일 것이며, 낙양(洛陽)에 계신 능침(陵寢)에 신(神)이 계신다면 너를 두고 장차 어디 가시리. 부로(父老)의 눈물이 비록 조상(祖上) 생각에서 나왔다 해도, 가뭄에 무지개 바라는 듯한 그 소망(所望) 마침내 이뤄지리라.

아아, 임금 탄 수레가 옛날 서울의 위의(威儀)를 갖추고, 하늘과 땅이 다시 동궁(東宮)을 이룩하여 산과 바다의 상서(祥瑞)를 연다면, 부자(父子)가 다시 만나 즐길 것을 ……

극진한 말 다하기 어려우나, 큰 공(功) 세워주길 서서 기다리노라. 그러므로 여기에 교시(敎示)하노니, 생각하건대, 너는 마땅히 알리라.[171]

(가)는 약포의 〈용사일기〉 1592년 9월 12일 부기문에 있는 장계로

---

171 정탁, 〈龍蛇日記〉, 壬辰年 十月 四日條 附記文, 敎王世子權攝國事書. "予將曷歸 値此兵戈之會 亂靡有定 畀爾軍國之權 幸因付託之得人 冀復 祖宗之遺業 顧予望之良厚 (중략) 玆命 世子 權攝國事 賞罰除拜便宜自斷 官爵毋及昵私 賞罰要出於正 (중략) 慶昌獲覯 卽當誰居 洛陽之園陵 有神何將之 父老垂涕雖於念於霜露 願終副於雲霓 於戲鑾輿整舊都之威儀 乾坤再造震宮 開山海之祥瑞 父子重歡 難罄至言 行建丕績 故玆敎示 想宜知悉"

서 9월 2일의 장계에서 선왕(先王)들의 능(陵)이 왜적에 의해 파헤쳐졌다는 비보를 듣고 선조의 지시로 선왕들의 능을 확인한 결과를 보고하는 내용을 싣고 있다. 왜적에 의해 각 능이 파헤쳐졌다는 사실은 국가와 왕실에 있어서 큰 충격이다. 약포 또한 왜적에 의한 왕능의 침해 사건을 놓치지 않고 부기문에 기술하고 있다.

(나)는 약포의 〈용사일기〉 1592년 10월 4일 부기문에 있는 「교왕세자권섭국사서(敎王世子權攝國事書)」다. 임진년 10월 2일은 선조가 왕세자에게 국사(國事)를 권섭(權攝)시키는 매우 중요한 결심을 결행하는 날이다. 왕세자에게의 권섭은 국가의 대사일 뿐만 아니라, 왕실의 입장에서도 매우 중요한 사건이다.

약포는 이러한 사정을 잘 알고 있기에 10월 4일의 부기문에 「교왕세자권섭국사서」 원문을 그대로 실어 당시의 상황을 전하고 있다. 선조가 왕세자에게 보낸 「교왕세자권섭국사서」는 선조가 아들인 광해군에게 공식적으로 국사를 전담하게 하는 공식적인 교서의 성격을 지닌다. 이 사건은 왕권의 예비 승계로 불리어질 만큼 큰 사건이며 또한 왕실의 입장에서 보면 전쟁으로 인해 겪게 되는 큰 참상이기도 하다.

선조가 왕세자에게 보낸 「교왕세자권섭국사서」는 이중적인 의미를 지니고 있다. 하나는 선조가 아들인 광해군에게 국사를 전담하게 하는 공적인 교서의 성격을 지니고 있으며, 다른 하나는 나이든 아버지가 아직 18세로 국정을 좌지우지하기에는 어린 아들에게 보내는 개인적인 편지의 성격이다.

「교왕세자권섭국사서」의 내용을 자세히 살펴보면 표면적으로는 부왕이 왕세자가 수행해야 할 공식적인 임무를 세세히 언급하고 있지만 그 이면에는 전란을 수습하는 중임을 맡은 아들에 대한 아버지로서의 안타까운 마음을 확인할 수 있다. 즉 권섭은 국가의 입장에서는 권력의 중심축이 이동하는 중대사이기도 하지만, 왕실이라는 가족의 입장에서 보면 중요한 가족사(家族事)인 것이다.

「교왕세자권섭국사서」에서는 임진왜란이라는 큰 사건으로 인해 국왕으로서의 선조의 모습뿐만 아니라 아버지로서의 선조의 모습이 자연스럽게 노출되고 있다. 선조가 이와 같은 교서를 왕세자에게 보냈다는 사실은 국가와 왕실의 입장에서 보면 전란이 가지고 온 참상이라고 할 수 있다.

1592년 10월 25일의 기록은 〈용사일기〉에서는 좀처럼 찾기 힘든 민간인들의 참상이 기술되고 있다. 주문(主文)에 기술되어 있는 "왕세자께서 발행(發行)하시다. 이 날 대풍(大風)이 불다. 사대부 피란자들이 혹 도보로 짐을 들고 지고하여 도로에서 엎어지락 자빠지락 하는 자 많아 그 수(數)를 헤아릴 수 없으니, 보는 자가 저도 모르게 눈물을 흘리더라."[172]라는 내용이 그것이다.

왕세자를 모시고자 전국에서 올라온 사대부들이 왕세자의 학가를 따라가는 길에 겪게 되는 고초를 기술한 것이다. 10월 24일에 비가 왔으며 10월 25일에 큰 바람이 불었는데, 차디찬 북풍과 비로 인해 젖

---

172 정탁, 〈龍蛇日記〉, 壬辰年 十月二十五日條. "王世子發行 是日大風 士大夫避亂者 或多徒步携擔 顚躓道路者不知其數 見者不覺出涕"

은 땅에 익숙하지 않은 사대부들이 엎어지락 자빠지락 하는 모습을 약포가 매우 사실적으로 묘사하고 있다.

공적 성격이 강한 〈용사일기〉에서 이와 같은 자세한 묘사는 좀처럼 찾기 힘들 뿐 아니라 특히 마지막의 '見者不覺出涕(견자불각출체)'는 약포의 감정이 간접적으로 개입된 부분이라 볼 수 있어 그 의미가 더욱 크다. 하지만 10월 25일의 이 기록 역시도 왕세자의 행적이 그 중심에 있음을 간과해서는 안 된다.

지금까지 〈용사일기〉에 드러나는 전쟁의 참상을 살펴 본 결과, 일반적인 전쟁실기에 비해 〈용사일기〉에서는 전쟁의 참상이 잘 드러나지 않고, 또한 피해 주체가 왕실임을 확인하였다. 이 두 가지 사실은 〈용사일기〉가 지니고 있는 관료 실기로서의 특징이라 하겠다.

예곡의 〈견문록〉의 분량은 총 4면으로 매우 간략하지만, 여기에서도 전쟁의 참상을 찾을 수 있었다. 앞에서 논의했듯이 〈견문록〉에는 총 23명의 인물이 등장하는데, 이 중에서 11명이 절개를 지킨 여인들에 대한 기록이다. 11명의 여인들이 절개를 지키기 위해서 선택한 방법은 바로 자신의 목숨을 버리는 것이다. 이것은 임진왜란 당시 여인들이 겪어야 했던 참상을 적나라하게 보여주고 있다. 〈견문록〉에서 여인들의 절개가 강조되는 것으로 보아, 임진왜란 당시의 여인들은 왜적에 의한 피해뿐만 아니라 성리학적 강상의 강요에 의해 이중적인 고통을 받고 있었으리라는 것을 짐작할 수 있다.

다음은 황곡의 〈황곡선생일기〉에 나타나는 참상을 살펴보겠다.

〈황곡선생일기〉는 황곡이 임진왜란 다음 해인 1594년 5월 24일부터 1596년 8월 14일까지 약 2년 3개월 동안의 기록이다. 이 기간 중 황곡이 관료로서의 경험을 제외한 부분은 의병으로서의 경험도 전재민으로서의 경험도 거의 드러나지 않는다. 작품 중 '진(陣)', '장군(將軍)', '원수(元帥)', '명군(明軍)', '순찰사(巡察使)', '병사(兵使)', '왜적(倭賊)' 등의 용어가 드러난다는 점과, 식량을 구하기 위해 어디로 이동했다는 내용들로 인해 전시(戰時)임을 추정할 수 있는 정도이다.

찾기가 어렵기는 하지만 〈황곡선생일기〉에서 전쟁의 참상이 드러나는 부분을 몇 군데 확인할 수 있다. "윤형(尹兄)의 큰집이 홀로 왜적에게 불탄 바가 되었고, 구평(丘坪)의 한 동네 다른 집은 모두 여전하니 도적들의 뜻이 어땠는가를 알 수 없다."[173]라는 1594년 10월 15일의 기록을 보면 작자의 친구인 윤구평의 집이 왜적에 의해 불탔다는 내용이 기술되어 있다. 이외에 1597년 4월 12일의 기록에 김만성이 왜장에 의해 수모를 당했다는 기록 정도가 나타나 작품 속에서 뚜렷하게 왜적에 의한 폐해나 참상이 드러나지 않음을 확인할 수 있다.

오히려 명나라 병사에 의한 폐해를 작품 속에서 확인할 수 있다. 1595년 2월 7일의 기록에 관아의 관리가 명병(明兵)으로부터 폭행을 당하고 합천군수 또한 그 난리를 피해 도망했다는 기록과 같은 해 12월 25일과 27일에 명나라 군대를 피해서 다른 지역으로 이동했다는 기록이 있는 것으로 보아 당시 왜적 보다는 명병에 의한 폐해가 많았

---

173 이칭, 〈篁谷先生日記〉, 甲午年 十月 十五日條. "尹兄大家獨爲倭賊所焚 而丘坪一洞他家皆依舊末知敵精之何如"

다는 것을 알 수 있다.

　흥미로운 사실은 황곡이 관료로 임명된 병신년 이후의 기록에서는 명병에 의한 폐해가 전혀 기록되어 있지 않다는 사실이다. 1595년 2월 7일의 기록에서도 드러나지만 관료라고 해서 명병에 의한 수모에서 벗어날 수는 없건만, 〈황곡선생일기〉의 주된 내용이라 할 수 있는 관료로서의 경험 부분에서는 명병에 의한 폐해나 참상이 전혀 기록되어 있지 않다는 사실은 눈여겨 볼 필요가 있다. 즉 관료 실기에서는 전쟁의 참상이 매우 제한적으로 기술되고 있음이 확인되는데, 다른 작품에서도 이와 같은 기술이 이루어지는지를 추가적으로 확인하겠다.

　〈용사일기〉에서도 전쟁으로 인한 갈등을 확인할 수 있다. 전쟁은 모든 갈등의 총체이기도 하지만 반대로 전쟁으로 인하여 여러 가지 다양한 갈등이 배태되기도 하는데 작품의 내용을 통해 이러한 갈등이 어떻게 기술되고 있는지 살펴보겠다. 〈용사일기〉가 본격적으로 시작되는 첫날의 기록에서부터 갈등의 모습을 쉽게 찾을 수 있다. 1592년 7월 18일의 주문에 "대소관원(大小官員)이 모두 당초(當初)에 이 방향(方向)으로 동궁(東宮) 행차(行次)를 모시고 오자고 건의(建議)한 사람을 탓하여 추궁(追窮)하다"[174]라는 기록을 찾을 수 있다. 이것은 왕세자의 몽진 행로가 문제가 되자 관료들이 서로 그 책임을 상대에게 전가하려는 모습을 기술한 것이다. 7월 25일의 내용 또한 "사람이 행재소(行

174　정탁, 〈龍蛇日記〉, 壬辰年 七月 十八日條. "大小官員 歸咎當初建議者"

在所)에서 왔는데, 이 사람으로부터 대간(臺諫)이 당초에 동궁(東宮)께서 동로(東路)로 행차(行次)하실 것을 건의한 사람을 논핵(論劾)한다고 하는 말을 듣다"[175]라는 기록도 보인다.

왕세자의 몽진 행로 판단에 대한 지배층 간의 분열, 몽진 행로에 대한 책임 소재 공방이 〈용사일기〉에 여러 번 등장하는데 이러한 장면은 당시 사분오열된 임진왜란 당시 최고위층의 일단을 보여주고 있다.

이 밖에 관군의 장수가 향병보다도 못하다는 기록이나, 무능한 관료가 많지만 시세가 급박하여 차마 해직하지 못한다는 9월 15일의 기록은 당시 관료들 간의 갈등이 잘 드러나는 부분이다. 특히 1592년 11월 20일에 사헌부에서 유영길(柳永吉), 곽영(郭嶸), 김수(金睟), 류성룡(柳成龍), 홍여순(洪如諄), 이홍로(李弘老), 송언신(宋言愼) 등을 탄핵한 내용과 특히 우의정 유홍(兪泓)에 대한 탄핵과 유홍을 탄핵한 홍혼(洪渾)에 대한 재탄핵은 관료들 간의 갈등을 극명하게 보여주는 기록이라고 할 수 있다.[176] 이러한 관료들 간의 갈등의 원인은 붕당들 사이의 이익, 개인적 친소, 이기주의, 책임 전가 등 매우 다기하다.

국론의 통일이 무엇보다도 중요한 상황에서 지배층 사이의 갈등은 바람직한 모습이라고 할 수 없다. 약포는 지배층의 일원이면서도 지배층 사이의 갈등을 가감 없이 〈용사일기〉에 기술하고 있다.

무력한 지배층들 간의 갈등은 새로운 형태의 갈등을 양산하기도

---

175 정탁, 〈龍蛇日記〉, 壬辰年 七月 二十五日條. "有人來者 大朝 因聞臺諫論□當初請 往東路建議之人云"
176 정탁, 〈龍蛇日記〉, 壬辰年 十一月 二十日條, 附記文, 朝報. 참조.

한다. 1592년 8월 1일의 기록에는 '서몽린(徐夢麟)의 난(亂)'[177]에 대한 기록이, 9월 6일의 기록에는 '국경인(鞠景仁)의 난(亂)'[178]에 관한 내용이 보인다. '서몽린의 난'이나 '국경인의 난'은 지배층과 피지배층 간의 갈등이 변란의 형태로 표출된 것이다.

'서몽린의 난'은 〈용사일기〉에 자세히 기록되어 있지 않지만 비첩(秘牒)을 따로 올려 보고하였다는 내용으로 보아 당시 상당히 심각한 문제였음을 유추할 수 있다. '국경인의 난' 또한 두 명의 왕자가 난적(亂賊)의 손에 의해 왜적에 넘겨졌다는 점에서 치욕적인 사건이었으며, 당시 조정이 받은 충격 또한 컸으리라 생각한다.

피지배층의 지배층에 대한 분노 및 갈등의 양상은 1592년 11월 8일의 부기문에 기재된 이귀(李貴)의 헌책문(獻策文)에서 최고조에 달한다. 이귀는 임진왜란 당시 공조좌랑으로서 삼도소모관의 역할을 수행하였다. 이귀는 군졸과 우마와 군량을 징발하는 역할을 맡고 있었으며, 이 과정에서 실제 전선에서 벌어지는 관군과 의병 사이의 갈등 등 현 정국의 문제점과 해결책을 왕세자에게 상세히 주달(奏達)하였다.

---

177 임진왜란 당시 珍島에서 李忠範, 徐夢麟 등이 謀逆하여 勤王하던 군사를 저지한 사건인데, 湖城監 李柱와 光州 判官 李忠老 등이 체포하여 처형한 사건이다.
178 鞠景仁은 본래 전주에 살다가 죄를 지어 회령으로 유배되었다. 임진왜란 당시 왜장 加藤淸正이 함경도로 침입하여 회령 가까이에 이르자 府民을 선동, 반란을 일으켜 왕자 臨海君 珒과 順和君 玨와 金貴榮, 黃廷彧·黃赫 父子, 李瑛, 文夢軒 등을 적진에 넘겼다. 이후 가토에 의하여 判刑使制北路에 임명되어 회령을 통치하면서 횡포를 자행하다가 鄭文孚의 격문을 받은 회령유생 申世俊과 吳允迪의 유인에 떨어져 붙잡혀 참살되었다.

이귀는 헌책문을 통하여 현 조정의 문제점과 민심을 왕세자에게 조목조목 주달하고 있다. 첫째, 자신의 직무를 제대로 수행하고 있지 못하는 관료들의 무능을 꾸짖고 있다. 전란 전체의 전황에 대해서는 전혀 관심을 기울이지 않고 자신의 안위만을 생각하고 있는 관료들의 문제점을 거론한 뒤에 시정 방안을 제시하고 있다. 둘째, 관군은 쓸모가 없으며, 의병은 정예하여 의병이 관군들과 같이 합동작전을 하려하지 않는다고 왕세자에게 보고하였다. 이귀는 전장에서 몸소 의병의 활약상을 체험한 사실을 보고하고 있다. 당시 의병들이 얼마나 관군을 불신하고 있었는가를 확인할 수 있는 부분이다. 셋째, 빈궁과 함께 피란에만 신경을 쓰고 있는 왕세자를 질책하고 있다. 이귀는 지배층이 위엄과 희생을 보여주지 않으면 피지배층들은 지배층을 따르지 않는다는 경고를 왕세자에게 하고 있다. 넷째, 국론의 분열을 조장하고 있는 조신(朝臣)들에 대한 원망을 하고 있다. 국론을 통일하여 전란을 수습해야 할 위치에 있는 조신들이 서로 붕당을 만들어 오히려 정국을 어지럽히는데 대한 우려의 목소리를 전하고 있다. 다섯째, 왕세자가 조정의 문제점을 찾아내어 정확한 명령, 과감한 결단, 용기 있고 실제적인 행동을 보여주지 못한다고 준열하게 꾸짖고 있다.

  이귀는 소모관으로서 전장을 누비면서 지배층보다는 오히려 피지배층에 가까운 의식을 가지게 되었으며, 이러한 의식은 헌책문을 통해서 표출된다. 헌책문의 내용이 다소 과격해 보이지만 피지배층의 지배층에 대한 불만과 불신에 비하면 내용은 오히려 완곡하다 할 수 있다.[179]

피지배층의 지배층에 대한 불신과 불만보다 더 심각한 갈등이 1592년 9월 3일의 기록에 나타난다. 그것은 바로 선조와 조신 간의 갈등이다. 선조는 논공행상에만 신경을 쓰고 정작 전황에는 전혀 관심이 없는 신하들에 대하여 아쉬움을 토로하고, 관료들이 역졸들에게 작폐를 부리는 행위를 비망기를 통하여 경계하고 있다.

> 비망기를 빈청에 내려서 말씀하시기를 "이즈음 비변사(備邊司)가 오직 군공(軍功)을 타산하기만 하여 고하를 마련할 뿐이요, 지휘하여 조치하고 전략을 세워서 결책하는 일을 가지고서 고하를 마련하는 일이 없으니, 어찌 옳지 못한 일이 아니리요. (중략) 듣건대, 연로의 각 역(驛)에 왕래하는 상하 관원(官員)이 역졸(驛卒)들을 몹시 학대(虐待)하여 여러 면(面)으로 작패하여서 그 고통(苦痛)을 감당하지 못하며, 혹은 나각(螺角)을 불리고 보종(步從)을 세우기까지 하니 지금이 어느 때라고 감히 이와 같은 짓을 하는고! 마땅히 조사(調査) 처리해서 훗날 곤란한 지경에 이르지 않도록 하는 것이 좋을 듯하다. (하략)"[180]

조신들에 대한 선조의 불신은 최고지배층 간의 갈등으로 전쟁의 성

---

179 11월 17일에 부기되어 있는 李叔樑의 禮安倡義錄 책문에서도 무능한 관료에 대한 피지배층의 不信을 확인할 수 있다.
180 정탁, 〈龍蛇日記〉, 壬辰年 九月 初三日, 附記文, 行在所備忘記 "備忘記傳于賓廳曰近者 備邊司惟爲打算軍功 磨鍊高下而已 未有以指揮措置運籌決策 無奈不可 (중략) 仄聞一路 各驛 往來上下人 侵虐驛卒 多般作弊 不堪其苦 或至於吹螺角 立步從 此何時而敢如是乎 似當糾察處 母致後日窘乏之事 (하략)"

패와도 직결된다는 점에서 매우 심각한 문제이다. 당시 의주를 통해 중국 내륙으로의 망명을 심각히 고려한 선조는 조신들의 신뢰를 많이 잃고 있었다. 하지만 다행히도 몇 명의 현신(賢臣)들이 선조의 내부(內附)를 결사적으로 막았으며, 왕세자를 중심으로 한 근왕병과 의병들이 조금씩 전황을 유리하게 진행시키고 있었다. 이러한 중요한 시기에 선조가 조신들을 신뢰하지 못하고 있다는 사실은 국가로서는 상당한 불행이었다. 이러한 상황을 약포는 가감 없이 기술하고 있다.

전란 초기의 조선은 관료 사이의 갈등, 피지배층의 지배층에 대한 불신, 최고지배자의 조신에 대한 불신 등 여러 가지 갈등의 양상이 혼재되어 있던 시기였다. 이 외에도 명나라 장수끼리의 갈등도 〈용사일기〉에서 찾을 수 있다. 명나라 장수 간의 갈등은 공적을 두고 서로 시기하는 과정에서 많이 일어났으며, 출신 지역을 중심으로 북병(北兵)·남병(南兵)으로 나뉘어 갈등하는 양상을 보이기도 하였다. 드물기는 하지만 가짜 의병이 등장하여 피지배층을 수탈하는 과정에서 피지배층 간의 갈등 양상도 확인되었으며, 관군과 의병 간의 갈등 양상도 〈용사일기〉에서 찾을 수 있다.

임진왜란이라는 국가 간의 큰 갈등은 많은 다양한 갈등을 양산하였다. 이렇듯 다양한 갈등이 양산되는 이유는 전쟁이라는 큰 갈등으로 인해 인간들이 받은 충격 때문이다. 그 충격으로 인해 인간들은 이성보다는 감성에 더 의지하려는 경향이 생겼으며 이러한 경향들은 갈등·불신·이기주의 등의 양상으로 정제됨이 없이 표출되었다. 흥미로운 사실은 전쟁이라는 큰 갈등과 혼란을 수습하기 위하여 지배층을 중심으로 강상(綱常)과 윤리(倫理), 순(順)·위(位)·격(格)·식(式) 등이 강조되었는데 전쟁이라는 큰 혼란 속에서의 인간 본연의 모습으로의 무리한 회귀는 또 다른 갈등을 낳기도 하였다.[181]

약포는 이러한 다양한 갈등의 양상을 놓치지 않고 모두 다 기술하고 있다. 약포는 최고위층 간의 갈등으로부터 시작하여 하층민의 갈등에 이르기까지 다양한 갈등을 소개하고 있을 뿐 아니라, 외국군 장수 간의 갈등 또한 놓치지 않고 기술하고 있다. 즉 약포는 갈등의 제 양상을 빠짐없이 기술하고 있지만 자신의 감정이나 견해는 완전히 배제하고 그 갈등 양상 자체만을 객관적으로 나열하고자 한 것이다.

약포가 이렇듯 다양한 갈등을 모두 기술할 수 있었던 것은 약포 자신이 모든 갈등의 중심에서 스스로 벗어나려는 의식이 있었기 때문이다. 즉 약포는 갈등의 중심에서 갈등을 기술한 것이 아니라 그 갈등을 객관적으로 조망하면서 전쟁실기를 기술했기에 갈등을 오히려 자세히 기술할 수 있었던 것이다.

예곡의 〈견문록〉에서는 임진왜란 당시 존숭 받아야 할 인물들을 중심으로 간략 하게 기술되다 보니 작품 속에서 갈등을 찾아낼 수 없었다.

황곡의 〈황곡선생일기〉 또한 관료로서의 경험에 초점이 맞추어지다 보니 의병이라는 경험주체에서 드러날 수 있는 왜적과의 갈등이나, 전

---

[181] 전쟁 중의 綱常, 倫理, 順·位·格·式에 대한 강조는 재지사족이 기술한 전쟁실기에서 자주 등장한다.

재민으로서 경험할 수 있는 왜적에 대한 갈등이나 명병에 대한 갈등이 자세히 묘사되어 있지 않다. 특히 작자인 황곡은 명병에 의해 곤경에 처하는 입장을 몇 번씩 경험하였지만 굳이 이것을 부각시키지 않고 담담히 기술하고 있다. 이것 역시 약포의 〈용사일기〉와 그 맥을 같이 한다고 보면 된다. 특히 관료가 된 후로는 명병에 의한 폐해를 언급하는 부분이 전혀 드러나지 않는다는 점은 눈여겨 볼 필요가 있다.[182]

남명학파 관료 실기는 일반적인 전쟁실기와는 달리 전쟁의 참상에 대한 기술이 많이 드러나 있지 않음을 확인하였다. 또한 갈등이 전혀 드러나지 않는 공문서의 성격을 지니거나, 경험주체가 갈등의 주체로 등장하지 않고 단순히 갈등의 양태를 감정을 배제한 채 객관적으로 나열하고만 있음을 확인하였다.

3) 국가중심적 시각에서의 기술

관료 실기는 국가에 의해 임명되고 국가를 위해 봉직하고 있는 경험주체들에 의해 기술되기에 경험주체의 시각 또한 다른 경험주체의 시각과 비교했을 때 차이가 날 것이라 추측할 수 있다.

여기서는 남명학파 관료 실기 중 주요작품을 통해 경험주체인 작자가 어떠한 시각을 가지고 전쟁을 바라보는지에 대한 논의를 하고자 한다.

---

[182] 황곡이 관료가 된 후 명병에 의해 직접적인 피해를 받지 않았다고 할 수도 있지만, 공적인 기록만을 강조하다 보니 의도적으로 명병에 의한 폐해를 기술하지 않았을 가능성도 배제할 수 없다.

먼저 약포의 〈용사일기〉를 중심으로 경험주체의 시각을 살펴본다. 약포는 임진왜란 당시 전국에서 올라오는 장계를 볼 수 있는 정보수집 및 관리자 중 한 사람이었다. 이러한 고급 정보를 열람할 수 있었던 위치에 있었던 약포는 자신의 직분을 십분 활용하여 전쟁실기인 〈용사일기〉의 부기문에 그 정보들을 기재하였다. 다른 전쟁실기에는 찾아볼 수 없는 부기문이라는 형식을 통해 약포가 처음부터 공적 실기를 목표로 상정하고 〈용사일기〉를 저작하였을 가능성을 짐작할 수 있다. 이러한 추측은 여러 정황을 통해 확인된다.

〈용사일기〉는 기본적으로 편년체의 형식을 취하고 있다. 매일매일의 기록 앞에 '八月 初一日 戊子(팔월 초일일 무자)', '八月 二十八日(팔월 이십팔일)', '癸巳年 正月 初一日 辛酉(계사년 정월 초일일 신유)' 등 년·월·일을 기록하고 가끔 날씨를 추가로 기입할 때도 있다. 편년체(編年體) 양식의 기원은 『춘추』인데, 당시 『조선왕조실록』도 이와 같은 양식을 따르고 있었다. 하지만 『조선왕조실록』의 기술 대상은 국사(國史) 전체인 반면, 〈용사일기〉의 기술 대상은 왕세자의 행적이라는 점에서 차이가 있다. 이는 호종의 기록이라는 특수성이 빚어낸 결과이긴 하지만 〈용사일기〉가 기본적으로 편년체 형식을 취하고 있으면서, 그 중심 내용은 왕세자의 행적이라는 점은 특이할 만하다. 왕세자의 행적을 중심 내용으로 삼고 있다는 점에서 오히려 기전체(紀傳體)의 본기(本紀)와도 유사점을 찾을 수 있다. 즉 〈용사일기〉는 기본적으로 편년체 형식을 취하고 있지만 내용의 전개 방법은 기전체와도 유사하다.

〈용사일기〉가 주문(主文) 아래에 부기문(附記文)을 두고 있다는 점 또한 매우 이채롭다. 이러한 형식은 강목체(綱目體) 형식과 매우 유사하다. 강목체 형식의 경우 기본 틀은 편년체 역사 서술의 형식을 지니고 있지만 큰 글씨로 기사의 주요 부분인 강(綱)을 기록하고, 그 아래에 구체적 서술인 목(目)을 기록하는 방식을 이르는데, 〈용사일기〉의 주문과 부기문의 형식이 바로 이 서술방식과 흡사하여 강목체 형식에서 영향을 받은 것으로 생각한다. 더욱이 약포의 행장에 15세 때 『주자강목』에 잠심했다는 부분을 찾을 수 있어 이러한 가정이 더욱 설득력이 있다. 다만 차이점은 강목체 형식이 정확한 사실(事實)보다는 의리(義理)에 치중하고 있는데 반해 〈용사일기〉는 사실을 기록하는데 더욱 관심을 두고 있다는 점이다.

이런 여러 정황으로 볼 때 〈용사일기〉는 일반적인 전쟁실기로 볼 것이 아니라 사서(史書)를 보완할 수 있는 유사(遺事) 성격의 전쟁실기로 볼 수 있지 않을까 생각한다. 즉 〈용사일기〉는 기존 사서의 여러 형식 중 하나를 온전히 따르기보다는 기존의 여러 사서 형식이 지니고 있던 각각의 장점을 취합하고 단점을 보완한 새로운 형태의 사찬사서(私撰史書)의 역할을 기대하지 않았을까.

전쟁이라는 상황 속에서 〈용사일기〉와 같은 사찬사서 성격의 전쟁실기가 필요했던 이유는 당시 조선 조정의 급박했던 사세(事勢)와도 관계가 있다. 비록 결락되긴 하였지만 〈용사일기〉가 처음 시작되는 일자는 1592년 4월 30일로 이 날은 선조가 서행(西行)을 한 첫날이다. 이 날 선조를 따라 몽진길에 오른 문무관과 종친의 수가 채 100명이 되지 않는다는 기록과 도승지인 이항복이 직접 촛불을 들고 길을 안내하였다는 기록이 『선조실록』과 『선조수정실록』에 전한다. 몽진을 호종하는 인물이 100인이 채 안 된다는 기록은 조정이 정부의 기능을 상실했다는 의미이기도 하다.

약포는 당시 70세에 가까운 고령임에도 선조의 몽진을 호종한다. 약포는 급박한 몽진길에 오르면서 파행적으로 운영되고 있는 조정에서 자신이 할 수 있는 임무를 찾았을 것이며, 그 결과 사관을 대신하여 왕실과 조정의 몽진을 기록으로 남기게 된 것으로 보인다.

몽진이라는 극단적인 선택을 할 수밖에 없었던 조선 조정은 후에 분조라는 최악의 상태까지 맞이한다. 가뜩이나 수행하던 인원들이 부족하던 차에 의정부가 행재소와 행차소로 분리되는데, 선조가 있던 행재소에는 사관들이 있어 급박했던 당시 상황들은 정리하여 기록으로 남길 수 있었지만, 왕세자가 있던 행차소의 경우에는 따로 사관이 있을 수가 없어 〈용사일기〉가 지니는 의미는 더욱 컸으리라 생각한다.

당시 선조가 있던 행재소는 국정 운영에 있어서 상징적인 기능만을 수행한 반면에 왕세자가 있는 행차소는 국정 운영의 실질적인 기능을 수행하고 있었다. 행차소가 의정부의 실제적인 기능을 수행하다 보니 국정 운영 전반에 관한 정보들과 공문서를 수집·관리할 일이 많았으며 행차소에서 벌어지는 여러 일들을 기록할 필요성도 있었다. 하지만 왕세자가 있던 행차소는 선조가 있던 행재소에 비해 공문서 관리 및 역사 기록 등의 기능이 상대적으로 미비할 수밖에 없었다.

이러한 열악한 상황에서 왕세자를 최측근에서 보좌했던 약포가 선택할 수 있었던 것은 개인적인 사적 실기에 공적인 내용을 부기하여 사찬사서 성격의 실기를 작성하는 일이었다.

『조선왕조실록』처럼 매일매일 행차소의 현황을 정리하다 보니 편년체를 따를 수밖에 없었고, 호종이라는 특수한 상황으로 말미암아 본기 형식을 차용하여 왕세자의 행적을 중심으로 기술했으며, 행차소에 올라오는 공문서를 따로 정리할 여력이 없었기에 강목 형식을 빌어 공문서를 부기하여 정리하였던 것이다. 이러한 여러 가지 요건을 충족하려는 의도에서 실용성에 바탕을 둔 〈용사일기〉가 탄생한 것이다.

약포는 처음부터 공적 실기의 성격을 지향했기에 개인적인 기록이 배제될 수밖에 없었다. 또 왕세자를 중심으로 한 왕조실록의 일부를 작성한다는 사명감을 지니고 있었기에 매우 신중한 서술의식을 지닐 수밖에 없었다. 〈용사일기〉의 경우 왕조실록을 보완한다는 의미에서 사서의 성격을 지니고는 있지만, 온전한 사서가 아니기에 춘추필법과 같은 사서 편찬의식은 없었다.

그 대신 객관적인 사실을 가감 없이 직필하는 '동호지필(董狐之筆)'의 편찬의식을 따르고 있다. 즉 역사적 사실에 대하여 어떠한 평가도 약포 스스로는 내리지 않고 있으며, 수집한 사실에 대한 기록에만 모든 역량을 할애하였다.

약포가 역사적 사실에 대하여 자신의 의견을 드러내지 않거나 또는 자신의 주관적 견해에 따라 역사적 사실들을 취사선택한 후 기술하지 않은 이유는 약포 〈용사일기〉의 기능이 사서(史書)의 보족(補足)적인 역할 이상을 뛰어넘지 못한다는 것을 명확하게 인식하고 있었기 때문이다. 즉 약포가 나름대로의 편찬의식을 가지고 〈용사일기〉를 기술하여, 왕조실록과 그 내용을 비교했을 때 서로 상이한 부분이 생긴다면 약포로서는 큰 부담일 수 있다. 약포는 이러한 부담감을 떠안지 않기 위해 자신의 견해와 감정을 배제한 채 객관적인 관찰자의 관점에서 작품을 기술했을 것이다.

이것은 역사적 사건을 기록하기는 하되 평가하지는 않으려는 '기이부술(記而不述)'의 원칙을 약포가 스스로 견지하였기에 가능한 일이었다. 약포는 전란으로 인해 국론이 분열되어 있던 상황에서 당시 정치적 영향력이 있던 자신마저 목소리를 높여 새로운 혼란을 야기할 필요는 없다고 생각하고 있었을 지도 모른다.

약포의 객관적 기술로 인해 〈용사일기〉는 몇 가지 내용상의 특이점이 발생한다.

첫째, 전쟁의 다양한 갈등이 기술된다는 점이다. 〈용사일기〉에서 나타나는 갈등은 관료들 사이의 갈등, 피지배층의 지배층에 대한 불신, 최고지배층의 관료에 대한 불신, 관군이 의병들을 바라보는 곱지 않은 시선, 명장(明將)들끼리의 갈등 등이 있다. 약포는 이러한 갈등을 작자 나름의 논조는 전혀 배제한 채, 단순히 기술하기만 하고 있다.

만약 약포가 특정한 집단의 시각을 대변하였더라면 갈등의 양상은 이렇게 다양하게 나타나지 않았을 것이며, 약포가 소속되어 있는 집단의 가치관을 중심으로 갈등이 재단(裁斷)·정리(整理)되어 기술되었을 것이다. 하지만 약포는 어느 한 편에 편중되지 않고 시종일관 객관적인 입장에서 기술하였기에 임진왜란 당시 여러 가지 다양한 갈등의 양상들이 서로 부딪히지 않고 다 기록될 수 있었다.

즉 약포가 이익이나 특정한 집단의 시각을 배제한 채, 객관적으로 기술하였기에 약포의 〈용사일기〉는 사료로서도 매우 가치 있다고 할 수 있겠다.

둘째, 〈용사일기〉에서는 여러 가지 대외관(對外觀)이 등장한다. 8월 17일의 부기문에 는 명나라 행인사 행인(行人司行人) 설번(薛藩)의 주문(奏文)과 명나라의 간자(間者)인 허의후(許儀後)의 조개(條開)가 실려 있다. 약포는 국외 자료를 수집하는 수고를 아끼지 않음으로써 공적 실기의 작자로서의 역할을 충실히 수행하였다.

설번과 허의후의 글을 보면 명나라가 입장에서 본 대일관(對日觀)과 대조선관(對朝鮮觀)이 기술되어 있다. 또한 8월 27일의 기록에는 일본의 입장에서 본 대명관(對明觀)과 대조선관이 기술되어 있다. 국외의 이러한 자료들은 객관적인 자료로 볼 수 있지만, 사실상 매우 편향되고 왜곡된 대외관(對外觀)들로 구성되어 있다. 더욱이 조선을 비하하는 불쾌한 내용도 담고 있다. 약포는 이러한 국외 자료를 수정 없이 〈용사일기〉에 기술하고 있다. 만약 약포가 객관적인 관점을 지니지 않았더라면 이러한 자료들은 〈용사일기〉에 실리지 못했을 것이다. 약포는 앞에서도 논의했듯이 "기록은 하되 평가를 하지는 않는다[記而不述]."는 나름의 원칙을 충실히 수행한 것이다.

흥미로운 사실은 조선의 입장에서 바라보는 대일관이 전혀 부기되지 않았다는 점과 조선의 입장에서 바라보는 대명관 또한 극도로 감정을 자제한 채, 원론 수준의 호의(好意)만이 기술되어 있다는 점이다.[183] 이것은 약포가 지니는 정치적 위상과 파급효과를 고려하여 약포가 명(明)에 대한 호오(好惡)의 감정을 최대한 절제한 데서 기인한 것으로 보인다.

셋째, 〈용사일기〉에서는 거시적 안목으로 전쟁실기를 구성하고 있다는 점이다. 이러한 시각은 개인 중심의 시각이나 특정 붕당을 대표하는 시각과는 확연히 구분된다. 약포는 사익이나 자신의 속한 붕당의 이익과 관계없이 국가의 대변자로서 국가라는 큰 시각을 통해 임진왜란을 조망하며 전쟁실기를 기술하고 있다. 〈용사일기〉 곳곳에 기록되어 있는 왕실 중심의 참상, 다양한 갈등의 양상들이나 대외관들은 국가를 그 중심에 두고 관찰자의 입장에서 조망해야 비로소 접근 가능한 현상들이다. 약포는 국가를 중심에 두는 국가중심적 시각을 통해 모든 사실을 거시적으로 바라보며 그것을 객관적으로 기술하려는 태도를 보였다.[184]

---

183 임진왜란 당시 조선의 입장에서 보는 對明觀은 好惡가 혼재되어 있었다. 再造之恩의 입장에서 보면 명나라는 분명히 고마운 나라임에 틀림없지만 임진왜란 援軍을 핑계 삼아 조선에서 저지른 悖惡들은 公憤을 일으킬 만 하였다. 약포는 가능한 객관적인 입장을 견지하면서 감정을 배제한 채 명나라와 명군들을 기술하려 하였다. 재미있는 점은 『再造藩邦志』와 같은 전쟁실기에서는 제목과 같이 명에 대한 好意를 중심으로 내용을 기술하고 있으며, 반대로 『孤臺日錄』 같은 작품에서는 명군의 횡포를 매우 사실적으로 기술하고 있음이 확인된다는 것이다.
184 약포 〈용사일기〉의 특징 중 하나는 거시적 안목으로 사건을 바라보고 있지만 그 사건을 기술할 때에는 매우 세밀한 부분까지도 기술을 한다는 점이다. 거시적 안목과 미시적 기술이 같이 나타날 수 있는 것은 약포가 철저히 객관성을 담보로 사건을 바라보고 철저한 기록의식을 바탕으로 기술하고자 했기 때문이다.

약포는 그의 작품에서 단순히 개인의 감정을 중심으로 작품을 기술하고 있지 않다. 이보다는 국가의 입장·왕실의 입장·왕실을 보좌하는 최측근 관료층의 입장에서 대명관과 대일관과 같은 대국가관을 기술하고 있다. 또한 임진왜란 전체 전황을 다루면서 가능한 객관적인 입장에서 상황을 조망하려 한다. 특히 대명관에 있어서는 가능한 감정을 배제하여 기술하려는 입장을 보이고 있다. 이것은 작자 자신이 개인의 신분이 아니라 외교에 있어 중요한 한 부분을 차지하는 관료의 입장임을 스스로 통감하고 있기에 가능한 것이다.

약포는 또한 자신의 작품에 객관성을 확보하기 위해서 여러 가지 공문서를 부기함으로써 스스로 사관의 입장에서 작품을 기술하려는 장치를 마련하고 있다. 약포는 스스로가 국가의 고위 관료이기에 국가를 대변하는 국가중심적 시각을 가지고 전쟁실기를 기술하고 있음을 확인할 수 있다.

다음은 예곡의 〈견문록〉에 나타나는 경험주체의 시각에 대하여 논의하겠다. 앞에서 논의했듯이 예곡은 〈견문록〉을 통해 임진왜란 당시 흐트러진 민심과 풍속을 바로잡고자 하는 풍교를 그 기술의 목적으로 삼았다. 임진왜란 이후 향약 등을 통해 풍교에 관심을 둔 많은 관료와 사족들이 있었지만 임진왜란 중에 이것을 실천한 이는 많이 드물었기에 예곡의 〈견문록〉이 지니는 의미는 크다고 하겠다.

예곡이 〈견문록〉을 작성할 수 있었던 배경은 다음 두 가지에서 찾을 수 있다.

첫째, 남명학파 특유의 '지행합일(知行合一)'적인 가치관이다. 예곡은

15~16세 무렵 종숙(從叔)인 곽지운에게 『소학』을 배운 이후 바로 남명의 문하에 들어왔다. 예곡은 그 이후 책에 있는 것을 그대로 본받아 효도하고 공경하는 마음을 몸소 평생 동안 실천하였다. 그의 이러한 지행합일적 가치관은 〈견문록〉의 형성에 지대한 영향을 주었다.

둘째, 그의 오랫동안 외직 관료로서의 경험이다. 예곡은 42세(1572) 겨울에 성균관의 천거로 조지서 별제(造紙署別提)에 취임하였고, 43세(1573) 봄에는 어버이를 모시기 위해 가까운 김천 도찰방(金泉道察訪)으로 전임(轉任)하였다. 이후 56세(1586)에는 홍산현감으로 임지에 내려가 민심과 문풍을 쇄신하였으며, 61세(1591)에는 예천군수(醴泉郡守)를 지냈다. 김천 도찰방부터 시작되는 외직 생활 동안 예곡은 지역 백성들을 위해 노력하였으며, 그의 이러한 노력은 뒤에 지역 백성들에 의해 세워진 송덕비에 잘 나타난다. 즉 예곡은 오랜 기간 동안의 외직 관료 경험을 통해, 임진왜란 당시 지방의 목민관이 취해야 할 행동 중 하나가 풍교임을 깨닫고 이에 입각해 〈견문록〉을 작성하였다.

즉 〈견문록〉의 저술은 국가라는 큰 톱니바퀴 중 한 부분을 구성하는 외직 관료가 할 수 있는 최대한의 책무 수행의 결과로 이룩된 것이라 할 수 있다. 임진왜란 당시 외직에 근무하는 관료로서 해야 할 책무는 왜적으로부터 지방민들을 지키는 일이기도 하지만, 충(忠)·효(孝)·예(禮)·열(烈) 등의 강조를 통해 국가의 질서가 계속 유지될 수 있도록 하는 역할 또한 중요함을 예곡은 인지하였던 것이다.

예곡은 〈견문록〉이 사적 전쟁실기가 아님을 스스로 밝히는 장치로, 제목을 〈견문록〉이라 명명하면서 객관성을 갖추려 노력하였을 뿐만 아니라 선양되어야 할 인물을 선정함에 있어도 예곡뿐만 아니라 '전군(全君)'[185]이라는 인물을 등장시켜 선양되는 인물의 선정에 객관성을 유지하려 한다.

〈견문록〉은 약포의 〈용사일기〉와 마찬가지로 관료 실기로서, 사적인 내용보다는 공적인 내용을 중심으로 국가중심적 시각에서 기술된 실기라 할 수 있겠다.

다음은 황곡의 〈황곡선생일기〉에 대하여 논의하겠다.

〈황곡선생일기〉는 관료·의병·전재민으로서의 경험을 골고루 체험한 황곡 이칭의 전쟁실기이다. 하지만 작품에서는 관료로서의 경험이 특히 부각되고 있다. 앞에서 논의했듯이 작품에서 '진(陣)', '장군(將軍)', '원수(元帥)', '명군(明軍)', '순찰사(巡察使)', '병사(兵使)', '왜적(倭賊)' 등의 용어가 간간이 등장하고, 식량을 구하기 위해 작자가 여러 지역의 동문들을 찾아가는 내용을 기술하지 않았다면 독자들은 전시라는 사실을 인지할 수 없었을 것이다.

〈황곡선생일기〉는 평화 시 지방 사족의 일상적인 내용을 기록한 일기라고 할 정도로 작자의 사적인 기록이 담담히 기술되어 있다. 남명학파 동문들과의 교유(交遊), 천렵(川獵), 주연(酒宴), 시작(詩作) 등 사족들의 일상적인 생활을 중심으로 서술이 진행된다. 하지만 황곡이 석성현감으로 제수된 이후에는 작품의 내용이 완연히 달라진다. 이후의

---

185 〈견문록〉에 등장하는 '全軍'은 예곡의 남명학파 동문인 濯溪 全致遠으로 당시 예곡과 함께 초계 지역을 방어한 의병장이다.

내용은 황곡의 관료로서의 경험이 매우 충실하게 기술되어 있다.

목민관으로서 해야 할 기본적인 임무를 자신의 실기에 빠짐없이 기술하고 있으며, 특히 전시라는 특수한 상황에 따라 군정(軍政)에 관심을 기울이는 모습과 향교를 보수하는 등 이반된 민심을 바로잡기 위한 노력들을 작품 속에서 찾을 수 있다.

〈황곡선생일기〉는 황곡의 석성현감 부임을 기준으로 사적 성격의 전쟁실기에서 공적 성격의 전쟁실기로 바뀌는 것을 발견할 수 있었으며, 이로 인해 〈황곡선생일기〉를 관료 실기로 구분하는 것이 마땅하다. 또한 관료의 입장에서 기술하다 보니 '망궐례(望闕禮)'의 시행이 작품 속에서 여러 번 등장하며, 이것은 작자의 시각이 국가중심적으로 변화하고 있다는 것을 보여주는 한 사례라 하겠다.

남명학파 관료 실기에서 당시 남명학파 관료들이 가졌던 시각이 어떠한 지를 살펴보았다. 관료로서의 국가중심적 시각은 남명학파의 학풍에서 기인한 바가 크다 하겠다.

약포는 남명에게 수학할 당시, 자질이 뛰어났지만 성품이 경솔하였던 약포를 경계하기 위해 남명이 소[牛]를 활용하여 교육하였던 일화가 전한다. 남명은 제자들을 가르칠 때, 학습자의 재질에 따라 그에 맞는 교육방법을 택했는데 약포도 그러한 교육을 받은 제자 중의 한 사람이었다. 약포는 남명의 자득론(自得論)에 입각한 교육으로 인해 성급한 성격을 고칠 수 있었으며, 남명학파 특유의 현실감각과 실용정신을 몸에 익히게 된다.

약포뿐 아니라 모든 남명학파 관료들은 남명으로부터 계승된 현실감각과 실용정신을 바탕으로 임진왜란 당시 시의적절한 행동을 취하게 된다. 약포는 임진왜란 당시 현실에 근거한 시무책(時務策)을 제시하거나, 사서(史書)를 대신할 〈용사일기〉를 저술하였고, 공문서를 취집한 〈용사잡록〉·〈임진기록〉 등을 남겼다. 예곡은 지방관으로서 선양해야 할 인물을 전쟁실기를 통해 기술하였으며, 황곡은 자신이 지방관으로서 행한 업적을 전쟁실기로 남겨 전란 당시 지방관의 역할을 다시금 생각할 수 있는 계기를 마련했다.

남명학파 관료들은 임진왜란 당시 자신이 처한 입장에서 국가를 위해 할 수 있는 모든 행동을 하였으며, 국가중심적인 시각을 가지고 그들의 행동 하나 하나를 전쟁실기로 온전히 기술하고 있다.

관료의 입장에서 전쟁을 바라보는 시각은 국가중심적인 시각으로 전국의 전황을 비롯하여 매우 다양한 정보를 습득할 수 있음을 살펴보았다. 즉 경험주체의 신분이 높을수록 전쟁 중에 얻게 되는 정보의 습득량이 많아질 뿐 아니라 그 정보 또한 고급정보일 수밖에 없다는 것을 작품의 내용에서 찾을 수 있다.

정보의 습득량은 전쟁실기의 기술방법에도 영향을 준다. 관료 실기는 습득할 수 있는 정보의 양이 많은 관계로 면밀한 기술보다는 대략적인 내용만을 전하는 표피적인 기술에 머무를 때가 많다. 이것은 관료 실기가 대부분 공적 실기의 성격을 지향하기에 그 내용이 작자와 직접적인 관련성이 적을 뿐만 아니라 작자 스스로가 객관성을 유지하고자 하는 데서도 그 이유를 찾을 수 있다. 즉 관료 실기는 전달하려는 정보의 양은 많지만 기술에 있어서 조밀성은 떨어질 수밖에 없었다.

나. 의병 실기: 향촌 중심주의에 따른 갈등의 표출

남명학파 의병 실기는 예곡의 〈팔계일기〉, 송암의 〈용사일기〉, 원당의 〈임정일기〉, 설학의 〈임계일기〉·〈용사별록〉, 수족당의 〈임계일기〉, 모계의 〈모계일기〉, 검간의 〈임진왜란일기〉, 가휴의 〈진사일기〉, 구봉의 〈난중잡록〉, 지족당의 〈황석산성실적〉 등 총 11편으로, 남명학파 관료 실기, 전재민 실기에 비해 월등히 많은데, 이것은 남명학파의 임진왜란 당시 활약상에서 그 이유를 찾을 수 있다.

여기서는 남명학파 의병 실기의 주된 내용 및 참상과 갈등이 어떻게 기술되어 있는지를 살펴보고, 경험주체인 의병들의 시각에 대하여서도 논의하겠다.

1) 재지사족의 창의 활동 기록

남명학파의 의병 실기 11편은 임진왜란 당시 의병으로서 종군한 경험을 전쟁실기로 옮겨 놓은 것이다. 의병이라는 경험주체는 전시상황에서 관료 또는 전재민이라는 경험주체보다는 능동적일 수밖에 없는 경험주체이다. 본 항에서는 남명학파의 의병 실기에 기술되어 있는 주된 내용이 무엇인지 논의하겠다.

〈팔계일기〉는 임진왜란 당시 의병장으로 창의하여 그 공로를 인정받아 초계의 가군수(假郡守)로 부임한 1592년 6월 9일부터 9월 20일까지 초계 지역 의병 활동에 대해 간략한 기록한 것으로, 총 8면으로 되어 있다. 실제 기록이 되어 있는 날은 6월 9일을 중심으로 한 6월의 며칠 간과 9월의 기록이다. 〈팔계일기〉가 당시 지방에서 일어난 전투의 기록이라는 점에서 그 가치가 뛰어나긴 하지만 분량이 너무 소략하여 임진왜란 당시 작자의 창의 경험을 온전히 싣기에는 부족함이 있다.

송암의 〈용사일기〉는 임진왜란 당시 영남초유사였던 학봉 김성일의 사적(事蹟)을 후대에 알리기 위해 기술된 전쟁실기이다. 주된 내용은 김성일이 1590년에 일본에 사신으로 간 행적부터 임진왜란 당시 영남초유사로서 영남 의병 창의의 구심점이 된 과정, 1593년 4월 진주에서 사망하여 고향인 안동에 묻히기까지의 사실을 순차적으로 기술하였다. 〈용사일기〉의 가장 큰 특징은 작자가 관찰자의 입장에서 인물의 사적을 기술한다는 점이다.

원당의 〈임정일기〉는 1592년 7월 6일부터 1598년 1월 22일까지의 기록으로, 원당의 활동이 일자별로 기록되어 있다. 총 11면의 분량에 7년 간의 기록을 기술하다 보니 작자의 경험이 자세히 녹아들기 어려운 점이 한계이다.

설학 이대기의 〈임계일기〉는 1592년 4월 13일부터 이듬해 1593년 10월 9일까지의 기록과 4년 뒤 1597년 7월 21일에 있었던 중요한 사건을 기록한 전쟁실기이다. 〈임계일기〉는 임진왜란 당시 초계 지역의 전투상황과 정유재란 당시 화왕산성 전투를 주로 다루고 있는데 실제적인 전과(戰果)를 기술한 점과 사적인 기록이 전혀 없다는 점이 특징이다.

설학의 다른 전쟁실기인 〈용사별록〉은 1592년 4월 13일부터 1593년 4월 20일까지의 기록 중 중요한 사실만을 간략히 기술하고 있어, 앞서 논의한 〈임계일기〉의 축소판이라 할 수 있다. 〈임계일기〉가 일기체 형식인데 반해, 〈용사별록〉은 임진왜란 발발부터 주요 사건을 간략히 소개하고 있으며, 1593년 영남초유사인 학봉 김성일의 죽음에 대한 기사로 마무리되어 있다.

수족당의 〈임계일기〉는 1592년 6월 22일에서 다음 해 정월까지의 전황을 기록한 일기체의 전쟁실기이다. 원본은 화재로 소실되었고, 현재 전하는 본은 가장(家狀)에 실린 것과 여러 유현(儒賢)들의 기록에서 척록한 것이다. 척록한 것은 연구 자료로 다루지 않아야 하지만, 원본이 있었던 것이 확실시되기에 이 책에서는 남명학파 전쟁실기로 분류하였다. 하지만 작자가 직접 기술한 원본이 전하지 않는다는 점에서 연구 자료로서의 한계가 있다.

작품은 17일의 일기로 되어 있으며, 주된 내용은 수족당과 그의 아버지인 탁계가 망우당 막하에서 종군한 경험에 관한 내용이다. 특히 왜선이 출몰한 낙동강 주변의 성주·현풍·고양 등지의 전황이 기록되어 있다는 점에서 매우 특이한 자료라 할 수 있다.

모계의 〈모계일기〉는 임진왜란이 일어나기 3년 전인 1589년 정월부터 임진왜란이 일어난 다음 해인 1593년 4월 12일까지 총 4년 4개월간의 경상우도 재지사족의 생활상이 자세히 기록되어 있다. 〈모계일기〉에서 임진왜란과 관련된 부분은 모계가 김면의 의진(義陣)에 참여한 이후의 사건들이 중심을 이루고 있다. 모계는 김면의 휘하에서 모병을 하거나, 직접 장수(將帥)로서 활약하는 모습을 기술하고 있다. 고령의 개산포(開山浦), 두곡역(頭谷驛), 지례(知禮), 개령(開寧) 전투에서의 승리의 기록뿐 아니라, 성산성(星山城) 전투에서 패배하는 모습까지도 비교적 자세히 기록하고 있어 작자의 객관적 시각을 엿볼 수 있다.

〈모계일기〉가 4년 4개월간의 긴 시간 동안 작자의 경험을 실기로 기술하고 있다는 점에서는 의의가 있다. 하지만 실제 전쟁에 대한 기록이 불과 1년밖에 없다는 점은 의병이라는 경험주체의 시각을 온전히 담아내기에 부족한 시간이지 않았나 생각한다.

검간의 〈임진왜란일기〉는 1592년 4월 14일부터 시작하여 1597년 3월 17일까지 약 6년간 630여 일의 기사가 수록되어 있다. 특히 1592년의 기사는 단 10일간 만을 제외하고는 빠짐없이 기록되어 있으며 1593년의 기사 역시, 11월 7일까지 빠짐없이 기록되어 있어 다른 임진왜란 전쟁실기에 비하여 그 내용이 상당히 충실한 편이다.

작품의 주요 내용은 1592년 4월 14일 왜란이 발생한 것을 알게 되는 것으로부터, 왜적의 만행과 상주 지역을 중심으로 한 전투상황, 명군의 구원소식, 명군에 의해 자행된 횡포 등 여러 사실들이 광범위하게 기록되어 있다.

작품의 전반부는 주로 전재민의 입장에서 기술한 피란 체험에 대한 기록이고 후반부는 의병의 입장에서 기술한 종군 체험에 관한 기록이다. 전반부를 제외하고는 주로 의병의 입장에서 작품을 기술하고 있기에 의병 실기로 분류하였다. 특히 다른 의병 실기와는 달리 창의 이후의 기록만을 기술한 것이 아니라 창의하기 전까지의 과정도 소상히 전하고 있어 당시 사족(士族)들의 전쟁에 임하는 자세를 엿볼 수 있는 작품이다.

검간은 남명 문하인 한강(寒岡)과 퇴계 문하인 서애(西厓)·학봉(鶴峯) 양문에서 가르침을 받았다. 검간이 남명과 퇴계 양문에 출입할 수 있었던 이유는 검간의 세거지인 상주의 지역적 특수성 때문이었다. 상주는 남명학파가 주로 활약하던 경상우도에 속해 있으면서도 퇴계학파의 본거지인 안동과 예안지역과 거리상 밀접하였기 때문에 남명과 퇴계 양문에 출입하기가 용이하였다.

상주는 예부터 낙동강을 중심으로 경제활동이 활발하였으며, 도성으로 오가는 통로의 역할을 하다 보니 지역민들 또한 자연스레 개방성을 띠게 되었다. 이러한 개방성으로 인해 검간 또한 남명, 퇴계 양문에 출입하는데 스스럼이 없었다.[186] 상주지역의 개방성은 남명과 퇴계 사이의 벽을 허물었을 뿐만 아니라 기호·호서 지방과의 심리적 거리도 가깝게 하였다.

1592년 임진왜란이 일어나자 검간은 상주, 함창, 문경의 창의군(昌義軍)에서 좌막(佐幕)과 서기(書記)의 역할을 수행하였다. 당시 임진 의병이 경상우도 중 특히 경상하도를 중심으로 창의하였기에 상주지역에서 창의하였던 사실만으로도 검간의 창의 활동은 그 의미가 크다고 하겠다.[187]

---

186 낙동강을 중심으로 한 江岸에 위치한 상주, 고령, 성주 지역의 인물들 중 남명과 퇴계 양문에 출입하는 사람이 많은 것은 강안지역 주민들이 가지는 개방성에서도 그 이유를 찾을 수 있다.

187 약포 〈용사일기〉 임진년 11월 17일조 부기문에 예안지역에 사는 74세 進士 李叔樑의 창의격문 3통이 실려 있다. 창의문 중 창의가 경상하도를 중심으로 일어나고 있음을 얘기하면서 경상상도의 창의를 격려하는 내용이 있다. 즉 검간의 창의는 경상하도의 규모에 비교하면 보잘 것 없지만 경상상도에서 일어났

검간의 창의 활동의 배경에는 여러 가지 이유가 있겠지만 그 중 하나를 남명학파 특유의 현실인식과 실천의식에서 찾을 수 있다. 즉 한강으로부터 배운 『소학』의 실천지향적 사고 역시 큰 역할을 하 였다.

가휴의 〈진사일기〉는 1592년 4월 14일부터 1598년까지의 전쟁 기록이다. 주된 내용은 왜군의 동향, 아군의 방어태세, 정부의 파천, 명나라에 원병요청, 전재민의 참상, 의병의 활동 등이다. 사적인 기록으로 어머님과 형제의 제사에 관한 내용들이 조금 보이기는 하지만 의병 활동, 민심, 시사, 국사, 전황 등 공적인 내용들이 작품의 주를 이루고 있다.

〈진사일기〉가 임진왜란 7년 동안의 기록을 다루고 있어, 검간의 〈임진왜란일기〉와 외견상으로 비견될 수 있으나, 〈임진왜란일기〉가 총 7책인 반면 〈진사일기〉는 2책으로 이루어져 분량 상의 한계를 안고 있다. 또한 계사년 이후의 기록은 중요한 기록만을 기술하였다는 점도 〈임진왜란일기〉와 비교했을 때 자료로써 한계를 보여준다.

구봉의 〈난중잡록〉은 1592년 4월부터 그해 12월까지 의병장인 종숙부 김태허(金太虛)를 따라 종사하면서 일어난 사건들과 감회, 의병 활동 등을 중심으로 기술하고 있다. 〈난중잡록〉은 축일(逐日) 형태를 따르고 있다. 하지만 실제로 기술되는 것은 일(日) 단위가 아닌 월(月) 단위로 되어 있으며, 중요한 사건 위주로만 일 단위까지 기술되어 있다. 더욱이 임진년 4월, 7월, 9월, 12월에 일어났던 사건을 중심으로만

다는 점에서 지니는 의미는 매우 크다.

기술하고 있으며, 제명처럼 구봉이 직접 경험한 내용뿐만 아니라 보고, 들었던 내용도 포함이 되어 있어 작자의 온전한 경험을 전하기에는 한계가 있다.

지족당의 〈황석산성실적〉은 1597년 정유재란 당시 황석산성 전투에서 벌어진 사건을 중심으로 기술된 전쟁실기로, 기사를 중심으로 기술되어 있다.

주된 내용은 도체찰사 이원익, 안음현감 곽준, 함양군수 조종도, 곽준의 두 아들과 사위, 외종형 충의위 유강 등의 황석산성에서의 사적을 기술하고 있다. 아쉬운 것은 〈황석산성실적〉은 작자가 직접 경험한 것이 아니라, 정사회(鄭思悔)가 진술한 내용을 지족당이 다시 기술하였다는 점에서 작자의 경험이 온전히 전해지지 않는 한계가 있다.

지금부터는 주요 작품을 직접 확인하면서 의병 실기의 주된 내용이 무엇인지를 논의하겠다.

의병 실기는 지방 사족들의 창의 활동 기록으로, 임진왜란 당시 벌어진 전황을 중심으로 기술되어 있다. 즉 작자들은 자신이 직접 참여한 전투를 주요 소재로 삼아 의병 실기를 기술하고 있다는 것이다.

> (가) 초십일(初十日)
> 이른 새벽 다섯 읍(邑)의 군병(軍兵)으로 하여금 두리곡(豆里谷)에 매복했으나, 적이 내려오지 않으므로 각읍군병(各邑軍兵)을 불러서 각읍(各邑)으로 돌아가게 하고 (缺) 좌군(左軍), 우군(右軍), 중위(中衛)로 나눠서 무계(茂溪)의 적을 공격하니 (缺) 죽은 자(者)가 많지 않고 팔계

(八溪)의 내외 가장(假將) (缺) 11일 오후에 환군하다.[188]

(나) 십오일(十五日)

(缺) 다섯 읍(邑)의 병사들로 성주에서 복병하여 적을 유인하여 (缺) 격파하였다.[189]

(다) 이십팔일(二十八日)

늦은 밤에 일시에 불을 놓자 불이 맹렬히 타올라 연기가 피어올랐다. 쌓아놓은 엉겅퀴가 타올라 재가 눈 속에 가득이 들어가, 적이 달아날 곳을 찾지 못하여 불속에서 죽은 자를 알 수 없을 정도이다. 혹 바깥으로 도망하는 자들이 있는데, 좌우의 의병들이 긴 창과 큰 칼로 죽이니 그 시체가 쌓여 그 끝을 알 수 없었다.[190]

(라) 을미 사월 초칠일(乙未 四月 初七日)

적병들이 다시 잔당을 모아 고성에 진을 치자, 사천·함안·진주의

---

188 곽율, 〈八溪日記〉, 『禮谷先生文集』 券 上, 雜著, 二面, 壬辰年 九月 初十日條. "早曉 使五邑之兵 伏于豆里谷以下 賊不下 招還各邑之兵 (缺) 分左右中衛 而討 茂溪之賊不 (缺) 死者無多 以八溪內外假將 (缺) 十一日午後還郡"

189 곽율, 〈八溪日記〉, 『禮谷先生文集』 券 上, 雜著, 三面, 壬辰年 九月 十五日條. "(缺) 傳令于五邑之兵 伏兵于星主有 (缺) 討破之"

190 권제, 〈壬丁日記〉, 『源堂實記』 券之一, 六面, 壬辰年 九月 二十八日條. "夜半一時 縱火 火烈風猛繞烟滿堞 飛灰萬眸 賊兵莫知所遁 投火死者不知其數 或有出門 者 左右義兵長戟大釖斬之蹴踏盡滅之"

의사들이 추격하여 크게 무찔렀다.[191]

(마) 십일일(十一日)

사막진(沙漠津)으로 출정하여 우향토(牛饗土)를 격퇴시키고 위병들의 사기를 진작시켰다.[192]

(바) 이십이일(二十二日)

함께 낙동강으로 진격하여 왜선 8척을 대파하고 마수원(馬首院)까지 추격해 격퇴하였다. 이때 합천의 가장(假將) 손인갑(孫仁甲)이 전사하였다.[193]

(사) 십구일(十九日)

맑음, 첫 닭이 울 때 정대장(鄭大將)과 합세(合勢)하여 성산(星山)의 적을 포위했다. 워낙 성을 견고하게 지키고 있어 군사들이 들어갈 수 없었다. 적의 총탄을 맞아 사망한 자가 적지 않았다. 해질녘에 포위를 풀고 병사들을 이끌고 돌아왔다. 동강정사(東岡精舍)에 진을 쳤다.[194]

---

191 권제, 〈壬丁日記〉, 『源堂實記』 券之一, 八面, 乙未年 四月 初七日條. "賊兵復聚薰留陣于固城 泗川咸安晉州義士追擊大破之"

192 이대기, 〈壬癸日記〉, 『雪壑先生文集』 券之二, 三面, 壬辰年 六月 十一日條. "出陣沙漠津 擊牛饗土 獎勵義氣"

193 이대기, 〈壬癸日記〉, 『雪壑先生文集』 券之二, 四面~五面, 壬辰年 七月 二十二日條. "俱進洛江 攻破賊船八隻 追及於馬首院 又破之時 陜川假將孫仁甲死"

194 문위, 〈茅谿日記〉, 壬辰年 八月 十九日條. "十九日晴 鷄鳴與鄭大將合勢進圍星山

(아) 이십오일(二十五日)

맑음, 적들이 주곡(主谷)으로 들어가 공격했다. 아군(我軍)들이 힘을 다해 싸워 왜적 3명의 목을 베었다. 적들이 퇴각했다.[195]

(자) 대장(大將) 이봉(李逢)은 병사를 거느리고 송원현(松院峴) 동구(洞口)에 복병(伏兵)을 매설(埋設)하고 있다가 왜적(倭賊) 여섯놈을 만났다. 이때 사수(射手)들은 피맺힌 분한(憤恨)을 품은 지 오랜지라 일시(一時)에 화살을 날려 눈깜짝할 사이에 모두 잡아 목을 베고 놈들이 차고 있던 크고 작은 환도(還刀) 여섯 자루와 화통(火筒)·철환(鐵丸)·화약(火藥) 등 육종(六種), 서간(書簡) 이십여 꾸러미를 포획하였다.[196]

(차) 이달 17일 대장이 김여려(金汝礪)를 장수로 정하여 정병 40여 명을 거느리고 막곡(幕谷) 앞에 매복하게 하였는데, 마침 왜적 삼십 오륙명이 상주에서 나와 곧장 함창 지방으로 향하였다. 대장(代將)이 용감한 병졸을 시켜 마름쇠를 급히 진흙길 위에 깔고 가까이 오기

之賊 守城甚堅軍不得入中 丸死者甚多 暮解兵還陳東岡精舍"; 〈茅谿日記〉의 번역본은 설석규의 「茅谿 文緯의 현실대응 자세와 의병 활동」『진주문화』 17, 진주교육대학교 부설 진주문화권 연구소, 2003.)을 그대로 인용하였다.

195 문위, 〈茅谿日記〉, 壬辰年 十一月 二十五日條. "二十五日晴 賊入主谷 我軍力賊斬倭三級 賊退去"

196 조정, 〈壬辰倭亂日記〉, 宣祖 二十五年 八月 七日條. "大將率兵設伏于松院峴洞口 遇倭奴六人 射夫畜憤已久 一時齊發 須臾盡獲斬首 得其所佩還刀大小並六柄 火筒俱鐵丸火藥六事 書簡封二十餘裏"; 〈壬辰倭亂日記〉의 국역은 『黔澗趙靖先生 壬亂日記』(영남대학교 민족문화연구소, 1984.)을 그대로 활용하였다.

를 기다려 갑작스럽게 출격하니 적병들이 대부분 마름쇠에 발을 다치고 들판 한가운데로 도망하였다. 우리 군사가 더욱 힘써 추격하여 한편으론 진격하고 한편으로 활을 쏘면서 부원(釜院) 앞에 이르렀는데, 막곡에서 부원까지는 거의 이십 리가 되는 거리이다. 오전 7시부터 접전하여 오후 4시까지 계속 싸워 사살한 것이 절반이 넘고 그 나머지도 또한 거의 상처를 입었는데 부원이 읍에 가까우므로 적의 대부대가 소식을 듣고 나와 구원하였고, 아군도 화살이 다 떨어져 끝까지 추격하지 못하였다고 한다. 그 접전하던 초반에 충보군 백여 명이 또한 백갈산(白碣山) 골짜기에 복병하고 있다가 앞뒤에서 협공하였으므로 적병을 모두 잡을 것이라고 생각하였는데, 마침 충보군의 대장과 군사 두명, 말 두필이 총탄을 맞아 중상을 입었으며, 말은 바로 쓰러져 죽었다. 그래서 일시에 물러가 버리는 바람에 우리 창의군만이 홀로 강적과 대항하여 끝까지 싸웠던 것이다. 이석수(李石守)는 적의 화살을 맞은 몸으로도 한 발짝도 물러나지 않았고, 전금산(全今山)은 전장에 들어가 화살을 주워 활 쏘는 데 공급해 주었다. 화살이 다 떨어진 후에 신복다물리(申福多勿里)와 유학(幼學) 장광한(張光漢) 등은 몸을 날려 칼을 휘두르며 적군 네 명을 죽이고 말 두 필을 빼앗아 가지고 돌아왔으니 그 장쾌함은 이로써 상상할 수 있다. 그러나 끝내 적의 수급을 얻지 못한 것은 충보군이 먼저 물러가 앞뒤에서 호응해주는 도움이 없었기 때문이다.

○ 이달 19일 밤에 선봉 이축이 군사 십오 명을 거느리고 당교(唐橋)를 습격하여 무수히 사살하고 적병의 머리 2급을 베었는데 하나는

적에게 도로 빼앗겼다고 한다.[197]

(가), (나)는 예곡의 〈팔계일기〉에 나타난 전황이다. (가)는 임진년 9월 10일의 전황으로, 성주·합천·고령·거창·초계 5읍의 의병들이 합세하여 왜적을 무찌른 현황을 기록하고 있다. (나) 역시 같은 달 15일의 기록으로 5읍의 의병들이 성주 지역으로 적을 유인하여 거둔 승리를 기록하고 있다. 〈팔계일기〉는 비록 총 8면에 불과하지만, 작자가 참여한 전투의 전황이 자세히 기록되어 있음을 확인할 수 있다.

(다), (라)는 원당의 〈임정일기〉 중 의병의 승전보를 전하고 있는 장면이다. (다)는 임진년 9월 28일의 기록이다. 주된 내용은 영천성(永川城)을 수복하기 위해 여러 의병장들이 모여 회의를 한 후, 화공을 결정하고 야심한 밤을 이용해 화공을 하여 적을 물리쳤다는 기록이다. (라)는 을미년 4월 9일의 기록으로 적병들이 다시 고성에 진을 쳐 집결

---

197 조정, 〈壬辰倭亂日記〉, 宣祖 二十六年 二月 二十二日條. "本月十七日 大將令金汝礪定將 率精卒四十餘人 設伏于幕谷前 有賊三十五六名 自尙州出來 直向咸昌地 代將令勇卒 急鋪菱鐵於泥路中 俟其近到 突出急擊 賊多傷足 橫走大野之中 我軍追擊益力 且進且射 追到釜院前 釜院之去幕谷幾二十里 辰初接戰 到申時不休 射死者過半 其餘亦皆中傷 而釜院去州內甚近 故大賊聞聲出援 我軍矢且盡 以此不得窮追云 當其接戰之初 忠報軍百餘名 亦伏於白碣山谷中 前後挾擊 謂可以盡斬 而適忠報軍代將及軍卒二人 戰馬二匹 中炮重傷 馬則卽斃 故一時退兵 惟我軍獨當勁鋒 終始力戰 李石守則身被賊矢 而寸步不退 全今山則冒入戰場 拾矢供射 矢盡之後 申福多勿里及幼學張光漢等 挺身拔劍 擊殺四賊 奪其兩馬而出 快壯之狀 據此可想 而終不得斬首者 以忠報軍先退 前後無接角之助故也 ○ 同月十九日 夜 先鋒李軸 率十五卒夜斫于唐橋 無數射殺 斬首二級 而其一則還爲賊所奪云"

하자, 사천·함안·진주에 있던 의병들이 합심하여 이를 물리친다는 기록이다. 〈임정일기〉 역시 총 11면으로 매우 소략하지만, 7년 동안의 전황 중 중요한 장면을 하나도 놓치지 않고 기술하고 있음이 확인된다.

(마), (바)는 설학의 〈임계일기〉에 기록된 의병의 전황이다. (마)는 임진년 6월 11일의 기록으로, 무계(茂溪; 경북 고령 성산) 지역으로 침입한 적을 무찌른 기록으로 〈팔계일기〉와 같은 지역을 배경으로 한 의병의 승전기록이다. (바)는 임진년 7월 22일의 기록으로 낙동강에서 벌어진 왜적과의 전투 장면을 기술하고 있다. 〈임계일기〉 또한 비록 12면 밖에 되지 않지만 의병들의 승전보를 자세히 기록하고 있음을 확인할 수 있다.

(사), (아)는 모계의 〈모계일기〉에 기록되어 있는 전황이다. (사)는 임진년 8월 19일의 기록으로, 작자인 모계가 자신의 스승이자 남명의 고제인 내암 정인홍과 성산(星山)의 적을 격퇴하는 적을 기술하고 있다. (아)는 임진년 11월 25일에 주곡(主谷)으로 침입한 적을 무찌른 것을 기술하고 있는데, 구체적인 전과까지도 자세히 기술하고 있다. 〈모계일기〉는 작자인 모계의 신변잡화에 대한 내용이 1589년부터 기술되어 있지만, 임진년 이후의 기록은 주로 작자가 직접 참전한 전투의 전황위주로만 기술하고 있음을 확인할 수 있다.

(자)는 검간의 〈임란일기〉 중 임진년 8월 7일의 기록으로, 창의 후에 처음으로 거둔 승리에 대한 내용으로 채워져 있다. 창의군의 거둔 첫 전과는 왜적 6명을 사살하는데 불과했지만 작자는 그 성과에 대하여 상당히 고무되어 있다. 검간의 기록에는 포획한 군기(軍器)가 매

우 많았으며 간첩(間諜)도 잡았으니 매우 기쁜 일이라 표현하고 있다. 사실상 창의군의 규모가 그리 크지 않기에 그들이 거둔 전과 역시 클 수가 없다. 하지만 검간은 이런 내용 하나 하나를 빠짐없이 기록으로 남기고 있다. 임진년 9월 7일의 기록에 "왜적 2급을 참획하고 소 네 필을 획득하였다."라는 내용 이후 창의군의 뚜렷한 전과는 드러나지 않는다.

그 이후의 기록은 상주 창의군의 활약상뿐만 아니라 가깝게는 함창·문경의 전황, 좀더 멀리는 경상우도 남명학파 동문들에 대한 현황과 이들이 거둔 전공, 호남과 호서 의병장 조헌(趙憲)·고경명(高敬命)·영규(靈圭)의 전황, 경상하도 의병들과의 연합작전에 관한 내용, 경상우도와 호남 의병장의 회동, 작자와 학봉의 상봉, 왜적에게 잡혀 있는 왕세자를 구출하기 위한 논의, 권율 장군의 승리에 대한 기술로 채워져 있다.

(차)는 검간의 〈임란일기〉 중 계사년 2월 22일의 기록이다. 임진년 8월 7일 첫 승첩을 거둔 후 창의군은 뚜렷한 성과가 없었는데, 한 해가 지나고 나서야 새로운 전과)를 올릴 수 있었다. 계사년 2월 22일의 기록은 창의군의 승전을 기록한 내용으로 매우 사실적으로 기록되어 있다.

검간은 묘사를 통해 전장을 매우 현장감 있게 표현하고 있다. 특히 이석수, 전금산, 신복다물리, 장광한 등 용사(勇士)들의 실명을 직접 거론하면서 그들의 행동 하나 하나를 직접 경험한 것처럼 사실적으로 그려내고 있다. 〈임란일기〉의 전투상황은 다른 종군실기의 전투상황에 비해 소규모였지만 검간은 하나도 소홀함이 없이 매우 상세하게 기록으로 남기고 있다.

남명학파 총 11편 의병 실기의 내용을 본문에서 다 다루지는 않았지만 의병 실기에 공통적으로 나타나는 내용을 몇 가지 확인할 수 있었다.

첫째, 의병 실기는 의병들의 전황을 주로 기술한다는 점이다. 의병 실기는 분량의 다소를 떠나 공통적으로 의병들의 전황을 중심으로 전쟁실기를 구성하고 있다는 점이 확인되었다. 설사 관군과 의병이 연합하여 이루어 낸 승첩이라 할지라도 의병을 중심으로 의병의 승첩을 기술하고 있다는 사실을 확인하였다.

둘째, 의병 실기에서는 주로 향촌 중심의 전황을 주로 전하고 있다는 점이다. 위의 예를 살펴보면 대부분의 전황을 설명할 때 향촌의 구체적인 지명이 등장하고 있다는 사실이 이를 증명한다. 앞의 절에서 논의한 관료 실기가 전국의 전황을 다 기술하고 있는데 반해, 의병 실기는 주로 자신이 창의한 향촌을 중심으로 한 전황을 기술하는데 진력하고 있다.[198]

---

[198] 송암의 〈용사일기〉, 검간의 〈임진왜란일기〉에서 전국적인 전황이 기술되기는 하지만 주된 내용은 향촌 중심의 전황이며, 이 두 작품에서 전국적인 전황이 기술되는 것은 작자의 공적 또는 사적 위치에 의해서이다. 즉 송암의 〈용사일기〉에서 전국적인 전황을 기술할 수 있었던 것은, 송암이 학봉 김성일의 참모로 종군했기 때문에 가능하였던 것이고, 검간의 〈임진왜란일기〉에서 전국적인 전황을 기술할 수 있었던 것은 검간이 학봉 김성일의 조카사위라는 신분으로 인해 주요 정보를 취득하기가 용이했기 때문이다.

셋째, 의병 실기에서는 전황과 관련하여 전공을 세운 인물들이 자주 거론된다. 특히 (차)의 경우, 이것이 두드러지는데 의병 실기에서는 향촌 중심의 전황을 기술하면서 그 전황 속에서 등장하는 향촌의 인물들을 자세히 거론하고 있다. 이들은 주로 작자의 동향 또는 동문들이다. 즉 의병 실기는 당시 지방사 또는 동문들 간의 교유관계를 확인할 수 있는 좋은 자료가 되기도 한다.

지금까지 남명학파 의병 실기의 주된 내용을 살펴보았다. 이를 통해 의병 실기는 임진왜란 당시 향촌 재지사족이 주축이 된 향촌중심적 전황의 기록임을 확인하였다. 이것은 비단 남명학파에만 국한된 것이 아니라 모든 의병 실기에서 드러나는 공통점이라 할 수 있다.

2) 참상의 부각과 갈등의 고착화

전쟁은 인간 사이에서 벌어질 수 있는 최대의 갈등이 행동으로 발현된 것이다. 사정이 이러하다 보니 전쟁을 기록한 전쟁실기는 평화시의 평범한 일상보다는 전시의 참상과 개인과 개인 간의 또는 집단과 집단 간의 갈등이 작품에 많이 표출될 수밖에 없다. 동시대 같은 공간에서의 동일한 경험이라도 경험주체에 따라 그 내용은 상이하게 느껴지듯이 전쟁의 참상과 갈등에 대한 경험 또한 마찬가지다.

본 항에서는 임진왜란 당시 사족출신 의병이 경험한 전쟁의 참상과 갈등이 작품 속에서 어떻게 표현되는가를 살펴보겠다.

남명학파 의병 실기의 내용을 분석한 결과 흥미로운 사실을 발견할 수 있었다. 똑같이 종군의 경험을 다룬 의병 실기라 할지라도, 작자의 의진(義陣) 내에서의 위치에 따라 전쟁실기의 내용에 차이가 발생함을 확인하였다.

작자가 의진 내에서 의병장(義兵將)으로 직접 전투에 참여하는 경우와, 작자가 의진 내에서 전투의 기록을 맡는 서기(書記) 또는 군수(軍需)와 인사(人事) 등을 책임지는 참모(參謀)의 역할을 수행하는 경우 전쟁실기에 기록되는 내용에 차이가 있음을 발견하였다.

작자가 의병장으로 전투에 참여한 경우 그 내용이 매우 소략하며, 전투의 주요 전황과 전과를 중심으로 전쟁실기를 작성하고 있음을 확인할 수 있다. 반면에 의진의 참모로 종군한 경험을 전쟁실기로 기술할 때는, 먼저 그 분량부터 의병장이 기술한 의병 실기보다 더 많음을 쉽게 확인할 수 있다. 또한 전황을 기술할 때도 매우 자세하게 묘사하고 있으며, 작자의 개인적인 감정이나 가치관이 전쟁실기 속에 자연스럽게 표현되고 있다.

의진의 참모로 종군한 경험을 의병 실기로 기술하였을 때, 이와 같이 전황, 개인적인 가치관, 감정을 상세히 기술하는 것은 두 가지 이유에서 찾을 수 있다.

첫째, 참모의 역할 중 하나가 전쟁의 기록을 남기는 서기로서의 역할을 포함하고 있기에, 그 책임을 다하기 위해 전쟁실기를 상세히 기술할 수밖에 없다.

둘째, 전투를 직접 지휘하는 의병장의 입장보다는 뒤에서 지원하는 참모의 입장이 전황 및 여러 상황 등을 더 미시적으로 볼 수 있기 때문이다.

이러다 보니 남명학파 의병 실기 중에서 전쟁의 참상 또는 갈등이 극명하게 드러나는 작품은 참모로서 종군한 경험을 전쟁실기로 작성한 송암의 〈용사일기〉와 검간의 〈임란일기〉 정도로 압축될 수밖에 없다. 그러면 두 작품을 중심으로 전쟁의 참상과 갈등을 논의하도록 하겠다.

송암의 〈용사일기〉는 '학봉김선생용사사적(鶴峯金先生龍蛇事蹟)'이라는 부제에서 드러나듯이 임진왜란 당시 영남초유사였던 학봉 김성일의 참모였던 송암 이로가 학봉의 임진왜란 당시의 업적이 후대에 전해지지 않을까 두려워 학봉의 사적을 기록하여 후대에 알리기 위해서 기술한 전쟁실기이다. 그 내용은 학봉이 1590년에 정사 황윤길의 부사로 일본에 사행한 데서 기록이 시작되어, 1593년 4월 진주에서 진몰되어 고향인 안동에 묻힐 때까지의 일을 기록하고 있는데, 특히 바로 위에서 논의한 임진년 4월 왜란이 일어난 뒤부터 약 15개월간의 난중 전투 상황이 자세히 기술되어 있다.

송암의 〈용사일기〉는 당시 경상도의 병권을 실제로 장악한 학봉의 사적을 따라 기술하다보니 임진왜란 초기의 경상도의 전황을 거시적인 관점에서 조망할 수 있었으며 송암이 남명의 직전제자이다 보니 남명학파의 활약상이 다른 어느 전쟁실기에 비해서 잘 드러나 있다. 당시 의병장들에 의해 기술된 종군실기는 여러 편이 있지만 주로 자신이 소속된 의병단에 대한 내용이나 자신이 직접 치른 전투 위주로 기술되다 보니 지엽적인 내용이 많은 반면, 송암의 〈용사일기〉는 영남초유사의 참모로서 기술하다 보니 다른 전쟁실기에 비하여 질적·양적으로 비교 우위에 있다.

하지만 송암의 〈용사일기〉가 학봉의 행적에 초점이 맞추어지다 보니 임진왜란으로 인한 전쟁의 참상은 사실상 노출되지 않고 있다. 대신 학봉을 중심으로 한 개인 간 또는 집단 간의 갈등은 비교적 자세히 기술하고 있기에 이를 중심으로 논의하고자 한다. 송암의 〈용사일기〉에서는 다양한 갈등이 문면을 통해서 상당 부분 노출되고 있음을 쉽게 찾을 수 있다.[199]

> (가) 수는 거창에서 근왕(勤王)을 핑계하고, 운봉(雲峰)으로 가다가 공과 갑자기 만나게 되어 놀람과 무색함으로 말을 하지 못하므로, 공이 의(義)로써 책망하기를 "한 지방을 맡은 신하는 마땅히 그 임지에서 죽을진대 어찌 임지를 버리고 여기에 왔소. 한 도를 모두 잃고도 구하지 못하면서 혼자 멀리 가서 성사를 할 수 있단 말이오? 원컨대 영공(令公)은 빨리 돌아가시오"라고 하니 수는 말을 타고 망설이다가 마지못해 굳은 안색으로 돌아섰다. 영남 사람들은 애초에 그가 버리고 간 것을 다행으로 생각하다가 돌아왔다는 말을 듣고 이맛살을 찌푸리면서 서로 조문했다.[200]

---

199 송암 〈용사일기〉에 나타나는 갈등의 모습은 졸고(「松巖 『龍蛇日記』의 문학적 특성 논의」, 『퇴계학과 유교문화』 48호, 경북대학교 퇴계연구소, 2011.)에서 자세히 설명되고 있다.

200 李魯, 『龍蛇日記』, 四面.; 睟自居昌 諉以勤王 指雲峰 與公忽值 愕喑無以爲辭 公以義責之曰 封疆之臣 當死封疆 何爲棄之至此乎 全失一道 而不能救 單騎遠投 其能有濟乎 願令公亟回 睟乘馬班如 不得已强顔回旅 嶺之人 初以棄去爲幸 聞

(나) 함안군수 유숭인(柳崇仁)은 산 속에 숨었다가 정호(鼎湖)를 건너 가만히 의령을 지나려는 것을 재우가 알고 서로 맞부딪쳐서 성을 버리고 도망치는 죄목을 들어 활을 당겨서 쏘려고 하니 숭인도 또한 활을 들어 응수하므로 두 사람이 서로 한참동안 버티고 있는데, 종도가 가서 화해케 하니 숭인은 그 길로 재우의 진영에 머물렀다.[201]

(다) 인홍이 거사할 때 공에게 품의가 없었으므로 공은 이미 불편을 느꼈고 계속해서 그 불리하였음을 듣고는 더욱 화를 내었다. 인홍의 문첩(文牒)이 왔는데, 준민의 공로는 대략 말했을 뿐이고, 참모며 막하들을 모두 공로 기재 윗줄에 기록했거늘 공은 답하여 보내기를 "과장해서 상여(賞與)를 노리는 것은 무변(武弁)의 하는 짓이다. 의병장 휘하에 설마 이런 일이야 있으랴마는 관할 부관을 엄중 신칙하여 허위의 폐단이 없게 하라"고 하고 즉각 군아비장(軍牙裨將)을 보내어 그 행수군관(行首軍官)을 잡아다가 품의 없이 거사한 죄를 문책하여 볼기를 수십 대나 쳐주었으며, 또한 훈계하여 "준민은 날쌘 장수라 능멸하거나 모욕해서는 안된다"고 하니 인홍은 인홍대로 불쾌하여 여겼다. 인홍의 문생들은 항상 "우리 선생은 일국에 무거운 이름

至 無不嚬頞而相弔;『龍蛇日記』의 국역은 1974년에 이루어진 全圭泰의 국역과 1979년에 이루어진 李載浩의 국역을 참고하여 작성하였다.
201 李魯,『龍蛇日記』, 十四面.; 咸安郡守柳崇仁 匿山中 涉鼎湖 潛過宜寧 再祐知之 逆出 數以棄城逃歸之罪 彎弓欲射之 崇仁亦彎弓以應之 二人相持良久 宗道徃解之 崇仁仍留再祐陣下

을 걸머지고 사림(士林)의 영수(領袖)가 되므로 안하는 일은 남이 다 의표로 삼거늘 누가 감히 옳고 그름을 교정할 이가 있느냐"고 말하더니 이 일이 있고는 낙담하지 않는 이가 없으며, 하는 말이 "순찰 또한 어진 사람으로 어찌하여 우리 스승을 이와 같이 박대하는가?"라고 했다.[202]

(가), (나), (다)는 송암의 〈용사일기〉에 나타나는 대표적인 갈등의 모습들이다.

(가)는 임진왜란 당시 영남초유사의 역할을 수행하였던 학봉의 입장에서 바라 본 관료들의 무능함과 이로 인해 생겨난 갈등을 기술한 부분이다. 경상도 군통수권자로서 김수의 상식 이하의 행동으로 학봉이 느낀 실망감은 대단하였으리라 생각하고, 이 당시의 상황을 송암의 〈용사일기〉에서는 놓치지 않고 기술하고 있다. 학봉과 김수의 만남 이전에도 학봉의 관료에 대한 실망과 이로 인한 갈등은 자세히 기술되었다.[203]

---

202 李魯, 『龍蛇日記』, 四十四面 "其舉事也 不稟於公 公旣不便 且聞不利 尤羞之 仁弘文牒至 略言俊民之功 參謀幕下 弁錄於紀功之右 公回題以送曰 誇張希賞 武弁所爲 義將麾下 寧有是事 雖然嚴勅管副 俾無虐僞之弊 立遣牙神 促行首軍官來 責以不稟擧事之罪 答鞫數十度 且戒之曰 俊民驍將也 不宜凌侮 義將亦不快焉 門生輩常以爲 吾先生負一國重名 爲士林領袖 凡所弛張 人皆儀表 誰敢有矯其是非者 及是 無不落膽曰 巡察亦賢人也 何乃待吾師如是薄也"

203 〈용사일기〉, 3면에는 昌原郡守 張義國은 城을 비우고 달아나고 虞侯 李俠은 병기를 못에 던지고 군량창고를 불사르고 성문을 열고 먼저 숨어버리니 모든 진영과 모든 고을의 守令들이 일시에 다 도망갔다는 내용과, 宜寧郡守 吳應昌은 처음 金

개전 초기 관군의 무능함에 대한 개탄은 송암의 〈용사일기〉가 기술됨에 따라 이후 구체적인 갈등 양상으로 고착화된다. 그리고 그 구체적인 시기는 학봉과 송암이 만난 이후부터이다.

학봉과 송암이 만나기 이전의 기술들은 무능한 관군 전체에 대한 단순한 개탄 수준이었다면 학봉과 송암이 만난 이후부터의 기술은 그 갈등이 생긴 이유를 명확히 기술하고 있으며 갈등의 대상 또한 구체적으로 기술하고 있다는 점이 큰 차이이다.

(나)는 의병과 관군과의 갈등이 나타나는 장면 중 하나로, 함안군수가 자신의 책무를 버리고 달아나려 하자 의병장인 곽재우가 이를 징치(懲治)하려는 모습을 기술하고 있다.

의병과 관군과의 갈등은 임진왜란 초기 전황과도 관계가 있다. 임진왜란 초기에는 관군을 중심으로 왜군과 대적했으나 계속적인 패전을 인해 관군을 대신하여 그 자리를 의병들이 대체했다.

전쟁의 참상을 직접 몸으로 겪은 많은 민중들은 임란 초기에는 계속 패배를 하는 무능한 관군에 대한 원망밖에 할 수 없었지만, 관군을 대체하여 왜적에 대항할 수 있는 의병들이 창의하자, 의병들에게 호의적인 반응을 보이기 시작했고 자연히 관군들에 대하여서는 구체적인 적대감을 피력하기도 하였다. 관군의 입장에서는 의병의 등장으로 인해 자신들의 입지가 좁아졌기에 의병들이 성가신 존재일 수밖

海로 나아가다가 배가 침몰하여 精兵 백 여인을 익사케 하고 군량과 병기를 모두 잃고는 간 곳을 알지 못한다는 내용, 昌寧郡守 李哲容과 玄風郡守 柳德新은 巡察使의 전령으로서 모두 邑을 버리고 달아났다는 내용들이 기술되어 있다.

에 없고 의병의 입장에서 보면 관군은 무능한 걸림돌일 수밖에 없었다. 이러한 상황에서 관군과 의병 간의 갈등은 예견된 일이었다.

의병들은 실제로 창의 초기에 관군 이상의 전공을 세웠고, 특히 자발적으로 창의하였다는 점에서 상당한 자부심과 긍지를 느꼈다. 그 자부심과 긍지는 전투에서 눈에 보이지 않는 무형의 전투력으로 전환되기도 했지만 반대로 그 자부심과 긍지로 인해 관군과의 소모적 형태의 갈등이 빈번하게 발생하였다.

이러한 갈등이 구체적으로 나타난 것이 (나)와 같은 예라고 할 수 있으며, 〈용사일기〉 후반부로 갈수록 의병과 관군의 갈등은 더욱 심해지며, 이러한 갈등의 최선봉에는 곽재우와 순찰사 김수의 갈등이 있음을 확인할 수 있다.

의병과 관군 간의 갈등은 〈용사일기〉의 실제 주인공인 학봉의 입장보다는 학봉을 대신하여 전쟁실기를 실제 기술하고 있는 작자인 송암의 입장이 반영되어 기술되었을 가능성이 더 크다. 그 이유는 서술 주체인 송암이 남명학파 출신의 의병이라는 점, 송암에게는 김수로 대변되는 관군과의 3대에 걸쳐 쌓인 원한이 있었기 때문이다.

(다)는 학봉과 의병 간의 갈등이 드러나는 장면으로 영남초유사인 학봉과 영남의병의 대표격인 내암 정인홍과의 갈등이 드러나 있다. 학봉은 내암이 자신에게 보고하지 않은 상태에서 전투를 결행한 것과, 이후 논공행상 과정에서 내암의 논공이 객관적이지 못한 점을 들며 서로 갈등하는 모습을 보인다. 이 밖에도 송암의 〈용사일기〉에는 이외에도 학봉이 송암 김면(金沔)과의 갈등을 일으키는 부분을 찾을 수도 있다.

앞에서 논의된 학봉과 관군과의 갈등, 또는 의병과 관군과의 갈등과는 달리 학봉과 의병과의 갈등은 정밀한 논의가 필요한데,[204] 그 이유는 〈용사일기〉의 작자인 송암이 바로 남명학파이기 때문이다.

앞에서 학봉과 관군 간의 갈등은 주인공인 학봉의 시각에서, 의병과 관군 간의 갈등은 작자인 송암의 시각에서 기술되었을 가능성을 논의하였다. 그러면 학봉과 의병 간의 갈등은 어떤 시각에서 기술되었는지를 확인해 볼 필요가 있다. 즉 작품의 주인공인 학봉의 시각에서 기술되었는지, 아니면 작자인 송암의 시각에서 기술되었는지에 대한 문제이다.

송암이 학봉의 시각에서 남명학파 의병과의 갈등을 기술하였든 아니면 송암 본인의 시각에서 남명학파 의병과의 갈등을 기술하였든 당시 학봉과 의병과의 갈등은 실제 일어났던 사실(史實)이었다는 점이 중요하다.

남명학파 동문 사이의 갈등은 예곡의 〈팔계일기〉에서도 등장한다. 작자인 예곡 곽율이 초계가수(草溪假守)로 임명되면서 초계 지역의 내·외장(內·外將)인 설학 이대기와 탁계 전치원이 관군인 자신을 따르지 않는다며 한탄하는 부분을 찾을 수 있다. 이것은 예곡, 설학, 탁계가 서로를 불신해서 생긴 봉합할 수 없는 깊은 갈등이 아니라 자신이 맡은 직책을 중시하는데서 오는 의견 차이라 할 수 있다.

즉 송암의 〈용사일기〉에서 보이는 학봉과 의병 간의 갈등 또한 작

---

204 실제로 학봉의 참모였던 송암은 남명학파 동문들과 묘한 감정의 기류가 형성되기도 하는데, 이는 정치사적인 논의이므로 본 연구에서는 더 깊이 다루지 않도록 하겠다.

자인 송암과 남명학파 간의 갈등이라기보다는 송암이 관료인 학봉의 입장을 대변하면서 생긴 시각차라고 보면 될 것이다.

송암의 〈용사일기〉에서는 학봉과 관군 간의 갈등, 의병과 관군 간의 갈등, 학봉과 의병 간의 갈등 등 3가지 양상이 상당부분 기술되고 있음을 확인하였다. 다른 전쟁실기에서 지엽적이고, 명확성을 띠지 못한 갈등들이 많이 노출되는데 반해 송암의 〈용사일기〉 내에서의 갈등 양상은 매우 명확하다. 특히 구체적인 갈등의 대상과 이유를 상세히 묘사하고 있다는 점이 매우 이채롭다. 작품 내에서 단순히 많은 분량만을 차지하고 있는 것이 아니라 작품의 처음 시작부터 끝까지 기술될 정도로 그 갈등이 매우 고착화되어 있음을 확인할 수 있다.

송암의 〈용사일기〉에서 작자가 감추고 싶은 갈등까지도 객관적이며 사실적으로 기술하고 있다는 점이 매우 의의가 있다.

다음은 검간의 〈임란일기〉에 나타나는 전쟁의 참상과 갈등의 모습을 확인하겠다. 먼저 전쟁의 참상이 드러난 부분부터 찾아본다. 〈임란일기〉에서 전쟁의 참상이 드러나는 부분은 주로 작품의 초반부에 집중되어 있다. 그 이유는 비슷한 경험이 반복될수록 작자가 체감하는 강도가 약해지기 때문이다. 즉 비슷한 강도의 전쟁의 참상에 대한 기록이 앞부분에서는 매우 자세하지만 뒤로 갈수록 매우 소략하게 기술되어 있다는 것이다.

〈임란일기〉에 나타나는 구체적인 기록을 보면서 사족 출신 의병이 느끼는 전쟁의 참상에 대하여 구체적으로 논의하겠다.

(가) 들리는 소문에 왜적(倭賊)이 모든 산(山)을 뒤지며 약탈함이 자심하다고 한다. (중략) 그런데 25일 아침에 왜적(倭賊)이 갑자기 들이닥쳐 사면(四面)에 몰아쳤다. 마을 부녀(婦女)들은 미처 멀리 피하지 못하고 길가에 엎어지고 자빠져 사장자(死傷者)가 수없이 많았다. (중략) 왜적(倭賊)이 눈에 띄는 대로 죽여서 산골짝 숲 사이에는 시체가 무더기로 쌓여 몇 천 명이나 되는지 알 수 없었다. (중략) 세자사부(世子師傅) 하락(河洛)과 그의 양자(養子) 경휘(鏡輝)도 왜적(倭賊)에게 죽음을 당했다. (중략) 25일 아침에 그 처속(妻屬)과 재산(財産) 등 모두를 안전(安全)하게 보전(保全)하려 하였으나 왜적이 급작이 몰아닥쳐 미처 멀리 피란(避亂)치 못하고 끝내 적(賊)의 칼날을 받았으니 그것이 비록 스스로 취한 일이라 하더라도 어찌 운명이 아니겠는가. 애석한 일이다. 경휘는 빨리 도망쳤던들 화(禍)를 면할 수 있었건만 부모가 마음에 걸려 혼자 피할 수 없었다. 마침 활을 잡고 있었기 때문에 왜적이 그의 양쪽 팔을 모두 잘랐다고 하니 이것은 더욱 슬픈 일이다. 그 처속(妻屬)들은 벌거숭이로 왜적(倭賊)에게 모든 것을 빼앗기고 겨우 죽음만을 면하였다. (중략) 얼굴이 약간 고운 부녀자(婦女子)들은 모두 간음(奸淫)하고 남자로 젊고 건장(健壯)한 사람은 모두 끌고 가 저희 무리로 꾀여 들였다. 우리나라 사람으로 저들에게 붙잡힌 자가 살려달라고 애걸하면 간혹 놓아 주고서 죽이지 않는 일도 있었지만 조금이라도 그들의 뜻에 거슬리면 늙은이 어린이를 가릴 것 없이 마치 풀을 베듯 죽였으니 전대(前代)의 역사(歷史)를 들추어

보아도 전쟁의 참상이 이토록 혹심(酷甚)한 것은 보지 못하였다.[205]

(나) 상주(尙州)에 살던 전사부(前師傅)인 하락(河洛)은 영남의 명사(名士)인데, 흉적을 만나 싸우던 날 사부(師傅) 부자(父子)는 대부인을 모시고 처(妻)와 자부(子婦)와 함께 피란 중에 왜적을 만났는데 먼저 부인을 잡고 항복하라면서 부자를 참(斬)하고 자부를 보리밭에 끌고 가서 10여 명의 적이 욕을 보이고 놓아주었는데, 그 자부(子婦)가 드디어 목을 매어 죽었다고 하니 이 무슨 시운(時運)인고[206]

(가)는 〈임란일기〉 1592년 4월 26일의 기록으로 상주지역에 닥친 전쟁의 참화(慘禍)를 검간이 묘사하고 있다. 그 참상이 매우 구체적이고 세밀하다. 검간은 특히 세자사부(世子師傅)였던 환성재(喚醒齋) 하락(河洛, 1530~1592)과 그 일가의 비극을 적나라하게 기술하고 있다.

---

205 趙靖,『壬辰倭亂日記』, 宣祖 二十六年 四月 二十六日條 "流聞賊奴尋覓諸山 抄掠滋甚 (중략) 忽於二十五日朝 倭奴猝至 乘勝長驅 四面追逐 閭里士女 未及遠避 僵仆道傍 死傷無數 (중략) 見輒殺戮 山磎林莽之間 積屍如丘 不知其幾千百人也 (중략) 河師傅洛及其養子鏡輝 亦皆遇害 (중략) 及至二十五之朝 率其妻屬貲産 欲爲俱全之計 而賊奴急逼 未及遠避 竟罹其鋒 雖曰自取 豈非命也 可哀也已 可哀也已 鏡輝則可以疾走免禍 而以其父母之拘攣之故 不得獨避 倭奴見其執弓 並斬其兩臂云 此尤可哀也 其妻屬則赤身被奪 僅得免死云 (중략) 婦女之稍有貌色者 輒捽以淫之 男子之少壯者 皆挈去誘入其黨 我人之被執者 哀乞求生 則或置而不殺 稍拂其意 則勿論老弱 斬艾如草 歷考前史 兵火之慘 未有若是之已甚者也"
206 李擢英,『征蠻錄』, 壬辰年 七月 二日條 "尙州居前師傅河洛 乃嶺南名士 當其凶賊衝斥之日 師傅父子 陪大夫人率妻與子婦 出避遇賊於五里之內 賊先執夫人乞降 則先斬父子 曳入子婦於麥田 十餘賊 互相侵犯 終乃放還 自縊而死 是何時運也"

(나)는 이탁영(李擢英)의 〈정만록(征蠻錄)〉에 기술되어 있는 하락 일가의 비극 장면이다. (가)와 (나)는 같은 내용이지만 다소의 차이가 있기에 이에 대해 논의하고자 한다.

먼저 하락에 대한 명칭에 있어서 차이가 있다. 〈임란일기〉에는 하락을 단순히 '老(노)'라고 지칭한데 반해 〈정만록〉에서는 '嶺南名士(영남명사)'라고 표현하고 있다.

다음은 하락의 죽음의 배경에 대한 논의이다. 먼저 〈임란일기〉에는 하락의 죽음을 '탐련가자(貪戀家貲)'하여 미처 피란하지 못하여 죽음을 당하였다고 기술하고 있다. 반면에 『정만록』에는 하락이 당시 산중에 피해 있다가 상주목사 김해(金澥)가 창의에 관해 의논하기 위해 부르자 집안 하인들을 이끌고 상주성으로 들어가던 중 북문 밖에서 갑자기 적을 만나 순절한 것으로 기술되어 있어 상당한 차이를 보이고 있다.

하락의 처속(妻屬)들이 당한 부끄러운 비극에 대해서도 두 작품의 접근법은 조금 차이가 있다. 두 작품 다 처속들의 부끄러운 비극을 숨기지 않고 기술하고 있으나 〈정만록〉에서는 이에 대한 내용을 좀 더 자세히 기술하고 있다. 두 작품의 차이점은 〈임란일기〉에는 자부(子婦)가 욕보임을 당하고 살아남았다고 기술되어 있는데 반해, 〈정만록〉에서는 자부가 욕보임을 당하고 의절(義絶)하였다고 기술되어 있다.

하락은 남명의 직전제자이기에 한강(寒岡)의 제자인 검간과 전혀 무관한 인물이 아니다. 검간은 하락 일가의 참상에 대해서는 인간적으로 안타까워하지만 그 참상의 원인에 대해서는 예리하게 판단하고 있다. 이것은 친소(親疎)를 떠나 객관적이며 정확한 기록을 남기고자 하는 검간의 서술의식과 강직한 성격 때문임을 알 수 있다. 더욱이 '黔澗(검간)'이라는 자호(自號)를 쓸 만큼 검소한 생활을 체질화하던 그의 입장에서, 하락의 죽음이 재물욕에 의한 것이라면 더 이상 하락은 존숭의 대상이 될 수 없는 것이다.[207]

임진왜란 당시에는 특정 가문의 비극이나 처속과 관련된 입에 담기 어려운 참상은 가능한 한 기재하지 않거나 간략히 기록하고자 하는 풍조가 있었다.[208] 이러한 풍조는 전쟁실기의 작자층과 관련이 있다. 전쟁실기의 작자층 대다수가 사족(士族)인데, 사족의 경우 대부분 지역적인 기반을 두고 있는 경우가 많기에 같은 지방에 살고 있는 사족들의 체면이나 명예를 위해 서로 간에 처속들의 부끄러운 비극은 가능한 기술하지 않으려는 동류의식(同類意識)을 지니고 있었다.

하지만 검간의 서술의식은 단순한 사실의 전달에 초점을 둔 것이 아니라 후인들에 대한 감계(鑑戒)에 더 큰 비중을 두고 있기에 남들이 기술하려 하지 않으려는 부분까지도 기술하고 있음이 확인된다.[209]

---

207 이 책에서는 두 작품 간의 차이점을 변별하여 正誤를 가리는 것이 목적이 아니기에 하락이 죽게 된 배경을 검간이 생각하는 것처럼 '재물욕(財物欲)'으로 그대로 보았다.
208 〈정만록〉의 작자인 이탁영의 신분은 中人이다. 이탁영은 중인이라는 신분으로 인해 당파적 이해관계나 사족들의 체면의식에 신경 쓰지 않고 임진왜란 당시의 참상을 매우 자세하게 기술하고 있다. 특히 사족들의 전쟁실기에서 잘 기록되지 않은 여인들의 慘狀이 매우 사실적으로 묘사되어 있는데, 그 대표적인 장면의 위에서 언급한 1592년 7월 2일조, 7월 7일조의 기록이다.
209 하락의 子婦의 자결 유무는 검간이 임진년 4월 26일의 기록에서 하락 일가의

〈임란일기〉의 1592년 4월 27일, 4월 29일, 5월 5일, 5월 6일, 5월 19일의 기록 또한 임진왜란 당시 고통 받는 부녀자들의 참상에 관한 내용을 기술하고 있다. 특히 4월 29일의 기록과 5월 6일의 기록은 (가)와 마찬가지로 작자가 잘 알고 있는 사족의 딸과 작자의 비(婢)가 겪은 참상을 기술하고 있기에 작자의 서술의식이 더 명확하게 부각된다.

〈임란일기〉에는 전쟁 중 부녀자들이 겪는 참상이 가장 부각되어 기술되어 있고, 이외에도 다양한 전쟁의 참상이 기술되어 있다. 먼저 작자가 직접 경험한 전쟁의 참상으로는 진곡(賑穀; 굶주림에 곡식을 구하는 것)과 어한(禦寒; 추위를 녹이는 것)할 옷을 얻기 위해 사족으로서의 자존심을 버리는 모습, 자녀들의 질병으로 마음 고생하는 아버지의 모습, 식량을 얻으러 간 노복의 죽음을 슬퍼하는 장면이 있다. 또 작자가 풍문으로 듣거나 목도한 전쟁의 참상도 아울러 기술하고 있다.[210]

의병 실기는 아니지만 종군실기로 분류할 수 있는 이탁영의 〈정만록〉, 조경남의 〈난중잡록(亂中雜錄)〉에서 보이는 '인상식(人相食; 흉년에 배를 너무 주리어 사람끼리 서로 잡아먹는 일)'이라는 끔찍한 참상과 여인들의 수모가 드러나 있으며, 정경운의 〈고대일록〉에 드러난 기아와 왜적들의 행패는 작자 자신이 직접 체험한 부분도 있지만 상당수의 내용은 주로 풍문에 의지하여 기술한 경우가 많다.

그러면 검간의 〈임란일기〉를 비롯한 종군실기에서 자신이 경험하지

참상을 기술하고 있기에 자결 시간의 차이로 인해 누락되었을 가능성도 있다.
210 1592년 8월 27일, 1593년 1월 8일, 4월 8일, 7월 25일의 기록 참조.

않은 부분의 참상(慘狀)까지도 부각시켜 기술한 이유는 무엇인가. 작자는 의병이라는 경험주체의 특성 상 선명한 대적관(對敵觀)의 확립을 위해 의도적으로 전쟁의 참상을 부각시켰을 가능성이 크다. 의병 종군실기의 작자 중 일부가 서기(書記)였다는 점이 이를 뒷받침하는데 작자는 전쟁의 참상을 부각시킴으로써 의진(義陣) 전체의 전의(戰意)를 앙양시킬 뿐만 아니라 후인들에게도 침략자에 대한 적개심을 고취시킬 수 있는 위치에 있는 것이다.

다음은 〈임란일기〉에 나타나는 갈등의 양상에 대하여 살펴보겠다. 임진왜란을 배경으로 하는 모든 전쟁실기의 특성 중 하나는 작품 내에서의 자연스러운 갈등의 표출이라 할 수 있다. 이러한 갈등의 표출이 일반화된 이유는 앞에서도 논의했듯이 전쟁이라는 큰 충격으로 인해 이성(理性)보다는 감성(感性)에 더 의지하려는 경향이 생겼기 때문이다. 〈임란일기〉 또한 뚜렷한 갈등의 양상이 확인되기에 이에 대해 논의하고자 한다.

의병 실기에서 가장 흔하게 찾을 수 있는 갈등의 양상이 바로 관군(官軍)과 의병(義兵) 간의 갈등이다. 특히 송암의 〈용사일기〉, 고대의 〈고대일록〉에서 관군과 의병 간의 갈등이 극명하게 나타난다.

〈임란일기〉에서도 이러한 두 집단 간의 갈등을 발견된다. 송암의 〈용사일기〉, 고대의 〈고대일록〉과 비교하여 차이가 나는 점은 검간이 창의한 시기가 송암, 고대보다 다소 늦기에 관군과 의병 간의 갈등보다는 작자가 전재민의 한 사람으로서 느끼는 관군에 대한 불만이 더 많이 기술되어 있다는 점이다.

(가) 백성들의 마음은 지배자로부터 이반(離反)된지 이미 오래되었다. 어리석은 백성이야 애초 말할거리도 못되거니와 국록(國祿)을 먹고 몸을 공직(公職)에 맡긴 자는 그래도 알고 느낌이 있으련만 난(亂)을 당하여 구차스럽게 그것을 모면(謀免)하려 하고 심하면 군대(軍隊)를 버리고 먼저 도망치는데 이르니 저와 같이 군은(國恩)을 저버리는 자(者)는 머리칼을 하나 하나 뽑으며 그 죄를 헤아린다 하여도 용서(容恕)하기 어렵다. 심히 통한(痛恨)할 일이다.[211]

(나) 당초(當初)에 놀래어 겁을 먹고 먼저 도망쳐 숨었으니 그가 변경(邊警)을 걱정한 것은 꼭 왜적(倭賊)과 충돌(衝突)만은 아니었다. 행여 국내(國內)의 폭도(暴徒)들이 이 틈을 타서 반역(反逆)하는 경우 나아가 싸우다 가볍게 죽느니 보다는 물러나 생명(生命)을 부지하는 것만 같지 못하고, 그래서 서서히 뒷날을 기다려 그때에 가서 내가 언제 그랬더냐는 식으로 탈바꿈하고 도망갈 꾀를 생각하였다. 이 때문에 상주(尙州)고을 가옥(家屋)이 무너지고 마을이 분탕(焚蕩)질을 당하였건만 조금도 재난(災難)을 당한 백성(百姓)들을 구휼(救恤)할 생각은 하지 않고 오직 자신(自身)만 깊숙한 곳에 은밀하게 처박혀 있는 것만이 상책(上策)이라 여기고 사람들을 만나면 꼭 고개를 숙이거나 외면을 하여 알아보지 못하게 하였다. 또 자기(自己)가 거처(居處)하고 있

---

211 趙靖, 『壬辰倭亂日記』, 宣祖 二十六年 四月 二十三日條 "民散久矣 蚩蚩固不足言 食祿委質者 庶可以知感 而臨亂苟免 甚至棄師而先逃 如彼負國 擢髮難赦 痛甚痛甚"

는 곳에 외부인사의 왕래를 금(禁)한 것은 오직 저들이 자신의 형적
(形跡)을 엿볼까 두려워서였다. 그러나 이제 와 보니 이 나라에 해(害)
를 끼치는 적은 과연 국내의 폭도가 아니며 또 서울에서 내려온 소
식도 마침 저와 같은 지라 비로소 상주목사(尙州牧使)로 자처하고 호
령(號令)을 발하여 전일(前日)의 죄책(罪責)을 엄폐하고자 하니 그 꾀가
비록 교활(狡猾)하기는 하나 곁에서 보는 사람들이야 그의 폐간(肺肝)
을 보는듯하니 어찌 그 허물을 감출 수 있으리오. 그렇지 않다고 하
면 사방(四方) 백리(百里)의 땅을 베어 수령(守令)을 삼았으니 그 봉강
(封疆)을 지키는 것이 당연하다.[212]

(가)는 〈임란일기〉 1592년 4월 23일의 기록이다. 이날의 기록을 살
펴보면, 관군들이 피란민들을 보고 놀라 공격하기도 하고, 관군을 지
휘하던 상주목사(尙州牧使)와 함창군수(咸昌郡守)는 그 와중에 도망하는
행태에 대한 검간의 심정을 피력하고 있다. 검간은 4월 24일의 기록에
서도 4월 23일에 이어 관군을 꾸짖고 있다. 검간은 자신의 책임을 방
기한 상주목사와 함창군수의 무능함을 개탄하고, 임진년 5월 8일, 5
월 14일의 기록에서도 관군의 무능함에 대한 불만을 토로하고 있다.

---

212 趙靖, 『壬辰倭亂日記』, 宣祖 二十五年 六月 二十四日條 "當初之驚怯先遁者 其意
必慮邊警 非直島夷衝突 或者內寇乘釁作逆 與其進戰輕死 不如退伏偸生 以爲
徐俟異時 易面搖尾之計 以此州家崩折 閭里焚蕩 略不恤念 唯以深入密伏爲得計
見人則必低頭反面 且禁外人往來其處者 唯恐惑人之得窺其影也 及今國賊 果非
內寇 且京來之報 亦適如彼 故始乃以州伯自居 發號施令 謀掩前日之罪 其計雖
狡 而人之旁視者 如見肺肝 焉得以廋之哉 不然 則百里封疆 其執所守也"

(나)는 〈임란일기〉 1592년 6월 24일의 기록인데, 이날의 기록에서 검간의 관군에 대한 불신은 최고조에 달한다. 검간은 당시 상주목사였던 김해(金澥)를 준열히 비판하고 있는데, 김해는 임진왜란이 발발하여 왜적이 상주로 쳐들어왔을 때 상주성을 비우고 혼자 목숨을 부지하였다가 이후 1592년 11월에 정기룡(鄭起龍, 1562~1622)이 상주성을 회복할 때 다시 상주성으로 복귀한 인물이다.

검간은 상주목사의 무능과 이중성에 대하여 강한 어조로 꾸짖고 있다. 검간은 상주목사 김해뿐만 아니라 순찰사 김수, 경상우부사 조대곤의 무능을 기술하기도 했다.[213] 즉 검간은 상주지역의 전황뿐 아니라 경상우도를 중심으로 전국의 전황에 관심을 가지고 있었으며 특유의 관찰력으로 무능한 관군에 대해 정확한 평가를 하고 있다.

1592년 7월 30일 검간이 창의한 이후의 기술부터는 관군에 대한 단순한 폄하가 아니라 관군과 의병을 서로 비교함으로써 의병이 관군보다 우월하다는 것을 작자는 강조하고 있다. 또 의병의 전공을 빼앗으려 하는 관군의 모습을 기술함으로써 부패한 관군의 모습을 더욱 부각시키고 있다.[214] 이것은 근본적으로 의병이 관군보다 훨씬 뛰어나다는 자긍심이 전제되었기에 가능한 기술이라 하겠다.

---

213 송암의 〈용사일기〉와 고대의 〈고대일록〉에서도 김해, 김수, 조대곤의 무능함을 기술하고 있다. 하지만 〈임란일기〉에서는 〈용사일기〉나 〈고대일록〉 수준의 극도의 적대감은 드러나지 않는다.
214 趙靖, 『壬辰倭亂日記』, 宣祖 二十五年 八月 八日, 八月 十一日, 八月 二十八日, 十月 一日의 기록 참조.

관군과 의병 간의 갈등은 임진년뿐만 아니라 계사년에 이르러서도 계속되는데 관군과 의병이 서로 합진(合陣)을 결정한 이후에도 병사의 소속문제와 전공의 귀속문제, 지휘권에 대한 문제들을 두고 분열하는 현상까지도 보인다. 이것은 비단 상주지역의 문제가 아니라 관군과 의병의 출발점이 근본적으로 다른 데서 오는 당연한 결과라 할 수 있다.[215] 〈임란일기〉 초반의 무능한 관군에 대한 단순한 원망은 뒤로 갈수록 갈등이라는 구체화되고 고착된 모습으로 나타나는 것을 확인할 수 있다.

〈임란일기〉뿐 아니라 의병 실기 대부분이 의병으로서의 자긍심을 기초로 하여 작성되었으므로 과도한 자긍심은 갈등으로 발전하고 이 갈등 양상은 작품 속에서 자연스레 노출되어 있다. 이러한 갈등 양상은 어느 시점이 지나면 해소되는 것이 아니라 점점 심화되면서 고착화된다.

〈임란일기〉는 관군과 의병 간의 갈등 이외에도 다른 갈등의 양상이 기술되어 있다. 그것은 작자와 부왜(附倭) 세력과의 갈등이다. 부왜란 왜란 중 적중(賊中)에 빠져 부득이하거나 혹은 자진하여 왜진(倭陣)에 협력한 자를 이르는 말이다. 이것은 전쟁이라는 비극이 빚어낸 안타까운 현실이라 하겠다.

부왜의 폐해나 갈등이 기술된 전쟁실기는 서애(西厓) 류성룡(柳成龍)

---

[215] 趙靖,『壬辰倭亂日記』, 宣祖 二十六年 一月 十日, 一月 二十七日, 一月 二十九日, 二月 二十二日의 기록 참조.

의 〈징비록(懲毖錄)〉, 암곡(巖谷) 도세순(都世純)의 〈용사일기(龍蛇日記)〉 정도로 매우 한정적인데, 검간은 상당한 지면을 할애하여 부왜에 대한 작자의 생각을 기술하고 있다. 부왜에 대한 검간의 감정이 묘사된 기록을 살펴보면 아래와 같다.

(가) 대개 읍내에 있는 사람 중 왜적이 반이나 되고 거기에는 우리나라 사람들도 뒤섞여 있다. 사람들 중 혹은 살펴보니 안면이 있는 놈이 있었고, 개중에는 여러 해 동안 소금장수로 다니던 사람들이 많았다. 그들의 지껄이는 말투는 왜놈과 비슷하지 않은데 왜놈의 복장을 하고, 머리도 그 모양으로 깍고 섞여 있었다. 혹 안면이 있는 사람을 만나면 머리를 감싸고 자리를 피한다고 한다. 이 무리들의 방자한 해독(害毒)은 혹심하여 으슥한 지역까지 낱낱이 뒤져서 나꿔채기를 마치 범같이 한다. 그들의 비위를 건드리면 불을 질러 그 해악이 진짜 왜놈보다도 더 심하다 하니 앞날의 근심이 다만 왜구(倭寇)에 그칠 뿐만 아닐지니 슬프기 그지없다.[216]

(나) 외남면(外南面) 사람들도 대여섯 놈을 사살(射殺)하였는데 그들은 거개(擧皆)가 우리나라 사람으로 도리어 왜적(倭賊)의 무리에 들어가

---

216 趙靖, 『壬辰倭亂日記』, 宣祖 二十五年 五月 二日條 "大槪賊徒爲半 本國之人相雜 人或諦審其顏面 則多是積年往來之鹽商 其言語云爲 不類島夷 假着倭服 削髮混迹 如見前日識面之人 則輒藏頭回避云 此輩肆毒尤酷 窮搜深僻之地 拏攫如虎 觸輒投火 其害有甚於本倭 將來之患 亦不□啻外寇而止 痛甚痛甚"

왜놈 복장으로 가장(假裝)하고 우리 백성(百姓)을 침해(侵害)하는 것이 왜놈보다도 더 혹심(酷甚)하다고 한다.[217]

(다) 사로잡은 여인을 뭇놈들이 윤간하는 꼴이 마치 개와 같다고 한다. 간음을 한 뒤에 문득 약탈한 물건(物件)을 나누어주니 추잡(醜雜)한 계집들은 그 주는 물건에 눈이 어두워 짐짓 쫓아다니고 떨어져 나오려 하지 않으니 사람으로서 마땅히 지켜야할 떳떳한 도리의 변함이 이에 극하였다.[218]

(라) 계집종 춘매가 왜놈들이 있는 곳으로부터 빠져 이곳에 왔다. 그의 말이, 처음 왜적 두세 놈을 만나니 돌려가며 윤간(輪姦)하고 곧 읍내로 끌고 들어갔다고 한다. 왜놈들은 비단 이부자리를 깔고 있었는데 매우 화사(華奢)한 것으로 이는 모두 약탈한 것이었다. 적들은 춘매를 상주 객사에 집어 넣었다. (중략) 춘매가 하루 밤을 자고 보내줄 것을 간청하자 왜적들은 약탈한 의복 몇 가지를 주어 돌아갈 것을 허락하였다. 운월(雲月)은 처음에 왜장이 깊숙한 처소에 처박아 두고 출입을 못하게 하였으나 끝내는 돌아올 것이라고 했다.[219]

---

217 趙靖, 『壬辰倭亂日記』, 宣祖 二十五年 五月 二十日條 "外南之人 亦射殺五六人 則皆本國之人 叛入倭徒 假着倭服 侵害尤酷云"
218 趙靖, 『壬辰倭亂日記』, 宣祖 二十五年 五月 五日條 "女人被虜者 群娶相淫 有同 犬拏 旣淫之後 輒遺以物 醜女之利其所賂者 故相追逐 不肯離出 人倫之變 到此 極矣"
219 趙靖, 『壬辰倭亂日記』, 宣祖 二十五年 五月 六日條 "婢春梅自賊奴之所出來 其言

(가)는 〈임란일기〉 1592년 5월 2일의 기록이고, (나)는 5월 20일의 기록인데, 둘 다 전쟁의 혼란을 틈타 의도적으로 왜적에게 접근하여 자신의 이익을 챙기려는 부왜의 모습을 기술하고 있다. 검간은 부왜 세력에 대해 왜적 이상의 적대감을 표현하고 있다. 이들에 대한 극도의 적대감은 이들을 처벌하는 형태로 나타나기도 하는데 이에 대한 논의는 본 항보다는 다음 항의 전쟁을 바라보는 작자의 시각에서 논의하는 것이 맞기에 잠시 미루기로 하겠다.

(다)는 〈임란일기〉 1592년 5월 5일의 기록이고, (라)는 다음날인 5월 6일의 기록으로 둘 다 강제로 왜적들에게 정절을 뺏긴 부녀자들에 대한 기록이다. 앞의 전쟁의 참상 부분에서 언급했듯이 검간은 전쟁 중 부녀자들의 수모를 매우 안타깝게 생각하고 그들이 전쟁의 가장 큰 피해자라는 생각을 가지고 있었다. 하지만 (다)와 (라)의 경우 정절을 훼손당한 후 왜적이 준 물건을 받았다는 이유로 인해 그녀들을 '인간의 도리를 어긴 추녀(醜女)'로 묘사하고 있다. 이렇듯 똑같이 전쟁의 피해를 입은 여인들이지만 검간은 다른 잣대를 제시하고 있다.

위에서 언급한 기록 말고도 1592년 5월 18일, 5월 24일, 6월 27일, 12월 8일의 기록에서도 검간의 부왜에 대한 반감을 찾을 수 있다. 더욱이 1594년 1월 18일의 기록에서도 부왜에 대한 극도의 적대감을 보이고 있는 것을 확인할 수 있는데, 이것은 검간과 부왜 간의 갈등이

日 始逢倭奴數三人 更失迭相淫 仍携入州 張錦衾褥席 極其奢華 此皆攘取之物也 入處州廨客舍 (중략) 渠乃經一宿請出 則贈以衣服數件而許歸 雲月則初其主帥鎭在深處 趂不許出 然終必出來無疑云"

시간이 지남에 따라 해소되지 않은 채 점차 고착화되고 있음을 의미한다.[220]

본 항에서는 남명학파 의병 실기에 나타나는 전쟁의 참상과 갈등에 대하여 살펴보았다. 남명학파 의병 실기 중 전쟁의 참상이나 갈등이 드러나는 작품은 작자가 의병장으로 활약하기보다는 참모로서 활약한 경우에 명확하게 나타남을 확인하였다.

남명학파 의병 실기 중 참모로서 종군한 경험을 전쟁실기로 기술한 작품은 송암의 〈용사일기〉와 검간의 〈임란일기〉인데, 〈용사일기〉의 경우 학봉 김성일의 사적을 중심으로 기술하다 보니 자연스레 전쟁의 참상이 작품의 내용에서 배제되었다. 〈임란일기〉의 경우 검간이 창의하기 전에 전재민의 한 사람으로서 전쟁의 참상을 직접 목도하였기에, 전쟁의 참상을 매우 극명하게 묘사하고 있다. 특히 검간은 직접 작자가 겪지 않은 간접경험까지도 상세히 기술하고 있는데, 이것은 작자가 의병이라는 경험주체로서의 입장에서 찾을 수 있었다.

송암의 〈용사일기〉에서는 학봉과 관군 간의 갈등, 의병과 관군 간의 갈등, 학봉과 의병 간의 갈등을 찾을 수 있는데, 이러한 다기한 갈등이 나타나는 것은 〈용사일기〉의 작품 속 주인공과 작자가 서로 불일치하는 데서 찾을 수 있다. 특히 학봉과 의병 간의 갈등은 작자가

---

220 이 밖에 명병의 폐해를 기록한 부분이 상당수 발견된다. 하지만 명병의 폐해에 대해서 검간의 불만이나 악감정을 전혀 드러내지 않고 있다. 오히려 明將에 대한 호감을 기술하고 있는 부분도 찾을 수 있기에 검간과 명병과의 관계로 갈등으로 보기에는 한계가 있다.

남명학파라는 점에서 매우 예민한 사안인데, 작자가 작품 속 주인공인 학봉의 입장을 대변하는 과정에서 생긴 갈등이 자칫 송암과 남명학파 간의 갈등으로 비쳐질 수 있음을 확인하였다.

〈임란일기〉에서는 대표적인 갈등 두 가지를 찾을 수 있는데 그것은 관군과 의병과의 갈등이다. 작자인 검간 역시 의병의 한 사람이기에 갈등의 주체로서 갈등을 자세히 기술하고 있다. 또 다른 하나는 작자와 부왜 세력과의 갈등이다. 관군과 의병 간의 갈등의 다른 의병 실기에서도 쉽게 찾을 수 있지만 작자와 부왜 세력과의 갈등은 다른 종군 실기에서 좀처럼 찾기 힘들다는 점에서 그 의의가 있다.

송암의 〈용사일기〉와 검간의 〈임란일기〉 두 작품 모두 작자가 자신이 처한 입장에서 작품을 기술하는데 최선을 다하는 모습을 찾을 수 있었다. 〈용사일기〉에서 학봉 김성일과 내암 정인홍의 갈등, 학봉 김성일과 송암 김면의 갈등을 가감 없이 기술하는 것이나, 〈임란일기〉에서 학파의 선배라 할 수 있는 환성재 하락에 대한 검간의 냉정한 평가를 보면 천인벽립(千仞壁立)의 남명학파의 학풍을 엿볼 수 있다.

3) 향촌중심적 시각에서의 기술

임진왜란 전쟁실기 중 가장 많은 수를 차지하는 것이 바로 종군실기이다. 이 중 상당수가 의병에 의해 기술되었지만 학계의 관심은 매우 소홀했다. 본 항에서는 남명학파의 의병 실기에 나타나는 작자의 시각에 대하여 논의한다.

본격적인 논의에 의병 실기를 제대로 분석하기 위해서는 의병에 대한 명확한 규정이 필요하다. 우계(牛溪) 성혼(成渾)은 관군과 의병을 구별하면서 "군사를 소모(召募)하는 사람이 곳곳에서 있게 되어 의려(義旅)를 거두어 모집하여 군(軍)을 삼았는데, 주현(州縣)의 호소(號召)를 받지 않은 자를 의병이라 하고 수령(守令)이 군민을 조발(調發)하여 원수(元帥)의 절제(節制)를 받는 자를 이름하여 관군이라 하였다"[221]고 설명하였다.

이에 좀 더 부언한다면 의병은 사족, 상민, 천민에 이르기까지 다양한 계층이 함께 거병하였으며, 이들은 왜적의 퇴치라는 공동 목적을 가진 자발적 집단이라는 점을 지적할 수 있다. 하지만 이것만으로 관군과 의병 간의 차이가 선명하게 드러나지는 않는다. 관군과 의병의 가장 큰 차별성은 관군과는 달리 의병은 향촌(鄕村)을 중심으로 혈연(血緣), 지연(地緣), 학연(學緣)으로 깊이 맺어져 있다는 점이다. 즉 이들 사이에는 혈연적 유대의식, 향토 의식, 동문 의식이 강하게 자리 잡고 있었다. 따라서 주로 재지사족인 의병장을 중심으로 친척(親戚), 동문(同門), 소작인, 노복과 같은 마을 사람들이 모일 수 있었다.[222] 이것은 다르게 표현하면 재지사족이 향권(鄕權)을 가지고 있었으며, 재지사족들이 향권을 바탕으로 하여 창의를 하였던 것이다.

당시 사족들은 크게 3가지 향촌 지배 기반으로 향권을 장악할 수 있었다.

---

221 『宣祖修正實錄』卷26, 宣祖 25年 壬辰 12月; 召募之人 處處有之 收集義旅 各自爲軍 不受州縣號召者 名之曰義兵 守令調發軍民 受元帥節制者 名之曰官軍
222 최효식, 『임진왜란기 영남의병 연구』, 국학자료원, 2003, p.483.

첫째, 재지사족간의 통혼(通婚)을 바탕으로 향촌 내에서의 지배력을 강화하였다. 송암(松巖) 이로(李魯)는 임진왜란 중에 남명학파 문인들의 『사성강목(四姓綱目)』을 작성하였다. 『사성강목』은 부모양계(父母兩系)를 중심으로 내외조상(內外祖上)의 혈연관계를 세대별로 정리한 것인데, 이것을 보면 경상우도 남명학파의 의병 대부분이 서로 통혼관계로 얽혀 있음이 확인된다. 이러한 통혼관계는 평화 시에는 향촌 지배의 수단으로 사용되고 유사시에는 상호 간의 원활한 호응(呼應)을 바탕으로 즉각적인 창의의 기반이 되었다.

둘째, 재지사족들은 지주로서 많은 전토와 노비를 소유하고 있었다. 임진왜란초기에 모병(募兵)의 기초가 되었던 것은 의병장들이 소유하고 있던 가노(家奴)들이었는데, 이는 지주제의 성장과 긴밀한 관련이 있다. 또 재지사족들이 지니고 있던 많은 전토들은 창의 시 군량미의 공급처로 활용되었다. 또한 임진왜란 시 재지사족들이 자신들의 전토를 지키고자 하는 의식은 창의의 강력한 원동력이 되었다.

셋째, 임진왜란 이전부터 재지사족들은 유향소(留鄕所)·향약(鄕約)의 보급, 향교(鄕校)·서원(書院) 등의 건립을 통해 향촌사회에서의 기반을 확립하고 있었다. 이러한 향촌 지배력을 바탕으로 사족들은 지역민들을 동원하여 창의할 수 있었다.

사족들은 전쟁 중과 그 이후에 사족 중심의 향촌 지배체제가 위협받자 성리학적 지배 이데올로기의 강화를 통하여 지속적으로 사족으로서의 신분적인 특권의 확보라는 이익을 추구하고자 하였다.[223] 이러한 향촌 지배력의 강화는 중앙집권 권력에 대한 대항하는 힘이 되기도 하였다.

지금까지 의병의 성격과 창의의 기반이 된 사족들의 향촌 지배력에 대해서 살펴보았다. 위의 논의를 통해 창의의 목적이 단순히 민족적인 저항(抵抗)과 근왕(勤王)에만 있는 것이 아님을 확인할 수 있었다. 민족적 저항과 근왕이 창의의 주된 목적인 것을 부인할 수 없지만 그 이면에는 재지사족의 향촌 지배력 강화 노력 또한 숨겨져 있음을 찾을 수 있어야 한다.

전쟁실기라는 문학 장르가 지니는 특성상 작자가 가지고 있는 시각으로 인해 기술되는 내용 또한 큰 차이가 있으리라 생각한다. 본 항에서는 위에서 논의한 사족들의 향촌 지배력을 중심으로 작자의 시각을 좇아보려고 한다. 즉 임진왜란 당시 재지사족 출신 의병들은 과연 어떠한 시각을 통해 전쟁을 바라보고 있는지와 남명학파 의병 실기에서는 이것이 어떻게 표현되는지를 향촌 지배력과 관련시켜 확인하고자 한다.

남명학파 의병 실기 11편 모두 작품 속에서 향촌의 지명이나, 동문들의 이름 등이 자주 등장한다는 사실은 앞의 항에서 이미 논의하였다. 즉 작품에 따라 조금씩 차이를 보이고 있지만 의병 실기의 주된 기술 범위는 향촌과 향촌을 중심으로 의병 활동을 벌이는 재지사족인 것이다.

---

223 張庚男, 「壬·丙 兩亂과 17세기 小說史」, 『우리文學硏究』 21집, 우리문학회, 2007, p.206.

송암의 〈용사일기〉와 검간의 〈임란일기〉를 제외한 나머지 남명학파 의병 실기는 주로 전황이나 전투의 전과를 다루고 있기에 지명 또는 동문들의 이름이 등장한다는 것 외에는 작자의 향촌중심적인 시각을 찾기는 사실상 어렵다. 그러면 지금부터는 송암의 〈용사일기〉와 검간의 〈임란일기〉를 중심으로 작자의 향촌중심적 시각을 찾아보기로 하겠다. 특히 〈임란일기〉의 경우 재지사족의 창의과정이 자세히 기술되어 있기에 이를 논의의 중심에 두고자 한다.

먼저 〈용사일기〉에 나타나는 작자의 향촌중심적 시각을 찾아보도록 하겠다. 〈용사일기〉에 상당한 분량의 지면을 활용하여 갈등을 기술하고 있음을 확인하였다. 그러면 송암은 이러한 갈등을 〈용사일기〉에 어떠한 이유로 적극적으로 기술하고 있는가에 대한 논의가 반드시 필요하다.

송암의 〈용사일기〉는 관료인 학봉의 사적을 따라 기술하고 있으며, 또한 부분적으로 공문서를 작품 속에 부기함으로써 공적 실기의 위상을 지향하려는 노력을 보이고 있다. 하지만 〈용사일기〉가 실제로 기술하고 있는 것은 경상우도 지역의 의병 활동, 경상우도 지역 내에서의 관군과의 갈등, 남명학파 동문들의 동향이다. 학봉의 사적 역시 학봉의 경상우도 내에서의 사적으로 국한될 수밖에 없다. 즉 송암이 작품을 통해 기술하고 있는 것은 임진왜란 당시 경상우도의 향촌 사회인 것이다.

송암은 비록 학봉의 눈을 빌리고는 있지만 그가 볼 수 있는 범위는 의병으로서 시각에 그칠 수밖에 없으며 그 시각의 범위 내에서 볼 수 있는 한계는 경상우도라는 향촌일 수밖에 없는 것이다.

　송암은 공문서의 부기를 통해 임진왜란 전체의 전황을 기술하려는 노력을 보이기는 하지만 실제 기술되는 부분은 경상우도의 전황이 중심에 있다.

　갈등 또한 같은 맥락에서 이해하면 된다. 학봉과 관군 간의 갈등, 의병과 관군 간의 갈등, 학봉과 의병 간의 갈등은 매우 명확하게 기술되어 있다. 이것을 자세히 들여다보면 이러한 갈등은 경상우도라는 향촌 내에서 벌어지고 있음을 어렵지 않게 발견할 수 있다. 또한 이들 간의 갈등이 표면적으로 명분(名分)과 대의(大義)를 앞세우고 있지만 사실 그 이면에서는 향촌 내에서의 주도권을 장악하기 위한 쟁탈전을 벌이고 있는 것이다. 더욱이 이러한 갈등은 경상우도를 조금만 벗어나도 별로 주목을 받을 수 없는 갈등임을 확인할 수 있다. 하지만 경상우도라는 향촌 내에서는 이들 사이의 갈등은 매우 중요한 사안이며, 이런 이유로 인해 송암은 많은 부분을 할애하여 갈등을 매우 자세히 기술하고 있는 것이다.

　즉 송암의 시각은 철저히 향촌 중심의 시각이며, 이 시각을 통해 습득할 수 있는 전쟁실기의 소재는 향촌 내의 전황, 향촌 내의 동문들의 현황, 향촌 내에서 벌어지는 학파 간의 갈등 정도일 것이다. 이러한 향촌중심적 시각은 비단 송암에게 국한되는 것이 아니라 당시 의병 실기의 작자들에게서 나타나는 일반적인 시각이며, 이것은 분명히 관료 시각이나, 전재민의 시각과도 변별되는 것이다. 이처럼 송암은 향촌을 기반으로 한 의병의 입장에서 임진왜란 당시 경상우도라는 향촌 내에서 벌어지는 모든 상황을 전쟁실기를 통해 매우 자세하게 그리고 사실적으로 그려낸 것이다.

다음은 〈임란일기〉에 나타나는 작자의 시각을 재지사족의 향촌 지배력과 연관시켜 논의하고자 한다.

먼저 사족끼리의 친연성을 바탕으로 한 향촌 지배력이 작품 속에서 어떻게 나타나는지를 확인하고자 한다. 상주지역은 이미 논의했듯이 경상우도에 속하지만, 지리적으로 경상좌도와 더 근접해 있는 낙동강 강안지역이다. 이러한 강안지역의 특성으로 인해 상주지역 사족들은 남명(南冥)과 퇴계(退溪) 양문에 출입하였는데, 검간 역시 학봉(鶴峯; 金誠一)과 한강(寒岡; 鄭逑)으로 이어지는 퇴남(退南)양문에 출입하였다.[224] 이러한 영향으로 〈임란일기〉에는 남명과 퇴계 양문의 문인들이 골고루 등장하고 있다. 남명의 문인으로는 경상우도 3대 의병장인 망우당 곽재우·송암 김면·내암 정인홍 등이 등장하고 있으며, 퇴계의 문인으로는 학봉 김성일을 필두로 검간의 친우인 우복 정경세, 근시재 김해 등이 등장한다. 이들 인물 중에서 특히 학봉에 대한 내용이 자주 등장하는데 이것은 학봉이 검간의 스승이자 처숙(妻叔)이기 때문이다. 검간 또한 다른 사족들과 마찬가지로 통혼을 통해 자신의 입

---

[224] 검간은 한강의 제자로 退南 兩門에 출입하였다는 점에서 남명학파로 논의하는데 異論이 있을 수 있다. 하지만 한강과 내암의 갈등이 1601년 이후에 본격화 된다는 사실과, 검간의 포폄의식은 남명이 『東國史略』을 독서할 때의 모습과 유사하다는 점, 남명의 〈乙卯辭職疏〉와 검간의 상소가 매우 유사한 점, 상주지역 출신인 김담수, 김홍미 등이 이미 남명학파로 분류되었다는 점 등을 근거로, 검간을 남명학파로 분류하는데 문제가 없으리라 생각한다.

지를 구축한 것이다.

검간은 처숙인 학봉을 통해 경상우도, 호서, 호남의 의병 활동 및 선조의 근황을 수집하고 이를 기술하고 있다. 하지만 이러한 내용은 매우 지엽적이고, 제한적이다. 반면에 자신의 근거지인 상주를 비롯해 인근 지역인 함창, 문경 등의 전황은 매우 상세히 전하고자 노력하고 있다.

남명학파 의병 실기 대부분이 학연을 중심으로 동문들의 근황을 기술하는 데 상당 부분을 할애하고 있는데 반해, 〈임란일기〉는 동문들의 근황에는 그리 비중을 두지 않고 있다. 이처럼 남명학파 특유의 동문의식이 많이 희석된 것은 상주가 지니는 지역적 특성과 작자가 지니고 있는 이력[225]에서 기인한 것이라 생각한다.

검간은 학연을 중심으로 한 동문들의 근황을 전하기보다는 혈연과 지연을 중심으로 전쟁실기를 기술하고 있다. 즉 처삼촌인 학봉의 근황과 상주 일대의 전황을 상세히 기술하고 있다. 그러나 다른 경상우도 지역만큼 사족끼리의 친연성이 보이지도 않고 또한 이를 통한 향촌 지배력 역시 매우 미약하다.[226] 하지만 중요한 사실은 의병 실기의

---

225 검간이 한강과 학봉 양문에 출입한 점과, 학봉의 姪壻라는 점으로 인해 남명학파에 대한 동문의식이 다른 문인들 보다 약할 가능성이 있다.
226 재지사족끼리의 결속이 상대적으로 강한 경상우도의 경우 정경운 〈고대일록〉, 이로 〈용사일기〉에서 通文을 통해 재지사족들끼리 정보를 공유하거나 단결된 행동들은 보이는 부분을 쉽게 찾을 수 있는데, 이에 반해 〈임란일기〉에서는 남명학파의 다른 전쟁실기들에 비해 이러한 내용이 상대적으로 적게 나타나고, 통문을 통해 창의를 독려하기는 하지만 임진왜란 초기에는 그 성과가 거

작자가 학연, 혈연, 지연 어디에 관심을 두고 기술하든 간에 그 기반에는 향촌이 있음을 간과해서는 안 된다는 점이며, 〈임란일기〉 또한 향촌 중심의 기술로 이루어져 있다는 것이다.

다음은 경제력을 바탕으로 한 향촌 지배력이 작품 속에서 어떻게 표현되는지를 살펴보겠다.

상주지역이 다른 경상우도 지역에 비해 상대적으로 창의가 늦은 것에는 여러 이유가 있겠지만 상주가 전란 초기부터 적에 의해 장악되었다는 점과 다른 경상우도 지역에 비해 비옥하지 않아 지주제가 정착되지 않은 데서 그 이유를 찾을 수 있다. 즉 다른 경상우도는 비옥한 토지로 인해 창의 당시 자신이 거느린 가속(家屬)들 만으로도 즉각 창의할 수 있었다. 반면에 상주는 다른 경상우도에 비해 토지가 척박하여 지주(地主)가 거느린 가속이 많지 않아 임진왜란 초기에 즉각적으로 창의하기에는 무리가 있었다. 더욱이 검간은 스스로 '黔澗(검간)'이라는 호를 지을 만큼 검소하였기에 사재(私財)를 털어 창의할만한 여력 또한 없었다.

송암의 〈용사일기〉나 고대의 〈고대일록〉의 경우 남명학파 문인들의 창의과정과 의진(義陣)의 규모를 자세히 기술하고 있으며, 이것을 통해 남명학파 문인들의 경제권을 바탕으로 한 향촌 지배 능력을 유추할 수 있다.

〈임란일기〉에서도 창의과정과 의진의 규모가 소개되고 있다. 1592

의 드러나지 않는다.

년 7월 30일 상주에서 창의군(昌義軍)이 창설되었을 당시 그 규모는 자발적으로 모인 사족(土族) 40여 명과 궁수(弓手) 50여 명에 불과하였다. 즉 이것은 상주가 다른 경상우도와는 달리 사족들의 향촌에 대한 경제적 지배력이 약했다는 것을 보여준다. 또한 고대의 〈고대일록〉이나 암곡 도세순의 〈용사일기〉에서 농사(農事), 상행위(商行爲), 노비(奴婢)의 도망 등 향촌을 중심으로 한 경제활동에 대한 내용이 많이 등장하는 데 반해, 〈임란일기〉에서는 상대적으로 이러한 내용이 매우 빈약한 것 또한 상주지역 사족들의 경제적 기반이 약하는 것을 의미한다.

상주지역은 사족들끼리의 친연성이나 경제력 장악 면에서 다른 남명학파 권역에 비해 상대적으로 미약하였고, 이것이 작품 속에서 그대로 드러나고 있다.

상주지역에서는 이를 대체하여 향촌을 지배할 또 다른 수단이 필요했는데 그것이 바로 성리학적 질서의식의 강조이다. 16세기 중반 경부터 이미 사족들은 사창제(社倉制)·향사음례(鄕射飮禮)·유향소복립운동(留鄕所復立運動)·유향소보급운동(留鄕所普及運動) 등을 통해 향촌 지배력을 확보하고 있었는데, 특히 향약이 향촌민들을 장악하는 수단으로 활용된 경우가 많았다.

향약은 기본적으로 향촌민들의 안정 없이는 그 시행이 불가하였기에 재지사족의 향촌민에 대한 일방적인 수탈의 배제가 전제되었다. 즉 다시 말하면 경상우도는 지주제가 정착되어 있기에 경상좌도보다 향약이 뿌리 내리기에는 상대적으로 어려움이 있었다. 경상우도에 비해 경제적으로 취약한 구조를 가지고 있었던 경상좌도는 경상우도보다 향약이 실시되는 곳이 더 많았으며 향약의 실시를 통해 향촌민들을 장악하고 있다. 비록 상주가 남명학파의 권역에 속하기는 하지만 경상좌도와 지리적으로 가깝기에 향약의 시행과 같은 성리학적 지배질서의 강조를 통해 향권을 장악했던 것이다.

지금부터는 〈임란일기〉에서 실제로 이러한 성리학적 질서가 강조되는 부분을 자세히 살펴보도록 하겠다.

작자인 검간의 호(號)는 선친의 묘소 옆에 흐르는 개울 이름에서 따온 것인데 이것은 이미 밝혔듯이 평생을 '효(孝)'를 추구하며 살고자 하는 검간의 의지가 표현된 것이다. 전시 중에도 검간의 가치관은 달라지지 않았으며 이러한 사실은 〈임란일기〉에도 잘 표현되고 있다.

1592년 4월 30일의 기록에 '신주(神主)를 묻어 둔 곳이 파헤쳐졌는지 아닌지를 지금으로서 정확히 알 길이 없으니 이것이 더욱 뼈에 사무치도록 잊기 어려운 아픔이다.'[227]라고 기술되어 있는데, 이것은 검간의 '효'에 대한 생각을 알 수 있는 부분이다. 검간은 임진왜란이 일어나기 한 해전인 신묘년(辛卯年)에 부친인 조광헌(趙光憲)을 여읜 이후부터 어머니를 봉양하는데 더욱 매진하였다. 항상 어머니의 안위를 걱정하였으며, 전시 중에도 어머니를 모시고 승경(勝景)을 찾아 기쁘게 해드렸다.[228] 전쟁이 장기화되자 검간은 어머니를 속리산으로 피난시키고 경상하도에서 얻은 물품을 어머니의 조석(朝夕)에 쓸 수 있도록

---

227 趙靖, 『壬辰倭亂日記』, 宣祖 二十五年 四月 三十日條 "埋主之地 得不發與未 時未的知 此尤次骨中不可忘之痛也"
228 趙靖, 『壬辰倭亂日記』, 宣祖 二十五年 八月 十五日條 참조.

조치하기도 하였다.²²⁹

특히 1593년 4월 13일부터 4월 18일까지의 기록은 온통 어머니의 병환과 죽음에 대한 내용으로 점철되어 있다. 어머니의 죽음 이후에도 어머니를 그리워하는 모습을 1593년 12월 25일의 기록과 1594년 1월 23일 기록에서 찾을 수 있다. 이 밖에도 이모가 외조부의 신주를 모시고 왔다는 말을 듣고 제수를 장만해서 배알하는 장면이든지, 신주가 파헤쳐졌다는 내용을 듣고 비통해 하는 장면, 피란 중에도 추석에 지방을 써 붙이고 조상제위(祖上諸位)의 제사를 받드는 모습, 조모의 기일(6월 16일), 외조부의 기일(7월 7일), 할머니의 기일(9월 9일), 부친의 기일(12월 3일)을 잊지 않고 제사를 올리는 모습을 확인할 수 있다. 이를 통해 검간의 '효'에 대한 생각을 엿볼 수 있다.

검간은 의도적이든 비의도적이든 간에 효와 관련된 부분을 많이 기술하고 있는데, 이것은 비단 〈임란일기〉에서 뿐만 아니라 전쟁실기 대부분에서 나타나는 현상이다. 당시 사족들은 전쟁으로 인해 강상(綱常)이 위협받을 수 있는 상황에서 오히려 더 강상을 강조함으로써 성리학적 질서를 찾고자 노력하였다. 전시 상황에서의 강상의 강조는 반드시 필요한 일이기는 하지만, 이것으로 인해 향촌 내에서의 새로운 갈등이 초래하기도 하였다.

앞에서도 논의했지만 〈임란일기〉에는 다른 전쟁실기에서는 많이 등장하지 않는 부왜에 대한 감정이나 여인들의 수모상(受侮狀)이 많이 기

---

229 趙靖, 『壬辰倭亂日記』, 宣祖 二十陸年 一月 十九日條 참조.

술되어 있다. 이러한 장면의 기술은 단순히 철저한 기록의식에 의한 것만은 아니다. 왜냐하면 검간은 단순히 전쟁의 참상만을 기술한 것이 아니라 참상을 극복한 사례 또한 같이 기재하고 있기 때문이다.

(가) 그들은 모두가 우리 백성으로 왜적(倭賊)의 무리와 휩쓸렸던 사람들이었다. 어떤 사람은 하도(下道)에, 또 어떤 이는 본주(本州)에 사는 사람들로 그들의 짐을 검색(檢索)하였더니 훼복(卉服)·장검(長劍)·왜기(倭旗) 등의 물건이었다. 여자는 곧 읍내(邑內)에 사는 사람으로 왜놈과 교합(交合)하고 관부(官府)에 출입하며 왜적이 주는 물품(物品)을 받고 우리나라 사정(事情)을 왜적에게 은밀(隱密)하게 내통(內通)하였다. 또 주찬(酒饌)을 갖추어 날마다 왜적(倭賊)에게 가져다 준 위인(爲人)으로 그의 정상(情狀)이 탄로나 즉시 모두들 목 베였다는 것을 들었다.[230]

(나) 들자니 장천사람 김일(金鎰)의 군진이 패망하여 한량우(韓良佑)의 딸이 왜적에게 사로잡혔다가 절의를 지켜 죽었다고 한다. 한 고을의 사족 가문에서도 왜적에게 몸을 더럽힌 사람이 한둘이 아니건만 아직 목숨을 버려서까지 의를 취하였다는 말은 듣지 못하였다. 그러나

---

[230] 趙靖, 『壬辰倭亂日記』, 宣祖 二十五年 五月 二十三日條 "皆是我民 而黨賊者也 惑居下道 或居本州 檢其所擔 則皆裏卉服長劍倭旗等物 女人則乃邑內所居者 而 交嫁倭奴 出入官府 受其贈賂 潛通本國之事 且具酒饌 逐日勸餉之人也 情狀旣 露 卽皆斬梟云云"

유독 이 시골의 평범한 백성이 그것도 가정의 훈육도 없었고 또 문견도 없었건만 창졸간에 변을 만나 능히 의로써 자신을 지켰다. 그리고 결박을 지어 못살게 구는 상황이 되어서도 끝내 그 평소의 지조를 변치 않았다 한다. 인간에 있어 떳떳하게 타고난 천성은 귀하거나 천하거나 어리석거나 지혜로운 사람 할 것 없이 고루 부여되었다는 것이 사실인가 보다. 참으로 흠모할 일이다.[231]

(다) 소문을 듣자니, 옛 친구 신례남(申禮男) 문길(文吉)이 살해되었다 한다. 문길은 진보(眞寶) 신언공(申漹公)의 아들이다. 그는 청주에서 부인을 맞이하여 그곳에서 살고 있었다. 여름에 적에게 붙잡혔는데 적은 훼복(卉服)을 착용할 것을 협박하여 항복하여 협조하게 하려고 하였다. 그러나 문길은 죽음을 무릅쓰고 굴복하지 않고 끝내 거절하고 받아들이지 않았다. 왜적은 머리털을 휘어잡고 끌고 나와 칼을 뽑아 들고 위협하였으나 그래도 굴하지 않았다. 얼마 후에 왜적은 문길을 놓아주고는 편한 대로 행동하도록 하였다. 그러면서도 사람을 시켜 그를 주위에서 포위하게 하였다. 문길은 도망칠 수 없음을 헤아리고 곧 차고 있던 칼을 빼 스스로 목을 찔러 죽었다. 적장이 이 사실을 전해 듣고 놀라고 슬퍼하는 말이 '이 사람은 참된 의인

---

231 趙靖,『壬辰倭亂日記』, 宣祖 二十五年 五月 十九日條 "聞長川洞人金鎰陣亡 韓良佑之女 被擄死節云 一州士族之家 被汚於賊奴者 非一二人 而未聞捐生取義之者 而獨此村巷間凡民 旣無家訓 又乏聞見之益 而倉卒遇變 能以義自守至於縛速驅迫 而終不渝其素志云 信乎秉彝之在人性者 無貴賤愚智 而均賦也 可欽可欽"

(義人)이다.'라고 하면서 애석해 마지 않았다. 그리고는 무리들에게 명하여 그 시체를 산기슭에 묻어 주라고 하였다 한다. 문길(文吉)의 처도 사로잡혔는데 왜적은 그녀를 더럽히려 하였지만 문길의 처는 힘껏 항거하고 굴하지 않았다. 왜적이 칼을 빼들고 위협하였으나 끝내 적의 요구를 따르지 않고 몸소 시퍼런 칼날을 무릅쓰니 살갗이 성한 것이라고는 없고 유혈이 낭자하자 왜적도 마침내 놓아 주었다 한다. 절의가 짝을 이룬 것이 오늘날에도 있는데 어느 누가 옛사람의 절개에 오늘날 사람은 미칠 수 없다고 말하겠는가.[232]

(가)는 1592년 5월 23일의 기록으로 부왜(附倭)한 자를 처벌하는 모습을 기술하고 있다. 다른 전쟁실기에서는 단순히 부왜에 대해 한탄하는 작자의 모습이 그려진데 반해 〈임란일기〉에서는 부왜한 자들이 처벌받는 모습을 기록함으로써 다른 사람들에게 감계(鑑戒)를 하고 있다. 작자인 검간은 어머니를 따라 다니던 늙은 노비가 고생하는 모습과 여종의 죽음까지도 슬퍼하는 인간적인 모습을 보이고 있지만, 작자 자신이 선정한 잣대에 의한 시비(是非)와 선악(善惡)은 그 누구보다도 단호함을 보여주고 있다.

---

[232] 趙靖, 『壬辰倭亂日記』, 宣祖 二十五年 十一月 九日條 "聞知舊申禮男文吉遇害 文吉 眞寶申溽公之胤子也 娶婦淸州也 仍居焉 夏間被擄 賊刲着卉服 欲令降附 文吉抵死不屈 終拒不受 賊捽髮扶曳 拔劍擬之 猶不屈少焉賊捨令自便 猶使人圍擁 文吉度不得逃去 卽拔所佩刀 自刎以死 賊將聞之 驚悼曰 此眞義人也 追惜不已 卽令其衆 羿其屍送埋于山麓云 文吉之妻 亦被擄 賊欲汚之 力拒不屈 賊拔劍脅之 終不肯從 躬冒白刃 肌膚盡傷 血流遍體 賊竟捨之云 絶義雙成 今亦有之 孰謂古今不相及也"

(나)는 임진년 5월 19일의 기록으로 한량우(韓良佑)의 딸이 왜적에게 잡혔으나 절의를 지켰다는 내용을 싣고 있고, (다)는 임진년 11월 9일의 기록으로 검간의 친구인 신문길(申文吉) 내외의 의(義)와 절의(節義)를 높게 평가하는 내용이다.

(나)에서 특히 '信乎秉彛之在人性者 無貴賤愚智 而均賦也(신호병이지재인성자 무귀천우지 이균부야)'라는 부분이 있는데 이 부분은 검간의 성리학적 사상이 드러나는 부분이다. 검간은 신분의 귀천에 관계없이 누구나 타고난 천성(天性)을 그대로 지키고자 하는 마음만 있다면 성현이 될 수 있다는 생각을 가지고 있었다.[233] 그래서 평범한 백성인 한량우의 딸과 이름난 사족의 딸을 서로 비교하면서 한량우의 딸이 '열(烈)'을 이루었음을 현창(顯彰)하고 있다. 반면에 사족의 딸들은 그러하지 못함을 나무라고 있는 것이다.

(다)는 사족과 사족의 처(妻)로서의 절의(節義)를 지킨 신문길 내외의 행적을 좇아 기록하고 있다. 신문길은 자신의 목숨을 버림으로써 사족으로서의 명예를 지킬 수 있었으며, 신문길의 처 또한 남편을 따라 절의를 지킨 열부(烈婦)라 할 수 있다. 검간이 표현한 것처럼 '절의쌍절(節義雙絶)'이란 표현이 어울리는 부부라 하겠다.

검간은 앞의 항에서 논의한 것처럼 전쟁의 참상을 부각시켜 기술하

---

233 '秉彛'는 타고난 천성을 그대로 지킨다는 뜻을 가지고 있으며,『詩經』「大雅 烝民」편에 있는 '天生烝民 有物有則 民之秉彛 好是懿德'라는 대목에서 유래하였다.; 金鍾泰, 「黔澗 趙靖의 辰巳日錄 硏究」, 成均館大學校 大學院 漢文學科 碩士學位論文, 2009, p.76. 재인용.

고 있는데 그 이유는 작자의 시각과 관계가 있다. 검간은 전쟁의 참상을 부각시킴으로써 그 참상 속에서도 나타나는 '의(義)'와 '절(節)'과 같은 강상(綱常)을 더욱 돋보이게 하고 있는 것이고, 그 강상은 향촌의 지배질서의식과 관련이 있다.

검간은 임진왜란으로 인해 흐트러진 강상을 다시 세우기 위해 때로는 준엄한 경고를 하기도 했으며 또한 모범이 될 만한 내용을 현창하기도 하였다. 이러한 포폄(褒貶)의 근간에는 『춘추(春秋)』에서부터 기인한 춘추필법(春秋筆法)[234]의 의식이 있었기 때문이다. 임진왜란 당시 사족들 사이에서는 춘추필법에 의한 역사의식이 팽배해 있었는데, 전란으로 인해 삶이 위협받자 작동한 사족들의 자기방어의식이라 하겠다. 또한 검간이 평생을 통해 지키고자 하였던 '직(直)'과도 이 의식은 연관되어 있다.

춘추는 역사를 단순히 기록하는 것이 아니라 그 자취를 정리·기록·평가하는 것까지를 의미한다. 이렇게 함으로써 얻을 수 있는 이점은 과거에 이루어진 삶에 대한 교훈을 바탕으로 미래의 삶에 대한 지

---

234 春秋筆法은 공자에 의해서 완성된 사서의 편찬의식으로, 공자는 춘추시대 말기의 혼란상을 보면서 저마다 자기 직분을 잃고 있기 때문이라고 판단하여 '임금은 임금, 신하는 신하, 부모는 부모, 아들은 아들다워야 한다[君君, 臣臣, 父父, 子子]'라고 말하여 각자의 직분을 지켜야 함을 강조하며 과거를 거울 삼아 기강이 무너진 천하를 바로잡아야겠다는 취지로 『춘추』를 집필하게 되었다. 사건을 기록하는 記事, 직분을 바로잡는 正名, 칭찬과 비난을 엄격히 하는 褒貶의 원칙을 세워, 여기에 어긋나는 것은 철저히 배격했으며, 오직 객관적인 사실에 입각하여 자신의 판단에 따라 집필하였다.

혜를 얻을 수 있으며, 또한 역사를 통해 시비와 선악을 밝혀 삶의 가치를 윤리적으로 평가하는 것이다. 사족들은 이러한 냉정한 평가를 통해 전란 속에서 흐트러진 질서를 바로잡고자 노력하였는데 이것은 바로 정명(正名)이다.

사족들은 이러한 포폄의 기준을 대의(大義)라고 불렀고, 그들은 대의에 기초하여 현재 삶에 필요한 윤리적 모범을 구했다. 또한 대의에 기초하여 삶을 평가하는 것은 시비(是非)를 가리는 것으로부터 출발하여 시비를 분명히 가린 후 선악에 대한 평가가 가능하다고 생각했기 때문이다.[235]

이 밖에도 〈임란일기〉에는 학봉과 조대곤(曺大坤)을 서로 비교하여 학봉의 업적을 기리거나[236] 호서의병장(湖西義兵將) 조헌(趙憲)이 800여 명의 의병과 함께 전몰(戰歿)한 일을 전하면서 그 충절은 가상히 여기지만 그 행동은 만용(蠻勇)이라고 기록한 사실[237], 세자사부(世子師傅) 하락(河洛)의 죽음에 대한 기록, 왜적(倭賊) 중에도 전쟁 중 노인(老人)에게 인정을 베푸는 사람이 있다고 높게 평가하는 기록[238], 비록 적이지만

---

235 최봉영, 『조선시대 유교문화』, 한국문화총서2, 사계절, 1997, p.130.
236 趙靖, 『壬辰倭亂日記』, 宣祖 二十五年 五月 二十三日條 참조.
237 趙靖, 『壬辰倭亂日記』, 宣祖 二十五年 八月 二十七日條 참조; 조헌에 대한 폄하는 東人의 西人에 대한 폄하로 생각할 수도 있다. 하지만 이 보다는 정확한 판단을 하지 못한 장군의 無能을 꾸짖는 냉철한 판단으로 보는 것이 더 적절하다. 남명학파의 다른 전쟁실기에서는 북인과 서인의 갈등이 극명하게 드러나는데 〈임란일기〉에서는 이러한 모습을 보이지는 않는다.
238 趙靖, 『壬辰倭亂日記』, 宣祖 二十五年 五月 十三日條 참조.

왜적들이 정성들여 만든 진지(陣地)를 보고 감탄하는 장면[239], 명군(明軍)의 횡포를 모두 기록하면서도 명에 대한 사대정신(事大精神)을 잃지 않는 장면 또한 '춘추대의(春秋大義)'라는 잣대를 검간이 정확히 활용하여 기술한 결과이다.

특히 동문이기도 한 하락의 죽음에 대한 냉혹한 평가는 춘추대의 의식에 검간의 '직(直)' 과 '겸(儉)'에 대한 가치관이 혼합되어 나타난 결과라 하겠다.

검간은 〈임진왜란일기〉에서 시비와 선악을 명확히 가리려는 모습을 많이 보이는데 이것은 무너져가는 강상을 바로 세우고자 하는 의식이며 사족들의 향촌 지배 강화의 한 방법이기도 하다. 검간은 단순히 자신의 전쟁실기를 통해 대의를 강조한 것만이 아니라 실제로 창의를 하거나 같은 지역의 사족들끼리 모여 선조에게 올리는 소(疏)를 직접 만듦으로서 사기(士氣)를 발산하였다. 〈청친정소(請親征疏)〉는 선조에게 직접 전쟁을 지휘해 달라며 올린 소이다. 1596년 11월과 1597년 2월과 3월, 도합 3차에 걸쳐 올렸으며 검간이 직접 작성하였다. 내용은 선조가 몽진을 가지 말고 왜적과 당당하게 싸울 것을 주장하는 내용이다. 그의 상소는 당당하고 서릿발 같으면서도 매우 논리적이어서 남명(南冥)의 〈민암부(民巖賦)〉를 연상케 하기도 하였다.

검간은 향촌의 재지사족으로서 보편적인 삶 또한 〈임란일기〉를 통

---

[239] 趙靖, 『壬辰倭亂日記』, 宣祖 二十七年 三月 十五日條 참조.

해 기술하고 있는데 향사례(鄕射禮)를 시행하는 모습이 대표적이다.[240] 사족들끼리 시를 지어 서로 나누면서 이별하는 장면[241] 또한 향촌 사족의 일상사를 알 수 있는 장면이다. 특히 검간이 과거(科擧)에 대해 관심을 가지거나 과장(科場)이 나오는 꿈을 꾼 것을 기록하기도 하였는데, 이것은 전시 중에도 관료(官僚)에 대한 꿈을 잃지 않는 향촌 재지사족의 전형적인 모습이라 하겠다.[242]

지금까지 〈임란일기〉의 작자인 검간의 시각과 그 시각을 통해 작품이 어떻게 구성되고 있는지를 향촌 지배 강화방법과 연계하여 살펴보았다. 〈임란일기〉는 향권을 장악할 수 있는 기반인 학연·혈연·지연에 대한 내용, 경제적 기반과 향촌을 중심으로 한 경제활동에 대한 내용, 성리학적 지배질서의 강화에 대한 내용이 주를 이루는데 이 모든 것이 향촌을 중심으로 하여 기술되었다. 또한 〈임란일기〉는 작자의 서술시각이 온전히 향촌에 맞추어져 있다는 점에서 일반적인 의병 실기와 차이가 없다. 하지만 작자의 개인적인 특성과 작자의 근거지인 상주의 특성으로 인해, 일반적인 남명학파 임진왜란 전쟁실기와는 달리

---

240 趙靖, 『壬辰倭亂日記』, 宣祖 二十五年 六月 二十三日條 참조.
241 趙靖, 『壬辰倭亂日記』, 宣祖 二十五年 八月 二十二日條 참조.
242 趙靖, 『壬辰倭亂日記』, 宣祖 二十六年 四月 八日條, 宣祖 二十七年 一月 十一日條, 宣祖 二十七年 二月 二十三日條, 宣祖 二十七年 二月 二十八日條, 宣祖 二十七年 二月 二十九日條, 宣祖 二十七年 三月 六日條 참조. 정경운『고대일록』에서도 科擧에 대한 꿈을 꾸거나 科擧에 대해 자세하게 기록하고 있는 것으로 보아 이것은 출사하지 않은 재지사족 출신 의병장들이 지니는 보편적인 생각으로 보인다.

동문들의 근황과 경제 관련 활동에 대한 내용이 상대적으로 미약하고 반면에 전쟁 중에 훼손될 수 있는 강상의 강화에 대해 자세히 기술하고 있다는 점에서 변별성을 지닌 작품이라 할 수 있다.

의병의 대부분은 향촌을 기반으로 한 재지사족들인데, 이들은 창의 시 근왕(勤王)과 민족적 저항을 표면에 내세우고 있지만 그 이면에는 향촌에서의 경제적 기반 확보와 향권(鄕權)의 수호에 더욱 관심이 있었다. 이러다 보니 의병 실기는 주로 자신의 근거지인 향촌 중심의 전황을 전한다는 사실을 남명학파 의병 실기를 통해 확인하였다. 또한 작품 속에서 향촌 내에서의 주도권 장악을 위한 각 집단 사이의 갈등을 그려내고 있는 송암의 〈용사일기〉와 재지사족의 향촌 지배 과정을 보여주고 있는 검간의 〈임란일기〉를 통해 임진왜란 당시 향촌의 모습과 재지사족들의 의식을 엿볼 수 있었다.

의병 실기는 작자의 향촌중심적인 시각이 적용되고, 주로 향촌을 중심으로 한 정보를 습득하였다. 습득하는 정보의 양은 관료들이 수집할 수 있는 양보다는 한정적일 수밖에 없고, 그 정보의 질 또한 떨어질 수밖에 없다. 하지만 기술에 있어서는 관료 실기보다는 자신이 취득한 정보에 대하여 자세히 전하고 있음이 확인된다. 즉 관료 실기보다는 습득할 수 있는 정보량이 적지만 그 기술면에 있어서는 더 조밀성(稠密性)을 띠고 있다.

다. 전재민 실기(戰災民 實記): 가족 중심주의에 따른 전쟁 참상의 고발

남명학파 임진왜란 전쟁실기 중에는 경험주체가 의병인 작품이 가장 많다. 다음 비중이 높은 것이 관료 실기이며, 전재민 실기는 암곡(巖谷) 도세순(都世純)의 〈용사일기(龍蛇日記)〉가 유일하다.

남명학파의 임진왜란 전쟁실기 중에서 전재민 실기를 찾기 힘든 이유는 임진왜란 당시 남명학파 문인들 상당수가 의병으로 활약한 데서 기인한다. 임진왜란 당시 18세였던 암곡은 관료도 아니었으며, 의병으로 활동하기에 어린 나이였기에 전재민의 입장에서 전쟁실기를 기술할 수밖에 없었다.

암곡 〈용사일기〉는 성주 출신의 암곡이 18세 되던 해인 1592년부터 1595년까지 피란 중의 경험을 일기체로 기록한 것이다. 1593년 4월 13일부터 시작하여 1595년 1월 18일까지 약 33개월의 피란생활이 여기에 기록되어 있는데, 이 중에서 실제 기재된 일자는 불과 110일에 불과하다. 이것은 암곡이 중요한 사항만을 중심으로 기술하였다고도 볼 수 있지만 그만큼 피란생활이 비참하고 급박했다는 증거이기도 하다.

본 항에서는 〈용사일기〉의 주된 내용이 무엇인지를 살펴보고, 다음으로 〈용사일기〉에 나타나는 참상과 갈등을 살펴보고자 한다. 또한 작자의 서술시각 또한 확인하고자 한다.

1) 가족사(家族史)를 중심으로 한 피란(避亂)의 기록(記錄)

암곡의 〈용사일기〉는 남명학파 임진왜란 전쟁실기 중 전재민의 피란상을 기록한 유일한 작품이다. 〈용사일기〉의 주된 내용은 임진왜란을 맞아 작자의 가족과 친척들이 고향인 성주를 떠나 겪게 되는 파란만장한 피란생활이다. 〈용사일기〉의 등장인물은 암곡의 가족과 친척, 고향 사람들, 피란지에서 만난 사람들로 약 80여 명이다. 공간적인 배경은 암곡의 고향인 운정리 개터마을, 성주 빌무산, 경북 김천시 증산면 황점리 문예촌, 합천군 율곡면 두사리, 군위군 의흥면 등 피란 지역이다. 즉 〈용사일기〉는 암곡을 중심으로 벌어지는 가족사로 일반적인 전쟁실기의 내용, 기술 범위와는 상당한 차이가 있다. 그러면 〈용사일기〉에 나타나는 가족의 피란사를 살펴보겠다.

(가) 이때에 나와 집안 종친들은 피난할 것을 논의하였지만, 의견이 분분해서 마땅히 갈 곳을 정하지 못하였다. 한사람이 말하기를 "깊은 산이라면 적은 복병이 숨어 있을 곳으로 의심하여 반드시 찾아내려 할 것입니다. 얕은 산이라면 어찌 수색을 할 수 있겠습니까? 오늘 얕은 산에 쥐처럼 엎드려 있다가 형세를 살펴가며 피난을 하는 것이 안전한 방책일 것입니다."라고 하니 모두 좋다고 하고, 빌무산으로 들어가기로 약속하였다.[243]

---

[243] 都世純, 『龍蛇日記』, 壬辰 四月 十三日條 "時余與諸族 共謀避亂 論議多端 莫的所從 有人云 溪山則賊必疑其藏兵 不無窮搜之患 殘山則豈能盡搜 今計莫如竄伏殘山 觀勢以避 此萬全之策 皆曰諾 因決議約入乞水山"; 『龍蛇日記』의 국역은 암

(나) 모자가 그 말을 듣고 놀라서 크게 낙담하여 서로 손을 잡고 눈물을 흘리며, "오늘 극변을 당하여 서로 몸을 보존하기 어렵다. 왜놈들은 젊은 남자를 죽이기를 좋아한다고 하니, 너희들은 각자 멀리 달아나서 몸을 보전하였다가 살아서 돌아온다면, 너희들의 행운일 뿐만 아니라, 부모의 행복도 되는 것이다. 너희들은 멀리 달아나거라."라고 하셨다. 나는 "부모님을 떠나서 오래도록 산다 한들, 부모님과 함께 죽느니만 못합니다." 하니, 어머님은 더욱 비통해 하셨다.[244]

(다) 7일에는 연금이가 상주에서 돌아왔다. 돌아오는 길에 광대원에 들었는데, 전염병이 돌고 있고, 어머님은 이미 병환으로 누웠다는 것이다. 11일 명복이 광대원에서 왔다. 세상이 끝나고 하늘이 무너지는 소식을 비로소 전한다. 어머님이 돌아가셨다는 것이다. 세상천지가 망망하여 그간 예를 갖추지 못하고 장례를 치른 일들은 차마 다 기록하지 못하겠다.[245]

곡 도세순의 후예인 도두호가 번역한「龍蛇日記」(새박, 2009)의 국역본을 그대로 인용하도록 하겠다.

244 都世純,『龍蛇日記』, 壬辰 四月 晦日條 "母子聞其言 驚震喪膽 相執手流涕曰 今遭極變勢 難相保 而倭奴嗜殺男丁云 汝等各自遠遁 得保 生還則不啻汝一身之幸 抑亦父母之幸也 汝其遠走 子對曰 不可 如其去父母而永生 不若侍父母同死 慈氏益爲悲痛"

245 都世純,『龍蛇日記』, 癸巳 六月 一日條 "七日 連金自尙州來 言歸路歷入廣院 則病患傳染 又聞母親已寢疾矣 十一日 命卜自廣院來 始傳終天地計 攀擗之痛 天地茫茫 其間奔奔 哭事不忍盡記"

(라) 비축해둔 식량이 점점 다해가지만 달리 조치할 방도가 없다. 늘 죽을 끓여먹으며 연명하고 있다. 굶주림이 날로 극에 달해가지만 나올 만한 계획도 없다. 아버님은 복례와 함께 연금의 집에 머물고, 연금은 신역을 면제하여 봄 석 달간의 식량을 충당키로 하였다. 형님은 누이, 복례와 성산(星山) 옛터로 돌아갔다. 나물을 뜯어서 연명할 계획이다.[246]

(마) 이여한 어른이 와서 나와 형제들이 굶주리는 것을 보았다. 곧 죽을 것 같은 모습을 보고 애통해 하며 동생 복일을 데리고 갔다. 저녁에 징기 사람이 와서 급히 나를 찾는다. 정신없이 달려가서 동생을 보니 목숨이 목구멍에 걸려 있고, 숨쉬기가 곧 멎을 것 같다. 이씨 어른에게 그 까닭을 물어보니, 처음 와서 보리밥을 먹었는데, 먹고 나니 숨이 막혔다는 것이다. 그러다 이제 동생은 영원히 떠나 버렸다. 아아, 슬프고 괴롭다. 어찌 차마 말로 할 수 있겠는가. 동생을 업고 돌아왔다. 다음날 임시로 묻었다.[247]

---

246 都世純, 『龍蛇日記』, 甲午 正月條 "儲粮漸竭 別無操辦之路 常以粥飮之連命 飢困日極 計無所出 家嚴與復禮留連金家 使連金除身役 以饗三春 而舍兄與妹及復禮 還向星山舊基 欲爲採菜連命計"

247 都世純, 『龍蛇日記』, 癸巳 六月 二十二日條 "李丈汝翰氏來見余等之飢 甚哀其將死 率復弟而去 及暮 樹村人急招余 余顚倒來見 則復一弟死命在喉間 呼吸將盡 問其故 李丈云 初來飽饋麥飯 訖而氣塞云云 因此而永逝 嗚呼痛矣 尙忍言哉 余負來 明日假葬"

(가)는 1592년 4월 13일의 기록으로, 〈용사일기〉가 기술되는 첫날이다. 〈용사일기〉는 첫날의 기록부터 피란을 논의하는 장면이 등장하여, 마지막 기술일인 1995년 1월 18일까지도 피란을 기록하고 있다.[248] 암곡의 가족은 전쟁이 발발하자 고향에 있는 빌무산으로 피란할 계획을 세우고, 이후 4월 29일의 기록부터는 실제 피란을 가는 장면이 등장한다. 피란 중 어머니는 어린 동생인 복일(復日)과 예일(禮日)을 불러 안위를 걱정하는가 하면, 정탐 나간 형을 걱정하는 장면이 등장하기도 한다.

〈용사일기〉에서는 다른 전쟁실기와는 달리 유달리 '죽음'이라는 단어가 많이 등장하는데 이것은 피란이라는 구체적인 행동은 '삶'을 추구하는 장면이지만 항상 '죽음'이 곁에 있음을 의미한다. 즉 생사를 넘나드는 매일의 급박한 상황을 암곡은 하루하루 기술하고 있었던 것이다.

(나)는 1592년 4월 그믐의 기록이다. 왜적들이 젊은 남자들만 보면 목을 자른다는 유언비어를 듣고 몸이 좋지 않던 어머니가 암곡에게

---

[248] 암곡 〈용사일기〉의 서두는 왜적의 침략과 동래부사 송상현의 숭고한 죽음, 監司 金睟·兵使 曺大坤의 악행과 무능함, 목사 李德說과 判官 高峴의 비겁함 등의 나열로 시작하고 있다. 송상현, 김수, 조대곤, 이덕설, 고현 등이 거론되는 것으로 보아 암곡은 4월 13일 당일에 처음 작품을 작성한 것이 아니라 개전 후 얼마가 지난 후 작품을 작성하였다는 것을 확인할 수 있다. 굳이 작품의 최초 작성일자를 4월 13일로 한 것은 임진왜란 개전과 동시에 전쟁실기를 작성하였음을 보여주기 위함으로 생각한다. 송상현, 김수, 조대곤의 내용은 암곡이 직접 본 것이 아니라 들은 것에 의존해 기술하였음을 유추할 수 있다.

가족들은 신경 쓰지 말고 멀리 도망가라는 장면과 암곡이 어머니의 이 말을 듣고 부모님 곁을 계속해서 지키겠다고 말하는 장면이다. 급박한 피란생활 중에서 자(慈)와 효(孝)가 서로 상충하는 모습이 드러나는 부분인데, 암곡의 가족은 피란생활의 위급함을 가족애로 극복해 나가고 있고, 작자인 암곡 또한 이러한 장면을 놓치지 않고 매우 사실적이고 세밀하게 기술하고 있다.

피란 중에도 1592년 5월 5일 암곡이 관례(冠禮)를 치르는 날에 대한 기록과 5월 9일 할아버지 기일(忌日)에 관한 내용, 5월 그믐날 동생 복일이 이질에 걸려 암곡이 민물고기를 구해오는 내용이 연이어 등장하는데, 암곡은 전쟁 중에도 관례와 제례를 가능한 한 지키려 노력하였으며, 남다른 우애를 과시하고 있다. 이것은 비록 암곡이 어린 나이이지만 사족으로서 무너진 강상을 끝까지 지키고자 하는 의식이 드러나는 부분이다.

전쟁이 해를 넘기게 되자 1593년(계사년)의 기록은 1592년(임진년)의 기록보다 누락된 일수가 더 늘어난다. 누락된 일수가 많아진다는 것은 전황이 그만큼 급박해졌다라고 볼 수도 있으나 기술된 날의 내용에 특이한 점이 없는 것으로 보아 전황이 급박해졌다기보다는 피란 자체가 일상화되었다고 보는 편이 더 적절하다. 즉 일상화된 피란으로 인해 아주 중요한 사항이 아니면 기술을 하지 않게 된 것이다. 1593년의 기록 역시 여전히 가족들의 피란 동선을 따라 가족사 위주로 기술되고 있다.

(다)는 1593년 6월 1일의 기록이다. 이 날의 사건은 매우 중요함에

도 비교적 간략히 기술되어 있는데, 이것은 피란으로 인해 매일매일의 사건을 기록할 수 없는 상황 때문인 것으로 보인다. 이 날의 기록에는 어머니의 죽음에 관한 내용이 실려 있다. 이것은 실제 어머니가 돌아가신 날을 기억하기 위해 1593년 6월 1일의 기록을 통해 이 사실을 남기고 있다. 하지만 어머니의 부음(訃音)을 암곡이 직접 듣게 된 것은 한참 뒤인 6월 11일이라는 것이다. 피란으로 인해 암곡의 가족은 서로 이별을 한 상태라 암곡이 어머니의 부음을 늦게 들을 수밖에 없었던 것이다.

〈용사일기〉에 잘 드러나듯이 암곡의 어머니에 대한 효성은 남 다른데가 있었는데, 아무리 전시 중 피란이라는 상황에 처해 있더라도 어머니의 임종을 곁에서 지키지 못하고, 돌아가신 지 한참 지나서야 어머니의 부음을 들었다는 사실이 암곡은 못내 아쉽고 통탄스러웠던 것이다. 즉 어머니의 임종일로 추정되는 6월 1일의 기록은 실제로 6월 11일 이후에 기술되었으며, 이미 돌아가신 어머니의 죽음을 기록으로 상세히 남기는 또 다른 형태의 불효를 암곡은 저지르고 싶지 않았기에 어머니의 죽음에 대한 술회가 상당히 소략했던 것이다. 덧붙여 암곡은 어머니의 죽음으로 인한 충격으로 인해 이를 상세히 기술을 할 여력조차 없었을 것으로 보인다. 이후 9월 16일의 기록에 어머니의 백일제(百日祭)에 쓸 제수(祭需)를 장만하는 모습이 기술되어 있고 9월 20일의 기록에는 어머니의 백일제를 올렸다는 내용이 매우 짧게 기술되어 있다.

(라)는 1594년 정월의 기록인데 이후의 기록부터는 전쟁이 장기화

됨에 따라 먹을거리 확보에 대한 고단함을 중심으로 기술하고 있으며 이러한 작자의 고민은 작품이 끝날 때까지 이어지고 있다. 특히 전쟁이 발발한 지 3년차인 1594년에 들어가면 1월 달 전체의 내용을 하루의 기록처럼 남겨두고 있는데, 이것은 피란생활의 고난이 극에 달하였음을 보여주는 것이기도 하다.

전쟁이 장기화됨에 따라 생계가 다시 곤란해지자 암곡의 가족은 다시 이별을 하게 된다. 1594년 6월 8일의 기록은 어머니의 제사를 위해 떡과 술, 나물을 정성을 넘어서 과분할 정도 준비했다는 내용이다. 이것은 암곡과 형제들의 어머니에 대한 그리움을 엿볼 수 있는 장면이다.

(마)는 1594년 6월 22일의 기록이다. 이 날의 기록은 암곡의 가족사에서 있어 매우 중요한 장면이다. 그것은 바로 동생 복일의 죽음이다. 동생의 굶주림을 해결해주려던 호의가 오히려 동생 복일의 생명을 앗아간 행위가 되어버리는 기막힌 장면이다. 동생 복일은 임진년 당시 이질(痢疾)에 걸렸을 때 암곡이 그 병을 고치기 위하여 민물고기를 잡기도 하고, 꿀을 얻기도 하면서 애정을 쏟았던 동생이었다. 이런 동생이 너무나 허망하게도 저세상으로 가버리자 암곡은 오히려 할 말을 잃어버리고 간략하게 동생의 죽음에 대해 기술하고 있다.

1594년(갑오년)의 슬픔을 뒤로 한 채 전쟁 4년차를 맞이하는 1595년(을미년)에도 가족의 생계문제는 큰 고민거리였다. 암곡의 형제는 식량을 구하기 위해 친척인 설학 이대기를 찾아가기도 하지만 여전히 생계에 대한 문제는 완전히 해결할 수 없었다.

"산을 넘고 물을 건너 먼 길을 왔건만 얻은 것이 무엇인가? 오늘 같은 정월초하룻날 아침에 굶주리는 고민을 떨치지 못하고 있으니 참으로 한탄스럽다."[249]라는 형제간의 대화는 암곡의 현실을 여실히 보여주고 있다. 이후 거짓으로 병이 있다고 핑계하여 요양을 목적으로 관아에 머물면서 끼니를 해결하는 모습이나 선비의 마지막 자존심이라고 할 수 있는 붓을 팔아 끼니를 때우는 등 피란살이 고단함이 〈용사일기〉가 끝나는 1595년 1월 15일의 기록까지 지속적으로 표현되고 있다.

〈용사일기〉는 33개월간의 피란생활 중 특히 중요한 110일을 중심으로 기술하고 있다. 그 기록에는 피란과정에서 생기는 가족끼리의 만남과 이별, 암곡의 관례(冠禮), 할아버지의 제사, 동생의 질병, 어머니의 부상, 어머니의 죽음과 어머니의 기일(忌日), 동생의 죽음 등 암곡의 가족을 중심으로 한 철저한 가족사가 그 중심에 있기에, 관료 실기 또는 의병 실기와는 확연히 차이가 난다. 또한 가족사 중심의 기록에서 그 바탕에 흐르고 있는 것은 사회를 이루고 있는 가장 작은 단위인 가족들 간의 사랑임을 확인할 수 있었다.

2) 일상화(日常化)된 참상(慘狀)과 내적 갈등의 표출

전쟁실기의 특성 상 참상은 작품 속에서 자연스럽게 드러나고, 갈등의 양상 또한 가시적(可視的)이든 비가시적(非可視的)이든 표출되기 마

---

249 都世純, 『龍蛇日記』, 乙未 正月 一日條 "跋涉遠路 所幹何事 今此正朝 不耐飢惱 良可嘆也"

련이다. 전재민의 입장에서 기술된 피란실기(避亂實記)의 경우 전쟁의 참상과 갈등의 양상이 어떻게 표출되고 있는지를 〈용사일기〉를 중심으로 확인해보고자 한다.

앞의 항에서 〈용사일기〉의 내용을 살펴보았는데, 〈용사일기〉는 전쟁이 시작하는 첫날의 기록부터 작품이 끝나는 마지막 날 기록까지 온통 가족의 피란사로 점철되어 있다. 또한 그 피란사를 좇아가다보면 모든 장면이 전쟁의 참상이라고 할 수 있다.

앞에서 논의한 관료 실기에서는 개인적인 참상이 거의 드러나지 않고, 의병 실기에서는 자신이 직접 경험한 참상 이외에도 간접 경험한 참상까지도 기술하고 있음을 확인하였는데, 이에 비해 피란실기인 〈용사일기〉는 작자의 경험 하나하나가 모두 전쟁으로 인한 가족의 참상이라고 할 수 있다.

피란으로 인한 가족 간의 생이별, 기아로 인한 가까운 사람들의 죽음, 피란 중 얻은 질환, 질환을 치유할 약을 얻지 못하는 안타까움, 타향민(他鄕民)에 대한 불신(不信), 피란 중 가족이라는 울타리를 지켜주던 어머니의 죽음, 사랑하는 아우의 어이없는 죽음 등 피란사 전체가 모두 전쟁의 참상이라고 할 수 있다. 즉 피란으로 인해 전쟁의 참상들이 암곡의 가족에게는 일상화되어버린 것이다. 남명학파 임진왜란 전쟁실기뿐만 아니라 임진왜란 실기 전체에서 피란 실기가 유독 적었던 이유는 피란의 고단함으로 인해 기록을 남길 여력조차도 없었기 때문이 아니었을까 생각한다.

다음은 〈용사일기〉에 나타나는 갈등을 살펴보겠다.

전재민 실기 대부분은 개인을 중심으로 한 가족사를 기술한다. 즉 갈등주체가 관료 실기나 의병 실기처럼 집단이기보다는 개인일 가능성이 크며 그 갈등의 원인을 개인에게서 찾아야 할 것으로 보인다. 하지만 갈등의 주체가 개인이라고 해서 갈등의 강도가 작품 속에서 미약하게 드러나는 것은 절대 아니다. 오히려 자신의 감정을 충실히 전달하려 하기에 갈등의 강도는 더 클 수도 있다.

〈용사일기〉에서는 다양한 전쟁의 참상만큼이나 다기한 갈등의 양상이 드러난다. 작자와 향촌민 간의 갈등, 작자와 타지역민과의 갈등, 작자와 노비와의 갈등, 작자와 부왜민(附倭民) 간의 갈등 등 작자를 둘러싼 모든 환경이 갈등일 수밖에 없다. 그러면 이러한 가시적인 갈등의 시작은 어디에서부터 온 것인지를 본 항에서는 밝혀보고자 한다. 연구자는 그 갈등의 시작을 전쟁에서 기인한 인간 내부에서의 심적(心的) 갈등에서 찾고자 한다.

〈용사일기〉가 시작되는 1592년 4월 13일의 기록에서 암곡은 "왜적이 대거 침입하였다. 도적의 무리가 백만이고, 도적의 배가 서로 맞닿아 바다를 뒤덮을 정도였다고 한다."[250]라는 표현을 통해 전쟁에 대한 불안감을 피력하고 있다.

이것은 서로 대립하는 갈등주체가 존재하는 것은 아니지만, 암곡 마음속에서 평상심(平常心)과 대립하여 불안(不安)이라는 이상심리가 자리 잡는 내적 갈등이라 하겠다.

---

250 都世純,『龍蛇日記』, 壬辰 四月 十三日條 "倭大擧入 寇衆號百萬 舳艫相接蔽海"

같은 날의 기록에 이런 내용도 찾을 수 있다. "목사 이덕열(李德說)과 판관 고현(高峴)은 본주 기병 오천을 거느리고 현풍 경계에 진을 치자 병졸들이 헛되이 놀라서 흩어졌다. 이에 인민들도 모두 놀라고, 멀리서 가까이서 소요가 일어나 울부짖는 소리가 하늘과 땅을 진동하였다."[251] 이 장면은 전쟁에 대한 불안이 암곡뿐만 아니라 민중 전체에 전염되고 있음이 확인된다. 그리고 이러한 불안은 왜적이 성주지역을 침입한 이후로는 공포(恐怖)로 가시화된다.[252]

(가) 여노가 부뚜막에 엎드려서 들으니, 적이 3명 왔는데, 불을 지르려 하자, 한 왜군이 말리기를 "이 집주인이 밤에 반드시 올 것이다. 만약 우리들이 나가 있다가 불시에 빼앗으면 얻는 것이 반드시 많을 것이다. 그러니 불을 지르지 말자"며 서로 한동안 말하고는 흩어져서 갔다는 것이다. 왜의 말이어서 알아듣지 못하였을 텐데, 여노의 이 말은 망령되고 이치에 맞지 않는다.[253]

(나) 서로 얘기를 나눌 즈음에 김택이라는 자가 산중턱에서 왜의 소

---

251 都世純, 『龍蛇日記』, 壬辰 四月 十三日條 "時牧使李德說·判官高峴 帥本州輕騎 五千隻 屯玄風之境 虛驚散卒 於是 人民盡駭 遠近騷擾 哭泣之聲 徹天動地矣"
252 심리학에서 不安은 뚜렷한 실체가 없는 것에 대한 막연한 두려움을 의미하고, 恐怖는 명확한 실체가 있는 것에 대한 구체적인 두려움을 의미한다.
253 都世純, 『龍蛇日記』, 壬辰 四月 二十九日條 "婢伏於幕邊聞之 賊數三到于幕 將焚之 有一倭止之日 此主人夜必來 吾屬若出其不意掠之 則所得必多 請勿燒之相與語良久後散去云云 盖倭語不可通譯 婢之此言忘誕無理"

리를 질러댔다. 사람들이 모두 크게 놀라서 황급히 일어나서 누군지 탐문하였는데, 소리를 지른 사람이 김택이라는 것을 알았다. 그의 어머니도 나와 나란히 앉아 있다가 함께 놀랐으니 그 어리석은 짓이 심하지 않은가.[254]

(가)는 1592년 4월 29일의 기록인데, 종숙(從叔)의 비(婢)인 은지는 일본말을 전혀 알아듣지 못하는 상태인데도 일본말을 알아들은 것처럼 착각을 하고 있다. 이것은 일종의 전장공황(戰場恐慌)으로 인해 이성적 사고가 마비된 것을 보여주는 장면이다. 전쟁이라는 큰 공포는 평상심을 파괴하고 비정상적 심리 상태를 유발시키는데 그 중 하나가 은지의 경우처럼 이성적 사고의 마비로 나타난 것이다.

이외에도 전쟁에 대한 공포로 인해 이성적 사고가 마비되는 장면이 곳곳에서 발견된다. 4월 그믐의 기록에서 암곡의 동년배인 배득창이 가족을 버리고 젊은 사람끼리 도피하자고 하는가 하면, 5월 7일에는 갓을 벗고 있는 사람을 보고 왜적인 줄 오인하여 숨기도 하고, 5월 8일에는 배득창이 달려가는 장면을 왜적에게 쫓기어 달아나는 것으로 오관하는데, 이러한 행동들은 모두 전쟁의 공포로 인해 이성적 사고가 마비되었기 때문에 나타나는 것이다. 또한 비이성적 행동이 표출되면서 주위와 갈등을 빚기도 한다.

---

254 都世純, 『龍蛇日記』, 壬辰 六月 十九日條 "相語之際 金澤者於山腰作倭聲 人皆大驚急起探問 乃知金也 厥母亦與我幷坐共驚動 其愚妄之甚矣"

(나)는 1592년 6월 19일의 기록이다. 전장 공포로 인해 김택이라는 인물의 이성이 상실되었음을 보여주고 있다. 6월 19일 이전에 기록된 내용들은 이성적 사고의 마비로 인해 일어난 촌극이라면 6월 19일의 기록은 전쟁의 공포로 인해 사람의 평상심이 파괴되었음을 보여주는 사례로[255] 이로 인해 전재민 사이에서 새로운 갈등이 나타나기도 한다.

암곡은 18세라는 어린 나이로 임진왜란을 경험한다. 18세라는 나이는 육체적으로나 정신적으로나 아직까지 미성숙한 나이로 암곡 또한 전쟁에 대한 불안과 공포에서 자유롭지 못한 상태였을 것이다. 그럼에도 불구하고 암곡은 전쟁의 불안과 공포를 잘 극복하고 있는데, 이 기저에는 가족애가 있음을 확인할 수 있다.

전쟁이라는 큰 충격은 사람들에게 평상심(平常心)과는 다른 이기심(利己心)이라는 부정적 정서를 유발시킨다. 그리고 개인주의나 이기심은 불특정 다수에게 피해를 줄 수 있기에 갈등의 한 유형이라 할 수 있다. 생사를 넘나드는 상황 속에서 누구라도 공익(公益)에 힘쓰거나 또는 이타심(利他心)을 발휘하는 것은 사실상 힘들다. 개인주의와 이기심은 평상심과 대립하는 이상심리 상태라 할 수 있는데, 보통 개인주의나 이기심은 내적 갈등에서 끝나는 것이 아니라 외부로 표출되면서

---

[255] 1592년 9월 1일의 기록 중 他地에 논의 도지[租]로 받으러 갔다가 그 곳 사람들에게 오해를 받아 돌팔매질을 당하는 장면과 1592년 12월 10일에 해인사에 갈 일이 있어 밤에 해인사에 도착했으나 승려들이 문을 열어주지 않는 장면이 등장하는데, 이 역시 전쟁으로 인해 사람들이 평상심을 잃어버린 상태에서 벌어진 일이다.

공익과 대치하기도 하는데 이런 과정을 통해 갈등이 발생한다. 〈용사일기〉에서는 이러한 장면들을 잘 정리·기술되고 있다.

〈용사일기〉 5월 5일의 기록을 보면 "이때 이희백은 왜패(倭佩)를 가지고 있었다. 왜가 그것을 보았으나 놀라거나 의심하지 않았다."라고 기술한 부분을 찾을 수 있다. 왜패 착용의 의미는 이미 왜적(倭賊)과 부화뇌동(附和雷同)하고 있다는 것을 의미한다. 더욱이 왜(倭) 또한 그것을 보고도 놀라거나 의심하지 않았다는 사실은 이미 상당수의 사람이 전쟁 발발 20일 만에 부왜(附倭)하고 있다는 것을 의미한다.[256] 부왜는 이기심이 행동으로 그대로 발현된 것으로 국가에 대한 변절(變節)이자 국민 간의 갈등이라 할 수 있다.

이기주의로 인한 갈등이 드러나는 장면을 좀더 확인해보자.

> (가) 이때 복일(병술생으로 올해 일곱 살이다.)은 이질에 걸려서 낯빛이 파리하고 뼈가 튀어 나올 정도로 바싹 말랐다. 약을 구하기가 힘들어 오래도록 낫지 않았다. 민물고기가 몸에 좋다고 한다. 득구에게 그물을 빌리려 하였더니, 모자가 선친이 쓰던 물건이라 쉽게 빌려 주려 하지 않고, 끝내 허락하지 않는다. "우리같이 돈독한 사이에 그렇게 박절할 수 있느냐"며 꾸짖자 그물을 빌려주었으나 찢어져 있었다.[257]

---

256 附倭에 대한 기록은 사료에서 뿐만 아니라, 검간의 〈임란일기〉, 서애의 『징비록』 등의 전쟁실기에서도 나타난다. 이것으로 보아 당시 부왜세력은 상당하였으리라 추정할 수 있다.
257 都世純, 『龍蛇日記』, 壬辰 五月 晦日條 "時復一(丙戌生時七歲)得痢疾贏憔骨立

(나) 복일은 이질이 아직 낫지 않았다. 입이 써서 꿀을 구하려 하였으나 주인이 인색하여 주지 않는다. 안타까운 마음을 이기지 못해 스스로 벌통에서 꿀을 따려 하였으나 얻지 못하고, 오히려 벌침에 쏘였다. 듣는 사람으로 하여금 웃음거리가 되었다. 주인은 그 뜻이 간곡함을 알고는 질 좋은 흰 꿀 몇 잔을 주었다.[258]

(가)는 1592년 5월 그믐의 기록이다. 당시 암곡의 동생 복일은 피란 중에 이질에 걸려 고생하고 있었는데, 동생 복일의 치료에 민물고기가 좋다는 얘기를 듣고 암곡은 친분이 있던 이득구를 찾아가 그물을 빌리려 하나 선친이 사용하던 물건이라 안 된다는 예상치 못했던 대답을 듣게 되고, 여러 번 간청 후에 빌리게 되나 그물은 찢어져 있다는 내용이다.

전쟁이라는 상황으로 인해 사람들의 정리(情理)가 얼마나 메말라 가는지를 확인할 수 있는 부분이다. 급박한 상황 속에서 평상 시 절친했던 사람에게서 받았던 충격은 상상 이상이었을 것이다. 전쟁으로 야기된 이기주의로 인해 절친했던 두 사람이 서로 갈등하는 모습을 보여준다.

而藥餌難得 久未得愈 聞川魚爲良藥 求網子於得龜 則其母子託以先人之物 不可輕借云 而終不許之 余等罵其薄於所厚者 然後借以破網"

[258] 都世純,『龍蛇日記』, 壬辰 七月 一日條 "復一尙未得愈 而口苦索蜜求之 主人則吝不肯許 余不勝其情 自取於蜂篇中蜜 不得而反爲蜂蠆所刺 聞者莫不笑之 主人知其情懇 遂獻白清數勺"

(나)는 1592년 7월 1일의 기록이다. 5월 이래로 복일이 계속 이질로 고생하자 암곡은 동생을 위해 꿀을 얻으려 했지만 전쟁 중 인심은 예전 같지가 않다. 결국 암곡은 직접 꿀을 구하다 벌에게 쏘인 후, 그 정성을 기특하게 여긴 벌통의 주인에게서 흰 꿀 몇 잔을 얻게 된다. 결국 암곡은 자신이 의도한 대로 동생을 위해 꿀을 얻을 수 있었지만 이 과정에서 전쟁으로 야기된 이기심과 그 이기심 때문에 나타나는 갈등을 경험해야 했다.

〈용사일기〉에서는 암곡의 이기심으로 인해 다른 사람과 갈등하는 경우도 발견되는데, 작자인 암곡은 이것을 숨김없이 기술하고 있다.

(가) 10월이 되어서는 노비 연금이의 집이 깨끗지 못하여 수대와 연화 두 여비가 연이어 서로 아파하는데, 영문을 알 수가 없다. 남쪽의 문을 막고 서로 통하지 못하도록 했다. (중략) 이곳에 있는 것이 지루하고, 또 병자의 집 가까이 있다 보니 거처를 옮기고 싶어졌다.[259]

(나) 윤금이가 병으로 누워서 일어나지 못한다. 주인집에서는 병을 옮기지나 않을까 염려하고, 나의 마음도 심히 미안하다. 가지고 있던 어염을 마씨 집에 맡겨두고 죽을 끓여서 먹였다. 윤금이를 억지로 재촉하여 길을 떠나 주학정 고개 아래에 이르러 길에 엎드려서

---

259 都世純, 『龍蛇日記』, 壬辰 九月 十日條 "十月 連金伊奴家不淨 守代年化兩婢 相繼痛苦 疑訝莫測 塞南門絶 不相通 (중략) 厭憇 且迫近病所 故時欲移寓處"

더 이상 발걸음을 떼지를 못한다. 가지고 있는 음식과 식량을 모두 윤금이에게 주고, 천천히 민가에 들어가서 병을 조리하고 있다가 나중에 오라고 하였다.[260]

(가)는 1592년 9월 10일의 기록이다. 암곡은 노비 연금의 집에 사는 수대와 연화 두 여종이 연이어 아프자 질병으로 인한 것이라 판단하여 문을 막고 서로 통하지 못하게 하는 장면이다. 병의 전염을 피하기 위한 어쩔 수 없는 조치이며, 이것이 인지상정(人之常情)일 것이다. 하지만 이러한 행동의 기저에는 암곡의 이기심(利己心)이 깔려 있으며 이러한 행동으로 인해 암곡과 여종들 사이에는 보이지 않는 갈등이 생기게 된다.

(나)는 1592년 12월 10일의 기록이다. 암곡이 다른 지방으로 이동 도중 병에 걸린 윤금으로 인해 이동이 지체되자 몸도 가누지 못하는 윤금을 혼자 놔둔 채 다시 길을 떠난다. 4일 후인 12월 14일에 윤금을 주학정에서 다시 만나게 되는데, 윤금은 가지고 있던 식량을 곧바로 잃어버리고, 민가에 들어가니 사람들이 병이 걸렸다는 이유로 막대기로 쫓아버려 며칠 동안 주학정 근처에서 굶주리면서 노숙(露宿)을 하였다며 암곡에게 동행을 요구한다. 하지만 암곡은 병이 든 사람과 이처럼 오랫동안 앉아 있으면 좋지 않다고 생각하며, 윤금을 다시 길

---

260 都世純, 『龍蛇日記』, 壬辰 十二月 十日條 "尹金病臥不起 主家頗以染疾爲慮 余心甚未安 所持魚鹽借置於馬公家 遂賚粥以饋之 使強疾登路 至住鶴亭嶺下 允金仆于路中 不能運步 余盡給所齎之粮 使之徐入村家調病追到"

에 버려두고 길을 다시 떠나게 된다. 윤금의 소식은 이후 〈용사일기〉
에 기록되어 있지 않다.

위의 장면은 〈용사일기〉에서 인간의 잔혹함이 잘 드러난 장면 중의 하나이다. 전쟁 초기 평상심을 잃지 않던 암곡은 전쟁이 장기화되자 이성(理性)보다는 감성(感性)이, 평상심(平常心)보다는 이기심(利己心)이 행동을 지배한다.[261] 이 밖에도 12월 15일의 기록에서 암곡의 집에 도둑이 든 후 다른 사람을 도둑으로 의심하는 부분도 발견되는데, 타인에 대한 의심이 갈등으로 전환되는 것을 보여주는 장면이다.

전쟁이 장기화되자 암곡은 또 다른 내적 갈등에 직면하게 되는데, 그것은 도덕성과 관련되어 있는 문제이다. 〈용사일기〉의 계사년(1593) 이후 기록은 온통 먹거리에 관한 내용으로 기술되어 있다. 그러던 차에 암곡은 솔깃한 제안을 받게 되는데, 1593년 11월 19일의 기록이 바로 그것이다.

> 형님은 이의득을 보러 용담으로 가셨다. 의득은 우후로, 수군을 순시하고 장정들을 징집하여 군에 보내는 일을 맡고 있다. 주달문이 청하기를 "만약 이 장수에게 연통하여 징집을 면제해 주면 후하게 보답하겠다"라는 것이다. 그래서 형님은 박씨 어른을 들이대며 주달

---

[261] 1592년 12월 11일의 양설경의 집과 울타리 하나 사이에 두고 있었는데, 염병이 전염될까 문을 막고 출입을 삼가고, 말 또한 감히 높게 하지 않았다는 장면도 변화하는 암곡의 모습을 엿볼 수 있는 장면이다.

문의 징집을 면제해 줄 것을 청하였으나 의득은 허락하지 않았다.[262]

가족의 먹거리 문제로 고민하던 형에게 주달문이 경제적인 이익을 제시하면서 군역(軍役)을 면제할 수 있도록 부탁한다. 형은 여기에 응하여 우후(虞侯: 각 도에 배치된 병마절도사와 수군절도사의 보좌관. 병마우후는 종3품, 수군우후는 정4품) 이의득에게 청탁을 하러 갔지만 거절당하는 장면이다. 전쟁이라는 특수한 상황이 아니었더라면 명예(名譽)를 누구보다도 더 소중하게 여기는 사족으로서 있을 수 없는 상황일 것이다. 특히 군역의 면제는 국익에 이반되는 행위라 할 수 있는데 전쟁을 겪으면서 조금씩 붕괴되어가는 사족의 모습을 〈용사일기〉에서 발견할 수 있다. 11월 23일의 기록에서 암곡의 아버지도 또한 이의득에게 주달문의 병역을 면제해 달라는 청탁하는 장면을 찾을 수 있다.

전쟁으로 사족들의 도덕성이 점차 붕괴되는 장면이 〈용사일기〉에 여과 없이 드러나는데, 이는 암곡의 입장에서 국가에 대한 충성심이나, 사족으로서의 명예심 보다는 가족의 생계문제가 더 중요하다는 생각 때문이다. 앞에서 논의한 〈임란일기〉에서의 강상(綱常)이 강조되는 것과는 확연하게 다른 점이다.

전쟁은 인간들에게 이성보다는 감성을 강요하며, 이러한 감성의 강요는 평소 인간들이 지니고 있는 평상심과는 대척되는 비정상적 심리

---

262 都世純, 『龍蛇日記』, 癸巳年 十一月 十九日條 "舍兄爲見李義得住用淡 盖義得以 虞侯 方巡點水軍 擇其丁壯赴防 故朱達文請曰 若以渠老而除防 則厚報云 故兄 欲因朴大父請除 而義得不許"

상태를 유발한다. 그리고 이것은 행동으로 이어진다. 비정상적 심리상태는 대부분 부정적 요소가 더욱 많이 개입되기에, 위에서 논의한 불안·공포·이기심·의심·도덕적 해이 등의 형태로 나타나며, 이것이 외부로 투사되는 과정을 통해 갈등이 유발된다.

위와 같이 〈용사일기〉에 나타나는 갈등은 앞에서 논의한 관료 실기에 기술된 갈등이나, 의병 실기에 기술된 갈등과는 확연한 차이가 있다. 전재민 실기에서의 갈등은 관료 실기나 의병 실기처럼 구체적인 갈등 대상이 있기보다는 전쟁의 충격으로 인한 개인의 불안정한 심리가 외부로 표출되면서 주위의 사람 또는 환경과 갈등을 일으키는 것이다.

3) 개인중심적 시각에서의 기술

〈용사일기〉의 작자 도세순은 어떠한 시각을 가지고 전쟁을 바라보고 있는가.

앞서 〈용사일기〉의 주된 내용은 전재민의 피란생활이라 하였다. 여기에는 가족들의 피란 동선을 따라 전쟁이라는 특수한 경험을 시간 순으로 세밀하게 기술하고 있다. 하지만 전쟁이라는 특수한 경험만이 존재하는 것은 아니다. 전쟁 속에서 매일매일 진행되는 일상 또한 암곡은 자세히 그려내고 있다.[263] 전쟁이라는 특수한 경험도 〈용사일기〉

---

263 오용원은 '전쟁에서의 일상'이라는 화두로 「16세기 후반 咸陽 士族의 戰爭 體驗과 現實 克服」(『南冥學』 第十五輯, 南冥學硏究院, 2010.)이라는 연구 성과를 내어놓았다.

의 중요한 소재임에 틀림없지만 전쟁 중의 일상 또한 자세히 기술되고 있다.

〈용사일기〉에 대한 사전지식이 없는 상태에서 작품 중 일부분만 본다면 전쟁실기로 분류하기에는 어려움이 따를 수도 있다. 그 이유는 전쟁이라는 특수한 경험 속에서 일상이라는 평범함을 기술하고 있기 때문이다. 즉 일상을 기록한 내용 부분만 봐서는 전쟁이라는 특수한 경험이 전혀 문면에 나타나지 않는다. 아래의 기록을 살펴보자.

(가) 선비 이윤거가 왔다. 대청 남쪽 처마 밑에 앉아서 서로 얘기를 나누었다. 날이 저물어 돌아갈 즈음에 시 한 수를 읊었다. '취한 몸 일으켜 창을 열고 바라본다. 적적한 강가엔 십리 길게 연기가 피어오르고, 문득 바람결에 실려 온 붉고 고운 향기 사랑스러워, 시골마을 살구 가지에도 봄기운이 걸렸구나.' 이윤거의 삼형제는 그의 부모님을 모시고 와서, 우리 집과는 담장을 사이에 두고 거처한다. 나와 날마다 함께 지내면서 정이 매우 두터워진 사이이다.[264]

(나) 태수가 한우와 권응생 등 대여섯 사람을 거느리고 와서 이곳 인각사 앞내의 흰 바위 위에 앉았다. 해는 저물고, 달빛은 비단처럼 아름답게 빛나고, 물빛은 맑고 깨끗하여 흥에 겨워 노래를 불렀다.

---

264 都世純, 『龍蛇日記』, 癸巳年 三月 三日條 "李士閏琚來 坐廳南簷下相話 日密將歸 吟詩一絶句日 '幽人醉起堆窓望 寂寂江沙十里烟 更愛風邊紅艶在 一枝村行帶春姸' 琚之三昆季 奉其雙親來 寓於隔墻家 與余日日相從 情好甚篤者也"

술을 여러 순배하고 놀이를 마치고 절로 돌아와서 잤다. 다음날 아침에는 풍류시를 지으며 신선처럼 노닐었다.[265]

(가)는 1593년 3월 3일의 기록으로 암곡이 선비 이윤거와 서로 얘기를 나누다 시를 한 수 읊는다는 내용이다. 이 장면만을 보았을 때는 한가로운 사족의 일상을 담은 평범한 일기로 착각할 수 있다.

(나)는 1595년 정월 13일의 기록으로 인각사(麟角寺) 경내에서 관료와 선비들이 어울려 풍류를 즐기고 있는 모습을 그려내고 있다. 작자는 흥에 못 이겨 술을 깬 다음날 아침에도 풍류시를 지었다고 기술하고 있다. 하지만 이 이면에는 안타까운 현실이 숨어 있다. 당시 암곡은 형과 함께 식량을 얻기 위해 같은 남명학파 문인이면서 친척이기도 한 설학(雪壑) 이대기(李大期)를 찾아간다. 암곡과 형은 설학에게 식량을 부탁하지만 만족할 만한 성과를 얻지 못한다. 그러자 병을 핑계로 인근 절에서 머물면서 하루하루 끼니를 해결 하던 중, 설학이 벌인 술잔치에 참석하고 돌아오는 장면을 기록한 것이다.

전쟁이라는 특수한 현실에서는 실제로 매일매일이 고단한 하루이지만, 하루의 기록만을 단편적으로 보아서는 한가롭고 여유 있는 사족의 일상을 보고 있다고 착각하게 된다. 1592년 4월 20일의 기록에 아침저녁으로 술을 마셨다고 기술한 장면이 나오고, 4월 25일에는 송

---

265 都世純,『龍蛇日記』, 乙未年 正月 十三日條 "太守率韓佑權應生等五六人而來 到坐於寺之前川白石上 旣而入暮 月光如練 水色澄淸 乘興咏歌 酒數巡而罷 來宿于寺 明朝作仙介遊"

아지를 잡아서 먹고 쑥떡을 쪄서 꿀을 발라 먹는 장면이, 그리고 5월 22일과 7월 1일의 기록에는 송아지를 잡아먹는 장면이 등장하는데 이 장면만 놓고 본다면 유복한 사족의 평화로운 일상을 기술한 것처럼 보인다. 이외에도 책과 농기구를 정리하는 모습, 논의 도지[租]를 받으러 가는 모습, 외가 친척인 이인수의 '효'를 찬양하는 장면이 등장하는데 이러한 편린(片鱗)만을 모아서 따로 정리하면 〈용사일기〉는 전쟁실기가 아니라 선비의 일상사를 기술한 평범한 실기가 될 것이다.

그러면 암곡이 피란의 중요 장면뿐만 아니라 이런 시시콜콜한 개인의 신변잡기를 세밀하게 기록하는 이유가 무엇인지를 살펴볼 필요가 있다. 그 이유는 바로 암곡의 시각과도 관계가 있다. 즉 암곡이 어떠한 시각을 가지고 전쟁을 보고 있느냐와, 또 그 시각을 통해 무엇을 기술하느냐 하는 문제인 것이다.

암곡이 처음 〈용사일기〉를 기술하기 시작하는 것은 임진년 4월 13일이다. 즉 대부분의 전쟁실기가 그러하듯이 암곡 역시 임진왜란이라는 큰 사건을 자필(自筆)로 기록하자는 기록의식을 가지고 임진왜란이 발발한 첫날부터 집필을 시작하였다. 암곡은 첫날의 기록을 통해 왜적의 침략규모, 동래부사 송상현의 안타까운 죽음, 경상감사 김수와 병사 조대곤의 악행과 무능함, 목사 이덕설과 판관 고현의 비겁함을 기술하고 있다. 왜적의 침략규모를 비롯하여 송상현, 김수, 조대곤, 이덕설, 고현 등이 기술되는 것으로 보아 암곡이 4월 13일 당일, 처음 작품을 기술한 것이 아니라, 개전 후 얼마간의 시간이 지난 뒤에서야 풍문으로 들은 내용을 중심으로 실기를 작성하였다는 것을 확인할 수 있다. 4월 13일의 기록에서 임진왜란 전체 전황과 인근 지역의 전황까지 기술할 만큼 암곡은 의욕을 가지고 기술을 시작하였다.

임진왜란이 발발한 며칠 후 왜적이 동래, 부산 등 경상하도와 경상우도의 상당지역을 차지하게 된다. 이때부터 암곡은 보이지 않는 왜적에 대한 불안을 가지게 되고, 왜적이 성주 인근까지 이르자 그 불안은 구체적인 공포로 전환된다.

18세 청년의 의욕에 의해 기술되기 시작한 〈용사일기〉는 작자인 암곡이 전쟁의 구체적인 피해자로 전환되는 순간부터 작자가 바라볼 수 있는 시각은 변화를 겪게 된다. 암곡은 4월 13일의 기록에서 전황의 분석을 상당히 예리하게 하고 있지만 그 이후로는 이러한 전황의 분석이 거의 기술되지 않는다. 그 이유는 작자가 처한 입장에서 찾을 수 있다. 작자인 암곡은 당시 18세로서 전쟁을 좌지우지할 만한 관료의 입장도 아니고, 향촌에서 존경을 받는 명망 있는 의병장 또한 아니었다. 더욱이 성주지역은 남명학파 권역의 다른 지방처럼 의병 활동이 활발한 지역도 아니었기에 전쟁의 참화가 상대적으로 컸다.

즉 당시 암곡이 취할 수 있는 입장은 관료, 의병의 입장이 아닌 전재민으로서 전쟁을 경험할 수밖에 없는 입장이었던 것이다. 그러므로 〈용사일기〉는 태생적으로 4월 13일과 같은 전황의 자세한 분석은 사실상 기술하기가 힘든 한계를 내재하고 있었던 것이다.

왜적이 성주 근처로 접근한 이후부터는 암곡의 시각은 급속도로 좁아지기 시작했는데 그 시각이 바로 다름 아닌 전재민의 시각이다. 즉 암곡은 관료로서 임진왜란 전체를 조망할 시각을 가질 수도 없었으며, 향촌 중심의 학연·지연·혈연 및 향촌 지배질서를 논의할 입장도 아니었다.

암곡이 유일하게 할 수 있는 행동이란 전화를 피해 인근 지역으로 피란하는 정도였다. 암곡은 이후 피란하는 동선에 맞춰 그 지역의 전황을 계속해서 기술하였다. 비록 그 범위가 축소되기는 하였지만 주변의 전황을 기술하는 것을 게을리 하지 않았다. 암곡이 전재민의 입장에서도 주변의 전황을 기술하는 것을 게을리 하지 않았던 이유에 대해서 한 번 논의할 필요가 있다.

암곡이 피란하는 동선에 맞춰 그 지역의 전황을 기술하는 것을 관료 실기나 의병 실기와 마찬가지로 작자의 기록의식에서 찾고자 하는 것은 큰 오산이다. 암곡이 관료나 의병의 입장이 아닌 전재민의 입장에서 주변 전황을 수집하고 분석하는 일이란 사실상 불가능한 일이다. 암곡이 자신의 피란지를 중심으로 전황을 기록하는 것은 작가의 기록의식에서 기인한 것이 아니라 작자가 처한 입장에서 그 이유를 찾아야 할 것이다.

전재민인 암곡은 왜적에 대한 공포를 직접 체험하였으며 피란 또한 공포의 대상인 왜적을 피하기 위한 구체적인 행동인 것이다. 왜적은 암곡의 생명을 위협할 만큼 위협적인 존재이기에 왜적의 이동로나 피란지 주변의 전황은 암곡에 있어서 매우 중요한 정보인 것이다. 암곡은 자신의 생명과도 직결되는 정보의 취집에 많은 노력을 기울였고, 그 취집결과를 자신의 전쟁실기에서 생생히 기록하고 있는 것이다.

관료 실기에서 국가의 안위(安危)가 기술되고, 의병 실기에서 향촌

중심의 전황이 기술된다면 전재민 실기에서는 개인의 안위가 그 중심에 있으며 전재민에게 있어 개인의 안위는 바로 피란을 통해 보장 받을 수 있기에 〈용사일기〉 전반에 걸쳐 자연스레 피란을 중심으로 한 내용이 기술될 수밖에 없다. 특히 전쟁 초기에는 왜적에 의해 작자의 생명이 위협받는 경우가 많았기에 〈용사일기〉 초반에 피란의 고통에 대한 기술이 더욱 많이 등장한다.

전재민 실기는 경험주체의 특성 상 개인의 안위 중심으로 내용이 구성될 수밖에 없으며 그러하기에 작자는 개인중심적 시각을 가질 수밖에 없는 것이다.

전쟁이 장기화되면서 〈용사일기〉의 기술에 있어서도 다소 변화가 있다. 경상우도를 중심으로 의병들이 활동하게 되고, 명군(明軍)이 임진왜란에 개입하면서 직접적인 왜적의 피해는 점차 사라지게 되었다. 하지만 피란으로 인해 한 곳에 일정기간 머물지 못하게 되자 농사를 지을 수 없게 되며, 그 결과 굶주림으로 암곡은 생존의 위협을 받는다. 이러한 기록은 1592년 연말의 기록에서부터 급격히 증가하게 된다.[266] 또한 경제적인 활동에 대한 기록이 부쩍 많이 늘어나는 것도 같은 맥락에서 파악하면 된다. 왜적에 대한 직접적인 위협은 사라졌

---

[266] 1593년 3월 18일의 굶주림으로 인해 형님과 누이가 겨우 명줄만 유지하고 있고, 노비인 명복·수정·애정은 결국 餓死했다는 내용, 5월 1일의 감년이가 식량을 가지고 도망가는 장면, 9월 6일의 남의 집 소를 절도하여 도살하였다는 내용, 주달문의 의뢰에 따라 병역 및 납세의 비리를 청탁한 일 등으로 보아 이 당시의 실제적인 위협은 굶주림이었음을 확인할 수 있다.

지만 굶주림이라는 새로운 위협이 나타나자 암곡은 생존을 위해서 경제활동에 신경을 쓰게 되고 이에 대하여 구체적으로 기술하고 있는 것이다.[267]

1593년 윤11월 이후에는 암곡의 경제사정이 더욱 어려워져서 먹을거리에 대한 내용이 점차 많이 발견되고,[268] 1594년 이후 대부분의 기록들이 먹거리에 대한 걱정을 기술하고 있으며,[269] 전쟁 4년차인 1595년에도 그 상황이 나아질 기미는 보이지 않는다.[270]

---

267 1592년 12월 4일 고기를 곡물로 바꾸는 장면, 1593년 8월 9일 은을 팔아서 식량과 무명을 얻는 장면, 10월 7일 벼를 타작하여 스물 네 말을 농사를 같이 지은 사람끼리 나누는 장면, 11월 1일 노비인 명기와 어매를 주달문에게 파는 장면, 11월 13일 은값을 받으러 다른 지역으로 이동하는 장면, 11월 19일 나무를 팔아 쌀을 사려는 장면, 윤11월 3일 밭을 팔아 식량을 구하는 장면 등 경제활동 장면이 지속적으로 기술된다는 것은 이러한 경제활동이 당시 암곡에게 있어서 매우 중요한 사안이라는 것이다.

268 윤11월 24일 석수암 아래에서 떡을 먹은 일, 윤11월 28일 粥을 얻어먹은 일, 12월 11일 乳菓를 얻은 일 등이 기록되어 있다.

269 1594년 정월의 기록에는 비축해둔 식량이 떨어져서 죽을 끓여 연명하고, 형님과 누이는 나물을 뜯어서 연명할 것이라는 기록, 이후 3월 17·18·20·25일·4월·5월·6월 7·8·22일·12월 26·29일의 기록 등에서 먹거리에 대한 걱정과 무엇을 먹었는지에 대하여 기술하고 있다. 1594년의 기록이 21일치 밖에 기술되지 않은 데 비해 상당한 분량이 먹거리에 대한 기술로 채워져 있음을 확인할 수 있다.

270 1595년 정월 1일의 기록에서는 초하룻날부터 굶주리는 고민을 하는 신세를 한탄 하기도 하고 끼니를 해결하기 위해, 선비의 자존심을 버리고 가짜로 稱病하는 장면이 나타나기도 한다. 정월 3일에는 붓을 팔아 끼니를 해결하고, 정월 9·10·12·15일의 기록은 단순히 무엇을 먹었는가를 기술하기도 한다. 을미년의 기록이 7일에 불과한데, 하루를 빼고 먹거리에 대한 기술을 하고 있다는 것으로 보아 이 당시 암곡에게 있어서 최대 관심사가 무엇인지를 확인하는 것은 어렵지 않다.

정리하면 〈용사일기〉의 앞부분은 왜적을 위협으로부터 벗어나기 위한 피란생활이 주를 이룬다면, 1592년 12월 이후에는 굶주림이라는 새로운 위협으로부터 벗어나기 위한 활동을 중심으로 기술되었음을 확인할 수 있었다.

이것은 둘 다 철저하게 개인의 안위를 중심으로 한 기술이며, 이러한 기술은 개인을 중심으로 모든 것을 바라보는 개인중심적 시각이 있어야만 가능한 일이다. 개인중심적 시각은 앞에서 논의한 관료의 국가중심적 시각이나, 의병의 향촌중심적 시각과는 또 다른 시각이라고 할 수 있다.

개인중심적 시각은 국가중심적 시각처럼 국익(國益)을 우선시 하거나, 향촌중심적 시각처럼 향촌의 지배질서가 기술의 초점이 되는 것이 아니라 개인의 생존의 기록이 그 기술의 중심에 있음에 있다. 암곡이 18세에 임진왜란이 발발했기에, 암곡은 전재민으로서 전쟁을 경험할 수밖에 없었고 이러다 보니 당연히 전재민의 입장에서 전쟁실기를 기술할 수밖에 없었다. 전재민의 입장에서 기술된 전쟁실기이다 보니 개인과 가족 중심의 피란실기를 기술할 수밖에 없었다. 암곡은 생존이라는 명제 아래 피란생활과 굶주림이라는 특수 경험을 하는데 이 경험이 작품의 주를 이루고 있다. 또한 암곡이 전재민의 시각이다 보니 자연스럽게 개인중심적 시각을 가지고 작품을 기술하게 되는데, 이러한 시각은 암곡의 개인적인 시각이 아니라 임진왜란 피란실기 작자 전체에게 나타나는 보편적인 시각이라고 하겠다.

〈용사일기〉에서는 다른 어떤 피란실기보다 그 처절함이 잘 드러나는데 그것은 암곡이 임진왜란을 경험했던 시기에서 찾을 수 있다. 미성년(未成年)을 갓 벗어난 청년의 입장에서 기술하다보니 개인 또는 학파의 이해관계 및 체면에 얽매이지 않고 자신이 경험한 사실을 여과 없이 보여주고 있다. 특히 자신의 치부까지도 가감 없이 기술하고 있는데 이것은 개인중심적 시각이 드러난 것이라 하겠다. 즉 이것은 독자를 상정하지 않은 글쓰기라 하겠다. 관료 실기의 국가중심적 시각이나 의병 실기의 향촌중심적 시각은 그 시각으로 인하여 독자를 상정한 글쓰기가 될 수밖에 없으나 개인 중심적 시각을 가진 피란실기는 관료 실기나 의병 실기에 비해 독자의 비판에 대하여 자유로울 수 있기에 자신의 치부를 드러내는 데 있어 상대적으로 거리낌이 덜하다.[271]

암곡의 〈용사일기〉는 위에서 논의한 것처럼 당리당략(黨利黨略)에 얽매이는 계산적인 글쓰기가 거의 드러나지 않는데 이것은 남명학파의 학풍과도 연관이 있어 보인다. 특히 작품 군데군데 매우 세밀하게 묘사된 부분이 많은데 이러한 섬세함은 뒤에 『경산본지(京山本誌)』와 같은 읍지(邑誌)의 제작으로도 이어진다. 이것은 암곡의 스승인 한강(寒岡) 정구(鄭逑)의 영향도 컸으리라 생각한다. 정구는 관료로 있을 때 주로 외직에 머물면서 우리나라 최초의 읍지인 『함주지(咸州誌)』를 비롯하여 『창산지(昌山誌)』·『동복지(同福誌)』·『통천지(通川誌)』·『임영지(臨瀛誌)』·『관동지(關東志)』·『복주지(福州誌)』를 제작하고, 『충주지(忠州誌)』(미

---

[271] 개인중심적 시각을 가진 지극히 개인적인 실기라 하더라도 작자가 가지는 'fragile'에 의해서 충분히 은폐, 왜곡될 수 있다. 암곡 〈용사일기〉는 특이하게도 다른 전쟁실기에 비해 이러한 조작이 덜하기에 더욱 의미가 있는 피란실기라 하겠다.

완성) 제작에 관여한다. 한강의 읍지 제작 배경 또한 그의 스승 남명으로부터 배운 현실인식과 박학(博學)에서 그 연유를 찾을 수 있다.

　전재민 실기는 매우 개인중심적 시각을 가지고 있고 습득할 수 있는 정보 또한 피란이라는 극한 상황으로 인해 매우 국한되어 있으며, 그 정보를 중심으로 전쟁실기를 기술할 수밖에 없다. 반면에 전재민 실기는 작자가 습득한 정보가 자신 또는 자신의 가족의 생존과 직접적인 관련을 맺고 있는 중요한 정보이다 보니 매우 사실적이고 면밀하게 기술하는 경향을 보인다. 즉 전재민 실기는 습득할 수 있는 정보량은 매우 적지만 그 정보를 기술하는 조밀도(稠密度) 면에서는 관료 실기나 의병 실기보다는 더 높다고 하겠다.

라. 복합 실기(複合 實記): 복합 경험에 따른 다각적 기술의 모색

　고대 정경운의 〈고대일록〉은 임진왜란이 발발한 1592년 4월 23일부터 전쟁이 끝난 후인 1609년 10월까지 약 17년간의 기록으로 1986년 경상대학교의 오이환(吳二煥) 교수에 의해 처음 학계에 알려진 이후 최근까지 가장 많이 연구된 전쟁실기 중 하나이다.[272] 총 4권으로 되어 있으며 1권에서 3권 일부가 임진왜란에 관한 기록이다. 임진왜란과 관

---

[272] 오이환 이후, 김경수, 김윤우, 정우락, 노영구, 정해은, 설석규, 박병련, 한명기, 신병주, 오용원 등에 의해 다각도로 연구되었다.

련된 기록은 주로 1권과 2권에 있는데, 임란 후의 기록인 3권 일부와 4권의 기록보다 분량도 많을 뿐 아니라 훨씬 자세히 기술되어 있다.

본 항에서는 기존 선학들의 연구 성과를 기반으로 하여 〈고대일록〉의 내용, 참상·갈등양상을 살펴보고 작자가 전쟁을 바라보는 시각을 논의하고자 한다. 이 책은 전쟁실기를 다루고 있으므로 〈고대일록〉 전체 5권 17년간의 기록 중 임진년(1592)~정유년(1598) 3권까지의 내용을 주된 자료로 삼아 논의를 진행하도록 하겠다.[273]

1) 관료 입장에서 기술한 창의(倡義)와 피란(避亂)의 기록

〈고대일록〉의 작자인 고대 정경운의 초년기는 전쟁만큼이나 험난한 인생이었다.[274] 고대는 1580년 25살의 나이로 선산김씨(善山金氏)와 결혼한 것을 계기로 비로소 생활의 안정을 찾았다. 그는 여전히 곤궁했지만 의리(義理)와 이해(利害)를 구분하는 자세를 견지하고자 노력하였다. 1581년에는 내암(萊庵) 정인홍(鄭仁弘)을 찾아가 비로소 제대로 된

---

273 〈고대일록〉은 전 4권 4책 514면으로 구성되어 있는데, 이 중 276년이 임진왜란 발발 무렵부터 임란이 종전되는 戊戌年까지의 기록으로서 일기 전체의 약 55% 정도를 차지하고 있다.; 김우윤, 「鄭慶雲과 『孤臺日錄』」, 『南冥學研究』第2輯, 경상대학교 남명학연구소, 1992, p.168.

274 고대는 2살 때인 1557년(명종 12) 父親喪, 9살 되던 해 外祖父喪, 13세에 母親喪, 15세에 外祖母喪을 연속적으로 맞이하게 된다. 이때부터 그는 형과 형수를 부모처럼 공경하면서 지낸다. 하지만 19세 되던 해인 1574년(선조 7) 존경하던 형도 저세상으로 떠나보내야 했다. 이 때문에 그는 형수의 가족과 함께 서로 의지하면서 살았다.; 본 내용은 『孤臺日錄』 乙巳(1605) 四月 七日에 수록된 자술이력을 19세까지만 정리·요약한 것이다.

학문의 길로 접어들었다.

고대는 내암을 통해 남명의 도학적 세계관이 갖는 학문 및 정치·사회적 의미를 확인하게 되었을 뿐만 아니라, '군자소인론(君子小人論)'의 정치철학이 갖는 개혁적 성격과 현실적용 방향에 대한 이해를 심화할 수 있었다. 또한 이를 통해 정확한 현실인식과 대응자세 또한 확립되었다.[275] 이것은 임진왜란 당시 창의라는 구체적인 행동으로 발현되기도 한다.

임진왜란이 일어나자 고대는 왜적의 동향, 임금의 몽진 등 정세를 살피고 있었으며, 이 당시부터 〈고대일록〉을 기술하였으리라 추정한다.[276] 학봉 김성일이 영남초유사로 함양에 온 후 고대는 흩어진 병졸을 불러 모으는 역할을 담당하며 본격적인 의병 활동에 나섰다.[277]

〈고대일록〉은 학계에서 의병 실기로 분류되어 있다. 하지만 실제 〈고대일록〉은 두 개의 주된 내용을 가지고 있다. 하나는 의병으로서의 창의의 경험이며, 다른 하나는 전재민으로서의 피란의 경험이다. 일반적으로 전쟁실기는 하나의 주된 경험이 그 바탕을 이루고 있는데 비해 〈고대일록〉에는 창의(倡義)와 피란(避亂)이라는 두 개의 주된 내용이 비슷한 비율로 등장한다는 점이 특색이다.

---

275 설석규, 「鄭慶雲의 현실인식과 『孤臺日錄』의 성격」, 『南冥學』第十五輯, 南冥學研究院, 2010, pp.198~199.
276 〈고대일록〉은 임진년 4월 23일부터 기술되어 있으나, 결락된 장이 10여 장으로 보아 임진년 1월, 또는 임진왜란 발발 시부터 기술하였음을 유추할 수 있다.
277 鄭慶雲, 『孤臺日錄』, 壬辰年 五月 八日條. 참조.

먼저 〈고대일록〉에 나타나는 의병으로서 창의의 기록을 살펴보도록 하겠다. 의병으로서 창의의 기록은 대부분 임진왜란 초기에 집중되고 있는데,[278] 여기서는 고대를 중심으로 한 함안지역 사족들의 창의 기록만을 중심으로 논의를 진행하겠으며, 1592년부터 1593년까지의 내용을 자료로 삼았다.

〈임진년 5월〉

5월 8일. 임금이 평양부(平壤附)에 임어(臨御)하여 김성일(金誠一)을 초유사(招諭使)로 삼았다. 성일이 군(郡)에 이르러 먼저 사인(士人)들을 부르는 글을 내었다. (중략) 나도 소모유사(召募有司)가 되어 흩어진 군졸을 불러 모았다.[279]

초유사(招諭使)가 산음(山陰)으로 향하면서 나에게 [함양]읍의 일을 깊이 부탁하였다.[280]

노지부(盧志夫)가 글을 발하여 향인(鄕人)을 모아 의병 일으킬 일을

---

278 창의의 기록은 주로 임진왜란 초기부분에 기술되어 있고, 피란에 대한 기록은 전황이 어려워진 정유재란 당시에 많이 기술되어 있다.
279 鄭慶雲,『孤臺日錄』, 壬辰年 五月 八日條 "上御平壤府 以金誠一爲招諭使 誠一到郡 首招士人 (중략) 余爲召募有司 召集散卒"; 『孤臺日錄』의 국역은 2009년 남명학연구원에서 나온『譯註 孤臺日錄』을 참고로 하여 정리하였다.
280 鄭慶雲,『孤臺日錄』, 壬辰年 五月 十三日條 "招諭使向山陰 請余深勸邑事之托矣"

논의하였는데, 나 또한 그 논의에 참석하였다.[281]

임진년 5월의 기록은 학봉이 영남초유사로 임명된 일을 시작으로 하여 고대가 소모유사(召募有司)를 맡은 일, 통문(通文)을 내어 군사를 모으기 시작한 일 등 창의 초반부의 일들을 기술하고 있다.

〈임진년 6월〉

지역의 선비들이 모여 거사(擧事)를 논의하였는데, 노사예(盧士豫)와 노사상(盧士尙)을 도유사(都有司)로 삼고 서기(書記) 군기(軍器) 군량(軍糧) 취군(聚軍) 전마(戰馬) 운향(運餉) 등의 유사(有司)를 설치하였다. 나와 강극수(姜克修)는 기사(記事)를 맡고, 박공간(朴公幹)과 정현경(鄭玄卿)은 궁시(弓矢)를 감독하며, 정사고(鄭士古) 및 노경승(盧景承)은 군자(軍資)를 모으고 군량에 힘쓰며, 그 나머지의 향우(鄕友)들도 힘쓸 수 있는 일을 맡아 빠뜨리지 않았다. 그리고 강형(姜兄) 군망(君望)은 무기(武器)를 맡아 힘을 씀이 또한 많았다.[282]

경내(境內)의 모든 인민(人民)을 헤아려서 그 부유(富裕)한 정도에 따

---

281 鄭慶雲, 『孤臺日錄』, 壬辰年 五月 十五日條 "盧志夫出文 會鄕人義擧義兵 余亦叅論焉"
282 鄭慶雲, 『孤臺日錄』, 壬辰年 六月 九日條 "闔境士子 會議擧事 以盧士豫・盧士尙 爲都有司 設書記・軍器・軍糧・聚軍・戰馬・運餉等有司 余與姜克修主記事 朴公幹與鄭玄卿督弓矢 鄭士古曁盧景承聚軍資務調饋 其餘鄕友 各主辦措 不遺餘力 而姜兄君望 主張戎器宣力亦多"

라 군자(軍資)를 정했는데, 선비는 각각 화살촉 5동(五筒)과 깃털 15개를 내어 긴 편전(片箭)에 충당토록 하였으며, 민간의 오래된 활을 수습한 것이 모두 294장(杖)이었다. 전마(戰馬)를 수색(搜探)하여 모으고 군졸을 불러 모으니 날로 정상적인 군마가 되어갔다.[283]

스스로 원하여 의병으로 일어나는 자가 점차 모여들었다. 민간(民間)의 우부·우부(愚夫愚婦)들이 모두 토적(討賊)의 의(義)를 알고 적개심(敵愾心)을 갖는 것은 유식한 선비들[정인홍·김면]이 창도(唱導)한 까닭이다.[284]

임진년 6월의 기록은 의병 활동의 기반이 어느 정도 궤도에 올랐음을 보여주고 있다. 구체적인 직책의 분배와 군자(軍資)의 수집이 이루어짐을 보아, 체계적으로 의병 활동이 진행되고 있음이 확인된다. 6월 11일의 기록에는 창의하는 사족(士族)으로서의 자부심과 의무감이 드러나는 장면이다. 특히 백성들에게 창의의 뜻을 깊게 새겨준 고대의 스승인 내암에 대한 존경심이 문면에서 드러난다.

[의병의] 모든 점고(点考)를 하였는데 기마(騎馬)와 창병(槍兵)이 모두

---

283 鄭慶雲, 『孤臺日錄』, 壬辰年 六月 十日條 "都計境內人民等 隨其饒富 卜定軍資 士者則各出鏃鐵五同羽十五介 以備長片箭 收拾民間舊弓 摠二百九十四丈也 收括 戰馬 招捕軍卒 日以爲常數日之軍馬"

337명이었다.[284]

적이 지례현을 침범하여 의병이 추격하여 장곡역(長谷驛)에서 전투를 벌여 적의 머리 2급을 베다.[285]

6월 16일의 기록에는 출전을 앞두고 점고하는 장면이 나오는 것으로 보아 의병들이 군대의 위용을 갖추어 감을 확인할 수 있으며, 정확한 병사의 수가 드러나는 것으로 보아 고대의 세밀함 또한 느낄 수 있다. 6월 18일의 기록에서는 구체적인 전황이 기술되고 있다.

〈고대일록〉 전체를 통틀어 고대의 직접적인 의병 활동이 가장 자세히 기술되어 있는 시기가 1592년 5월과 6월의 기록들이다. 고대는 자신이 맡은 소모유사의 역할을 성실히 수행하고 있으며, 사족으로서 창의하는 것에 상당한 자부심을 느끼고 있음이 문면 곳곳에서 드러난다.

고대는 단순히 자신의 창의 기록만을 적는 것이 아니라, 고대가 본격적으로 의병 활동을 시작하기 전인 4월 20일부터 5월 초까지의 기록은 주로 임진왜란 전체의 전황과 조정의 대응, 관군의 대처 능력 등을 매우 상세히 기술하고 있다. 의병 활동을 본격적으로 시작하고 난 이후부터는 고대 자신을 중심으로 한 함양지역 의병들의 구체적인 활동상을 기본적으로 기술할 뿐만 아니라 경상우도 남명 문인들의

---

284 鄭慶雲,『孤臺日錄』, 壬辰年 六月 十六日條 "行都點考 騎槍凡三百三十七名"
285 鄭慶雲,『孤臺日錄』, 壬辰年 六月 十八日條 "賊來犯知禮縣 義兵軍追戰于長谷驛 斬首二級"

전투 현황 또한 매우 상세히 기술하고 있다.

7월의 기록에는 함안지역 의병들에 대한 특별한 기록은 없고, 망우당 곽재우와 이순신의 선전보를 전하고 있다. 8월에 들어서 6일에는 의병 각 유사의 성명을 순찰사(巡察使)·초유사(招諭使)·의병대장(義兵大將)·도사(都事) 등에게 적어 올렸다고 기술되어 있다.[286] 9월, 10월에는 임진왜란 전체 전황을 전하고 있는데 주로 공문서에 입각한 사실을 기술하고 있기에 그 내용이 상당히 신빙성이 높다.

정대장(鄭大將)[정인홍(鄭仁弘)], 김대장[김면(金沔)], 박정랑[박성(朴惺)] 등이 취곡(聚穀)에 대한 통문을 보내옴. 이에 대해 박여량 노사상 및 나 등 5인이 취곡유사(聚穀有司)로 결정되었다.[287]

1592년 11월 6일의 기록에는 고대가 박여량·노사상과 함께 취곡유사(聚穀有司)로 임명되는 장면이 기술되어 있다. 임진왜란 초기에는 의병들의 모집이 더 급박해서 고대가 소모유사의 임무를 수행하였는데, 이어서 군량을 모으는 취곡유사의 임무를 수행하는 것으로 모아 의진의 틀이 어느 정도 잡혀가는 것을 유추할 수 있다.

---

286 鄭慶雲, 『孤臺日錄』, 壬辰年 八月 六日條 "自起軍之後 諸有司協心擧事 而迄不能 報槀于道主 故書記聚軍軍器軍糧戰馬刷馬等各有司 各塡姓名 上于巡察招諭大將 都事等處"
287 鄭慶雲, 『孤臺日錄』, 壬辰年 十一月 六日條 "鄭大將金大將朴正郎惺 出聚穀通文 而列邑各定有司 咸則朴公斡 盧志夫 及余 等五人也"

〈고대일록〉에는 남명 문인들에 대한 얘기가 상당히 많이 등장한다. 고대의 스승인 내암을 비롯해 내암과 같이 수학한 김면, 정구에 대한 내용도 등장하는데, 이때마다 고대는 '선생(先生)' 또는 '대장(大將)'이라는 호칭을 꼬박꼬박 붙여서 사숙(師叔)들에 예의를 갖추고 있다.

특히 스승인 내암에 대한 존경은 〈고대일록〉에서 쉽게 찾을 수 있다. 또 고대와 같은 항렬의 동문에 대한 언급을 자주 하면서 동문애를 과시하고 있다. 특히 동문이 상(喪)을 당하였을 때는 자신의 일처럼 슬퍼하는 장면이 많이 등장한다. 즉 〈고대일록〉은 어느 전쟁실기보다 임진왜란 당시의 남명학파 문인들의 활동을 잘 알 수 있는 귀중한 자료인 것이다.

〈임진년 12월〉

본군(本郡)의 의곡(義穀)은 모두 96석(石)이었는데, 이를 적어 책으로 엮어 박정랑(朴正郎)[성(惺)]에게 올리니 정랑이 칭찬하였다.[288]

내가 집에서 편전(片箭)을 쏘고자 하여 후원(後園)에서 연습하다가 잘못하여 왼손을 맞추었다. 화살이 합곡(合曲)으로부터 장지(長指)를 꿰뚫어 왼손이 썩어가려하니 걱정이 어떻겠는가? 심하도다. 왜적의 피해여! 진실로 이 왜적이 아니라면 어찌 활쏘기 연습을 할 이치가 있겠는가?[289]

---

288 鄭慶雲, 『孤臺日錄』, 壬辰年 十二月 十九日條 "本郡義穀 摠得九十六石 成册上于 朴正郎 正郎稱歎矣"
289 鄭慶雲, 『孤臺日錄』, 壬辰年 十二月 二十五日條 "余在家欲射片箭 習射于後園 誤

임진년 12월의 기록부터는 고대가 취곡유사의 역할을 성실히 수행해 나가고 있음을 보여주는 장면이 등장한다. 고대가 수집한 곡식의 구체적인 수량까지 적고 있다. 12월 25일의 기록은 편전(片箭)을 쏘는 연습을 하던 고대가 왼손에 부상을 당하는 장면이 나온다. 이 부상으로 인하여 고대는 거의 1년 동안이나 고생하면서 적극적인 창의 활동에 제한을 받기도 한다. 고대가 무예(武藝)에는 그리 뛰어나지 못했던 평범한 사족임을 알 수 있는 장면이기도 하다. 고대는 실제 전투에 참여하는 장수라기보다는 의병을 지원하는 참모의 역할을 수행하고 있기에 무예에 능통하지 못하였을 뿐 아니라, 실제 전투 경험 또한 불과 1회에 불과하였다.[290]

다음은 임진왜란 2년차인 1593년의 기록을 살펴보겠다. 1593년 2월 2일의 기록에는 우도병사(右道兵使)가 된 김 대장에게 함양 의병소 각 읍 유사의 성명과 군기, 군량, 의병군의 숫자 등을 기록하여 보고하였다는 기록이 있다. 2월 15일에는 김 대장이 각읍 유사에게 여러 현황을 받은 이유가 계문(啓聞)을 하기 위하였음이 기록되어 있다.[291]

같은 해 10월 6일의 기록은 고대와 노원장(盧院長)·노지부(盧志夫)·정사고(鄭士古)·정현경(鄭玄卿)·노경승(盧景升)·진군술(陳君述)·노빈부(盧賓

中左手 箭自合曲 穿于長指 左手將枯 憂悶如何 甚矣 倭賊之害也 苟非此賊 安有習射之理哉"

290 丁酉年 十二月 二十三日의 기록에서 왜적에게 쫓기는 장면이 나온다. 이때 고대는 처음으로 왜적을 가까이서 접해보았다고 술회하고 있다.

291 鄭慶雲, 『孤臺日錄』, 癸巳年 二月 十五日條 "義兵所各邑有司姓名軍器軍糧義兵軍數 逐條列錄 報于大將 大將欲啓聞故也"

夫)·조수보(趙守甫)·이자반(李子胖)·하자명(河子明)·강위서(姜渭瑞)가 향교(鄕校)의 정자(亭子)에 같이 모여 의병소의 군기·군량 등의 일을 의논하는 하는 장면이 기술되어 있고,[292] 12월 2일의 기록에는 향교에 가서 의병 먹일 일을 논의하는 장면이 기술되어 있다.

고대의 창의 활동에 대한 기록은 임진년에 비해 계사년이 많이 줄어들고 있음이 쉽게 확인된다.

계사년까지의 고대를 중심으로 한 의병 활동을 살펴보면, 의병의 주도세력은 남명학파 중심의 사족임을 확인할 수 있다. 고대는 문사(文士)이면서도 국한적으로 전투에 참가하기도 하고,[293] 소모유사와 취곡유사의 일을 성실히 수행하면서 의병과 관계된 문서들을 처리하는 일을 맡고 있음도 확인하였다.

계사년 이후 고대를 비롯한 의병유사들이 주로 의병의 양식을 조달하는 업무로 국한되면서 고대 중심의 의병 활동은 〈고대일록〉에서 점차 분량이 줄어든다.[294] 즉 〈고대일록〉을 이루는 두 가지 주된

---

292 鄭慶雲,『孤臺日錄』, 癸巳年 十月 六日條 "余與盧院長盧志夫鄭士古鄭玄卿盧景升陳君述盧賓夫趙守甫李子胖河子明姜渭瑞 共會于校亭 以議義兵所軍器軍糧等事也"

293 고대는 임진왜란 초기에 의병과 함께 知禮 방면으로 진출하여 牛峴에 군사를 매복시키기도 하고 長谷에서 왜적을 추격하여 소기의 전과를 올리기도 하였다. 그 때문에 정조 때 전라관찰부에서 편찬한『湖南節義錄』의 他道附錄에 咸陽의 의병장으로 이름을 올리기도 하였다.; 김우윤,「鄭慶雲과『孤臺日錄』」,『南冥學研究』第2輯, 경상대학교 남명학연구소, 1992, p.168.

294 1594년(갑오년) 이후 고대가 직접 경험한 창의 활동은 1594년 2월에 의병장 김덕령이 함양군에 도착하여 주둔하자 측면 지원활동을 하는 정도로, 전쟁 초기 보다 많이 축소되었다.

내용 중 하나인 의병 활동에 대한 기록은 〈고대일록〉 전반에 배치되고 있고, 그 활동의 대부분은 임진년과 계사년까지의 기록으로 남아 있다.

실제 고대의 의병 활동은 그 이후에도 계속되지만 전쟁이 장기화되자 의곡(義穀)을 잘 거둘 수가 없었고, 이에 대한 기술 또한 격감할 수밖에 없었다. 거기에 대의(大義)를 바탕으로 한 초기의 창의에 대한 순수한 열정이 많이 냉각된 것 또한 그 이유로 작용한다. 하지만 고대는 정유재란 이후 피란시기에도 의병 활동을 멈추지 않고 있다.

〈고대일록〉을 구축하고 두 가지 내용 중 창의 활동에 대한 기술이 점차 축소되자 그 부분을 개인 일상사와 경상우도 남명 문인들을 중심으로 한 전황이 채우게 된다. 이후 정유재란을 계기로 〈고대일록〉의 주된 내용은 고대의 피란생활로 바뀌게 된다.

임진왜란 초기부터 고대는 피란을 염두에 두고 있었으나,[295] 본격적인 피란은 정유재란(丁酉再亂; 1597년 8월) 이후부터이다. 고대는 정유재란이 일어나자 그해 9월에는 진안과 용담을 거쳐 1598년 4월에는 전라도 익산으로 피신을 했다가 전쟁이 끝난 1599년 3월에 다시 고향으로 돌아온다. 〈고대일록〉에는 이러한 동선을 따라 피란생활의 고단함이 잘 기술되어 있는데, 이를 살펴보도록 하겠다.

---

295 『고대일록』 壬辰年 十一月 六日의 여러 동료들과 백운산에 흙집을 지어 피난처를 마련했다는 기록, 『고대일록』 癸巳年 七月 四日의 산음지역 왜적을 피해 백전면에 피란을 갔다는 기록, 『고대일록』 丙申年 四月 十日 전세가 불안해지자 거창에 있는 姑從에게 같이 피란을 하자는 기록 등이 있다.

임진왜란이 장기화되자 조선을 배제한 채 명과 일본은 강화(講和)를 논의하게 된다. 이러던 중 정유년에 왜적은 재침(再侵)을 하는데, 일본의 입장에서 정유재란의 목적은 강화를 염두에 둔 할양지역의 확대였기 때문에 주로 경상우도와 곡창지대인 호남을 중심으로 전투가 벌어졌다. 고대가 살던 함양지방 또한 전화(戰禍)를 피할 수는 없었다. 왜장 가토 기요마사(加藤淸正)는 당시 곽재우가 지키고 있던 화왕산성(花旺山城)을 함락시키지 못하자 목표를 함양지역의 황석산성(黃石山城)으로 바꾸면서 고대의 피란생활은 시작되었다. 고대의 피란생활이 시작되는 부분의 주요 기록을 살펴보면 아래와 같다.

(가) 들리는 바에 의하면 벽견(壁堅)·악견(岳堅)·정개(正介) 3성(城) 모두를 지키지 않고 버린다고 한다. 탄식 할 노릇이다. (중략) ○ 부모님의 목주(木主)를 받들어 묘 옆에 묻고, 진군술(陳君述)과 더불어 서원(書院)에 이르러 서책(書冊)을 옮기고 신주(神主)를 묻었다.[296]

(나) 새벽에 식구를 거느리고 우선 개심사(開心寺)로 피하였다. 인심(人心)이 흩어지고 마을이 텅 비었지만 한 사람도 산성으로 들어가지 않으니 장차 어찌할 것인가?[297]

---

296 鄭慶雲, 『孤臺日錄』, 丁酉年 八月 七日條 "聞壁堅岳堅正介三城 皆棄不守 可歎可歎(중략) ○奉父母主木主 埋于墓側 與陳君述至院 移書冊埋神版"
297 鄭慶雲, 『孤臺日錄』, 丁酉年 八月 八日條 "黎明 率家累姑 避于開心寺 人心潰散 村落一空 無一人入山城者 其將奈何"

(다) 흉적이 하도(下道)에 가득하다고 한다. 그러나 전통(傳通)이 단절되어 소식이 아득하다. 아아! 평소에는 많은 병력을 가지고서 군량을 모으면서 백성들을 멋대로 학대하더니, 하루아침에 어려운 지경을 만나자 바람만 보고도 달아나면서 "적들은 많고 우리는 적다"는 말로 핑계를 댄다. 장황하게 허튼말을 하면서 하늘까지 속이니 통탄할 만하다.[298]

(가)는 1597년 8월 7일의 기록으로 고대는 피란에 앞서 부모님의 신주를 먼저 묻고, 자신이 관리하던 서원의 책을 옮기는 등 피란 준비를 마친 후, 다음 날인 8월 8일부터 본격적인 피란을 하게 되며 이때부터 고대의 처절한 피란 경험이 기술된다.

(나)는 1597년 8월 8일의 기록이다. 이날부터 고대의 본격적인 피란이 시작된다. 고대는 우선 자신의 식구들을 거느리고 가까운 개심사(開心寺)로 피신하였다. 피란을 하던 와중에도 산성을 지킬 사람이 없음을 안타까워하는 모습이 드러나고 있다.

(다)는 1597년 8월 9일의 기록으로, 평상시 왜적에 대한 방어에 소홀하던 관군들에 대한 울분을 토로하고 있다. 뒤에서도 논의하겠지만 고대의 관군과의 갈등은 임진왜란 초기부터 시작되고 있으며 이때까지도 관군에 대한 불신은 여전하다.

---

298 鄭慶雲, 『孤臺日錄』, 丁酉年 八月 九日條 "凶賊彌滿下道云云 而傳通斷絶 聲息昧昧 噫 平居擁重兵聚軍糧 恣虐生民者 一朝臨難 望風而走 以彼衆我寡爲辭 張皇虛語 厚誣天聽 可痛可痛"

이후 8월 12일에는 피란을 가는 전재민들의 심리상태를 기술하였다. 즉 "산성의 소식을 들었으나 지극히 허소(虛疎)하다."[299]라는 표현을 고대는 쓰고 있는데, 전황이 급박해 질수록 유언비어(流言蜚語)가 만연하기 십상인데, 이 당시의 상황이 이러했으리라 짐작할 수 있다. 8월 13일에 왜적이 거창과 합천 등지를 침입하자 서쪽에 있는 백전에 도착했으며, 8월 15일에 왜적이 안음에 들어오자 다시 피란할 계획을 세우고, 8월 16일에 왜적이 함양에 쳐들어오자 보국암으로 피신하는 장면들이 기술되어 있다.[300] 전황이 매우 급박하게 진행되고 있음과 이로 인해 전재민들의 고통도 점차 가중되고 있음이 상세히 기술되어 있다. 8월 18일에는 왜적이 갑자기 피난처로 난입하자 많은 피난민들은 당황하게 되고, 이때 고대의 큰딸 정아는 죽음을 맞는다.

1597년 8월과 9월의 기록은 이후 적의 동향 위주로 적고 있다. 8월 28일의 기록에는 죽음을 맞이한 동문들에 대한 안타까움이 기술되어 있으며, 9월 27일에는 관료들의 무능함을 개탄하는 장면이 나온다. 고대는 9월 이후에도 전세가 호전되지 않자 진안·용담을 거쳐 1598년 4월에는 익산으로 피신하여 전쟁이 끝날 때까지 이곳에서 지내게 된다.

딸 정아를 잃은 지 채 1년이 지나기 전에 고대는 나이 40에서야 얻

---

299 鄭慶雲, 『孤臺日錄』, 丁酉年 八月 十二日條 "余往北面路 逢思古及趙由仁 聞山城消息 極爲虛疎 申陰北三里則 只入五人 居昌則無一人來入者 咸陽之民 亦皆四散 逞無入城之意 畢竟難保 悲慘如何"

300 鄭慶雲, 『孤臺日錄』, 丁酉年 八月 十六日條 "賊入于咸陽 四散焚蕩 急投寶國庵"

은 아들 주복(周復)마저 잃는다. 고대는 정유재란이 시작된 후 사랑하는 딸 정아와, 나이 40세에 얻은 아들 주복의 죽음을 목도하였고,[301] 가장 친한 친구인 노지부(盧志夫)를 비롯한 여러 동문들을 잃게 된다. 또한 피란을 가는 과정에서 굶주림으로 인해 사족으로서의 체면을 버리고 걸량(乞糧)하기도 한다.[302] 이러한 충격들은 고대에게 심한 무기력감을 안겨주었다. 하지만 고대는 생존이라는 절대적 소명 아래 사족이라는 자존심을 버리고 노숙을 하기도 하고, 양식을 구걸하기도 하며, 생존을 위해 적극적인 상행위(商行爲)를 하기도 한다. 즉 고대의 피란생활은 처절한 가족사와 생존을 위한 노력에 맞추어져 있으며 이것은 〈고대일록〉의 두 가지 주된 내용 중 하나이다.

지금까지 〈고대일록〉을 구성하고 두 가지 주된 내용인 작자의 창의 활동과 피란생활에 대하여 논의하였다.

고대의 창의 활동이 주로 임진왜란 초기인 임진년과 계사년에 기술되었다면, 고대의 피란생활은 정유재란 이후인 정유년과 무술년에 기술되어 있다.

창의 활동 당시의 고대의 모습에서 사족으로서의 긍지와 자신감이 문면에서 느껴졌다면, 피란 당시의 고대의 모습은 전쟁에 대한 공포와 무기력함이 나타났으며, 고대가 생존이라는 명제를 발견한 이후에는

---

301 이에 대한 논의는 다음 항에서 〈고대일록〉에 나타난 참상을 논의할 때 자세히 하도록 하겠다.
302 『孤臺日錄』 戊戌年 二月 十日, 四月 十日, 四月 十三日, 六月 十三日의 기록에서 고대가 식량을 구걸하는 장면을 찾을 수 있다.

이를 극복하려는 의지가 조금씩 살아남을 확인할 수 있었다.

이 밖에도 〈고대일록〉은 「별록(別錄)」을 따로 두어 작자인 고대가 수집할 수 있는 최대한의 공문서를 확보하여 공문서를 부기하거나 또는 공문서를 바탕으로 하여 임진왜란 전황을 상세하게 기술하고 있다.[303] 이것은 〈고대일록〉이 공적 성격의 전쟁실기를 지향하고 있음을 보여주는 것이다. 이것은 고대가 스스로 관료 이상의 자긍심을 가지고 임진왜란이라는 국가의 큰 시련에 대처하고 있기에 가능한 일이다.

일반적으로 전쟁실기에서 경험주체의 주된 경험을 바탕으로 관료 실기, 의병 실기, 전재민 실기로 분류하는데 고대 정경운의 〈고대일록〉의 경우, 의병으로서의 경험과 전재민으로서의 경험이 같이 기술되어 있으며, 때로는 공문서를 부기함으로써 관료 실기의 성격을 지향하고 있다는 점에서 매우 흥미로운 작품이라 하겠다.

2) 개인적 참상(慘狀)의 기술과 변화하는 갈등의 모습

〈고대일록〉은 위에서 논의한 것처럼 의병으로서의 경험과 전재민으로서의 경험이 한 작품 속에서 잘 녹아 있다. 또한 〈고대일록〉과 별도로 「별록」을 두어 고대가 임진왜란 당시 수집하였던 공문서를 잘 정리하였음을 알 수 있다. 공문서의 정리는 고대가 관료 이상의 자긍

---

[303] 실제로 고대는 각 지역의 관아에 찾아가 임진왜란의 여러 정황에 대한 정보를 직접 수집하여 그것을 바탕으로 하여 객관적으로 〈고대일록〉을 기술하고 있다.

심으로 임진왜란에 대처하고 있음을 확인할 수 있다. 이러한 고대의 다양한 경험과 가치관으로 인해 다른 전쟁실기에 비해 다양한 참상과 갈등이 〈고대일록〉에 드러나 있으리라 추정할 수 있는데 실제로 작품에서는 어떻게 표현되고 있는지를 살펴보겠다.

먼저 〈고대일록〉에 표현된 전쟁의 참상에 대하여 살펴본다.

〈고대일록〉은 관료·의병·전재민의 입장이 혼융되어 나타나는 전쟁실기이므로 전쟁의 참상 또한 각각의 입장에서 경험한 참상이 매우 다기하게 나타나리라 생각할 수 있다. 하지만 실제로는 관료의 입장에서 기술한 「별록」은 공문서를 정리한 것이므로 작자가 직·간접적으로 경험한 참상은 사실상 없다. 또한 의병의 입장에서 기술한 부분에서도 전쟁의 참상보다는 의병의 전공 위주로 기술되다 보니 참상이 잘 드러나지 않는다. 반면에 전재민의 입장에서 기술한 피란 부분에서는 전재민으로서 겪는 참상이 잘 표현되고 있다.

전재민으로서 겪는 참상은 지극히 개인적인 참상이며 고대는 자신이 겪은 전쟁의 참상을 기술하는데 상당히 심혈을 기울이고 있다.

> (가) 크고 작은 피난민들이 산위에 모였는데, 그 수를 알 수 없었다. (중략) 해질 무렵 인심이 해이해지자 왜적 10여 인이 몰래 다른 길을 경유하여 크게 소리지르고 검을 휘두르면서 사방으로 돌입하니 사람들이 모두 산골짜기에 엎어지고 넘어지면서 그 재물을 잃은 것이 헤아릴 수 없었다. 날이 저물어 돌아와 모여 집안 식구들을 찾으니 큰딸과 작은딸 그리고 노비(奴婢) 세 사람이 간 곳을 알 수 없으므로

정신이 아득하여 통곡하고 또 통곡하였다.[304]

(나) 조카가 산에 이르러 정아의 시신을 찾았다. 머리가 반쯤 잘린 채 돌 사이에 엎어져 있었는데, 차고 있던 칼로 휘두르려고 하는 것이 마치 살아있는 것과 같았다고 한다. 아아! 내 딸이 이 지경에 이르렀는가? 내가 처음 왜적이 쳐들어온다는 소식을 듣고 차고 있던 칼을 주면서 "만약 불행한 일을 만나더라도 너는 적의 뜻에 따르지 말라"고 하였었다. 이후로는 한 번도 머리를 빗지도 않고 얼굴을 씻지도 않으면서 "큰 적이 이제 이른다니 내가 살 수 있는지는 기필(期必)하기 어렵다"라고 그 어미와 늘상 말했다고 한다. 마침내 흉적을 만나 당당하게 겁도 없이 왜적을 나무라면서 생(生)을 버리고 절개를 온전히 하였으니 곧도다 내 딸이여! 그 이름에 부끄럽지 않도다. 아아! 네가 생을 버리고 의(義)를 취한 것은 잘한 일이지만 내가 한 딸의 목숨도 구하지 못하여 흉적의 칼 아래 운명케 하였구나! 붙들고 데리고 다니면서 피난하여 시종을 함께 하다가, 다른 날 구천에서 손을 잡으며 다시 만나면 내가 실로 너를 져버렸으니 무슨 낯으로 너를 위로하겠느냐? 너의 우뚝한 절개에 대해서는 내 마땅히 전(傳)을 지어 기록해 두겠다. 의복을 다 잃어 몸을 염습(殮襲)할 도구

---

304 鄭慶雲, 『孤臺日錄』, 丁酉年 八月 十八日條 "大小避亂之人 屯聚于山上者 不知其數 (중략) 日晡時 人心解怠 倭賊十餘人 潛由他路 大叫呼揮劒四突 人皆顚覆於山谷 喪其財寶 不可勝計 日暮還聚 問其家屬 則長女季女及奴婢三人 莫知去處 心魂俱喪 痛哭痛哭"

도 소략하기 그지없으니 통곡 통곡이라.[305]

(다) 잠시 전물(奠物)을 준비해가서 딸의 널 앞에서 곡을 했다. 궁벽한 산에 뼈를 묻은 지 20일이 넘었으니, 외로운 혼백이 떠돌아다니며 어느 곳에 의탁했을까? 시체를 어루만지며 통곡하다 기절했다가 다시 깨어났다. 소위 나무껍질로 관을 만든다 했는데 과연 거짓이 아니었다. 해가 저물어 묵계(墨界)로 돌아왔다.[306]

(라) 점심때 우사(寓舍)에 도착해서 주복(周復)이 죽었다는 말을 듣고, 통곡하며 죽고 싶었다. 오호라! 내가 사십을 넘겨 겨우 아들 하나를 두었다. 결국 그의 요절함을 보니, 운명의 기박(奇薄)함이 어찌 이런 지경에까지 이르렀단 말인가? 난리에 옷과 음식을 주지 못했다. 유일하게 한 아들이 있는데도 그의 배를 굶기고, 그 몸에 옷을 입히지 못하여 병을 얻어 죽게 했으니, 내가 차마 너를 묻지 못하겠다. 나는 너에게 자애롭지 못했고, 너는 나에게 불효를 했다. 부자불효(不慈不

---

305 鄭慶雲, 『孤臺日錄』, 丁酉年 八月 二十一日條 "猶子到山 得貞兒屍身 斬首過半 覆於石間 所佩刀子 及投于皆宛若平生 嗚呼 我女 至於此極耶 我始聞賊 奇解所佩刀子遣之曰 若遇不幸 汝不從賊云云 自後 一不梳頭洗面曰 大賊今至 我生難必之焉 與闕母每說道云云矣 卒于凶賊 屹然無慟 罵詈賊奴 捨生全節 貞哉我女 不愧其名矣 嗚呼 汝之捨生取義 善則善矣 我不能救一女息 殞命兇鋒之下 扶携避亂 以共終始 他日九泉 握手重逢 則我實負汝 何面慰汝 至於汝卓立之節 則我當敍傳以志矣 衣服盡失 殮身之具 草草莫甚 痛哭痛哭"

306 鄭慶雲, 『孤臺日錄』, 丁酉年 九月 八日條 "暫備奠物往哭女兒之柩 委骨窮山已踰二旬 孤魂漂泊何所依託乎 撫屍痛哭絶 而復甦所謂木皮爲棺信不虛矣 日暮還墨界"

孝)가 이 한 몸에 다 모였으니, 내 몸이 천지 사이에 섬에 어느 때를 기약하겠는가? 다른 날 구천지하에서 너를 보듬으며 너를 부를 것이니, 너는 알아서 나를 따르도록 하여라. 아 슬프고 슬프구나! 임경진(林景珍) 군이 손수 관을 만들어 와서 주복을 묻자고 하니, 망극(罔極)한 은혜를 어찌 보답하겠는가? 묻은 곳에 가서 곡하는데, 밥 한 그릇만 떠 놓으니, 참혹하구나![307]

(가)는 1597년 8월 18일의 기록이다. 정유재란 당시 고대는 전란을 피해 피란을 가는 중에 갑작스레 함양에 침입한 왜적들에 의해 큰딸, 둘째 딸과 생이별을 하게 된다. 8월 19일의 기록에는 딸의 행방이 궁금하지만 공포로 인해 딸을 찾으러 갈 수 없는 부모의 안타까운 심정이 잘 드러나 있다.[308] 8월 20일에는 공포를 무릅쓰고 딸들의 행방을 수색한 결과 둘째 딸을 찾을 수 있었지만, 큰딸은 찾을 수가 없었다.

(나)는 1597년 8월 21일의 기록이다. 〈고대일록〉 전체를 통틀어서 가장 슬픈 장면이 이날의 기록일 것이다. 그것은 고대의 조카가 정아

---

307 鄭慶雲, 『孤臺日錄』, 戊戌年 六月 二十四日條 "午時到寓舍 聞周復死奇痛哭欲絶 嗚呼 余年過四十 始有一子 而又見夭折, 命途奇薄 一至此哉 亂離之日衣食不給 只有一兒 而飢其腹赤其體 得病而死 汝不得埋焉 我於汝不慈 汝於我不孝 不慈不孝萃於吾身 身之立於天地間其幾 何時他日九泉之下撫汝 以呼汝汝尙有知 而徒我乎 嗚呼 哀哉哀哉 林君景珍親造棺埋之云 罔極之恩徒何如報耶 往哭埋處 只奠飯一哭慘矣"

308 鄭慶雲, 『孤臺日錄』, 丁酉年 八月 十九日條 "凶賊四突焚掠 又搜白雲山 潛伏山谷 畏賊而不得根尋我女 悲痛罔極"

의 시신을 찾아내는 장면으로, 이날의 기록에는 고대의 비통한 심정이 문면에 그대로 넘쳐흐른다. 고대는 딸의 절개를 위해 장도(佩刀)를 건네주고, 정아 또한 고대의 뜻을 잘 알고 있는지라, 머리도 빗지 않고 얼굴도 씻지 않는 등의 행동을 보인다. 뜻하지 않게 정아는 왜적을 만나게 되고 고대의 뜻에 따라 절개를 지킨다. 하지만 결국 고대에게 돌아온 것은 목이 잘린 싸늘한 딸의 주검밖에 없었다. 딸의 주검 앞에서 고대는 만감이 교차했을 것이다. 자신의 의지대로 따라 준 딸이 고맙고 대견스럽기도 하지만, 반대로 혹시나 자신의 욕심으로 인해 딸이 죽음을 맞이한 것은 아닌가 하는 후회도 생겼을 것이다. 또한 공포로 인해 딸의 행방을 빨리 찾지 않은 자신에 대한 자괴감, 딸을 지키지 못한 자신의 무기력함이 상존하였을 것이다.

고작 딸을 잃은 고대가 할 수 있는 일이란, 딸의 절개를 글로 남겨 길에 세상에 전하는 것뿐이었다. 하지만 이것만으로도 고대의 심정은 충분히 드러나고 있다.[309]

(다)는 1597년 9월 8일의 기록으로 죽음 당시 의복을 다 잃어 딸을 염습(殮襲)할 수조차 없어서 더욱 안타까웠던 고대는 딸이 죽은 지 20일이 지난 후 딸의 무덤 앞에서 다시 오열한다. 정아의 죽음 이전에도 고대는 이미 자식을 잃은 슬픔을 가지고 있었다. 전쟁 초기인 1593년 4월 7일 고대는 아들을 낳은 지 불과 8일 만에 잃고,[310] 그로부터 한

---

309 오용원, 「16세기 후반 咸陽 士族의 戰爭 體驗과 現實 克服」, 『南冥學』 第十五輯, 南冥學研究院, 2010, pp.362~363.
310 鄭慶雲, 『孤臺日錄』, 癸巳年 四月 七日條.; 過午稚子夭折 不忍之心 藹然之情書

달 후 5월 8일에는 막내딸을 병으로 잃고,³¹¹ 또한 1594년 3월 24일에 아내가 아들을 낙태를 하는 일이 생긴다. 이러한 가족사 때문에 정아의 죽음은 고대에게 더 큰 아픔으로 작용하였는지도 모른다. 딸의 죽음 이후 고대는 이상하리만큼 조카인 정주한(鄭周翰)에 대해 많은 애착을 보이고 있으며 이러한 장면은 〈고대일록〉에 자주 나타난다. 이것은 고대가 단순히 부모 이상으로 따른 형의 아들이라는 것만을 떠나서 아들과 딸의 죽음으로 인해 부정(父情)의 대상이 사라지자 이를 조카에게서 찾고자 하는 심리로 파악된다.

(라)는 1598년 6월 24일의 기록이다. 딸 정아를 잃은 지 채 1년이 지나기 전에 고대는 나이 40에서야 얻은 아들 주복마저 잃게 되는데 이 날의 기록은 이것을 기록하고 있다. 주복은 1년 전인 1597년 5월 이전부터 풍토병이 있어 고생하다가 이후 1598 6월 8일부터 얼굴에 붓기가 있은 뒤,³¹² 결국 같은 달 24일에 세상을 떠나고 만다.³¹³

고대는 27일의 기록에서 그 당시의 슬픔을 기술하고 있다. '내가 사십을 넘겨 겨우 아들 하나를 두었으나 결국 그의 요절을 보고마니, 운명의 기박(奇薄)함이 어찌 이런 지경에까지 이르렀단 말인가?'라며 자신의 운명을 한탄하면서³¹⁴ '다른 날 구천지하에서 너를 보듬으며

之 則慘於悒而已 以余褓褓之兒 猶且惻怛 而況於來庵先生乎
311 鄭慶雲, 『孤臺日錄』, 癸巳年 五月 六日條 "季女夭折傷於染疾患赤疾 而死憾矣"
312 鄭慶雲, 『孤臺日錄』, 戊戌年 六月 八日條 "子周復面有浮氣可慮"
313 鄭慶雲, 『孤臺日錄』, 戊戌年 六月 二十四日條 "是夜二更子夭"
314 〈고대일록〉 1597년 4월 25일의 기록에 아들 주복의 돌잡이 장면이 기술되어 있다. 이를 통해 고대의 아들에 대한 사랑이 남달랐다는 것을 알 수 있으며,

너를 부를 것이니, 너는 알아서 나를 따르도록 하여라.'라는 말로 스스로 마음을 추스르고 있다. 하지만 아들의 제상에 밥 한 그릇밖에 놓지 못하는 자신을 보면서 다시 비통함에 빠져든다.

고대는 피란이 시작된 후 사랑하는 딸 정아와, 나이 40세에야 얻은 아들 주복의 죽음을 목도하였다. 이 밖에도 가장 친한 친구인 노지부(盧志夫)를 비롯한 여러 동문의 죽음, 기아(飢餓)·걸식(乞食)·질병(疾病)·사족으로서의 자존심을 버린 상행위(商行爲) 등 여러 가지 참상을 직접 경험하지만 자식을 잃은 참상과는 비교되지 않을 것이다.

〈고대일록〉은 관료, 의병, 전재민의 입장이 혼합되어 있는 복합 실기이지만 전쟁의 참상은 전재민의 입장에서 기술된 부분에서만 나타나는 것을 확인할 수 있었으며 그 참상 또한 전재민의 입장에서 기술된 것이기에 지극히 개인적인 참상을 기술하고 있음을 살펴보았다.

다음은 〈고대일록〉에 나타나는 갈등을 살펴보겠다.

〈고대일록〉이 관료·의병·전재민의 입장이 서로 혼재된 복합 실기이기에 갈등의 양상 또한 경험과 가치관에 따라 상당히 다양하게 나타날 수밖에 없다. 그래서 본 항에서는 〈고대일록〉 전체의 갈등 양상을 분석하기 위해서 고대의 경험과 가치관의 변화에 따라 관료, 의병, 전재민의 입장으로 분류한 후 당시의 입장에서 확인되는 갈등을 확인하도록 하겠다.

이 장면과 1598년 6월 27일의 장면을 서로 겹쳐보면 고대의 상심이 얼마나 큰지를 확인할 수 있다.

먼저 고대가 관료의 입장에서 임진왜란을 전체를 보았을 때 나타나는 갈등의 양상을 살펴보도록 하겠다.

고대는 임진왜란 당시 실제 관료가 아니었으며, 임진왜란 이후에 관직에 나아가지 못한다. 하지만 〈고대일록〉에서 고대가 과거응시를 통해 자신의 경륜을 펼치기 위해 노력하는 장면이 여러 번 등장한다.[315] 고대의 과거응시는 생계적 측면과 함께 정치적인 목적[316]도 같이 작용하고 있었던 것으로 판단된다. 정치적인 목적이란 고대의 스승인 내암과 그 궤를 같이 하는 것이다.

관직에 대한 고대의 갈구는 고대가 비록 관직에는 나가지 못했지만 관료 이상의 자긍심과 의욕으로 공적 실기를 지양하는 〈고대일록〉을 기술하게 한 원동력이 되었다.

〈고대일록〉이 관료의 입장에서 공적 실기를 지향하였다는 정황은 그 기술 방식과 기술 의식에서 찾을 수 있다. 〈고대일록〉의 기술 방식

---

315 고대는 1593년(선조 26) 광해군이 군사를 위무하고 나라 일을 감독하기 위해 전주로 와서 시행한 庭試에 낙방하고, 다음 해 8월 실시된 鄕試의 初試에 장원으로 급제하고 10월 향시 別試에도 합격했지만, 11월의 대과에서는 불합격한다. 이후에도 응시했다가 낙방하였다. 임진왜란이 끝난 후 1602년(선조 35) 學行과 才量으로 천거되어 관직에 진출할 수 있는 기회를 얻었지만, 이마저도 무산되고 만다. 그의 꿈에서 임금과 선생이 자주 등장하는 것은 과거 합격에 대한 무의식적 기원이라고 할 수 있겠다.; 설석규, 「鄭慶雲의 현실인식과 『孤臺日錄』의 성격」, 『南冥學』 第十五輯, 南冥學硏究院, 2010, p.202.

316 고대는 항상 조정의 人事를 비롯한 정치적 동향에 관심을 가지고 있었으며, 大北勢力의 公論의 기반 강화를 위해 남명학파 간의 결속에 노력하였는데, 이런 모습들이 〈고대일록〉 내에서는 동문애로 표출되고 있다.

은 『춘추(春秋)』의 기술방식을 모방하고 있으며 기술 의식의 기저에는 '춘추대의(春秋大義)' 정신이 깔려 있다. 즉 고대는 기술방식과 의식을 『춘추』에서 차용하여 기술하면서 집권자와 관리에 대한 신랄한 비판을 가하고, 당대의 부조리를 찾고자 하였다.[317]

『춘추』를 기반으로 하는 기술 방식과 기술 의식은 〈고대일록〉에서 왕의 동정에 지대한 관심을 갖고 그것을 우선 기록한 뒤 각종 전황을 서술하는 방식을 적용하고 있다.

고대는 임진년 4월 30일부터 시작되는 선조의 몽진 행로를 매우 세밀하게 기술하고 있다. 심지어 어떤 기록은 구체적인 행차 시각까지도 적고 있다.[318] 선조의 행적을 먼저 기술하는 이러한 형태의 기술 방법은 선조의 몽진이 어느 정도 안정을 찾을 때까지 지속된다. 선조의 근황을 기술한 다음에 기술한 내용은 임진왜란 전체의 전황이다.

고대가 선조의 근황과 임진왜란 전체 전황을 자세히 기술할 수 있었던 이유는 그가 임진왜란 당시 영남초유사의 휘하에서 처음 소모유사로 임명되었다가 다시 기록유사의 공식적인 직함을 갖고 의진에서 활동하고 있었기 때문이다. 고대는 이것을 최대한 활용하여 초유사의 진영에 전해지는 각종 문서를 접할 수 있었으며, 필요성을 느끼면 직접 관

---

317 정우락, 「『고대일록』에 나타난 서술의식과 위기의 일상」, 『퇴계학과 한국문화』 제44호, 경북대학교 퇴계연구소, 2009, pp.167~168.
318 鄭慶雲, 『孤臺日錄』, 壬辰年 夏五月 初一日條 "上 駐蹕碧蹄驛 過坡州 渡臨津 三更入寢東坡驛", 壬辰年 夏五月 二日 午時 條 "上 入松京 於南大門 廳民情 日暮 入御慶德宮"

아로 찾아가 정보를 획득하기도 하였는데, 고대의 이러한 기록 정신은 〈고대일록〉 이외에 「별록」이란 형태의 공문서 모음집으로 나타났다.

「별록」은 아직 학계에 공개되지 않았는데, 그 내용은 고대가 임진왜란 당시 전황을 기록하면서 참고했던 왕의 교서(敎書)·교지(敎旨)·유지(諭旨)를 비롯해 조보(朝報)·관문(關文)·자문(咨文)·전령(傳令)·패문(牌文)·전통(傳通)·방문(榜文)뿐만 아니라 소문(疏文)·통문(通文) 등이 주로 수록되어 있는 것으로 판단되며, 정유재란 이후에 고대가 피란을 하였기 때문에 주로 임진왜란 초기의 문서를 주축으로 정리되었을 것으로 추정된다.

고대가 관료의 입장에서 선조의 근황과 임진왜란 당시의 전황을 기술하는 동안에는 갈등은 전혀 기술되지 않는다. 다만 무능한 관료에 대한 내용들이 갈등으로 보일 수도 있지만, 이것은 관료를 대변하는 고대의 입장으로 보면 갈등이라고 할 수 없으며 오히려 객관적인 기술로 보는 것이 더 적절할 것이다. 이에 대한 논의는 의병 입장에서의 기술 부분에서 더 논의하도록 하겠다. 선조의 몽진, 계속된 관군의 패배, 경상우도를 중심으로 한 의병들의 창의, 명군의 원조 등 굵직굵직한 사건들이 많이 발생하고 충분히 갈등의 요소가 존재하리라 추정되기는 하지만 잘 드러나지 않는다.

고대는 관료의 입장에서 매우 객관적인 시각을 유지하려고 노력하고 있다. 다만 객관적인 시각이 유지되지 않는 부분은 선조와 명군을 바라보는 시각인데, 고대의 이 당시의 시각은 거의 맹신(盲信)에 가까웠다고 할 수 있다.

(가) 임금께서 의주(義州)에서 서쪽으로 용만(龍灣)에 가서 사냥하였다. 지금에 이르는 2년간 온 나라의 신민(臣民)이 죽음에 나아가지 못한 것을 한스럽게 여기고 있다. 그런데도 임금의 수레를 따르는 여러 신하들은 나라를 회복(恢復)하는 일을 여사(餘事)로 여기고 사감(私憾)을 펴내는 것으로 때를 얻고 있다. 아아! '썩은 나무와 같은 무리가 정권을 쥐고, 걸어 다니는 송장이 권력을 남용하고 있다'라고 한 말이 불행하게도 이 일에 가깝다고 하겠다.[319]

(나) 천병(天兵)과 장수(將帥) 등의 성명이다. 천사(天使)는 설번(薛藩)이고 대장(大將)은 2명인데 시랑(侍郎)은 송응창(宋應昌)이다. 유격장(遊擊將)은 전세영(錢世英)·오유충(吳惟忠)·심유경(沈惟慶)이고, 총병(摠兵)은 양조훈(楊祖訓)·조승훈(祖承勳)이며, 도사(都司)는 장삼외(張三畏)이다. 총병(摠兵)은 옥필적(玉必迪)이고 지휘(指揮)는 등번(登幡)이며 도사(都司)는 왕문(王文)이고, 또 총병(摠兵) 왕몽파(王夢波)와 유정(劉綎) 장관(長官) 등 이 6명이다. 요동총병관(遼東摠兵官) 이성량(李成樑)의 아들 이여송(李如松)·이여백(李如栢)·이여매(李如梅)·이여오(李如梧) 등이 각각 가병(家兵) 천여 명을 이끌고 와서 왜적을 토벌하니, 참으로 성스러운 천자(天子)의 은혜로움이 아닌가? 우리나라가 회복되기를 기약하는 것은 분명한 일이라, 천자(天子)께서 한결같이 동인(同仁)의 덕(德)으로

---

319 鄭慶雲, 『孤臺日錄』, 癸巳年 一月 一日條 "上在義州 西狩龍灣 于今二載 擧國臣民 恨不卽死 而隨駕群臣 以恢復爲餘事 以抒憾爲得時 嗚呼 朽木秉政 行尸用權 不幸而近近矣

보는 것이 참으로 지극하다.[320]

    (가)는 1593년 1월 1일조의 기록이다. 먼저 선조의 근황을 기술하면서, 이어서 선조를 보필하고 있는 근신(近臣)들의 무능함을 개탄하고 있다. '썩은 나무', '걸어다니는 송장'이라는 격한 표현을 써가면서 호종하는 신하들을 매도하고 있다. 하지만 임진왜란 당시 선조나 왕세자를 호종한 신하가 많지 않았다는 사실만으로 선조의 근신들이 무조건 매도될 수는 없는 일이다. 또한 전황의 급박한 속에서 사냥을 즐기고 있는 선조에 대한 평가는 전혀 없다는 점 또한 문제가 있다. 즉 고대는 선조에 대한 무조건적인 맹신으로 인하여 세태를 제대로 판단할 수 없었고, 선조의 무능함을 오히려 곁에 있던 신하들에게서 시작되었다고 판단하고 있다.

    이와 같은 시각은 고대가 전제왕정제의 일반적인 관료의 입장에서 선조를 보고 있기에 가능한 기술이다.

    (나)는 1593년 2월 2일의 기록으로 조선을 구하러 온 명장(明將)들을 거론하고 있는 장면이다. 고대는 원군에 대하여 '천병(天兵)', '성스러운 천자(天子)의 은혜' 등 극찬을 아끼고 있지 않다. 물론 전황의 어려

---

320 鄭慶雲, 『孤臺日錄』, 癸巳年 二月 二日條 "天兵將帥等 姓名云 天使薛藩 大將二員 侍郎宋應昌 遊擊將錢世英 吳淮忠 沈惟慶 摠兵楊祖訓 祖承勳 都司張三畏 摠兵玉必迪 指揮登幡 都司王文 摠兵王夢波 遊廷長官等六人 遼東摠兵官李成樑之子李如松 李如栢 李如梅 李如梧等 各率家兵千餘 來討倭奴. 苟非聖天子慈惠 我國則恢復之期 不可以日月計也. 天子一視同仁之德 嗚呼至哉"

움 속에서 원군으로 온 명군에 대한 기대감은 누구나 마찬가지였다. 고대는 기록유사라는 직책을 활용하여 명장들의 이름을 하나하나 거론해 가면서 명군이 임진왜란에 개입함으로써 바뀌게 될 앞으로의 전황에 대한 기대감을 숨기지 않고 있으며, 이것이 고대가 관료의 입장에서 기술한 임진왜란 초기의 명군의 모습이다.

〈고대일록〉 내에서 고대가 관료의 입장에서 주로 기술한 것으로 보이는 부분은 대략 임진왜란 발발에서부터 이듬해 명과 일본 사이에 강화(講和)가 추진되기까지로 보인다. 그 이유는 첫째, 강화 이후 선조의 근황이 잘 등장하지 않는다는 점과 둘째, 강화로 인해 전쟁이 소강상태를 보이자 공적인 내용보다는 고대의 사적인 기록이 주로 기술되기 때문이다.

관료의 입장에서 기술된 전쟁 초기부터 계사년 강화 시까지의 기록을 살펴보면, 눈에 띄는 갈등은 보이지 않고 있다. 하지만 무능한 관료에 대한 개탄과 함께 반대로 선조에 대한 맹신, 명군에 대한 기대감은 오히려 더 잘 드러나 있다.

다음은 고대가 의병의 입장에서 기술할 때 나타나는 갈등은 없는지를 살펴본다. 고대가 의병으로서 활약한 시기는 임진년과 계사년 강화 시까지이다. 물론 1597년에도 유사(有司)의 직책을 부여받았다는 기록도 있지만 주로 활동한 시기는 임진왜란 초기 2년간이었다.

보편적으로 의병의 입장에서 기술된 전쟁실기에서 가장 많이 나타나는 갈등은 바로 관군과 의병 간의 갈등이다. 〈고대일록〉 또한 이와 별반 다르지 않다. 관군과 의병 간의 갈등은 여러 차례 기술되고 있지만,[321] 이 중에서 가장 큰 갈등은 순찰사 김수와 의병장 곽재우 간의 갈등이다.

  순찰사(巡察使) 김수(金睟)가 산음(山陰)에서 군(郡)으로 들어왔다. 이보다 앞서 의령의병장(宜寧義兵將) 곽재우(郭再祐)가 순찰사에게 휘하의 장수와 사졸이 자주 인심(人心)을 잃고 나라를 망하게 한 죄에 대한 격문을 보내, 그로 하여금 참수(斬首)하여 군중(軍中)에 효시(梟示)하게 하였다. 이때 와서 또 순찰사에게 격문을 보내고 여러 고을에 통문(通文)을 보내, 참수하여 인심을 위로하는 것을 성토했다. 김수가 산음에 있으면서 격문을 보고 심장과 간담이 놀라 멈추고 손발이 두렵고 떨려서, 음식을 먹어도 목구멍에 내려가지 않아 망연히 어쩔 줄 몰라 했다. 군관(軍官) 김경로(金敬老), 김경눌(金景訥) 등은 김수의 심복들이다. 순찰사를 위해 계획하기를, 급히 함양(咸陽)의 토성(土城) 안에 투탁하면 거의 조석(朝夕)의 명(命)을 연장할 수 있다고 하고, 곽재우의 병사들이 말을 채찍질하여 행군하다 군기(軍旗)를 넘어뜨린 것에 대항해 회의에 들어가 격문에 응답하며, 그를 역적(逆賊)으로 책망하라고 망언(妄言)을 많이 하니, 사람들이 모두 웃었다. 슬프다! 순찰사가 비록 나쁘지만 왕의 명령을 받드는 신하이니 진실로 실정을 경솔히 하여 마음대로 죽여서는 안 되고, 곽공(郭公)이 비록 의리(義

---

321 壬辰年 五月 十日條, 壬辰年 五月 十七日條, 壬辰年 六月 十三日條, 壬辰年 六月 十八日條 등에서 관군과 의병 간의 첨예한 갈등을 기술하고 있다.

理)의 실수를 면하지는 못하지만 원한을 품고서 함부로 입을 놀리며 대역(大逆)의 이름을 더하고 있으니, 선악의 판단을 반드시 잘 분별하는 사람이 있으면, 서로 잘못한 책임을 면하지 못할 것이다.[322]

위의 내용은 1592년 7월 1일의 기록으로 관군을 대표하는 김수와 의병을 대표하는 곽재우의 갈등을 보여주는 장면이다. 김수의 무능은 비단 〈고대일록〉뿐만 아니라 송암의 〈용사일기〉, 암곡의 〈용사일기〉에서도 찾을 수 있다. 임진왜란 초기 관찰사 김수의 무능함과 비겁함을 보다 못한 의병들은 곽재우를 대표로 하여 통문을 돌려 김수를 성토(聲討)하기에 이른다. 이렇게 되자 김수의 막장(幕將)인 김경로, 김경눌이 오히려 곽재우를 비판하고 나선다. 이 외에도 김수는 장계를 올려 곽재우가 역적이라고 보고하기도 한다. 관군과 의병이라는 양 집단은 김수와 곽재우라는 대표인물을 앞세워 서로 대리전을 치르고 이러한 장면들은 〈고대일록〉 곳곳에서 확인할 수 있으며, 의병 실기에서 가장 많이 나타나는 갈등의 양상이다. 이 갈등을 좀 더 면밀히 살펴보면, 경상우도 남명학파 의병과 관군 간의 갈등이라 할 수 있겠다.

---

[322] 鄭慶雲, 『孤臺日錄』, 壬辰年 七月 一日條 "巡察使金睟自山陰入于郡 先是宜寧義兵將郭再祐馳檄于巡察使 摩下將士數其失人心亡國家之罪 使之斬首梟示軍中 至是又傳檄于巡使通文于列邑聲言斬首以慰人心 睟在山陰見檄文心膽驚喪手足典律食不下咽茫不知所措 軍官金敬老金景訥等睟之腹心人也 爲巡使劃計急投咸陽土城中庶可以延朝夕之命 抗再祐之兵策馬而行偃旗 而入會議答檄責之以逆賊多費妄言 人皆笑之噫 巡使雖惡奉命王臣 固不可經情而檀殺 郭公雖不免義理之失啣怨鼓舌加之以大逆之名 善惡之判必有能辯之者 而未免胥失之責"

〈고대일록〉을 의병 실기라는 전제 하에, 갈등 양상을 찾게 되면 두 번째로 두드러진 갈등 양상이 바로 남명학파와 서인 관료 간의 갈등이다. 〈고대일록〉은 1592년(선조 25) 4월 23일부터, 1609년(광해군 원년) 10월 7일까지의 기록으로, 〈고대일록〉에서 가장 많이 등장하는 인물은 주인공인 고대를 제외하고는 바로 스승인 내암이었다. 불우한 어린 시절을 보냈던 고대는 스승인 내암을 만나 부모처럼 섬기게 된다.

> 신사년(1581년, 26세)에 비로소 스승을 찾을 줄 알아 내암 선생께 청하였는데, 선생께서 못난이로 물리치지 않으니 그 후 잇따라 출입하였다. 매양 '가을달이 차가운 강물에 비친다[秋月 照寒水]'는 시구를 생각하며 부모와 같이 우러르고 신명(神明)과 같이 믿었다.[323]

고대는 아들이 요절했을 때 자신의 아픔보다 장성한 아들을 잃은 스승의 아픔을 더 걱정하는 충직한 제자 중의 한 사람이기도 했다.[324] 또한 〈고대일록〉 곳곳에서 별다른 부기 없이 내암만을 '선생'이라고 호칭하고 있으며, 꿈속에서도 내암이 나타났음을 기록하거나 내암의 정치적 처신이나 질병에 관해서도 상세히 기록하였다. 고대의 표현대로 '부모같이 우러르고 신명같이 믿었던' 스승이라고 할 수 있

---

323 鄭慶雲, 『孤臺日錄』, 辛亥年 四月 七日條 "辛巳始知尋師之道 請見於來庵先生 先生不斥之以無似 厥後夤緣出入 每思秋月照寒水之句 仰之如父母 信之如神明"

324 鄭慶雲, 『孤臺日錄』, 乙巳年 四月 七日條 "過午 雉子夭折 不忍之心 藹然之情書之則 慘於恒而已 以余襁褓之兒 猶且惻怛 以況於來庵先生乎"

다.³²⁵ 고대의 내암에 대한 존경은 행동으로 직접 표현되기도 하였다. 고대는 스승인 내암을 공격하는 비방하는 무리들에 맞서, 직선적이고 과격한 표현으로 그들의 행태를 비판하고 있다. 고대의 이러한 면모는 스승인 내암의 직선적인 기질과, 나아가 남명학파의 연원인 남명 조식의 타협하지 않는 기질과도 상당히 닮아 있다. 특히 남명학파 중심의 북인 세력에 맞서는 서인 세력에 대하여 상당한 반감을 품었으며, 서인 세력들을 폄하하는 내용은 〈고대일록〉 전면에 걸쳐 나타나고, 특히 임진왜란 이후에는 더 강경한 모습으로 표현된다.

다음은 〈고대일록〉에서 임진왜란 중에 서인에 대한 평가가 나타나는 장면들이다.

(가) 순찰사(巡察使)가 경내(境內)의 유민(流民)들을 모아 남아있는 쌀 7석을 내어 구휼하도록 하니, 반나절 사이에 모인 사람의 수가 거의 천여 명이나 되었다. 만약 정협(鄭俠)으로 하여금 지금의 세상에 살도록 했다면, 어떤 마음을 가졌을지 알 수 없는 일이다. 정철(鄭澈)과 같은 무리들이 날마다 술을 마시는 것으로 일을 삼으며, 태만한 가운데 적들이 충원되는 것과 백성들이 뿔뿔이 흩어지는 것은 생각도 하지 않으니, 나라의 근본이 이미 뒤엎어져 마치 주(秦)나라와 월(越)나라의 살찌고 마르는 것을 보듯 하니, 애통함을 이길 수 있겠는가?³²⁶

---

325 신병주, 「『고대일록』을 통해서 본 정경운의 영원한 스승, 정인홍」, 『南冥學』 第十五輯, 南冥學硏究院, 2010, p.312.
326 鄭慶雲, 『孤臺日錄』, 癸巳年 二月 七日條 "巡使會境內流民發正米七石賑之 半日

(나) 나는 고을 수령을 뵙고 정철(鄭澈)이 죽었다는 것을 들었다. 이는 반드시 하늘이 죽인 것이나, 전형(典刑)을 분명하게 밝혀 사람의 마음을 통쾌하게 할 수 없음이 한스럽다.[327]

(다) 정철(鄭澈)의 관작(官爵)을 추탈(追奪)하였다. 상벌(賞罰)이 정확하게 이루어졌고, 호오(好惡)가 공정하게 되었으니, 흥복(興復)을 기약할 수 있는 것은 거의 날을 꼽을 수 있을 정도일 것이다.[328]

(라) 체찰사(體察使) 윤두수(尹斗壽)는 성주(城主)가 군관(軍官)의 무리들을 대접하지 않았다는 이유로 군수에게 전령하여 전주(全州)로 불러 올렸는데, 언사가 몹시 패악하고 오만하였다. 아! 윤두수는 나라의 삼공(三公)으로서 국가가 텅 비어 고갈되는 것과 백성이 다 죽어 없어지는 것을 생각지도 않고, 오로지 먹고 마시는 것으로 일을 삼았다. 그 기염(氣焰)을 평상시와 다름없게 하니, 너무 한탄스럽구나! 성주(城主)가 이날 길을 떠나 운봉(雲峰)에서 유숙하였다.[329]

之間耶聚幾千餘人 若使鄭俠生今之世 則未知何以爲心乎 如鄭澈輩日以飮酒爲事 慢不念賊之充 弁民之流散 邦本旣顚而 如視秦越之肥瘠可勝痛哉

327 鄭慶雲,『孤臺日錄』, 甲午年 正月 一日條 "余謁主倅聞鄭澈之死 此必天殛然不能明示典刑以快人心可恨"

328 鄭慶雲,『孤臺日錄』, 甲午年 六月 二十一日條 "追奪鄭澈官爵 賞罰得中好惡出公 興復之期庶幾指日矣"

329 鄭慶雲,『孤臺日錄』, 甲午年 十月 十七日條 "體察使尹斗壽以城主不饋軍官之輩 傳令郡守招致全州辭甚悖慢 噫尹也爲國三公而不念國家之虛竭生民之澌盡唯其飮食之是務使 其氣焰無異平日可嘆 可嘆 城主是日發程宿于雲峰"

(마) 윤두수(尹斗壽)가 파면되었다는 소식과 사간(司諫) 최관(崔瓘)이 경연(經筵)에서 임금을 대하면서 수우당(守愚堂)의 억울한 누명과 뭇 간신배들의 용술(用術)하는 정황과 윗사람들이 실덕(失德)하여 바로잡아야 할 것이 많다고 낱낱이 진술하니, 임금이 넓은 아량으로 받아들였다는 소문을 들었다. 조야(朝野)가 조양(朝陽)땅에 봉황이 운 것이라 여겼다고 한다.[330]

위의 내용들은 〈고대일록〉에 실려 있는 서인(西人)들에 대한 정경운의 인식들이다. (가)·(나)·(다)는 정철에 대한 인식이며, (라)·(마)는 윤두수에 대한 것이다. 정철과 윤두수는 임진왜란 당시 서인을 대표하던 관료들이었다. 이러한 인식은 고대 개인의 인식이 아니라 남명학파 전체의 서인에 대한 입장을 고대가 대신 기술하였던 것으로 보인다.[331]

남명학파, 즉 북인들의 서인에 대한 반감을 의병의 입장에서 기술된 부분으로 분류한 것은 영남지역 대부분의 의병장이 경상우도 남명학파의 출신들이며, 이들은 관료로서는 선조를 중심으로 한 절대왕정에 충성을 맹세하고 있지만 의병의 입장에서는 임진왜란의 개전 초기 패전의 원인을 임금을 잘못 보필하고 있는 관료 집단과 그들의 지시를

---

330 鄭慶雲,『孤臺日錄』, 甲午年 十一月 二十二日條.; 聞尹斗壽見罷之奇 及 司諫崔瓘 因對經筵歷陳守愚堂免枉羣邪用術之狀凡上失德多耶斜繩 上優容之朝野以爲鳳鳴朝陽云云

331 서인에 대한 반감은 〈고대일록〉 후반부인 임진왜란 이후 부분에 더 자세히 드러나지만 여기에서는 논외로 하겠다.

따르고 있는 무능한 관군으로 보았고 그 관료들이 대부분 서인이었기 때문이다.

의병의 입장에서 본 갈등은 의병과 관군 간의 갈등과 남명학파와 서인 간의 갈등으로 정리된다. 고대가 의병의 입장에서 기술한 시기는 앞에서 논의한 관료의 입장에서 기술한 시기와 겹치기 때문에 임금에 대한 시선이나,[332] 또는 원군으로 조선에 들어온 명군에 대한 시선은 관료의 입장에서 본 것과 동일하게 매우 우호적으로 기술되어 있다.[333]

다음은 고대가 〈고대일록〉을 기술할 때, 전재민의 입장에서 나타나는 갈등 양상은 없는지를 살펴본다.

〈고대일록〉에서 전재민의 입장에서 기술된 부분은 정확하게 산정하면 정유재란이 시작되는 1597년부터라고 할 수 있다. 그러나 명과 일본이 조선의 의지와 관계없이 강화를 하고 난 후 고대가 선조의 근

---

[332] 〈고대일록〉에서 선조에 대한 근황을 계속 전하고 있는 것은 왕이 건재한 상태에서 전쟁을 지휘하고 있다는 사실을 확인하려는 의도이다. 그것은 왕명에 의해 임명된 지휘관에게 힘을 실어주는 것일 뿐만 아니라 왕을 정점으로 한 지휘체계가 확립되었음을 표방하여 관군 및 의병의 조직화를 촉진하는 효과를 가져오는 것이기도 했다. 의병 또한 선조의 군대로서 책무를 다하고 있다는 자긍심이 고대의 마음 속에 있었으며 선조가 도성으로 돌아온 계사년 10월 15일에는 '臥薪嘗膽', '中興'이라는 용어를 사용하면서 선조에 대한 애정과 기대의 끈을 놓고 있지 않다.; 설석규, 「鄭慶雲의 현실인식과 『孤臺日錄』의 성격」, 『南冥學』第十五輯, 南冥學硏究院, 2010, p.209.

[333] 鄭慶雲, 『孤臺日錄』, 癸巳年 一月 二十九日條 "聞來不勝喜躍自不禁折屐之心也", 癸巳年 二月 十五日條 "吳判校潭 郭草溪走日 金山陰洛 趙丹城宗道 金學瑞廷龍 成正字安義 共會于郡 以議天兵支待之事 又出通文于右道列邑 分定有司 大邑則酒五十盆牛三首 小邑則酒三十盆牛二首 卜定以待天兵南下之日"

황을 기술하는 것을 멈추었으며, 의병 활동에 대한 기술도 하지 않은 것으로 보아 넓은 의미에서 강화 조약 이후부터는 전재민 실기의 특색이 나타난다.

전재민의 고통을 다룬 피란실기의 경우 보편적으로 가장 많이 나타나는 갈등은 바로 어떤 구체적인 대상이 뚜렷한 고착화된 갈등이 아니라 생존이라는 명제 하에 매일매일 해결해나가야 할 전쟁이라는 큰 환경과의 부조화가 가장 큰 갈등이라 할 수 있을 것이다. '전쟁속의 일상'이라는 갈등 내에는 전쟁으로 인한 굶주림, 가족 간의 이별, 질병, 죽음, 비정상적 욕망 등이 다기하게 나타나지만 어떤 고정된 실체를 가지고 있는 것은 아니다. 이러한 갈등을 전재민들은 극복하면서 전쟁 속의 일상을 연장해 나가는 것이다.

〈고대일록〉 또한 여느 피란실기와 다르지 않게 이러한 전쟁 속의 일상이 잘 기술되어 있다. 특히 생계를 유지하기 위하여 상행위를 적극적으로 하고 있는데 이에 대한 기술이 상세하게 되어 있다. 여기에 조금 더 추가하자면 〈고대일록〉 전반부부터 무능한 관료에 대한 기술이 전재민의 입장에서 기술된 부분에서도 등장한다는 것이다. 전재민의 입장에서 기술된 〈고대일록〉에서 나타나는 갈등 양상은 여느 전쟁실기에서나 모두 나타나는 보편적인 상황이라 따로 논하지 않겠다.

〈고대일록〉에는 위와 같은 기본적인 전재민의 갈등 양상만이 아니라 변화해가는 갈등 또한 같이 등장한다. 그것은 다름이 아니라, 왕실과 명군에 대한 작자의 시선 변화이다. 먼저 맹신에 가까운 충성을 보였던 왕실에 대한 변화되는 시선을 확인해 보자.

(가) 왕의 교서(敎書)가 군(郡)에 도착했다. 사민(士民)들에게 한 되 또는 한 말의 곡식이라도 내어서, 명나라 군사들을 먹일 수 있도록 하라고 권하는 내용이다. 진정 항아리에 한 섬이라도 있으면, 사사로이 갖겠다는 마음이 조금도 없겠지만, 만분의 일이라도 도울 방도가 없으니, 속상하구나! 가난함이여.[334]

(나) 임금이 전교(傳敎)하기를, '잡아서 문초하라'고 하였다. 아! 이곳 교통의 요충지에 와서 마음을 다하여 관직을 다스렸으나, 도리어 무망(无妄)한 액운을 당하였으니, 세도(世道)를 탄식할 만하다.[335]

(다) 윗사람이 된 자는 경계하지 않을 수 있겠는가? 경계하지 않을 수 있겠는가?[336]

(라) 익호장(翼虎將) 김덕령(金德齡)이 죽음을 당했다고 한다. 가련하다. 덕령(德齡)은 의(義)로써 기병(起兵)하였으나, 마침내 큰 횡액에 걸려 옥석(玉石)의 분변을 받지 못했으니, 한탄스럽도다.[337]

---

334 鄭慶雲, 『孤臺日錄』, 癸巳年 二月 十六日條 "敎書到郡 勤士民出升斗之粟以餉天兵 苟有甑石之儲少無自私之念 而不能助萬分之一傷哉貧也"

335 鄭慶雲, 『孤臺日錄』, 丙申年 六月 二十一日條 "啓傳曰 拿鞫噫來此訟 路盡心治官 而及得无妄之厄 世道可歎"

336 鄭慶雲, 『孤臺日錄』, 丙申年 七月 十五日條 "上者可不戒哉 戒哉"

337 鄭慶雲, 『孤臺日錄』, 丙申年 閏八月 十二日條 "聞翼虎將 金德齡殺死可憐 德齡以義起兵 卒內惟鴻厄 不辨玉石 可歎"

(마) 주상(主上)께서 세자(世子)께 전위(傳位)하셨는데, 세자께서 극구 사양하셨다고 들었다. 상(上)께서는 국새(國璽)를 봉하여 영상(領相)인 류성룡(柳成龍)에게 맡겨두고, 오랫동안 정사(政事)를 처리하지 않았다고 한다. 상(上)께서 전위(傳位)하신 일이 옳지 않은 것은 아니지만, 다만 전위(傳位)하심이 정성스럽지 못하고 말씀이 흡족하지 못함이 있다. 그러므로 나라가 흉흉하고 임금의 뜻을 헤아리기 어려웠다. 가령 주상께서 정전(正殿)에 임하시어, 세자를 불러 정하(庭下)에 서게 하시고 국보를 지니시어 간곡히 내렸으면, 세자께서 어찌 사양하신다는 말씀을 하셨겠는가? 재야(在野)의 가난한 선비라고 하여, 어찌 주제넘은 근심이 없으랴.[338]

(가)는 1593년 2월 16일의 기록으로 명군이 원군으로 오자 선조가 사민들에게 명군들을 배불리 먹이도록 지시하는 장면이다. 하지만 사민들은 이미 기근(饑饉)에 시달리고 있었다. 천병(天兵)을 도와야 한다는 이상(理想)과 기아(飢餓)에 힘들어하는 현실(現實) 사이의 괴리에서 고대는 임금을 원망하지 않고 애꿎은 자신의 가난을 한탄하고 있다.

(나)는 1596년 6월 21일의 기록이다. 명군에게 음식을 접대하지 못한 관료에게 선조가 징벌을 내리는 장면이다. 접대할 수 없는 어려움

---

338 鄭慶雲, 『孤臺日錄』, 丙申年 九月 一日條 "聞主上傳位世子 世子固辭 上封國璽付領相柳成龍久不聽政云 政自上傳位之計未必不是 而但傳之不誠語有未洽 故國是洶洶 上意難測 設使主上御正殿招世子立庭下持國寶付以丁寧則世子其何設之辭 草澤寒士寧無漆室之優乎"

에 대한 전후사정을 따지지 않은 채 징벌만을 내리는 선조에 대한 원망을 직접적으로 표현하지 않고, 어지러워진 세도(世道)만을 탓하는 고대의 기술에서 선조에 대한 절대적인 맹신이 조금씩 흔들리고 있음을 확인할 수 있다.

(다)는 1596년 7월 15일의 기록이다. 이몽학의 난이 평정되고 나가 위정자들에게 올바른 정치를 당부하는 기술이다. 예전의 선조에 대한 맹신은 이미 사라졌지만, 선조에 대한 희망은 아직까지 버리지 못하고 있는 모습이다.

(라)는 1596년 윤 8월 12일의 기록이다. 의병장인 김덕령이 모함에 의해 죽고 나자 이것을 안타까워하는 장면이다. 고대는 김덕령의 죽음을 횡액(橫厄)이라고 표현하고 있는데, 이것은 당시 조정을 구성하고 있던 인물들에 대한 인간적 불신과 비판의식을 바탕으로 하고 있다. 그리고 그 중심에는 의병의 확대를 달갑게 여기지 않던 선조의 입김이 있었던 것도 조금씩 인지하게 된다. 이 일을 계기로 고대는 의병활동에 대한 의욕이 많이 사라지게 된다.

(마)는 1596년 9월 1일의 기록이다. 선조가 세자인 광해군에게 국정운영을 맡기려는 장면인데, 고대는 선조가 진심으로 국정을 광해군에게 맡기려는 생각이 없음을 눈치 채고, 여기에 대한 비판을 한다. 고대는 이 당시 이미 민심을 잃은 선조보다는 백성들의 존경을 받고 있는 광해군에 대하여 더 애정을 느끼고 있음이 확인된다.

위에서 살펴보았듯이 시간의 추이에 따라 전쟁 초기에 보였던 선조에 대한 애정과 기대는 전쟁이 장기화되면서 점차 소멸되어가는 것이 확인된다. 선조보다는 전쟁에서 실질적인 행동을 보여주는 광해군이 현실적인 남명학파 출신의 전재민에게 더욱 매력 있는 존재로 다가오는 것은 어찌 보면 당연한 결과이기도 하다.

이 외에도 선조가 전교를 내려 곽재우가 권세를 제멋대로 하므로 병권을 맡길 수 없다고 하자, "이 어찌 밝은 세상의 일인가? (중략) 주상의 뜻이 이와 같다면 과연 이것이 중흥의 계책인가?"[339] 하고 개탄하기도 한다.

또한 1596년 11월 26일의 기록을 살펴보면, 선조는 전황이 악화되자 다시 요동으로 건너가려 하였고, 이것을 남명학파 출신의 사간(司諫)인 김홍미(金弘微)가 간하여 "나라의 임금이 사직을 위하여 죽는 것이 의리(義理)의 바름인데, 전하께서는 이를 버리고 어디로 가려 하십니까?"라고 말리는 장면이 등장한다. 그리고 선조가 왜적의 서진(西進)을 막으려 산천에 제사를 지내라는 명령을 내리자, "이것이 과연 전쟁을 다스리는 대책인가"[340] 탄식하기도 하였다. 고대의 입장에서 전쟁초기의 선조에 대한 절대적 맹신이, 선조가 솔선수범하여 '국군사사직(國君死社稷)'하지 않은 모습을 보이지 않자 통렬한 비판으로 돌아서는데, 이것은 현실의식을 기반으로 한 〈신명사도(神明舍圖)〉에도 잘 표현되어 있는

---

339 鄭慶雲, 『孤臺日錄』, 丙申年 十一月 三日條 此豈明世事也 (중략) 而上意若此果是中興之策也

340 鄭慶雲, 『孤臺日錄』, 丙申年 十一月 二十六日條 沙斤察訪金丈志和 自京到郡 其言曰 黃璡密啓之後 上意大驚 遂決渡遼之策 無控制效死之志 司諫金弘微諫曰 國君死社稷 義之正也 殿下捨此 焉往云云 傳曰 徐當議之 (중략) 此果經理之策乎

남명학파의 학풍이 작품 속에 그대로 반영된 것이라 할 수 있다.

전재민으로서 선조를 바라보는 입장은 관료, 의병의 입장과는 확연히 대비되는 것을 살펴보았다. 이것은 같은 작품 내에서도 여러 가지 시선이 상존할 수 있음과 경험과 시간의 변화에 따라 그 시선 또한 달라질 수 있음을 보여주는 것이다.

다음은 시간의 추이에 따라 변화하는 고대의 명군(明軍)을 바라보는 시선을 확인하도록 하겠다.

관료나 의병의 입장에서 바라 본 명군은 위급한 전황을 역전시켜 줄 원군으로 상당한 기대감과 함께 이들을 바라보는 시선 또한 매우 우호적이었다. 하지만 실제 명군과 접촉의 기회가 가장 많았던 전재민의 입장은 관료, 의병의 입장과 과연 동일했을 것인가 반드시 확인해 볼 필요가 있다.

명군이 조선에 들어오기 전부터 〈고대일록〉에서는 명군에 대한 기대감을 감추지 않았다. 이러한 기대감은 이미 관료의 입장에서 기술한 〈고대일록〉의 갈등 양상 부분에서 논의하였다. 이러한 기대감에 부응하듯 명군은 평안도 지역에서 계속된 승전보를 보내왔고, 고대 또한 연이은 승첩(勝捷)을 기술하였으며, 지나친 기대감으로 명군의 위의(威儀)를 묘사하기도 하였다.[341] 그리고 이여송이 이끄는 명군은 1593년 1월의 평양 전투의 승리를 통해 전쟁이 일찍 끝날 수도 있다는 기

---

341 이러한 현상은 비단 〈고대일록〉에 국한된 것이 아니라 실록을 비롯한 공문서에서 앞 다투어 명군의 성과나 성세를 침소봉대하여 전달하였다.

대감을 모든 조선인들에게 심어주었다.

고대 역시 창의사(倡義使)가 보내온 전통(傳通) 등의 내용을 인용하여 명군의 평양 전투 승전 소식을 기록했다. 명군 병사들의 숫자가 10만에 이른다거나, 평양에서 패주한 일본군들이 대부분 섬멸되었다거나, 창원(昌原)·개령(開寧)·성주(星州) 등지의 일본군들이 평양 전투 소식에 간담이 서늘해져서 도망갈 조짐을 보이고 있다고 기술하였다.[342]

고대는 명군을 '은인'으로 기술하였으며, 전쟁이 곧 끝나리라는 희망을 피력하였다. 하지만 전황은 좋은 방향으로만 흘러가지 않았다. 이여송 휘하의 명군이 벽제(碧蹄) 전투에서 일본군에게 대패하였고, 이후 명군은 왜적과의 결전 대신 협상을 통해 강화(講和)를 도모하는 방향으로 입장을 바꾸면서 공세적 입장을 취하기보다는 수세적 입장을 견지하였다. 또한 전쟁이 장기화되자 노골적으로 군량을 요구하면서 조선 조정을 압박하고, 철군하겠다고 위협을 하기도 하였다.

명과 일본의 강화는 서로만의 입장을 확인한 채, 일본은 일본대로 조선에 계속 머물렀고, 명군 또한 남하하여 일본과 대치한 채 전쟁이 장기화되었으며, 전쟁이 장기화되자 이 피해는 고스란히 조선의 백성들에게 전가될 수밖에 없었다.

처음 명군이 남하할 무렵만 하더라도 경상우도 백성들은 자발적으로 술과 음식을 준비할 정도로 우호적이었다. 하지만 명군이 일본과

---

342 鄭慶雲, 『孤臺日錄』, 癸巳年 一月 二十三日·二十四日·二十六日·二十八日條.; 한명기, 「『孤臺日錄』에 나타난 明軍의 모습」, 『南冥學』 第十五輯, 南冥學研究院, 2010, p.284. 참조.

의 강화를 목적으로 조선군으로 하여금 함부로 일본군을 공격하지 못하도록 감제(監制)하고 실제로 의병장 김천일이 징벌을 받을 뻔 한일 이 발생하면서 명군의 실체에 의문을 품기 시작한다.

이와 더불어 선조의 지시로 명군들에 대한 접대를 독촉받자 전쟁으로 인해 생계마저 위협받고 있던 전재민들의 입장에서는 명군에 대한 호감이 점점 사라지게 된다. 전재민들은 접대에 대한 부담으로 전라도로 옮겨가게 되고, 접대에 불만을 느낀 명군들은 이때부터 본격적으로 전재민들을 수탈하기 시작한다.

> (가) 명나라 군대가 우리 지역에 도달했지만 고을에는 인적이 없어 접대할 방법이 없자, 그들 스스로 인가(人家)를 뒤져 하찮은 물건까지도 남기지를 않았고, 우마(牛馬)를 풀어놓아 곡식을 모두 먹어버려서 피해를 보상할 수 없으나, 백성들이 어떻게 살아서 생명을 유지할 수 있을까?[343]

> (나) 명나라 군대가 사방으로 나가 남의 집을 뒤지니, 백성들이 그 고통을 감당하지 못한다.[344]

> (다) 명나라 군대가 군(郡)에 가득하여 거주하는 백성들은 한결같

---

343 鄭慶雲, 『孤臺日錄』, 癸巳年 七月 九日條 "天兵到境而邑無人迹 接待末由 自相搜括人家 莫遺錙銖 縱牧牛馬 盡食禾穀 爲害不貲 民安所活命哉"

344 鄭慶雲, 『孤臺日錄』, 癸巳年 七月 十一日條 "天兵四出搜探人空家民不勝其苦矣"

이 집이 텅 비었으니, 긁어 모아간 피해가 왜노(倭奴)와 다를 바가 없다.[345]

(가)는 1593년 7월 9일의 기록이다. 1593년 7월부터 본격적으로 시작되는 명군의 횡포는 단순한 물적 수탈만으로 끝나지 않았다. (나)는 1593년 7월 11일의 기록으로, 명군에 의한 백성들의 고통을 토로하고 있으며, (다)는 1593년 7월 14일의 기록으로 명군을 왜노(倭奴)와 동일시하는 표현까지 문면에 드러난다.

명군에 의한 피해는 8월 1일에 고대의 친한 벗인 노지부(盧志夫)의 폭행사건으로 번지기도 하고, 또 8월 30일에는 그들을 접대하고 배웅하는 과정에서 인부(人夫)와 마필(馬匹) 등을 마구 동원하게 되면서 백성들이 고통을 참지 못하여 처량하게 울기도 하였다고 기술하고 있다. 명군에 의해 야기되는 민폐가 극심해지고 있었음에도 오히려 1593년 9월 3일 '나라 안의 모든 백성들은 명나라의 통제에 복종하라'는 선조의 적절치 못한 명령이 하달되면서 전재민들의 고통은 더 심해지게 된다.

고대 역시 명군에게 직접 핍박받을 사실을 〈고대일록〉에 기술하고 있다.

---

345 鄭慶雲,『孤臺日錄』, 癸巳年 七月 十四日條 "天兵滿郡 居民日空 搜括之害 無異於倭奴矣"

(가) 명나라 군대에 군량을 운반했던 사람과 말이 되돌아왔지만, 나의 말은 명나라 사람에게 빼앗겼다.[346]

(나) 나는 집으로 내려가 가묘(家廟)를 살펴보았다. 창호(窓戶)·문호(門戶)·병풍(屛風)·책자(冊子) 등의 물건은 모두 명나라 군사들이 가져가 버렸다. 큰 대나무로 만든 지팡이조차도 남아있는 것이 하나도 없었다. 눈에 보이는 비참한 모습이 사람들로 하여금 증오심을 품도록 하기에 충분했다.[347]

(다) 나는 향교(鄕校)로 갔다가 명나라 군사들에게 잡혀 수모를 당하였다. 아주 가증스럽고 가증스러웠다.[348]

(라) 명나라 사람들이 우리들의 말 두 마리를 강탈해 갔다. 간절하게 설득하여 말을 찾아 돌아왔다.[349]

(마) 맹지휘(孟指揮)의 군인(軍人) 종강(終姜)과 소통사(小通事)가 나의

---

[346] 鄭慶雲, 『孤臺日錄』, 癸巳年 五月 二十日條 "天兵運餉人馬還來 而余之騎爲唐人所奪"
[347] 鄭慶雲, 『孤臺日錄』, 癸巳年 七月 十五日條 "余下家省觀家廟 窓戶及門戶屛風冊子等物盡爲天兵耶取去 巨竹千捧無一介遺者 見之慘目令人懷惡天兵"
[348] 鄭慶雲, 『孤臺日錄』, 癸巳年 十一月 二十八日條 "余往校爲 天兵耶執受侮孔多可憎可憎"
[349] 鄭慶雲, 『孤臺日錄』, 乙未年 二月 十四日條 "唐人奪我等兩馬 而去百分解和得馬"

말을 빼앗아 갔다. 근래에 명나라 사람들이 마을을 뒤지면서 겁탈함이 매우 심하므로, 대부분의 사람들이 사방으로 도망갈 생각을 하고 있다. 우리가 어떻게 버텨야 할 지 모르겠다.[350]

(바) 명나라 파발병(擺撥兵) 가운데 교대하여 돌아가는 다섯 명이 우리집에 갑자기 들이닥쳐 내 몸을 마구 때려서 팔뚝과 손을 많이 다쳤다. 통탄스럽다. 통탄스럽다.[351]

(사) 명나라 병사 다섯 명이 또 우리 집에 들어와 병아리를 모두 죽였다. 또한 곡물을 빼앗고, 술과 고기를 내놓으라고 화를 내는데, 성화(星火)보다 급했다. 만약 조금이라도 자신들의 뜻에 맞지 않으면, 나무와 돌을 다루듯이 마음대로 때렸다. 나는 말세에 태어나서 어찌 이다지도 불행한가?[352]

위에 기술한 내용들은 고대가 직접 명병으로부터 받은 피해들로, 경제적 피해·육체적 피해·정신적 피해 등이 다양하게 기술되어 있다. 명병에게 직접 피해를 입다보니 명병에 대한 호칭도 변화함을 알

---

350 鄭慶雲, 『孤臺日錄』, 乙未年 十月 二十四日條 "孟指揮軍人終姜及小通事奪我馬而去近來唐人搜括閭閻劫奪無藝 人人皆慄四散之計未知何以支吾也"
351 鄭慶雲, 『孤臺日錄』, 乙未年 十一月 三日條 "擺撥唐兵代歸之人五名突入 吾家亂行打余身臂手尤傷可痛可痛"
352 鄭慶雲, 『孤臺日錄』, 乙未年 十一月 五日條 "唐兵五名又入吾家盡殺鷄我 又攫穀物懲索酒肉急於星火少不如意恣打木石 人生末世何其不幸"

수 있다. 처음 명병을 호칭할 때는 '천병(天兵)'이라는 표현을 사용해 상당한 우호감을 표시한 반면, 피해를 입고 나서는 '당병(唐兵)'이라는 표현을 사용해 명병에 대한 강한 실망을 표시하고 있다.

처음 고대가 가지고 있던 명병에 대한 이미지는 실제 명군과 고대가 접촉하고 나서는 많이 바뀌게 된다. 임진왜란 초기 고대는 명병에 대하여 무조건적인 우호의식을 가지고 있었다. 이 당시 〈고대일록〉은 주로 고대가 관료 입장 또는 의병의 입장에서 기술하였다.

이후 조선을 배제한 채 명과 일본 사이에 강화가 체결되었고, 명군은 조선에 주둔하게 되고, 고대와 명병이 접촉하는 기회가 많아지다 보니 고대는 명군으로부터 실제적인 피해를 입게 된다. 이 당시는 고대가 전재민의 입장에서 〈고대일록〉을 작성한 것으로 보인다. 하지만 고대가 전재민의 입장에서 명군으로부터 피해를 입었다고 하여 명병에 대한 악감정만을 가지고 있었던 것은 아니다. 즉 전재민으로서의 고대는 명병에 대하여 상당히 유동적인 모습을 가지고 있다. 고대는 명병들에게 봉변을 당할 당시에는 분노와 당혹감을 표출했지만, 때로는 명군 지휘관들의 행태를 조선군 장수들과 비교하여 높이 평가하기도 했고, 명나라 황제의 은혜에 대해서도 찬사를 아끼지 않았다.

고대는 명군에게 여러 차례 봉변을 당했음에도 불구하고 명군이 없으면 일본을 물리칠 수 없다는 이중적인 생각을 피력하기도 했다.[353]

---

353 한명기, 「『孤臺日錄』에 나타난 明軍의 모습」, 『南冥學』 第十五輯, 南冥學硏究院, 2010, pp.299~300.

지금까지 〈고대일록〉에 나타나는 여러 가지 갈등 양상을 관료, 의병, 전재민의 시선에 따라 나누어 분류하였다. 이것을 정리해 보면 다음과 같다.

먼저 관료의 입장에서 보았을 때는 갈등의 양상이 잘 드러나지 않는다. 관료의 입장에서는 가능한 왕실 또는 조정과 같은 호흡을 하려는 것을 볼 수 있다. 단지 무능한 관료 또는 관군에 대한 원망이 있기는 하지만 이것은 선조를 중심으로 한 왕실과는 무관한 것으로 취급하고 있다. 그리고 명군에 대한 상당한 기대감을 가지고 있는 것을 확인 할 수 있었다. 즉 관료의 입장에서 기술한 부분에서는 구체적인 갈등 양상은 확인할 수 없었다.

다음으로 의병의 입장에서 기술한 부분에서는 다른 의병 실기처럼 관군과의 대립 양상을 확인할 수 있었다. 거기에 덧붙여 남명학파 출신 의병들과 서인 간의 갈등을 확인할 수 있었다. 이것은 경상우도의 의병장 대부분이 남명학파의 문인들로 기축옥사(己丑獄死) 이후에 생성된 서인들에 의한 반감이 〈고대일록〉에 그대로 반영된 것이다. 모든 무능한 관료 내지 관군들의 중심에 서인이 있다고 상정한 후 이에 대한 반감을 노골적으로 드러내고 있다. 반면에 왕실에 대한 불만이나, 명군에 대한 반감은 의병의 입장에서 기술된 부분에서도 따로 찾을 수 없었다.

마지막으로 전재민의 입장에서 기술된 부분에서는 갈등의 양상은 매우 다기함을 확인하였다. 우선 생존이라는 명제 아래 매일매일 전쟁의 일상 자체가 전재민에게서는 극복해야 할 갈등 그 자체이다. 여기에 무능한 관군이나 관료 또한 전재민에게 있어 갈등의 대상이기도 하였다. 또한 전쟁을 조기에 종전시키지 못하는 선조에 대한 불만이 임진왜란 후반부에서 나타나기도 한다. 선조에 대한 불만은 선조가 솔선수범하여 전쟁을 조기에 끝내지 못하는데 대한 실망감으로 생긴 것이라 할 수 있다. 거기에 덧붙여 임진왜란 초기에 은인(恩人)을 자처한 명군에 대한 실망감도 〈고대일록〉에서 찾을 수 있다. 재미있는 사실은 고대가 명군에 대하여 실망하면서도 명군에 대한 기대감을 버릴 수 없는 이중적인 의식을 보이고 있다.

3) 복합 경험으로 인한 기술의 변화

고대는 의병과 전재민으로서의 경험을 가지고 있으며, 관료의 마음가짐으로 전쟁실기를 작성하고 있음을 위에서 논의하였다. 즉 〈고대일록〉은 관료 실기·의병 실기·전재민 실기의 성격을 고루 갖추고 있는 독특한 작품이라 할 수 있는데, 이것은 관료·의병·전재민의 시각이 한 작품 속에서 존재할 수 있음을 의미하기도 한다. 본 항에서 작품 내에서 각 경험주체는 무엇을 중심으로 기술하고자 하는 서술시각을 가지고 있는지를 살펴볼 것이다.

고대는 임진왜란 당시 관료로서 임명되지는 못하였지만 관료가 되려고 하는 욕구를 일부러 감추려고도 하지 않았다. 〈고대일록〉에서도 전란 중 과거가 있는 곳은 마다하지 않고 가서 시험을 치르기도 하고, 서울에 까지 가서 관계(官界)에 있는 동문들과의 교유(交遊) 또한 소홀히 하지 않는 모습이 번번이 등장한다. 이러한 고대의 욕구는 결국 무의식세계인 꿈에서조차 나타나기도 하였다.

　임진왜란이 일어난 후 학봉 김성일이 영남초유사로서 경상우도로 내려 온 후, 고대는 학봉에 의해 소모유사로 임명된다. 소모유사라는 직책은 관직으로 볼 수 없으나 학봉은 왕명에 의해 영남초유사의 역할을 수행하고 있기에 학봉에 의해 직접 임명된 고대는 관료 이상의 자긍심을 가지고 자신의 임무를 수행하게 된다. 이후에 역할이 바뀌어 고대는 기록유사의 책무를 수행하게 된다. 기록유사는 의진에서 일어나는 모든 상황에 대한 기록을 맡고 있기에 고대는 상당한 의욕을 가지고 〈고대일록〉의 기술에 심혈을 기울인다. 기록유사라는 공식적인 직함에 맞게 〈고대일록〉은 공적 실기를 지향하는 모습을 찾을 수 있다.

　〈고대일록〉의 체제를 살펴보면 기본적으로 일자를 나타내는 간지(干支), 다음으로 기후(氣候)를 기록한 후, 매일매일의 특색 있는 일상을 기술하였다. 〈고대일록〉 초반부의 기술을 살펴보면, 매일매일의 일상 중에서 가장 먼저 기술되는 것은 다름이 아니라 바로 선조의 근황(近況)이다. 선조의 근황을 적고 난 후, 이어서 지방관이나 초유사(招諭使)·어사(御使)·소모관(召募官) 등 특정 관원의 이·취임(離·就任) 등 국정 또는 임진왜란 전체의 전황 또는 경상우도의 전황 순으로 기술하고 있다.

　즉 고대는 춘추대의에 입각한 존왕주의를 중심으로 〈고대일록〉을 작성하다 보니 당연히 선조에 대한 기술이 가장 먼저 올 수밖에 없었다.[354] 특히 임진년 4월 30일부터 임진년 6월 1일까지의 기록은 매우

---

354 〈고대일록〉 중 임진왜란 초반부를 기술한 부분에서는 거의 매일 선조의 근

상세하게 기록되고 있는데, 이 기간은 선조가 몽진을 결정한 날로부터 선조가 의주에 도착한 날까지의 기록이다.[355] 다음으로 관심을 가지게 된 것은 국정운영 전반, 경상우도 중심의 전황이 뒤를 이어 기술되고 있다. 이것은 고대가 춘추의식을 기반으로 작성하는 순간부터 〈고대일록〉은 관료 실기가 될 수밖에 없었으며, 그 기술되는 내용 또한 선조를 위시한 왕실·국정 운영, 임진왜란 전체 전황·경상우도의 전황이 주를 이룰 수밖에 없었다. 그리고 이러한 기술이 가능하기 위해서는 고대 스스로가 관료의식을 가지고 국가중심적 시각을 통해 전쟁을 바라보아야만 가능한 것이다.[356]

다음은 의병의 입장에서 기술한 〈고대일록〉에 대하여 살펴보도록 하겠다. 고대가 의병의 입장에서 작품을 기술한 시기는 주로 직접 창의 활동을 한 임진년과 계사년의 일정 기간이다. 이 부분은 임진왜란

황이 기술되었다. 이에 대한 논의는 위에서 이미 하였기에 선조의 근황이 자세히 기술된 일자만을 제시한다. 임진년 4월 30일·5월 1·2·3·4·5·6·7·8·19·20일·6월 1일이 여기에 해당한다.
355 오용원, 「16세기 후반 咸陽 士族의 戰爭 體驗과 現實 克服」, 『南冥學』第十五輯, 南冥學硏究院, 2010, p.355.
356 고대는 관료의 입장에서 국가중심적 시각을 갖추기 위해서 영남초유사의 기록유사라는 직함을 십분 발휘한다. 그는 각지에서 전달되는 공문서들을 면밀히 열람하였고, 필요에 따라 직접 관아를 방문해 필요한 자료를 얻기도 하였다. 즉 고대는 스스로 관료로 공적기록을 작성한다는 마음가짐으로 기술에 최선을 다하였다. 이러한 노력의 결과로 〈고대일록〉 이외에 「별록」이라는 제명의 공문서 모음집이 만들어지게 된 것이다. 「별록」은 고대가 임진왜란 당시 전황을 기록하면서 참고했던 敎書·敎旨·諭旨·朝報·關文·咨文·傳令·牌文·傳通·榜文·疏文·通文 등이 수록되어 있으리라 추정한다.

초기부터 강화를 맺기 전까지의 시기로, 관료의 입장에서 기술한 시기와 동일하다.

관료의 입장에서 기술한 부분에서는 관료로서의 직접적 경험이 드러나는 것이 아니라 관료로서의 기술의식이 작품에 녹아들어가 있는 반면에, 의병의 입장에서 기술한 부분은 고대가 직접 의병으로서 창의 활동에 참여함으로써 얻은 체험을 작품 속에서 그대로 기술하고 있다는 점이 다르다. 고대는 스스로 의병이라는 자긍심을 가지고 자신의 역할을 다하고 있는데, 이것은 위에서 논의한 관료로서의 시각과는 사뭇 다른 것이다. 고대는 관료로의 편입을 갈구하고 있지만 처사로서의 자신의 신분을 잘 알고 있었다. 전체 전황을 기술할 때는 관료의 시각에서 공문서의 내용을 사실적으로 전하고 있고, 경상우도의 구체적인 전황을 기술할 때는 의병의 시각에서 자신의 가치관이나 사상을 노출시키고 있음이 발견된다.

〈고대일록〉이 의병의 시각이 잘 드러나는 것은 특히 갈등을 기술하는 부분이다. 의병의 입장에서 기술된 부분에서 가장 명확히 드러나는 갈등은 두 가지인데, 하나는 남명학파 문인 출신 의병과 관군과의 갈등이고, 다른 하나는 남명학파 문인들과 서인과의 갈등이다.

첫 번째 갈등은 향촌이라는 기반을 가지고 창의한 의병과 왕실의 임명을 받은 관군 사이의 갈등이다. 의병은 그 특성 상 향촌의 재지사족을 중심으로 결성된 향병(鄕兵)의 성격이 짙다. 두 집단은 향촌이라는 일정한 공간 내에서 의병과 관군은 제한된 인원과 물자를 경쟁적으로 확보하다 보니 서로 대립할 수밖에 없었다. 의병들은 대의(大

義)라는 가치관으로 무장하고 있었으며, 관군 역시 명분(名分)이라는 배경을 가지고 있기에 두 집단은 팽팽히 맞설 수 있었다. 고대가 관군 보다는 의진(義陣)에 더 집착을 하는 것은 고대 자신이 향촌을 기반으로 한 재지사족의 한 사람이기 때문이다.

두 번째 갈등은 남명학파 문인과 서인과의 갈등이다. 남명학파의 입장에서는 서인은 임진왜란의 빌미를 제공한 무능한 정치집단으로 보았다. 임진왜란 당시 남명학파 공론의 중심에는 내암이 있었는데 그는 남명에 의해 확립된 이기분대론(理氣分對論)의 세계관을 토대로 군자소인론(君子小人論)의 정치철학을 가지고 있었다. 그는 군자소인론을 통해 공·사(公·私)로 피·차(彼·此)가 나누어진 틈을 타 정사(政事)에 해를 끼치고 인심(人心)을 두려워하지 않는 사사로운 무리가 발호하면 반드시 이웃의 사악한 적을 불러들이기 마련이라[357]며 그는 군주의 분명한 분별적 자세를 촉구하였으며, 군자소인론을 통해 서인 집단을 표적으로 삼아 공략하였다.

내암에 대한 경외심(敬畏心)이 남달랐던 고대는 서인 집단에 대한 노골적인 불만을 드러내고 있다. 이것은 비단 고대의 사감(私感)이 아니라 내암을 비롯한 경상우도를 중심으로 한 재지사족들의 공론이기도 하다. 즉 남명학파와 서인의 갈등 또한 향촌중심적 시각에 의한 갈등이라고 할 수 있다.

---

357 『來庵集』卷二, 封事·疏 辭義將封事.; 설석규, 「鄭慶雲의 현실인식과 『孤臺日錄』의 성격」, 『南冥學』 第十五輯, 南冥學硏究院, 2010, p.212.에서 재인용.

고대는 자신이 경험한 창의 활동과 자신이 속한 학파의 정치적 경향을 〈고대일록〉에 자세히 기술하고 있다. 이때의 시각은 거시적으로 모든 상황을 조망하는 국가중심적 시각이 아니라 자신이 생활 터전으로 삼고 있는 향촌의 지배력 강화를 위한 향촌중심적 시각에 의해 기술하였던 것이다.

마지막으로 전재민의 입장에서 기술된 〈고대일록〉에 대하여 살펴보도록 하겠다. 〈고대일록〉에서 작자의 감정이 가장 사실적으로 노출되는 부분은 바로 고대가 피란생활을 하면서 겪은 체험을 기술한 부분이다. 이 부분은 〈고대일록〉의 임진왜란 기술 부분 중에서 뒷부분에 해당한다. 작품 초반 관료로서의 서술의식을 바탕으로 하고, 의병으로서의 체험을 중심으로 기술되었다가 정유재란 이후에는 고대와 그의 가족들의 처절한 피란생활 중심으로 초점이 옮겨진다.

전국의 전황이나, 향촌 내에서의 학파 간 갈등보다는 전재민의 일상사(日常事)가 중요하게 다루어졌다. 전재민에게 있어 하루하루는 단순한 하루의 의미가 아니라 생과 사의 갈림길 사이에서의 삶의 연장이라는 의미가 있다. 고대는 기아(飢餓), 질병(疾病), 폭행(暴行), 사별(死別) 등의 경험을 작품에서 기술하고 있다. 특히 사족으로서는 견디기 힘든 걸식(乞食)에 대한 내용과 생계를 위한 상행위(商行爲)에 대한 내용도 기술하고 있다. 이 밖에도 노비를 추쇄(推刷)하기 위해 전라도까지 쫓아갔다는 내용, 농사에 대한 상당한 집착 등은 평화 시 사족들의 행동에서 찾기 힘들 뿐 아니라, 기술하기를 꺼려하는 부끄러운 부분일 수도 있으나 고대는 이런 장면들을 상세히 기술하고 있다.

고대가 직접적인 전쟁의 참상을 겪지 않은 상태에서는 확고한 국가관, 향촌 내 사족끼리의 의리와 공론이 중요한 가치관이 될 수 있지만, 전재민의 입장에서 직접 전쟁의 공포를 체험한 후에는 위에 논의한 가치관은 공리공담(空理空談)이 될 수밖에 없다. 이러한 공리공담보다는 생계의 연장에 필요한 한 끼의 식사가 전재민에게는 더 소중한 것이다. 고대 또한 전재민의 입장에서 고대 자신과 자신의 가족을 중심으로 벌어지는 피란의 체험을 생생히 기술하고 있으며, 이것이 부끄러운 일일지라도 숨김없이 드러내고 있다.[358]

전재민 입장의 고대는 국가중심적 시각, 향촌중심적 시각에서 벗어나 고대와 가족을 중심으로 한 개인중심적 시각을 통해 전쟁을 조망하였으며 이를 중심으로 작품의 내용을 구성하고 있다.

고대는 전체를 조망하던 거시적 시각은 비록 상실하였지만, 그 대신 가족을 중심으로 매우 세밀하고, 섬세하게 기술할 수 있는 미시적 시각이 생겨났다는 점에서 〈고대일록〉의 피란생활을 기술한 부분은 또 다른 의미를 가지고 있다.

---

358 고대는 사족으로서의 상행위를 스스로 부끄러워하며, 그러한 행위를 힘들어 하였다. 하지만 〈고대일록〉에서는 이러한 부끄러움이나 고통까지도 숨기지 않고 기술하고 있다. 같은 맥락에서 고대는 임진왜란을 통해 사랑하는 아들과 딸을 잃었으며, 가장 친한 친구와도 사별하였다. 이때의 기술 역시 자신의 감정을 감추지 않고 그대로 노출하고 있음을 확인할 수 있다. 이것은 관료의 입장 또는 의병의 입장에서 기술할 때와는 확연히 차이가 있다. 즉 관료의 입장, 의병의 입장에서 기술한 부분이 공적 실기를 지양하고 있다면, 전재민의 입장에서 기술된 부분은 철저히 사적 실기를 표방하고 있음이 확인된다.

지금까지 〈고대일록〉 내에서 관료 입장에서의 국가중심적 시각, 의병 입장에서의 향촌중심적 시각, 전재민 입장에서의 개인중심적 시각이 상존하고 있음을 살펴보았다. 이것을 통해 전쟁실기 작품 전체가 무조건 일방적인 시각만을 가지고 기술되지는 않았다는 사실을 확인할 수 있으며, 한 작품 내에서도 각각 다른 시각차가 지니는 의미 또한 뚜렷하다는 것을 확인하였다.

5. 남명학파 임진왜란 전쟁실기의 특성과 위상

남명학파 임진왜란 전쟁실기에 대한 논의를 위해 지금까지 남명학파의 임진왜란 대응양상을 당시 대표적인 경험주체라 할 수 있는 관료·의병·전재민으로 분류하였으며, 경험주체의 경험이 전쟁실기로 표현되고 있음을 살펴보았다. 그 결과 총 19편의 남명학파 전쟁실기를 확인할 수 있었다. 이후 관료·의병·전재민 실기의 유형별 특징을 확인하였다.

본 절에서는 남명학파 임진왜란 전쟁실기가 지니고 있는 위상을 살펴본다. 우선 남명학파 임진왜란 전쟁실기가 지니고 있는 특성을 살펴보고, 그 특성을 중심으로 남명학파 임진왜란 전쟁실기가 임진왜란 전체 전쟁실기에서 차지하고 있는 위상을 확인하겠다.

남명학파 임진왜란 전쟁실기 19편을 경험주체에 따라 분류한 결과 관료 실기가 6편이며, 의병 실기가 11편, 전재민 실기가 1편, 경험이 복합적으로 혼재되어 있는 전쟁실기가 1편이 있음을 확인하였다.

남명학파 임진왜란 전쟁실기의 첫 번째 특성은 바로 의병 실기가 많다는 점이다. 총 19편의 작품 중 의병 실기는 11편이고, 관료 실기 중 〈황곡선생일기〉와 복합 실기인 〈고대일록〉 또한 의병의 경험을 지닌 작자가 기술하고 있기에, 남명학파 임진왜란 전쟁실기 중 의병 실기가 차지하는 비율은 상당히 높다고 하겠다.

의병 실기가 압도적으로 많은 것은 임진왜란 당시 남명학파의 현실 대응 양상에서 그 이유를 찾을 수 있다. 임진왜란 당시 남명 문인들의 남명 특유의 실천지향적 학풍의 영향으로 약 80여 명의 남명학파 문인들이 창의하였으며, 이러한 창의 경험을 바탕으로 상대적으로 많은 의병 실기가 기술될 수 있었다.

반면에 관료 실기가 상대적으로 적은 것은 기축옥사(己丑獄死)와 같은 정쟁(政爭)과 남명학파의 뚜렷한 출처관(出處觀)에서 찾을 수 없고, 전재민 실기가 1편에 불과한 것은 남명학파 특유의 상무(尙武)의식에서 찾을 수 있다.[359] 더욱 놀라운 사실은 포로 실기가 한 편도 없다는 것이다. 남명학파 문인들 중에서도 드물긴 하지만 피로(被虜)의 경험을 가진 문인이 있어다. 그러나 피로의 경험이 실제 전쟁실기로 기술된

---

359 암곡 〈용사일기〉 또한 암곡이 관례도 치르기 이전에 시작된 전쟁경험을 기술하고 있다. 즉 암곡은 관료로 진출하기에도 의병으로 활동하기에도 너무나 어렸기 때문에 전재민의 경험밖에 할 수 없었다. 이런 이유로 인해 남명학파 유일의 전재민 실기가 탄생할 수 있었다.

작품은 없었다. 이것은 남명학파의 강인한 학풍에서 기인한다.[360]

의병 실기는 남명학파 직전제자들보다는 재전제자들에 의해 더 많이 기술되었다. 이것은 재전제자들이 직전제자들보다 연소하므로 전쟁에 대한 충격이 더 컸으며, 그 충격에 비례하여 기록으로 남기고자 하는 욕망 또한 더 컸기 때문이다. 더불어 자긍심이란 이름으로 대체할 수 있는 공명심 또한 의병 실기가 창작되는 데 큰 역할을 하였다.

남명학파 임진왜란 전쟁실기가 지니는 두 번째 특성은 일기체 형식의 전쟁실기가 많다는 것이다. 총 19편의 작품 중 13편이 일기체 형식의 전쟁실기이다. 서론에서 이미 밝혔듯이 아직까지도 학계에서는 전쟁일기와 전쟁실기를 동일시할 만큼 전쟁실기 전체에서 전쟁일기가 차지하는 분량은 상당하다.[361]

---

[360] 경상우도 지역이 임진왜란 중 가장 많은 참화를 입은 지역임에도 불구하고, 포로가 되는 경우는 많지 않았다. 그 이유는 남명학파 문인들이 전쟁 초기부터 의병이 되거나, 전화를 피해 거주지를 옮겨 다녔기 때문이다. 그리고 혹 被虜의 순간이 오면 자결을 하는 등 일찌감치 포로가 되는 길을 스스로 차단한 데서 그 이유를 찾을 수 있다. 남명학파의 문인 중에서 丹洲 河抮(1581~?)은 被虜의 경험을 가지고 있다. 단주는 임진왜란 당시 被拉되어 약 10년 간 일본에 체류하다가 晉陽 河氏 형제들의 부단한 노력으로 인해 다시 고국 땅을 밟게 되는데, 어린 나이에 피랍되어 자신의 포로 경험을 전쟁실기로 기술하기가 어려운 탓도 있겠지만 귀향 후에도 굳이 포로의 경험을 기록으로 남기려는 노력을 보이지도 않았다.

[361] 전쟁실기는 일기체 형식의 전쟁실기만 있는 것이 아니라 事件의 始終을 설명하려는 기사본말체 형식의 전쟁실기도 있고, 드물기는 하지만 인물의 행적을 좇아 기술하는 전쟁실기도 발견할 수 있기에 더 이상은 전쟁실기와 전쟁일기를 동일시해서는 안 될 것이다.; 최재호, 「戰爭實記의 새로운 분류방법 모색 試論 - 壬亂 戰爭實記를 中心으로 -」, 『퇴계학과 한국문화』 46호, 경북대학교 퇴

임진왜란 전쟁실기 전체에서도 일기체 형식이 차지하는 비율이 높 듯이 남명학파 임진왜란 전쟁실기에서 일기체 형식이 차지하는 비율 또한 높다. 하지만 임진왜란 전쟁실기의 보편성을 남명학파 임진왜란 전쟁실기의 특수성으로 내세우는 것은 논리적으로 맞지 않기에 이에 대한 부가적인 설명을 하고자 한다.

임진왜란 전쟁실기 중에서 일기체 형식의 전쟁실기는 상당수가 있 지만 이 중에서 사실성의 확보를 위해 일부러 일기체 형식을 차용한 작품들이 있음을 간과해서는 안 된다. 이것은 전쟁실기 '경험 시점과 기술 시점의 불일치'에 대한 논의와 연관되어 있다.[362] 즉 작자가 자신 이 경험한 내용을 어느 시점(始點)에서 기술하고 있는지에 대한 문제이 다. 대부분의 포로 실기들은 일본으로의 피랍 과정, 일본에서의 포로 생활, 생환 과정을 귀향한 후에 기술하고 있음에도 경험의 시점과 기 술의 시점의 간극을 줄이기 위해, 의도적으로 일기체 형식을 활용하 고 있다.

임진왜란 종전(終戰) 이후에 작성된 전쟁실기 중에서도 일기체 형식 을 차용한 경우가 발견되는데 이것은 자신의 경험에 대한 사실성과 현장성을 확보하기 위한 한 방법으로 일기체 형식을 차용했기 때문이 다. 즉 경험의 시점과 기술의 시점이 서로 동일하지는 않지만 현재성 을 담보로 하는 일기체 형식을 사용한 전쟁실기들도 존재한다는 것

계연구소, 2010. 참조.
[362] 최재호, 「松巖『龍蛇日記』의 문학적 특성 논의」, 『퇴계학과 유교문화』 48호, 경북대학교 퇴계연구소, 2011. 참조.

을 염두에 두어야 한다.

하지만 일기체 형식의 남명학파 임진왜란 전쟁실기는 경험의 시점과 기술의 시점이 서로 일치한다.[363] 즉 남명학파의 일기체 형식 전쟁실기는 작자가 그날 직접 경험한 내용을 즉시 기술하고 있다는 것이다.

남명학파의 전쟁실기에서 일기체 형식이 많은 것은 남명학파의 전쟁 체험과도 관계가 있다. 일기체 형식의 장점은 경험의 시점과 기술의 시점 사이의 간극(間隙)이 거의 없다보니 사실성과 현장성을 유지할 수 있다는 데 있다. 남명학파의 경우 의병 실기가 많은데, 의병 실기의 경우 실제 전투에서 경험한 내용과 전황을 사실적으로 알리고 스스로 기억하기 위해서는 경험과 기술 간의 시간차가 비교적 적은 일기체 형식이 선호될 수밖에 없다.

남명학파는 의병으로서의 종군경험을 가능한 가필(加筆) 없이 생생하게 전하기 위해서 일기체 형식을 취하기도 하였으며, 항상 급박한 전장 속에 있는 의병의 입장이다 보니 가장 선택하기 쉬운 기술 형식이 일기체 형식이기에 이를 많이 활용하였다. 또한 남명학파가 일기체 형식의 전쟁실기를 선호한 것은 '사실(事實)을 기록한다'는 실기(實記) 본래의 목적과 남명학파 학풍이 서로 부합하기 때문이라고도 할 수 있다.

남명학파는 남명 이래로 현실문제에 상당한 관심을 두었다. 남명의

---

363 암곡의 〈용사일기〉, 고대의 〈고대일록〉처럼 피란 도중 매일매일 작성하기 어려워 며칠 분의 분량을 한 번에 작성하는 경우도 있지만, 포로실기와 같이 경험이 완료된 시점에서 기술하는 전쟁실기와는 분명히 차이가 있다.

현실문제에 대한 관심은 하학(下學)과 인사(人事)에 대한 관심에서 기인한다. 이와 같은 남명학파의 학풍은 전쟁실기에서도 그대로 나타나는데, 여기에서 남명학파 임진왜란 전쟁실기가 지니는 세 번째 특성을 찾을 수 있다.

남명학파 임진왜란 전쟁실기의 세 번째 특성은 바로 갈등을 전쟁실기를 통해 적극적으로 표현하고 있다는 것이다. 남명은 '치용·실천(致用實踐)', '반궁체험(反躬體驗)'의 표현처럼 '학자들은 배운 것을 반드시 실천하여야 한다'라는 생각을 가지고 있었으며, 이것은 성리학의 이론 논쟁 보다는 하학·인사의 현실적인 측면에 관심을 두는 학풍을 만들어 냈다. 제자들 역시 공리공담보다는 현실적인 문제에 많은 관심을 가지고 있었다.

임진왜란이라는 큰 충격은 당대인들에게 기존의 '사물(事物)'에 대한 관심 중 특히 '사(事)', 즉 '인사(人事)'에 대한 문제에 관심을 가지게 유도하였는데, 남명 이래로 '인사'에 특히 관심을 두어오던 남명학파는 임진왜란 전쟁실기를 통해 이러한 관심을 피력하게 된다.

전쟁 중 많은 사람들은 '순위격식(順位格式)'의 문제에 관심을 가지게 되고 이로 인해 서로 갈등하기도 하는데, 남명학파는 이를 놓치지 않고 전쟁실기에서 세밀히 기술하고 있다. 남명학파는 이러한 갈등의 주체로서 또는 관찰자로서 참여하여 갈등의을 기술하고 있다.

관료 실기에서는 남명학파가 갈등의 주체가 아니라 단순히 갈등을 조망하는 관찰자로서 다양한 갈등을 사적인 감정을 배제한 채 객관적으로 기술하고 있음이 확인하였다. 의병 실기에서는 남명학파인 의병과 관료 간의 갈등이 매우 극명하게 기술되고 있으며, 특히 의병 실기에서 갈등이 부각되는 것은 남명의 확고한 가치분별적 자세에서 찾을 수 있다.[364] 전재민 실기의 경우 확정된 갈등의 대상이 따로 없다는 것이 특징이다. 이 보다는 작자 자신이 현실적 상황으로 인한 내적 갈등이 외부로 표출되어 여러 가지 갈등을 일으키고 있으며, 이것이 작품 속에서 숨김없이 기술되고 있다. 복합 실기는 작자가 겪게 되는 다양한 경험처럼 갈등 또한 지속적으로 변화함을 확인하였다.

임진왜란 전쟁실기 상당수가 후인(後人)에 대한 감계(鑑戒)를 목적으로 작성되었는데 반해 남명학파 임진왜란 전쟁실기는 이와 같은 기본적인 목적 외에 현실에 대한 관심을 전쟁실기 내에서 직접적으로 노출하여 당대(當代)의 잘못된 경향을 고치고자 하였다. 작품 속에서 무능한 관군에 대한 질타, 공명(空名)에 대한 경고, 선조(宣祖)의 안이한 전쟁 대처에 대한 원망, 명군(明軍)에 대한 이중적 시선을 통해 현실을 개혁하고자 하는 남명학파의 학풍을 잘 드러내고 있다.

남명학파 임진왜란 전쟁실기의 네 번째 특성은, 관료 실기에서 일기체 형식의 작품이 많지 않다는 점이다. 위에서 남명학파 임진왜란 전쟁실기 중 일기체 형식의 전쟁실기가 많다고 이미 논의하였다. 하지만 관료 실기의 경우 남명학파 전체 전쟁실기와는 달리 일기체 형식을 선호하지 않는다는 사실을 발견하였다.

---

364 〈天君傳〉, 〈神明舍圖〉, '군자소인론' 등에서 남명의 가치분별적 자세를 찾을 수 있다.

남명학파의 관료 실기는 6편에 불과하다. 그 중에서 일기체 형식의 전쟁실기는 약포의 〈용사일기〉와 황곡의 〈황곡선생일기〉에 불과하다. 나머지 4편의 관료 실기는 공문서를 취집해 놓은 형태의 전쟁실기가 3편, 선양이 될 만한 위인을 발굴하여 이들의 사적을 기술한 전쟁실기가 1편이다.

일기체 형식인 약포의 〈용사일기〉 또한 주문(主文)과 부기문(附記文)이라는 2중 형태를 두어 사적 기록인 주문은 가능한 소략하게 기술하고, 공적인 문서를 첨부한 부기문에 많은 비중을 두고 기술하고 있어 온전한 형태의 일기체 형식이라 보기에는 한계가 있다. 또한 황곡의 〈황곡선생일기〉도 작품 전반부가 의병 혹은 전재민으로서의 경험으로 인해 일기체 형식을 취하기가 쉬웠음을 확인할 수 있었다.

즉 남명학파 관료 실기는 일기체 형식을 선호하지 않는 것을 확인할 수 있다. 그 이유는 여러 가지가 있겠지만 가장 큰 이유를 공적 성격의 실기를 지향하며 기술하고자 한 작자의식에서 찾을 수 있다.

남명학파 관료들은 전쟁실기를 기술할 때 매우 신중한 기술태도를 가지고 있었으며, 자신의 신분이 관료라는 사실을 망각하지 않고, 사적인 내용보다는 공적인 내용을 기술의 우선 순위로 삼다보니 매일매일 시·공간의 변화를 일으키는 일기체 형식인 편년체(編年體)보다는 시종(始終)이 명확한 기사체(記事體) 형식을 선호하고, 이를 주로 기재하려 하였다.

이것은 앞에서 논의한 관료 실기의 객관성과 관련된 논의인데, 남명학파 관료들은 공적 실기를 지향하고 스스로 객관성 확보를 위해 노력하였다. 이것은 사적인 내용을 가능한 배제한 채, 공적인 내용을 기술하려는 노력으로 이어졌으며, 이로 인해 남명학파 관료 실기에서 일기체 형식의 전쟁실기가 차지하는 비중이 낮아지게 된 것이다. 이것 역시 남명학파의 '천인벽립(千仞壁立)'으로 대변되는 학풍을 볼 수 있는 장면이다.

남명학파 임진왜란 전쟁실기의 다섯 번째 특성은 사실적(事實的)인 기술을 하고 있다는 점이다. 임진왜란 전쟁실기 대부분이 그러하듯이 남명학파 전쟁실기 또한 자신이 경험한 범위만을 전쟁실기로 담고자 하였다.

관료 실기에서는 관료로서의 경험과 이를 통해 얻게 된 공문서만을 자신의 전쟁실기에 기재하고 있음을 확인하였고, 의병 실기의 경우 직접 자신의 참여한 전투만을 자세히 기술한 것을 살펴보았으며, 전재민 실기에서는 치욕적인 내용일지라도 가감 없이 기술하려는 의지를 엿볼 수 있었다. 이것은 남명학파의 현실지향적 태도와 매우 관련이 있으며, 이것으로 인해 남명학파가 임진왜란 당시 사족들의 지남(指南) 역할을 할 수 있었다.[365]

송암의 〈용사일기〉에 보이는 학봉과 남명학파 의병 간의 갈등, 예곡의 〈팔계일기〉에 보이는 예곡과 설학·탁계 간의 갈등, 검간의 〈임란일기〉에 보이는 검간의 환성재에 대한 폄하, 암곡의 〈용사일기〉에 나

---

[365] 남명학파의 임진왜란 전쟁실기는 時空의 차이가 있기는 하지만 '앙가주망(engagement) 문학'과 상통하는 바가 있다.

타나는 암곡의 비도덕적 행위 등에 대한 사실적인 기술은 남명학파이기 때문에 가능한 것이다. 허례와 허식을 배격하는 남명학파의 학풍으로 인해 감추고 싶은 갈등이나 치부까지도 작품 속에서 사실적으로 기술하고 있는 것이 남명학파 전쟁실기가 지니고 있는 가장 큰 매력이자 특성이라 하겠다. 이를 통해 자신이 처한 위치에서 최선을 다하고자 하는 남명학파를 확인할 수도 있다.

지금까지 남명학파 임진왜란 전쟁실기가 지니는 특성을 살펴보았다. 남명학파 임진왜란 전쟁실기가 지니는 특성은 첫째, 의병 실기가 많다는 점, 둘째, 일기체 형식을 선호한다는 점, 셋째, 하학과 인사에 관심을 두어 작품 속에서 갈등을 부각시킨 점, 넷째, 관료 실기는 일기체 형식을 선호하지 않는다는 점, 다섯째 작품이 매우 사실적으로 기술되어 있다는 점을 확인할 수 있었으며 이러한 특성은 남명학파의 학풍과도 관련이 있음을 알 수 있었다.

다음은 남명학파 임진왜란 전쟁실기가 임진왜란 전쟁실기 전체 에서 차지하는 위상을 확인하겠다.

첫째, 임진왜란 전쟁실기에서 남명학파 임진왜란 전쟁실기가 차지하는 가시적인 위상부터 먼저 확인하겠다. 임진왜란이라는 큰 시련은 한국문학사에 있어서도 큰 영향을 끼쳤는데, 그 중 하나가 바로 전쟁실기의 탄생이다. 전쟁실기는 전쟁이라는 소재를 활용하고 있으며 실용성을 기반으로 하여 문학성 또한 갖추고 있기에 전쟁이라는 특수한 상황에서 탄생하고 활성화되기에 매우 좋은 요건을 갖춘 문학 장르라고 할 수 있다. 이러한 요구를 반영하듯 임진왜란 전쟁실기는 상당수 있었으리라 추정되며, 이에 대한 연구는 여전히 진행 중이다.

임진왜란 전쟁실기 전체 규모가 명확하지 않은 상태에서 작품 편수의 많고 적음을 논하는 것은 의미가 없지만 지금까지 학계에 알려진 편수를 기준으로 남명학파의 임진왜란 전쟁실기 작품 수를 비교해 보고자 한다.

이동근[366]은 임진왜란 전쟁실기를 전쟁 중에 기술된 38편과 전쟁 후 기술된 8편을 포함해 도합 44편으로 규정하였다. 하지만 전쟁 후 기술된 8편의 경우 경험주체와 기술주체가 일치하지 않는 실기(實紀)이며, 신경(申炅)의 『재조번방지(再造藩邦志)』 또한 기술주체가 당대에 전쟁을 경험하지 않고 기술하였기에 이들 작품을 제외한 37편만을 임진왜란 전쟁실기로 분류할 수 있겠다.

---

366 이동근은 「임진왜란과 문학적 대응」(『冠嶽語文硏究』 第20輯, 서울대학교 국어국문학과, 1995.)에서 전쟁 중 기술된 전쟁실기로는 鄭琢 『龍蛇日記』, 丁希孟 『善養亭壬亂日記』, 李廷馣 『西征日錄』, 李擢英 『征蠻錄』, 尹國馨 『聞韶漫錄』, 金忠善 『慕憂堂實記』, 趙靖 『壬亂日記』, 金涌 『扈從日記』, 朴東亮 『寄齋史草』, 趙慶男 『亂中雜錄』, 申炅 『再造藩邦志』, 宋啓弼 『西湖忠烈錄』, 吳希文 『瑣尾錄』, 姜沆 『看羊錄』, 鄭榮邦 『壬辰遭變事蹟』, 柳袗 『임진녹』, 鄭好仁 『丁酉避亂錄』, 鄭慶雲 『孤臺日錄』, 魯認 『錦溪日記』, 李舜臣 『亂中日記』, 安邦俊 『隱峰野史別錄』, 鄭琢 『龍灣聞見錄』, 李魯 『龍蛇日記』, 鄭希得 『月峰海上錄』, 權斗文 『虎口錄』, 閔順之 『壬辰錄』, 柳成龍 『懲毖錄』, 鄭慶得 『湖山公萬死錄』, 鄭致亨 외 『壬辰倭亂守成 錄』, 權悏 『燕行錄』, 吳允謙 『東槎上日錄』, 黃愼 『東槎錄』, 慶暹 『海槎錄』, 李景稷 『扶桑錄』, 姜弘重 『東槎錄』, 작자 미상의 『少爲浦倡義錄』, 『唐山義烈錄』, 『壬辰筆錄』 등 38편이 있다고 주장하였으며, 郭再祐의 『忘憂堂全書』 중 『龍蛇別錄』을 포함하여 8편은 전후기록으로 보아 도합 44편의 임진왜란 전쟁실기가 있다고 하였다.

한편 장경남[367]은 임진왜란 전쟁실기로 22편, 설석규[368]는 임진왜란 관련 주요 일기로 37편을 나열하고 있다. 경북대학교 영남문화연구원에서 2008년부터 조선시대 일기류 전체를 정리하고 있다. 이 중에서 임진왜란 일기로 분류할 수 있는 자료는 전쟁 종군일기에서 사환일기(仕宦日記) 3편, 전쟁(戰爭) 종군(從軍) 창의일기(倡義日記) 33편, 그리고 내용을 미분류한 일기 중에서 임진왜란과 관련 있는 것으로 추정되는 일기가 5편 정도로 총 41편 정도를 임진왜란 관련 전쟁일기로 분류할 수 있다.

---

367 장경남은 『임진왜란의 문학적 형상화』(아세아문화사, 2000.)에서 李廷馣 『西征日錄』, 李擢英 『征蠻錄』, 柳成龍 『懲毖錄』, 尹國馨 『聞韶漫錄』, 李魯 『龍蛇日記』, 李舜臣 『亂中日記』, 趙靖 『壬亂日記』, 鄭慶雲 『孤臺日錄』, 趙慶男 『亂中雜錄』, 安邦俊 『隱峰野史別錄』, 權斗文 『虎口錄』, 魯認 『錦溪日記』, 姜沆 『看羊錄』, 鄭慶得 『萬死錄』, 鄭希得 『月峰海上錄』, 鄭好仁 『丁酉避亂錄』, 吳希文 『瑣尾錄』, 鄭榮邦 『壬辰遭變事蹟』, 柳袗 『임진녹』, 鄭琢 『龍蛇日記』, 金涌 『扈從日記』, 朴東亮 『寄齋史草』 등 22편을 임진왜란 전쟁실기로 소개하고 있다.

368 설석규는 「鄭慶雲의 현실인식과 『孤臺日錄』의 성격」(『南冥學』 第十五輯, 南冥學研究院, 2010.)에서 鄭慶雲 『孤臺日錄』, 文緯 『茅溪日記』, 魯認 『錦溪日記』, 黃貴成 『亂中記事』, 李舜臣 『亂中日記』, 丁景達 『盤谷亂中日記』, 方德龍 『方德龍日記』, 吳希文 『瑣尾錄』, 尹卓然 『北關日記』, 李德悅 『養浩堂日記』, 李貴 『延平壬辰日記』, 鄭琢 『龍灣聞見錄』, 都世純 『龍蛇日記』, 孫曄 『龍蛇日記』, 李魯 『龍蛇日記』, 高彦伯 『龍蛇日記』, 金完 『龍蛇日錄』, 閔仁伯 『龍蛇日錄』, 李說 『龍蛇日錄』, 鄭希得 『月峰海上錄』, 孫起陽 『日錄』, 安邦俊 『壬辰記事(隱峰野史別錄)』, 李濬 『壬辰日記』, 鄭士誠 『壬辰日錄』, 朴慶新 『助戰日記』, 趙翊 『辰巳日記』, 柳成龍 『懲毖錄』, 金後生 『倡義時日記』, 곽율 『八溪日記』, 金垓 『鄕兵日記』, 權斗文 『虎口錄』, 鄭慶得 『湖山公萬死錄(萬死錄)』, 郭守智 『浩齋辰巳日錄』, 저자 미상의 『倭變日記』, 『壬辰錄』, 『壬辰日錄』 등 임진왜란 관련 주요 일기 37편을 나열하고 있다.

기존 연구자들의 연구 성과를 모두 합산한 이후 연구자들이 공통적으로 제시한 작품을 제외하면 총 71편을 임진왜란 전쟁실기로 분류할 수 있다.[369]

비록 본 연구를 통해 남명학파 임진왜란 전쟁실기가 새로이 발견되기도 하였지만, 지금까지 학계에 알려진 임진왜란 전쟁실기가 71편에 불과하다는 점에서 남명학파 임진왜란 전쟁실기의 편수는 결코 적지 않은 수임을 확인할 수 있다. 더욱이 남명학파 임진왜란 전쟁실기로 분류될 수 있는 작품 수가 이 책에서 논의한 19편을 훨씬 상회할 것으로 예상되기에 그 의미는 더욱 크다.[370]

---

369 연구자들 중 일부는 일기 자료만을 연구의 범위로 상정한 경우가 있기에 실제 임진왜란 전쟁실기 작품 수는 학계에 알려진 것보다 더 상회하리라 생각한다.
370 실제 남명학파 임진왜란 전쟁실기는 본 연구에서 밝힌 것보다 훨씬 많으리라 추정한다. 그 이유는 다음과 같다.
첫째, 남명학파로 분류되기가 애매한 인물들의 전쟁실기는 본 연구에서 논외로 삼았기 때문이다. 대표적인 경우가 寒岡의 제자인 聱漢 孫起陽의 작품들이다. 오한의 경우 남명학파에 의해 류성룡이 축출된 이후 반 남명학파적 성격을 보였기에, 그의 작품인 『公山誌』, 『亂中日錄』과 같은 전쟁실기는 남명학파 전쟁실기로 분류하지 않았다. 한강의 제자들을 기재한 「회연급문록」에 약 340명의 인물이 기재되어 있어, 한강의 제자를 중심으로 한 전쟁실기는 다시 정리가 필요하리라 생각한다.
둘째, 인조반정 이후에 많은 남명학파 문인들의 기록이 의도적으로 사라지거나, 후인들에 의해 수정되는 경향을 보였기 때문이다. 실제 임진왜란 당시 창의한 인물 중 상당수는 내암의 문인들이었으나, 내암과 내암의 제자들에 기록이 많이 훼철되었다. 내암 정인홍의 「倡義日記」는 남명학파의 다른 문인들의 문집에서 인용되거나 발췌하여 사용되기도 하였으나, 원문을 찾을 수 없었다. 그 이유는 인조반정 이후 정치적으로 이루어진 정인홍에 대한 貶下 때문으로 추정된다. 〈고대일록〉의 경우도 남명학파와 서인들 간의 갈등 등으로 인하여 근

둘째, 남명학파 임진왜란 전쟁실기 개별 작품이 임진왜란 전쟁실기 전체에서 차지하는 위상에 대하여 논의하도록 하겠다.

먼저 관료 실기인 약포의 〈용사일기〉를 살펴보겠다. 약포의 〈용사일기〉는 관료의 입장에서 기술된 전쟁실기이다. 당시 관료들은 내직(內職)에 근무할 경우, 선조나 왕세자의 몽진을 직접 호종하면서 그 경험을 바탕으로 호종실기(扈從實記)를, 외직(外職)에 근무할 경우 관군으로서 직접 종군한 경험을 바탕으로 종군실기를 기술하였다.

임진왜란 종군실기는 크게 관군의 입장에서 작성되거나, 의병에 의해 작성된 전쟁실기로 나눌 수 있다. 하지만 전쟁실기의 작자의 처지가 관군에서 의병으로 변화되거나 반대로 의병에서 관군으로 변화하는 경우가 많기에, 작품 내에서 관군 실기와 의병 실기의 특성이 온전

대에 와서야 그 빛을 볼 수 있었던 대표적인 남명학파 전쟁실기 중 한 편이다.
셋째, 失傳되었거나 혹은 실존하지만 학계에 드러나지 않은 남명학파 전쟁실기도 다수가 있다는 점이다. 吳澐의 「龍蛇亂離錄」, 戅菴 姜翼文의 「亂記」, 復齊 鄭湛의 「壬亂復城日記」, 混菴 洪慶承의 「奮義錄」 등은 문집을 기술되었음이 확인되나 실제 원본을 구하지 못하고 있는 대표적인 남명학파 전쟁실기들이다.
넷째, 작자가 직접 작성하였는지, 후인들에 의해 척록 되었는지가 불분명한 전쟁실기가 다수 발견된다.
문위의 「黃石山城事蹟」은 모계와 직접적인 관계가 먼 '黃石山城'의 축성경위 등을 다루고 있지만 『모계문집』에 기재되어 있다. 이에 대한 논의는 앞으로 이루어져야 하리라 생각한다. 이 밖에도 김면의 「倡義略錄」, 「倡義事跡」, 전치원의 「壬癸別錄」, 곽재우의 「龍蛇別錄」, 이대기의 「壬癸事實記聞錄」, 노흠의 「壬辰日記」, 장현광의 「文康公避亂錄」, 「龍蛇日記」, 곽준의 「存齋實記」 등이 후인에 의해 기술되거나 척록되었을 가능성이 큰 작품으로 이에 대한 심도 있는 논의가 필요하리라 생각한다.

하게 변별되지 않는 작품이 생각 외로 많다. 또한 동시대 같은 공간에서 같은 사안(事案)을 두고 서로 다른 논조로 기술하고 있는 전쟁실기가 발견되기도 한다. 임진왜란 당시 관군인 김수와 의병장인 곽재우의 대립양상을 두고 이탁영은 관군의 입장에서 기술하고 있고, 이로·정경운·조정은 의병의 입장에서 기술한 것이 대표적인 경우이다. 이것으로 볼 때 관료에 의해 기술된 종군실기는 의병 실기와 마찬가지로 객관성 확보 측면에서 다소 문제가 있음을 확인할 수 있다.

즉 관료에 의해 기술된 종군실기보다는 관료에 의해 기술된 호종실기가 왕 또는 왕세자를 호종하는 특수한 경험으로 인해 관료라는 경험주체의 특성이 나타나기가 용이한데, 약포의 〈용사일기〉는 임진왜란 당시 몇 편 되지 않는 호종실기 중 한 편이다.

호종실기의 특성 상 호종을 경험한 경험주체가 많지 않기에, 임진왜란 전쟁실기 중 대표적인 호종일기는 약포의 〈용사일기〉, 김용(金涌)의 〈호종일기(扈從日記)〉와 박동량(朴東亮)의 〈기재사초(寄齋史草)〉 정도로 한정된다. 김용의 〈호종일기〉는 계사년 8월 8일부터 12월 4일까지 총 26일간의 기록으로 되어 있어 연구 자료로서 한계가 있다. 박동량의 〈기재사초〉는 임진왜란을 기록한 부분은 임진년 6월 18일부터 6월 22일까지의 일기 부분과 기사체(記事體) 형식의 「임진잡사」 부분인데, 「임진잡사」는 박동량이 직접 경험한 것이 아니라 임진왜란 당시 떠돌던 야사(野史)를 수집한 내용이기에 〈기재사초〉 역시 관료라는 경험주체를 논의하기에는 한계가 있는 자료이다.

약포의 〈용사일기〉는 분량 면에서도 다른 호종실기들에 비해 연구

자료로서 우위를 확보할 뿐만 아니라, 특히 작자인 약포는 당시 왕세자의 최측근에서 왕실과 임진왜란 전국 전황을 자세히 조망하고 모든 공문서를 관장하면서 자신의 작품에 그 공문서를 부기하고 있기에, 임진왜란 전쟁실기 중 대표적 관료 실기로 규정하여도 문제가 없으리라 생각한다.

다음은 의병 실기인 검간의 〈임란일기〉가 지니고 있는 위상에 대한 논의이다. 임진왜란 당시 의병 활동이 가장 활발한 곳이 바로 남명학파의 근거지라 할 수 있는 경상우도 지역이며, 이러한 특성으로 인해 남명학파 의병 실기는 총 11편에 이른다.

반면에 남명학파 임진왜란 전쟁실기를 제외하고 현재 학계에 알려진 의병 실기는 정희맹(丁希孟)의 〈선양정임란일기(善養亭壬亂日記)〉, 이정암(李廷馣)의 〈서정일록(西征日錄)〉, 정사성(鄭士誠)의 〈임진일록(壬辰日錄)〉, 김해(金垓)의 〈향병일기(鄕兵日記)〉, 곽수지(郭守智)의 〈호재진사일록(浩齋辰巳日錄)〉, 안방준(安邦俊)의 〈은봉야사별록(隱峰野史別錄)〉, 손엽(孫曄)의 〈용사일기(龍蛇日記)〉 정도에 불과하니 남명학파 의병 실기의 위상은 실로 대단하다고 하겠다.

먼저 위에 언급한 작품을 살펴봄으로써 검간의 〈임란일기〉의 위상을 되짚어 보겠다. 〈선양정임란일기〉는 임진왜란 당시 강항(姜沆)과 함께 창의하여, 고경명과 곽재우의 군량을 담당한 호남출신 의병 정희맹의 전쟁실기이다. 정희맹의 〈선양정임란일기〉가 몇 명 되지 않는 호남출신 의병의 전쟁실기라는 점에서 의미가 있기는 하지만 오히려 그 희소성으로 인하여 임진왜란 전쟁실기 중 대표적인 의병 실기로 보기에는 한계가 있다. 이정암의 〈서정일록〉 역시 황해도 지역의 근왕(勤王) 활동을 기술하고 있다는 점에서 임진왜란 전쟁실기 중 대표적인 의병 실기로 보기는 어렵다. 더욱이 황해도 지역에서 의병을 모집하던 당시 이정암이 관료의 신분을 지니고 있었기에 경험주체의 순수성 면에서도 한계가 있다.

정사성의 〈임진일록〉, 곽수지의 〈호재진사일록〉, 손엽의 〈용사일기〉는 경상우도 지역의 대표적인 의병 실기인 것은 주지의 사실이나 작자인 정사성, 곽수지, 손엽이 창의하던 시기가 정유재란이 발발하던 1597년이라는 시기 상의 한계로 인해 대표성을 보장받기는 힘들다. 안방준의 〈은봉야사별록〉은 안방준 당시 떠돌던 야사를 채집한 기록이라는 점에서 의병 실기를 대표하기 힘들다. 김해의 〈향병일기〉는 안동지역 의병장 김해의 의병 실기로 김해가 직접 의병장으로서 창의한 경험과 전황을 기록하고 있기에 위의 다른 작품들에 비해 의병 실기로서의 가치가 높다. 하지만 그 기록이 임진년 4월 14일부터 김해가 전사한 계사년 6월 19일까지 한정된다는 점에서 안타깝다.

이에 비해 〈임란일기〉는 그 분량부터 위에 논의한 다른 의병 실기들과 차이가 있다. 〈임란일기〉는 총 7책으로,[371] 1592년 4월 14일 임진왜란이 발발하였음을 인지한 시점부터 시작하여, 1597년 3월 17일까지 약 6년간의 기사를 수록하였다. 특히 임진년의 기사는 단 10일 간만을

---

371 『임란일기』는 『日記』 上·下 2책과 『南行錄』, 『辰巳錄』, 『日記附雜錄』, 『西行日記』 각 1책 등 일기 6책과 『聞見錄』 1책 등 총 7책으로 되어 있다.

제외하고는 4월 14일부터 12월 27일까지 빠짐없이 기록되어 있고, 1593년의 기사도 11월 7일까지 빠짐없이 기록되어 있어 임진년과 계사년의 주요 사건을 다루고 있는 어느 일기보다도 그 내용이 충실하다.

비록 상주가 의병 규모면에서 경상우도는 물론, 경상좌도와 비교 시에도 턱없이 작은 규모이고, 창의 시기 또한 많이 늦었지만, 전란 초기부터 왜적의 점령지인 점과, 여러 명의 사족들에 의해 자생적으로 창의가 발생하였다는 점에서 의미가 있다. 또한 〈임진왜란일기〉는 다른 의병 실기처럼 창의 후의 전과 중심의 기술이 아니라, 사족들의 창의를 하기 전 창의에 대한 갈망 및 안타까움이 기술되었다는 점에서 의의가 있는 작품이라 하겠다.

다음은 전재민 실기인 암곡의 〈용사일기〉의 작품으로서의 위상을 살펴보겠다. 임진왜란 전쟁실기 상당수가 피란의 경험을 기술하기에 대부분 피란실기로 볼 수 있어 대표적인 피란실기를 선정하는 것은 쉬운 일이 아니다. 또한 피란실기가 임진왜란 종전 후에 과거의 경험을 바탕으로 작성되는 경우가 많다는 점도 대표작품을 선정하는데 있어서 하나의 장애라 하겠다. 대표적인 경우가 류진(柳袗)의 〈임진록〉인데, 서애 류성룡의 3남인 류진은 임진왜란 종전 후 어렸을 때의 경험을 떠올려 〈임진록〉을 작성하였다. 과거의 경험을 바탕으로 작성하다보니 피란 당시의 처절함이 많이 퇴색될 수밖에 없다. 류진의 경우 피란 당시의 나이가 11세에 불과하였기에 실제 전쟁실기를 작성하기에는 어려움이 있었다.

반대로 피란 당시 작자가 성인이라는 것 또한 작품의 진실성 확보에 있어 문제가 있다. 피란이라는 소재 자체가 사족으로서는 치욕적인 경험이기에, 굳이 피란실기를 기술하지 않으려 했을 뿐 아니라, 기술한다 해도 피란의 처절함이 실제 문면에 많이 희석되어 나타났다.

암곡의 〈용사일기〉는 18세의 나이에 경험한 전쟁의 참상을 매우 사실적으로 기술하고 있다. 암곡은 임진왜란 당시 18세밖에 되지 않았기에 사족으로서의 체면보다는 자신이 경험한 내용을 잊지 않기 위해 비망록 차원으로 기술하였다. 더욱이 작자인 암곡은 가능한 매일매일의 기록을 남기고자 하는 노력도 게을리 하지 않았다. 즉 위에서 제기한 현재성의 확보, 의도적인 가필(加筆)·삭제(削除)의 문제에서 자유롭다고 하겠다. 특히 암곡의 〈용사일기〉는 첫날의 기록부터 마지막 날의 기록까지 모두 피란과 관련된 내용으로 이루어져 있어 임진왜란 전쟁실기 전체 중에서 피란실기를 대표하는 작품이라고 하여도 손색이 없어 보인다.

다음은 복합 실기인 〈고대일록〉의 위상에 대하여 논의하도록 하겠다. 〈고대일록〉의 특징은 작자의 시각이 단일하지 않아 전쟁의 체험을 다각적으로 보여준다는 사실이다. 전쟁실기는 주된 경험을 기준으로 호종실기, 종군실기, 피란실기, 포로실기로 나눌 수 있는데 남명학파 임진왜란 전쟁실기 중 〈고대일록〉은 경험주체의 다양한 경험이 혼재되어 있는 작품이다.

〈고대일록〉은 작자인 고대가 임진왜란 기간 중에 겪었던 의병으로서의 체험과 혹독한 피란생활에 대한 경험을 관료의 입장을 지향하면서 기술한 전쟁실기이다. 그래서 작품의 내용 또한 선조의 근황·국정운영·임진왜란의 전황·경상우도의 의병 활동·피란생활 등 다양한 내용이 한 작품 내에서 기술되고 있다.

〈고대일록〉에서 전쟁의 참상을 기술한 부분에서는 작자인 고대가 전재민의 입장에서 피란 당시 겪었던 지극히 개인적인 참상을 위주로 작품을 기술하고 있다.

반면에, 〈고대일록〉에서의 갈등은 매우 복잡다단한데, 작자의 주된 경험의 변화와 관계없이 고착화된 갈등이 있는가 하면 작자의 주된 경험의 변화에 따라 함께 변화하는 갈등이 존재하고 있다. 경험주체의 변화와 관계없이 항상 존재하는 갈등은 의병으로서 관군과 겪게 되는 갈등, 남명학파의 일원으로서 정치적 라이벌인 서인과의 갈등이다. 경험주체의 변화에 따라 함께 변화하는 갈등은 작자가 선조를 바라보는 시선과 작자가 명군(明軍)을 바라보는 이중적인 시선이다.

〈고대일록〉에서는 경험주체의 주된 경험의 변화에 의해 국가중심적 시각, 향촌중심적 시각, 개인중심적 시각이 복합적으로 나타난다. 이것은 작품 내에서 작자의 시각이 무조건 일방향 적이지는 않다는 것을 보여주는 것으로, 남명학파 임진왜란 전쟁실기뿐만 아니라 임진왜란 전쟁실기 전체를 보더라도 〈고대일록〉과 같은 경우를 찾기 힘든 독특한 작품이다.

전재민에서의 시각은 작자가 선택할 수 없다 하더라도 관료로서의 시각, 의병으로서의 시각은 작자의 의지에 의해 선택이 가능하다 하겠는데, 그런 의미에서 고대는 임진왜란이라는 국가적 비극에 매우 능동적으로 대처한 인물이라 할 수 있다. 이러한 고대의 성향은 스승인 내암 및 남명의 실천지향적 모습과 매우 흡사하다. 이처럼 작자의 다양한 시각을 통해 임진왜란의 총체상을 한 작품을 통해서 볼 수 있다는 점에서 〈고대일록〉이 지니는 의미는 크다.

지금까지 약포의 〈용사일기〉, 검간의 〈임란일기〉, 암곡의 〈용사일기〉, 고대의 〈고대일록〉 등 남명학파 임진왜란 전쟁실기 중 각 경험주체별로 1편씩을 선정하여 전체 임진왜란 전쟁실기에서 차지하는 위상을 확인하였다. 그 결과 4편의 작품은 임진왜란 전쟁실기 전체에서 각 경험주체를 대표하는 작품으로 선정해도 문제가 없을 정도로 뛰어난 작품임을 확인하였다. 이를 통해 남명학파 임진왜란 전쟁실기가 양적으로나 질적으로나 임진왜란 전쟁실기를 주도하고 있었음을 살펴보았다.

다음은 세 번째로 남명학파 전쟁실기가 후대 문학장르에 끼친 영향을 살펴봄으로써 그 위상을 확인하도록 하겠다.

먼저 송암의 〈용사일기〉가 후대 문학 장르에 끼친 영향에 대한 논의를 하겠다. 송암의 〈용사일기〉는 다른 임진왜란 전쟁실기와는 변별되는 3가지의 특성을 가지고 있다. 첫째, 인물의 사적(事蹟)을 중심으로 기술하고 있다는 점이다. 일반적인 전쟁실기들은 작자가 처한 시·공간을 배경으로 하여 매일매일의 기록을 편년체, 즉 일기체 형식으로 기술하든지, 또는 어떤 중요한 사건을 중심으로 그 사건의 시종(始終)을 기사체 형식으로 기술하고 있다. 그러나 송암의 〈용사일기〉는 독특하게도 인물의 사적을 중심으로 전쟁실기를 기술하고 있다. 이것은 기존의 전쟁실기 형식과는 달리 '전(傳)'의 형식과 유사한데, 다른 전쟁실기에서 찾기 힘든 예라 하겠다.

둘째, 전쟁실기의 주인공과 작자가 서로 불일치한다는 점이다. 송암의 〈용사일기〉는 작자와 주인공이 불일치하는 특이한 전쟁실기로 주인공과 작자의 불일치가 반드시 작자의 기술 대상에 대한 객관적 시각 확보를 의미하는 것은 아님을 작품에서 확인하였다.

즉 작자와 주인공이 매우 친밀한 경우 주인공의 의도가 작품의 기술방향에 영향을 미칠 수도 있음을 살펴보았고 이와는 반대로 작자의 기술의도에 의해 주인공이나 작중 인물들의 언행이 취사선택되어 작자가 의도하는 부분만 부각되어 나타나기도 함을 확인하였다. 또한 작자의 숨겨진 견해는 작중 인물들의 거듭되거나 부각되는 언행을 통해 자연스럽게 노출되기도 한다.

주인공과 작자의 불일치는 〈용사일기〉에 드러나는 갈등과도 관련이 깊은데, 〈용사일기〉에 드러나는 갈등 중 학봉과 관군 간의 갈등에는 주인공의 시각이, 의병과 관군 간의 갈등에는 작자의 시각이, 학봉과 의병 간의 갈등에는 학봉의 시각이 반영되었음을 위에서 논의하였다. 이처럼 주인공과 작자의 불일치는 작품을 해석하는데 있어 여러 가지 가능성을 안겨주기에 〈용사일기〉가 지니고 있는 매우 특이한 특성이라 할 수 있다.

셋째, 전쟁실기가 기술된 시점이 주인공이 전쟁을 경험한 당시가 아니라 경험이 완료된 이후라는 점이다. 학봉의 사적을 중심으로 기술된 〈용사일기〉의 경우 학봉의 사후 약 4년 뒤에 기술되었다. 이러다 보니 주인공이 생각하는 사건의 중요도 및 사건이 지니고 있는 의미, 기술의 우선순위에 있어 학봉의 영향력이 개입할 여지가 전혀 없다. 이 역할을 대신하는 사람이 바로 작자인 송암인 것이다.

학봉의 사후에 기술되다 보니 아무리 상세하게 기술한다 하더라도 학봉 생전의 현장감이나 사실성은 온전히 전달하지 못하는 한계가 있다. 송암은 우선 뛰어난 사적을 후대에 전한다는 작자의식을 바탕으로 학봉의 업적과 인품이 돋보일 수 있는 여러 사건들에 기술의 우선순위를 부여하였을 것이다. 그 장면 속에 송암은 자신의 감정(感情)을 이입(移入)할 수도 있을 것이다.[372] 또한 작자의 친소관계(親疎關係)와 이해관계(利害關係) 등도 작품을 전개할 때 중요한 고려사항이 될 것이다. 송암의 〈용사일기〉에서는 이러한 장면이 쉽게 포착된다. 대표적인 경우가 망우당을 내세워 김수에 대한 반감을 표현하거나, 자신의 개인적인 생각을 작품 속에서 기술하거나, 학봉이나 망우당의 업적을 자주 칭송하는 것 등이다.

위의 세가지 특성을 정리하면 송암의 〈용사일기〉는 학봉의 사적을 작자인 송암이 학봉의 사후에 작성하였다는 것이다. 이러한 특성은 당대 전쟁실기와는 상당한 차이가 있지만 임병양란 이후 기술되었던 실기와는 그 맥이 닿아 있다. 임진왜란 이후에 등장하는 전쟁실기는 임병양란 이후 신분 질서의 혼란과 성리학적 세계관의 동요 속에서 선조들의 업적을 현창(顯彰)하기 위해서 후손들에 의해서 경쟁적으로 기술된 문학 장르이다.

송암의 〈용사일기〉는 임병양란 이후 등장하는 여러 전쟁실기에 척

---

[372] 가장 대표적인 장면이 학봉과 송암이 만나는 장면으로 송암은 이 장면에서 전지적 작가시점을 활용하여 학봉의 송암에 대한 절대적인 호감을 표현하고 있다.

록되는 경우가 상당히 많았다. 이런 의미에서 송암의 〈용사일기〉는 임병양란 이후 등장하는 전쟁실기의 출발점 내지 적어도 전범(典範)이 지 않았을까 하는 논의를 조심스럽게 제시해 본다.[373]

다음은 지족당의 〈황석산성실적〉이 후대 문학 장르에 끼친 영향을 살펴보겠다. 〈황석산성실적〉은 정유재란 당시 황석산성 전투에서 벌어진 사건을 중심으로 기술된 전쟁실기로, 안음현감 곽준과 함양군수 조종도가 황석산성에서 전사한 사건, 곽준의 두 아들 또한 부친을 따라 죽은 사건, 성이 함락되었을 때 지족당의 외종형 충의위 유강이란 자가 효(孝)를 실천하다 죽은 사건으로 구성되어 있다.

〈황석산성실적〉은 후에 창작된 〈용문몽유록(龍門夢遊錄)〉이라는 몽유록과 그 내용이 매우 흡사하다. 〈용문몽유록〉은 황석산성이 함락된 이유를 밝히며, 황석제공(黃石諸公)들이 자신들의 억울한 죽음에 대하여 문호(門戶)를 세워달라는 것이 주된 내용이다. 등장인물은 〈황석산성실적〉과 동일하지만, 화림의 선비와 황계자가 등장하여 몽유자의 역할을 자처한다는 점이 차이가 있다.[374]

〈황석산성실적〉이 단순히 황석산 전투에서 죽은 이들을 애도하는 내용이라면, 〈용문몽유록〉은 당시 위정자들의 실정(失政)을 고발하는 단계로까지 나아간다. 몽유록은 임병양란 이후 본격적으로 유행하는

---

373 최재호, 「松巖『龍蛇日記』의 문학적 특성 논의」, 『퇴계학과 유교문화』 48호, 경북대학교 퇴계연구소, 2011. 참조.
374 신선희, 「17세기 필기류와 몽유록의 대비연구」, 『韓國古典文學』 七輯, 한국고전연구학회, 2001, pp.23~24.

서사 장르인 소설의 전 단계로 보기도 한다. 그런 차원에서 〈황석산성실적〉이 〈용문몽유록〉의 내용과 흡사하다는 사실은 시사하는 바가 매우 크다.[375] 더욱이 몽유록이 '꿈'이라는 매개를 적극 활용하여 현실 고발적 성격을 지닌다는 사실 또한 생각해 볼 문제이다.

지금까지 송암의 〈용사일기〉가 임진왜란 이후에 나타나는 전쟁실기에 영향을 주었을 가능성을 진단해 보고, 지족당의 〈황석산성실적〉이 몽유록인 〈용문몽유록〉의 내용과 흡사하는 것을 확인하였다.

지금까지 남명학파 임진왜란 전쟁실기가 지닌 특성과 남명학파 전쟁실기가 지니고 있는 문학사적 위상을 살펴보았다. 그 결과 남명학파 전쟁실기는 양적 또는 질적으로 임진왜란 전쟁실기를 선도하였을 뿐만 아니라 후대에 나오는 새로운 문학 장르의 출현을 촉발시켰을 가능성을 개진해 본다.

6. 결론

이 글은 2000년 이후로 답보 상태를 거듭하는 임진왜란 전쟁실기 연구에 대한 반성에서 출발하였다. 그래서 기존의 임진왜란 전쟁실기 전체에 대한 연구와 개별 작품에 대한 연구가 지니는 한계를 극복하

---

[375] 남명학파의 대표적 의병장인 곽재우에 대한 實紀가 야담 또는 '傳'의 형태로 나타난다는 사실도 함께 논의해야 할 문제이다.

고자 연구 범위의 산정에 있어 차이를 두었다. 즉 특정 지역이나 특정 학파의 전쟁실기를 살펴봄으로써 임진왜란 전쟁실기가 지니고 있는 보편성과 개별 작품이 가지고 있는 특수성을 둘 다 놓치지 않으려는 취지에서 연구를 시작하였다.

임진왜란 개전부터 종전까지 항상 전장이었으며, 왜침에 가장 왕성하게 대응한 경상우도를 기반으로 한 남명학파의 임진왜란 전쟁실기를 연구의 대상으로 삼았으며, 본격적인 연구에 앞서 임진왜란 당시 남명학파 문인들의 활동상을 살펴보았다. 먼저 남명 교육의 핵심인 '경의(敬義)' 사상이 어떻게 남명학파 문인들에게 계승되었는지를 살펴보고, 남명의 '경의' 사상이 임진왜란 당시 남명학파에 의해 어떻게 발현되었는지를 확인하였다. 즉 임진왜란 당시 남명학파 문인들을 크게 관료·의병·전재민으로 분류하여 그들의 활동상을 남명학파의 학풍과 연계시켜 살펴보았다.

그리고 관료·의병·전재민의 입장에서 기술된 남명학파의 임진왜란 전쟁실기 총 19편의 내용과 서지적 특징을 간략히 설명하였다. 또한 전쟁실기가 창작된 배경을 당시 문학적 조류와 남명학파가 지니고 있는 특수성에서 찾아보았다.

남명학파 임진왜란 전쟁실기 중에서 관료 실기는 임진왜란 당시 남명학파 출신 관료의 숫자와 비례하여 그리 많지 않았다. 남명학파의 관료 실기는 약포 정탁의 〈용사일기〉·〈용만문견록〉·〈용사잡록〉·〈임진기록〉, 예곡 곽율의 〈견문록〉, 황곡 이칭의 〈황곡선생일기〉 등 총 6편이 있음을 확인하였다. 약포의 〈용사일기〉와 〈용만문견록〉은 약포가 임진왜란 당시 왕세자인 광해군을 호종하던 당시 기술하였던 전쟁실기이고, 〈용사잡록〉·〈임진기록〉은 도성으로 복귀한 후 작성한 전쟁실기이다. 예곡의 〈견문록〉은 예곡이 초계군수(草溪郡守)로 재직하던 시기에 기술하였으며, 황곡의 〈황곡선생일기〉는 황곡이 석성현감으로 재직하던 시기에 기술하였다.

관료 실기는 소재의 선택부터 국가(國家), 왕실(王室), 전황(戰況), 백성의 계도(啓導) 등으로 공적인 색채가 강하게 드러날 뿐만 아니라 개인의 사감(私感)을 배제하면서 객관적인 기술을 하려는 시도가 특히 돋보였다.

남명학파의 학풍의 영향으로 남명학파 의병 실기는 총 19편의 남명학파 임진왜란 전쟁실기 중 11편에 달했다. 이 중 직전제자에 의해 기술된 전쟁실기는 예곡의 〈팔계일기〉, 송암의 〈용사일기〉, 원당의 〈임정일기〉 설학의 〈임계일기〉·〈용사별록〉이 있고, 재전제자가 기술한 전쟁실기는 수족당의 〈임계일기〉, 모계의 〈모계일기〉, 검간의 〈임란일기〉, 가휴의 〈진사일기〉 구봉의 〈난중잡록〉, 지족당의 〈황석산성실적〉이 있음을 살펴보았다.

직전제자들 보다 재전제자들의 작품 수가 좀 더 많은데 이것은 재전제자들이 직전제자들보다 연소하므로 전쟁에 대한 충격이 더 컸으며, 그 충격에 비례하여 기록으로 남기고자 하는 욕망 또한 더 컸기 때문이다.

남명학파 의병 실기는 남명으로부터 이어오는 확고한 가치분별적 자세를 바탕으로, 왜적을 '사(邪)'로 규정하고 있으며 이에 대한 적대감이 작품 속에서 그대로 표현되는데 이것은 남명학파 학풍의 일단을 극명하게 보여주는 것이기도 하다. 또한 의병 실기는 관료 실기보다는 사적 실기의 성격이 강하고, 자신이 활동하고 있는 향촌의 내용을 중심으로 기술되고 있음도 알 수 있었다.

남명학파의 전재민 실기는 암곡 도세순의 〈용사일기〉 한 편뿐이었다. 암곡 〈용사일기〉는 암곡이 18세의 어린 나이에 겪은 피란에 대한 기록이다. 전재민 실기는 앞에서 논의한 관료 실기, 의병 실기와는 내용 및 창작배경이 확연히 다른 것을 확인할 수 있었으며, 가족 중심의 피란사(避亂史)가 그 중심에 있음을 살펴보았다.

이 밖에 관료·의병·전재민의 경험이 복합적으로 표출되는 전쟁실기를 찾아내서 이를 복합 실기로 분류하였는데, 이에 해당하는 작품이 바로 고대 정경운의 〈고대일록〉이 있다. 고대의 〈고대일록〉은 의병으로서의 경험과 전재민으로서의 경험을 관료의 입장에서 기술한 이채로운 작품이다.

이어 관료·의병·전재민 실기가 지니고 있는 특성을 살펴보았다. 관료·의병·전재민 실기의 내용을 직접 분석하여, 각 실기 유형이 지니고 있는 공통적인 내용, 참상과 갈등의 기술 방법, 전쟁을 바라보는 시각의 차이를 확인하였다.

관료 실기는 작자가 내·외직의 임무를 수행하면서 경험한 국정운영과 지방 행정에 관한 공적인 내용을 중심으로 기술하였다. 전쟁의 참상을 기술하는 부분은 잘 드러나지 않음을 확인하였고, 작품 속에서 드러나는 갈등은 매우 다기하지만 작자가 갈등의 주체가 아닌 객관적인 위치에 있기에 갈등으로까지 발전하지 않음을 살펴보았다. 그리고 작자는 국가중심적 시각을 가지고 전쟁을 바라보고 있음을 확인하였다.

의병 실기는 향촌을 중심으로 한 재지사족의 창의 활동을 기술한 전쟁실기이다. 주로 전황(戰況)이나 전과(戰果)를 중심으로 기술하지만, 전쟁의 참상을 부각시켜 기술하거나, 작자가 갈등의 주체로서 극명한 갈등을 표출하기도 한다. 의병 실기들은 작자가 향촌중심적 시각을 가지고 전쟁을 바라보고 있음을 살펴보았다.

전재민 실기는 가족과 피란이라는 두 가지 주된 소재를 중심으로 기술되어 있는 가족피란사(家族避亂史)이다. 갈등의 양상은 생존이라는 명제 아래 벌어지는 전쟁에서의 고난이 주를 이루고 있으며, 작자의 시각은 철저히 개인 중심적이다.

복합 실기는 관료·의병·전재민의 경험주체 중 최소 2가지 이상의 경험주체의 입장에서 기술된 전쟁실기이다. 고대의 〈고대일록〉이 여기에 해당하는 작품인데, 〈고대일록〉의 작자인 고대는 관료를 지향하는 입장에서 의병으로서의 경험과 전재민으로서 경험을 작품 속에서 함께 기술하고 있다.

마지막으로 논의를 정리하여 남명학파 임진왜란 전쟁실기가 지니고 있는 특성과 남명학파 임진왜란 전쟁실기가 지니고 있는 문학사적 위상을 확인하였다.

남명학파 임진왜란 전쟁실기가 지니는 특성은 첫째, 의병 실기가 많다는 점, 둘째, 일기체 형식을 선호한다는 점, 셋째, 하학과 인사에 관심을 두어 작품 속에서 갈등을 부각시킨 점, 넷째, 관료 실기는 일기체 형식을 선호하지 않는다는 점, 다섯째 작품이 매우 사실적으로 기술되어 있다는 점을 확인할 수 있었으며 이러한 특성은 남명학파의 학풍과도 관련이 있음을 확인하였다.

남명학파 임진왜란 전쟁실기가 지니는 문학적 위상은 남명학파 임진왜란 전쟁실기는 양과 질적인 면에서 임진왜란 전쟁실기 전체를 선도한다는 점과 후대에 나오는 새로운 문학 장르의 출현을 촉발시켰다는 점이다.

본 연구를 통해서 다음과 같은 연구 성과를 이룩할 수 있었다.

첫째, 남명학파 임진왜란 전쟁실기의 외연을 확장하였다. 이전의 연구는 남명학파 문인들의 임진왜란 전쟁실기로 5작품만 거론되었으나 이 글을 통해 남명학파 임진왜란 전쟁실기로 분류될 수 있는 작품이 총 19종으로 확대되었다. 새로운 작품을 찾아내어 학계에 알리는 일련의 작업들은 결국 임진왜란 전쟁실기의 외연 확대와 그 맥이 닿아 있어 의의가 크다고 하겠다.

둘째, 임진왜란 전쟁실기에 대한 연구 경향에 있어 2000년 이후의 연구 성과는 개별 작품에 대한 단순한 개관(梗槪)으로 끝나는 경우가 많았다. 이러한 현상은 선학들이 가지고 있던 '전쟁실기의 문학성 제고(提高)'라는 급박한 지상과제가 없었기 때문이라 생각하는데, 필자는 전쟁실기의 내용, 참상과 갈등, 작자의 시각 등에 관심을 가짐으로써 전쟁실기의 문학성을 찾는데 노력하였다. 비록 영성하기는 하지만 새로운 각도에서 전쟁실기의 문학성을 찾고자 한 점에서 의의가 있다고 하겠다.

셋째, 연구방법의 범위를 새로이 제시하였다. 2000년도 이전 연구는 주로 임진왜란 전쟁실기 전체에 대한 논의가 주를 이루어 임진왜란 전쟁실기가 지니는 의미를 구명하거나 또는 이를 여러 가지 잣대로 나누어 분류하는 작업이 주를 이루었다. 이러다 보니 개별 작품이 지니고 있던 특수성을 간과하는 경향이 있었다. 반면에 2000년도 이후 연구는 개별 작품에 대한 연구에 머무르는 경향이 있어, 그 작품이 임진왜란 전쟁실기에서 차지하는 위상을 찾는 데 문제가 있었다.

필자는 2000년도 이전 연구에서 보이는 거시적 연구의 한계와 2000년도 이후 연구에서 보이는 미시적 연구에 대한 한계를 극복하고자 그 교합점에 위치한 특정 지역이나 특정 학파의 전쟁실기를 연구의 대상으로 삼아 연구를 진행하였다. 즉 특정 지역이나 특정학파의 전쟁실기를 연구함으로써, 임진왜란 전체 전쟁실기에서 놓치고 있는 개별 작품이 지니고 있는 특수성이나, 개별 작품을 연구함으로써 생기는 임진왜란 전체 전쟁실기가 지니고 있는 보편성을 최소화하였으며, 또한 특정 지역이나 특정학파의 전쟁실기를 살펴봄으로써 이 작품들이 임진왜란 전체 전쟁실기 내에서의 위상과 변별성을 찾아냈다.

제II부

남명학파의 실천과 기록

2

남명의 인성교육과 제자들의 실제적 실천

오늘날 인성(人性)과 인성교육에 관한 사회적 논의가 봇물처럼 쏟아지고 있다.[1] 그 이유는 사회 전반에 만연된 도덕적 퇴행현상과 이에 따른 사회적 병리현상 때문으로, 도덕적 퇴행을 막을 수 있는 방안으로 올바른 인성의 확립이 부각되고 있기 때문이다.

현대 사회가 직면한 인성의 황폐화와 이로 인한 위기의 시기를 맞아, 연구자들은 옛 선현의 자취에서 오늘날의 문제를 해결할 방안을 찾기 위한 노력이 있었으며, 이때 자연스레 부각된 인물 중 한 명이 우리 지성사의 한 획을 그은 남명(南冥) 조식(曺植)이다. 이만규가 『조선

---

1 인성과 인성교육에 대한 논의는 상당하지만 정작 인성과 인성교육의 개념에 대한 학문적 정의가 명확하지는 않다. 인성의 문자적 정의를 살펴보면 '사람됨의 바탕' 혹은 '사람의 성품'으로 정의할 수 있고, 규범적인 차원에서는 '사람으로서 당연히 갖추어야 할 인간다운 성품'으로 정의할 수 있다.

교육사』에서 퇴계(退溪)를 넘어서는 조선시대를 대표하는 교육자로 소개한 것을 차치하고서라도 남명의 업적은 상당하다. 특히 인성에 대한 논의에서 많은 시사점을 찾을 수 있다.

남명은 자신이 사는 시대를 '썩은 나무'라 하고 '회오리', '사나운 비'라는 용어로 현실에 대한 위기의식을 드러내고,[2] 이에 대한 철저한 반성과 실천을 강조하였기에 오늘날 우리가 봉착한 시대적 위기를 해결해 줄 적임자라고 생각한다.

현재 남명학에 대한 연구는 계속 진행 중이고, 그 연구 성과 또한 매우 방대하다. 최근 들어 남명학의 성격을 규명하거나, 과거 인물로서의 남명 연구에 집중되는 연구에 대한 반성으로 남명학의 현대에의 적용을 꾀하거나, 현대인의 수용에 맞게 재구성되는 연구들이 진행된다는 사실은 매우 고무적이다.

이 글 또한 이러한 차원에서 인성교육자로서 남명의 모습을 살펴봄으로써, 다음과 같은 두 가지 방향으로 그가 남긴 의의를 고구하고, 현대 인성교육과의 상관성을 찾아보고자 한다.

첫째, 남명이 생각하고 있던 인성교육에 대한 개념, 즉 인성교육에 대한 교육철학과 교육방법에 대하여 논의하고자 한다. 이러한 논의를 통해 남명의 교육철학 및 교육방법이 현대 인성 교육과의 관련성을 찾아보고, 이를 통해 남명의 인성교육이 지니는 의의를 살펴보기로

---

2   정우락, 「남명 조식의 '물' 인식과 인문정신」, 『嶺南學』 제26호, 경북대학교 영남문화연구원, 2014, p.190.

하겠다.

둘째, 남명으로부터 교육을 받은 제자들이 어느 위치에서 어떠한 모습으로 사회적 실천이 있었는지 고구하고자 한다. 즉 남명의 직전 또는 재전제자들이 임진왜란이라는 국가적 위기를 맞아 어떻게 발현되었는지를 살펴보겠다.

1. 남명의 인성교육 철학과 교육방법

현대사회에 이르러 인성교육에 대한 관심이 높아짐에 따라, 국가에서 제시하고 있는 '인성교육'의 의미를 정확히 인식하여야 한다. 현재 교육부에서 정의하는 '인성교육'은 '자신의 내면을 바르고 건전하게 가꾸고 타인·공동체·자연과 더불어 살아가는 데 필요한 인간다운 성품과 역량을 기르는 것을 목적으로 하는 교육'을 말한다. 또한 인성교육에는 '핵심 가치 덕목'이 있는데, '핵심 가치 덕목'이란 인성교육의 목표가 되는 것으로 예(禮), 효(孝), 정직, 책임, 존중, 배려, 소통, 협동 등의 마음가짐이나 사람됨과 관련되는 핵심적인 가치 또는 덕목을 말하고, '핵심 역량'이란 핵심 가치·덕목을 적극적이고 능동적으로 실천 또는 실행하는 데 필요한 지식과 공감·소통하는 의사소통능력이나 갈등해결능력 등이 통합된 능력을 말한다.

이 글에서는 오늘날의 인성교육과 남명이 제시한 인성교육과의 연관성을 찾는데 그 주안을 둔다.

가. 남명의 인성교육에 대한 철학

인성의 개념 및 인성 교육에 대한 논의는 비단 우리에게만 있어왔던 것이 아니라 서구사회에서도 예부터 있었다. 서구의 교육 및 철학을 대표하는 학자 중 한 명인 아리스토텔레스는 인성의 핵심을 '지성'과 '도덕성'에 두었다.[3] 이는 인성이란 우리가 생각하는 것처럼 개인의 도덕성에만 초점이 맞춰진 것이 아니라, 사회 문제에 대한 정확한 진단 및 해결의지의 기반이 되는 지성이 병행해야 하는 것을 의미한다.

위에서 제시한 오늘날 인성교육의 의미 또한 단순히 개인적으로 인간다운 성품과 역량을 기르는 것으로 끝나는 것이 아닌, 자신이 소속해 있는 사회에 대한 실천이 최종적 도착점이라 강조하고 있다.

우리 교육사에 있어서도 개인적 성찰로 끝나는 성리학의 공리공담(空理空談)을 극복하고, 사회에 대한 철저한 비판의식을 바탕으로 본인뿐 아니라 제자들에게도 실제적 실천을 강조한 학자가 있으니 이가 바로 남명 조식이다.

남명은 자신이 처한 시기를 위기의 시대라 판단하고, 사회 문제에 대한 근본적 원인을 찾고자 노력하였으며, 철저한 사회분석 및 비판을 바탕으로 자신의 위치에서 자신이 행할 수 있는 역할이 무엇인지를 찾고자 하였다. 남명은 자신의 위치에서 스스로 책임의식을 가지고 자신이 행하여야 할 최선의 선택을 제안하고 있기에, 출사(出仕)의

---

3   유재봉, 「세속 대학에서의 인성교육」, 『신앙과 학문』 19권 3호, 2014, pp.85~106.

여부는 사실상 중요하지 않았다. 남명의 출사에 대한 생각은 남명의 고제인 한강(寒岡) 정구(鄭逑)와의 대화에서 찾을 수 있다.

한강이 스승인 남명에게 여쭙기를 '만약 선생님께서 세상에 나가셨더라면 대사업을 이룩하실 수 있었겠습니까?'라고 하자 남명이 이르기를 '나는 일찍이 덕과 재능이 없어서 우두머리가 될 수 없으니 어찌 대사업을 감당하겠는가? 다만 옛 덕을 높이고 후배들을 장려해서 현재(賢才)를 선발하여 각기 그 능력을 사회에 발휘하고 앉아서 그 성공을 바라는 것이라면 나도 혹시 할 수 있을 것이다.'[4]라고 하였다.

이는 남명의 출사관 및 교육관이 잘 드러나는 장면이다. 남명은 자신이 직접 출사하여 사회를 개혁하는 방법보다는 교육자로서의 역할이 사회에 더 큰 영향을 미칠 수 있으리라 판단하고, 남명 스스로가 감계(鑑戒)가 되어 제자들을 사회에서 큰 쓰임이 되게 하는 소명을 평생 동안 실천하였다.

남명의 인성교육에 대한 철학은 유가의 전통적인 '천인합일(天人合一)에 의한 성숙한 인격을 지닌 성인(聖人)'에서 찾을 수 있다. 남명이 추구하는 성인의 의미란 자연의 도(道)에 동화되고 사람[人]과 하늘[天]이 하나로써 서로 조화를 이루는 것을 의미한다. 또한 이를 위해서는 스스로 끊임없이 자성(自性)을 세우기 위해 자연으로부터 받은 도덕적 본질을 회복하고자 노력하는데 최선을 다해야 한다는 것이다.[5] 남명은

---

4 사재명, 「조선 중기 남명학파의 교육(自得 강조의 계승)」, 『敎育學硏究』 제40권 2호., 2002, p.23.
5 사재명, 「조선중기 남명의 교육이론 계승」, 『南冥學硏究論叢』 第十一輯, 2002,

누구나 천리(天理)를 보존하고 인욕(人慾)을 버리면 성인이 될 수 있다는 성리학의 기본 가정을 받아들이고 있다.[6] 즉 인간과 만물이 조화한다는 것은 인간이 먼저 자신이 도덕적인 존재임을 깨닫고, 자신의 주체를 정확히 세움으로써 가능한 것이다. 또한 자아를 확립할 때 성실함이 현실에 올바르게 발현되며, 각각의 위치에서 조화를 이룰 수 있다는 것이다.[7] 여기에서 자성이란 인간의 본성을 의미하는 것으로 인간은 천지만물의 기본원리라 할 수 있는 리(理)를 지니고 있으므로 이 본성을 회복하는 것이 인성교육이라고 판단하였다.[8] 자성의 의미를 넓게 파악하면 자연으로 표현 되는 공동체와의 조화를 인식할 수 있는 능력을 뜻하기도 한다. 즉 남명의 인성교육과 오늘날 인성교육에서 강조하고 있는 '타인·공동체·자연과 더불어 살아간다.' 의미에서 서로 닮아 있다.

천인합일을 위해서는 내적으로는 개인의 도덕성·인격의 증진을, 외적으로는 도덕적 판단력의 증진을 이룰 수 있는 교육이 이루어져야 한다. 이는 인성의 의미가 도덕성이 인간다움을 드러낼 수 있는 내적인 성품과, 이 심성이 외적으로 드러나는 태도를 지칭하는 양면의 개념으로 이해되기 때문이다. 내적인 성품과 심성은 인간 존재의 근원

---

　　　p.273.
6　사재명, 「조선중기 남명의 교육이론 계승」, 『南冥學硏究論叢』 第十一輯, 2002, p.274.
7　정낙찬, 「남명 교육방법론의 현대 교육적 의미」, 『南冥學硏究論叢』 第十一輯, 2002, p.153.
8　사재명, 「朝鮮中期 南冥學派의 敎育運動」, 『南冥學硏究』 제14집, 2002, p.294.

적이고 본질적인 차원을 말한다면, 태도는 개인의 유동적인 마음가짐과 이 마음가짐에 따라 나타나는 외적인 거동을 포함한다. 여기서 외적인 거동이란 남명이 한강과의 대화에서 논의한 '능력을 사회에서 발휘'하는 것을 의미하고, 현대 사회에서 거론하는 '타인·공동체·자연과 더불어 살아간다.', 아리스토텔레스가 강조하는 '지성'의 역할과 서로 그 맥을 같이 함을 확인할 수 있다.

부연하자면 최근 도덕, 윤리 분야의 인성교육에서는 통합형 인격교육을 중시하는데, 통합형 인성교육은 그 이전의 도덕적 인지능력 위주의 한계를 도덕적 감정과 도덕적 실천교육으로 보완한 형태의 교육으로 규정하면서, 도덕적 추론 능력을 기르는 교육 내용뿐만 아니라 봉사활동, 예절 익히기 등 실천교육을 통한 성품의 함양을 주된 교육 내용으로 다루고 있다. 만약 남명의 실천을 강조한 인성교육이 현대화 되었다면 이런 모습이 아닐까 추정해 본다.

남명은 인성교육을 실현하기 위하여 몇 가지의 교육의 방향을 설정하였다.

첫째, 남명은 자신이 주장한 '천인합일에 의한 성숙한 인격을 지닌 성인'을 추구하기 위하여 인위적이고 작위적인 주입식 교육의 폐단을 지적하고, 학습자 각 개인에게 자연성을 계발하기 위한 교육을 강조하고 있다.[9]

남명의 자연성의 계발하기 위한 교육은 학자들에 의해 루소의 자연

---

9   사재명, 「朝鮮中期 南冥學派의 敎育運動」, 『南冥學研究』 제14집, 2002, P.295.

주의적 교육학과 비교되기도 하였다. 하지만 루소보다는 루소의 뒤를 이은 페스탈로치의 교육철학과 더 근접한 것으로 보인다.[10]

페스탈로치는 교육의 본질을 '인간성을 계발하는 일'이라고 하였다. 이것은 개인의 내면에 잠재되어 있는 능력을 밖으로 끌어주고 키워주는 것을 의미하는데[11] 이는 루소의 교육관을 계승한 것이다. 페스탈로치는 인간에게는 보편적인 인간성이 있다고 믿었으며, 그것을 계발하는 것이 교육의 목적이라고 하였다. 페스탈로치가 '인간성' 속에는 도덕적(Heart), 지적(Head), 신체적(Hand) 제 능력(3H)이 모두 포함되므로, 이를 계발한다는 것은 결국 머리, 가슴, 손으로 상징되는 지적 능력, 정의적 능력, 신체 기능을 유기적으로 조화롭게 발달시키는 것을 의미하고[12] 이는 곧 개인의 전인적(全人的) 완성을 추구하는 것이다.

---

10 루소는 최선의 교육을 위해서 탁월한 능력과 인격을 갖춘 부모를 둔 이상적인 가정이라고 보고 있지만, 페스탈로치는 평범한 농부의 가정도 인간적인 유대와 일거리가 있는 한, 훌륭한 교육의 장이 될 수 있다고 보았다. 이런 의미에서 下學과 기본의 실천 등을 강조한 남명과 유사하다. 페스탈로치는 인류 전체의 발달과 개체로서의 인간의 발달 사이에 긴밀한 관계가 있다고 보는 반면, 루소는 '개인주의'를 넘어서는 교육을 통한 개인과 사회의 단순한 조화로운 발달만 강조한 점, 페스탈로치가 루소보다 교사의 역할에 대해 더 강조하고 있다는 점에서 페스탈로치의 이론이 남명의 이론과 더 가까움을 확인할 수 있다.

11 서양에서의 교육을 의미하는 Education의 어원은 'E(밖으로) + ducare(이끌어내다.)'에서 시작되었다.

12 인성의 개념에 포함된 인간의 마음은 知情意 또는 지적 요소, 정의적 요소, 행위적 요소로 구성되어 있다. 知는 사물을 인식하고 이해하고 판단하는 마음의 작용이며, 情은 감성적 지각을 통해 일어나는 정서적 느낌이며, 意는 무슨 일을 하기 위해 의지를 가지고 결심하는 마음을 의미한다. 이는 페스탈로치의

개인의 전인적 완성을 추구하는 교육은 인간을 개조하고 사회를 개혁하는 가장 효과적인 길이라 할 수 있다. 즉 교육의 본질은 인간성을 계발하는 것이지만, 그 일은 또한 개인과 사회를 개혁하는 수단도 가능하다는 것이다. 즉 인성은 자연스레 계발되는 것이 아니라 사회적 맥락 속에서 계발[13]되는 것으로 인성과 사회적 환경은 서로 관련성이 있음을 확인할 수 있다.[14]

페스탈로치의 3H 이론은 남명의 실천의식과 매우 닮아 있다. 남명 역시 공리공담에만 머무르지 않는 실제적 실천, 즉 사회적 역할을 강조하고 있다. 이런 의미에서 인간의 '사람됨'은 자아를 실현하는 사람 또는 사회적 차원에서 도덕적 삶을 사는 사람을 의미한다.

페스탈로치의 자연주의적 교육은 남명이 강조하던 자득(自得)과도 연결되어 있다.

남명은 제자들이 지니고 있는 자품(資稟)을 보고 그들이 가진 최대

3H 이론과도 상통한다.
13 신차균 외, 『교육철학 및 교육사의 이해』, 학지사, 2013, p.280.
14 김진만, 『사관생도 인성교육 프로그램 연구』, 육군3사관학교 충성대연구소, 2011.

B = f (P, E)	
B	Behavior(행동)
P	Person(개인)
E	Environment(환경)

레빈의 공식은 사회적 현상을 야기하는 행동 B의 값은, 매개변수의 개인적 욕구 P와 사회적 환경 E에서의 함수 값이라는 것이다. 이에 따르면 개인과 환경의 관계는 길항적 특성을 가지고 있기에, 사회 현상을 충분히 설명하기 위해서는 개인과 환경이 함께 고려되어야만 한다.

능력을 발휘하도록 하였다. 남명은 이를 위해 시비(是非)를 강론하거나, 변론하지 않고, 이를 위해 경서를 풀이해 주지 않았다. 다만 제자들이 스스로 깨달을 수 있는 방법[反求而自得之]을 터득하도록 하였다. 남명이 강조하는 쇄소(灑掃)·응대(應待)·진퇴지절(進退之節)은 인생의 법도가 실천되는 하학(下學)의 공간이다. 남명은 관념적 지식의 습득이 아닌 마음과 몸으로 진리를 깨달아 사람이 되어야 한다고 하였다.[15] 또한 남명은 '자기를 돌이켜 체험하고 실지(實地)를 밟는 것으로 힘써 반드시 경지에 도달함'을 목표로 하였다. 실지를 밟는 공부는 일상생활의 일사일물(一事一物)에서 하나하나 도를 깨우치고 절실하게 심신을 수양하는 공부임을 강조하였다.[16]

서구사회에서도 시대를 앞서 나가는 교육학 이론이라 불리는 자연주의적 교육학이 이미 남명에 의해서도 구현되었고, 그 내용이 오히려 더 정치하다는 점은 시사하는 바가 크다.

둘째, 남명은 인성교육을 실현하기 위해 방안으로 기본을 중요시하였다. 그리고 천인합일을 위해서는 자성이 중요하다고 강조하면서, 인간이 지닌 본성[自性], 즉 천리(天理)는 사실상 인사(人事)가 제대로 이루어져야 가능하다는 것 또한 강조하였다.

이에 따라 남명은 일상적인 인간의 실천행위, 즉 인사에서 하학(下

---

15 『한비자』에서는 得은 곧 德으로, 직접 체득한 것이 아니면 德으로서의 기능을 발휘할 수 없다고 하였다.
16 김낙진, 「남명학의 현대적 응용을 위한 검토」, 『南冥學』 제21집, 남명학연구원, 2016, p.40.

學)하여 통일적인 천리(天理)에 상달(上達)할 수 있다고 믿었고, 이를 학문하는 방법이라고 생각하였으며, 이에 따라 공리공담을 배격하였다.

이와 같은 남명의 생각은 '하학이상달(下學以上達)', '유근이급원(由近以及遠)', '자조이지정(自粗以至精)'으로 남명의 학문하는 방법으로 이어졌고 제자들에게 그대로 전해졌다.[17] 이것은 사실상 오늘날 인성교육의 최종 도달점과 맞닿아 있다. 즉 가까운 것부터 시작하여 먼 곳에 미친다는 것은 자신의 바른 인성도야를 바탕으로 하여 궁극적으로 사회에 이바지 한다는 뜻으로, 간단히 할 수 있는 행동으로부터 실천하기 힘든 행동까지 한다는 것은 바른 인성이 지니는 사회적 실천력의 범위를 의미하는 것이다.

이러한 기본에 대한 강조[18]는 『소학』의 정독(精讀)이나, 쇄소·응대·

---

17 사재명·전영국, 「南冥 曺植 敎授法의 Comenius的 接近」, 『南冥學硏究論叢』 第十三輯, 2004, p.136.

18 『소학』 「입교」편에서는 선비가 되는 단계를 다음과 같이 설명하고 있다.
제1기 - 출생에서 9세까지로 가정에서 초보적인 가르침이 이루어지는 시기로, 밥 먹는 법, 대답하는 법, 숫자 헤아리는 법, 날짜 세는 법, 사양하는 법 등이 그것이다. 학습자가 어리기 때문에 자발적인 학습보다는 어른들이 하나하나 깨우쳐 주는 '敎(instruction)'위주다.
제2기 - 10세에서 39세까지로 學宮에서 修學이 이루어지는 시기다. 즉 10세부터 바깥의 스승에게 나아가 배우게 되며, 일상생활을 바깥에서 하게 된다. 학습도 능동적인 '學(learning)'위주다. 15세에 활쏘기, 말타기 등을 배우고, 20세에 관례를 치러 성인이 되며, 30세에 처자를 거느리고 가정을 가진다.
제3기 - 40에서 69세까지로 관인이 되어 왕궁에서 활동하는 시기다. 즉 10세에 스승에게 나아가 배운지 30년이 되었기 때문에 이제 시비와 사리를 분별할 수 있게 되어서 40세에 비로소 벼슬길에 들어서게 된다.
제4기 - 70세 이후로 관에서 물러나 가정으로 은퇴하는 시기다. 즉, 70세가 되진퇴의 강조와도 관련이 있다. 이는 먼저 자신을 세우고, 격물(格物)·치지(致知)·성의(誠意)·정심(正心)을 거쳐 결국에는 경세제민(經世濟民)에 이르는 것을 의미한다. 남명은 항상 "이치를 궁구함의 장차 치용(致用)을 위한 것이요, 수신(修身)은 장차 도(道)를 행하기 위한 것이다"라고 함으로써,[19] 실용성과 실천정신을 강조하였다. 즉 인사라는 기본으로 시작하여 천리라는 인성교육의 최종 목적을 이룰 수 있다고 주장하였고, 이를 위해서는 기본을 바탕으로 한 실천력이 중요하다고 강조하였다. 기본과 실천력을 강조하는 남명의 사상은 오늘날 인성교육의 목표와 매우 흡사함을 확인할 수 있다.

셋째, 남명은 매사를 공동생활에 기준을 두고 이에 따른 시의(時宜)를 따졌다.[20] 매사를 공동생활에 염두를 두었다는 것은 현대 인성교육의 목표와도 부합된다. 남명의 사회적 실천은 이와 연관되어 있으며, 사회적 실천은 자신이 있는 위치에서 가장 적절한 방법으로 실행하려 하였고, 이는 행의(行義)의 형태로 나타났다.[21] 또한 이를 이해 시

면 벼슬을 왕에게 돌려주고(致仕)여력이 있어도 은퇴하게 된다.; 신차균 외, 『교육철학 및 교육사의 이해』, 학지사, 2013, p.83
19 사재명, 「남명 조식 교육의 계승 - 실천성의 강조」, 『南冥學硏究』 제19집, 2005, p.287.
20 김낙진, 「남명학의 현대적 응용을 위한 검토」, 『南冥學』 제21집, 남명학연구원, 2016, p.50.
21 義는 마음을 결단하는 일이며, 마땅함[宜]은 결단한 뒤의 얼이다. 마땅하게 일을 처리하는 것을 의라고 하는 것은 외적인 실천에서 말하는 것이기 때문에 의를 외부로 나아가게 하는 것이다. 의는 마음을 제어하며, 일의 마땅함, 사물에 처했을 때의 처신 같은 것으로 사물에 접했을 때 사사로운 이익의 욕망을

의를 강조하였다.

　남명의 시의에 대한 강조는 출처관에서 잘 드러나는데, 남명은 출사한 선비에 대해서 '퇴처'와 '절개'를 강조하며 불의한 시대에 맞설 것을 강조했다.[22] 하지만 이러한 남명의 행동을 단순히 시대에 대한 철저한 외면, 실망이나 무관심으로 치부해서는 절대 안 된다. 시대에 대한 철저한 외면이 강하였다면 임진왜란 당시 남명의 제자들이 보여준 사회적 실천은 없었을 것이다. 즉 남명의 제자는 자신의 위치에서 자신의 할 일을 명확히 찾았다는 뜻이다. 이는 『남명집』 발(跋)에 "나아가 벼슬하면 나라를 크게 하는 일이 있어야 하고, 물러나 은거해 있으면 스스로를 지켜야 한다"[23]는 문구로 잘 설명되고 있다.

　시의에 맞는 행동을 하기 위해 시대에 대한 정확한 판단을 할 수 있는 안목이 필요하다. 남명은 장구(章句) 해독과 강론하는 것보다는 "학자는 단지 그 혼수(昏睡)한 것을 깨우쳐 주면 되는 것으로 눈을 뜨면 자신이 천지일월(天地日月)을 볼 수 있다."[24]라고 하며 시대를 읽는 안목을 강조하였다. 인성교육의 올바른 방향은 직접적 강령의 주입이

　　　제거하여 상황에 마땅하게 처신하는 것이다.; 정낙찬, 「남명 교육방법론의 현대 교육적 의미」, 『南冥學硏究論叢』 제十一輯, 2002, p.177.
22　정우락, 「남명 조식의 '물' 인식과 인문정신」, 『嶺南學』 제26호, 경북대학교 영남문화연구원, 2014, pp.190~192.
23　김영숙, 「남명의 실천 사상이 유아교육과정에 주는 함의」, 『南冥學硏究』 제34집, 2012, p.258.
24　사재명, 「조선 중기 남명학파의 교육(自得 강조의 계승)」, 『敎育學硏究』 제40권 2호, 2002, p.26.

아니라 스스로 도덕적 판단을 하도록 가치판단 능력을 키워주는 교육에 있으며, 그러한 교육은 능동적 판단자로서 또한 지성을 갖춘 인격체로서 성장하도록 한다는 점에서[25] 남명이 교육철학과 부합한다.

남명은 또한 자기(自己)를 세우고 살아갈 수 있는 능력[律리], 좀 더 확대해서 말하면 자기에 대해서도 타인에 대해서도 이해할 수 있으며, 이에 대해 사고하며, 판단할 수 있는 능력, 그리고 이를 구체적으로 실천할 수 있는 능력을 갖춘 인재를 양성하고자 했던 것이다.[26]

위의 내용을 정리하면 다음과 같다. 남명은 인성교육을 실현하기 위해 몇 가지의 교육의 방향을 설정하였는데, 첫째는 자율성을 강조한 자득(自得)을 강조하였고, 둘째는 기본을 중시한 교육을 강조하였다. 셋째는 시의에 맞는 행동을 하기 위해 시대를 정확히 판단하는 혜안을 갖기를 강조하였다. 이는 현대 인성교육에서 요구하는 사회적 실천과도 그 의미가 통하고 있다.

남명의 자품을 논의할 때 '추상열일(秋霜烈日) 벽립천인(壁立千仞)'만이 강조되다 보니, 남명의 행적 중 행의(行義)만이 부각되는 성향이 강하였다. 하지만 내암(來庵) 정인홍(鄭仁弘)의 행장에서도 잘 드러나 있듯이 '엄격하고 맑고 준결함', '온화하고 정성스러운 생각', '높이 밟고 멀리 이끌어갔음', '사물을 사랑하고 걱정하는 마음'을 바탕으로 한 어버이 섬김,

---

25 이창환·이남인·염재철, 「인성교육의 회고와 전망」, 『인문논총』39집, 서울대학교 인문학연구원, 1988, pp.186~188.
26 정낙찬, 「남명 교육방법론의 현대 교육적 의미」, 『南冥學硏究論叢』 第十一輯, 2002, p.177.

형제간의 우애, 온화한 얼굴과 마음 등의 표현[27]은 남명의 따뜻함과 인(仁)을 바탕으로 한 효(孝)와 제(悌)의 정신이 잘 드러나 있는 부분이다.

또한 치란(治亂)의 도를 물은 군주에게 "군신 사이에는 정과 의리가 있어 서로 믿음성이 있음으로써 틈이 없었다."[28]고 답한 것은 남명의 충(忠)에 대한 가치관이 드러나는 부분이다.

이러한 남명의 자품은 후에 그의 제자들에게 계승되어 효, 충, 의로 발현되었다.

'유근이급원(由近以及遠)', '자조이지정(自粗以至精)'이라는 남명의 학습방법은 인성의 가장 근본이라 할 수 있는 효로부터 충, 의로 점차 확대되는 제자들의 실천성향에서 그 결과를 확인할 수 있다.

남명은 천리(에 이르기 위해서는 인사를 제대로 하여야 한다는 생각을 바탕으로 하였기에 효, 충, 의 등 인간 간의 기본적인 덕목을 강조하며 실천하였던 것이다. 쇄소응대(灑掃應對)를 먼저 익히게 한 것 또한 자기의 가정에서 어른을 공경하고 손위를 섬길 줄 아는 근본을 갖추게[律己]한 것이고, 격물·치지·성의·정심하는 학문을 가르친 것은 앞날에 경세제민을 시행해 나갈 방법을 알도록 하였다. 이를 통해 국가에 봉사하고[奉公], 백성을 사랑하고 바르게 지도하는 마음[愛民]을 갖게 하였다. 이러한 남명의 가르침은 도덕 속에서 한가로이 자득(自

27　김낙진, 「남명학의 현대적 응용을 위한 검토」, 『南冥學』 제21집, 남명학연구원, 2016, p.57.
28　김낙진, 「남명학의 현대적 응용을 위한 검토」, 『南冥學』 제21집, 남명학연구원, 2016, p.57.

(得)하게 되었기 때문에, 학습한 바가 바르지 않은 것이 없고 딴 길에 현혹되는 일이 없어서[29] 가능한 것이었다.

나. 남명의 인성교육 방법과 인문학

현대사회의 인성교육에 대한 관심은 2015년 1월 20일 '인성교육진흥법'의 제정으로 나타났으며, 현재 교육부의 방침에 따라 발달단계에 따른 체계적인 인성교육, 전인적 성장을 이끄는 인문·체육·예술교육의 활성화, 학교·가정·지역사회와 함께하는 인성교육 등이 주요 정책으로 추진되고 있다. '인성교육진흥법'에서 특히 강조되고 있는 부분이 전인적 성장을 이끌 수 있는 인문교육의 활성화이다. 이를 위해 교육부는 2015년 3월, 한국연구재단과 함께 '2015년 2차 인문학대중사업 세부집행계획'을 확정하였으며, 이는 2015년 개정 교과과정 수립에도 영향을 주었다. 교육과정의 목표는 '바른 인성을 갖춘 창의융합형 인재' 양성을 표방하고 있는데, 이것은 인성교육의 최적화된 방안으로서 인문학교육을 생각하고 설정한 것이다. 즉 인성교육진흥법, 인문학 대중사업, 2015년 개정 교과는 그 궤를 같이 하고 있고, 그 중심 주제어는 바로 인성교육과 인문학이다.

이처럼 인문학이 가장 큰 대안으로 떠오르는 것은 인성교육의 올

---

29 사재명, 「조선 중기 남명학파의 교육(自得 강조의 계승)」, 『教育學研究』 제40권 2호, 2002, p.23.

바른 방향이 직접적 강령의 주입이 아니라 스스로 도덕적 판단을 하도록 가치판단 능력을 키워주는 교육에 있으며, 그러한 교육과정은 성품과 태도, 도덕성 함양과 심리적 주체성 확립의 양자를 아우르는 매개를 통해 이루어져야 하기 때문이다. 이는 또한 인문학이 지니고 있는 일상성(日常性)과도 관계가 있다. 이를 이해하기 위해 인문학의 정확한 의미를 되새길 필요가 있다.

동양에서의 인문학은 『주역(周易)』'산화비(山火賁)'의 '관호천문(觀乎天文) 이찰시변(以察時變) 관호인문(觀乎人文) 이화성천하(以化成天下)'에서 그 어원을 찾을 수 있다. 그 뜻은 '세상의 변화는 천문에서 살피고, 인문을 살펴야 세상을 조화롭게하고 교화시킬 수 있다'는 뜻이다. 즉 인문이라는 의미에는 세상을 조화시킨다. 또는 교화할 수 있다는 뜻이 이미 내포되어 있고, 이는 인성교육의 목적과도 이어져 있다.

서양의 경우 인문학의 기원을 그리스 아테네의 교양교육(liberal education)에서 찾고 있다. 교양교육은 서구의 교육역사에서 표준적 교육관으로, 노예가 아닌 자유의지(Free-will)를 가진 인간의 교육이라는 뜻이며, 직업적 활동을 벗어나 인간의 마음이 자유롭게 활동하는 상태에서 이루어지는 교육을 의미한다. 자유교육은 인간이 자유로운 존재로서 주체성을 갖는 지식과 사유방식을 제시하여 내가 내 삶의 중심이 즉 일상에서의 주체가 되는 것을 목표로 한다. 이러한 자유교육은 곧 인문학적 교육을 뜻하였고, 그리스의 기초교양과목인 7자유과(seven liberal arts: 문법, 수사학, 논리학, 산술, 기하학, 천문, 음악)가 대표적이다. 또한 인문주의 철학자들 역시 인간에게만 '아레테(arete: excellence of virtue)'가 있다고 보았으며,[30] '지성'과 '도덕성'을 인간성의 핵심으로 제시하고 인문학을 통해 탁월한 도덕성과 지성의 구현이 가능하다고 하였다.

이를 통해 동·서양 인문학의 최종 도착점과 인성교육의 도착점은 서로 닮아 있다는 것을 확인할 수 있고, 둘 다 삶, 즉 일상성을 바탕에 두고 있음을 확인하였다.

동서양 인문학의 기원을 차치하고서라도 '인문(人文)'을 그대로 직역하면, '인간을 그려내는 것(또는 나타내는 것)'이고, 이를 다시 말하면 사람다움을 나타낸다는 뜻이 되기에,[31] 인문학은 결국 사람은 형성하고 사람을 바꾸는 공부이고, 이는 즉 인성교육이다.[32] 즉 인문학적 소양은 도덕적 상황에 대한 이해를 돕고 선택의 결과와 행위의 책임에 대한 이해 능력을 키울 수 있기에 인성교육과 직결된다고 할 수 있다.

---

30 Ross, D, (1980). *The Nicomachean Ethics*, Oxford: Oxford University Press.
31 인문학은 모든 인간현상을 대상으로 이성과 사고를 통해 그 현상의 의미를 찾고자 하는 것이었음에 근원이 있다. 따라서 인문학은 인간으로서 훌륭하게 살아갈 수 있도록 도와주는 교육, 일반적인 인간의 보편 가치의 실현을 도와주는 교육이라고 할 수 있다.
32 인문학적 사유를 통해 우리가 확보하게 되는 가치들은 인간의 내면성과 자기 성찰성과 관련이 깊다. 문학이나 역사는 우리에게 매우 풍부한 인간 삶의 모습과 선택을 제시하고 있으며, 한편 철학은 윤리적 가치와 원리, 인간의 자유의지에 대한 이해를 깊게 해준다. 인문학은 학습자로 하여금 지적 탐색과 정의적 체험을 할 수 있도록 도와줌으로써, 세계와 인간에 대한 건전한 이해와 이를 바탕으로 하여 자유로운 주체적 인간을 길러낼 수 있게 한다. 이는 인문학을 통해 도덕적 가치관을 확립하는 방식으로, 정보적 습득이 아닌 가치판단과 내면적 성찰의 반복하는 방법을 채택하고 있기에 인성교육의 방안으로서 인문학은 유용한 대안이 될 수 있다.; 최재호, 『인문교양교육을 통한 생도 인성 향상방안 연구』, 육군3사관학교 충성대 연구소, 2015, p.12.

즉 인문학은 인간이 지녀야 할 교양적 기본소양을 기르는 동시에 주체적 인간을 형성하는 교육이다.

인문학은 '인간을 그려내는 것'이기에 특정한 공간, 시간, 장르에 구애받는 학문이 아니다. 그리스의 7자유과가 3문(文)과 4리(理)를 바탕으로 하고 있으며, 이들 7개의 학문이 모든 인문·사회, 자연과학의 시발점이 되었기에 사실상 우리가 익히는 모든 학문이 인문학이 되는 것이다. 즉 인간과 관련된 모든 일상이 인문학이 될 수 있는 것이다.

유학이 지향하는 교육은 "일상이라는 삶의 장소에서 성인(聖人), 군자(君子)라는 건전한 인격을 지속적으로 추구하기 때문에 그것을 일상교육"라고 부르고 있다. 즉 이를 다르게 명명하면 인문학이 되는 것이다. 또한 유교에서는 일상교육의 중요성을 강조하며, 일상생활 속에서의 실천을 강조하고 있는데,[33] 우리 교육사에서 이러한 일상교육의 중요성과 실천을 가장 강조한 분이 바로 남명이다.

주자는 유가의 도는 '일용동정어묵지문(日用動靜語黙之間)의 도'이며, 이는 일상생활에 필요한 중용(中庸)의 도'라 하였다. 도학자는 일상에서 겪는 욕망과 갈등을 극복하고 중용의 도와 덕을 체득, 이성을 인생에서 직접 실현해 나간 사람으로, 도학자에게는 목숨을 걸어야 하는 절의(節義)도 중요하지만 '평상시'로 표현되는 일상은 삶의 전부이기에 일상에서의 자기 성취 역시 가치가 있는 것이다.[34] 즉 일상에서의 모든

---

33 채휘균, 「남명을 통해 본 일상(日常)의 교육적 의미」, 『교육철학』 제41집, 2010, p.475.
34 김낙진, 「남명학의 현대적 응용을 위한 검토」, 『南冥學』 제21집, 남명학연구

교육은 인성교육의 다른 이름이고, 이는 곧 인문학이다.

남명은 인성교육의 방안으로서 '자득(自得)', '하학이상달(下學以上達)', '시의(時宜)'를 강조하고 있는데, 이는 인문학의 성격과 매우 유사하다. 남명은 제자들이 스스로 자신의 능력을 최대한 끌어낼 수 있도록 공리공담에 치우치지 않고, '쇄소응대진퇴지절'과 같은 하학을 강조하였으며, 매사를 '시의'에 맞게 행동하고, 일상생활의 일사일물(一事一物)에서 천리를 찾는 것은 강조하였다. 이것은 곧 '기초로 다져진 학문으로 살아가면서 올바른 것을 따르는 실천' 하는 능력을 강조하는 것이다.[35]

남명의 경우 제자들에게 자득을 위해 『소학』으로부터 『논어』, 『중용』, 『근사록』, 『성리대전』, 『효경』, 『시경』, 『주역』, 『춘추』, 『예기』, 『심경』, 『상서』, 『주서』와 같은 성리학 기본서뿐만 아니라, 노장학·양명학·불교 및 의약(醫藥)·천문(天文)·지리(地理)·복서(卜筮)·병법(兵法) 등도 강조하였다. 이를 통해 제자들이 경의(敬義), 경(經)과 예(禮), 의리(義理), 의리공사(義利公私), 이기지변(理氣之辯), 출처대의(出處大義), 명리(名理), 심성정(心性情), 예의(禮儀) 등 제 분야에 관심을 가지도록 하였다. 즉 남명은 박학(博學)을 강조함으로써 제자들의 자품에 따라 각자의 자득지(自得地)를 찾을 수 있도록 교육하였다. 남명이 강조한 학문은 어디에도 치우침이 없기에 '인간을 그려내기에' 적절하였고 이는 바로 인문학과 매우 닮아 있다. 또한 남명이 강조하는 하학은 일상적인 사사물

원, 2016, pp.39~40.
35 김영숙, 「남명의 실천 사상이 유아교육과정에 주는 함의」, 『南冥學研究』 제34집, 2012, p.249.

물(事事物物)에서 이치를 궁구하는 것이고, 구체적으로는 예(禮)·악(樂)·사(射)·어(御)·서(書)·수(數) 등의 육예(六藝)에 치중하고 있으며 이는 육경(六經)의 의리에도 도달하고 있다.[36] 이와 같은 육예의 강조는 서구사회의 7자유과의 강조와 그 맥이 닿아 있다.

인성 같은 인간의 내재적 가치는 단기간에 변화하지 않는다. 교육은 인간의 인지적 변화와 행동의 계획적 변화를 유도하기 때문에 이를 통해 이루어진 변화는 자발적이고 지속가능한 특성을 지닌다.[37] 이는 남명이 강조한 자득과 이어져 있으며, '유근이급원(由近以及遠)', '자조이지정(自粗以至精)'과 같은 기초를 강조하며 점차 그 영역을 확대하며 학문하는 모습과도 연관되어 있다.

남명이 강조한 자득과 시의는 인문학을 통해 인간이 전인적 인격체로서의 삶을 영위하기 위해 요구되는 자질과 능력을 함양하고, 사유능력, 분석능력, 학습능력, 창의력, 문제해결능력을 증대하는[38] 모습과도 닿아 있다. 남명의 제자들은 인문학적 성격을 닮은 하학을 통해 사유능력, 학습능력, 창의력, 문제능력 능력을 자득하고, 이를 통해 시의를 정확히 판단할 수 있었다. 또한 남명이 강조한 인문학적 사고에 의해 인간에 대한 책임과 사회에 대한 책임, 그리고 역사와 문명에

---

36 사재명, 「남명 조식 교육의 계승 - 실천성의 강조」, 『南冥學研究』 제19집, 2005, p.285.
37 이선홍, 「병영문화를 개선하는 군 인성교육 프로그램 연구」, 『군사논단』 80집, 한국군사학회, 2014, p.171.
38 이배용, 「대학교육에서 인성교육과 인문학」, 『대학교육』, 2008, pp.65~70.

대한 책임을 가지게 되었다.

월터 카우프만은 인문학의 목표는 '당장의 유용함이 아니라 인류의 책임감 있는 지식인으로 성장할 수 있는 폭넓은 안목과 통합적인 지식, 그리고 인류에 대한 연민이다'라고 하였는데, 남명 또한 제자들이 수신부터 격물·치지·성의·정심을 거쳐 경세제민의 실천적 모습을 행하기를 갈망했을 것이며, 남명의 제자들 또한 남명의 교육철학과 인문학적 교육방법으로 인해, 우선 자신을 닦고[律己], 국가와 사회에 봉사하고[奉公], 최종적으로 인류에 대한 연민[愛民]을 실천할 수 있었다. 이것은 앞에서도 논의했듯이 인간이 먼저 자신이 도덕적인 존재임을 깨달아 자신을 정확히 세워, 현실에서 발현되며, 각각의 위치에서 조화를 이룬다는 의미와 부합한다. 이것은 효, 충, 의라는 덕목으로 나타났으니 이는 현대 인성교육에서 정의하는 인성교육 '핵심 가치 덕목'과 일치한다. 또한 남명의 교육철학과 교육방법을 통해 제자들이 획득한, 자득, 하학이상달, 시의의 파악은 현재 인성교육에서 정의하는 '핵심 역량'과 닮아 있음을 확인하였다.

남명의 교육철학이 현대 '인성교육 정의', '핵심 덕목', '핵심 역량'과 유사하고, 교육방법면에서 인문학을 강조하였다는 것과, 이를 통한 제자들의 사회적 실천을 기대하였다는 점에서 그의 교육자로서의 선지적 능력을 확인할 수 있었다. 다음 장에서는 남명의 교육철학과 교육방법이 제자들을 통해 어떻게 구현되었는지를 고구하기로 하겠다.

2. 인성교육을 바탕으로 한 제자들의 실제적인 실천

현대적 의미에서의 인성교육의 의미는 '자신의 내면을 바르고 건전하게 가꾸고 타인·공동체·자연과 더불어 살아가는데 필요한 인간다운 성품과 역량을 기르는 것을 목적으로 하는 교육'이라고 앞의 장에서 이미 논의하였다. 인성교육의 최종적 도착점은 자신만의 만족 및 행복이 아니라 사회적 실천이 되어야 하는데, 남명의 인성교육은 실제적으로 남명의 제자들에 의해 사회적 실천의 모습으로 직접 구현되었다.

여기서는 시대를 앞서 간 남명의 인성교육의 철학이 제자들에 의해 어떻게 구현되는지 살펴보겠다.

남명은 '선비에게 있어서 출처(出處)는 대절(大節)'이라는 표현을 통해 자신의 출처관을 명확히 밝히고 있다.[39] 앞에서도 논의했듯이 남명에게 있어 '퇴처'란 시대에 대한 철저한 외면, 실망이나 무관심이 절대 아니다. 남명에게 있어 '퇴처'란 오히려 불의한 현실이나 시대에 대한 객관성을 지닌 비판이나 철저한 저항을 의미하는 것이다. 이는 자신이 처한 위치에서 자신이 할 수 있는 최대한의 행동을 찾아 직접 실천하는 것을 의미하며, 이것이 바로 '시의(時宜)'와 관련이 있다.

---

39 曺植,『南冥集』(乙酉本) 卷4 張13. 金宇顒所撰 行錄 "又語仁弘及顒述曰 汝等於 出處 粗有見處 吾心許也 士君子大節 唯在出處一事而已"

남명은 출사(出仕)나 퇴처(退處) 등 위치가 중요한 것이 아니라, 현실에 대한 관심과 이에 대한 적극적인 실천을 강조하였다. 즉 비록 출사하지 않았지만 항상 현실과 사회에 대한 관심을 가졌던 것이다. 이러한 정신은 그의 제자들에게도 계승되었다.

　　실학파의 거두인 정약용은 공직에 있는 사람들이 지켜야 할 정신을 크게 율기(律己), 봉공(奉公), 애민(愛民)으로 설명하였는데, 임진왜란 당시 남명의 제자들 중 공직에 있는 이가 많지는 않았지만, 현실에 대한 애착을 바탕으로 공인(公人)의 심정으로 율기, 봉공, 애민을 실천하였다.

　　자기 자신에 대해 가장 명확한 가치관을 가지고 실천하고자 하는 율기는 '효'의 형태로 나타났으며, 봉공은 어려운 전란에서 끝까지 공인으로서의 책임을 다하고자 하는 '충'의 형태로 발현되었고, 애민은 자기 지역과 지역민, 크게 국토와 백성에 대한 애정이 창의라는 형태로 발현되어 '의'를 실천하였다. 남명은 인의예지신(仁義禮智信)을 각기 독자적으로 분립된 것이 아닌 상호유기적인 관계로 보았는데[40] 즉 시의에 따라 효, 충, 의라는 각기 다른 모습으로 실천행위가 드러나지만 그 바탕은 남명이 강조한 경의(敬義)에 뿌리를 두고 있다.

40　정낙찬, 「남명 교육방법론의 현대 교육적 의미」, 『南冥學硏究論叢』 第十一輯, 2002, p.146.

가. 율기(律己)를 바탕으로 한 효(孝)의 실천

임진왜란 당시 대부분은 전재민의 입장에서 전쟁을 경험하였다. 남명의 제자들 상당수도 전재민의 경험을 하였을 것이다. 사실 이 당시 상황으로 보아 전재민이 취할 수 있는 입장은 별로 없었다. 전화(戰禍)를 피해 피란민이 되거나, 아니면 호국의 심정으로 창의(倡義)를 한다든지, 오히려 왜군의 꼬임이나 협박에 넘어가 부왜민(附倭民)이 되는 경우 조차 있었다.

남명의 제자들 상당수는 남명으로부터 계승된 체질화된 '경의(敬義)' 사상으로 인해 창의와 피란 사이에서 내적 갈등을 겪었다. 이 갈등에서 '가족애의 실현'라는 가치관이 우선시되면 피란을 선택하게 되는데, 그 결정으로 창의를 선택하지 않은 이들을 폄하되어서는 안 된다. 그 이유는 창의가 '의(義)'의 실천적 구현이라면, 그 대척점에 있는 피란도 '효(孝)'의 실천적 구현이라 할 수 있는 것이다.[41] 그러면 지금부터 '의', '효' 사이 갈등에서 '효'의 실천을 직접적으로 보여준 남명 제자들을 살펴보겠다.

죽각 이광우(竹閣 李光友, 1529~1619)는 임진왜란이 일어났을 당시의 나이가 64세로 창의를 하기에는 늦은 나이다. 그는 늙은 노모를 모시고 덕산동으로 이주하였고, 초유사 김성일을 만난다. 죽각은 사위인 전

---

41 남명의 제자들이 반드시 '孝'의 실천을 위해 피란을 택한 것은 아니지만, '忠과 義', '孝와 禮'의 구현 사이에서 갈등하고 있는 모습이 발견된다.

유룡(田有龍)을 김성일에게 천거하였고, 전유룡은 소모사의 역할을 수행한다. 이후 전유룡은 정유재란 때 곽재우를 따라 창녕 화왕산성(火旺山城) 전투에 참여하여 왜적을 무찌르는데 지대한 역할을 하게 된다. 죽각은 노모의 봉양으로 인해 자신이 직접 창의를 하지 못하지만 자신의 사위를 대신 전장에 참여시킴으로써 '의'의 실천도 도모하였다.

죽각의 '효'에 대한 실천의식은 그의 강학 태도에서 찾을 수 있다. 죽각은 11세(1539)에 종형인 이광곤과 함께 『효경』을 가장 먼저 공부하였고, 이후 14세(1542)에 『중용』과 『대학』, 18세(1546)에 『주역』과 『예기』 순으로 공부하였다. 특히 남명에게서 강학한 이후에는 『소학』에 근본을 두었다. 효제(孝悌)와 충신(忠信)으로 덕에 나아가고자 하였고, 성경(誠敬)을 첫 번째 공부라 여겼다. 이러한 강학 태도는 자신의 근본을 찾고 기본을 바로 세우려는 율기의 한 형태인 '효'로 발현되었다.

임진왜란 발발 당시 50대 후반이었던 서계(西溪) 김담수(金聃壽) 또한 임진왜란이 일어나자 노모를 모시고 가야산으로 피란하였다. 하지만 피란 중에도 창의를 하지 못한 아쉬움을 시로써 직접 표현하고 있다.[42] 서계는 전쟁을 맞이한 유자(儒者)로서의 임무를 시를 통해 제시하였으며, 직접 참전하지 못함을 아쉬워하였다.

서계의 효성은 다른 이와 남달랐는데 이는 부친이 8세 때 돌아가신 것에서 찾을 수 있다. 서계는 아버지가 돌아가신 후 어린 나이에도 예를 다했으며, 어머니에 대해서는 '어머니를 봉양하는 일은 아버지를

---

42 『西溪集』 卷一 張 三~四, 「寄金東岡」.

섬기는 것과 달라, 내가 평생 동안 잘 섬기지 못하긴 했지만 어버이의 뜻을 조금도 거스르지 않았다'[43]라고 자부하듯이 그는 자신의 몸을 바르게 세워 부모에 대한 효성을 다하였으며, 특히 어머니에 대한 애정과 효심은 시를 통해 발현되었다.[44] 서계 개인의 입장에서는 '효'가 '의'보다 당연하겠지만, 시를 통해 갈등을 표현하고 있음은 남명의 사상이 몸이 체득화되었기 때문이다.

임진왜란 당시 지극한 효성으로 귀감이 된 무송(撫松) 손천우(孫天祐) 역시 남명의 제자 중 한 명이다. 무송의 일상은 아침에 닭이 울면 일어나 세수하고 옷을 정제하고 가묘(家廟)를 참배한 후, 바로 앉아 종일토록 책을 읽는 것이었다. 형제간의 우애가 두터웠으며 특히 효성이 지극하여 부모의 상중에는 산소 곁에서 하루 세 번 음식을 올렸으며, 아무리 더워도 상복을 벗지 않았다. 임진왜란을 당해서는 부모의 신위를 상자에 모시고 피란을 다니면서 양식을 빌어 죽을 끓여 음식을 올렸으며, 함경도 땅까지 피란을 가면서 부모를 공경하는 마음이 조금도 흐트러지지 않자 함경도 사람들이 이를 보고 감복하여 그가 세상을 떠난 후 '화조사(花鳥祠)'라는 사당을 세워 제사를 지내기도 하였다. 그의 효성은 남명의 가르침에 의한 것이 크다. 남명은 덕산에서 손천우를 제자로 받은 이후 『소학』, 『근사록』과 같은 율기에 가장 기

43　李象靖, 「行狀」, 『西溪集』 卷三 張一, 幹母之蠱 異於事父 吾平生 雖不能爲養 但未嘗拂親意也
44　『西溪集』 卷一 張十三, 「夢述一絶但記首一句餘不記得回成下三句」, 『西溪集』 卷1 張8, 「次孫叢巖韻」.

본이 되는 책들을 권장하며, 체득화되도록 하였다. 남명 또한 이러한 무송의 '효'에 대한 실천의식을 높이 사서, 당신이 죽기 얼마 전 『사상례절요(士喪禮節要)』라는 책을 손천우와 하응도(河應圖), 유종지(柳宗智) 등에게 주면서 그 책에 따라 장례를 치를 것을 부탁하기도 하였다.

일신당(日新堂) 이천경(李天慶) 또한 임진왜란 당시 뛰어난 효성으로 잘 알려져 있다.

일신당은 임진왜란이 일어났을 당시 모친상을 당하는데, 그는 신주와 제기를 지고 다니면서 조석으로 상식을 올렸으며, 향당의 사우를 세우는 데 주력하였다. 또한 '의'의 실천을 위해 창의를 하고자 하였으나 상중이라 이루지 못하고, 재종제에게 대신 창의를 권유하였다. 평상시에도 힘든 효의 실천을 위험한 전장 속에서 실천하고자 하는 것은 그의 배움에서 기인하는 바가 크다. 일신당은 23세 때 남명을 뵙고, 29세(1566)에 비로소 남명으로부터 직접 가르침을 받는다. 31세(1568)에는 남명에게서 '상제예절(喪制禮節)'을 묻고 이를 몸에 긴요한 것으로 보고 평생을 남명의 가르침에 따라 실천하게 되었다.

이 밖에도 문암(文庵) 정인기(鄭仁耆) 또한 노부모의 봉양으로 인해 창의하지 못한 대표적 인물 중 하나이다.

남명의 직전제자뿐만 아니라 남명의 재전제자 역시 남명의 가르침에 따라 많은 이들이 창의하게 된다. 하지만 이들 중에서도 바른 인성의 가장 기본적인 실천이라 할 수 있는 효를 실행하기 위해 창의하지 못하는 이도 많은데, 이에 대한 예를 찾아본다.

삼익재(三益齋) 이천배(李天培)는 한강(寒岡)의 문인으로, 여러 번 천거되었으나 '위기지학(爲己之學)'을 이유로 은거하며 학문과 실천에 힘썼다. 임진왜란이 일어나자 "장대한 계책을 내고 의병을 모집하여 국난을 구원할 수 없다면 차라리 부모님이 물려주신 몸을 공경히 하고 삼가고, 무기를 피해서 제현들이 난리를 평정하기를 기다려 우리가 업으로 삼는 바를 마치는 것이 옳다."고 하면서 동생과 산골짜기 마을에 우거하며 조석으로 성현의 교훈을 강마하였다. 삼익재는 전란 시 부모를 모시고 피란을 하지는 않았지만 '신체발부 수지부모 불감훼상 효지시야(身體髮膚 受之父母 不敢毁傷 孝之始也)'라는 『효경』의 말씀을 평생의 실천지향으로 삼았다.

한강의 문인인 복재(復齋) 이도자(李道孜) 역시 '효'를 실천의 우선순위로 삼았다. 임진왜란 때는 어버이를 모시고 피란하였고, 정유재란 때는 강릉으로 피란하였으며, 가업이 탕진되자 장사를 하여 부모를 봉양하고 형제들을 거두었다. 이때 한강이 성천부사(成川府使)로 있었는데, 복재는 한강을 배알하고 부모의 봉양을 위하여 아들을 부탁하였다. 한강은 복재의 효성에 감복하여 그 청을 받아들여 복재의 아들을 자신의 아들처럼 가르쳤다.

한강 문인 능허자(凌虛子) 박민(朴敏) 역시 전란이 발발하자 노모를 모시고 지리산에 피신하였다. 진주성 함락 후 절도사 최경회(崔慶會) 등이 남강에 몸을 던지자, 능허자는 산에서 내려와 뱃사람과 함께 직접 그의 시신을 찾아 장례를 치르고는 죽을 때까지 남강 물을 먹지 않는 등 '의'의 실천에도 노력하였다. 진주성 함락을 안타까워하며 위험을 무릅쓰고 절도사의 시신을 직접 안장한 것은 능허자가 전쟁에 대한 두려움 때문에 피란한 것이 아니라 노모의 안전이 우선시했다는 것을 의미하며,[45] 이러한 '의'의 실현은 훗날 정묘호란 때 창의로 나타난다. 비슷한 예로 석담(石潭) 이윤우(李潤雨) 역시 임진왜란 당시에는 부모님의 안전을 위해 피란을 선택하지만 정묘호란 당시에는 앞장서서 창의하는 모습을 보여준다.

내암(來庵)의 문인인 초료당(鷦鷯堂) 류덕룡(柳德龍)[46]은 임진왜란 때 부친을 업고 피란하여 온전할 수 있었지만, 두 누이는 적이 닥치자 절조를 지켜 목숨을 잃었다. 난리 중에 관동 지방으로 부친을 모시고 떠돌면서도 경서를 손에서 놓지 않았다. 난이 평정된 후에도 잠을 자지 않고 부친의 병을 간호하였다. 부친의 삼년상에 여묘살이를 하루도 폐하지 않았으며, 상복을 벗고는 삼가(三嘉) 토동(兎洞)에 살았다. 초료당은 남명의 가르침대로 『소학』에 나오는 가장 기본적인 모습으로 자신을 세우는[律己] 모습을 확인할 수 있다.

남명의 제자 또는 재전제자들 중 비단 위에서 언급한 인물들만이

---

45 문집인 『凌虛集』에는 의병이 못된 것을 안타까워하는 내용의 書簡文이 발견된다.
46 鷦鷯堂 柳德龍은 來庵의 문인으로, 어렸을 때 남명이 "용모가 뛰어나고 才品이 매우 높으니 참으로 가르칠 만하다."라고 하면서 『소학』을 여러 해 직접 가르치기도 하였다. 초료당은 남명이 병이 있을 때 곁에서 모시며 떠나지 않았고, 남명은 임종할 때에 초료당에 대해 覺齋 河沆(1538-1590)에게 말하기를, "이 아이는 반드시 성취할 것이니, 잘 가르치면 우리 고장의 顏子가 될 것이다."라고 하였다. 초료당은 모친이 병중에 있을 때 직접 약을 달여 올려 간병하였고, 居喪에는 예를 다하였다.

자신을 세워 효를 발현하지는 않았다.[47] 이들의 특징은 남명의 제자들이 강조하는 기본을 바탕으로 자신의 위치에서 취할 수 있는 가장 적절한 행동을 찾았으며 그 행동이 효라는 형태로 발현되었다.

이 글에서 가장 기본이라고 기술하고 있기는 하였지만 전쟁이라는 극한의 상황에서는 그 기본을 실천하는 것이 상당히 지난한 일이라는 것을 절대로 간과해서는 안 된다. 이렇듯 자신을 바로 세우는 일이 가능해야만 뒤에서 언급할 봉공 또는 애민이라는 실천지향이 가능한 것이다.

나. 봉공(奉公)을 바탕으로 한 충(忠)의 실천

남명의 제자들 중 임진왜란 당시 관직에 진출한 이는 많지 않은데, 그 이유는 크게 두 가지이다. 첫째는 남명의 출처관에서 기인하는데, 앞에서도 언급했지만 굳이 출사를 하지 않더라도 자신의 위치에서 실제적 실천을 실현하였기에 출사 여부는 중요하게 생각하지 않았다. 둘째, 1589년에 일어난 '기축옥사'[48]로 많은 남명의 제자가 축출된 데

---

47 위에서 언급한 인물들이 비교적 많지 않은 이유는 두 가지에서 찾을 수 있다. 첫째, 당시 대부분의 儒者들이 위에서 언급한 인물 못지않게 효의 실천에 최선을 다하였다. 하지만 위에서 제시한 인물들의 경우 효의 실천이 자료로 자세히 남아있기에 이들을 중심으로 논의를 진행하였다. 둘째, 뒤에서 언급하는 의의 실천에 상당수의 남명 제자들이 참여하였기에 상대적으로 효의 실천 자체가 부각되지 못하였다.

48 선조 때 鄭汝立은 조정에 불만은 품고, 고향에 돌아가 그의 고향이나 다른 지

서 그 이유를 찾을 수 있다.

여기서는 임진왜란 당시 관료의 자리에서 임진왜란에 대처한 남명학파의 행동을 살펴보겠다.

임진왜란 당시 남명의 제자 중 주요 관직에 있었던 사람은 재전제자까지 포함하여 대략 20여 명 이상으로 추정한다.[49] 그들은 자신이

방의 불평분자들을 모아서 大同契라는 조직체를 만들고, 인심을 현혹하여 큰 난을 일으킴으로써 자기의 천하를 만들려 하였는데, 1589년 10월에 황해도 관찰사 韓準 등의 密啓로 인하여 정여립의 음모가 탄로나 반란이 무산되었다. 이 때 호남 출신 서인들의 상소로 많은 사람들이 정여립과 관계가 있다는 이유만으로 탄압받게 되는데, 이것이 바로 기축옥사이다. 그 옥사를 맡아 처리한 사람은 서인의 영수였던 鄭澈로, 동인의 朝臣 중에서 李潑·李洁·白惟讓·柳夢井·崔永慶·金宇顒·洪宗祿 등이 정여립과 관련되어 있다고 지목받았으며, 그 중에서 李潑·李洁·白惟讓·柳夢井·崔永慶 등이 처형되었으며, 鄭彦信·鄭彦智·鄭介淸 등이 유배되고, 盧守愼은 파직되었다. 정여립의 옥사는 2년이나 걸려서 처리되었는데, 이 당시 많은 남명학파가 화를 입었다.

49 임진왜란 당시 남명의 직전제자 중에서 관료의 임무를 수행하던 사람으로는 禮谷 郭趪(1513~1593)·寒泉 李曇(1524~1600)·藥圃 鄭琢(1526~1605)·鷺渚 李陽元(1526~1592)·月潭 崔滉(1529~1603)·孤潭 李純仁(1533~1592)·篁谷 李偁(1535~1600)·月汀 尹根壽(1537~1616)·鵝溪 李山海(1539~1609)·東岡 金宇顒(1540~1601)·寧無成 河應圖(1540~1610)·寒岡 鄭逑(1543~ 1620)·岳麓 許筬(1548~1612)·拙菴 柳永詢(1552~1632)·八溪 李郁(1556 ~1593)·省克堂 金弘微(1577~1605)·雲岡 趙瑗(1544~1595) 등이 있으며, 재전제자 중에서는 息庵 黃暹(1544~1616)·葛村 李瀷(1550~ 1615)·鑑湖 呂大老(1552~1619)·海月軒 黃汝一(1556~1622)·梧峰 申之悌(1562~1624)·農圃 鄭文孚(1565~1624)·松齋 曺繼明(1568~1641) 등이 대표적인 인물이다. 직전제자들에 비해 재전제자들의 수가 상대적으로 적은데, 그 이유는 재전제자들의 연령층이 청년 또는 중년으로 관료로서 주도적으로 정국을 주도할 시기가 아니었기 때문이다. 실제 榜目들을 확인하면 임진왜란 당시 남명학파 출신 관료들은 더 늘어나리라 생각한다.

처한 입장에서 가장 적극적이고 현실적인 방법을 선택하여 관료로서의 책무를 다하였다. 이것이 바로 봉공의 실천지향이며, '충'의 형태로 발현되었다. 그러면 이들의 활약을 행동 양상에 따라 분류하기로 하겠다.

임진왜란 당시 내·외직을 불문하고, 자신의 직책을 성실히 수행하는 경우는 찾기가 힘들었다. 내직에 있는 경우, 선조를 직접 호종하는 인물이 극히 드물었으며 외직 또한 이와 별반 차이가 없었다. 외직에 근무하면서 병권을 가지고 있는 인물들은 자신의 안위를 위해 관병을 사병화하여 도망 다녔으며, 목민관들 역시 자신의 지역민을 돌보지 않고 먼저 피란하였다. 반면에 남명학파 출신 관료는 비록 소수이지만 모두 자신의 책무를 성실히 수행하였다.

임진왜란 당시 관료로 있으면서 국난을 대처하는 방법에는 여러 가지가 있었다. 시의적절한 의견을 제시, 국정운영에 도움을 주거나, 국방의 책임을 다하든지, 선조(宣祖)나 왕세자의 몽진을 묵묵히 호종한 경우, 목민관으로서 백성들의 위무에 힘쓰는 경우로 분류할 수 있다.

먼저 냉철하고 정확한 현실인식을 바탕으로 국정운영에 도움을 준 경우부터 살펴보자.

임란이 발발 후 보름이 지나 조선 조정은 왜적을 맞아 도성을 지킬 것인지, 몽진할 것인지에 대한 기로에 선다. 당시 대부분의 관료들이 내심으로는 몽진을 바라지만 체면상 표면적으로는 옥쇄(玉碎)를 주장하였다. 결국 선조는 도성을 버리고 몽진을 결정하는데, 국가적 수치이기는 하지만 몽진이라는 결정으로 인해 조선은 7년이라는 전쟁을 극복해 낼 수 있었다. 이러한 과단성 있는 결정 뒤에는 남명문인인 아계(鵝溪) 이산해(李山海)[50]의 노력이 있었다.

아계는 임진왜란이 일어날 당시 영의정으로 국정을 책임지고 있었다. 몽진에 대한 논의로 조정이 분열상을 보이자 아계는 관료들의 비판을 무릅쓰고 몽진을 건의하게 된다.[51]

아계의 건의로 조정은 결국 몽진을 하게 된다. 아계는 이후 선조를 호종하여 개성에 이르렀으나, 양사(兩司)로부터 나라를 그르치고 왜적을 침입하도록 하였다는 탄핵을 받고 파면되어 백의(白衣)로 평양에 도착 후 다시 탄핵을 받아 강원도 평해로 귀양을 가게 된다. 도성의 백성이 흩어져 방어할 병력이 없는 상황에서 제기한 아계의 몽진론은 사실상 가장 현실적 대안이었다. 그럼에도 아계는 정치세력의 집요한

---

50 鵝溪 李山海는 5세부터 숙부 이지함의 지도를 받아 주로 經學과 詞章을 근간으로 한 家學을 배경으로 학문의 성취를 이루었다. 남명에게 직접 가르침을 받지 못했기에 아계는 엄밀히 따지면 남명의 직전제자이기 보다는 사숙인에 가깝다. 그럼에도 아계가 남명의 문인으로 분류되는 것은 그가 남명학파가 중심이 된 北人의 領袖이기 때문이다.

51 『宣祖實錄』, 宣祖 二十五年 四月 二十八日條 "時 大臣以下每入侍 皆極言不可去 邠 而領議政李山海 則惟噫嗚涕泣而已 旣又出謂承旨申礛曰 古亦有避去者 云 衆遂譁然 歸罪於山海 兩司合啓請斥免 上猶不允 蓋是時城中士庶 皆已奔潰 雖欲固守 勢有不可爲矣": 이때 대신 이하 모두가 입시할 적마다 파천의 부당함을 아뢰었으나 오직 영의정 李山海만은 그저 울기만 하다가 나와서 승지 신잡에게 옛날에도 피난한 사례가 있다고 말했으므로 모두가 웅성거리면서 그 죄를 산해에게 돌렸다. 양사가 합계하여 파면을 청했으나 상이 윤허하지 않았다. 이때 도성의 백성들은 모두 뿔뿔이 흩어졌으므로 도성을 고수하고 싶어도 그럴 형편이 못되었다.

공세에 밀려 파직 당했다가 이후 다시 정계에 복귀한다. 아계는 정계 복귀 이후 영돈녕부사(領敦寧府事)로서 정치적 현안보다는 전란 극복에 힘썼다. 그는 선조에게 시폐십조(時弊十條)를 제시하고 차자(箚子)로 각종 시무책(時務策)을 제시하였으며, 임금과 면대한 자리에서는 인심의 수습, 상벌의 공정, 뛰어난 장수의 선발, 명과의 원활한 외교관계 유지 등을 건의했으며, 민생복구를 위한 각종 방안을 제시하고 외교문서를 전담하였다. 또한 광해군의 세자 인준, 비변사를 통한 변방 방어의 독려 등 전란 이후의 모든 정책에 관여한다.[52] 아계의 시무책은 철저히 현실인식을 바탕으로 하고 있다. 아계는 임진왜란 당시 명리(名利)보다는 실리(實利)를 앞세운 정책으로 인하여 여러 정파로부터 공격당하기도 하였지만, 이것은 남명으로 대변되는, 실천을 중시하는 학파의 특색을 보여주는 사례라고 하겠다.

동강(東岡) 김우옹(金宇顒) 역시 예리한 현실인식을 바탕으로 국난극복을 위한 정책을 개진한 남명학파 출신 관료 중의 한 사람이다. 동강은 임진왜란 당시 기축옥사로 인해 적소(謫所)인 회령에 있다가 면죄되어, 복직한 후 호종의 임무를 수행한 이례적인 경력을 갖고 있다. 동강은 임진년 5월 회령의 적소에서 특면의 교지를 받고 즉시 의주의 행재소로 출발하여 5개월여 만에 선조를 뵙고 보필한다. 동강은 임진왜란 중 문집에 보이는 것만도 아홉 차례에 걸쳐 시무책을 올렸는

---

52 설석규,「宣祖代 政局과 李山海의 정치적 역할」,『退溪學과 韓國文化』第46號, 경북대학교 퇴계연구소, 2010, pp.331~333.

데, 모두 학문에 근거한 현실 판단과 처방이라는 사실에 주목해야 한다. 여러 가지 시무책 중 대사헌 재직 시 올린 〈방어기무칠조(防禦機務七條)〉는 시의를 제대로 판단한 시무책이라고 할 수 있다.[53] 〈방어기무칠조〉의 7가지 방안 중 3가지는 선조의 자질에 대한 예민한 논의임에도 동강은 이 시무책을 선조에게 건의하고 선조 또한 이를 따르리라고 다짐한다. 이러한 기개는 남명의 〈을묘사직소(乙卯辭職疎)〉를 올린 모습을 재현한 것처럼 매우 논조가 강하였다. 동강의 시무책을 크게 분류하면 전시와는 무관한 진술과 전시와 유관한 진술로 분류할 수 있다. 전시와 상관없는 진술은 군주의 수양, 언로의 개방, 인재의 등용에 대한 내용이다. 전시와 관련된 진술은 대부분 구체적인 군사작전에 대한 내용 또는 행정의 효율성을 강조한 것으로[54] 동강의 현실인식이 잘 드러나고 있는데, 이 또한 남명의 교육철학에서 그 뿌리를 찾을 수 있다.

임진왜란이 장기화되자 선조는 다시 도성으로 입성하게 되는데 이후 왜적의 재침이 가시화되자 조정은 다시 몽진에 대한 논의로 분분

---

53 「防禦機務七條」는 1594년(갑오년)에 동강이 선조에게 올린 임진왜란을 극복할 수 있는 7가지 방안을 이른다. 그 계책은 첫째, 선조가 허물을 고치는 데 인색하지 않아야 한다. 둘째, 私心을 이겨내어 백성을 보전하여야 한다. 셋째는 자주 경연에 나아가시어 상하가 서로 친근하여야 한다. 넷째, 대신에게 위임하여 소신 있게 일을 할 수 있게 하여야 한다. 다섯째, 人材를 맞아들이되 資格에 구애되지 않아야 한다. 여섯째, 장수를 선발하여 병사들을 훈련시켜야 한다. 일곱째, 감사와 수령을 잘 가려야 한다. 등 7가지이다.
54 李相弼,「壬亂時 在朝 南冥 門人의 活動」,『南冥學研究』第2輯, 경상대학교 남명학연구소, 1992, pp.194~198.

하였다. 이 당시 사간(司諫)으로서 선조에게 직언을 하여 관료의 책무를 다한 남명의 제자가 있었는데, 성극당(省克堂) 김홍미(金弘微, 1577~1605)가 바로 그다. 성극당은 선조가 다시 요동으로 건너가려는 방책을 세우자 "임금은 사직과 같이 죽어야 하는 것이 바른 의(義)인데 전하께서는 이를 버리려 하십니까?"라고 간하여 선조의 내부(內附)를 막았다. 이러한 '국군사사직(國君死社稷)'이라는 명분은 남명의 〈신명사도(神明舍圖)〉에서 기인한 것이며, 이러한 간언이 가능했던 것은 실천을 중시하는 남명학의 특징이 드러난 것이라 할 수 있다.

아계, 동강, 성극당의 공통점은 자신의 견해가 비록 주류의 입장이 아니거나 선조의 견해에 반할지라도 그것이 바르다면 자신의 의지를 굽히지 않고 관철시키고자 하였다. 이들의 견해는 당리당략을 기반으로 하거나 즉흥적인 것이 아닌 철저한 현실인식을 바탕으로 하기에 이러한 과감성이 가능하였다.

다음은 자신의 목숨을 담보로 국방의 책무를 충실히 하였던 남명학파 출신 관료를 살펴보겠다.

선조는 몽진 시 후방에서 적의 추격을 막기 위해 한성을 지킬 유도대장이 필요하였다. 이때 중용된 사람이 바로 노저(鷺渚) 이양원(李陽元)이다. 노저는 남명과 퇴계 양문에 출입하였다. 유도대장의 임무는 도성에 남아 적의 공세를 지연시키는 것으로 아무도 이 임무를 맡으려 하지 않았다. 당시 도성에는 왜적과 맞설 관군이 없는 실정이었지만 노저는 이를 마다하지 않고 자신의 책무에 최선을 다한다. 노저는 임진년 5월 3일 적과 조우하여 전투를 하지만 결국 양주(楊州)로 후퇴하고, 해유치(蟹踰峙)에서 부원수 신각(申恪), 남병사(南兵使) 이혼(李渾)의 군사와 합세하여 적과 싸워 승리한 공로로 영의정이 된다. 이후 계속적인 적의 공격을 이기지 못하고 철령으로 후퇴하였을 때 선조가 내부하였다는 와전된 풍설을 듣고 통탄하여 8일간의 단식 끝에 피를 토하며 분사하였다. 이러한 노저의 모습에서 남명학파의 학풍을 찾기는 어렵지 않다.

한천(寒泉) 이담(李曇)은 임진왜란 당시 관료로 있던 남명학파 문인들 중에서 최고 연장자였다. 한천은 당시 옥포만호로서 노구에도 불구하고, 스스로 진두에 나서 왜적에 대응하였다. 이후 한천은 전공을 세워 공신의 반열에 오른다. 한천의 경우 남명학파 문인들 가운데 관군으로 활약한 소수의 인물 중 한 명이기에 그 의미가 더욱 크다.

직접 왜적을 맞아 싸우는 것 이외에도 다른 방법을 통해 국방의 한 축을 담당한 경우도 있었다.

악록(岳麓) 허성(許筬)[55]이 대표적인 경우이다. 악록은 임진왜란 당시 내·외직을 고루 역임하면서 관료로서의 책무를 다하였다. 악록은 43세(1590)에 통신사 황윤길, 부사 김성일과 함께 일본을 다녀왔는데, 이때 황윤길은 일본의 침략의도를 지적하였으나 김성일은 침략우려가 없다고 하였다. 이 당시 악록은 김성일과 같은 동인(東人)임에도 불구하고 그 의견에 반대하여 침략 가능성이 있음을 직고하였다. 이것은

---

55 악록의 경우 직접적으로 남명 문인으로 보기 어려우나 '사우연원록'에 명기되어 있는 것은 아버지 許曄이 화담의 문인으로 東人의 領袖로 활약한 데서 기인하지 않았나 생각한다.

명확한 현실인식에 의한 적합한 판단이라 할 수 있다. 임란이 일어나자 악록은 이조좌랑으로 강원도 소모어사를 자청하여 군병모집에 진력하였다.[56] 직접 군을 이끌지는 않았지만 군병모집을 통해 조선이 임진왜란을 승리를 이끌 수 있는데 일조하였다. 소모어사로 자청하여 군병을 모집한 점 또한 악록의 실천의식이 잘 드러나는 부분이다.

이후 정유재란까지 남명학파 출신 관료들의 종군은 계속된다. 졸암(拙菴) 유영순(柳永詢)[57] 역시 임진왜란 당시 내·외직을 두루 겸한 인물이다. 졸암은 임진왜란이 진행 중 장령(掌令), 사헌부집의(司憲府 執義), 승정원 우부승지(承政院 右副承旨), 병조참의(兵曹參議)를 거쳐 형조참판(刑曹參判)이 되었다. 1597년에 정유재란이 일어나자 전란 중에 부친과 형을 잃고, 김시헌, 송순 등과 함께 군량, 무기 등을 준비하여 장정 700여 명을 모아 복수군을 조직하여 서울 수성계획을 세우기도 하였다. 졸암은 선조에 의해 관군의 수장에 이르지만 관군의 힘만으로는 국가적인 재난을 막을 수 없다는 판단 하에 의병을 모집하는 등 기민한 현실인식과 이를 행동으로 옮기는 남명학파의 실천의식을 보여주고 있다.

졸암과 비슷한 활약상을 보인 경우로 팔계(八溪) 이욱(李郁)을 들 수

---

56 악록은 이후 47세(1594년)에는 왜적의 상황 등을 서술한 자문을 보고하였으며, 그해 明의 總督을 맞이하는 接伴副使로 임명되었다. 50세(1597년)에는 同副承旨, 右副承旨를 거쳐 吏曹參議에 제수되었다.
57 졸암은 비록 직접 남명의 문하에 급문하지는 않았으나, 남명 사후 남명을 모신 서원의 중건에 크게 기여하였고, 스스로 문인의 대열에 있다고 자처하였다.

있다. 팔계는 임란 당시 35세로 분호조좌랑(分戶曹佐郞)으로서 가산(嘉山)의 병량보급을 관할하였으나 관료로서 자신의 역할이 한계에 다다르자 스스로 의병장이 되어 진주성에 들어갔다. 이듬해(1593)에 진주성이 함락되자 순절하였고, 후에 호조좌랑에 추증되었다. 졸암과 팔계의 행동은 관료라는 명리보다는 의병장으로서의 실천을 더 중요시하는 남명학파의 학풍을 보여주는 좋은 사례라 하겠다.

갈촌(葛村) 이숙(李潚)은 무관 출신의 남명학파라는 특이한 이력을 지니고 있다. 갈촌은 남명의 고제인 한강의 문인으로, 무과에 급제하고도 벼슬길에 나아가지 않았다. 1591년 왜적이 침입할 기미를 보이자 조정에서는 이를 대비하기 위하여 장수들을 가려 뽑았는데, 이때 갈촌은 제포만호가 되어 성을 수축하고 병기를 수선하여 왜적의 침입을 대비하였다. 이듬해 임진왜란이 일어나자 갈촌은 천성진만호 신초(辛礎), 생질인 박진영(朴震英)과 함께 김해에 들어가서 적을 막아낼 계책을 세우려 했으나 중과부적으로 패퇴하자 적의 포위망을 뚫고 영산현의 멸포진(蔑浦鎭)에 도착하여 김수(金睟)의 휘하로 들어갔다. 갈촌은 곽재우와 김수의 갈등을 봉합하는데 힘썼으며 김수의 막하에 있으면서 항상 진두에 섰다. 이후 공로를 인정받아 영산의현감이 되었다. 정유재란 시에도 통제사 정기룡과 함께 고령 미숭산(美崇山)의 적을 토벌하였다.

갈촌은 무장이면서도 한강에게서 학문을 배웠는데, 이는 숭문(崇文)과 호무(好武)를 같이 강조한 남명학파의 학풍을 잘 확인할 수 있는 부분이다. 갈촌은 곽재우와 김수가 서로 대립하였을 때 심정적으로는 곽재우의 의견을 존중하지만 관료로서 김수의 입장을 대변하여 객관적이면서도 냉철하게 갈등을 진정시켰는데, 이것 역시 몸에 배인 현실인식이 잘 드러나는 부분이다.

이 밖에도 무관출신 남명학파에는 송재(松齋) 조계명(曺繼明)이 있다. 송재의 종조부는 남명이며, 아버지는 조의민(曺義民)이다. 임진왜란이 일어나자 송재는 아버지를 모시고 동생 조계장(曺繼章)과 윤탁(尹鐸)·박사겸(朴思謙)·박사재(朴思齊)·노순(盧錞) 등 함께 여러 싸움터를 누비며 전공을 세웠다. 그리고 곽재우와 함께 악견산성, 화왕산성을 수리하여 적을 물리쳤다. 1594년 무과에 급제해 왜적을 물리치는데 더욱 큰 공을 세웠으며, 벼슬은 훈련원첨정, 은진현감, 훈련원부정 등에 이르렀다.

해월헌(海月軒) 황여일(黃汝一)은 내암 정인홍의 문인으로 임란이 일어나자 도원수 권율의 종사관으로 종군하여 왜군의 포로가 되었다가 풀려났으며, 이후 여러 전투에서 공을 세웠다. 1598년 명나라에 서장관으로 파견되었을 때 마테오리치의 감수를 받아 세계지도를 제작하였다. 내암의 문인과 한강의 문인 대부분이 의병장으로 임진왜란 당시 상당한 활약을 하는데 해월헌의 경우 관군으로 임진왜란을 종군하였다는 이력이 이채롭고, 세계지도를 제작하였다는 점에서 남명으로부터 이어지는 박물적 학풍을 계승하였음을 확인할 수 있다.

감호(鑑湖) 여대로(呂大老)는 한강의 문인으로, 임진왜란이 일어나자 성균관 박사에서 물러나 5월에 의병을 일으켜 권응성(權應聖)을 부장으로 삼고 거창에서 곽준(郭䞭)·문위(文緯)와 합류하였다. 6월에 초유사 김성일이 장계하여 형조좌랑, 지례현감에 제수되었으며, 8월에 송암(松庵) 김면(金沔)과 협력하여 왜적을 무찔렀다. 정유재란 때 곽재우와 화왕산성에 들어가 의병모집을 상의하기도 하였다. 감호는 평화 시에는 책을 잡고, 전시에는 칼을 들어 자신에게 주어진 현실 속에서 국가를 위해 봉직하는 남명학파의 모습을 잘 대변하고 있다.

이상으로 많지는 않지만 남명의 문인들 중 관군으로 종군한 경우를 살펴보았다. 이들은 직접 관군을 인솔하거나 또는 관직을 활용하여 의병을 모집하기도 하며 상황이 급박할 시에는 의병장으로서 관군과 의병의 합진을 지휘하는 등 매우 능동적으로 국난에 대처하였다. 이러한 능동성과 기민함이 가능한 것은 남명으로부터 이어 온 학풍에서 기인한 것이라 하겠다.

다음은 임란 당시 선조나 왕세자의 몽진을 호종하였던 남명학파를 살펴보자.

임진왜란이 발발한 지 보름이 겨우 지난 4월 30일 새벽에 선조는 몽진길에 오른다. 당시 선조를 호종하는 관료의 수는 매우 적었는데, 이중에서 남명 문인들을 확인할 수 있다.

대가(大駕)를 호종하는 남명학파 문인 중 대표적인 인물은 바로 약포(藥圃) 정탁(鄭琢)이다. 약포는 임진왜란 발발 당시에 67세로 의정부 우찬성겸지경연춘추관사내의원부제조로 있으면서, 몽진 시 대가와 학가를 호종하였다. 도성으로 돌아온 이후로는 세자를 따라 무군사(撫軍司)에서 활동하기도 하였으며, 1595년(70세) 2월에는 우의정에 올랐다가 6월에 체직되어 지중추부사가 되었다. 임진왜란 당시의 공훈으로 인해 광해군 5년에 위성공신(衛聖功臣) 일등에 기록되고 영의정에 증직된다.

약포는 전란 중에 부족한 인재의 발굴을 위해 당시 사형되었거나 파면되었던 인물들의 사면을 건의하였는데 이는 약포의 현실적인 정치 감각을 잘 보여주는 대목이다. 노수신, 정언신, 이산해 등이 그들인데, 노수신과 정언신은 기축옥사와 관련되었던 인물로 신원을 해 줌으로써 여러 사람들의 호국의지를 장려하였다. 특히 이산해는 몽진을 건의했다가 파면당한 인물인데 약포는 당시 현실상 몽진이라는 결정은 시의에 맞는 결정이라고 변호하였으며, 선조에게 주청하여 복직시키기도 한다. 한 명이라도 인재가 필요한 상황에서 선택한 남명학파 문인다운 현실적이고 실천적인 행동이라고 할 수 있겠다.

약포 이외에도 남명학파 문인들 중에서 대가 또는 학가를 호종한 경우를 더 찾을 수 있다. 월담(月潭) 최황(崔滉)은 임진왜란이 일어나자 좌찬성으로 선조를 호종하였다. 대가를 호종하는 동안 시의적절한 의견을 선조에게 올려 관료로서의 책무를 다하였다.

월담은 임진년 6월 12일에 우의정 유홍(兪泓)과 함께 평양을 지키는 것이 상책이라는 내용의 장계를 올리기도 하고, 임진년 12월 13일에는 명군을 너무 의존하지 말고, 관료들의 계책에도 귀를 기울여 달라는 내용의 상소를 올린다. 선조를 호종하면서 느낀 감정과 당시 시의에 맞는 가장 적절한 간언이었고 조선은 이를 통해 반격을 계기를 얻을 수 있었다.

약포와 월담 이외에도 고담(孤潭) 이순인(李純仁) 또한 임진왜란 당시 호종의 임무를 수행한 남명학파 중 한 사람이다. 고담은 임진왜란 당시 예조참의에 올랐는데, 이때 임금이 의주로 피란하게 되자 그는 왕명으로 중전과 동궁을 호위하여 평안도 성천까지 피란했다가 과로로 병이 들어 세상을 떠났다. 그 후 선조 임금이 전란 중 동궁을 무사히 피란케 한 공적을 치하해서 이조참판을 증직하였다. 고담 또한 학가를 호종하면서 자신의 목숨을 소홀히 여길 정도로 관료로서의 책임을 다하는 모습을 보여주고 있다.

호종의 임무를 수행하면서 특히 외교적 수완을 발휘한 남명학파 출신 관료가 있는데 월정(月汀) 윤근수(尹根壽)[58]가 바로 그 인물이다. 월정은 임진왜란이 일어나자 예조판서로 등용되어 대가를 호종하면서 지경연사(知經筵事)·양관대제학(兩館大提學)·지춘추관사(知春秋館事)·지성균관사(知成均館事) 등을 모두 겸임하였다. 한편 문안사(問安使)·원접사(遠接使)·주청사(奏請使) 등으로 명나라와의 외교를 담당, 광녕(廣寧)에 세 번, 요동(遼東)에는 여섯 번이나 왕래하면서 국난극복에 힘썼다. 임진왜란이 끝난 후에는 호종의 역할을 인정받아 호성공신 이등에 봉하여졌다. 월정은 임금을 보위하는 책임에 충실하였을 뿐만 아니라 임진왜란 당시 원군을 보내 준 명과의 외교에서도 탁월한 능력을 보여주고 있음을 확인할 수 있다. 이 밖에도 운강(雲岡) 조원(趙瑗)은 임진왜란 당시 승지로서 선조를 보필하였다.

재전제자로는 약포의 문인이기도 한 식암(息庵) 황섬(黃暹)이 스승인 약포를 따라 선조를 호종하다가 평양에서 모운사(募運使)에 제수되어

---

58 家系의 영향으로 인해 西人으로 분류되기도 하나, 월정은 남명과 퇴계의 문하에서 학문적 성숙을 꽃피운다.

군량모집과 수송에 지대한 역할을 하였다. 팔조소(八條疏)를 올리기도 하였는데 그 주된 내용은 왜란 당시 군공이 있음에도 합당한 대가를 받지 못한 이에게 수령으로 추천하거나 후한 상을 내려야 한다는 내용으로 이런 점을 볼 때 현실인식에 뛰어난 관료였다.

다음은 목민관으로서 자신의 임지를 지켜 내거나, 흐트러진 지역의 민심을 잘 수습한 남명학파를 살펴보겠다.

예곡 곽율은 62세 때 왜란이 일어나자 예천군수직에서 물러나 덕유산 아래 갈천동에 있었으며, 당시 합천, 초계, 거창, 삼가, 고령 등지에서 정인홍, 김면, 박성, 유생 곽준, 하혼, 조응인, 문경호, 권양, 박이장, 문홍도 등과 더불어 창의하였다. 그 후 초유사 김성일이 예곡의 사람됨을 알아보고 초계가수로 임명하였다. 초계가수로 부임한 예곡은 당시 초계 의병장인 전치원, 이대기 등과 더불어 낙동강에서 배로 침입하는 왜적을 수차례에 걸쳐 토벌하였으며, 특히 의병군에게 군수물자를 공급하는 일에 많은 공을 세웠다. 그 후 초계군수로 임명된 후 성주, 합천, 고령, 고창, 초계 등 5개 읍 군병과 합세하여 성주, 무계 전투에 참여하였다. 당시 초계 지역의 의병은 '순수 의병제'에서 '관민연합체제'로 전환하는 과정이었는데, 예곡은 관과 민을 잘 조율하여 여러 전투를 승리로 이끌었던 인물이다. 또한 홍산현감으로 재직 시에 백성들이 송덕비를 세워줄 만큼 뛰어난 치적을 쌓았는데, 이 모든 것이 남명 이래로 이어진 애민정신에 기인한 것으로 보인다.

황곡(簧谷) 이칭(李偁)은 58세에 임진왜란이 일어나자, 모촌(茅村) 이정(李瀞), 황암(篁巖) 박제인(朴齊仁), 대소헌(大笑軒) 조종도(趙宗道) 등과 의병을 일으켜 모집한 군사를 당시 함안군수이면서 학봉 김성일의 중위장(中衛將)인 유숭인에게 인계하였다. 그 후 62세 되던 해인 1596년 정월에 석성현감에 제수되었다. 부임해서 향교를 보수하고, 백성들을 보살피는 온갖 정성을 쏟았으며, 그 해 7월에 이몽학의 난이 일어나자 사퇴하였다. 사퇴할 당시 많은 백성들이 안타까워할 만큼 목민관으로서 존경을 받았다.

영무성(寧無城) 하응도(河應圖)는 임진왜란 당시 진주성이 함락되자 이원익의 천거로 진주판관이 되어 흩어진 부민들을 수합, 안집하게 하였으며, 목민관으로서의 역할을 충실히 수행하였다. 1596년에는 정개성별장(鼎蓋城別將)에 제수되고 이듬해 장원서별좌(掌苑署別座)·사근도찰방(沙斤道察訪) 등을 거쳐 다시 진주판관에 임명되었다. 영무성은 비록 높은 관직은 아니었지만, 혼란한 전시 상황에서 추천을 받을 정도로 덕망이 뛰어났으며 이러한 추천이 헛되지 않게 목민관의 역할을 충실히 하였다.[59]

---

59 영무성은 뛰어난 관료이기 전에 훌륭한 효자이기도 하였다. 영무성은 임진왜란이 일어나자 진주판관으로서의 책임을 다하게 되는데, 정확하게 말하자면 관료로서의 임무를 수행하게 되는 것은 임진왜란 다음 해인 1594년부터 라고 할 수 있다. 그 이유는 영무성의 경우 1591년 11월에 모친상을 당하였으며, 三年喪을 마치기 위해 임진왜란이 일어나는 해 11월에 高隱洞으로 피란을 가게 된다. 그 이듬 해 이원익의 간곡한 부탁과 시세의 급박함으로 인해 진주판관을 임시로 맡아 소임을 다하기는 하지만, 1594년 정월 삼년상이 끝나서야 격식을 갖춘 出仕를 통해 관료로서의 임무를 제대로 수행하게 된다. 영무성은 한 사람의 효자로서의 임무를 마치고 나서야, 국가의 귀중한 관료로서의 역할을 수행하게 된다. 영무성의 경우 '忠', '孝'를 모두 실천하려 노력한 남명학파

남명학파 문인 중에서 임진왜란 당시 외직에 있으면서 가장 활약이 컸던 인물은 바로 한강(寒岡) 정구(鄭逑)일 것이다. 한강이 통천군수로 재직 시 임진왜란이 발발했는데, 한강은 적을 토벌하기 위하여 여러 고을에 격문을 돌려 혈성(血誠)으로 개유(開諭)하여 왜적이 침입하지 못하도록 하였고 자결한 하릉군(河陵君; 李鏻)의 시신을 토적에게서 빼앗아 염습하기도 하였다.

또한 임란 전에도 부임하는 고을마다 읍지를 남겨 새로 오는 수령의 참고가 되도록 하였는데 임진왜란 중에도 이 작업을 중지하지 않고『통천지(通川志)』·『임영지(臨瀛志)』·『관동지(關東志)』등을 발간하였다. 이러한 읍지의 편찬은 평시에는 안민선속(安民善俗)의 바탕이 되었고, 임진왜란과 같은 전시에는 고을의 수령이 군무에 적극적으로 대처할 수 있는 바탕이 되었다. 한강은 1594년 승지로 임진왜란 당시 2년 정도만 내직에서 활동하였으며, 다시 1596년에는 강원도 관찰사, 1597년에는 성천부사를 역임하는데 백성들과 같이 생활하며 그들과 어려움을 같이 나누었다. 이러한 그의 행적 모두가 남명의 애민의식과 결부되어 있으며, 읍지의 편찬 또한 남명의 박학적 학문경향에서 연유된

문인임을 알 수 있다. 그는 항상 實踐躬行에 힘썼으며 효성이 지극한 것으로 평가되었는데, 이것은 남명이 특히 강조한『小學』을 바탕으로 한 '쇄소응대진퇴지절'의 실천에서 그 연원을 찾을 수 있다. 영무성은 효자로서 뿐만 아니라 제자로서도 스승인 남명에 대한 존경이 극진하였는데, 33세(1572년)에 남명이 세상을 떠나자 장례절차는 남명이 생전에 그와 손천우, 유종지 등에게 써 준「士喪禮節要」를 그대로 따랐으며, 37세(1576년)에는 동문 제현들과 더불어 덕천서원을 창건하고 남명 선생의 위패를 모셨다.

것이라 할 수 있다. 한강의 제자들 역시 한강의 뜻을 이어받아 경상우도 각 지역에서 의병으로서 큰 역할을 하게 된다.

한강의 문하에서 한강의 유지를 이어받아 외직에서 책무를 다한 인물이 오봉(梧峰) 신지제(申之悌), 농포(農圃) 정문부(鄭文孚) 등이 있다.

오봉은 한강의 문인으로 22세 때 예안현감으로 있다가 임진왜란이 일어나자 예안현 안집사(安集使)가 되어 안동부사를 겸임하며 예안과 안동의 의병을 거느리고 예천 호명리, 용궁 지역에서 진을 쳐 왜군을 막았으며 이 일로 뒷날 선무호성공신(宣武扈聖功臣) 일등에 올랐다. 오봉이 목민관으로서 존경을 받고 있었기에 의병 모집도 가능했을 것인데 이러한 모습은 그의 스승 한강의 모습과 흡사함을 확인할 수 있다.

농포 역시 한강의 문인으로 28세에 함경북도병마평사(咸鏡北道兵馬評事)로 부임하였다가 현지에서 임진왜란을 당하였다. 이때 함경도 지역의 사민을 규합하여 국경인(鞠景仁)의 난을 진압하고, 이어 길주의 장평(長坪)과 임명(臨溟)·쌍포(雙浦)·백탑사(白塔寺) 등에서 왜적을 대파함으로써 함경도 지역을 완전히 수복하였다. 30세(1594)에 영흥부사에 이어 은성부사·길주목사·안변부사 등 함경도 지역의 수령을 역임한 뒤 공주목사가 되었다. 농포 또한 무기력한 관군을 대신하여 관료로서 의병을 이끌기도 하고, 목민관으로서 선정을 베풀기도 하였다.

임진왜란 당시 목민관으로서 자신의 책무를 다한 인물들은 종군 또는 호종과 같이 눈에 띄는 활약상을 펼친 것은 아니지만 민심을 안심시킴으로써 7년이라는 장기전을 수행할 수 있는 밑거름이 되었다.

지금까지 임진왜란 당시 관료의 입장에서 전쟁을 경험한 남명학파 문인들의 활약상을 살펴보았다. 이들의 공통점은 자신의 직책에 따라 맡은바 소임을 다하였을 뿐 아니라 시대 상황에 맞게 현실감각을 발휘하여 국난을 극복하는 데 힘썼음을 찾을 수 있었다. 이러한 현실인식은 남명으로부터 이어져 온 경의(敬義) 정신이 바탕이 된 것임을 확인할 수 있었으며 이러한 정신은 위로는 충(忠)으로 발현되었으며, 그 실천지향은 봉공(奉公)인 것이다.

다. 애민(愛民)을 바탕으로 한 의(義)의 실천

조선시대 선비들은 성리학적 관점에 의거하여 '의'를 선비정신의 핵심을 삼았는데, 의는 원래 맹자의 사상에서 출발한다. 맹자는 수오지심(羞惡之心)을 설명하기 위해 사생취의(捨生取義)를 인용하기도 하였는데, 이는 '의'의 실천이란 선비에게 있어서 사리(私利)를 버린다는 측면에서 가장 힘들면서도 가장 최종적으로 다다를 수 있는 덕목이라 하겠다.

남명은 옳지 않은 것을 부끄러워하며, 스스로 그렇게 행동하였으며, 제자 대에 이르러서는 그 빛을 더욱 발하게 된다. 남명의 제자들은 남명으로부터 이어져 온 '의'의 실천의식과 민본주의(民本主義)[60]를 바탕으로 한 애민의식이 결합되어 임진왜란 창의의 구심점이 되었다.

남명학파에 대한 논의 중 임진왜란 당시 남명의 제자들에 의한 창

---

60 남명의 민본주의 의식은 '民巖賦'에서 잘 드러난다.

의를 고구한 논문이 상당수를 차지하고 있기에 이에 대한 자세한 논의는 생략한다. 다만 그 개략적인 규모만을 논의하기로 하겠다.

남명학파는 임란 당시 가장 많은 의병장을 배출한 것과 그리고 가장 먼저 창의를 하였기에 임란의병사를 거론할 때 논의되지 않은 적이 없었다.

〈덕천사우연원록〉에 명기된 남명학파 134명의 직전제자들의 생몰년을 확인한 결과, 임진왜란을 겪은 문인이 77명, 임진왜란 이전에 사망한 문인이 43명, 생사를 확인할 수 없는 문인이 약 20여 명으로 파악된다.[61]

실제 임진왜란을 겪거나 생사를 확인할 수 없는 남명학파 중에서 총 50여 명의 의병장 또는 의병이 나왔다는 논의가 있지만 남명학파에 대한 초기 단계의 연구 성과로 그 신뢰성은 많이 떨어진다.[62] 이러한 논의가 아니더라도 경상우도를 대표하는 3대 의병장인 김면(金沔), 정인홍(鄭仁弘), 곽재우(郭再祐)가 남명학파 문인이라는 사실 하나만으로도 남명학파와 경상우도의 의병은 같은 연관성 상에서 논의될 수밖에 없다.

남명학파의 의병 활동에 대한 연구들은 대부분 『선조실록』, 『선조

---

61 남명학파 문인들의 범위는 직전제자의 경우 〈덕천사우연원록〉과 儒賢의 문집, 문인록, 등을 종합하여 2007년도에 남명학연구원과 한국국학진흥원이 같이 제작한 '남명학맥도'를 기초자료로 하였다. 여기에 『南冥學 關聯 文集 解題』를 참고하였다.
62 崔完基, 「南冥 曺植 北人 性理學」, 『韓國性理學의 脈』, 느티나무, 1989.

수정실록』과 같은 역사서와 이로(李魯)의 〈용사일기〉, 조경남(趙慶男)의 〈난중잡록〉, 오희문(吳希文)의 〈쇄미록〉, 이탁영(李擢英)의 〈정만록〉과 같은 전쟁실기 자료,『연려실기술』과 같은 야사와 남명학파 의병장들의 문집을 의존하여 진행되었다. 하지만 지금까지의 연구는 주로 저명한 의병장 중심으로 집중되어 있어서[63] 임진왜란 당시 정확한 남명학파의 창의 활동 규모를 판단할 수는 없다.[64] 문집을 중심으로 남명학파의 임진왜란 당시 창의사적을 확인하다 보니[65] 직전제자들 중에서는 대략 30명 내외의 인물들이 의병 활동을 하였음이 확인되었다.[66]

〈덕천사우연원록〉에 나오는 남명의 직전제자 중 77명이 임진왜란

---

63 경상우도의 의병 12,000명 중 김면의 군사가 5,000명, 정인홍의 군사가 3,000명, 곽재우의 군사가 2,000명 도합 10,000명으로 3명의 장수가 경상우도 의병 전체를 거의 삼분하고 있었다. 실록에도 이 3명의 장수 위주로 기술되어지다 보니 학계의 연구는 이 세 사람에 집중될 수밖에 없었다.

64 이수건과 김강식은 남명학파 의병 활동의 규모를 제시하고 있으나, 학파 중심이기 보다는 경상우도 라는 지역 중심으로 되어 있어 남명학파가 아닌 인물 중 의병 활동을 한 인물들도 같이 거론하였다.

65 개인 문집이 없는 문인들의 경우 사서와 전쟁실기, 야사 등을 통해 사적을 참고할 수 있지만 한계가 있다. 즉 문집에 창의사적이 확인된 문인보다 더 많은 문인들이 임진왜란 당시 의병으로서의 활약했다고 보아야 한다.

66 개인문집에 창의사적이 기재된 남명학파 직전제자는 孤査 文德粹·立齋 盧欽·濯溪 全致遠·喚醒齋 河洛·禮谷 郭超·月窩 陳克元·篁谷 李偁·白巖 金大鳴·篁巖 朴齊仁·來庵 鄭仁弘·大笑軒 趙宗道·嶧陽 鄭惟明·坪川 卞玉希·原泉 全八顧·石谷 成彭年·竹牖 吳澐·茅村 李瀞·松菴 金沔·月汀 裴明遠·頤齋 姜熺·晚松 姜渷·松巖 李魯·蒼涯 朴而絢·敬慕齋 曺義民·萬樹堂 朴寅亮·琴月軒 鄭仁涵·浮査 成汝信·兎川 李賢佑·源堂 權濟·西溪 梁弘澍·梅軒 崔汝契·雪壑 李大期·芝峰 李宗榮·晴暉堂 李承·忘憂堂 郭再祐 등 30여 명에 이른다.

을 겪었으며, 위에서 논의하였듯이 이 중 10여명이 당시 관료로서 봉공(奉公)의 책무를 수행하였음이 명확히 드러나고, 대략 30여 명이 창의하였으니 남명학파를 논의하지 않고서는 임진왜란의 의병 활동을 설명할 수는 없을 것이다. 특히 남명학파 직전제자들은 연령의 고하와 지역의 원근에 관계없이 국가의 위기를 극복하고자 동문들끼리 합심하는 모습 또한 발견할 수 있었다.[67] 이것은 남명으로부터 교육받은 현실인식을 통한 실용성의 극대화와 깊은 관련이 있다.

남명의 직전제자들이 의병장으로 활동하면서 의병 활동을 앞에서 이끌었다면 남명학파 재전제자들은 당시 30~50대의 청·장년층으로 스승인 직전제자들을 도와 의병 활동의 실제적인 행동주체로서 활약하였다.

남명학파 재전제자 중에서 문집을 통하여 명확하게 의병 활동이 확인되는 인물은 44명 정도로 파악된다.[68] 이들은 의병장으로 창의하기

---

67 孤查의 경우 창의 당시 연령이 73세였으며, 忘憂堂은 41세였다. 동문 사이의 이러한 연령 차이에도 불구하고 남명학파 문인들은 오히려 후배인 망우당의 휘하에 들어가는 것을 부끄럽게 생각하지 않았으며, 창의 지역의 거리가 있더라도 동문끼리 서로 연합하여 작전을 계획하는 경우가 많았다.

68 南溪 鄭承尹·龍譚 朴而章·槐軒 郭再謙·睡足堂 全雨·大庵 朴惺·鶴巖 朴廷璠·龜潭 鄭仁濬·存齋 郭超·竹溪 安熹·復齋 鄭湛·沃村 盧克弘·松亭 河受一·茅谿 文緯·感樹齋 朴汝樑·黔澗 趙靖·梅溪 朴思齊·花陰 權濬·孤臺 鄭慶雲·陶村 曹應仁·嶧陽 文景虎·可畦 趙翊·風皐 盧亨·梧月堂 李惟諴·漁適 柳仲龍·月澗 李坱·迂溪 盧士尙·追慕堂 姜應璜·大瑕齊 金景謹·東籬 金允安·茅山 崔琦弼·慕亭 裴大維·慕醒齋 曺以復·訒齋 崔晛·九峰 金守訒·思湖 吳長·混庵 洪慶承·浣石亭 李彥英·德庵 許洪材·遜齋 許洪器·匡西 朴震英·龍湖 朴文模·竹軒 河憕·知足堂 朴明榑·養直 都聖兪·菊潭 朴壽春 등이 남명학파 재전 제자

보다는 직전제자들의 수하에서 참모 및 예하 장수의 역할을 성실히 수행하였다. 이들은 주로 내암 또는 한강의 문인이 주를 이루었다.[69]

남명학파는 진주·삼가·합천·초계·의령·거창·산음·함양·칠원·단성·사천·고성·김해·창원·영산·창녕·현풍·성주·상주 등 경상우도 대부분의 지역에서 의병 활동을 하였으며, 여기에 거론되지 않는 지역들 역시 남명학파의 영향 아래에서 의병 활동을 수행하였다. 남명학파는 동문들끼리 연합작전을 펼치기도 하였고, 재조 문인들이 지방 동문들에게 힘을 실어주기도 하였다.

앞에서도 논의하였지만 이들은 시의에 따라 '효'와 '충', '의'의 우선순위가 변화하였으며 그 우선순위에 따라 부모님을 모시고 피란을 하기도 하고, 임금을 따라 호종을 하거나, 국가와 지역민을 위하여 창의를 하기도 하였다.

남명학파 의병장 중 대중에게 가장 알려진 인물은 바로 망우당 곽재우인데, 망우당은 주지하다시피 가장 먼저 창의함과 동시에 가장 영향력이 있는 의병장이기도 하였다.[70]

곽재우는 남명으로부터의 인성교육에 바탕을 인문학적 교육을 가장 잘 수학한 인물이기도한데, 남명으로부터의 받은 왜에 대한 경계

중에서 의병 활동을 한 대표적 인물들이다.
[69] 재전제자 44명 중 내암의 문인이 20명이고, 한강의 문인이 15명으로 상당수를 차지하고 있다. 특히 내암의 문인들은 스승 정인홍을 중심으로 같은 의진 내에서 잘 결속되어 있음을 확인할 수 있다.
[70] 최재호,「郭再祐 宜寧 倡義의 含意」,『軍史』第96號, 2015, pp.241~247.

의식, 숭무의식(崇武意識), 박학(博學)이 임란 당시 실제 전장에서의 전술 면에서 다양하게 활용되었다.

임란 당시 왜적의 장점은 크게 3가지가 부각되었는데, '조총(鳥銃)', '용검(用劍)', '돌격(突擊)'이 이것이다. 곽재우는 강과 산세 등 지리상의 이점을 활용하여 유격전을 펼쳐 적의 강점인 조총사격이나 용검, 돌격전을 활용한 여지를 주지 않았다. 더욱이 창의 초기 여기저기 흩어진 병졸들을 적극적으로 유입, 궁시에 능한 병사들을 활용하였다는 점도 당시로서는 획기적인 용단이었다.

특히 곽재우는 적의 돌격에 대응하기 위해서, 오히려 혼자 말을 타고 왜진에 돌격함으로써 '왜적의 돌격'을 위축되게 하였다. 이렇듯 무모해 보이는 전술이 가능하였던 것은 곽재우가 왜적에게 강한 이미지였기 때문이었다. 곽재우의 연승은 피아에게 '천강홍의장군(天降紅衣將軍)'의 이미지를 확실하게 각인시켰다. 특히 천자로부터 하사받은 홍의(紅衣)는 아군에게는 의진을 통솔하는 권위의 상징물로, 민중에게 있어서는 역전을 위해 하늘의 힘을 빌리는 천장(天將)의 물품으로 각인되었다. 반면 적에게 있어서 홍의는 곽재우의 정(正)과 기(奇)를 혼합한 전술 및 예측할 수 없는 의병술을 상징하는 공포의 대상이 되었다.

곽재우는 자신의 근거지인 정암진 일대를 방어하기 위하여 이 일대에 목장(木杖)을 설치하여 적의 보급로를 막았으며, 복병을 대기시켰다가 적선을 포획 또는 격침시켰다. 목장은 의령 지방의 각처 산야에서 많이 생장해 있었던 상수리나무 등을 베어다가 강안 아래 깊은 물속에 말뚝을 박아 놓거나 나무막대를 가로질러 걸쳐놓은 장치로 이것을 여눕나루, 아근나루, 박진나루 등지에 설치, 적선을 격침시켰다. 이러한 전술은 현풍에서 영산에 이르기까지 낙동강을 중심으로 광범위하게 활용되었으며 이로써 경상우도가 일본군의 침입으로부터 보존될 수 있었던 것이다.[71]

이 밖에도 곽재우는 매복초, 청음초를 활용하여 경계에 치중하거나[斥候], 피아의 강약점을 정확히 판단하여 비대칭적 전력인 유격병을 활용하는 전술[長短], 의진의 기강을 확립[命令嚴守], 형세를 총체적으로 통괄해서 적의 보급로를 차단하고, 험준한 요충지를 택해 진을 치는 전술[統論形勢] 등은 실전에서 그대로 활용되었다. 이러한 여러 전술 등은 수탄과 함께 류성룡이 기무 10조에 차용하여 기술할 정도로 전술적인 완성도가 높았다. 이와 같은 신기묘산(神奇妙算)의 기반에는 남명으로부터 이어져 온 인문학이 접목된 인성교육의 영향이 있지 않았는

---

71 임진왜란 중 강화기간인 1594년 12월 류성룡은 일본군과의 전투에 대한 경험을 중심으로 그 대책인 軍國機務 10條를 작성한다. 기무 10조 중 水灘은 얕은 여울을 방어하는 것을 말한다. 이것은 임란 초기 일본군이 북진할 때, 산을 넘는 것을 쉽게 여기고 물을 건너는 것은 어렵게 여겨 물이 말의 배까지만 차도 경솔히 건너지 않는 것을 확인한 후 만든 계책으로 일본군이 도강 또는 도섭하지 못하도록 차안에서 피안의 적을 방어하는 것이다. 즉 접과 접전 시 힘의 우열이 현저하게 차이가 날 때에 지리적 이점을 활용하여 적을 막아내는 것이다. 류성룡은 수탄의 효용성을 "한강, 임진강, 낙동강, 백마강 등의 건널 수 있을 만한 얕은 여울에 菱鐵, 拒柴를 설치하기도 하고, 또는 여울 어귀에 계단식으로 돌담을 쌓아 몸을 숨기고서 발사할 수 있는 곳을 만든다면 인력을 많이 소비하지 않고도 지킬 수 있을 것이다." 라고 정확한 판단을 하였다. 류성룡이 수탄을 기획할 수 있었던 것은 류성룡은 곽재우가 실제 낙동강 지역을 방어하는 모습을 본보기로 하여 수탄이라는 전술적 개념을 완성할 수 있었다.

지 조심스레 추측해 본다.

지금까지 남명학파 문인들의 임진왜란 당시 의병 활동을 살펴보았다. 남명학파 문인들은 임진왜란 초기에 신속하고 조직적으로 창의 및 의병 활동을 하였는데, 이것은 다른 지역 의병봉기의 도화선이 되었을 뿐만 아니라 이반된 민심을 수습하고 포망(捕亡)한 군민을 집결시키는 데 중요한 역할을 하였다. 또한 남해상에서 아군의 제해권 장악을 위한 배후기지를 제공하였을 뿐 아니라 호남 곡창지대를 지켜내 종국에는 임진왜란을 승리로 이끌 수 있는 기반을 마련하였다는 점에서 그 의의가 매우 크다.[72]

의병이라는 용어가 보편화되어 있긴 하지만, 향병(鄕兵)이라는 용어로 당시 '의'의 실천이 다소 격하되는 경향이 없지 않다. 하지만 이들의 행동은 단순히 사리(私利)에 바탕을 둔 행동이 아니라 애민이라는 실천지향을 바탕을 두고 있기에 이는 확실히 유교적 사상에서의 '의'의 실천인 것이다.

임란 당시의 남명문인들의 '효', '충', '의'의 실천은 현재 인성교육의 의미와 맥락이 닿아있다. 전제했듯이 인성교육은 '자신의 내면을 바르고 건전하게 가꾸고 타인·공동체·자연과 더불어 살아가는데 필요한 인간다운 성품과 역량을 기르는 것을 목적으로 하는 교육'이다. 즉 인성교육은 인간이 처한, 혹은 처할 수 있는 위기라는 문제 지평

---

[72] 李樹健, 「南冥學派 義兵活動의 역사적 意義」, 『南冥學硏究』 제2輯, 경상대학교 남명학연구소, 1992, p.29.

속에서 자신의 최종적인 발생적 기원을 갖는 사회적 개념으로, 인성교육의 최종적 도착점은 자신만의 만족 및 행복이 아니라 사회적 실천이 되는 것이다. 국가가 위기에 처했던 시기에 남명 문인들은 자신의 위치에서 율기(律己), 봉공(奉公), 애민(愛民)의 실천지향을 통해 '효', '충', '의'를 구현하고 있음을 확인하였는데, 이는 남명의 교육자로서의 선지적 능력이 부각되는 장면이기도 하다.

3

경상우도 의병의 의식과 시각

지난 2018년은 임진왜란 종전 7주갑(周甲)이 되는 해이다. 420년 지난 현재, 당시의 상황을 온전히 떠올리면서 징비(懲毖)하는데 도움을 준 것 중 하나가 바로 임란(壬亂) 전쟁실기(戰爭實記)일 것이다.

임란 전쟁실기는 임진왜란이라는 민족의 큰 수난을 작자들이 직접 보고 들은 경험을 기술하였다. '사실(事實)을 기록(記錄)한다'라는 의미를 지닌 실기(實記)는 임진왜란 이전에도 물론 존재하고 있었지만 전쟁이라는 특수 상황 속에 기술된 전쟁실기는 기존의 실기와는 차이가 있다.[1]

---

1 임진왜란 이전에 작성된 실기가 주로 개인적인 일상사를 기술하였다면 임란 전쟁실기는 개인의 기록임과 동시에 임진왜란이라는 역사적 사실을 기술하였기에 野史 또는 遺事의 성격을 동시에 지니고 있다. 즉 이러한 성향으로 인해 임란 전쟁실기는 문학계와 사학계의 관심을 동시에 받아왔다.

임진왜란이라는 특수한 경험 하에 작성된 임란 전쟁실기 작품 중 상당수는 임진왜란 당시 전쟁의 참화가 가장 컸던 경상우도를 배경으로 하고 있다. 경상우도는 임진왜란 발발 시점인 1592년 4월부터 정유재란이 끝나는 1598년까지 한번도 전화가 끊이지 않았으며,[2] 이러한 시련들은 여러 유형의 전쟁실기로 표현되었다.[3]

특히 경상우도는 임란 당시 의병 활동의 중심지였기에 의병들의 종군실기인 의병 실기가 많이 기술되었으며, 그 작자들은 대부분 남명학파 문인들이었다.[4]

여기서는 임진왜란 실기를 통해 당시 경상우도지역의 의병 활동을 다음과 같이 재조명한다.

첫째, 경상우도 의병 활동의 주축인 남명학파 문인들의 임진왜란 당

---

2 경상우도는 임진왜란 발발 시점인 1592년부터 정유재란 당시까지 戰火가 끊이지 않았다. 임진왜란 당시에는 경상우도가 왜적의 主攻 방향에 위치했기 때문이었으며, 정유재란 당시에는 일본의 전쟁목적이 영토할양이었기 때문에 휴전 후에도 일본의 입장에서 지배하기가 용이한 경상우도와 전라도 지역을 중심으로 공격이 집중되었다. 이러한 이유로 경상우도는 정유재란 시기에 임진왜란 시기보다 더 많은 피해를 입었다.; 金康植,『임진왜란과 경상우도의 의병 활동』, 민족문화 학술총서 24, 혜안, 2001, p.70.

3 전쟁실기는 작자의 주된 경험을 중심으로 학계에서 크게 '扈從實記', '避亂實記', '捕虜實記'. '從軍實記' 등으로 구분한다.

4 임진왜란 당시 경상우도 지역 재지사족 상당수가 南冥學派였다. 남명학파는 南冥 曺植(1501~1572)을 종장으로 하는 학파로, 임진왜란이 발발하자 많은 수의 의병을 배출하였다. 임진왜란 당시 가장 먼저 창의한 인물은 남명의 孫壻인 郭再祐였으며, 또한 곽재우와 함께 3대 의병장으로 불리던 鄭仁弘, 金沔 역시 남명의 문인이다.

시 의병 활동을 기술한 경상우도 의병 실기의 현황을 제시한다.

둘째, 경상우도 의병 실기에 드러난 갈등의 상황에 대하여 살펴보고자 한다. 경상우도 의병 실기의 내용을 살펴보면, 단순히 경상우도 지역의 전황 또는 의병 활동만으로 이루어지지 않고, 여러 가지 갈등의 상황이 노출되고 있는데 이러한 갈등의 양상에는 어떤 것들이 있는지를 찾아보기로 하겠다.

셋째, 전쟁실기의 작자는 실기를 통해 감정, 가치관 등 작자 고유의 의식을 노출하는데, 경상우도 의병 실기에 드러나는 갈등이 내재하고 의미를 통해 경상우도 의병들이 지니고 있는 의식과 시각에 대해 논의하고자 한다.

경상우도의 의병 실기는 남명학파를 중심으로 한 경상우도의 의병 활동만큼이나 그 가치와 의의가 있다. 지금까지 의병 실기에 대한 논의가 단순히 의병 활동 그 자체에만 초점이 맞추어져 있었는데, 이 글을 통해 의병 실기 연구에 있어 연구방법의 다양성 모색과 전쟁실기가 지니고 있는 진정한 가치와 의의를 재고(再考)하는데 도움이 되었으면 한다.

1. 남명학파의 활동과 경상우도 의병 실기 현황

임진왜란 당시 남명학파는 조선 사류의 중심축으로 민족의 시련을 극복하는데 앞장섰다. 당시 남명학파 문인들은 내·외직의 관료로서 자신의 책임을 다하였을 뿐 아니라[5] 의병으로서 전세를 역전시키는 데 큰 역할을 하였으며, 전재민일 경우에도 충과 효를 지키는 데 소홀함이 없이 자신이 처한 입장에 따라 시의에 맞게 대처하였다. 특히 남명 이래 재야에 근거를 둔 대다수의 남명학파 문인들은 남명의 유지에 따라 창의라는 행동으로 국난을 극복하고자 노력하였다.[6]

경상우도가 임진왜란 당시 가장 먼저 창의한 지역이라는 사실과 가장 많은 수의 의병이 창의한 지역이라는 상징성을 차치하고라도 당시 의병 활동의 중심지는 경상우도 지역이라는 것과 경상우도의 의병 활동은 남명학파로 대변되는 경상우도의 재지사족을 중심으로 진행되었다는 것은 주지의 사실이다.

여기서는 임진왜란 당시 경상우도의 의병들의 활동을 기술한 의병

---

5   임진왜란 당시 남명학파 문인들의 활약상을 논의한 연구는 대부분 남명학파의 의병 활동에 초점이 맞추어져 있다. 하지만 임진왜란 당시 주요관직에 있던 인물은 재전제자까지 포함하여 대략 20여명 이상으로 추정된다.

6   남명학파의 창의 활동에 가장 큰 영향을 미친 것은 남명의 냉철한 현실의식이다. 특히 남명의 對日 인식은 상당히 배타적이며 강경하였는데, 그 이유는 남명이 김해 처가에서 살면서 왜구의 포악함을 직접 目睹하였기 때문이다. 그의 대일 인식은 문인들에게 그대로 수용되어 전란에 대비하고 항전하는 요인이 되었다. 남명은 乙卯訴에서 조정의 굴욕적인 외교정책을 비판하고 왜구의 침략을 대비하도록 촉구하였으며 왜란을 예견하기도 하였다. 또한 제자들에게 그 강구책을 논의하도록 하기도 하였다. 남명의 현실인식에 바탕을 둔 선견지명으로 인해 남명학파 문인들은 자연스레 일본을 경계하게 되었고 되고 임진왜란이 발발하자 단시일 내에 경상우도 전체가 창의하는 저력을 보이게 되었다.; 김강식, 『임진왜란과 경상우도의 의병 활동』, 민족문화 학술총서 24, 혜안, 2001, pp.83~88.

종군실기에는 어떤 작품들이 있는지를 살펴보겠다.

앞에서도 언급했듯이 전쟁실기 작자들은 자신들이 직접 겪은 전쟁의 경험을 실기에 기술하였다. 창의의 기록 또한 예외가 아니었으며 굳이 이를 명명하자면 '의병 실기'라 할 수 있겠다. 임란 당시 창의가 전국적인 규모로 있었지만 의병들의 종군기록은 거의 다 영남에 대한 기록이고, 특히 경상우도 중심의 기록이 대부분이며 이러한 기록은 주로 남명학파 문인들에 의해 기술되었다.[7] 그러면 지금부터는 남명학파 문인들의 의병 실기를 중심으로 경상우도의 의병 활동을 기술한 의병 실기에는 어떠한 작품이 있는지를 살펴보겠다.

경상우도 의병 활동을 기술한 전쟁실기는 크게 경상우도에서 의병으로 임진왜란을 체험한 작자에 의한 전쟁실기와 직접 경상우도에서 의병 활동을 하지 않았지만 당시의 경상우도 의병의 활동을 기록한 전쟁실기로 나눌 수 있다.

지금까지 학계의 관심을 받은 전쟁실기 중 다수는 당시 경상우도 의병으로 직접 활약한 남명학파 문인에 의해 직접 기술된 실기보다는 경상우도 의병의 활동을 간접적으로 경험한 내용을 기술한 경우가 많았다. 대표적인 작품으로는 조경남(趙慶男)의 〈난중잡록(亂中雜錄)〉, 오희문(吳希文)의 〈쇄미록(瑣尾錄)〉, 이탁영(李擢英)의 〈정만록(征蠻錄)〉이 있다.

〈난중잡록〉은 호남의병장인 조경남이 작성한 의병 실기로 경상우

---

7 호남의 창의 활동 기록은 趙慶男 '亂中雜錄', 安邦俊 '隱鋒野史別錄' 中 '壬辰錄', '南門日記' 정도에서만 확인할 수 있다.

도 의병 활동을 기술하고는 있지만 작자가 위치한 공간이 호남이라는 점을 간과해서는 안 된다.

〈쇄미록〉은 처사 오희문이 작성한 전쟁실기로 경상우도 의병 활동을 부분적으로 다루고 있기는 하지만 작자의 경험 중 상당 부분이 피란의 경험으로 이루어져 있어 '포로실기'로 분류하고 있다.

〈정만록〉은 임진왜란 당시 경상우도감사였던 김수의 아전이었던 이탁영에 의해 기술되었다. 김수가 당시 경상우도 감사였기에 당시 경상우도 의병의 활동이 아주 상세히 기술되어 있으나 관료의 입장에서 기술하였기에 경상우도 의병의 활약상이 왜곡되어 기술되고 있다.

당시 경상우도 의병으로 실제 활약한 남명학파에 의해 기술된 의병 실기는 총 12편 정도가 확인되는데 이중 학계에서 연구된 작품은 정경운의 〈고대일록〉[8], 문위의 〈모계일기〉[9], 조정의 〈임란일기〉[10], 이

---

[8] 『고대일록』은 1986년 경상대학교의 吳二煥 교수가 발굴한 이후 김우윤(金侖禹, 「咸陽 義兵有司 鄭慶雲과『孤臺日錄』」, 『南冥學硏究』 第2輯, 경상대학교 남명학연구소, 1992.)·김경수(「壬辰倭亂 關聯 民間日記 鄭慶雲의『孤臺日錄』硏究」, 『國史館論叢 第92輯』, 1999.)·정우락(「사림파 문인의 유형과 隱求型 사림의 전쟁체험」, 『한국사상과 문화』 28, 한국사상문화학회, 2005.)·노영구(「전쟁과 일상; 『고대일록』을 통한 임진왜란 이해」, 『역사와 현실』 64, 한국역사연구회, 2007.)·정해은(「임진왜란시기 경상도 사족의 전쟁체험; 함양 양반 정경운을 중심으로」, 『역사와 현실』 64, 한국역사연구회, 2007.)·김경수(「孤臺 鄭慶雲의『고대일록』과 의병 활동」, 『남명학과 의병 활동 조사연구(1)』(보고서), 남명학연구원, 2008.)·정우락(「『고대일록』에 나타난 서술의식과 위기의 일상」, 『퇴계학과 한국문화』 제44호, 경북대학교 퇴계연구소, 2009.)·설석규(「鄭慶雲의 현실인식과 『孤臺日錄』의 성격」, 『南冥學』 第十五輯, 南冥學硏究院, 2010.)·박병련(「『孤臺日錄』에 나타난 정치사회적 상황과 의병 활동의 실

로의 〈용사일기〉[11] 등 4편에 불과하여 이 역시도 최근에서야 학계의 관심을 끌게 되었다.

남명학파 직전제자에 의해 기술된 작품은 곽율의 〈팔계일기〉, 이로의 〈용사일기〉, 권제의 〈임정일기〉, 이대기의 〈임계일기〉·〈용사별록〉 등 5편을 찾을 수 있다.[12]

상」, 『南冥學』第十五輯, 南冥學研究院, 2010.)·한명기(「『孤臺日錄』에 나타난 明軍의 모습」, 『南冥學』第十五輯, 南冥學研究院, 2010.)·신병주(「『고대일록』을 통해서 본 정경운의 영원한 스승, 정인홍」, 『南冥學』第十五輯, 南冥學研究院, 2010.)·오용원(「16세기 후반 咸陽 士族의 戰爭 體驗과 現實 克服」, 『南冥學』第十五輯, 南冥學研究院, 2010.)에 의하여 연구되었다.

9 설석규(「茅谿 文緯의 현실대응 자세와 의병 활동」, 『진주문화』17, 진주교육대학교 부설 진주문화권 연구소, 2003.)에 의해 〈모계일기〉가 학계에 처음 소개되었으며, 이 논문에서는 모계가 당시 지니고 있었던 현실인식 문제와 그 현실인식으로 인해 창의하게 된 배경을 논의하고 있다.

10 金鍾泰, 「黔澗 趙靖의 辰巳日錄 研究」, 成均館大學校 大學院 漢文學科 碩士學位論文, 2009.
   학봉 김성일과 한강 정구의 제자인 검간 조정은 퇴계학파로 분류하기도 하지만 한강이 남명의 대표적인 제자이며 검간이 활동한 상주지역이 경상좌도와 경상우도의 접점이라는 점에서 외연을 넓혀 남명학파 재전제자로 분류하였다. 검간 조정의 동생인 가규 조익 또한 형과 같이 수학하였으며 의병 실기의 공간적 배경이 동일한 점을 들어 남명학파의 의병 실기로 분류하였다.

11 최재호, 「松巖『龍蛇日記』의 문학적 특성 논의」, 『퇴계학과 한국문화』48호, 경북대학교 퇴계연구소, 2011.

12 남명학파 직전제자들의 의병 실기로 분류할 수 작품은 이외에도 정인홍의 〈倡義日記〉, 오운의 〈龍蛇亂離錄〉 등이 있다. 정인홍의 〈倡義日記〉는 남명학파의 다른 문인들의 문집에서 인용되거나 발췌하여 사용되기도 하였으나, 실제로 그 원적을 찾을 수 없었다. 그 이유는 인조반정 이후 정인홍에 대한 貶下 때문으로 추정된다. 또한 오운의 〈龍蛇亂離錄〉 또한 문집에 그 이름만 남아있지 실제 전하지 않는다. 그 외에 김면의 〈倡義略錄〉, 〈倡義事跡〉 전치원의 〈壬癸別

재전제자에 의해 기술된 작품은 전우의 〈임계일기(壬癸日記)〉, 문위의 〈모계일기〉, 조정의 〈임란일기〉, 조익(趙翊)의 〈진사일기(辰巳日記)〉, 정경운의 〈고대일록〉, 김수인의 〈난중잡록(亂中雜錄)〉, 박명부(朴明榑)의 〈황석산성실적(黃石山城實蹟)〉 등이 있다.[13] 임진왜란 당시 남명학파 문인의 창의기록이 중심이 된 남명학파 의병 실기는 총 12편으로 다음의 표와 같다.

錄〉, 곽재우의 〈龍蛇別錄〉, 이대기의 〈壬癸事實記聞錄〉, 노흠의 〈壬辰日記〉 등이 실제 창의를 한 작자가 기술한 작품이 아닌 후손에 의해 기술되었거나 척록이라는 이름으로 다른 작품을 인용하여 기술하였을 가능성이 높은 작품이다. 마찬가지로 재전제자들의 작품 중에서는 장현광의 〈文康公避亂錄〉, 〈龍蛇日記〉, 곽준의 〈存齋實記〉 등이 후손에 의해 기술되거나 척록 되었을 가능성이 크다.

13 茅谿 文緯의 〈黃石山城事蹟〉은 모계의 행적과 관계가 없는 '黃石山城'의 축성 경위 등을 다루고 있어 후손들이 작성했을 가능성이 크기에 남명학파 의병 실기에서 제외하였다. 戆菴 姜翼文의 〈亂記〉, 復齊 鄭湛의 〈壬亂復城日記〉와 混菴 洪慶承의 〈奮義錄〉 등은 현재 전하지 않는다. 이 밖에 남명학파의 외연을 넓혀 聲漢 孫起陽을 남명학파로 분류하면 〈公山誌〉·〈亂中日錄〉 등도 남명학파 문인에 의해 기술된 의병 실기라 할 수 있겠다. 학계에 알려진 작품 외에도 상당수의 의병 실기 있으리라 생각되지만, 대부분의 작품들이 경험주체와 서술주체가 서로 일치하지 않는다. 즉 후손들이 선인들의 선양하기 위해서 지었거나 척록했을 가능성이 높은 작품들이 대부분이다. 현재 학계에서는 경험주체와 서술주체의 일치여부에 관계없이 모두 전쟁실기로 분류하고 있으나 앞으로는 이에 대한 논의가 필요하리라 생각한다.

남명과의 관계	작자	작품명	내 용
직전제자	곽율 1531~1593	八溪日記	草溪假郡守 시절 1592.6.9~1592.9.20 까지의 의병 활동 기록, 8면으로 구성, 중요 전투부분을 일기체로 작성
	이로 1544~1598	龍蛇日記	송암이 嶺南招諭使였던 鶴峯 金誠一의 사적을 따라 기술한 실기, 1590년부터 학봉이 진몰한 1593년 4월까지의 내용으로 구성되어 있으며, 인물중심의 기록
	권제 1548~1612	壬丁日記	원당이 의병으로 참여하여 활동한 1592.7.6~1598.1.15 까지의 기록, 11면으로 되었으며, 임진년의 기록 중심으로 구성, 일기체로 작성
	이대기 1551~1628	壬癸日記	1592.4.13~1593.10.9, 1597.7.21의 의병 기록, 실제적인 戰果 중심의 기록, 특히 초계 지역의 상황을 잘 알수 있도록 기술, 일기체로 작성
		龍蛇別錄	1592.4.13~1593.4.20 까지의 기록, 6면으로 되어 있으며, '임계일기'와 내용이 유사하고, 일기체 형식이 아닌 주요 사건중심의 기록
재전제자	전우 1548~1616	壬癸日記	1592.6.12~1593.1월까지의 기록, 4면으로 되어 있으며, 실제 기록은 17일분 밖에 없음. 낙동강 주변 성주, 현풍, 고령 등지의 전황 기술. 일기체
	문위 1554~1631	茅谿日記	1589.1~1593.4.4까지의 기록, 의병 활동과 남명학파 문인들에 대한 기술이 주를 이룸, 일기체
	조정 1555~1636	壬亂日記	1592.4.14~1597.3.17까지 6년 11개월, 630일의 기록, 임진왜란 전체를 자세히 기술, 일기체 형식
	조익 1556~1613	辰巳日記	1592.4.14~1598년까지의 기록, 의병·민심·국정운영·전황 등 주요국면을 기록, 일기체 형식

정경운 1556~?	孤臺日錄	1592.4.23~1609.10.7까지 16년간의 기록, 임진왜란 뿐만 아니라 전쟁 후 상황 및 정세, 생활상 자세히 기록, 일기체 형식
김수인 1563~1626	亂中雜錄	1592.4~1592.12까지의 기록, 당시 전황과 이에 대한 감회, 의병 활동 중심으로 기록, 일기체 형식
박명부 1571~1639	黃石山城實跡	1597년 정유재란 당시 황석산성에서 벌어진 전투에 대한 기록, 직접 경험한 내용인 아닌 見聞錄 형식의 사건 중심 기록

지금까지 경상우도에 의병으로 활약한 남명학파 문인들의 의병 실기 현황을 살펴보았다. 의병 실기 또한 종군실기의 일종이다 보니 주된 내용이 경상우도 의병들의 전쟁에서의 활약상이다. 하지만 의병 실기 내에서도 남명학파 문인들은 자신들의 의식이나 가치관을 작품에 담는데 소홀하지 않았다.

2. 경상우도 의병 실기에 나타난 갈등의 양상

전쟁이라는 큰 시련은 사람들에게 이성(理性; Logos)보다는 감성(感性; Phatos)에 더욱 충실하도록 하였다. 그리고 이러한 경향은 실제 전쟁실기에서도 쉽게 드러난다.

지금까지 학계에서는 의병 실기라는 명칭만을 부각시켜 의병의 활약상만이 연구의 중심에 있었다. 하지만 의병 실기 속에는 창의 활동

이외에도 다른 내용 또한 같이 포함되어 있음을 간과해서는 안 된다. 특히 '갈등'이라는 소재는 전쟁실기에 있어서 가장 큰 소재임에도 의병 실기에서는 여기에 대한 논의가 미약하였다. 여기서는 의병 실기 속에서의 갈등이라는 소재를 재조명함으로써 전쟁실기가 지니고 있는 본래의 가치를 찾아내고자 한다.

임진왜란을 배경으로 하는 전쟁실기는 작자와 작품 속의 주체와의 관계, 실제 기술된 시기가 언제인가에 따라 크게 둘로 나눌 수 있다. 첫째는 전쟁실기의 작자와 전쟁실기에 등장하는 주체가 동일한 인물이며, 기술된 시기 또한 작자가 직접 전란을 겪었던 시기와 동일한 경우이다. 둘째는 전쟁실기의 작자와 작품 내의 주체가 서로 다르며, 기술된 시기가 전란 이후인 경우이다. 전자의 경우 작자가 자신이 전란 속에서 겪은 내용을 사실 그대로 기술[實記]한 경우이고, 후자는 작품 속 주체의 후인들에 의해 선조(先祖)가 행하였던 사실을 기리기[實紀] 위한 목적으로 만들어 졌으며 주된 내용은 선조의 창의 사실이 대부분이다.[14]

일반적으로 이 둘 모두를 전쟁실기로 칭하고 있지만 이 두 유형의

---

14 實記를 작자와 작품 주체가 동일한 작품을, 實紀를 후인에 의해 기술된 선양 중심의 내용으로 구분하고 있지만 단순히 작품명만으로 이 두 유형을 구분할 수는 없다. 편의상 이 글에서는 實記와 實紀로 본문의 내용처럼 구분하여 사용하겠다. 또한 작자와 작품 속 주체가 서로 다르지만, 작품을 기술한 시기가 전란을 경험한 시기와 동일한 드물게 발견되는데 그 대표적인 작품이 바로 송암 〈용사일기〉이다. 하지만 송암 〈용사일기〉는 작자가 작품 내 주체와 같은 시기에 같은 경험을 하고 있기에 實記로 구분하여야 한다.

전쟁실기는 엄연한 차이가 있다. 위에서 언급한 것처럼 작자와 작품 내 주체가 동일한 지, 기술된 시기가 언제인지 하는 표면적 차이 외에도 두 유형의 기술 목적이 다른데서 오는 내용 구성의 차이 또한 찾을 수 있다.

실기(實記)의 경우 작자와 작품 내 주체가 동일하고, 기술의 시기가 경험의 시기가 동일하기에 작자는 플롯을 정하고 작품을 진행할 수 없다. 반면에 실기(實紀)의 경우 작자가 작품 내 주체의 후손이거나, 또는 작품 내 주체를 존경하는 인물이며, 작품 내 주체의 행동 중 선양할 만한 업적을 중심으로 기술하기에 내용상의 가감이 작자에 의해 충분히 이루어질 수 있다.

부언하자면 실기(實記)의 경우 작자가 작품 내 주체의 모든 행동을 기록할 목적으로 기술된다면, 실기(實紀)는 작자에 의해 신고자 하는 내용만을 기술하려는 목적을 가지고 있다. 물론 실기(實記) 또한 작자가 자신 또는 집단의 치부가 드러나는 내용을 기술하지 않을 수는 있지만 실기(實紀)처럼 작품 내 주체의 업적이 드러나는 내용만을 기술하지는 않는다.

전쟁이라는 소재가 지니는 특성 상 삶의 밝은 면보다는 어두운 면이 전쟁실기에 더 많이 기술될 수밖에 없다. 실기(實記)는 전쟁을 겪은 선인들의 삶을 가능한 가감 없이 드러내려는 노력을 함으로써 전쟁에 대한 폐해를 후인들에게 알려주는 감계(鑑戒)의 기능을 충실히 수행하였으며 이것은 전쟁실기가 지니고 있는 중요한 의의라 하겠다. 그러면 지금부터 경상우도 의병 실기를 중심으로 작품에서 의병의 활약상

외에 어떤 내용들이 더 기술되어 있는지를 살펴보자.

의병 실기는 앞에서 언급했듯이 종군실기의 한 유형으로 관군이 아닌 당시 창의한 의병들의 활약상 중심으로 그 내용이 기술되어 있다. 앞의 장에서 언급한 곽율의 〈팔계일기〉, 이로의 〈용사일기〉, 권제의 〈임정일기〉 이대기의 〈임계일기〉·〈용사별록〉, 전우의 〈임계일기〉, 문위의 〈모계일기〉, 조정의 〈임란일기〉, 조익의 〈진사일기〉, 정경운의 〈고대일록〉, 김수인의 〈난중잡록〉, 박명부의 〈황석산성실적〉 모두 경상우도의 전황과 경상우도 의병들의 활동을 주된 소재로 다루고 있다. 하지만 실제 내용을 살펴 보면 내용 전체가 경상우도 의병의 활동만을 다루고 있는 것은 아닌데, 이것은 의병 실기의 작자가 민간인 이라는 데서 그 이유를 찾을 수 있다. 즉 의병 실기는 의병의 활동상 이외에도 사적(私的) 내용 또한 상당 부분 기술되어 있다.[15]

기본적으로 의병 실기가 사적실기의 성격을 지니다 보니 자연히 그 내용 역시 당시의 전황이나 의병들의 활약상과 같은 공적인 내용 이외에도 가족애, 동문애, 국가에 대한 충정 등 사적인 내용 또한 상당 부분 기술되어 있다. 특이한 것은 위와 같은 내용 이외에 임금에 대한 불신, 관군과의 알력, 명나라 병사에 대한 적개심, 당파 간의 갈등, 부왜(附倭) 등과 같은 파격적인 내용도 쉽게 찾을 수 있다는 것이다. 하지만 지금까지 학계에서는 가족애, 동문애, 충정 등 긍정적인 요소만

---

15 당시 관군들이 작성한 전쟁실기 또한 100% 공적 성격을 지닌 전쟁실기를 찾기는 어렵지만 의병 실기 보다는 더욱 공적 내용 중심으로 이루어져 있다.

주로 논의하였는데 이것은 오히려 전쟁실기의 진정한 가치를 평가절하하는 결과를 가지고 왔다.

실제로 경상우도 의병 실기만으로 범위를 한정시켜 논의하더라도 이로의 〈용사일기〉, 문위의 〈모계일기〉, 조정의 〈임란일기〉, 정경운의 〈고대일록〉, 김수인의 〈난중잡록〉 등에서 여러 가지 갈등의 양상이 작품 속에 노정되어 있다.

이로 〈용사일기〉의 경우 갈등이 가장 극명하게 드러나는 작품 중 하나인데, 작품 속에서 영남초유사 김성일과 관군 간의 갈등, 의병과 관군 간의 갈등, 김성일과 의병 간의 갈등, 잘 드러나지는 않지만 의병 간의 갈등 등 다양한 갈등이 작품 속에 기술되어 있다. 특히 의병과 관군 간의 갈등은 당시 경상우도 사림뿐만 아니라 조정에서도 관심을 가질 만큼 커다란 갈등이었다.

문위의 〈모계일기〉에서 작자는 남명학파와 정인홍을 대변하여 당시 집권세력인 서인(西人)의 실정(失政)을 노골적으로 비판하고 있다.

조정은 〈임란일기〉에서 임진왜란 당시 왜적들에게 빌붙어 생명을 유지하거나 동족을 핍박하는 부왜세력에 대한 적개심을 표출하고 있다. 조정은 왜적이 만든 성곽을 보고 그 치밀함에 감탄을 할 만큼 객관적인 시각을 작품에서 유지하면서도 부왜세력을 언급할 때만큼은 날카로운 필치로 그들을 꾸짖고 있어 부왜세력에 대한 작자의 적개심이 어느 정도인지 가늠할 수 있다.

정경운의 〈고대일록〉 역시 이로 〈용사일기〉와 마찬가지로 다양한 갈등의 양상이 노출되는데, 정경운이 의병으로 활동하던 당시에는 이러한 갈등의 양상이 잘 드러나지 않다가 정유재란을 기점으로 정경운이 피란민의 입장에 처하게 되자 여러 가지 갈등의 양상이 드러난다. 주요 갈등으로는 여느 의병 실기와 마찬가지로 의병과 관군 간의 갈등을 비롯하여, 당시 정권을 장악하고 있던 서인정권에 대한 남명학파 문인들의 불만, 명나라 군대에 대한 불신, 관군의 무능함, 선조에 대한 원망 등이다.

김수인은 〈난중잡록〉에서 임진왜란 초기 자신의 임무를 도외시 하는 고을 수령의 무능함을 비판하고 있고, 선조가 몽진한 것에 대한 당시 지식인의 한 사람인 자신의 견해 등 집권층에 대한 불만을 표출하고 있다.

경상우도 의병 실기에서 나타나는 갈등의 대상을 크게 두 가지로 나눌 수 있다. 첫째는 외부세력과의 갈등으로 그 대상은 조선을 침략한 왜적과 그에 빌붙어 동족들에게 피해를 입히는 부왜세력과의 갈등이다. 둘째는 내부세력 간의 갈등이다. 즉 서로 갈등을 빚는 세력이 왜적이나 부왜세력 등 적대세력이 아니라 당시 집권층 및 관군, 조선을 구원하러 온 명나라 군대, 당시 위정자인 선조, 심지어 같은 학파의 동문인 경우도 있다. 그렇다면 이러한 갈등이 피란실기나 포로실기가 아닌 의병들의 종군기록인 의병 실기에서도 드러나는 이유에 대하여 간략히 논의하겠다.

우리 선조들은 예부터 사물(事物)에 대한 인식의 방법으로 '관물(觀物)'이라는 용어를 사용하며 이를 매우 중요하게 생각하였다.

임진왜란이라는 미증유의 대혼란은 사람들의 관물 방법에 변화를 일으켰다. 임진왜란은 사람들에게서 사물을 바라보면서 그 사물이 가진 외형을 감상하거나 사물이 내재하고 있는 추상적인 이념에 관심을 가질 여유를 가질 수 없게 만들었다. 이것보다는 사물이 당장 자신의 현실에 미칠 파급력에 더 관심을 가질 수밖에 없도록 사람들을 유도하였다. 그래서 임진왜란 당시의 전쟁문학들을 살펴보면 사물을 바라보면서 사람을 생각하게 되는 '도물사인(睹物思人)'이 주제와 소재로 활용되는 계기가 되었으며, 전쟁실기 또한 여기에서 예외가 될 수 없었다.[16] 즉 전쟁실기는 어떠한 특정한 사건을 중심으로 그 사건을 중심으로 사람들이 어떠한 영향을 받느냐 하는 것에 대한 기술이 중심이 되었다.

사물(事物)은 세밀히 분석하면 다시 '사(事)'와 '물(物)'로 양분할 수 있다. 이때의 '사(事)'는 우리가 흔히 말하는 인사(人事)를 의미하는 것으로 주로 인문과학적인 측면에서 많이 활용되고, '물(物)'은 자연물(自然物)을 이르는 것으로 흔히 자연과학적 측면에서 많이 활용된다.[17]

'전쟁은 나의 의지를 실현하기 위해 적에게 굴복을 강요하는 폭력행위이다.'라는 클라우제비츠의 말처럼 전쟁은 인간과 인간 사이에서 벌어질 수 있는 최대한의 갈등이 행동으로 표현된 것으로 '사물'을 '사'와 '물'로 나누었을 때 전쟁은 '인사'의 입장에서 보면 사람에게 닥칠 수 있는 최고의 재앙이라고 할 수 있다. 이렇듯 전쟁이라는 큰 충격은 사

---

16 최재호, 「松巖『龍蛇日記』의 문학적 특성 논의」, p.256.
17 정우락, 『남명학파의 문학적 상상력』, 도서출판 역락, 2009, p.558.

람들에게 '사물' 중 '사'에 대하여 파행에 가까운 관심을 갖도록 유도한 것이다. '사'에 대한 지나친 관심은 '사'의 네 가지 형식이라 할 수 있는 '순(順)·위(位)·격(格)·식(式)'에 대한 자연스런 관심으로 이어졌으며,[18] 순·위·격·식에 대한 관심은 결국 사람들의 행동으로까지 표출되게 되었다. 즉 사람들은 특정한 사건이 바른 지 그른 지에 대한 논의와 함께, 그 사건에 대처하는 방법으로 어떠한 행동을 하는 것이 적절한가에 대한 관심을 갖게 되고 이에 대해 논의하게 되었다.

이로 인해 사람들을 종횡으로 서로 분열하게 하였으며, 순·위·격·식에 대한 가치관과 이에 따른 행동으로 인해 다양한 갈등의 양상이 나타났으며, 문학으로도 그대로 표현되었다. 즉 전시(戰時) 문학에서는 평화 시의 문학에서 보이는 경물(景物)에 대한 예찬(禮讚), 설리(說里)를 목적으로 하는 작품이 자연히 배제될 수밖에 없었고, 이보다는 인간과 사회에 대한 문제, 가치관에 대한 문제, 가치관의 괴리로 인한 사람과 사람, 집단과 집단 사이의 갈등이 조명되었다. 전쟁실기 또한 이러한 내용들이 기술되었으며 의병 실기조차도 여기에서 예외일 수는 없었다.

전쟁실기 중 피란실기와 포로실기는 적의 침입으로 인해 겪게 되는 피란의 경험과 피로의 경험이 작품 내용의 주가 되다 보니 적개심이 자연스레 드러날 수밖에 없다. 물론 의병 실기 또한 적에 대한 적개심이 작품에서 드러날 수밖에 없지만 피란실기나 포로실기처럼 주를

---

18 최재호,「松巖『龍蛇日記』의 문학적 특성 논의」, p.257.

이루고 있는 것은 아니다. 하지만 의병 실기에서 왜적과 같은 외부세력 간의 갈등뿐만 아니라 내부세력 간의 갈등이 내재되어 있음이 발견된다는 점에서 매우 흥미가 있다.

이것은 전쟁이라는 큰 시련은 의병 실기에서 조차도 여러 가지 갈등의 양상을 표출하도록 유도하는 것을 보여준다. 전쟁이라는 갈등은 사람들에게 이성보다는 감성에 의존하도록 하고 이것은 다시 새로운 형태의 작은 갈등을 배태시키면서 작품 속에서 자연스레 노출되고 있음을 보여준다. 하지만 이것만으로 경상우도 의병 실기에 드러나는 내부세력 간의 갈등에 대해 온전히 설명할 수는 없다.

이어서 이로의 〈용사일기〉와 정경운의 〈고대일록〉에 드러나는 내부 갈등의 양상을 통해 경상우도 의병의 의식과 그들이 지니고 있는 시각에 대하여 살펴보겠다.

3. 갈등을 통해 본 경상우도 의병의 의식과 시각

송암 이로의 〈용사일기〉는 임진왜란 초기 영남초유사였던 학봉 김성일의 종사관·소모관·사저관으로 활약하였던 작자가 임진왜란 당시 남명학파 의병장들의 활약상 기록을 정리한 전쟁실기이다.[19]

---

19 〈용사일기〉는 '記金鶴峯事蹟'이라는 부기제명에서 드러나듯이 임진왜란 당시 작자인 송암의 행적보다는 자신이 보좌하던 학봉의 事蹟을 중심으로 기술한 종군실기이다. 즉 작품을 이루고 있는 큰 두 개의 소재는 학봉의 개인적인 사

〈용사일기〉에는 여러 가지 갈등을 찾을 수 있다. 김성일과 관군의 갈등, 의병과 관군의 갈등, 김성일과 의병의 갈등 그리고 의병끼리의 갈등이 그것인데 모두 내부갈등이라는 점이 이채롭다. 하지만 이러한 갈등을 표면 그대로 해석해서는 안 된다. 그 이유는 〈용사일기〉의 작자인 이로와 작품 속 주체인 김성일이 서로 일치하지 않기 때문이다. 즉 실제 갈등의 주체가 누구인지가 확인되어야지만 당시 경상우도 의병의 의식을 명확히 논의할 수 있다.

먼저 김성일과 관군의 갈등을 살펴보면, 김성일이 경상우병사 조대곤의 비겁함이 드러나는 장면[20]들로부터 시작하여 창원군수 장의국,

---

적과 의병들의 공적인 창의 활동이라 하겠다. 당시 송암은 학봉의 휘하에 있었지만 관에서 내린 공식적인 직위가 없었기에 '용사일기'는 의병의 입장에서 기술된 종군실기 즉 의병 실기로 분류하였다.

20 1. 右兵使 曹大坤은 대군을 거느리고 海望原에 주둔하면서 金海가 도륙됨을 가서 구하지 않고 황망히 도망치려다가 공이 이르러 소스라치며 맞아 읍하고는 문득 버리고 도망하려거늘 공이 준엄한 말로 책망하기를 "장군은 한 지방을 맡은 대장으로서 군대를 머물고 진격하지 않아 金海城을 함몰케 하였으니 그 죄상은 목을 베어 마땅하다. 더구나 世臣宿將으로서 이 참변을 당하였으니 도의상 달아나지 못할 것이 아니냐"고 하니 大坤은 낯빛이 새빨개졌다.: 右兵使曹大坤 領大軍 屯于海望原 不往求金海之屠 公至 則錯愕迎揖 便欲棄去 公峻辭責之曰 將軍以閫帥 屯兵不進 使金海見陷 罪當行刑 況以世臣宿將 當此劇變 義不可遁 大坤色䫉; 李魯,'龍蛇日記', 二.
2. 순찰사 군관 김경로는 적정을 염탐하기 위하여 파견된 사람이나 절반도 못가 적의 정찰대를 멀리서 보고 말을 달려 되돌아와서 칼을 휘두르며 큰 소리로 고함쳐 말하기를 "적이 우리 배후에 이르렀다."고 하니 이에 一軍이 놀라서 무너졌다. 大坤이 공과 의자에 서로 마주보고 걸터앉았다가 일어나 말을 타려고 하거늘 공이 세 번이나 불러서 중지시키니 끝내 말에 매달려서 오르지도 못하는 지라 그 神將이 추켜올려 주니 곧 앞서 달아났다.; 巡察使軍官金敬

우후(虞侯) 이협, 의령군수 오응창, 창녕군수 이철용, 현풍군수 유덕신 등 관군의 무능함[21]을 작품 전반부에 배치하고 있다. 또한 당시 경상도 관군의 총책임자인 순찰사 김수를 만나 그를 설득하는 장면을 자세히 기술하고 있다.[22]

재미있는 사실은 위에 논의한 김성일과 관군과의 갈등은 작자인 이로가 작품의 주체인 김성일을 만나기 전에 이미 있었던 갈등이라는 점이다. 더욱이 이로는 김성일이 조대곤과 김수를 꾸짖는 장면을 마치 현장에서 목도한 것처럼 표현하였다. 즉 이로는 자신이 직접 경험하지 않은 사실을 작품에서 기술하고 있다. 그러면 이로는 왜 자신이

    老 遣來覘賊 未半途 望見哨掠軍來 躍馬回馳 揮釰大聲 呼曰 賊至我後 於是一軍崩駭 大坤與公對踞胡床 起將跨馬 公呼而止之者三 末乃攀馬不能騎 其神扶上之卽先馳去; 李魯, 『龍蛇日記』, 二.

21 昌原郡守 張義國은 城을 비우고 달아났으며, 虞侯 李俠은 병기를 못에 던지고 군량창고를 불사랐으며, 宜寧郡守 吳應昌이 지휘를 잘못하여 精兵 백여인을 익사케 하였으며, 昌寧郡守 李哲容과 玄風郡守 柳德新은 巡察使의 전령으로서 모두 邑을 버리고 달아났다.

22 김수는 거창에서 勤王을 핑계삼아, 雲峰으로 가다가 공과 갑자기 만나게 되어 놀람과 무색함으로 말을 하지 못하므로, 공이 義로써 책망하기를 "한 지방을 맡은 신하는 마땅히 그 임지에서 죽을진대 어찌 임지를 버리고 여기에 왔소. 한 도를 모두 잃고도 구하지 못하면서 혼자 멀리 가서 성사를 할 수 있단 말이오? 원하건대 슮公은 빨리 돌아가시오"라고 하니 김수는 말을 타고 망설이다가 어쩔 수 없이 굳은 안색으로 돌아섰다. 영남 사람들은 애초에 그가 버리고 영남을 버리고 간 것을 다행으로 생각하다가 돌아왔다는 말을 듣고 이맛살을 찌푸리면서 서로 위로하였다.: 睟自居昌 諉以勤王 指雲峰 與公忽値 愕暗無以爲辭 公以義責之曰 封疆之臣 當死封疆 何爲棄之至此乎 全失一道 而不能救 單騎遠投 其能有濟乎 願令公亟回 睟乘馬斑如 不得已强顔回旅 嶺之人 初以棄去爲幸 聞至 無不嚬頻而相弔; 李魯, 『龍蛇日記』, 四.

겪지 않았던 사건까지도 작품에서 드러내려 했는지 그 이유는 좀 더 정치하게 접근할 필요가 있다. 특히 김성일과 조대곤의 갈등, 김성일과 김수의 갈등만이 매우 표피적으로 드러난다는 점 또한 간과해서는 안 된다. 이에 대한 논의는 두 번째 갈등 양상인 의병과 관군과의 갈등양상과 연계하여 논의하여야 한다.

두 번째 갈등은 관군과 의병 간의 갈등으로 이로와 김성일이 서로 만난 임진년(1592) 5월 4일 이후부터 본격적으로 작품에서 드러난다. 사실상 〈용사일기〉에서 가장 큰 갈등의 양상은 의병과 관군과의 갈등이다.

합천군수 전현룡(田見龍)과 곽재우 간의 갈등[23], 함안군수 유숭인과 곽재우의 갈등[24], 이 밖에도 합천군수 전현룡과 의병장 손인갑의 갈

---

23 陜川郡守 田見龍은 백성을 苛斂誅求하는 행동이 한이 없고 겹겹으로 민심을 잃어 아무도 돌아보는 이가 없었다. 난이 일어나자 어찌할 줄을 모르고, 또 스스로 그 죄가 크고 원망이 가득함을 알고 있어 앙갚음의 화가 있을까 염려하여 창고를 열고 곡식을 흩어서 중들과 결탁하여 자신을 돕게하고 龍門山 골짜기에 숨었다가 곽재우가 의병을 일으켰다는 말을 듣고 한편 시기하고 또 마음이 편치않아서 都巡察使 金睟와 兵使 曺大坤에게 곽재우를 '사나운 도적'이라고 한 문서를 거짓으로 보고하였다. 조대곤은 재우를 죽이려고 여러 고을에 關子를 돌렸으나 여러 고을에서 응하는 자가 없었다.: 陜川郡守田見龍 剝割澌浚 靡有紀極 積失民心 兀爲獨夫 及亂作躁擾罔措 且自知其罪貫怨盜 慮有反爾之禍 卽開庫散穀 交結山僧 俾爲己援 亡匿龍門山谷 聞再祐擧義 且猜且怵 瞞報于都巡察使金睟兵使曺大坤 以獷狋大盜之狀 大坤擬欲捕斬 移關列邑 列邑無應之者; 李魯, 『龍蛇日記』, 十二.
24 함안군수 柳崇仁은 산 속에 숨었다가 鼎湖를 건너 가만히 의령을 지나려는 것을 곽재우가 알고 서로 맞부딪쳐서 성을 버리고 도망치는 죄목을 들어 활을 당겨서 쏘려고 하니 유숭인도 또한 활을 들어 응수하므로 두 사람이 서로 한

등, 단성인 김경근이 김성일에게 대의를 위해 김수와 조대곤을 죽여야 한다고 건의하는 사건, 반대로 진주에서는 분명히 의병인 줄 알면서도 토적(土賊)이라 모함하여 잡아들인 사건들이 여기에 해당한다.

의병과 관군 간의 대립이 가장 격화되는 것은 바로 순찰사 김수와 곽재우의 갈등이다. 김수는 당시 경상도 관군을 대표하는 장수였으며, 곽재우 역시 경상우도의 상징적인 의병장이었다.

김수는 임란 초기 연패를 거듭하였고, 근왕(勤王)을 핑계로 용인까지 올라갔다가 크게 패한 후 다시 경상우도로 돌아왔다. 이후 여러 고을에 통문을 돌려 군사를 여러 장수에게 나누어 의병들이 병력을 모을 수 없도록 하였다. 이 사건은 경상우도 의병의 공분으로 이어졌고 곽재우는 격문을 통해 김수의 잘못을 꾸짖고, 그를 살해하려 하였다. 김수 또한 곽재우의 행동에 불만을 드러내면서 두 사람의 갈등은 표면에 드러났다.

필자는 제5장에서 이로의 〈용사일기〉에서 가장 부각되는 갈등의 양상이 바로 의병과 관군의 갈등인데, 이러한 갈등이 작품 속에서 많이 드러나는 이유는 작자인 이로가 의병과 관군의 갈등에 있어 그 중심에 서 있었기 때문이며, 그 이유를 임란 이전부터 있어왔던 이로

참동안 버티고 있는데, 조종도가 나서서 화해시키니 유숭인은 그 길로 곽재우의 진영에 머물렀다.: 咸安郡守柳崇仁 匿山中 涉鼎湖 潛過宜寧 再祐知之逆出 數以棄城逃歸之罪 彎弓欲射之 崇仁亦彎弓以應之 二人相持良久 宗道徃解之 崇仁仍留再祐陣下; 李魯, 『龍蛇日記』, 十四.

와 김경눌 간의 갈등으로 설명하였다.[25] 즉 이로의 〈용사일기〉에는 이

---

25 1. 신묘년 여름에 합천사람인 전현감 文德粹는 나이 八十에 가까우나 시국을 내다보고 근심과 통분함을 참지 못하여 監司 김수에게 글을 올려, 邊將과 수령들이 모진 형벌과 가렴주구로 나라의 근본을 뽑는다고 극론하니, 김수가 크게 화를 내어 병사 申砬과 더불어 그를 豪强이라고 장계하였다. 그 때 합천군수 田見龍은 그 蛇蝎과 같은 독과 바다와 같은 욕심 때문에 백성들이 견디지 못하고 고을이 장차 빌 판인데 또한 덕수를 심히 미워하고 반드시 무거운 죄에 몰아넣으려 하여 수의 하는 일에 찬성하니 대저 전현룡은 김수와 동년생이었다. 문덕수를 三嘉에 옮겨 가두고 화가 장차 예측하기 어려우므로 그의 생질되는 李魯는 그의 원통함을 조정에 고소하기 위하여 서울에 올라가서 돌아오지 않았고: 辛卯夏 陜川人前縣監文德粹 年近八十 目睹時事 不在憂憤 上書于監司金睟 極陳邊將守令嚴刑剝害 先拔邦本云云 睟大怒 與兵使申砬 以豪强狀啓 時陜川守全見龍 蛇蝎之毒 谿壑之慾 民不堪命 邑將空虛 亦甚疾之 必欲陷于大罪 替而成之 盖與睟同年也 移囚三嘉 禍將不測 甥姪李魯 欲告寃于朝 戾京未還; 李魯, 『龍蛇日記』, 五.
2. 재우는 곧 전 直長 李魯의 사위이고, 魯는 전현감 文德粹의 조카인데 문덕수가 신에게 글을 올려 道主·閫帥·守令·邊將을 모두 비난하였기에 신이 兵使 申砬과 더불어 장계를 올려 죄 주기를 청하였기 때문에 문덕수가 신을 원망하게 되었고, 재우가 남의 咐囑함을 듣고서 이와 같이 불쾌한 짓을 한다.: 再祐卽前直長李魯之女壻 魯卽前縣監文德粹之三寸姪也 德粹獻書於臣 歷詆道主閫帥守令邊將 臣與兵使申砬 狀啓請罪 故臣爲德粹所怨 再祐聽人所囑 爲此不軌; 李魯, 『龍蛇日記』, 二十八.
3. 격문을 곽재우에게 전하여 사사로운 감정을 마음대로 풀고자 함은 김경눌이 이노로 더불어 틈이 생긴 지 오래이기 때문입니다. 여러 해를 두고 노를 엿보았으나 그 틈을 타지 못하였는데, 마침 이때를 당하여 마음먹은 일을 성취할 수 있다고 기뻐하였을 것인데, 문득 먼저 격문을 보고 혼잣말로 , "곽재우의 첩은 이로의 딸이다. 노를 죽임은 이때다"라고 하며 노를 陰嗾한 괴수로 삼고, 곽재우로 使嗾당한 사람으로 삼으니: 傳檄於郭 欲逞私憾者 金景訥 與李魯有隙久矣 窺魯多年 未乘其隙 適逢此時 喜行胸臆 忽見前檄 心語口曰 郭妾李女也 殺魯者其在此乎 以魯爲陰嗾之魁 以郭爲見嗾之人; 李魯, 『龍蛇日記』, 三十三.

로와 김경눌 간의 갈등이 숨겨진 채 곽재우와 김수의 갈등만이 부각되었으며 의병과 관군 간의 갈등은 사실상 이로 개인의 사적인 구원(舊怨)에서 비롯된 것이라 그 의미를 축소하여 발표한 적이 있다.

필자는 곽재우와 김수 간의 갈등에 대한 좀 더 정치한 논의를 위해 다른 임진왜란 전쟁실기에서 곽재우와 김수 간의 갈등을 찾는 노력을 하였다. 그 결과 흥미로운 자료를 발견하였는데, 김수의 막하에 있었던 이탁영의 〈정만록〉과 호남의병장이었던 조경남의 〈난중잡록〉이 바로 그 자료들이다.

〈정만록〉은 당시 경상도 순찰사였던 김수의 서리였던 이탁영이 김수를 수행하면서 겪었던 체험을 기술한 전쟁실기이다.[26]

곽재우와 김수의 갈등이 기술된 부분은 〈정만록〉 건(乾) 중 임진년 7월 초3일의 기록이다. '의령(宜寧)에 사는 곽재우(郭再祐)가 자칭 의병장(義兵將)이라면서 격문(檄文)을 지어 사상(使相)께 보내왔는데, 글 속에 화협(和協)을 잃은 글귀가 있기 때문에 사상(使相)은 여기서 방비한다.'[27] 이탁영은 자신의 실기에서 곽재우와 자신이 모시고 있던 김수와의 갈등의 비교적 간략하게 기술하고 있다.[28] 즉 〈정만록〉 건의 문면만을

---

26 '정만록'은 乾과 坤으로 이루어져 있는데 乾은 이탁영의 일기로 경상도의 전황과 이탁영의 사적 내용 중심으로 기술되어 있고, 坤은 이탁영이 김수를 수행하면서 수집한 狀啓, 敎書, 通文으로 이루어져 있다.
27 宜寧居郭再祐 自稱義兵將 作送檄書于使相 而書中辭意頗失和協 故使相駐此防備義; '征蠻錄' 乾 壬辰年 七月 初三日條.
28 坤에서는 장계의 형태로 곽재우에 대한 김수의 評이 실려있다. 坤에서는 乾과는 달리 장계를 통해 곽재우가 김수를 꾸짖는데에 대한 불쾌감을 상당히 드러

보면 이로 〈용사일기〉에 기술된 곽재우와 김수의 갈등과 매우 대별되어 있다.

〈용사일기〉와 〈정만록〉에서 곽재우와 김수의 갈등 부분만을 발췌하여 비교하였을 때 〈용사일기〉에 대한 재해석의 필요성이 제기되기까지 한다. 그것은 이로가 관군의 무능함을 꾸짖은 것이 아니라 김수를 비롯한 관군들에게 느끼는 사감(私感)을 〈용사일기〉를 통해 침소봉대하여 기술하였으며, 실제로 관군의 입장에서는 의병과의 갈등을 전혀 갈등이라고까지 생각하지도 않을 수도 있다는 해석이다.

더욱이 〈정만록〉에 나타나는 김수에 대한 평을 살펴보면 〈용사일기〉에 기술되어 있는 김수의 무능함과, 의병들의 관군을 보는 시선이 왜곡되지 않았는가 하는 의심조차 하게 된다.

〈정만록〉 임진년 4월 22일의 기록을 살펴보면, '그런 까닭으로 추풍령(秋風嶺)에서 크게 적을 방비할 작정으로 지례(知禮)로 달려 3일을 머물면서 동서(東西)에 책응(策應)하고자 밤낮을 달려도 사태가 악화될까 두려우며 비록 정성을 다하여 보국(報國)하고자 하니 장차 어찌 될 것인가?'[29]라는 내용을 살펴볼 수 있다. 또한 4월 26일의 실기에서 '사상(使相)은 진(陣)을 거창(居昌)으로 옮기고 8일을 머물면서 동서(東西)로 대응하였다. 김해 전투(金海戰鬪)에서 패한 초계군수(草溪郡守) 이유검(李惟儉)을

내고 있으며, 곽재우를 匪賊의 수준으로 격하하여 평하고 있다.
29 故秋風嶺 大欲遏截之計 馳到知禮 留三日 東西策應 夜以繼朝 猶恐乘當 雖竭誠盡忠 其將奈何; '征蠻錄' 乾 壬辰年 四月 二十二日條.

목베어 군중(軍中)에 효시(梟示)하였다.'[30]라는 부분도 찾을 수 있다.

〈정만록〉에 기술되어 있는 김수는 임진왜란 초기 경상도의 군권을 가진 자로서, 책임감을 가지고 상황에 맞는 시의적절한 지휘를 하는 인물로 〈용사일기〉에서 묘사되는 김수와는 상당히 차이가 있음이 확인된다.

〈정만록〉 임진년 5월 7일의 내용을 살펴보면, '김수가 초유사 김성일의 권고로 도내(道內)의 적을 없애고 다시 근왕병(勤王兵)을 일으키기로 하였다'라는 내용을 찾을 수 있다. 이와 비슷한 내용은 이로의 〈용사일기〉에서도 찾을 수 있는데, '김수가 초유사를 만나 경상도를 벗어난데 대해 질책 당하자 무안하여 말을 하지 못했다.'라고 표현하고 있어 서로 다름을 확인 할 수 있다.

〈정만록〉 5월 14일 김수가 근왕을 행하는 장면, 5월 16일 김수가 적을 잡을 계책을 세우는 장면, 6월 6일 김수가 호남진중의 2명의 장수가 전사했음을 안타까워하는 장면, 적을 보고 전라순찰사는 도망갔으나 의연히 자리를 지키는 김수의 모습 등만을 보면 김수는 자신의 역할에 최선을 다하나 운이 따르지 않는 안타까운 장수로 표현되고 있다.

이 밖에도 작자인 이탁영은 〈정만록〉 5월 25일 김수가 작자에게 포상하는 내용, 6월 4일 작자가 복통이 있자 김수가 소주(燒酒)를 내리는

---

30 使相 移陣居昌 留八日 東西策應 金海敗將軍 草溪郡守 李惟儉 斬示軍中; '征蠻錄' 乾 壬辰年 四月 二十六日條.

장면, 7월 11일 서리에 불과한 작자의 전략을 무시하지 않고 칭찬하는 장면, 8월 20일 작자에게 소금과 쌀을 나누어 주면서 이별을 안타까워하는 장면을 기술함으로써 김수의 인품을 높이 평가하고 있다.[31]

같은 시대, 같은 장소에서의 같은 경험이었지만 이로의 〈용사일기〉와 이탁영의 〈정만록〉은 서로 다른 내용을 기술하고 있는 것이다. 〈정만록〉에 나타나는 김수의 행동을 기준으로 보았을 때 〈용사일기〉에 기술되어 있는 김수의 무능함은 작자 이로의 구원(舊怨)에 의한 무고(誣告)로밖에 볼 수 없다.

다음은 같은 시대 또 다른 시각에서 두 집단의 갈등을 기술하고 있는 〈난중잡록〉을 살펴겠다.

〈난중잡록〉은 호남의병장 출신인 조경남의 작품으로, 작자는 관군도 아니고, 남명학파 출신 의병장도 아니었기에 당시 경상우도에서의 의병과 관군 간의 갈등을 객관적으로 조망할 수 있으리라 판단한다. 실제로 자신의 경험뿐 아니라 직·간접적으로 사실관계를 파악하고 있던 사건에 대해서도 빠짐없이 기록하고 있다. 특히 경상도 지역의 전황을 기록한 공식 업무일지인 〈경상순영록〉을 그대로 인용하고 있어 경상우도의 상황에 대하여 가장 객관적이고 구체적인 자료라 하겠다.[32] 그 구성을 보면 〈경상순영록〉의 기록들을 그대로 기록한 후 자

---

31 김수가 이탁영을 배려한 만큼 이탁영 역시 김수의 사위가 義絶했다는 소식과 김수의 가족 50명이 광주에서 쫓겨났다는 소식을 듣고 안타까워하는 모습을 찾을 수 있다.
32 〈경상순영록〉을 경상순찰사인 김수의 업무일지로 보면 관군의 입장에서 기술

신의 의견을 간단하게 싣고 있다.

〈난중잡록〉의 임진왜란 초기 기록들을 살펴보면 4월 15일 '김수가 군대를 정비해 함안을 거쳐 칠원으로 이동했다.' 4월 16일 '김수가 자신의 임무를 다했으나 역부족으로 패전했다', 4월 22일 '김성일이 피체(被逮)되자 김수가 위로하였고, 김성일은 김수에게 경상도의 안전을 부탁하였다.', 4월 24일 '김수가 예하 장수에게 적을 정탐하라는 명령을 내리다', 4월 25일 '김수 사위의 의절(義絶)', 4월 26일 '김수가 패장인 초계군수 이유검을 참수' 등 〈경상순영록〉에 등장하는 김수의 모습을 그대로 인용하고 있다. 김수의 이러한 모습들은 이로의 〈용사일기〉에 묘사되는 김수의 모습보다는 이탁영의 〈정만록〉에 나타나는 김수의 모습과 더욱 닮아 있다. 앞에서도 논의했듯이 조경남은 〈경상순영록〉을 옮긴 후 자신의 생각을 간단히 기술하고 있는데 별다른 작자의 기술이 없는 것으로 보아 〈경상순영록〉의 내용과 자신이 알고 있는 내용 또는 생각이 거의 일치한다고 판단하면 되겠다.

〈난중잡록〉에서 의병과 관군 간의 갈등이 드러나는 장면은 4월 23일 '순찰사 진(陣)에 있던 김경로, 김경남이 곽재우를 모함하자, 곽재우 역시 격문(檄文)을 돌려 김수의 죄를 성토하면서 토벌하여 하고, 김수 또한 곽재우를 모반죄로 몰아 장계를 올렸으며, 김성일이 이 둘을 화해시키려 한다'는 부분이다. 이때에도 조경남은 자신의 의견을 드러내

되었다고 볼 수 있으나 경상도 지역의 병력 동원태세, 이동, 전투상황, 피해 내역 등이 중심이 된 공적인 기록이므로 매우 객관적 자료라고 생각한다.

지 않은 채 사실 그대로만을 인용하고 있다.

6월 19일의 내용을 살펴보면 '곽재우가 김수가 패전한 후 돌아오자 둘 사이의 감정이 격해지고 서로 상대방을 폄하하는 통문(通文), 격문(檄文), 장계(狀啓)를 올리는 장면' 등이 실려 있다. 지금까지 〈경상순영록〉을 그대로 기록하며 자신의 생각을 거의 개진하지 않던 조경남은 6월 19일의 기술을 통해 자신의 생각을 명확히 드러낸다. 순찰사 막하에 있던 김경로가 곽재우 진중에 곽재우에 대한 비방을 하는 격문을 보고 '의(義)를 사모하는 무리들이 그 모함하는 말을 가슴아파한다'라는 내용으로 곽재우의 충의(忠義)를 옹호하고 있다. 즉 〈난중잡록〉의 6월 19일 기록만으로 보면 이로의 〈용사일기〉에 나타난 의병의 입장에서 보는 관군의 모습과 매우 흡사함이 확인된다.

지금까지 임진왜란 초기 경상우도에서 의병과 관군 간의 갈등을 기술한 3편의 임진왜란 전쟁실기를 살펴보았다. 그 내용을 정리하면 이로 '용사일기'에서는 의병과 관군 간의 갈등은 개전 초기부터 연패한 무능한 관군에게 있다는 것이다.

반대로 이탁영의 〈정만록〉에서는 개전 초기 관군의 패전은 역부족으로 인한 어쩔 수 없는 상황이었으며 당시 경상순찰사인 김수는 그때마다 시의적절한 행동을 하였다는 내용을 싣고 있다.

조경남은 자신의 경험이나 생각보다는 〈경상순영록〉이라는 공적 기록을 그대로 인용하여 객관성을 확보하고자 노력하였는데 개전 초기 관군의 패배는 어쩔 수 없는 상황이었음을 인정하고 있으나 의병과 관군 간의 갈등에 있어 그 갈등의 단초는 관군에게 있다는 시각을 피력하고 있다.

같은 시대, 같은 사건을 바라보는 시각이 이렇게 다른 것은 3명의 작자의 위치에 따른 것이다. 이로의 경우 남명학파 출신의 의병의 입장에서, 이탁영의 경우 경상순찰사의 참모 입장에서, 조경남은 서인 출신 호남의병장의 입장에서 각기 경상우도에서의 의병과 관군 간의 갈등을 기술하고 있기 때문이다.

다시 작품으로 돌아와 이로의 〈용사일기〉에서의 갈등의 양상과 이를 통해 살펴 본 경상우도 의병의 의식과 시각에 대해서 구체적으로 논의하겠다.

이로 〈용사일기〉에는 크게 3가지의 갈등의 양상이 존재한다고 제시하였으며, 그 중 김성일과 관군의 갈등, 의병과 관군의 갈등에 대한 논의를 하였다. 첫 번째 갈등인 김성일과 관군의 갈등에서 드러나는 경상우도 의병의 의식은 의병과 관군의 갈등을 논의하면서 좀 더 심도 있게 접근하겠다고 했다. 두 개의 갈등을 잘 살펴보면 김성일과 관군의 갈등은 실제 김성일과 관군의 갈등이 아니라 작자인 이로의 의식이 반영된 것이라 하겠다. 즉 표면에 드러난 김성일과 관군의 갈등이기보다는 그 이면에 내재되어 있는 경상우도 의병과 관군 간의 갈등으로 보는 것이 더 설득력이 있어 보인다.

두 번째 갈등인 의병과 관군 간의 갈등의 경우 필자는 예전 논문을 통해 이로와 김경눌 간의 갈등이 그 이면에 있다고 제시한 적이 있는데, 물론 이 역시 틀린 의견은 아니지만 표면에 드러나는 것처럼 당시 경상우도 의병과 관군 간 즉 두 집단의 갈등으로 보아도 무방하리라 생각한다. 즉 위에서 논의한 김성일과 관군의 갈등, 의병과 관군 간의 갈등은 둘 다 의병과 관군 간의 갈등으로 이것은 〈용사일기〉의 주체인 김성일의 의식이기보다는 작자인 이로의 의식, 즉 경상우도 의병의 의식이 반영된 갈등으로 해석된다.[33]

마지막으로 〈용사일기〉에 드러나는 김성일과 의병 간의 갈등에 대하여 논의하겠다. 이것은 매우 민감한 갈등이라 할 수 있는데 특히 남명학파 의병의 대표격인 정인홍과의 갈등이 〈용사일기〉에서 자주 기술되어 있다. 주로 정인홍이 창의과정에서 보여준 과감성과 김성일에 대한 불손함이 갈등을 촉발하였다.[34] 이 밖에도 정인홍이 김성일

---

33 당시 의병은 관군을 대신해야 한다는 무거운 의무감과 함께 관군을 대신할 수 있다는 자부심을 동시에 가지고 있었다. 그 이유는 임진왜란 발발 초기에는 관군의 연패로 그 자리를 의병들이 대체한데서 비롯되었는데, 관군들의 입지가 좁아진 상태에서 관군들 중 백성을 핍박하는 관군들이 발생하자 민심은 의병에게는 호의로, 관군들에게는 적의로 표현되었다. 관군의 입장에서 의병의 등장은 반갑지 않았으며, 의도적으로 창의 활동을 방해하기도 하였다. 의병들 역시 관군은 창의 활동을 방해하는 성가신 존재일 수밖에 없었다. 더욱이 선조가 의병들의 세력 확대를 견제하고자 하였기에 의병과 관군 간의 갈등은 피할 수 없었다. 또한 의병들의 창의 초기 기대 이상의 戰功과 자발적인 창의에 대한 자부심과 긍지는 관군과의 갈등을 촉진하였다.

34 1. 정인홍은 합천 사람을 총동원하여 군병으로 하고, 冶鑪에 주둔하여 星州城에 웅거한 도적을 괴롭혔는데, 河渾·曺應仁·鄭仁榮을 참모로 하고, 생원 鄭仁濬·진사 徐迪은 이 郡의 군량을 조달하고, 權濬은 진중의 군수물을 관리하고 집집마다 戶斂을 거두어서 공급했다. 병정으로서 숨는 자가 있으면 그 집간을 불사르기까지 하여 감히 숨지 못하게 하였으므로 군병의 수가 매우 많았다: 鄭仁弘悉發陝川人爲兵 屯于冶鑪 以撼星州據城之盜 河渾曺應仁鄭仁榮爲參謀 而生員鄭仁濬·進士徐迪 勾會 本郡兵粮 權濬傳管陳所供億 家抽戶斂以給之 兵之逃匿者 至焚其廬 毋或敢隱 軍數甚衆; 李魯, 『龍蛇日記』, 十六.

에게 보고하지 않은 상태에서 전투를 일으킨 사건과 이후 논공행상 과정에서 정인홍과 김성일이 갈등을 일으킨 내용[35], 정인홍과 김면의 공로가 비슷한데 정인홍의 문인들이 스승의 공로를 부각시키려 하는 데에 대한 김성일의 우려[36] 등이 대표적인 갈등의 장면이다.

---

2. 정인홍 그 문서보고가 매양 直截하고 불손하였으며, 혹은 공의 節制를 받지 않고 편의대로 일을 처리하거늘, 공은 조금도 용서함이 없이 준엄한 말로써 꾸짖기도 하고 때로는 그 군관을 묶어다가 매질도 했다: 鄭仁弘每於文報 直截不遜 或不聽公節制 便宜從事 公少不饒貸 峻辭以責之 或綁軍官以杖之; 李魯, 『龍蛇日記』, 三十六.

35 정인홍이 거사할 때 공에게 품의가 없었으므로 공은 이미 불편을 느꼈고 계속해서 그 불리하였음을 듣고는 더욱 화를 내었다. 정인홍의 文牒이 왔는데, 김준민의 공로는 대략 말했을 뿐이고, 참모며 막하들을 모두 공로 기재 윗줄에 기록했거늘 공은 답하여 보내기를 "과장해서 賞與를 노리는 것은 武弁의 하는 짓이다. 의병장 휘하에 설마 이런 일이야 있으랴마는 관할 부관을 엄중 신칙하여 허위의 폐단이 없게 하라"고 하고 즉각 軍牙神將을 보내어 그 行首軍官을 잡아다가 품의 없이 거사한 죄를 문책하여 볼기를 수십 대나 쳐주었으며, 또한 훈계하여 "준민은 날쌘 장수라 능멸하거나 모욕해서는 안된다"고 하니 정인홍은 정인홍대로 불쾌하게 여겼다.
정인홍의 문생들은 항상 "우리 선생은 일국에 무거운 이름을 걸머지고 士林의 領袖가 되므로 남이 다 의표로 삼거늘 누가 감히 옳고 그름을 교정할 이가 있느냐"고 말하더니 이 일 이후 낙담하지 않는 이가 없으며, 하는 말이 "순찰 또한 어진 사람으로 어찌하여 우리 스승을 이와 같이 박대하는가?"라고 했다.: 其擧事也 不禀於公 公旣不便 且聞不利 尤恚之 仁弘文牒至 略言俊民之功 參謀幕下 弁錄於紀功之右 公回題以送曰 誇張希賞 武弁所爲 義將麾下 寧有是事 雖然嚴勅管副 俾無虐僞之弊 立遣牙神 促行首軍官來 責以不禀擧事之罪 答臀數十度 且戒之曰 俊民驍將也 不宜凌侮 義將亦不快焉 門生輩常以爲 吾先生負一國重名 爲士林領袖 凡所弛張 人皆儀表 誰敢有矯其是非者 及是 無不落膽曰 巡察亦賢人也 何乃待吾師如是薄也; 李魯, 『龍蛇日記』, 四十四.

36 정·김 두 대장은 명망과 지위가 비슷하게 높아서 서로 크게 기울지 않았다.

〈용사일기〉에는 김성일과 정인홍 간의 갈등뿐만 아니라 김성일과 김면 간의 갈등도 함께 등장한다. 김면이 경상우도의 병사(兵使) 직책을 받고 그 성세(聲勢)와 위엄(威嚴)을 갖추어 거창에서 의령으로 행군을 향한 적이 있는데, 학봉은 이와 같은 보고를 듣고 현실을 고려하지 않은 부화(浮華)한 처사라고 개탄을 한 적도 있으며, 또 "면의 성질은 편협하고 고집스럽고 옹체(壅滯)하다"라고 한 부분, 군사(軍事)문제로 여러 번 대립한 모습을 보이는 부분을 찾을 수 있다.

김성일과 의병 간의 갈등 역시 어느 정도 예견된 일이라 할 수 있는데, 그 이유는 의병들의 창의 배경과도 관련이 있다. 임진왜란 당시 의병들의 창의 배경은 크게 3가지로 분류할 수 있는데 '향토수호의식(鄕土守護意識)', '사회지도층으로서의 구민의식(救民意識)', '호국정신(護國精神)'이 그것이다.[37] 당시 의병장들은 이 3가지 의식을 바탕으로 창의했으며 어느 한 가지 의식보다는 여러 가지 의식이 복합적으로 작용하여 창의했다고 보는 편이 정확할 것이다. 하지만 의병들의 의식은 구민의식이나 호국정신보다는 향토수호의식에 의해 창의했다고 보아야 하며

그런데 정대장의 참모는 모두 그 門生으로 그 중에 權濤과 같은 이들은 경솔하고 怪妄한 사람들로서, 그 스승을 떠높이고자 하여 의병의 首位가는 공로자라고 하였는데, 김대장의 성망·위엄·공로·업적이 자못 정대장의 윗머리에 솟게 되자, 訛言을 일으키고 비방을 조작하여 떠들썩하게 말썽을 부려서 두 장수로 하여금 서로 용납하지 못하게 하였다.: 鄭金二大將 名位竝高 不相此也 而鄭大將參謀 皆其門生 其中如權濤之輩 輕儇怪妄 欲降尊其師 爲義兵首公 而金大將聲威功績 頗出其右 興訛造訕 囂囂多言 使兩將不能相容; 李魯, 『龍蛇日記』, 五十一.

37 장병옥, 『임진전란을 통하여 본 의병항쟁사』, 도서출판 한원, 1999, pp.10~16.

그 대표적인 의병단이 바로 곽재우의 의병단이라 하겠다. 즉 창의 초기부터 김성일과 의병 간의 갈등은 이미 배태된 것이다.

관군의 입장을 지닌 김성일은 창의 배경인 3가지 의식 중 호국정신이 밑바탕이 되어 경상우도를 먼저 구제한 후 근왕병을 모집하여 선조를 다시 도성으로 모시고자 하려는 의도가 강했으며, 경상우도의 의병들은 우선 자신들의 터전인 경상우도의 안위를 먼저 염두에 두고 있었다. 이러한 우선순위의 차이에서 두 집단은 서로 '헤게모니'를 잡기 위해 갈등하게 되었다.[38]

흥미로운 사실은 〈용사일기〉에서 작자인 이로는 자신이 모시는 김성일과 자신의 동문인 남명학파 의병 간의 갈등에서 김성일을 대변하는 것이다.[39] 즉 앞에서 언급한 두 가지 갈등에서는 김성일을 대변

---

38 김성일은 선조에게 영남초유사의 직책을 받은 자신이 경상도 의병단을 충분히 통제할 수 있으리라 생각했지만 이것이 쉽지 않았는데, 이것이 잘 드러나는 장면은 김성일이 처음 영남에서 창의를 독려할 때 전혀 반응이 없던 경상우도 사람들이 정인홍이 창의를 시작하자 뒤이어 창의를 한 점이다. 이것은 경상우도에서 김성일의 영향력보다는 정인홍의 영향력이 더 크다는 것을 보여주는 장면이다.

39 박성은 공에게 "김대장의 휘하에는 郭䞭 등 여러 사람이 있지만, 정대장의 참모에는 이렇다 할 사람도 없으니 魯를 보내서 진정시키는 것이 어떠하십니까?"하고 말하니, 공은 "내가 노를 얻은 것은 실로 하늘이 나를 도와주심인데 그대는 나로 하여금 피리를 불라는 것인가? 나에게서 빼앗아 그에게 주려 하니 무슨 생각인지, 그리고 그 사람인들 즐겨 노의 말을 들어주겠는가?"라고 했다. 노가 성에게 말하기를 "나는 순찰사와 더불어 처음 의거를 일으킬 때부터 시종 일을 같이 하기로 약속했거늘 이제 여기를 두고 다른 데로 갈 수 있겠는가? 내가 순찰사의 막하로 된 것은 그러한 이유였지만, 정대장은 비록 높기로서니 나로 하여금 權濆같은 사람들과 어깨를 겨루라니 그대는 어찌 나를

하기보다는 의병의 입장에서 갈등을 기술하고 있지만 김성일과 의병 간의 갈등에서는 김성일의 입장에서 갈등을 기술하고 있다. 이것은 작자인 이로가 두 가지의 의식과 시각을 가지고 갈등을 표현하고 있음을 의미한다.

작자인 이로는 김성일과 관군의 갈등, 의병과 관군 간의 갈등에서는 의병의 입장을 명확히 취하고 있지만, 김성일과 의병 간의 갈등에서는 관군, 정확히 표현하면 관료의 입장에서 작품을 기술하고 있는 것이다.[40] 즉 한 작품 내에서도 작자의 흔들리는 의식과 시각을 발견할 수 있었다.

다음은 정경운의 〈고대일록〉을 살펴보겠다. 〈고대일록〉은 학계에서 주로 의병 실기로 분류하지만, 필자의 경우 제1장에서 〈고대일록〉을 복합 실기(複合 實記)로 분류하였다.

그렇게 낮추어 보는가" 하자 성은 "나는 항상 두 어진 사람 사이에 빚어진 일을 딱하게 여기던 타이프로 얽힘을 풀고 심정을 통하게 하고자 하여 한 말이다. 또 어찌 다른 뜻이야 있겠는가": 朴惺言於公曰 金大將麾下 有郭越諸君 鄭大將參謀 無一人 遣汝唯鎭定何如 公嚅曰 吾得汝唯 實天替我也 君其使我吹薑乎 欲奪此與彼何如 且彼其肯聽汝唯乎 魯謂惺曰 吾與巡使 自初起義 約與終始共事 令可捨而之他乎 吾爲巡使幕下則然矣 鄭大將雖尊 其欲使吾比肩於瀼輩乎 君何小我耶 惺曰 吾常悶兩賢間事 欲解紛通情 且豈有他意; 李魯, 『龍蛇日記』, 五十一.

40 이것은 두 가지로 해석할 수 있는데, 첫째, '정만록'에서 작자인 이탁영이 자신의 상관인 김수를 변호하는 모습처럼 이로와 김성일의 친분관계에서 기인한 것으로 볼 수도 있고 둘째, 이로가 김성일을 수행하면서 동문이라는 사적인 관계보다는 수행원이라는 공적인 관계에 더 비중을 두고 있다는 것으로 볼 수도 있다.

임진왜란 간 전쟁실기의 작자는 여러 가지 경험주체로서 역할을 수행하는데, 예를 들면 곽율의 〈팔계일기〉, 이칭의 〈황곡선생일기〉에서는 작자가 관료와 의병장의 역할을 둘 다 수행하고 있지만 작품 내에서 특정한 경험주체가 더욱 두드러지는 역할에 따라 〈팔계일기〉는 의병 실기로, 〈황곡선생일기〉는 관료 실기로 분류할 수 있다.[41] 하지만 경험주체인 관료, 의병, 전재민, 피로인 등 여러 경험 주체의 경험한 내용이 작품 속에서 비슷한 비율로 나타나는 작품을 발견하여 이를 복합실기로 필자는 명명하였다.

〈고대일록〉은 두 개의 주된 내용을 다루고 있는데, 하나는 의병으로서의 창의의 경험이며, 다른 하나는 전재민으로서의 피란의 경험이다. 의병으로서 창의의 기록은 대부분 임진왜란 초기 주로 임진년과 계사년에 집중되어 있으며, 피란의 기록은 주로 정유재란 당시인 정유년과 무술년에 집중되어 있다. 즉 〈고대일록〉은 의병과 전재민의 입장이 혼재된 복합실기이기에 갈등의 양상 또한 경험과 가치관에 따라 다르게 나타날 수밖에 없다.

〈고대일록〉에서 드러나는 가장 큰 내부갈등은 여느 의병 실기와 마찬가지로 의병과 관군 간의 갈등이다.[42] 이는 〈고대일록〉 전반부에

---

41 이로 '용사일기'에 비록 관료인 김성일의 의식을 대변하는 장면이 있지만, 이로가 관료의 신분이 아니라 의병의 신분이며, 주된 내용이 경상우도 의병에 관한 내용이므로 굳이 복합실기(관료, 종군, 피란 두 가지 이상의 경험이 복합적으로 기술되어 있는 실기)로 분류하지 않고 의병 실기로 보면 무방하리라 생각한다.

42 壬辰年 五月 十日條, 壬辰年 五月 十七日條, 壬辰年 六月 十三日條, 壬辰年 六月

주로 나타나며, 그 중심에는 김수와 곽재우 간의 갈등이 있다.[43] 그 내용 및 의병들의 의식은 앞에서 논의한 〈용사일기〉에서의 경상우도 의병의 의식과 동일하다.

〈고대일록〉에서 찾을 수 있는 또 다른 갈등유형은 경상우도 의병 즉 남명학파와 서인 관료 간의 갈등이다.[45] 〈고대일록〉에 드러나는 남

十八日條 등에서 의병과 관군 간의 첨예한 갈등을 기술하고 있다.

43 巡察使 金晬가 山陰에서 郡으로 들어왔다. 이보다 앞서 宜寧義兵將 郭再祐가 순찰사에게 휘하의 장수와 사졸이 자주 人心을 잃고 나라를 망하게 한 죄에 대한 격문을 보내, 그로 하여금 斬首하여 軍中에 梟示하게 하였다. 이때 와서 또 순찰사에게 격문을 보내고 여러 고을에 通文을 보내, 참수하여 인심을 위로하는 것을 성토했다. 김수가 산음에 있으면서 격문을 보고 심장과 간담이 놀라 멈추고 손발이 두렵고 떨려서, 음식을 먹어도 목구멍에 내려가지 않아 망연히 어쩔 줄 몰라 했다. 軍官 金敬老, 金景訥 등은 김수의 심복들이다. 순찰사를 위해 계획하기를, 급히 咸陽의 土城 안에 투탁하면 거의 朝夕의 命을 연장할 수 있다고 하고, 곽재우의 병사들이 말을 채찍질하여 행군하다 軍旗를 넘어뜨린 것에 대항해 회의에 들어가 격문에 응답하며, 그를 逆賊으로 책망하라고 妄言을 많이 하니, 사람들이 모두 웃었다. 슬프다! 순찰사가 비록 나쁘지만 왕의 명령을 받드는 신하이니 진실로 실정을 경솔히 하여 마음대로 죽여서는 안 되고, 郭公이 비록 義理의 실수를 면하지는 못하지만 원한을 품고서 함부로 입을 놀리며 大逆의 이름을 더하고 있으니, 선악의 판단을 반드시 잘 분별하는 사람이 있으면, 서로 잘못한 책임을 면하지 못할 것이다.: 巡察使金晬 自山陰入于郡 先是宜寧義兵將郭再祐馳檄于巡察使 摩下將士數其失人心亡國家 之罪 使之斬首梟示軍中 至是又傳檄于巡使通文于列邑聲言斬首以慰人心 晬在山 陰見檄文心膽驚喪手足典律食不下咽茫不知所措 軍官金敬老金景訥等晬之腹心人 也 爲巡使劃計急投咸陽土城中庶可以延朝夕之命 抗再祐之兵策馬而行偃旗 而入 會議答檄責之以逆賊多費妄言 人皆笑之噫 巡使雖惡奉命王臣 固不可經情而檀殺 郭公雖不免義理之失啣怨鼓舌加之以大逆之名 善惡之判必有能辯之者 而未免胥 失之責; 鄭慶雲, 『孤臺日錄』, 壬辰年 七月 一日條.

명학파와 서인 간의 갈등은 작자인 정경운 혼자만은 의식이 아니라 당시 정인홍을 중심으로 한 경상우도 의병들의 공통된 생각이었다. 이러한 갈등의 원인은 최영경 사건 이후 서인에 대한 감정이 좋지 않았던 남명학파가 임진왜란 초기 패전의 원인을 임금을 잘못 보필하고 있는 서인관료에게 있다고 보았기 때문이다. 갈등의 중심에는 정인홍이 있었으며 정인홍의 애제자인 정경운은 〈고대일록〉에서 경상우도 의병을 의식을 대변하였다.

---

44 1. 巡察使가 境內의 流民들을 모아 남아있는 쌀 7석을 내어 구휼하도록 하니, 반나절 사이에 모인 사람의 수가 거의 천여 명이나 되었다. 만약 鄭俠으로 하여금 지금의 세상에 살도록 했다면, 어떤 마음을 가졌을지 알 수 없는 일이다. 鄭澈과 같은 무리들이 날마다 술을 마시는 것으로 일을 삼으며, 태만한 가운데 적들이 충원되는 것과 백성들이 뿔뿔이 흩어지는 것은 생각도 하지 않으니, 나라의 근본이 이미 뒤엎어져 마치 秦나라와 越나라의 살찌고 마르는 것을 보듯 하니, 애통함을 이길 수 있겠는가?: 巡使會境內流民發正米七石賑之 半日之間耶聚幾千餘人 若使鄭俠生今之世 則未知何以爲心乎 如鄭澈輩日以飮酒爲事慢不念賊之充 弁民之流散 邦本旣顚而 如視秦越之肥瘠可勝痛哉; 鄭慶雲, 『孤臺日錄』, 癸巳年 二月 七日條.
2. 나는 고을 수령을 뵙고 鄭澈이 죽었다는 것을 들었다. 이는 반드시 하늘이 죽인 것이니, 典刑을 분명하게 밝혀 사람의 마음을 통쾌하게 할 수 없음이 한스럽다: 余謁主倅聞鄭澈之死 此必天殛然不能 明示典刑以快人心可恨; 鄭慶雲, 『孤臺日錄』, 甲午年 正月 一日條.
3. 體察使 尹斗壽는 城主가 軍官의 무리들을 대접하지 않았다는 이유로 군수에게 전령하여 全州로 불러 올렸는데, 언사가 몹시 패악하고 오만하였다. 아! 윤두수는 나라의 三公으로서 국가가 텅 비어 고갈되는 것과 백성이 다 죽어 없어지는 것을 생각지도 않고, 오로지 먹고 마시는 것으로 일을 삼았다. 그 氣焰을 평상시와 다름없게 하니, 너무 한탄스럽구나! 城主가 이날 길을 떠나 雲峰에서 유숙하였다.: 體察使尹斗壽以城主不饋軍官之輩傳令郡守招致全州辭甚悖慢 噫尹也爲國三公而不念國家之虛竭生民之澌盡唯其飮食之是務使 其氣

다음은 경상우도 의병의 의식과 시각의 변화에서 온 갈등 유형을 살펴보겠다. 〈고대일록〉에선 경험주체의 위치와 경험 양상에 따라 작자의 의식과 시각이 달라지는 경우가 발견되는데 그 대표적인 것이 정경운의 선조(宣祖)에 대한 시각과 명군(明軍)에 대한 시각이다.

임진왜란 초기 정경운의 선조에 대한 존경과 명군에 대한 기대감은 맹신에 가까웠다. 정경운은 선조를 보필하고 있는 근신들의 무능함을 개탄하면서도, 정작 전황의 급박한 속에서 사냥을 즐기는 선조의 실정(失政)에 대한 언급은 없었다.[45] 또한 조선을 구원하러 온 명장(明將)의 성명(姓名)을 하나하나 거론하면서 '천병(天兵)', '성스러운 천자(天子)'의

焰無異平日可嘆 可嘆 城主是日發程宿于雲峰; 鄭慶雲, 『孤臺日錄』, 甲午年 十月 十七日條.

4. 尹斗壽가 파면되었다는 소식과 司諫 崔瓘이 經筵에서 임금을 대하면서 守愚堂의 억울한 누명과 뭇 간신배들의 用術하는 정황과 윗사람들이 失德하여 바로잡아야 할 것이 많다고 낱낱이 진술하니, 임금이 넓은 아량으로 받아들였다는 소문을 들었다. 朝野가 朝陽땅에 봉황이 운 것이라 여겼다고 한다.: 聞尹斗壽見罷之奇及 司諫崔瓘因對經筵歷陳守愚堂免枉輩邪用術之狀凡上失德多耶紏繩 上優容之朝野以爲鳳鳴朝陽云云; 鄭慶雲, 『孤臺日錄』, 甲午年 十一月 二十二日條.

45 임금께서 義州에서 서쪽으로 龍灣에 가서 사냥하였다. 지금에 이르는 2년간 온 나라의 臣民이 죽음에 나아가지 못한 것을 한스럽게 여기고 있다. 그런데도 임금의 수레를 따르는 여러 신하들은 나라를 恢復하는 일을 餘事로 여기고 私憾을 펴내는 것으로 때를 얻고 있다. 아아! '썩은 나무와 같은 무리가 정권을 쥐고, 걸어 다니는 송장이 권력을 남용하고 있다'라고 한 말이 불행하게도 이 일에 가깝다고 하겠다.; 上在義州 西狩龍灣 于今二載 擧國臣民 恨不卽死 而隨駕群臣 以恢復爲餘事 以抒憾爲得時 嗚呼 朽木秉政 行尸用權 不幸而近近矣 ; 鄭慶雲, 『孤臺日錄』, 癸巳年 一月 一日條

은혜' 등 극찬을 통해 구원군에 대한 기대감을 숨기지 않고 드러내고 있다.[46]

하지만 전쟁이 장기화되고, 정경운이 의병의 경험뿐만 아니라 전재민으로 피란을 가는 상황에 이르게 되자 왕실과 명군에 대한 시각은 변화를 일으키게 된다. 먼저 맹신에 가까운 충성을 보였던 왕실에 대한 시각이 변화하는 모습을 찾을 수 있다.[47] 백성들의 상황은 모르고

---

46 天兵과 將帥의 성명이다. 天使는 薛藩이고 大將은 2명인데 侍郎은 宋應昌이다. 遊擊將은 錢世英·吳淮忠·沈惟慶이고, 摠兵은 楊祖訓·祖承勳이며, 都司는 張三畏이다. 摠兵은 玉必迪이고 指揮는 登幡이며 都司는 王文이고, 또 摠兵 王夢波과 劉綎 長官 등 이 6명이다. 遼東摠兵官 李成樑의 아들 李如松·李如栢·李如梅·李如梧 등이 각각 家兵 천여 명을 이끌고 와서 왜적을 토벌하니, 참으로 성스러운 天子의 은혜로움이 아닌가? 우리나라가 회복되기를 기약하는 것은 분명한 일이라, 天子께서 한결같이 同仁의 德으로 보는 것이 참으로 지극하다.: 天兵將帥等 姓名云 天使薛藩 大將二員 侍郎宋應昌 遊擊將錢世英 吳淮忠 沈惟慶 摠兵楊祖訓 祖承勳 都司張三畏 摠兵玉必迪 指揮登幡 都司王文 摠兵王夢波 遊廷長官等六人 遼東摠兵官李成樑之子李如松 李如栢 李如梅 李如梧 等 各率家兵千餘 來討倭奴. 苟非聖天子慈惠 我國則恢復之期 不可以日月計也. 天子一視同仁之德 嗚呼至哉 ; 鄭慶雲, 『孤臺日錄』, 癸巳年 二月 二日條

47 1. 왕의 敎書가 郡에 도착했다. 士民들에게 한 되 또는 한 말의 곡식이라도 내어서, 명나라 군사들을 먹일 수 있도록 하라고 권하는 내용이다. 진정 항아리에 한 섬이라도 있으면, 사사로이 갖겠다는 마음이 조금도 없겠지만, 만분의 일이라도 도울 방도가 없으니, 속상하구나! 가난함이여.: 敎書到郡 勸士民出升斗之粟以飼天兵 苟有甁石之儲少無自私之念 而不能助萬分之一傷哉貧也; 鄭慶雲, 『孤臺日錄』, 癸巳年 二月 十六日條.
2. 임금이 傳敎하기를, '잡아서 문초하라'고 하였다. 아! 이곳 교통의 요충지에 와서 마음을 다하여 관직을 다스렸으나, 도리어 无妄한 액운을 당하였으니, 世道를 탄식할 만하다.: 啓傳曰 拿鞫噫來此訟 路盡心治官 而及得无妄之厄 世道可歎; 鄭慶雲, 『孤臺日錄』, 丙申年 六月 二十一日條.

명군들을 호궤(犒饋)하라는 지시를 내리고 이를 수행하지 못하는 관리를 엄벌하는 임금, 의병장 김덕령을 사지로 내몬 어리석음, 광해군에게 국정운영을 믿고 맡기지 못하는 우유부단함 등 『고대일록』 전반부에 나타나는 선조에 대한 존경은 점차 의아심으로 대체되고 있다.

다음으로 명군에 대한 기대감은 적대감으로 변질되는 모습 또한 확인할 수 있다.

전쟁 초기 명군은 조선 백성들에게 '은인(恩人)'의 모습으로 다가왔으며 전쟁이 곧 끝나리라는 희망을 안겨주었다. 하지만 명군은 벽제 전투(碧蹄戰鬪) 패배 이후, 전쟁 보다는 강화(講和)를 도모하게 되었고, 장기간 조선에 주둔하게 되자 노골적으로 군량을 요구하면서 조선 조정을 압박하고, 철군하겠다고 조선 조정을 위협을 하기도 하였다. 이

---

3. 翼虎將 金德齡이 죽음을 당했다고 한다. 가련하다. 德齡은 義로써 起兵하였으나, 마침내 큰 횡액에 걸려 玉石의 분변을 받지 못했으니, 한탄스럽도다.: 聞翼虎將 金德齡殺死可憐 德齡以義起兵 卒內惟鴻厄 不辨玉石 可歎; 鄭慶雲, 『孤臺日錄』, 丙申年 閏八月 十二日條.

4. 主上께서 世子께 傳位하셨는데, 세자께서 극구 사양하셨다고 들었다. 上께서는 國璽를 봉하여 領相인 柳成龍에게 맡겨두고, 오랫동안 政事를 처리하지 않았다고 한다. 上께서 傳位하신 일이 옳지 않은 것은 아니지만, 다만 傳位하심이 정성스럽지 못하고 말씀이 흡족하지 못함이 있다. 그러므로 나라가 흉흉하고 임금의 뜻을 헤아리기 어려웠다. 가령 주상께서 正殿에 임하시어, 세자를 불러 庭下에 서게 하시고 국보를 지니시어 간곡히 내렸으면, 세자께서 어찌 사양하신다는 말씀을 하셨겠는가? 在野의 가난한 선비라고 하여, 어찌 주제넘은 근심이 없으랴.: 聞主上傳位世子 世子固辭 上封國璽付領相柳成龍久不聽政 云 政自上傳位之計未必不是 而但傳之不誠語有未洽 故國是洶洶 上意難測 設使主上御正殿招世子立庭下持國寶付以丁寧則世子其何設之辭 草澤寒士寧無漆室之優乎; 鄭慶雲, 『孤臺日錄』, 丙申年 九月 一日條.

러한 상황은 백성들에게 좀 더 현실적으로 다가왔는데 정경운은 이러한 기록을 놓치지 않고 고스란히 기술하고 있다.⁴⁸ 정경운은 자신과 주변에서 일어난 명병에 의한 폐해를 놓치지 않고 기술하고 있다. 하지만 정경운은 명군에 의해 피해를 받긴 하지만 명군이 없으면 왜

---

48 1. 명나라 군대가 우리 지역에 도달했지만 고을에는 인적이 없어 접대할 방법이 없자, 그들 스스로 人家를 뒤져 하찮은 물건까지도 남기지를 않았고, 牛馬를 풀어놓아 곡식을 모두 먹어버려서 피해를 보상할 수 없으나, 백성들이 어떻게 살아서 생명을 유지할 수 있을까?: 天兵到境而邑無人迹 接待末由 自相搜括人家 莫遺錙銖 縱牧牛馬 盡食禾穀 爲害不貲 民安所活命哉; 鄭慶雲, 『孤臺日錄』, 癸巳年 七月 九日條.
2. 명나라 군대가 군(郡)에 가득하여 거주하는 백성들은 한결같이 집이 텅 비었으니, 긁어 모아간 피해가 왜노(倭奴)와 다를 바가 없다.: 天兵滿郡 居民日空 搜括之害 無異於倭奴矣; 鄭慶雲, 『孤臺日錄』, 癸巳年 七月十四日條.
3. 나는 집으로 내려가 家廟를 살펴보았다. 窓戶·門戶·屛風·冊子 등의 물건은 모두 명나라 군사들이 가져가버렸다. 큰 대나무로 만든 지팡이조차도 남아있는 것이 하나도 없었다. 눈에 보이는 비참한 모습이 사람들로 하여금 증오심을 품도록 하기에 충분했다.: 余下家省觀家廟 窓戶及門戶屛風冊子等物盡爲天兵耶取去 巨竹千捧無一介遺者 見之慘目令人懷惡天兵; 鄭慶雲, 『孤臺日錄』, 癸巳年 七月 十五日條.
4. 명나라 擺撥兵 가운데 교대하여 돌아가는 다섯 명이 우리집에 갑자기 들이닥쳐 내 몸을 마구 때려서 팔뚝과 손을 많이 다쳤다. 통탄스럽다. 통탄스럽다.; 擺撥唐兵代歸之人五名突入 吾家亂行打余身臂手尤傷可痛可痛; 鄭慶雲, 『孤臺日錄』, 乙未年 十一月 三日條.
5. 명나라 병사 다섯 명이 또 우리 집에 들어와 병아리를 모두 죽였다. 또한 곡물을 빼앗고, 술과 고기를 내놓으라고 화를 내는데, 星火보다 급했다. 만약 조금이라도 자신들의 뜻에 맞지 않으면, 나무와 돌을 다루듯이 마음대로 때렸다. 나는 말세에 태어나서 어찌 이다지도 불행한가?: 唐兵五名又入吾家盡殺鷄我 又攫穀物懲索酒肉急於星火少不如意恣打木石 人生末世何其不幸; 鄭慶雲, 『孤臺日錄』, 乙未年 十一月 五日條.

적을 물리칠 수 없다는 이중적인 생각을 피력하기도 했다.[49]

　정경운의 〈고대일록〉에서는 크게 4가지 주된 내부 갈등이 등장한다. 의병과 관군 간의 갈등, 남명학파와 서인 간의 갈등, 선조에 대한 실망, 명병에 대한 적대감이 그것인데, 이것은 단순히 정경운 자신의 사감(私感)이라기보다는 당시 경상우도 의병들의 의식이었으며, 이러한 의식은 감정에 의존한 것이라기보다는 남명학파 특유의 명확한 현실 인식을 기반으로 한 것이다.

　정경운은 임진왜란 기간 중 의병으로 활약하기도 하였고, 전재민으로 피란의 경험을 갖고 있기도 하였다. 이러한 다양한 경험으로 인하여 갈등의 양상 또한 달라진다. 작품 내내 변하지 않는 갈등이 존재하는가 하면, 작품 전반부에는 등장하지 않다가 작품 후반부로 넘어가면서 새로이 등장하는 갈등이 있는데 그 갈등이 바로 위에서 논의한 당시 임금인 선조와 조선의 구원군으로 왔던 명병과의 갈등이다. 새로운 갈등이 등장하는 배경은 작자가 전쟁이 장기화됨에 따라 새로운 경험을 하게 되고 그 경험으로 인해 의식의 변화가 생기며, 의식의 변화에 의해 새로운 시각으로 작품을 기술하게 되었기 때문이다.

　앞에서 논의 했던 이로의 〈용사일기〉도 〈고대일록〉과 같은 맥락에서 이해하면 된다. 이로 역시 작품 내에서 커다란 3가지 갈등을 피력하고 있는데, 3가지 갈등의 배경이 하나의 주된 의식 또는 시각을 가

49　한명기, 「『고대일록』에 나타난 明軍의 모습」, 『南冥學硏究論叢』 15, 南冥學硏究院出版部, 2010, pp.299~300.

지고 있는 것이 아니라 당시 경험요소 및 작자의 감정에 의해 다양하다는 것이다. 작품 속에서 어떤 때는 경상우도 남명학파 의병으로서의 의식이 어떤 때는 영남초유사 김성일의 참모로서의 의식이 발현되는 것이다. 즉 경상우도 의병 실기를 대표하는 두 작품 모두 작자의 고정된 의식과 고정된 시각을 견지하지 못한 채 작품이 기술되고 있다는 것을 확인하였다. 이것은 비단 작자인 이로와 정경운만의 문제가 아니라 당시 경상우도 의병의 의식의 단면을 보여주는 것이다.

당시 경상우도 의병은 불확실성과 투쟁하였다. 전황의 불확실성, 절대적이라 믿었던 화이관(華夷觀), 군신 간의 관계, 계층 간의 서열 등이 붕괴되면서 이에 대한 의구심과 함께 이것을 따르고 지켜야 한다는 이중적인 의식을 가지게 되었으며 이렇듯 흔들리는 의식이 여러 갈등의 양상으로 작품 속에서 발현된 것이다.[50]

하지만 굳이 경상우도 의병 실기가 아니더라도 작품 속에서 갈등의 양상이 드러나는 작품이 많은데 유독 경상우도 의병 실기에서 내부 갈등으로 더욱 뚜렷하게 나타나는 것은 어떤 이유 때문이지도 논의할 필요가 있다.

이것은 경상우도 의병이 지니는 태생적 요인에서 찾을 수 있다. 경상우도 의병들은 대부분 남명학파 문인으로 남명의 유지에 의해 관계(官界)로 진출한 경우가 많지 않았다. 즉 임진왜란 당시 처사의 신분인

---

50 전쟁이 주는 불안감과 불확실성은 작자들에게 작품 속에서 '順位格式'을 소재로 강요하게 되고, 이것에 대한 강조는 작품 속에서는 갈등의 양상으로 나타났다.

경우가 많았다. '의(義)'라는 기치 아래 모여 있긴 하지만 이들을 하나로 묶기 위해서는 '집중의 원칙(Principle of Mass)'이라는 전략이 필요하였다.

이들을 단합시키기 위해서 사용된 긍정적인 요소 바로 국가에 대한 충정(忠情), 동문애(同門愛), 향토(鄕土)에 대한 애정, 가족애(家族愛) 등이다. 하지만 이 외에도 왜적, 부왜세력에 대한 적개심, 무능한 관군에 대한 분개, 집권층인 서인(西人)에 대한 불만, 임금에 대한 원망, 명나라 군에 대한 이중적인 시각 등 부정적인 요소 또한 이들을 하나로 뭉치게 하는 요소로 작용한 것은 부인할 수 없다.

이러한 내부적인 갈등의 노출은 남명으로부터 내려오는 현실인식 기반에서 출발하였다. 남명학파가 지니고 있던 명확한 현실인식으로는 당시의 상황은 매우 불안하고, 불확실하다고 판단하였다. 이러한 불안감 속에서 남명학파 문인들은 국가의 위기를 극복할 수 있는 것은 자신들뿐이라는 의무감과 함께 자신감을 가지고 서로 단합하게 되었다. 더욱이 이들에게는 남명에 의해 확립된 이기분대론(理氣分對論)의 세계관을 통해 군자소인론(君子小人論)이라는 뚜렷한 정치철학이 있었는데,[51] 이들은 군자소인론을 통해 공·사(公·私)와 피·차(彼·此)를 명확하게 나누었는데 이러한 명확한 분별은 행동으로는 창의로 나타났으며, 다른 여느 전쟁실기보다 뚜렷한 갈등 양상을 작품을 통해 표출하였다.

---

51 『來庵集』卷二, 封事·疏 辭義將封事.; 설석규, 「정경운의 현실인식과 『고대일록』의 성격」, 『南冥學硏究論叢』 15, 2010, p.212.

작자의 불안한 의식과 시각으로 인해 작품에서 갈등의 양상을 기술하는 것은 여느 전쟁실기와 동일하지만 경상우도 남명학파 의병 실기 작자들은 자신들의 불안한 의식을 내부 갈등으로 부각시킴으로써 오히려 학파의 단결을 공고히 함으로써 더 큰 시련을 이겨내려는 원동력으로 승화시키고자 하였다. 여기서 중요한 사실은 그들이 부각시킨 내부 갈등은 단순히 불안한 감정에서 온 감정만이 아니라 냉철한 현실인식에서 온 위기감이라는 사실을 간과해서는 안 된다.

당시 경상우도 남명학파 의병들의 현실인식에서는 관군, 서인, 명병의 행동은 정(正)보다는 사(邪)에 가까웠으며 작자들은 예리한 시각으로 이들의 행동 하나하나를 갈등이라는 소재로 풀어내고 있다. 이것은 선조(先祖)를 현창하기 위한 기술된 실기(實紀)에서는 절대 찾을 수 없는 실제 전쟁을 경험한 작자만이 기술할 수 있는 전쟁실기(戰爭實記)만의 진정한 가치라 하겠다.

4
곽재우의 宜寧 倡義가 갖는 含意

1. 서론

　건국 이후 200년간 평화로웠던 조선은 임진왜란으로 인해 많은 피해를 입게 된다. 임진왜란은 조선뿐만 아니라 일본과 명의 국운에도 영향을 끼쳤다. 일본은 임진왜란의 실패로 새로운 막부가 들어섰으며, 명은 막대한 군비 지출로 인해 여진족에 의해 멸망하였다. 전쟁의 직접적인 배경이 된 조선의 경우 국토 전역이 피폐해지고 기존 질서가 동요되는 등 여러 분야에서 변화가 일어났다. 이러한 다양한 변화만큼 지금까지 임진왜란에 대한 연구 역시 오랜 기간 동안 다양하게 진행되어 왔으며, 그 중 하나가 의병 활동을 국난극복의 추동(推動)으로 보는 연구 성과이다. 임진왜란 의병 활동에 대한 연구는 크게 의병의 성격을 구명하는 논의와 특정 의병장의 의병 활동을 분석하는 연구로 나눌 수 있는데, 의병의 성격을 구명하는 논의는 의병과 관군과의 관계, 창의의 배경 및 목적에 대한 논의가 대부분이고, 특정 의병장의 의병 활동을 분석하는 연구에서는 임진왜란 당시 최초 의병장인 곽재우에 대한 논의가 질적, 양적으로 돋보인다.

초기 선학들의 연구 중에서 창의의 배경과 목적을 국난극복사에서 찾으려는 감상주의적 접근법과, 특정 의병장 연구과정에서 선양(宣揚) 위주의 논지 전개가 많았었는데 이에 대한 경계가 조금씩 나타나고 있다.[1]

이 글에서는 임진왜란 최초 의병장인 곽재우의 창의에 대해 다루고자 한다. 곽재우에 대한 연구는 위에서도 밝혔듯이 너무나 많이 진행되었기에 사실상 더 이상의 논의거리가 없는 상태이다.[2] 하지만 기존

---

1 정해은(「임진왜란 의병 연구의 성과와 전망」), 조광(「임진의병에 대한 역사적 의미의 재조명의 필요성」) 등의 연구에서 초기 선학들의 연구와는 다른 시각에서 접근하는 시도를 보이고 있다.
2 김강식, 「망우당 곽재우의 의병 활동과 정치적 역할」, 『남명학연구』 제1집, 경상대학교 남명학연구소, 1991.
김강식, 「16세기 남명학파의 의리 인식과 곽재우의 의병운동」, 『부산사학』 40·41, 부산대학교 사학회, 2001.
김윤곤, 「곽재우의 의병 활동」, 『역사학보』 33, 역사학회, 1967.
김윤곤, 「곽재우의 의병 활동」, 『민족문화연구총서』, 영남대학교 민족문화연구소, 2001.
김해영, 「곽재우의 의병 활동 사적에 대한 일고찰」, 『경남문화연구』 17호, 경상대학교 경남문화연구소, 1995.
이남희, 「경상우도의 의병 활동과 실록기사」, 『남명학연구』 제2집, 경상대학교 남명학연구소, 1992.
이수건, 「남명학파 의병 활동의 역사적 의의」, 『남명학연구』 제2집, 경상대학

의 연구가 혹시나 감상주의적 접근법에 의해 의병장에 대한 지나친 선양에 치우치거나, 아니면 이와 반대로 실증주의를 바탕으로 둔 전공위주의 연구로 인해 창의 활동 속에 감쳐진 함의를 연구자들이 제대로 파악하지 못하지 않았나하는 우려에서부터 연구를 시작하고자 한다. 즉 새로운 시각에서 곽재우에 대해 새로운 사실을 구명하기 보다는 기존 연구에서 놓치고 있는 부분이 없는지를 찾는 것에 연구의 목적이 있으며 이를 바탕으로 아래의 내용을 논의하고자 한다.

첫째, 의령 창의의 역사적 배경과 의의를 살펴보고자 한다. 먼저 당시 임진왜란의 전개양상을 경상우도 중심으로 확인하고, 의병장으로서의 곽재우와 의령 의진(義陣)이 지니고 있는 성격에 대해 논의하고자 한다. 또한 최초 창의가 지니고 있는 숨겨진 의의를 찾아내고자 한다.

둘째, 의령 창의가 지니는 전략적 효과와 곽재우가 실제 전투에 활용한 전술에 대하여 논의하고자 한다. 즉 임진왜란 당시 의령이라는

교 남명학연구소, 1992.
이수건, 「망우당 곽재우 의병 활동의 사회·경제적 기반」, 『남명학연구』 제5집, 경상대학교 남명학연구소, 1995.
이장희, 『곽재우 연구』, 양영각, 1993.
이장희, 『(개정판) 곽재우 연구』, 한국학술정보, 2005.
이장희, 「망우당 곽재우의 의병 활동」, 『남명학연구』 제2집, 경상대학교 남명학연구소, 1992.
최효식, 「임란기 망우당 곽재우의 의병항전」, 『신라문화』 제24집, 동국대학교 신라문화연구소, 2004.
이 밖에도 경상우도 의병을 논의할 때 곽재우가 논의되는 등 곽재우에 대한 연구가 차지하는 부분은 상당하다.

지역이 지닌 전략적인 중요성과 이 당시 곽재우가 의령을 지켜내기 위해 활용한 전술을 살펴보고자 한다.

위에서 언급하였듯이 임진의병에 대한 연구가 시작된 지 반세기가 지난 현재 기존 연구 성과들에 대한 재고(再考)가 한번쯤 있어야 할 시기이고, 이러한 기회를 통해 임진왜란 의병에 대한 연구가 다시금 조명되었으면 하는 바람에서 미약하지만, 용기를 내어 논지를 전개하고자 한다.

2. 의령 창의의 배경과 의의

가. 의병장 곽재우와 의령 의진의 성격

의병장 곽재우의 인물론과 의령 의진의 성격에 대하여 논의하기에 앞서 임진왜란 초기 패전의 원인에 대한 논의와 함께 당시 경상우도의 전황에 대해 먼저 살펴본다.

임진왜란 개전 초기 조선의 일방적인 패인에 대한 분석은 여러 연구자에 의해 다각도로 이루어졌는데, 크게 일본의 침략에 대한 동·서인의 분열, 군정의 문란으로 인한 민생의 피폐와 국방력의 약화, 지방관의 실정으로 인한 민심의 이반, 조총의 미확보 등에서 찾았다. 하지만 위의 논의들은 사실상 정치한 분석이 필요하다.

초기 일본의 침략 판단에 대한 동·서인의 분열이 있긴 하였지만, 왜침을 기정사실화한 이후에는 하삼도(下三道)를 중심으로 한 축성 및 병기 점검이 시작되었고, 군정의 문란으로 인한 양인(良人)과 보족(補足)의 감소는 오히려 재지사족의 잠재력으로 창의의 원동력이 되어 국난을 극복할 수 있는 한 요인이 되기도 하였다.[3] 또한 지방관의 학정으로 인한 민심의 이반 또한 그 내면을 살펴보면, 지방관의 학정으로 보기보다는 병기 점검과 축성 등 군비강화책 과잉에 의한 백성들의 불만이라고 보는 것이 옳다.[4] 즉 초기 패전을 어느 하나의 요인에서 찾기 보다는 복합적인 요인에서 찾는 것이 적절하지 않을까 생각한다. 또한 위와 같은 내부적인 요인과 함께 조총의 미확보와 같은 외부적인 요인 또한 반드시 고려하여야 한다.

조총의 미확보는 단순히 '조총'이라는 선진 무기의 미확보를 의미하는 것이 아니라, 100년간의 내전을 통해 축적된 강력한 군사력을 가진 일본의 군제(軍制), 군수체계, 무기체계, 전술, 관방(關防), 정보력의 경쟁에서 조선이 패배하였다는 의미이다.

토요토미 히데요시(豊臣秀吉)는 조선 침략 전 전쟁선언문을 통해 중국과 조선이 일본을 여러 차례 침입하였으나 일본은 삼한(三韓)을 정벌한 이래 천년 동안 한 번도 없었기에 명과 조선을 침공하는 것은 정당하다는 '정벌론'을 펼쳐 다이묘(大名)를 설득하는 한편, 조선 침공

---

3 허태구, 「金誠一 招諭 활동의 배경과 경상우도 義兵 봉기의 함의」, 『南冥學研究』 제41집, 경상대학교 남명학연구소, 2014, p.39.
4 허태구, 「金誠一 招諭 활동의 배경과 경상우도 義兵 봉기의 함의」, 『南冥學研究』 제41집, 경상대학교 남명학연구소, 2014, p.34.

의 전초기지인 나고야성(名護屋城)을 축성하였다. 나고야성은 1591년 착공해 1592년 4월에 완공되었으며 그 규모는 토요토미가 거주하던 오사카성(大坂城) 다음 가는 규모였다. 나고야성을 중심으로 반경 3km 내에는 150~160명에 이르는 다이묘와 무장들이 대략 25만 명의 병력을 거느린 채 주둔하였다.[5] 또한 조선 침략을 위해 대규모의 선단을 구축하는 한편, 당시 세계 최강의 군사대국이었던 포르투갈 군함 2척을 일본에 와있던 선교사를 통해 협조 받으려는 시도를 하는 등 조선침략을 꾸준히 준비하였다.[6] 당시 조선의 국방력으로는 세계 최강의 군사력을 갖춘 일본을 상대하기에는 역부족일 수밖에 없었다. 즉 임진왜란 개전 초기 일방적인 조선의 패인을 조선의 내부 요인에서도 찾을 수도 있지만 강력한 일본의 군사력과 일본의 완벽한 전쟁준비와 같은 외부 요인에서도 찾아야 하겠다.

여기서 곽재우가 창의할 당시 경상도 지역의 전황과 지방 수령들의 대응양상을 살펴볼 필요가 있다. 전쟁 직후 6월까지 경상도 지역에서 침입을 받은 지역은 경상좌도는 37개 지역 중 26개 지역, 경상우도 30개 지역 중 20개 지역이 침입을 받았다. 경상좌도의 전황은 경상우도에 비해 좋지 않았으며, 동래를 비롯하여 영산, 청도, 대구 등 주요지역이 일본군의 점령하에 있었다.

기존 의병 관련 연구 대부분이 의병의 공적을 선양하기 위하여 관

---

5 김시덕, 『그들이 본 임진왜란』, 학고재, 2012, pp.25~46.
6 포르투갈 선교사 루이스 프로이스의 기록에서 일본의 조선침략 준비 상황이 잘 묘사되어 있다.

군(수령)들의 무능함을 부각시켰는데, 경상도 수령 67인의 동향을 살펴보면, 경상좌도는 수령 37명 중 10명만이 도망하였으며, 나머지 인원은 본연의 임무를 수행하였다. 경상우도는 수령 30명 중 15명이 도망하였고, 나머지 인원들은 적에 대적하였다. 그 중 패전의 책임으로 효시(梟示)되거나 파직되는 경우도 있었다. 즉 임진왜란 초기 대부분의 수령들이 임지를 벗어나 소극적으로 대응했다는 기존의 연구 성과들은 다시 한 번 확인할 필요가 있다.[7]

재미있는 사실은 왜침의 강도가 더 심했던 경상좌도 지역보다 경상우도 수령들의 피직율(避職率)이 더 높다는 것이다. 이것은 경상좌도보다 경상우도가 의병에 의한 국난극복이 더 절실히 필요했다는 뜻이기도 하다. 그러면 곽재우의 창의 지역인 의령을 중심으로 한 당시 전황을 살펴보자.

이로의 〈용사일기(龍蛇日記)〉는 당시 경상우도의 전황을 언급하는 자료로 많이 활용되는데, 여기에 기록된 경상우도 수령들의 임란 초기 대응을 살펴보면, 곽재우가 창의한 의령지역은 현감 오응창이 관직을 버리고 도망친 것을 비롯하여 경상우병사 조대곤[8], 창원군수 장의국,

---

7 정해은, 「임진왜란 초기 경상도 수령의 동향과 의병 지원 활동」, 『朝鮮時代史學報』 70, 朝鮮時代史學會, 2014, p.138~147.

8 1. 右兵使曹大坤 領大軍 屯于海望原 不住求金海之屠 公至 則錯愕迎揖 便欲棄去 公峻 辭責之曰 將軍以閫帥 屯兵不進 使金海見陷 罪當行刑 況以世臣宿將 當此劇變 義不可遁 大坤色絶; 李魯, 『龍蛇日記』, 二.
2. 巡察使軍官金敬老 遣來覘賊 未半途 望見哨掠軍來 躍馬回馳 揮釖大聲 呼曰 賊至我後 於是一軍崩駭 大坤與公 對踞胡床 起將跨馬 公呼而止之者三 末乃攀

우후 이협, 창령군수 이철용, 현풍군수 유덕신,[9] 합천군수 전현룡, 함안군수 유숭인, 초계군수 이유검 등 관군의 무능함이 기술되어 있다.

특히 경상감사 김수는 처음 진주에서 왜적이 침입해 왔다는 소문을 듣고 동래로 달아났다가 중로에서 적병이 이미 가까이 왔다는 소리를 듣고는 경상우도로 되돌아와서 여러 고을에 격문을 돌려 인민에게 피난하도록 권유하여 도내가 텅 비게 하였으며, 이후 근왕에 실패하는 등 우왕좌왕하는 모습과 이로 인해 김성일에게 질책당하는 장면까지 세세히 기술되어 있다.[10]

이로의 〈용사일기〉가 의병장의 시각으로 기술되어 관군의 무능함이 실제 이상으로 부각되기도 하였지만[11] 사실상 경상우도의 관군은

馬不能騎 其神扶上之 卽先馳去; 李魯,『龍蛇日記』, 二.

9 昌原郡守 張義國은 城을 비우고 달아났으며, 虞侯 李俠은 병기를 못에 던지고 군량창고를 불사랐으며, 宜寧 郡守 吳應昌이 지휘를 잘못하여 精兵 백여인을 익사케 하였으며, 昌寧郡守 李哲容과 玄風郡守 柳德新은 巡察使의 전령으로서 모두 邑을 버리고 달아났다.

10 睟自居昌 諉以勤王 指雲峰 與公忽値 愕暗無以爲辭 公以義責之曰 封疆之臣 當死封疆 何爲棄之至此乎 全失一道 而不能救 單騎遠投 其能有濟乎 願令公亟回 睟乘馬班如 不得已强顔回旅 嶺之人 初以棄去爲幸 聞至 無不噸頦而相弔; 李魯,『龍蛇日記』, 四.

11 실제 관군들의 대응에 대한 면밀한 검토가 필요한데 의령현감 오응창은 김해성 수성을 위해 낙동강 수로를 이용하여 김해로 이동 중 선박의 전복으로 인해 병력을 잃었으며, 초계군수 이유검은 병력의 열세에도 불구하고 김해서 수성에 최선을 다하였으나 수성에 성공하지는 못하였다. 김수는 오응창과 이유검을 김해성 수성 실패를 물어 처형하였다. 즉 관군들이 임란 초기 패전을 거듭하기는 하지만『용사일기』에 기술된 것처럼 무능함만을 드러내지는 않았다.; 최재호,「壬亂 戰爭實記에 나타난 慶尙右道 義兵의 意識과 視角」,『남명

이미 궤멸에 가까운 상태였기에, 이로 인해 경상우도에서 최초의 창의가 일어나는 요인으로 작용했으리라 생각한다.

이제부터는 본격적으로 곽재우의 인물론에 대하여 논의하겠다.

곽재우의 인물론에 대한 연구는 크게 창의라는 영웅적 구국활동에 초점을 맞추어 곽재우를 초인에 가깝게 묘사하거나, 반대로 관군과의 갈등을 부각시켜 의욕만 앞세운 단순한 무부(武夫)로 보는 경우가 많았다. 이러한 양 극단의 인물론이 동시에 제기될 수밖에 없는 것은 임진왜란이라는 특수한 상황 때문이다.

선행연구 중 곽재우를 가장 객관적으로 기술하고 있는 연구 중 하나가 이장희의 연구인데[12], 이장희는 이덕형의 곽재우에 대한 인물평과 사관의 평 등 『선조실록』을 인용하여 곽재우의 인물됨을 사실적으로 기술하였다.[13]

여기서는 선행연구들이 지닌 맹점을 경계하며 곽재우를 논의하고자 한다. 선행연구처럼 곽재우를 전쟁영웅으로 묘사하거나 또는 곽재우를 의욕만 앞선 단순한 무부로 보는 극단적 인물론으로는 곽재

학』 19, 남명학연구원, 2013.

12 이장희, 『곽재우 연구』, 養英閣, 1983, pp.224~225.

13 1. 德馨曰 往在嶺南時 聞再祐之爲人 人物朴野 有如木杠 經情直行 堅執不撓 同事之人 或多厭之 但慶尙右道得 之保全者 未必非此人之力也 以此右道之人 多有服之者矣;『宣祖實錄』卷158, 宣祖 36年 癸卯 正月 辛未.
2. 史臣曰 郭再祐 犖卓不羈之士也 養素丘園 不求聞達 及其國歌危急之秋 奮義率衆 誓心討賊 以興復王室爲 己任 慷慨忠勇 有足稱者 至於朝家之是非 時政之得失 雖非閫帥之所與知 而見國事之日非 痛賢相之播棄 瀝血陳章 盡言不諱;『宣祖實錄』卷122, 宣祖 33年 庚子 2月 甲午.

우의 행적을 온전히 설명하기 힘들기 때문이다. 예를 들면 1차 진주성 전투에서의 외곽지원, 2차 진주성 전투의 불참, 종전 이후 일본과의 강화론 제시 등의 행적은 곽재우를 구국의 의지가 충만한 전쟁영웅으로만 보는 시각이나, 또는 전술·전략이 부족한 단순한 무부로 보는 시각만으로 설명하기에는 너무 복잡다기하기 때문이다.

곽재우의 인물론 논의를 위해 우선 곽재우와 주변 인물과의 관계를 살펴봄으로서, 곽재우의 성정(性情)을 확인하고, 다음으로 곽재우의 임란 간 행적을 통하여 곽재우의 장수로서의 자질에 대해 고구하겠다.

곽재우의 초기 창의 시 도움을 주었던 김성일, 곽재우와 동문으로 영남 3대 의병장 중 한 사람인 김면, 임란 초기 경상도의 실질적인 군권을 가지고 있던 김수와의 관계를 살펴보겠다.

먼저 김성일과 곽재우의 관계이다. 김성일은 곽재우의 창의에 지대한 공헌은 한 점은 인정하지만 초기에 곽재우를 보는 시선은 사실 우호적이지만은 않았다.[14]

김성일은 곽재우의 활약상과 전공은 충분히 인정하면서도 곽재우의 성정에 대해서는 좋은 평가를 내리지 않았다. 이러한 김성일의 평가는 곽재우와의 지속적인 관계로 인해 많이 희석되어 간다. 반면 곽재우가 바라보는 김성일은 절대적인 존재였다. 곽재우가 창의 당시 합

---

14 其人雖有膽勇 無深謀遠慮 且大言無當 開奔潰守令邊將 則必欲斬頭 至向監兵使 多發不遜之語 謗言沸騰 以爲狂賊 而當此危急之時 如此之人 駕御用之 不無其益 卽送于同縣 突擊將稱號 使之擊倭 (中略) 故宜寧一縣之民 賴而少安 臣雖疑其狂率 而策勵奬諭 俾效其力 徐觀其所爲;『宣祖實錄』27, 宣祖 25年 6월 丙辰.

천군수 전현룡의 무함(誣陷)으로 인해 의병 활동을 더 이상 진행할 수 없게 되었을 때, 단성에서 김성일의 도움으로 다시 기병할 수 있게 되었다. 이를 계기로 곽재우는 김성일을 인격적으로 존경하였고, 자신의 목숨을 걸 만큼 존중하고 그의 지시에는 순응하는 태도를 보인다. 하지만 김성일이 곽재우와 김수와의 갈등을 봉합하기 위해 곽재우에게 보낸 편지에 대한 곽재우의 답신에서는 조금 다른 내용을 찾을 수 있다.[15]

답신의 앞부분은 곽재우의 김성일에 대한 존경이 드러나 있으나, 중간 이후부터는 자신보다는 김수를 신뢰하는 김성일에 대한 원망과 함께 김성일이 선조의 대리자이기 때문에 어쩔 수 없이 명을 따른다는 불만을 찾을 수 있는데, 이것은 기존 김성일에 대한 절대적인 신뢰와는 사뭇 다른 모습이다.

다음은 곽재우의 김면과의 관계를 확인해본다. 곽재우와 김면과의 관계를 설명할 때에도 곽재우와 김수의 갈등을 논의하지 않을 수 없다. 김수는 곽재우와의 갈등이 심화되자 남명학파 선배이자 의병장인 김면에게 도움을 청하였으며, 김면은 김수의 중재 요청을 받아들여

---

15 今見開諭之帖 不勝感激隕淚之實 懇懇之敎 諄諄之諭 無非欲使再祐免將來之禍 成莫之功 豈但閣下仁愛之至 視再祐猶子而然也 (中略) 嗚呼 閣下之爲巡使謀可謂 忠矣 只恐巡使之爲閣下謀不如也 巡使亦人也 豈不自知其罪 巡使之言 閣下可使之改也 巡使之事 閣下可使之改也 未知巡使之心 閣下其能改之乎 (中略) 再祐知殞身滅族之禍必至 而猶且不已者 出天之性不卒改 憤鬱之心 未能遽回故也 然而閣下 君父之所遣 則閣下之敎 則同王言也 何敢執一己之見 而違閣下之敎乎; 郭再祐, 『忘憂堂集』 卷1, 「答招諭使書」.

곽재우에게 설득하는 내용의 서신을 보냈다. 서신에는 곽재우의 의기가 높음을 선양하고, 순리만을 생각하면 만고에 빛나게 될 것이라는 찬사를 아끼지 않는다.[16]

이 서신을 받은 이후 곽재우의 김수에 대한 생각은 조금은 우호적으로 바뀌었다. 또한 곽재우가 김면을 만난 후에 "내가 김대장을 보니 기도가 엄연하고 거지가 안한하여 흉적을 소멸하고 영남을 보전할 사람은 반드시 이 사람이다."[17]라며 존경을 표하게 된다. 하지만 김면은 곽재우에게 보낸 서신의 내용과는 달리 김수와 갈등을 빚는 곽재우의 반관적인 태도를 매우 못마땅하게 생각하면서 "곽재우는 원래 유식하지 않으므로 그의 하는 일을 깊이 책할 바는 못 된다"고 평하는 등 곽재우를 폄하하는 모습을 드러낸다. 즉 곽재우의 김면에 대한 인식이 일면이라면 김면의 곽재우에 대한 인식은 다면(多面)이라는 점이다.

다음은 곽재우의 창의 초기 가장 큰 갈등을 일으킨 당시 경상순찰사 김수와의 관계이다.

곽재우와 김수의 갈등은 의병장과 관군장 간의 갈등으로 매우 단순해 보이지만 그 이면에는 여러 다양한 갈등이 내재되어 있다.

그 첫 번째가 곽재우와 김수 간의 개인적인 갈등이다. 정확히 말하자면 곽재우의 장인인 이로의 삼촌 문덕수와 김수와의 갈등이 그것

16　李魯,『龍蛇日記』, pp.31~32.
17　吾觀金大將 氣度嚴毅 擧止安閑 消滅凶賊 保全嶺南者 必此人也; 李魯,『龍蛇日記』, p.33.

이다. 둘 사이의 갈등은 문덕수의 조카인 이로뿐 아니라 이로의 사위인 곽재우로까지 투사되어 곽재우와 김수와의 갈등으로 이어졌을 가능성이 있다. 여기에 김수의 부하인 김경눌과 이로 간의 구원까지 혼착되어 갈등의 골은 더욱 깊어졌다. 김경눌은 곽재우와 김수가 갈등이 있음을 이용하여 곽재우와 이로를 함께 제거하고자 하였다. 즉 표면에는 관군을 대표하는 김수와 의병을 대표하는 곽재우의 갈등만이 드러나지만 그 이면에는 김수와 이로 간의 갈등과 김경눌과 이로 간의 갈등이 숨겨져 있다.[18]

두 번째는 두 사람 간의 갈등은 여러 번 논의되었듯이 집단과 집단 간의 갈등으로 볼 수 있다. 두 사람 간의 갈등은 왕권, 즉 관군으로 대변되는 봉건세력과 의병으로 대변되는 반봉건세력 간의 갈등으로 해석 할 수도 있으며, 조신인 관료 진출 사림과 지역 사림 간의 갈등

---

18 1. 辛卯夏 陜川人前縣監文德粹 年近八十 目睹時事 不在憂憤 上書于監司金睟 極陳邊將守令嚴刑剝害 先拔邦本云云 睟大怒 與兵使申硈 以豪強狀啓 時陜川守全見龍 蛇蝎之毒 谿壑之慾 民不堪命 邑將空虛 亦甚疾之 必欲陷于大罪 替而成之 盖與睟同年也 移囚三嘉 禍將不測 甥姪李魯 欲告冤于朝 戾京未還; 李魯,『龍蛇日記』, 五.

2.再祐卽前直長李魯之女壻 魯卽前縣監文德粹之三寸姪也 德粹獻書於臣 歷詆道主闔帥守令邊將 臣與兵使申硈 狀啓請罪 故臣爲德粹所怨 再祐聽人所囑 爲此不軌; 李魯,『龍蛇日記』, 二十八.

3. 傳檄於郭 欲逞私憾者 金景訥與李魯有隙久矣 窺魯多年 未乘其隙 適逢此時 喜行胸臆 忽見前檄 心語口曰 郭妾 李女也 殺魯者其在此乎 以魯爲陰嗾之魁 以郭爲見嗾之人; 李魯,『龍蛇日記』, 三十三.

최재호, 「松巖『龍蛇日記』의 문학적 특성 논의」, 『退溪學과 儒敎文化』 48호, 경북대학교 퇴계연구소, 2011.

으로도 볼 수 있다.

세 번째는 관군끼리의 대립이 내재되어 있는 것으로도 볼 수 있다. 표면에 드러지지는 않았지만 임란 초기 김성일과 김수와의 갈등이 내재되어 있었는데, 김수와 곽재우가 표면에 드러나자 김성일이 곽재우를 옹호하게 되고 이것은 곽재우와 김수와의 갈등을 더욱 심화시켰을 수도 있다.

전쟁은 모든 갈등 중 가장 큰 갈등이 표면화된 것이기에, 전쟁 안에 다양한 갈등이 내재되어 있다. 이러한 갈등을 정리하기 위해 '순위격식(順位格式)'에 맞추어 모든 문제를 해결하려는 경향이 생겨났지만,[19] 오히려 이로 인해 새로운 갈등이 야기되기도 한다. 곽재우와 김수의 갈등도 의병 창의라는 현실과 관군 주도의 전쟁 수습이라는 이상이 서로 부딪힌 결과라고 하겠다.

두 사람의 갈등은 여러 사료를 비교하면서 살펴볼 필요가 있는데 먼저 곽재우의 입장에서 김수와의 갈등을 기술한 사료는 이로의 〈용사일기〉이고, 반대로 김수의 입장에서 곽재우와의 갈등을 다룬 사료는 이탁영의 〈정만록〉이다. 〈정만록〉에서도 두 사람 간의 갈등은 잘 드러나 있다.[20] 하지만 『선조실록』에 기록되어 있는 김수의 태도는

19　최재호, 「전쟁실기의 새로운 분류방법 모색 試論」, 『退溪學과 韓國文化』 46호, 경북대학교 퇴계연구소, 2010, p.257.
20　『정만록』은 乾·坤으로 이루어져 있는데 『정만록』 乾 중 임진년 7월 초3일의 기록을 살펴보면 '宜寧에 사 郭再祐가 자칭 義兵將이라면서 檄文을 지어 使 相게 보내왔는데, 글 속에 和協을 잃은 글귀가 있기 때문에 使은 여기서 방비한다.'라는 내용으로 곽재우와의 갈등을 부각시키지 않았으나, 坤에서는 장계

〈정만록〉의 기술과는 조금 차이가 있다. "김수는 전현룡이 곽재우를 토적으로 무함하였지만 이를 듣지 않았다"는 『선조실록』 25년 임진 6월 병진조의 기록과 선조가 김수에게 곽재우는 어떤 인물인지 묻자, "4월 20일 가장 먼저 의병을 일으켰으며, 처음에 의병을 일으킬 때 사람들이 그를 의심하였지만 신은 의심하지 않았습니다. 왜적을 잡으면 머리를 베어 바치지 않고 그 심장을 구워서 먹었다고 합니다. 의령·삼가 등지의 성이 온전한 것도 재우의 공입니다."[21]라고 하며 곽재우에 대한 사감을 전혀 드러내지 않고 있다.

전란 이후 1605년 3월에 곽재우는 한성부 우윤으로 김수는 한성부 좌윤으로 함께 근무하는데, 이때 두 사람 사이의 구원은 모두 풀리게 되며 먼저 화해를 신청한 사람도 바로 김수이다.[22]

여기서 정치하게 논의해야 할 문제가 과연 김수가 과연 기존 곽재우 중심의 연구 성과에 나오는 것처럼 무능한 관군 장수였나 하는 문제이다. 〈정만록〉에 기술되어 있는 김수를 살펴보면 〈용사일기〉와는 달리 비록 임란 초기 전투에서 패전을 거듭하기는 하지만 관군장으로서의 행적과 결단력은 매우 시의적절함을 확인할 수 있다.[23] 즉 조

의 형태로 곽재우에 대한 김수의 評이 실려있다. 坤에서는 乾과는 달리 장계를 통해 곽재우가 김수를 꾸짖는데에 대한 불쾌감을 상당히 드러내고 있으며, 곽재우를 匪賊의 수준으로 격하하여 평하고 있다.; 최재호,「壬亂 戰爭實記에 나타난 慶尙右道 義兵의 意識과 視角」,『남명학』 18, 남명학연구원, 2013.

21 『宣祖實錄』 卷32, 宣祖 25年 壬辰 11月 辛巳.
22 이장희,『곽재우 연구』, 養英閣, 1983, p.18.
23 〈정만록〉에서 김수가 임란 초기 행한 행적을 살펴보면 다음과 같다.

심스러운 논의이기는 하지만 〈용사일기〉에 기술되어 있는 김수를 비롯한 관군들의 무능함은 의병의 입장에서 관군을 보는 왜곡된 시선에서도 기인하지 않았을까 생각한다. 이러한 시선은 임란 이전 김수의 주도 하에 이루어진 과도한 축성 사업으로 인해 경상우도의 민심이 김수에게 멀어진 데에서도 이유를 찾을 수 있다. 하지만 보는 관점

임진년 4월 22일의 기록을 살펴보면, '그런 까닭으로 秋風嶺에서 크게 적을 방비할 작정으로 知禮로 달려 3일을 머물면서 東西에 策應하고자 밤낮을 달려도 사태가 악화될까 두려우며 비록 정성을 다하여 報國하고자 하니 장차 어찌 될 것인가?'라는 내용을 살펴볼 수 있다.
4월 26일의 실기에서 '使相은 陣을 居昌으로 옮기고 8일을 머물면서 東西로 대응하였다. 金海戰鬪에서 패한 草溪郡守 李惟儉을 목베어 軍中에 梟示하였다.'라는 부분도 찾을 수 있다.
5월 7일의 내용을 살펴보면, '김수가 초유사 김성일의 권고로 道內의 적을 없애고 다시 勤王兵을 일으키기로 하였다'라는 내용을 찾을 수 있다. 이와 똑같은 행위를 이로 〈용사일기〉에서는 '김수가 초유사를 만나 경상도를 벗어난데 대해 질책 당하자 무안하여 말을 하지 못했다.'라고 표현하고 있어 서로 相異함을 확인할 수 있다.
〈정만록〉 5월 14일 김수가 勤王을 행하는 장면, 5월 16일 김수가 적을 잡을 계책을 세우는 장면, 6월 6일 김수가 호남진중의 2명의 장수가 戰死했음을 안타까워하는 장면, 적을 보고 전라순찰사는 도망갔으나 의연히 자리를 지키는 김수의 모습이 기술되어 있다. 이 밖에도 작자인 이탁영은 5월 25일 김수가 작자에게 포상하는 내용, 6월 4일 작자가 복통이 있자 김수가 燒酒를 내리는 장면, 7월 11일 서리에 불과한 작자의 전략을 무시하지 않고 칭찬하는 장면, 8월 20일 작자에게 소금과 쌀을 나누어 주면서 이별을 안타까워하는 장면을 기술함으로써 김수의 인품을 높이 평가하고 있다. 같은 시대, 같은 장소에서의 같은 경험이었지만 이로의 〈용사일기〉와 이탁영의 〈정만록〉은 서로 다른 내용을 기술하고 있는 것이다.; 최재호, 「壬亂 戰爭實記에 나타난 慶尙右道 義兵의 意識과 視角」, 『남명학』 18, 남명학연구원, 2013.

에 따라 이것은 김수의 매우 꼼꼼한 일처리 방식에 불만을 품은 지역민들의 개인적인 감정이 반영된 것일 수도 있다는 사실을 간과해서는 안 될 것이다.[24]

곽재우와 김수의 갈등은 심각하기는 했지만 이것은 서로의 시각 차이에 의한 것이라는 것을 다양한 사료를 통해 확인할 수 있었다. 김수는 김성일과 김면의 중재 이후 곽재우에 대한 사감이 전혀 없음을 찾을 수 있었다. 여기서 확인할 수 있는 것은 곽재우와 김수 둘 다 사감이 아닌 '순위격식'에 의한 주도권 쟁탈로 인해 갈등하였음을 확인할 수 있고 두 사람의 성정 또한 다른 듯 보이지만 실상은 많이 닮았기에 서로 대립하였을 가능성이 크다. 다만 갈등의 깊이가 더 깊다고 생각하는 곽재우가 김수보다 그 격한 감정을 더 많이 드러냄을 확인할 수 있다.[25]

위에서 확인할 수 있는 것은 곽재우는 상대가 자신에게 어떤 감정을 가지고 있든 자신의 감정을 그대로 드러낸다는 것이다. 즉 사람에 대할 때 호불호(好不好)가 그대로 드러난다는 것이다. 그래서 김성일의 답신에 자신의 감정이 그대로 드러났던 것이다. 그리고 다른 사람과의 갈등을 드러낼 때의 감정은 자신의 사혐(私嫌)에 의한 것 보다는 구

---

24 허태구,「金誠一 招諭 활동의 배경과 경상우도 義兵 봉기의 함의」,『南冥學硏究』제41집, 경상대학교 남명학연구소, 2014, p.35.
25 곽재우와 김수와의 갈등문제는 전란 이후 金麟煥에 의해 이로『용사일기』의 문제점을 바로잡는다는 취지의『龍蛇日記論考』가 집필되었으며, 그 이후 李經에 의해 김인환의 저술에 대응하는『龍蛇日記應辯』이 다시 집필되었다는 점에서 논의가 쉽지 않은 문제이다.

국과 연관된 공분(公憤)이었다는 점에서 시사하는 바가 크다. 즉 곽재우를 보는 이의 시각에 따라 광인으로까지 매도당하기도 했지만, 간명직절(簡明直節)한 인물이기에 대의를 실천하기에는 오히려 장점으로 작용했을 것이다. 이러한 그의 성정은 임진왜란과 같은 위기시기에 권도(權道)에 따른 결단력을 발휘하는 원동력이 될 수 있었던 것이다. 그리고 이러한 권도에 따른 결단력으로 인해 1·2차 진주성 전투, 종전 시 일본과의 강화 제안과 같은 파격적인 행적이 가능하였다.

다음은 임진왜란이 일어난 지 10여 일만에 창의할 수 있었던 이유 가운데 하나를 그가 기본적으로 갖추고 있었던 장재(將才)에서 찾고자 한다.

곽재우의 장재는 크게 선천적으로 갖추고 있던 자질과 함께 후천적인 환경에서 기인한다. 선천적인 자질은 어려서부터 춘추와 병서에 통달하고 말타기와 활쏘기를 잘 했다는 기록 등에서 찾을 수 있다.

후천적 영향으로는 우선 스승인 남명 조식과의 친연성에서 찾을 수 있다. 조식은 제자이자 외손서인 곽재우에게 직접 병서를 가르치며 읽기를 권했다는 기록 등에서 곽재우의 장재를 일찌감치 파악하고 있었으며 이것이 후에 창의로 이어지는데 큰 영향을 끼쳤다.[26]

---

26 곽재우를 비롯한 남명학파의 창의는 남명의 사상적 기반에서 그 연유를 찾을 수 있다. 첫째, '敬義'를 중시하고, '下學'과 '人事'의 실천적 측면을 강조하는 남명학파의 사상적 기저에서 그 연유를 찾을 수 있다. 둘째, 남명은 '義'를 상당히 중요시하는데, 義를 방해하는 것은 '邪'이며, 邪를 막는 것은 義의 실천이라고 하였다. 또한 남명이 직접 군사문제에 관심을 보이기도 하고 제자들에게 '武'와 병법을 강조한 것은 義의 실천으로, 이는 尙武精神으로 이어져 창의

이외에도 부친인 곽월(郭越)이 북쪽 국경방어의 요충지인 의주목사로 부임하였다는 사실도 중요하다. 부친이 의주목사로 부임한 3년 동안의 기간은 부친의 직책과 지역적인 영향으로 인해 곽재우가 자연스레 병서와 궁마를 익히기에 충분한 시간이었다. 또한 장인인 김행(金行)이 만호를 지낸 무인이라는 사실 또한 곽재우가 병가의 이론과 실기를 두루 갖추는데 영향을 주었을 것이다.[27]

곽재우의 장재는 뒤에 지휘관이 되었을 때 큰 성과를 발휘한다. 병가의 이론적 배경은 정기(正奇)를 잘 혼합한 전술 운용과 진퇴를 정확히 아는 전장에서의 판단력으로 나타났고, 궁마의 기예는 직접 진두에서 지휘할 수 있는 역량으로 나타나 그의 부대가 상승(常勝)[28]하는 원동력이 되었고 상승은 결국 승수효과를 발휘해 임진왜란 전국(全局)

에 자연스런 자양분이 되었다. 셋째, 남명의 개인적인 경험을 바탕으로 한 일본에 대한 배타적이고 강경한 對日의식도 제자들에게 큰 영향을 주었다. 남명의 대일 인식은 문인들에게 그대로 수용되어 전란에 대비하고 항전하는 요인이 되었다. 남명은 직접 〈乙卯辭職疎〉에서 조정의 굴욕적인 외교정책을 비판하고 왜구의 침략을 대비하도록 촉구하였으며 왜란을 예견하고, 제자들에게 그 강구책을 논의하도록 하였다. 남명의 敬義에 바탕을 둔 實踐力, 義를 바탕으로 한 尙武精神, 정확한 현실인식을 바탕으로 한 선견지명이 남명학과 문인들에게 수용되어 발현된 것이 바로 倡義이고, 남명학과 직전제자 30여명, 재전제자 44명이 임진왜란 당시 의병장으로서 활약하였다.; 제1장 참조.

27 이장희, 『임진왜란사 연구』, 아세아문화사, 2007, pp.426~427.
28 곽재우의 임진왜란 간 지휘관으로서의 역량은 창의 초기 소수의 인원으로 다수의 적을 상대할 수 있는 遊擊戰을 기본 전술로 채택하여 정암진 전투(1592년 6월), 현풍·영산 전투(1592년 7월), 제1차 진주성 전투(1592년 10월)의 승리를 이끈데서 확인할 수 있다.

을 바뀌는 계기가 된다.

　곽재우는 지휘관으로서의 능력뿐 아니라 전략가로서의 능력도 발휘하는데 제2차 진주성 전투에서의 입성 거부와 패전 예견, 거제도 공격의 패전을 예견하거나, 강화기간 간 산성 복구의 중요성과 이에 대한 구체적인 안의 제시, 구퇴소(救退疏)에서 수군 위주의 군 편성을 우려, 종전 이후 일본과의 강화를 제안하는 것을 통해 이를 확인할 수 있다.

　곽재우의 장재는 임진왜란의 주요 국면마다 조정에서 활용하고자 했음을 통해 확인할 수 있다. 1592년 12월 비변사에서 곽재우의 부대를 근왕병으로 운용하려 했다는 기록을 통해 곽재우의 부대가 비록 큰 부대가 아니었지만 가장 강한 전투력을 가지고 있음을 확인할 수 있고, 1593년 5월 경상감사 김륵으로 후임으로, 1594년 12월 경상우수사 원균의 후임으로, 1595년 2월 경상우도방어사 김응서의 후임으로 거론되는 등 경상우도뿐 아니라 조선을 대표하는 장수로 인정하고 있음을 확인할 수 있다.[29]

　지금까지 곽재우의 성정과 장재에 대하여 논의하였는데, 인간관계를 통해 확인한 곽재우의 성정은 어찌 보면 단순질박해 보이지만 임진왜란이라는 특수한 상황 아래에서는 '간명직절'로 발현되고 있음을 확인하였다. 대인관계에 있어 사험은 없었으며 그 관계가 매우 담백하

29　강문식, 「實錄을 通해 본 南冥學派의 義兵 活動」, 『남명학과 의병 활동 조사·연구』 (I), 南冥學研究院, 2009, pp.23~26.

였다. 또한 곽재우의 선천적인 장재는 스승 조식, 부친 곽월, 장인 김행의 영향으로 인해 뛰어난 지휘관, 전략가로서 발현된다. 곽재우는 남명학파 특유의 현실인식이 매우 뛰어나며, 그 현실인식을 바탕으로 시의적절한 행동을 과감히 행하는 권도를 따르는 장수로 평가할 수 있는데, 이러한 과단성으로 인해 단순한 무부로 오인받기도 하는 것이다.

다음은 의령 의진의 성격에 대한 논의이다. 곽재우는 난이 발발한 지 10여 일만에 가동 10여 명을 거느리고 최초로 창의하였으나, 이후 50여 명, 수백 명으로 의진의 규모가 지속적으로 확대되었다. 규모가 확대되는 과정 속에서 의진의 구성원들도 다양해질 수밖에 없었다. 곽재우의 의진 또한 다른 의진과 마찬가지로 지휘계급은 재지사족이었으며, 병사들은 양인·농민·노비층이 차지하였다. 또한 관군이라 할 수 있는 포장(捕將), 산졸(散卒) 등도 상당수가 참여하였고 산척(山尺), 공장(工匠), 노군(櫓軍)들도 전투요원으로 참여하였다.[30]

의령 의진을 구성하는 구성원들이 늘어남에 따라 의진에 참여하는 동기 또한 다양해질 수밖에 없었다.

의진을 이끈 곽재우는 "임진년 4월 왜란이 일어나 여러 고을이 와해되자 22일 나라의 은혜를 갚으려고 왜적을 토벌할 뜻을 가묘에 통곡하며 고하였다."[31]라고 하여 사국지의(死國之義)를 분명히 드러내고

---

30 최효식,『임진왜란기 영남의병 연구』, 국학자료원, 2003, p.486.
31 壬辰夏四月 倭賊入寇 列邑瓦解 二十二日 以討賊報國 告家廟痛哭曰;『忘憂堂集』卷4, 附錄 傳.

있다.[32] 하지만 의진의 지휘부를 포함한 상당수가 곽재우와는 다른 동기에 의해 의진에 참여하였는데, 그것은 바로 '자보향리(自保鄕里)'라는 현실적인 동기였다.[33] 곽재우 또한 이러한 사실을 잘 인지하고 있었기에 마을 사람들을 의진에 참여하도록 설득할 때는 근왕과 같은 명분보다는 "적은 이미 눈앞에 왔다. 우리 부모처자들은 적의 수중에 들어가게 될 것이다. 우리 마을에 싸울 수 있는 소년들이 수백 명은 될 것이니 마음을 한 가지로 먹고 정진(鼎津)에 둔치고 지키기만 한다면 가히 향곡을 보존할 수 있을 것이다. 어찌 가만히 않아서 죽음을 기다릴 것인가"[34]라고 하면서 현실적인 창의의 동기를 제시하게 된다. 이에 주로 동조한 구성원들은 자신들의 삶의 터전을 잃지 않으려한 재지사족과 양인 집단이었다.

이 외에도 각자 현실적인 동기에 의해 의진에 참여하는 구성원들이 늘어나는데, 노비 등 천민 집단과 전재민들은 기아에서 벗어나기 위

---

32 '나라를 위해 죽는 의리'라는 뜻의 死國之義는 남명 조식 〈神明舍圖〉 중 '國君死社稷'에 그 기반을 두고 있다. '국군사사직'은 군주는 사직을 위해서 목숨을 바친다는 뜻으로, 남명과 남명학파 문인들은 군주뿐만 아니라 신하 역시 이를 지켜야 한다고 생각하였으며, 이를 몸소 실천하였다.; 박병련, 「忘憂堂 郭再祐의 정치사회적 기반과 의병 활동」, 『남명학과 의병 활동 조사·연구』 (I), 南冥學硏究院, 2009, p.62.

33 경상우도민들의 기질도 창의의 한 배경으로 볼 수 있다. 貴보다는 富를 仁보다는 義를 존숭하고, 적극적이고, 직선적이며 현실적인 성향, 강한 기상과 豪武하는 습성이 최초의 창의로 이어지는데 기여하였다.

34 賊已迫 吾父母妻子 將爲賊得矣 吾里中少年可戰者 不下數百 若齊心據鼎津以爲守 可保鄕曲 惡可束水而待死; 李肯翊, 『練藜室記述』, 卷16, 宣祖朝 壬辰義兵 郭再祐

해서, 또는 군공을 세워 신분해방을 이루고자 의진에 참여하였다.

관군 출신 구성원들 또한 초기 패전을 만회하기 위해 의진에 참여하게 된다. 임란 초기 제승방략의 체제의 실패로 많은 관군들이 흩어지게 되는데, 곽재우는 이들 포장, 산졸들을 효과적으로 수용하여 전력화하고[35] 이들이 실제로 전투 시 큰 역할을 수행한다. 이들은 기본적으로 구국의지 등 자발적 동기이외에도 관군 출신 장수들의 경우, 붕괴된 관군으로 활동하는 것보다는 의진에서 활동하는 것이 승패의 부담도 적고 큰 상을 받을 수 있는 적기이기에 적극 참여하였고,[36] 관병들은 군공을 통한 현실적인 이익 취득을 위해 의진에 참여하는 경향이 강하였다. 즉 의령 의진은 이질적 집단이 다양하면서도 현실적이고 구체적인 동기에 의해서 결집되었다. 즉 곽재우의 창의 목적이 의를 바탕으로 한 명분이라면, 의령 의진의 피지배층은 '자보향리' 등과 같은 현실적인 이익에 의해서 의진에 참여한 것이다.

곽재우 의령 의진이 다른 의진과 비교되는 점이 바로 이점이다. 선조의 소모 명령에 의해 창의한 경상우도의 김면·정인홍의 의진, 호서의 조헌, 호남의 고경명·김천일 의진 등 대다수 의진의 창의가 주로 구국 또는 근왕이라는 큰 목적에 맞추어진데 비해 의령 의진은 위에서 논의한 것처럼 각기 다른 창의의 목적을 가지고 곽재우라는 인물을 중심으로 융합하고 결집하였다.

---

35 이수건, 『嶺南學派의 形成과 展開』, 一潮閣, 1995, p.466.
36 見大敵則鳥散 遇零賊則狙擊 敗不有罪 勝得大賞; 『宣祖實錄』, 卷32, 宣祖 25年 11월 丁巳.

곽재우 의진이 다른 의진과 대별되는 점 중 다른 하나는 창의 시 대부분의 의진이 재지사족들을 중심으로 의진이 구성된 후 지역의 명망 있는 의병장을 추대하는 방식을 취한 것에 반해, 의령 의진은 곽재우라는 개인이 주동이 되어 의병을 모집했다는 점에서 차이가 있다. 이것은 구성원의 다양성을 의미하는 것이다. 더욱이 곽재우는 관리 출신이지도 않았으며 그 지역 사족들로부터 외복할 위치에 이르지 않았다는 점에서 곽재우의 포용력과 의령 의진의 의미를 다시 생각해 볼 필요가 있다.[37]

이렇듯 지역적 지명도가 낮은 곽재우가 거병할 수 있었던 배경에는 인심을 얻고 이를 묶어내는 인망과 더불어 그들을 적재적소에 배치하여 효과적인 용병을 할 줄 아는 능력도 한 몫을 하였다. 의령 의진의 초기 인적 구성을 보면 17명의 의병장 중 오운, 윤탁과 같은 전직 문관 관리를 비롯하여 사족들이 15명이지만, 심대승·권란·장문장·박필 같은 인물들은 무사적 성향이 강한 사람들이었다. 곽재우는 이들을 성향에 맞는 직책을 주어 부대조직을 체계화하였다. 또한 곽재우 특유의 동료애를 바탕으로 한 리더십도 이질적인 집단을 강하게 결집시킬 수 있는 원동력이 되었다.[38] 이러한 결집력을 바탕으로 곽재

---

37 의병장이 주동이 되어 창의한 의진은 곽재우, 유종개, 홍계남, 우성전의 의진 정도이고, 의병장이 없는 상태에서 민중들이 자발적으로 의진을 구성한 지역은 홍원, 함흥, 영흥 지역이 있으나 곽재우 의진을 제외하고는 뚜렷한 전공을 쌓은 의진은 없었다.
38 곽재우 의진의 지휘부는 혈연, 지연, 학연으로 결속되어 있었다. 오운 같은 이는 곽재우의 남명학파 선배이기도 했는데, 오운이 곽재우의 의진에 참여하게

우 의진이 연승을 거두게 되니 곽재우 의진의 규모는 2천여 명에 이르게 되었다.

나. 최초 창의가 지니는 의의

곽재우의 의령 의진이 최초의 창의이기에 무조건 의미가 있다는 식의 연구는 이제 지양하여야 한다.[39] 또한 호남지역은 왜적의 침략이 없었기에 창의가 영남지역에 비해 늦을 수밖에 없다는 시각과 경상좌도는 왜적의 주된 침입경로였기에 경상우도에 비해 상대적으로 창의가 늦을 수밖에 없었다는 시각[40] 또한 의령 의진 창의가 지니는 의의를 희석시킬 수 있기에 이 역시 경계해야 한다.

여기서는 의령 의진이 최초 창의가 지니는 함의에 대해서 논의한다.

된 것은 김성일의 조언에 의한 것도 있지만, 남명학파 특유의 현실인식과 진취성에서도 그 참여 연유를 찾을 수 있다. 군관 출신 또는 武才를 지닌 인물들은 곽재우가 창의 초부터 포섭한 집단이었다. 실제 전투원인 양인 및 천민 계층은 곽재우가 사재를 털어 衣食을 해결해주면서 고하를 따지지 않자 결속력이 강한 집단으로 발전할 수 있었다.

39 최근 들어 비록 조직적이지는 않지만 부산성 전투시 관군과 함께 守成戰에 참여한 지역민들을 최초의 의병으로 보는 시각도 있기 때문에, 단순히 최초이기에 의미가 있다는 연구는 한계에 봉착한다.

40 앞에서도 논의하였지만 경상우도 수령의 避職律이 경상좌도보다 높았기에, 경상우도 역시 왜적의 침입에 대응력이 부족한 상태였다. 또한 경상좌도 창의 시 왜군의 보복으로부터 스스로 벗어나기 위해 창의를 지역민들이 스스로 막았고 이로 인해 경상좌도의 창의가 경상우도에 비해 늦었다는 시각 또한 일부 지역에 국한되는 논의이기에 설득력이 떨어진다.

곽재우의 최초 창의가 지니는 의의는 우선 여건이 매우 불비한 상태에서 창의를 하였다는 사실에 있다.

곽재우의 창의 당시 지역민들의 비협조와 관군과의 갈등은 선행연구자들에 의해 충분히 논의되었기에 여기서는 곽재우의 창의를 바라보는 선조(宣祖)의 시각에 대해서 살펴본다.

의령 의진은 선조의 소모 명령 이전에 창의한 유일한 의진이다. 이것은 자발성과 순수성을 가진 유일한 의진이라는 뜻이기도 하다. 임란 초기 관군의 연패로 인해 선조는 초유사, 소모사, 안집사 등을 통해 관군을 대신할 민병을 모집하고자 했다.[41] 여기서 초유는 '초병유민(招兵諭民)'을 의미하는 것으로 적과 싸울 병력을 모집하는 역할과 함께 흐트러진 민심을 바로잡자는 의미를 함께 내포하고 있다.[42] 여기서 '초병'과 '유민'의 목적이 무엇인가에 대하여 자세히 생각해 볼 필요가 있다. 선조의 입장에서는 '초병'의 목적은 근왕에 있었다. 그리고 선조의 입장에서 '유민'은 단순이 민심을 안심시키라는 의미뿐만 아니라 반민(叛民)이 생길 수 있는 토대를 미연에 방지하라는 의미를 지니고 있다. 즉 '초병'과 '유민'은 봉건왕조의 체제유지를 위한 수단으로 활용

---

41 선조는 의병이라는 지방 세력의 자의적 무장이 관군과 의병 간의 갈등으로 이어지리라 예상하였지만 선택의 여지가 없었다. 선조의 입장에서는 봉건체제를 유지할 수 있다면 관군과 의병을 굳이 구별할 필요가 없다고 생각하였으며 이를 충분히 통제할 수 있으리라 생각하였다.; 허태구, 「金誠一 招諭 활동의 배경과 경상우도 義兵 봉기의 함의」, 『南冥學硏究』 제41집, 경상대학교 남명학연구소, 2014, pp.37~38.

42 이장희, 『임진왜란사 연구』, 아세아문화사, 2007, p.203.

하려는 것이 선조의 생각이었던 것이다.

의령 의진의 경우 곽재우를 비롯한 일부 지휘부는 구국의지를 바탕으로 한 근왕을 실천하고자 하였지만 대부분의 구성원들은 근왕 보다는 자보향리를 위한 소구(掃寇)에 그 목적을 두었다. 실제 의령 의진의 활동 범위가 100여 리를 벗어나지를 않았으며 의령 의진이 근왕병으로 거론되기도 했지만 그 임무를 수행한 적은 없다. 이렇듯 의령 의진은 통제권 밖에서 활동하였기에 선조가 생각한 '유민'의 효과 역시 반감되었다. 즉 곽재우와 선조는 확연한 온도차가 있었던 것이다.

초기 관군의 패전으로 선조는 봉건체제를 유지할 근왕병이 필요했으며 곽재우는 이러한 위기 상황에서 자발적으로 창의하였다. 하지만 역설적으로 곽재우의 시의적절한 창의를 선조는 반기기도 하였지만, 반대로 반봉건적 행동으로 오인할 여지가 충분히 있었다. 곽재우의 창의는 매우 적절했지만 군인징발, 전투수행, 군기 및 군량미 확보 등의 행위는 국가로부터 허가 받지 않은 채 진행하였기에 국가권력에 반하는 행위로 비쳐질 수도 있다.[43] 더욱이 곽재우와 관군과의 대립, 정대성과 같이 의병장을 빙자한 토적들의 발호, 경상도를 역도들의 토굴로 보는 선조의 편견, 창의 초기 곽재우를 통제하기 위해 제수한 유곡찰방, 형조정랑에 취임하지 않는 행적들은 곽재우의 입지를 더욱 좁게 만드는 요인이었다.

선조는 기본적으로 임진왜란 기간 내내 일본군의 침입에 의한 외란

---

43 김성우, 『조선중기 국가와 사족』, 역사비평사, 2001, p.338.

만큼 봉건체제를 위협하는 내란을 걱정하였기에 의병의 창의는 외란을 극복할 수 있는 방편이기도 하였지만, 자신의 통치체제를 위협할 수 있는 '양날의 검'으로 인식하였다. 이러한 선조의 사고는 극단적인 의명(依明)의 형태로 발현되었으며, 명나라의 참전이 봉건체제를 유지할 수 있는 유일한 방안으로 생각하여 명이 조선에 들어온 후 의병의 관군화를 서둘러 진행하여 의병을 자신의 통제하에 두고자 하였다.[44]

당시 곽재우뿐 아니라 많은 의병장들이 창의 과정 간 관군과의 갈등을 겪지만[45] 곽재우는 소모 명령 이전에 창의하였다는 사실, 군량

44　선조는 김수와 곽재우의 갈등에 관심을 가졌으며, 김수에게 곽재우의 인물됨을 묻기도 하였다. 의병의 관군화가 이루어진 이후에도 의병에 대한 견제가 계속되어 결국 金德齡사건과 같은 비극적인 결과를 가져왔다.
　　선조의 정권유지에 대한 의지는 임진왜란 이후 공신책봉에 잘 드러난다. 선조는 임진왜란 간 공적을 세운 이를 대상으로 扈從功臣 86명, 宣武功臣 18명, 淸難功臣 5명을 선정하는데, 선조는 실제 전투에서 공을 세운 선무공신보다는 자신을 호종하거나 명에 원군을 요청한 朝臣들의 공적을 더 인정하였으며, 이몽학의 난을 평정한 5명을 청난공신으로 선정하기도 하였다. 이때 선무공신 중에서 의병장은 1명밖에 없었으며 더욱이 곽재우나 정문부 같은 뛰어난 전공을 가진 의병장들은 배제되었다.
　　이것은 두 가지 의미를 지니고 있다. 첫째는 임진왜란의 극복은 명나라의 원조에 의한 것임을 강조하고, 의병들의 활약을 축소함으로써 임란 초기 자신의 失政을 은폐하고 의병장 출신들의 중앙정계 진출을 견제하려는 의도이다. 둘째는 청난공신을 5명씩 선정함으로써, 정권유지가 외란 극복만큼 중요하다는 것을 스스로 드러낸 것이다. 이 두 가지는 모두 선조의 봉건체제 유지의 적극적인 의지를 의미한다. 이 밖에도 선조는 임란초기 分朝로 인해 세자인 光海君의 입지가 커지자 이를 경계하였으며, 명나라에 의한 자신과 광해의 易置를 불안해하는 등 외란극복보다는 정권유지에 많은 관심을 기울였다.
45　충청도의 趙憲 역시 관군들과 갈등을 겪었으며, 황해도의 李廷馣, 함경도의

과 무기 획득에 있어서의 파격적인 행보 등으로 인해 선조 및 관의 견제가 더욱 심하였는데, 이러한 상황에서 곽재우의 창의가 진행되었던 것이다.

곽재우 창의의 두 번째 함의는 창의가 초기 민중들의 동요를 진정시켰으며 이들을 의진의 한 구성원으로 활약하도록 유도했다는 점이다.

임진왜란 초기 사족으로 대변되는 지배층의 대응양상과 피지배층의 대응양상은 완연히 달랐다. 지배층의 경우 적의 침입에 대항하든지 또는 피란을 택하든지 둘 중 하나를 선택하는 경향이 두드러졌다.[46] 반면에 피지배층의 대응양상은 지배층에 비해 피동적이었으며 충격적이었다. 임란 초기 피지배층이 선택할 수 있었던 대응양상은 첫째는 왜적을 피해 피란민이 되는 것이었다. 대부분의 피지배층이 여기에 해당하였다. 둘째는 드물기는 하지만 봉건체제에 반기를 드는 반민이 되는 경우였다. 셋째 역시 드물기는 하지만 왜적의 세력에 빌붙는 부왜민(附倭民)이 되는 경우였다.

피지배층이 이렇듯 왜란의 침입에 대하여 반민 또는 부왜민 등 극단적인 선택을 할 수밖에 없었던 이유는 아래와 같다.

첫째, 피지배층에 비해 떨어지는 정보수집 능력에서 찾을 수 있다.

鄭文孚 또한 관군과의 갈등이 있었다. 정문부는 현직 관료로 창의했음에도 창의과정이 쉽지 않았다.

46 '文官附賊者는 前 工曹參議 成世寧 뿐이다'라는 선조수정실록의 기록을 통해 당시 사족들의 대응양상을 쉽게 확인할 수 있다.; 이장희, 『임진왜란사 연구』, 아세아문화사, 2007, p.60.

지배층의 경우 개전 소식을 듣고 향후 대책을 세우거나 피란을 가는 등 발 빠르게 움직였지만 피지배층은 이에 비해 떨어지는 정보력으로 인해 피란을 가는 시기를 놓칠 수밖에 없었기에 이들이 선택할 수 있는 것은 체제에 대한 반란과 왜적에 동조를 함으로써 생명을 유지하는 방법밖에 없었다. 여기에 정보를 공유하지 않은 지배층에 대한 반감도 한몫했으리라 본다.

둘째, 명종 이후 계속된 실정과 지방관들의 폭정으로 반민이 되는 경우가 많았다. 이것은 체제에 대한 반란의 성격을 띠기도 하였지만, 사실상 기아를 벗어나기 위한 토적의 성격이 강하였다.

셋째, 일본군의 집요한 선무공작에 의해 부왜민이 되는 경우이다. 기존 지배층에 대한 반감이 극에 이른 상태에서 관곡의 분급, 조세의 경감, 생활의 안전 보장 등을 제시한 일본군은 착시효과로 인해 대체된 지배세력으로 떠올랐다. 일본군이 선무공작을 펼친 이유는 장기전을 대비하여 점령지역을 병참기지화 하려는 의도에서였다.[47]

『서경』 채중지명편(蔡仲之命篇)에 나오는 '민심무상(民心無常)'이라는 말처럼 임란 초기의 백성의 마음은 한 방향으로 나아갈 수 없었다. 또한 피지배층은 국가에 대한 인식이 없었기에 구국의식이 있을 리 없

---

[47] 일본은 전쟁의 장기화를 대비해 선무공작으로 조선 백성을 위무, 농사를 통해 군량을 확보하려 하였다. 하지만 조선은 농민이 군역을 띤 정군 또는 보인이었기 때문에 전쟁 중에 농사를 계속할 수 없었다. 즉 조선 농민들은 관군이나 의병으로 참여하여 農時를 잃어 흉년이 되었고, 이로 인해 일본군의 계획은 차질을 빚었다.

었으며, 민족의식이라는 개념도 없었던 시기이기에 피지배층의 행동은 혼란스러울 수밖에 없었다.[48]

이러한 시기에 곽재우의 창의는 피지배층의 의식전환에 있어서 지남이 되었다. 곽재우는 창의 당시 양인과 천민까지 아우르는 의진을 편성함으로써 피지배층이 왜란을 극복하는 원동력이 되는데 일조하였다.[49] 즉 피지배층이 가지고 있던 반봉건적 의식을 반침략적 의식으로 전환시킴으로써 상하동욕하는 계기를 마련하였다.[50] 또한 곽재우는 임란 초기 패전의 원인을 '왜적이 침입함에 무부건장(武夫健將)들이 망풍궤주(望風潰走)한 것은 병혁(兵革)이 견리(堅利)하지 못해서가 아니고 성지(城池)가 높고 깊지 않아서가 아니며 단지 인심의 이산(離散)으로 말미암아 토붕지환(土崩之患)이 있게 된 것이다'[51]라고 정확히 진단하여

---

48 당시 피지배층은 관군장이 지휘를 하면, 관군이 되었으며, 도적의 괴수가 지휘하면 반민이 되었으며, 왜장이 지휘하면 부왜민이 되던 매우 혼란스러운 시기였다. 실제로 호남의병장인 유팽로는 叛民을 설득하여 의병화한 대표적인 경우이다.

49 '경상우도 의병장 김면은 경상좌도의 창의 소식을 들으면서 모두 유생들로 부대가 편성되었으므로 이것이야 말로 참된 의병이라고 하였다.'라는 부분이 발견되는데 이것은 이 당시 곽재우를 제외한 다른 의진 지휘부의 보편적인 생각이었다.; 李肯翊, 『練藜室記述』, 卷16, 宣祖朝 嶺南義兵 참조.

50 1. 當此之時 少回民志 知有我國者 南方義兵之功也;『宣祖修正實錄』卷26, 宣祖 25年 壬辰 12월.
2. 嶺南 郭再祐 金沔 湖南 金千鎰 高敬命 湖西 趙憲等 倡起義兵 傳檄遠近 自是民始有向國之心; 李睟光, 『芝峯類說』卷3, 「君道部」賞功 - 이장희, 『임진왜란사 연구』, 아세아문화사, 2007, pp.190~191. 재인용.

51 倭賊之來 武夫健將 莫不望 風奔潰 非兵革之 不堅利也 非城池之不高深也 只由於人心離散 而有土崩之患也; 趙慶男, 『亂中雜錄』第1, 宣祖 壬辰 6월 19日.

민심의 이산을 막고자 공위겸(孔撝謙)과 같은 부왜자의 처단에 특히 주력하였다.

이와 같은 곽재우의 행동들은 임란 초기 피지배층의 동요를 막아냈을 뿐 아니라 이들을 의진에 합류시킴으로써 경상우도를 지켜낼 수 있었다. 또한 경상우도를 지켜냄으로써 기민의 수가 줄어들게 되었으며, 이것은 또 다른 반민과 부왜민의 양산을 막는 계기가 되는 등 선순환이 되었다.

곽재우의 창의가 지니는 또 하나의 의의는 다른 지역의 창의를 촉발한 데서 찾을 수 있다. 앞에서 논의했듯이 곽재우는 선조의 소모 명령 이전에 유일하게 창의하였으며 창의 시기 또한 다른 지역의 창의보다 많이 앞섰다. 특히 곽재우의 의진이 정암진(鼎巖津)에서 거둔 육전 최초의 승전보는 다른 의진들의 창의를 촉발하였다.

경상좌도의 의병장인 검간 조정의 〈임란일기(壬亂日記)〉 기록을 살펴보면, 곽재우의 위상을 확인할 수 있다. 선조 25년 8월 25일의 '용병함이 신과 같다[用兵頗神]', 28일의 '곽공은 용병술이 자못 신과 같아 도적 무리들의 간담을 떨게 했다고들 한다.[郭公用兵頗神 賊徒膽慄云]', 10월 23일 '꿈속에서 곽재우와 만나 이야기를 나누었다.[夢拜京居從祖 且與郭再祐接談]'의 내용을 통해 곽재우의 영향력을 확인할 수 있다.[52] 이 밖에도 이여빈은 7월 이후에 곽재우의 창의를 듣고서야 경상좌도가 창의 할

---

52 박병련, 「忘憂堂 郭再祐의 정치사회적 기반과 의병 활동」, 『남명학과 의병 활동 조사·연구』 (I), 南冥學研究院, 2009, pp.45~46.

수 있었다는 기록을 〈용사록〉에 남기고 있다.[53] 실제 경상좌도의 창의는 7월 이후부터 이루어졌으며 9월 이후가 되어서야 전국에 걸쳐 창의가 이루어졌는데, 이것은 곽재우를 비롯한 경상우도의 창의에 자극을 받은 바가 크다. 여기에는 각 지역 사림들의 경쟁의식 또한 작용하였다. 곽재우의 창의로부터 촉발된 전국적인 규모의 창의는 결과적으로 선조가 명으로 내부(內附)하는 것을 막는 요인 중 하나로 작용한다.

3. 의령 창의의 전략적 효과와 곽재우의 전술

가. 의령 창의의 전략적 효과

임진왜란의 승리의 요인을 선행연구자들은 명군의 개입, 이순신의 해전에서의 승리, 의병 활동에서 찾았다. 그러면 일본의 입장에서는 전쟁 실패의 원인을 어떻게 분석하는지를 확인할 필요가 있다고 생각한다. 포르투갈 선교사 루이스는 일본군이 직면한 조선에서의 두 가지 어려움은 의병과 조선 수군의 활약이라고 기술하고 있다.[54] 여기서 명나라 군대의 개입이 고려 대상이 되지 않았던 것은 명나라 군대

---

53 정해은, 「임진왜란 초기 경상도 수령의 동향과 의병 지원 활동」, 『朝鮮時代史學報』 70, 朝鮮時代史學會, 2014, p.140.
54 루이스 프로이스, 정성화·양윤선 옮김, 『임진난의 기록(루이스 프로이스가 본 임진왜란)』, 살림, 2008, p.85.

의 개입 이후 두 번의 전투를 제외하고는 일본군이 대부분 승리하였으며, 명나라와 일본은 전쟁 중 상당기간 동안 강화를 진행 중인데서 그 이유를 찾을 수 있다.

토쿠구미 이이치로(德富猪一郎)는 『근세일본국민사』에서 조선침략 전쟁의 실패의 원인을 '조선의 의병 봉기', '조선 수군의 우세', '명군의 지원'이라 열거하였다. 특히 개전 초부터 조선 각지 의병들이 유격전을 펼침으로써 일본군의 작전을 교란시키고 병참선을 유지시키지 못하게 했다고 지적하면서 조선의 의병을 '폭민(暴民)'이라고 표현하였다.[55]

여기서는 당시 일본군의 전략을 살펴봄으로써 의령 창의가 지니고 있는 전략적 효과에 대해 살펴본다.

일본군은 수륙병진을 통해 막강한 육군이 부산으로 상륙하여 북상하고, 수군이 증원군과 보급물자를 가지고 서해를 통해 북상하면서 육군을 지원하는 전략을 계획하였다. 일본 수군이 서해로 진입하게 되면 한강과 임진강을 통해 경기, 강원도 일대가 대동강, 청천강을 통해 평안도 일대가 압록강을 통해 평안도와 함경도 일대가 위험에 빠질 확률이 매우 높았다.[56] 이에 따라 육군은 낙동강 수로를 장악하여 후방으로부터 보급을 원활하게 하며, 아울러 북상한 아군의 배후를 경계하려 하였다.

---

55 조원래, 「임란 의병운동의 성격과 호남의병의 특성」, 『壬辰倭亂7周甲紀念 壬辰亂硏究叢書』 2, 社團法人 壬辰亂精神文化宣揚會, 2013, p.290.
56 한명기, 「壬辰亂 七周甲의 역사적 의미」, 『壬辰倭亂7周甲紀念 壬辰亂硏究叢書』 1, 社團法人 壬辰亂精神文化宣揚會, 2013, p.40.

이렇듯 일본군의 침략 전략을 살펴보면 곽재우가 방어한 의령이 전략적으로 매우 중요함을 확인할 수 있다. 의령지역은 낙동강이 분화되는 지역으로 낙동강의 지류인 기강(岐江)[57]이 의령을 거쳐 진주 남강으로 흘러들어갔다. 즉 의령은 진주성으로 들어가는 관문이기에, 일본군의 입장에서 의령지역을 지나지 않고는 호남 방면으로 서진하기에는 많은 불편이 따랐다.

의령 의진의 주요 활동에 있어 중심이 된 곳은 기강이었고, 가장 주목할 만한 전투는 정암진 전투였다. 기강은 곽재우의 첫 전장임과 동시에 왜적의 전방 전선 활동은 둔화시키는 작전이 크게 성공한 곳이기도 하였다. 곽재우는 자신의 세거지인 세간리를 중심으로 익숙한 지형지물들을 활용하여 일본군을 효과적으로 막아낼 수 있었는데 이에 대한 기록은 이로의 〈용사일기〉, 김성일의 『학봉전집』, 조경남의 〈난중잡록〉에서 상세히 기술될 정도로 임진왜란사에 있어서 중요한 전투이다.

곽재우는 정암진 전투를 통해 의령지역을 지켜내고 이후 현풍, 영산 등지를 확보하였다. 이 일대를 지켜냄으로써 일본군의 전방으로 가는 통로는 중로인 밀양·대구·인동·선산을 연하는 길밖에 없게 되었다. 현풍·창녕·영산 등지에 적이 웅거할 수 없다는 것은 낙동강을 통한 왕래가 어렵다는 것이다. 이것은 왜적이 낙동강을 통해 군수물

---

[57] 岐江의 위치에 관해서는 『邑誌』에서 '의령현 동쪽 사십리 낙동강과 남강의 양수가 교합하는 곳'라고 밝히고 있다. 또 『慶尙道地理志』와 『世宗實錄地理志』, 『東國輿地勝覽』 등 지리지의 영산현조에서는 모두 '岐音江'이라고 표시하고 있다.

자를 수송할 수 없게 된 것을 의미하기에 의령 의병의 활약은 대단한 것이었다.[58] 이로 인해 일본군이 진주를 함락시키고자 하는 의도 역시 꺾이게 된다. 지리적으로 진주와 의령은 상보적인 위치에 있었으며 진주는 오래전부터 군사적으로 중요한 요충지였기 때문에 관군은 진주성을 바탕으로 수성전을 펼치면서 후방을 방어하였다. 그러나 진주성을 바탕으로 한 관군의 활동은 수세에 있었기 때문에 적의 병참선을 적극적으로 공략할 수 없었다. 곽재우는 의령을 지나는 적의 병참선을 효과적으로 공격함으로써 관군의 수성전을 도와주었다. 이처럼 의령 방어는 단순한 향촌의 방어 활동을 넘어서서 일본군의 초기 전략에 큰 혼란을 주었다. 즉 의령은 전략적 요충지로서 당시 판세에 중요한 역할을 했다.

표면적으로 의령 의진의 전략적 효과는 자신의 향촌에 대한 방어와 진주성으로 진격하려는 일본군의 서진을 늦추는 정도의 의미로 치부할 수 있지만 이 속에는 많은 전략적 함의가 내포되어 있다.

첫째, 의령 의진의 정암진 전투의 승리는 아군의 입장에서는 일본군에 대한 과도한 공포심을 극복할 수 요인으로 작용했으며, 관군들이 재정비할 수 있는 시간을 확보함과 동시에 다른 지역의 창의를 촉발하였다. 적군의 입장에서는 정규군의 작전범위에서 조선 의병의 활동이 전혀 고려되지 않았기에 의병의 승리는 일본군의 예봉을 꺾는

---

58 임란호국영남충의단보존회, 『壬辰嶺南義兵史』, (사)임란호국영남충의단보존회, 2001, pp.237~253.

효과가 있었다.

둘째, 의령 의진은 일본군의 서진을 막아 호남을 지켜내는데 큰 역할을 하였는데 이것은 여러 가지 의미를 담고 있다. 호남의 곡창지대를 지켜냄으로써 조선군이 반격할 수 있는 여력을 갖게 되었고, 적군은 반대로 중요한 병참기지를 확보하는데 실패하였다. 당시 호남지역의 관군은 선조를 근왕할 목적으로 한양으로 이동 간 궤멸되었기에 사실 호남지역은 일본군의 침입을 막아낼 여력이 전혀 없었는데 의령 의진이 일본군의 서진을 막아냈다는 것은 이러한 사실로 인해 더욱 의미가 있다.

이 밖에도 호남에 주둔한 조선 수군 기지를 육지로부터 접근하는 일본군으로부터 보호하였기에 전라좌수영을 중심으로 조선 수군이 활약할 수 있는 단초를 제공하기도 하였다. 또한 호남이 지켜짐으로써 일본군의 침입을 관망하던 명군의 개입을 앞당길 수 있는 계기로도 작용하였다.[59]

셋째, 의령 의진은 낙동강 수로를 포함한 일본군의 내륙 보급로를 차단하였다. 당시 일본군은 육로를 통한 보급과 함께 선무공작을 통한 군량미의 확보, 해상보급로를 통한 보급을 계획하고 있었으나. 이

---

59 명나라는 일본의 조선침략을 중원진출의 전제로 인식하였기에, 일본군의 진출 경로를 수로, 육로 둘 다 의식하였는데, 명나라는 해상방어의 능력이 부족하였기에, 수로로 명나라 수도에 진출할 수 있는 호남을 중시하고 있었으며, 호남이 지켜지자 戰場을 조선으로 한정하기 위해 명군을 서둘러 파견하였다.; 최소자, 「壬辰亂時 明의 派兵에 대한 論考(一)」, 『壬辰倭亂7周甲紀念 壬辰亂硏究叢書』 4, 社團法人 壬辰亂精神文化宣揚會, 2013, p.326.

중 선무공작에 의한 군량미의 확보와 해상보급로를 통한 보급이 사실상 어려워지자 유일한 군량미의 확보 방법은 내륙 보급로를 통한 수송밖에 없었다. 임란 초기 일본군의 연승으로 병참선이 과다하게 확장되었고 의령 의진은 낙동강을 중심으로 이러한 적의 약점을 공략했는데 이로 인해 일본군은 보급로의 확보를 위해 전투력을 분산할 수밖에 없었고 이것은 전투력의 약화로 이어졌다.[60] 이뿐만 아니라 토요토미 히데요시의 조선 입국을 위한 숙소공사와 도로정비로 인해 일본군의 전투력은 더욱 분산되는데, 각처의 의병들은 이를 효과적으로 활용하였다.

임진왜란 기간 동안 적 전투병 15만 명 중에서 5만 명이 사망하였는데, 주된 사망원인이 전투보다는 기아와 추위 때문이라는 기록이 있는 것으로 보아 의병들에 의한 보급로 차단은 실제로 큰 효과가 있었다. 이렇듯 가시적인 효과 이외에도 보급로 차단은 적의 사기저하와 적의 분열로 이어지는데 큰 역할을 하였다.

군량미 보급에 차질을 빚게 되자 토요토미는 호남진출을 강하게

---

[60] 일본군은 후방 병참선 확보에만 5만 명 정도의 병력을 투입하였고, 이동 시에도 최소 300~500명 단위로 이동하는 등 병참선의 확대로 인한 전력의 분산이 심각하였다. 특히 7번대 毛利輝元의 부대가 경상도를 담당하였는데, 이 부대의 주요임무는 낙동강 水路를 장악, 후방으로부터의 보급을 원활하게 하는 것으로, 경상좌도에 1만 1천 명, 경상우도에는 2만 8천 5백 명이 보급로를 경계하는 역할을 수행하였다. 이것은 일본군의 침략 당시 고려 대상에 없었던 의병들의 활동에 의한 것이다.; 김강식, 「임진왜란 시기 경상우도의 의병운동」, 『壬辰倭亂7周甲紀念 壬辰亂硏究叢書』 2, 社團法人 壬辰亂精神文化宣揚會, 2013, p.26.

지시하게 되고, 조선에 있던 왜장들은 이에 대한 불가론을 개진하는데, 토요토미는 이에 대하여 이들의 녹(祿)과 저택들을 몰수하는 등 지도층 간의 갈등을 겪게 된다.[61] 또한 조선에 원정을 간 병사들이 기아와 추위로 인한 죽음을 두려워하였는데, 생존한 병사뿐만 아니라 죽은 시신마저도 본토로 복귀하지 못하도록 토요토미가 지시를 내리자 일본군의 사기는 더욱 떨어진다.[62] 이렇듯 보급로의 미확보로 인한 군량미의 부족은 일본 군내 지도층의 분열과 병들의 사기 저하를 초래하게 되고 이것은 항왜의 한 요인으로도 작용하게 된다.

위에서 의령 의진의 창의가 지니는 전략적 효과에 대하여 논의하였다. 곽재우가 의도했던 의도하지 않았던 의령 지역의 향보(鄕保)는 경상우도 지역의 보존 및 일본군으로부터 무주공산이나 다름없던 호남 지역으로의 진출을 저지하는 효과로 이어짐을 확인하였으며, 이 외에 눈에 보이지 않는 전략적 효과가 더 큰 것을 확인하였다.

나. 전투에 활용된 곽재우의 전술

임진왜란 기간 동안 조선군과 일본군의 장단점을 가장 잘 파악한 인물인 류성룡은 "우리나라는 자고로 수성전에 장점을 보이고 야전

---

61 루이스 프로이스, 정성화·양윤선 옮김, 『임진난의 기록(루이스 프로이스가 본 임진왜란)』, 살림, 2008, pp.137~138.
62 루이스 프로이스, 정성화·양윤선 옮김, 『임진난의 기록(루이스 프로이스가 본 임진왜란)』, 살림, 2008, pp.63~64.

에 취약점이 있다"거나 "왜병은 철환[鳥銃], 용검(用劍), 돌진의 세 가지 장기를 가지고 있는데 비하여 우리나라는 장기라곤 궁시(弓矢)밖에 없다"[63]라고 언급하면서 피아의 장단을 정확히 진단하고 있다.

여기서는 일본군의 세 가지 장기를 곽재우가 어떠한 방법으로 파해하였는지 확인하고 곽재우가 전투에서 활용한 전술에 대하여 논의하겠다. 먼저 일본군의 세 가지 장기에 대하여 살펴보겠다.

일본군이 지닌 조총은 조선군의 입장에서는 신무기에 해당하였으나 그 제원[64]을 정확히 판단하지 못하였기에 그 피해는 클 수밖에 없었다. 일본군은 뺨을 대고 방아쇠를 당겨 사격하는 방법을 통해 명중률을 높였으며, 3개의 조로 나누어 사격하는 연사로 사격의 속도 또한 향상시키는 등 실전을 통해 조총의 활용법을 충분히 익히고 있었다. 또한 장병기인 조총과 함께 장검, 창과 같은 단병기를 효과적으로 혼합 운용함으로써[65] 기마전술과 궁시라는 장병기로 맞선 조선군을

---

63 1. 我國自古 長於守城 而短於野戰;『懲毖錄』, 卷12, 請修葺山城以爲戰守之計且愼擇守令以收人心狀, 癸巳 6月 13日
　　2. 我國與倭交戰 較其長短 倭奴之長拔三 鐵丸也 用劍也 突進也 我國之長拔一 弓矢而已;『懲毖錄』, 卷8, 條陳 討賊機務狀, 壬辰 10월.

64 조총은 총신이 1m 전후로 총열이 6角~8角(15~18mm)으로 되어 있으며, 유효사정거리 100~200m, 최대 사정거리 500m 이상이다. 실제명중이 정확한 거리 50m로 조건이 갖추어졌을 때 1분에 4발을 발사할 수 있었다.; 이왕무, 「임진왜란기 조총의 전래와 제조」,『壬辰倭亂7周甲紀念 壬辰亂硏究叢書』4, 社團法人 壬辰亂精神文化宣揚會, 2013, p.511.

65 일본군은 旗幟, 鳥銃兵, 短兵의 3隊로 나누어 1隊의 旗幟를 든 병사가 포위하는 형세를 이루면 2隊의 조총병이 일제 사격을 통해 조선군을 와해시킨 후, 3隊의 槍劍을 가진 短兵이 추격하는 전술을 활용하였다.; 박재광, 「임진왜란기

압도할 수 있었다.

조총의 위력이 특히 발휘된 전투는 고니시 유키나가(小西行長)와 신립(申砬)이 대립한 탄금대 전투에서이다. 당시 조선의 최고 명장이었던 신립은 자신의 장기인 기마전술을 과신하였고 조총의 명중률을 과소평가 하였기에 분사하였다. 고니시 유키나가의 부대가 입었던 피해도 적지 않았지만 일본군은 100년간의 전국시대를 통해 기마전법을 이겨낼 수 있는 조총의 사격전법을 이미 갖추고 있었기에 신립의 부대는 패할 수밖에 없었다.

조총의 약점[66]이 없진 않았지만 임란 초기 원거리에서 조총 사격 후 근거리전투에서 창과 칼을 활용한 적극적 백병전을 시도하는 일본군을 처음 대적하는 조선군의 입장에서는 이를 막아내기가 사실상 쉽지 않았다. 조선은 임진왜란 내내 조총에 대한 이중적인 생각을 가지고 있었다. 명에서 들어온 '기효신서'와 남병(南兵)의 활약으로 인해 조총의 파해법에 대한 근거가 빈약한 자신감을 얻기도 하였지만 반대

朝·明·日 삼국의 무기체계와 교류」, 『壬辰倭亂7周甲紀念 壬辰亂硏究叢書』 4, 社團法人 壬辰亂精神文化宣揚會, 2013, p.534.

66 조총의 약점은 다음과 같다. 첫째, 항상 폭발 위험이 있어 취급이 쉽지 않았다. 둘째, 발사된 탄환의 탄도가 안정적이지 못했다. 셋째, 총에 연환을 장전하는 준비 시간이 많이 소요되었다. 넷째, 비가 내리거나 강풍이 불면 화약의 불이 꺼지는 등 기후의 영향을 받았다. 다섯째, 조총을 사용하기 위해 화약이 보급되어야 하는데, 이를 위한 병참능력이 요구되었다.; 이왕무, 「임진왜란기 조총의 전래와 제조」, 『壬辰倭亂7周甲紀念 壬辰亂硏究叢書』 4, 社團法人 壬辰亂精神文化宣揚會, 2013, p.502.

로 여전히 조총에 대한 극도의 불안감도 함께 내재되어 있었다.[67]

다음은 일본군의 다른 장기인 용검과 돌진을 함께 논의한다.

일본군에 조총이 보급되기 이전에 일본군의 주무기는 창과 장검이었다. 특히 전국시대 동안 전공을 판단하는 방법으로 '머리베기(首級り)' 관습이 있었기에 백병전이 적극적으로 행하여졌다.[68] 임진왜란 간 용검과 돌진은 전국시대의 '머리베기' 관습이 그대로 이어진 전술이라 하겠다. 즉 조총사격에 의해 조선군의 전열이 무너지면, 돌진과 함께

---

67 1. 李薦은 生牛皮로 防牌를 만들면 鐵丸을 피할 수 있다.;『宣祖實錄』卷26, 宣祖 25年 5月 甲子.
2. 南將 全世楨은 "왜적의 총탄은 단지 100여 보밖에 나가지 못하고 중국의 탄환은 200보까지 나가고, 大將軍箭은 6里까지 나갈 수 있다. 遠近을 가지고 말하더라도 이기지 못할 까닭이 없다.;『宣祖實錄』卷33, 宣祖 25年 12月 乙亥.
3. 적이 조총을 쏠 때 火箭 1~2천을 쏘아 연기가 적진에서 흩어지면 적이 놀라 어지러워질 것이니 이 때에 많은 사람이 돌입하여 공격하면 반드시 이길 것이고, 연기가 걷히고 적이 돌입해오면 질 것이다.;『宣祖實錄』卷45, 宣祖 26年 11月 壬午.
4. 왜총의 소리는 사방에서 일시에 발사하더라도 소리마다 따로 들립니다. 명군의 화포는 하늘이 무너지고 땅이 갈라지는 것 같이 산과 돌이 진동하여 말로 표현할 수 없습니다. 명군의 형세가 이와 같으니 싸우지 않고 이길 수 있을 것입니다.;『宣祖實錄』卷33, 宣祖 25年 2月 乙巳.
5. 나는 새도 맞출 수 있기에 조총이라고 한다.;『宣祖實錄』卷71, 宣祖 29年 1月 丁酉.
6. 조총은 명중률뿐 아니라 조선의 총포에 비해 2~3배나 빠른 우수한 무기였다.;『星湖僿說』4, 萬物門, 陸若漢.
7. 조총은 궁시보다 5배나 성능이 뛰어났다.;『宣祖實錄』卷68, 宣祖 28年 10月 丁未.
68 久保田正志,「임진란 시기 동양 삼국의 무기체계」,『壬辰倭亂7周甲紀念 壬辰亂硏究叢書』1, 社團法人 壬辰亂精神文化宣揚會, 2013, p.424.

백병전을 실시하여 장검을 사용하는 것이 임진왜란 동안의 일본군의 일반적인 전술이었다. 실제 전국시대 당시 일본군은 공격 시 창을 주로 사용하고, 칼은 방어용으로 사용하였는데, 임진왜란 시에는 조총 사격으로 인해 조선군의 전열이 조기에 괴멸되어 패주하자 공격용으로 사용하던 무거운 창보다는 방어용으로 활용하던 가벼운 칼만 휴대한 채 추격적을 벌여 조선군의 수급을 베는 기현상이 일어났다. 이러다 보니 조선군의 입장에서는 일본군의 창보다는 칼이 더 무서운 무기로 부상하게 되었다.[69]

곽재우는 접전을 통해 얻은 경험을 통해 일본군의 3대 장기를 파해하려는 노력을 하였다. 곽재우는 유격전을 전개할 때 적의 조총 사정거리 밖에서 부대를 지휘하는 등 적의 장검과 조총에 대한 나름대로의 경험을 통해 파해법에 대한 자신감을 드러냈다.

> 왜적이 믿는 것은 단지 장검과 철환뿐이다. 화약은 반드시 떨어질 것이고 저렇게 쏘아대는데 철환의 보급이 오지 않으면 적의 정실은 이미 가히 알 수 있다. 장검이라고 하는 것은 반드시 두어 걸음 앞에

---

[69] 柳成龍 외에도 鄭琢, 李象靖 등도 일본군의 長劍(刀)의 위력을 기술하였다. 명군의 입장에서도 척계광의 『기효신서』에도 일본군의 뛰어난 창과 칼솜씨를 기술하고 있을 뿐 아니라 평양성 전투와 벽제관 전투에서 일본군의 장검에 의해 많은 사상자가 생기는 등 조선군 못지않게 장검이 두려움의 대상이었다.; 정해은, 「임진왜란기 조선이 접한 短兵器와 『武藝諸譜』의 간행」, 『壬辰倭亂7周甲紀念 壬辰亂硏究叢書』 4, 社團法人 壬辰亂精神文化宣揚會, 2013, pp.559~561.

서 맞붙어야 휘두를 수 있는 것이라면 강궁경노는 어찌 반드시 두어 걸음을 기다려서 쏴야 하겠는가? 이러한 이치로 헤아려보면 우리 군사 한 명이 저들 백 명을 감당할 수 있고 우리 군사 백 명이면 저들 1천 명은 당해낼 수 있을 것이다.[70]

곽재우는 강과 산세 등 지리상의 이점을 활용하여 유격전을 펼쳐 적의 강점인 조총사격이나 용검을 활용한 여지를 주지 않았다. 더욱이 창의 초기 산졸을 적극적으로 유입함으로써 궁시에 능한 병사들이 많았다는 점도 적의 조총, 용검의 위협으로부터 벗어날 수 있는 요인 중 하나였다.

곽재우는 적의 장기 중 하나인 돌진에 대응하기 위해서 적의 많고 적음을 가리지 않고 단기로 직접 왜진에 돌진함으로써 '왜군의 돌진'을 압도하여 오히려 적을 위축하게 만들었다.[71] 이렇듯 무모한 전술이 일본군에 통하였던 것은 곽재우가 기존에 일본군에 심어준 이미지에 의한 위압감 때문이었다. 곽재우는 연승을 하는 동안 피아에게 '천강홍의장군(天降紅衣將軍)'의 이미지를 확실하게 심어 주었다. 천자로부터 하사받은 홍의(紅衣)는 아군에게는 의진을 통솔하는 권위의 상징물로,

---

70 倭之所恃者 只長劍與鐵丸而已 火藥必盡 故常常放砲 而鐵丸不來 賊之情實 已可知也 長劍則 必相接數步之內然後 方可用也 則强弓勁弩 何必待數步之內而射也 以此料之 則以我軍之一 當彼之百也 以我軍之百 當彼之千也; 吳希文, 鎖尾錄, 卷1, 慶尙道儒生 郭再祐書 : 이장희, 『郭再祐硏究』, 養英閣, 1983, p.165.
71 이장희, 『郭再祐硏究』, 養英閣, 1983, p.156.

민중에게 있어서는 역전을 위해 하늘의 힘을 빌리는 천장(天將)의 물품으로 각인되었다.[72] 반대로 적군에게 있어서는 홍의는 곽재우의 정과 기를 혼합한 전술 및 예측할 수 없는 의병술(疑兵術) 등으로 이미지화되어 공포의 대상이 되었다.[73] 즉 왜진으로의 돌진은 곽재우이기에 운용할 수 있는 전술 중 하나였고 이를 통해 적의 3대 장기 중 하나인 돌진을 파해할 수 있었다.

임진왜란 중 강화기간인 1594년 12월 류성룡은 일본군과의 전투에 대한 경험을 중심으로 그 대책인 군국기무(軍國機務) 10조를 작성한다.[74] 기무 10조 중 수탄(水灘)은 얕은 여울을 방어하는 것을 말한다. 이것은 임란 초기 일본군이 북진할 때, 산을 넘는 것을 쉽게 여기고 물을 건너는 것은 어렵게 여겨 물이 말의 배까지만 차도 경솔히 건너

---

72 민중들 사이에 여성의 月經血로 만든 紅衣는 적의 총알이 뚫지 못한다는 설화, 곽재우가 타고 다니던 백마가 스스로 찾아왔다는 설화 등이 전파된 것으로 보아 곽재우의 天將 이미지화는 매우 성공적이었고 불리한 전세를 역전할 수 있다는 믿음을 의진과 민중들에게 심어주었다. 재미있는 사실은 일본 역시 태평양 전쟁시 神風이라는 이름의 부대 창설과 回天, 震洋이라는 무기를 제작함으로써 하늘의 힘을 빌려 전세를 역전하고자 하는 마음을 확인할 수 있다.

73 再祐不問賊之多寡 直前無畏戰 時着紅絹帖裏 具堂上笠飾 自稱天降紅衣大將軍 馳馬掠陣 隱見無常 賊莫測其端 然後盤馬回旋 擊鼓徐行 賊不知其多少 不敢近逼 連設候望 賊到百里之外 陣中先知 故常逸而不勞 於賊所望山上 令人持五枝炬 終夜擧之 喊聲相應 有若千萬 賊徒望輒遁去 又選精銳 潛伏要害處 賊至輒射殺之 賊亦紅衣將軍 不敢登岸; 李肯翊, 『練藜室記述』 卷16, 宣祖朝 壬辰義兵 郭再祐

74 機務十條는 1. 斥候, 2. 長短, 3. 束伍, 4. 命令嚴守, 5. 重壕, 6. 設柵, 7. 守灘, 8. 守城, 9. 迭射, 10. 統論形勢로 구성되어 있다.

지 않는 것을 확인한 후 만든 계책으로 일본군이 도강 또는 도섭하지 못하도록 차안에서 피안의 적을 방어하는 것이다. 즉 접과 접전 시 힘의 우열이 현저하게 차이가 날 때에 지리적 이점을 활용하여 적을 막아내는 것이다.

류성룡은 수탄의 효용성을 "한강, 임진강, 낙동강, 백마강 등의 건널 수 있을 만한 얕은 여울에 능철(菱鐵), 거시(拒柴)를 설치하기도 하고, 또는 여울 어귀에 계단식으로 돌담을 쌓아 몸을 숨기고서 발사할 수 있는 곳을 만든다면 인력을 많이 소비하지 않고도 지킬 수 있을 것이다."[75]라고 정확한 판단을 하였다.

류성룡이 수탄을 기획할 수 있었던 것은 곽재우가 정암진 일대 하천을 중심으로 한 방어가 본보기가 되었기 때문에 가능했다. 곽재우는 낙동강 일대에 목장(木杖)을 설치하여 적의 보급로를 막았으며, 복병을 대기시켰다가 적선을 포획 또는 격침시켰다.

목장은 의령 지방의 각처 산야에서 많이 생장해 있었던 상수리나무 등을 베어다가 강안 아래 깊은 물속에 말뚝을 박아 놓거나 나무 막대를 가로질러 걸쳐놓은 장치였다. 이것을 여눕나루, 아근나루, 박진나루 등지에 설치해 놓고, 적선을 격침시킨 것이었다. 이러한 전술은 현풍에서 영산에 이르기까지 낙동강을 중심으로 광범위하게 활용되었으며 이로써 경상우도가 일본군의 침입으로부터 보존될 수 있었

---

[75] 如於漢江 臨津洛東白馬等江 其淺灘可渡處 或設菱鐵 拒柴 灘口砌築石墻 以爲隱身發射之所 則不廣費人力 而猶 可守之; 『宣祖實錄』卷40, 宣祖 26年 7月 乙卯.

던 것이다.

　류성룡은 곽재우가 실제 낙동강 지역을 방어하는 모습을 본보기로 하여 수탄이라는 전술적 개념을 완성할 수 있었다.

　이 밖에도 곽재우는 적의 동태를 파악하기 위하여 매복초를 멀리까지 보낸다던지 청음초를 활용하여 경계에 치중하거나[斥候], 피아의 강약점을 정확히 판단하여 비대칭적 전력인 유격병을 활용하는 전술[長短], 의진의 기강을 확립[命令嚴守], 형세를 총체적으로 통괄해서 적의 보급로를 차단하고, 험준한 요충지를 택해 진을 치는 전술[統論形勢] 등은 실전에서 그대로 활용되었다. 이러한 여러 전술 등은 수탄과 함께 류성룡이 기무 10조에 차용하여 기술할 정도로 전술적인 완성도가 높았다.

4. 결론

　임진왜란 연구사에서 있어서 의병 활동에 관한 연구 성과는 양적으로나 질적으로나 차지하는 부분은 상당하다. 그 중 의병장 개인에 대한 연구 성과에 있어서 곽재우에 대한 연구가 차지하는 부분은 독보적이다. 기존의 곽재우에 대한 연구 성과를 바탕으로 하고 있지만 연구자들이 혹시나 간과한 부분은 없을까하는 우려 속에서 이 연구를 진행하였다. 선학들의 연구 성과가 매우 정치하기에 이를 넘어서는 연구 결과를 도출하지는 못하였지만 나름의 연구 성과를 정리해

보면 다음과 같다.

첫째, 의령 창의의 역사적 배경과 의의를 살펴보았다. 먼저 임란 초기의 조선의 연속적인 패배를 기존 연구에서는 군정의 문란, 국방태세의 해이 등 내부 요인에서 찾았지만, 당시 세계 최고의 군사대국인 일본의 국방력 같은 외부 요인도 함께 고려되어야 함을 논의하였다. 또한 의병장으로서의 곽재우는 현실적 판단력이 매우 뛰어난 중도를 지키는 장수임과 그의 장재는 선천적이 재질과 함께 스승, 부친, 장인으로부터 받은 영향으로 인해 전란 시 뛰어난 지휘관, 전략가로 발현되었음을 논의하였다. 그리고 의령 의진은 선조의 소모 명령에 의해 창의한 다른 의진과는 달리 근왕이라는 목표보다는 각기 다른 창의의 동기를 가지고 있지만 곽재우라는 인물을 중심으로 자발적으로 모였으며, 그 결집력은 더 뛰어났음을 확인하였다.

둘째, 의령 창의가 최초 창의로서 지니는 의의에 대하여 살펴보았다. 곽재우의 의령 창의는 단순히 최초의 창의라는 의미 이상으로, 모든 불비한 여건 속에서도 창의를 성공적으로 할 수 있었다는 데 초점을 맞추어 살펴보았다. 또한 의령 창의가 초기 민중들의 동요를 진정시킨 점과 민중들의 반봉건적인 성격을 반외세적 성격으로 전환시켰으며, 다른 지역의 창의를 촉발시켰다는 점을 논의하였다.

셋째, 의령 창의가 지닌 전략적 효과를 살펴보았다. 의령 창의는 곽재우가 의도했던 의도하지 않았던 간에 경상우도 지역의 보존 및 일본군의 호남지역으로의 진출을 저지하는 효과로 나타났으며, 이는 결과적으로 관군의 정비, 조선 수군의 보호, 명군 원병의 계기, 일본군지도층의 분열, 일본군의 사기 저하와 이에 따른 항왜(抗倭)의 증가 등 임진왜란 전체 전황에 영향을 주었을 수도 있었을 것이라는 논지를 전개하였다.

넷째, 곽재우가 일본군의 3대 장기인 조총·용검·돌진을 파해할 수 있었던 점에 대해 논의하였고, 정암진 전투 등 강안전투의 경험이 후에 류성룡의 군국기무 10조의 '수탄'의 형태로 발전되었음을 확인하였다.

최근 들어 임진왜란 연구사 연구 중 의병에 대한 연구가 답보를 거듭하고 있다. 이는 기존 연구 성과들의 연구업적이 매우 뛰어나 더 이상 새로운 논제를 찾기 힘든 탓도 있겠으나, 선양 차원에서의 연구나 아니면 반대로 실증적 연구방법론을 통한 전공위주의 연구가 연구자들을 피로하게 한 것도 한 요인이지 않았나 생각한다. 임진왜란 의병에 대한 연구가 시작된 지 반세기가 지난 본 연구를 통해 기존 연구들에 대해 혹시 우리가 놓치고 있는 점이 없는지 다시금 생각하는 계기가 되었으면 한다.

5

이로 〈龍蛇日記〉의 문학적 특수성

1. 서론

　송암(松巖) 이로(李魯)의 〈용사일기(龍蛇日記)〉는 '용사일기'라는 제명(題名)을 가진 임진왜란 전쟁실기 중 가장 먼저 학계에 알려진 작품이다.[1]
　송암의 〈용사일기〉는 1592년 임진왜란이 발발하자 송암이 서울에서 고향으로 내려와 5월 초4일에 함양에서 초유사 학봉 김성일을 만나 학봉의 종사관(從事官)·소모관(召募官)·사저관(私儲官)으로 활약하였던 당시의 기록을 정리한 전쟁실기이다. 송암이 〈용사일기〉를 저술한 목적은 '記金鶴峯事蹟(기김학봉사적)'이라는 부기제명에서 드러나듯이 임

1　松巖〈龍蛇日記〉는 1960년에 釜山大學校 韓日文化研究所에 의해 처음 소개되었다.

진왜란 당시 학봉의 사적을 후대에 전하기 위해서이다. 송암은 학봉이 1590년(선조23)에 정사 황윤길을 따라 일본을 다녀오는 내용부터 시작하여 1593년 4월 진몰(陣沒)되어 안장되는 때까지의 일을 시간 순서에 따라 기술하였다.

임진왜란 전쟁실기의 경우 작자의 경험에 따라 크게 '종군실기(從軍實記)', '호종실기(扈從實記)', '피란실기(避亂實記)', '포로실기(捕虜實記)'로 나눌 수 있는데, 이 중에서 가장 많은 양을 차지하고 있는 실기가 종군실기이며 송암의 〈용사일기〉 또한 종군실기로 분류할 수 있다.

송암은 영남초유사였던 학봉의 참모이다 보니 경상도 지역의 전황을 더 명확하게 조망할 수 있는 위치에 있었고, 이런 까닭으로 다른 종군실기보다도 당시의 상황을 더 상세히 기술하고 있다. 또한 송암이 남명의 직전문인이기에 당시 대부분의 의병장을 배출한 남명학파의 활동상을 세밀히 기술하고 있다. 이 두 가지 이유로 인해 송암의 〈용사일기〉는 임진왜란 초기를 연구하는 사학(史學) 논문에서는 매우 빈번하게 인용되고 있다. 하지만 송암의 〈용사일기〉에 대한 본격적인 문학적 접근은 전혀 시도된 바가 없다.

송암의 〈용사일기〉가 사료(史料)로서의 가치뿐 아니라 문학연구의 재료로서도 충분한 가치가 있다는 전제가 이 글의 시발점인데, 이러한 전제가 가능했던 이유는 송암의 〈용사일기〉가 다른 전쟁실기와는 변별되는 문학적 특성에서 기인한다. 송암의 〈용사일기〉는 다른 전쟁실기와는 달리 소재, 작자, 서술 시점(始點)에서 차이를 보이는데 이러한 변별성에 대하여 구체적으로 논의할 것이다. 논의는 다음과 같은 순서로 진행한다.

첫째, 송암의 〈용사일기〉의 소재는 전쟁의 일상이나 전투 등 큰 사건이 아니라 인물의 사적이라는 점에서 다른 전쟁실기와 차이가 있는데 이에 대해 고구해 보고자 한다.

둘째, 대부분의 전쟁실기는 기술하는 주체인 작자와 기술의 대상이 되는 주인공이 서로 일치하는데 반해 송암의 〈용사일기〉는 서로 일치하지 않는데 이에 대한 논의도 필요하리라 생각한다.

셋째, 다수의 전쟁실기가 일기체 형식을 빌어 현재라는 시점(時點)에서 기술된데 반해 송암의 〈용사일기〉가 기술된 시기는 학봉의 진몰 직후가 아닌 그로부터 4년 뒤라는 점은 매우 이례적인데, 서술 시점이 후대라는 점이 문학적으로 의미하는 바가 무엇인지에 대해서 논의하겠다.

2. 인물중심의 기술에 대한 논의

송암 〈용사일기〉의 원제는 『松巖先生文集(송암선생문집)』에 있는 '鶴峯金先生龍蛇事蹟(학봉김선생용사사적)'으로, 학봉 김성일의 사적을 기록하고 있다. 제명에서 밝혔듯이 인물의 행적을 전쟁실기의 소재로 삼는다는 점에서 일반적인 전쟁실기들과는 차이가 있다.

일반적으로 전쟁실기는 크게 두 가지 소재를 중심으로 기술되고 있다. 첫째는 전쟁실기 중 가장 일반적인 형태인 축일(逐日)에 따라 전쟁 속의 일상을 주된 소재로 삼는 경우이다. 임진왜란 전쟁실기 중 다수를 차지하고 있는 일기체 형식의 전쟁실기가 바로 여기에 해당한다. 작자는 전쟁에서의 일상을 일기체 형식으로 기술하고 있다. 둘째는 중요 전투나 큰 사건을 소재로 삼아 그 사건의 시종(始終)을 상세히 기술하는 경우이다. 이러한 전쟁실기는 주로 기사체(記事體) 형식을 빌어 기술되고 있다.

송암의 〈용사일기〉는 대부분의 전쟁실기들처럼 전쟁의 일상이나 주요 사건을 소재로 삼는 것이 아니라 특정한 인물의 행적을 소재로 삼는다는 점에서 확연한 차이가 있다. 즉 송암의 〈용사일기〉는 기존의 일기체 형식의 전쟁실기와도 차이가 있고,[2] 또 사건을 중심으로 기술하는 기사체[3] 형식을 차용한 전쟁실기와도 거리가 있기에 이와는 변별되는 전쟁실기의 하나의 축으로 보아야 할 것이다.[4] 하지만 이러한 논의가 성립하려면 먼저 전쟁실기를 서사(敍事)의 장르로 보아야 하는

---

[2] 송암 〈용사일기〉는 비록 '~일기'라는 표제명을 가지고 있기는 하지만 일기체 형식으로 기술되지는 않았다. 하지만 시간의 흐름 즉 逐日의 방식에 따라서 인물의 사적을 기술하고 있다.

[3] 安邦俊의 『隱峰野史別錄』 중 『晉州敍事』나 孫起陽 『公山誌』가 여기에 해당한다. 『진주서사』는 2차 진주성 전투에서 중요한 8일간의 기록을 일기체 형식을 빌어 서술하고 있으며 『공산지』는 정유재란 당시 대구 팔공산 지역의 전투를 소재로 한 전쟁실기이다.

[4] 기존 연구자들은 逐日을 중심으로 기술된 전쟁실기와 事件을 중심으로 한 전쟁실기만으로 전쟁실기를 분류하고 있으나 송암의 〈용사일기〉처럼 인물을 중심으로 기술된 전쟁실기군 또한 인정해야 할 것이다. 이에 대한 논의는 최재호, 「戰爭實記의 새로운 분류방법 모색 試論 -壬亂 戰爭實記를 中心으로-」(『퇴계학과 한국문화』 46호, 경북대학교 퇴계연구소, 2010)에 있다.

전제조건이 필요한데 아직까지 이에 대한 논의는 진행 중이다.[5]

송암의 〈용사일기〉와 같이 특정한 인물의 행적을 소재로 삼아 중점적으로 기술한 전쟁실기군은 주로 포로실기에서 나타난다. 포로실기는 주로 피랍으로부터 생환까지의 특수한 사건을 시간의 흐름과 공간의 변화와 함께 기술하고 있다. 하지만 그 중심에 있는 것은 피랍부터 생환까지의 인물의 행적으로 송암의 〈용사일기〉와 같은 인물 중심의 전쟁실기로 분류하여야 할 것이다.

지금부터는 인물의 행적이라는 특수한 소재를 다룬 송암의 〈용사일기〉에 대하여 본격적으로 논의하겠다.

송암의 〈용사일기〉는 송암이 남명학파 동문인 대소헌 조종도와 같이 학봉 김성일의 막하에서 침략자의 격퇴에 진력하면서 틈틈이 그

---

[5] 전쟁실기를 敍事로 보았을 때 배경, 사건, 인물의 3대 요소로 구성된다. 즉 전쟁실기는 戰場이라는 空間적 배경과 戰時라는 時間적 배경을 가지고 있으며, 戰鬪·避亂·扈從·被虜의 특수한 경험을 사건이라 할 수 있고, 또 전쟁이라는 특수한 체험을 직접 경험한 사람을 인물이라고 할 수 있다. 이 3가지 요소는 전쟁실기를 이루는 축으로 작품 내에서 잘 융화되어 있다. 전쟁실기 내에서 서사의 3요소 중 하나의 요소가 특히 부각될 수 있지만 우위에 있는 하나의 요소로 인하여 다른 두 가지 요소가 완전히 사라지는 것은 아니다. 예를 들어 일기체 형식의 전쟁실기에서는 시·공간적 배경이 부각되어 전쟁의 일상을 중심으로 기술하고 있다. 전쟁의 일상이라는 배경이 부각된다고 해서 전쟁의 일상을 경험하는 인물이나 일상 안에서의 사건에 대한 내용이 전혀 배제하는 것은 아니다. 또 기사체 형식의 전쟁실기가 주로 특수한 경험 즉 사건만을 부각시켜 기술하고 있다고 하여 그 사건에 등장하는 인물이나 그 사건이 벌어지는 시·공간과 같은 배경이 배제하고 기술할 수는 없다. 마찬가지로 인물 중심으로 기술되는 전쟁실기 또한 인물을 둘러싸고 있는 시·공간적 배경과 인물을 중심으로 벌어지는 사건을 배제한 채 기술할 수는 없다.

의 견문(見聞)과 소감(所感)을 기록한 작품이다. 실기의 시작은 학봉이 경인년(庚寅年)에 왕명을 받들어 정사 황윤길과 같이 부사의 자격으로 일본에 사행(使行)한데서부터 기필(起筆)하여 계사년(癸巳年) 4월 학봉이 진주공관(晋州公館)에서 진몰하여 5월에 고향 안동으로 반장(返葬)하기까지의 일로 끝마치고 있다.[6]

그러면 먼저 학봉을 중심으로 기술된 부분을 확인하겠다.

송암의 〈용사일기〉 첫 면을 보면 '龍蛇日記(용사일기)'라는 제명 아래 '記金鶴峯事蹟(기김학봉사적)'이라고 2행으로 세주(細註)가 되어 있다. 제명에서도 드러나지만 학봉 김성일의 행적을 기록하는 것이 송암 〈용사일기〉의 주된 목적인 것이다.

첫 면에서는 이렇게 기술되어 있다.

> 공의 이름은 성일(誠一)이고 자(字)는 사순(士純)이며 성(姓)은 김(金)씨이니 문소파계(聞韶派系)로서 대대로 벼슬살이한 집안이며 영가부(永嘉府)의 임하현(臨河縣)에 살았다. 공은 일찍 퇴계(退溪) 이(李)선생의 문하에 수학하여서 모나고 날카롭고 심각하고 엄격한 성품을 함양하고 고르게 잡았다. 타고난 천분이 비록 곧았다 하더라도 실천 이수(履修)한 공도 많았다.

---

6 송암의 〈용사일기〉는 학봉의 年譜처럼 보일 수도 있지만 경상우도 지역의 의병 활동을 송암의 날카로운 분석과 取捨選擇이 있으며 설명이 있어서 하나의 종합된 紀事本末을 이루고 있다.; 韓日文化研究所, 『譯註 龍蛇日記』, 부산대학교 한일문화연구소, 1960, pp.2~3.

갑자년에 사마시(司馬試)에 합격하고 무진년에 문과(文科) 대과(大科)에 급제하였다. 내한(內翰), 천조(天曹)를 지내고 옥당(玉堂)에 뽑혀 화요(華要)를 지나 일대(一代)의 명신(名臣)이 되었다. 능히 남이 말하기 어려워하는 바를 말하며 강직한 지조와 충의스러운 지표는 온 나라 사람들이 칭송하였다.[7]

송암의 〈용사일기〉가 다른 임진왜란 전쟁실기와 변별점이 바로 여기에 있다. 송암 〈용사일기〉의 경우 다른 전쟁실기와는 달리 작품 속 주인공인 학봉의 출생과 가계, 소속 문하 및 관력(官歷)들을 설명하고 있다. 이것은 학봉의 사적을 자세히 기술하고자 하는 작자의 충실한 기술의식에서 그 이유를 찾을 수 있다.

1면에서는 학봉의 기본적인 약력에 이어서 황윤길과 같이 일본에 사신으로 갔다 온 일에 대하여 기술하고 있다.

경인년에 일본에 사신으로 갔을 때 왕명을 욕되게 하지 않았고 절개를 굽히지 않아서 빙얼(氷蘗)의 칭송이 자자하였으며 돌아와서는 곧 최징사 영경의 원한을 풀어주었다. 공일 일본에 사신으로 갔을 때 황윤길(黃允吉)이 상사(上使)였고 허성(許筬)이 서장관(書狀官)이었다.

---

7 公諱誠一 字士純 聞韶系 世官族 居永嘉府之臨河縣 公嘗遊退溪李先生之門 廉劌刻厲 涵而揉之 天得之分雖貞 而踐修之功亦多 甲子司馬 戊辰及第 入內翰 出天曹 遴玉堂 敭歷華要 爲一代名臣 能言人所難言 剛直之操 忠義之標 國人皆稱之; 李魯, 『龍蛇日記』, 一.

> 공은 매사를 관장함에 있어서 공명정대하게만 하고 우여곡절한 수
> 단을 쓰지 않아 외롭게 동떨어져 있었으므로 일본이 군사를 다스려
> 서 장차 우리나라를 침범하려는 기미를 알지 못하였다.[8]

학봉의 간단한 이력 이후에 학봉이 경인년에 일본에 부사로 갔던 온 일을 따로 기술한 이유는 임진년(1592)에 발발된 임진왜란과 경인년(1590)에 일본에 사신으로 간 일이 하나의 연장선상에 있다는 생각에서였다. 특히 임진왜란 당시 학봉은 경인년의 일로 인해 많은 구설수에 오르내리고 있었기에 작자인 송암의 입장에서는 이에 대한 변호도 필요했을 것이다. 이어서 신묘년(1591) 학봉이 홍문관 부제학으로 차자(箚子)를 올려 시사(時事)를 극론한 부분을 높게 기술하고 있다. 신묘년의 기사는 송암의 〈용사일기〉와는 직접적인 관련이 없는 부분이지만 학봉의 사적이 경인년부터 시작되고 있기에 신묘년의 치적 또한 기술한 것으로 보인다.

2면부터는 본격적으로 임진왜란과 관련된 내용이 등장한다.

조정에서 왜침을 걱정하여 학봉을 경상우병사로 임명한 내용과 학봉이 일찍이 "두려워할 것은 천명(天命)과 인심(人心)이요, 섬 오랑캐는 족히 두려워할 것이 없습니다."라고 한 자신감을 피력한 일, 갑작스런 전황의 불리함으로 인해 선조가 "김성일이 일찍 말하기를 일본은 근

8　庚寅 使日本 不辱命 不屈節 氷蘗藉藉 及還 卽直崔徵士之冤 公之使日本也 黃允吉爲上使 許筬爲書狀 公一以直道管行 不用旁蹊曲徑 孤介特立 故不知治兵 將犯之漸; 李魯, 『龍蛇日記』, 一.

심할 것이 없다 하더니 이제 크게 내침하였으니 나는 장차 김성일을 국문(鞫問)코저 한다" 하며 의금부에 명을 내려 학봉을 잡아오게 한 일, 이에 홀로 류성룡만이 진언하여 선조를 설득한 내용들이 기술되어 있다.

이러한 주된 내용 외에도 세주(細註)로 기술되어 있는 부분이 두 군데 등장하고 있는데 둘 다 중요한 의미를 띠고 있다.

첫 번째 세주는 학봉이 경상우병사에 임명되어 경상우도로 떠날 때 동년 벗인 기궤자(畸傀子)가 밤에 찾아와 시(詩)를 지으면서 학봉을 위로하는 장면이 기술되어 있다.

이것으로 볼 때 송암의 〈용사일기〉는 철저히 학봉의 사적을 중심으로 기술되고 있음이 확인된다. 이 당시에는 송암과 학봉이 아직 서로 만나지 못한 시기였음에도 위와 같은 자세한 기술이 가능한 것은 송암이 학봉에게 직접 이 사실을 듣고 기억해 두었다가 후에 기록으로 남겼을 것이라 추정한다. 즉 이 장면을 통하여 학봉과 송암 간의 친밀성과 학봉의 개인사 하나까지도 놓치지 않으려는 송암의 치밀성을 엿볼 수 있다.[9]

두 번째 세주는 조정이 전란으로 어려울 당시 조정의 대신들의 인사 현황을 기술하고 있는 부분이다.

---

9   세주에서 학봉의 동년 벗인 畸傀子가 지은 시의 내용까지도 명확히 기술되어 있다.

때에 이산해(李山海)는 영의정(領議政)이고, 류성룡(柳成龍)은 좌의정(左議政), 이양원(李陽元)은 우의정(右議政)이었으며, 홍여순(洪汝諄)은 병조참판(兵曹參判), 변응성(邊應星)은 좌도방어사(左道防禦使), 이일(李鎰)은 우도방어사(右道防禦使)이고 신립(申砬)으로서 대장(大將)을 삼고 김여물(金汝㘾)로 종사관(從事官)을 삼아 서울의 장정을 징발하였는데, 사대부들은 각각 전마 한 필씩을 내어서 출전하게 하였다.[10]

송암은 기본적으로 학봉의 사적을 중심으로 〈용사일기〉를 기술하고 있지만 위와 같이 임진왜란 당시의 여러 정황 또한 놓치고 있지 않다. 이러한 기술의 성격은 비단 송암 〈용사일기〉에만 국한되는 것이 아니라 당시 임진왜란 전쟁실기에 보편적으로 나타나는 현상이었다. 즉 본인이 직접 체험한 것 외에도 풍문으로 듣거나 또는 자신이 취득 가능한 모든 자료들을 자신의 전쟁실기에 기재하려는 행동이 그것이다. 모든 전쟁문학이 그러하듯이 전쟁실기 또한 전쟁에서 사선을 넘나드는 급박함 속에서 기술되었다. 그래서 작자의 서술의도 또한 매우 극명하게 나타나는 경우가 많다. 전쟁실기의 서술의도 중 가장 큰 것은 주로 전쟁의 과정에서 겪은 개인의 체험을 잊지 말고 기억해야겠다는 작가의 기록의식에 기인하는 경우가 가장 많다. 다음으로 전쟁을 경험하지 못한 후세 사람에 대한 감계적(鑑戒的) 의도 또한 많은

---

10 時李山海爲首台 柳成龍爲中台 李陽元爲右台 洪汝諄爲兵曹參判 邊應星爲左道防禦使 李鎰爲右道防禦使 申砬爲大將 金汝㘾爲從事官發長安丁壯人 士大夫家各出戰馬一匹 以赴之; 李魯, 『龍蛇日記』, 一~二.

작품에서 드러난다. 이러하기에 다른 문학보다 기록에 대한 강한 욕구가 드러나고 이것이 그대로 작품에 드러나는 것이다.

송암의 〈용사일기〉는 학봉의 사적을 중심으로 기술되고 있지만, 임란 직전까지 관료의 입장이었던 송암이나 작품의 주인공인 학봉이 현직 관료라는 점에서 당시 조정의 전란에 대한 대응 태도 등이 기술되고 있는 것은 오히려 자연스럽다. 비록 자신의 기록이 사적 성격을 띠고 있지만 공적실기로 인정받고 싶은 욕구가 있었을 것이라 생각한다. 송암의 이러한 욕구는 그대로 반영되어 송암 〈용사일기〉의 내용 중 교서(敎書), 장계(狀啓), 격문(檄文) 등 공문서가 군데군데 등장하는 것을 확인할 수 있다.[11]

송암은 기록에 대한 욕구로 인해 송암 〈용사일기〉의 앞부분은 기본적으로 학봉의 사적을 중심으로 하되 부차적으로 전국의 전황이나 조정의 정황이 빠짐없이 기술되어 있다. 학봉이 중앙 정계에 있었을 때는 중앙 정계의 일이나 전국의 전황을 비교적 상세히 적고 있지만, 이후 학봉이 경상우도에 부임한 뒤로는 경상우도의 전황 중심으로 기술하는 내용이 국한된다. 이것은 송암이 충실하게 학봉의 사적을 따라 〈용사일기〉를 기술하고 있다는 것을 의미한다. 즉 학봉의 시야가 전국에서 경상우도로 좁아지다 보니 송암이 기술하는 범위 또한 줄

---

11 〈용사일기〉에는 본문 외에도 「龍蛇日記序」, 선조가 내린 「敎慶尙右道士民等書」, 「上天將啓」, 「龍蛇日記跋」 등으로 되어 있다. 〈용사일기〉 본문이 시작하기 전에 「敎慶尙右道士民等書」가 먼저 기재되어 있고, 실기 본문에도 이 교서에 대한 언급이 등장한다.

어들 수밖에 없는 것이다. 학봉이 경상우도로 부임한 이후에는 주로 경상우도 지역 위주의 내용으로 실기가 기술된다.

우병사(右兵使) 조대곤(曹大坤)은 대군을 거느리고 해망원(海望原)에 주둔하면서 김해(金海)가 도륙됨을 가서 구하지 않고 황망히 도망치려다가 공이 이르매 소스라치며 맞아 읍하고는 문득 버리고 도망하려거늘 공이 준엄한 말로 책망하기를 "장군은 한 지방을 맡은 대장으로서 군대를 머물고 진격하지 않아 김해성(金海城)을 함몰케 하였으니 그 죄상은 목을 베어 마땅하다. 더구나 세신숙장(世臣宿將)으로서 이 참극한 변을 당하여서 의리상 달아나지 못할 것이 아니냐"고 하니 대곤(大坤)은 낯빛이 새빨개졌다.[12]

경상도에 도착하자마자 학봉은 김해성을 버리고 도망가려는 우병사 조대곤을 꾸짖는 장면이다. 관군이 자신의 책무를 다하고 있지 못하고 있음을 노출시키는 장면이기도 하다. 뒤 이은 장면에서는 관군의 비겁함과 무능함이 더욱 강조되는 장면이 등장한다.

순찰사 군관 김경로는 적정을 염탐하기 위하여 파견된 사람이나 절반 길도 못가서 적의 정찰대를 멀리서 보고 말을 달려 되돌아와

12　右兵使曹大坤　領大軍　屯于海望原　不往求金海之屠　公至　則錯愕迎揖　便欲棄去 公峻辭責之曰　將軍以閫帥　屯兵不進　使金海見陷　罪當行形　況以世臣宿將　當此 劇變　義不可逋　大坤色艴; 李魯, 『龍蛇日記』, 二.

서 칼을 휘두르며 큰 소리로 고함처 말하기를 "적이 우리 배후에 이르렀다."고 하니 이에 일군(一軍)이 놀라서 무너졌다. 대곤(大坤)이 공과 의자에 서로 맞보고 걸터앉았다가 일어나 말을 타려고 하거늘 공이 세 번이나 불러서 중지시키니 끝내 말에 매달려서 오르지도 못하는 지라 그 비장(裨將)이 추켜올려 주니 곧 앞서 달아났다.[13]

적이 쳐들어온다는 말만을 듣고도 조대곤이 학봉과 마주하여 안절부절 못하다가 결국에는 도망하는 장면이다. 그 도망하는 장면은 매우 극적이라 할 수 있는데, 한 도의 군권을 쥐고 있는 장수가 두려움으로 인해 자신의 말에 오르지 못하다가 결국에는 자신의 비장이 추켜 올려주자 앞장서서 도망을 하는 장면이다. 무능한 관군의 모습을 극도로 희화화하였다고 할 수 있다.

여기에서 학봉의 관군에 대한 태도를 살펴 볼 필요가 있다. 학봉은 무능한 관군에게도 질책보다는 설득으로 대하고 있는 것을 확인할 수 있다. 이것은 초유사(招諭使)라는 학봉의 직책과도 연관이 있으며, 학봉의 뛰어난 인품을 부각하는 장치라 할 수 있다. 그리고 조대곤이 도망하는 장면에 대한 논의이다. 이 당시는 아직 학봉과 송암이 만나지 못하던 시기였는데, 이 장면에 대한 묘사가 매우 사실적이며 또한 극적이다. 이 장면이 사실적이며 극적이라는 것은 송암이 학봉으로부

13　巡察使軍官金敬老 遣來覘賊 未半途 望見哨掠軍來 躍馬回馳 揮釖大聲 呼曰 賊至我後 於是一軍崩駭 大坤與公對踞胡床 起將跨馬 公呼而止之者三 末乃攀馬不能騎 其裨扶上之 卽先馳去; 李魯, 『龍蛇日記』, 二.

제5장 _ 이로〈龍蛇日記〉의 문학적 특수성　**519**

터 이 장면에 대한 얘기를 상당히 많이 들었거나 아니면 송암이 어떤 효과를 노리면서 이 장면을 사실적이고 극적으로 묘사했을 수도 있다는 것이다. 학봉과 조대곤은 임진왜란 초기에 경상우병사의 역할을 번갈아가며 수행하고 있었다. 같은 우병사의 역할을 수행하는 두 사람이지만 적의 침입 앞에 대처하는 자세는 서로 달랐다. 즉 학봉과 조대곤을 서로 비교함으로써 학봉의 뛰어남을 드러내려는 의도로 사실적이고 극적으로 이 장면을 묘사하지 않았을 까 생각한다. 이는 일종의 억양(抑揚)을 활용하여 학봉을 현창(顯彰)하려 의도로 보인다.

송암은 〈용사일기〉에 부기된 통문(通文), 격문(檄文) 등을 학봉의 뛰어난 업적을 객관화시키는 자료로써 활용하기도 한다. 특히 송암·대소헌이 작성한 통문의 내용 중에서 "하물며 임금께서 서쪽으로 파천하시던 날에 불쌍히 여기고 슬퍼하시는 교서를 내리시고 별도로 충량(忠良)한 신하를 가려서 특별히 초유사(招諭使)로 보내셨다. 윤음(綸音)이 한 번 내리자 듣는 자 눈물을 흘리지 않는 사람이 없고, 초유사의 격문이 미치는 곳에 보는 사람은 응당 죽음을 생각할 것이다."[14]라는 부분 등은 학봉에 대한 송암의 생각을 읽어낼 수 있는 부분이다. 실제로는 학봉이 초유사로 임명된 일을 살펴보면 통문에 기술된 것처럼 선조(宣祖)의 명철한 사리판단으로 인한 것이 아니라 그나마 시세(時勢)를 정확히 판단한 왕세자의 권유에 의해 몽진을 가던 당일에 급작스

---

14 況主上西幸之日 下哀矜惻恒之教 別揀致命之臣 特遣招諭之使 綸音纔降 聞者 莫不墜淚 星諭所及 見者 應思殉首; 李魯, 『龍蛇日記』, 十.

레 결정된 것이다. 그럼에도 불구하고 학봉이 통문에서 높이 평가된 이유는 이유가 어떠하던 간에 왕명을 등에 업고 학봉이 초유 활동을 활발히 할 수 있도록 하기 위한 명분을 부여하기 위한 작자 송암의 배려로 보여 진다. 송암은 『송암일기』 본문뿐만 아니라 부기문을 통해서도 작자의 저술의도를 부각시키는 것을 게을리 하지 않고 있음을 확인할 수 있다.

영남지역의 초유 활동이 본격적으로 진행된 이후부터는 자연히 학봉의 사적에 대한 기술은 영남지역의 의병 활동과 전황에 비해 소홀해 질 수밖에 없음에도, 송암은 학봉의 특이한 능력·인물됨·경상우도 사림의 학봉에 대한 무한한 신뢰[15] 등을 지속적으로 등장시켜 작품 속에서 주된 소재가 학봉의 사적임을 상기시키고 있다.

학봉의 사적을 중심으로 기술하던 송암의 〈용사일기〉는 학봉의 죽음으로 인하여 갑작스런 중단을 맞이한다. 계사년 4월 19일에 역질(疫疾)로 머리를 앓기 시작하던 학봉이 4월 그믐날 갑자기 서거(逝去)하게 되고 송암은 학봉의 죽음 이후의 장례 과정과 학봉에 대한 추모를 마지막으로 〈용사일기〉를 끝맺고 있다.

'記金鶴峯事蹟(기김학봉사적)'이라는 부제에 충실한 송암의 〈용사일기〉

---

15 학봉이 관상을 잘 보는 장면이 등장하는데, 의병장 손인갑, 정인홍의 아들의 무졸을 예견하기도 하고, 전쟁터를 벗어난 무능한 관료의 주검에 壽衣를 직접 보냄으로써 드러나는 학봉의 인물됨, 학봉이 경상좌도로의 부임을 명령받게 되자 경상우도의 민심이 들끓었다는 내용, 경상우도민의 이러한 동향이 드러난 상소문을 기재하여 학봉의 뛰어남을 놓치지 않고 기술하고 있다.

는 일반적인 전쟁실기와는 달리 인물 중심의 전쟁실기라는 점에서 문학적 의미가 매우 높고, 작자인 송암 또한 저술의도에 매우 충실하게 부응하고 있음을 확인하였다.

3. 작자와 주인공의 불일치에 대한 논의

전쟁실기 대부분은 자신의 전쟁에 대한 생체험을 직접 기술하고 있다. 하지만 송암의 〈용사일기〉는 전쟁실기의 기술주체와 전쟁실기의 기술 대상이 서로 일치하지 않는 매우 이례적인 작품이다.[16] 즉 작자인 송암이 주인공인 학봉의 사적을 대신 기술하고 있는 것이다. 이러다 보니 작품 내에서 작자와 주인공의 이중적인 시각이 등장하거나 작자 중심의 기술이 이루어지는 등의 특성이 발생할 여지가 있다. 여기서는 송암 〈용사일기〉가 지니고 있는 작자와 주인공의 불일치 문제가 무엇을 의미하는지를 살펴보도록 하겠다.

---

16 황패강은 '正史와 같이 公式的인 서술만 시종한 實記類도 적지 않다. 그러나 이것들은 대부분 後人이나 後孫들이 先人이나 先祖를 顯揚하려는 목적에서 제작한 까닭으로 당자의 생생한 체험과는 거리가 없을 수 없고, 자신의 체험을 서술한 실기와는 구별하지 않을 수 없다'라고 하면서 당대에 직접 전쟁을 경험한 인물에 의해 기술된 전쟁실기와 후대에 기술된 실기류와는 차별화하였다. 본 논의에서는 황패강의 논의를 받아들여 전쟁실기를 당대 직접 전쟁을 경험한 인물에 의해 기술된 작품들로 규정하고자 한다. 송암 〈용사일기〉는 전쟁이 일어난 당대에 기술된 전쟁실기이면서 작자와 주인공이 불일치하는 매우 이례적인 전쟁실기라 하겠다.

임금이나 왕세자를 호종하는 임무를 수행하면서 기술하는 호종실기의 경우 공적인 성격으로 인해 자신보다는 임금이나 왕세자에 대한 내용이 기술의 중심이 되기도 한다. 하지만 작자는 자신을 1인칭으로 인식하여 자신을 중심으로 임금이나 왕세자의 행적을 기술한다는 점에서 일반적인 전쟁실기를 그대로 따르고 있다. 반면에 송암의 〈용사일기〉에는 작자인 송암은 자신을 스스로 3인칭으로 작품 속에서 '魯(로)' 또는 '李魯(이로)'라는 인물로 등장시키고 있으며 학봉을 주인공으로 등장시키고 있다.

작자가 작품 내에서 스스로를 3인칭으로 노출할 경우 기술 대상을 객관적으로 바라볼 수 있다는 특성을 가질 수 있다. 그런 점에서 송암의 〈용사일기〉는 기존의 다른 전쟁실기들이 일반적으로 지니고 있는 작자가 지니고 있는 주관성에서 좀 더 자유로울 수 있는데 작품을 살펴보면서 이에 대한 논의를 하겠다.

송암의 〈용사일기〉는 학봉이 일본에 부사로 갔던 1590년부터 본격적으로 기술된다. 하지만 작자인 송암과 주인공인 학봉이 처음 만나는 시점은 임진왜란이 발발 한 1592년 5월 4일이다. 즉 1590년에서 시작하여 1592년 5월 4일 이전까지의 기술은 송암이 직접 보고 들은 내용을 작자가 기술한 것이기보다는 객관적인 사실을 토대로 하여 유추하여 기술하였을 가능성이 크다.

앞서 논의하였던 장면 중 하나인 학봉이 경상우도로 떠나기 전날의 일화를 살펴보자. 학봉이 경상우병사로 임명되어 경상우도로 떠나기 전 동년 벗인 기궤자(畸佹子)가 밤에 학봉을 찾아와 시를 지으면서 학봉을 위로하는 장면이 송암 〈용사일기〉에 기술되어 있다. 이 장면에서는 기궤자가 지은 시의 내용까지 자세히 기술되어 있다. 학봉과 기궤자가 밤에 만나 사사로이 시를 주고받았다는 내용은 당시 모든 사람들이 다 아는 객관적인 사실이 아닌 지극히 개인적인 일화임에도 불구하고 송암이 〈용사일기〉에 기술하였다는 점은 한 번 논의해 볼 필요가 있다. 또한 당시는 〈용사일기〉의 기술 주체인 송암이 아직까지 학봉과 만나지 못하였던 터라 더욱 그러하다. 송암과 학봉이 아직 서로 만나지 못하였음에도 이러한 기술이 가능했던 것은 송암과 학봉의 친밀성에서 그 이유를 찾을 수 있다. 즉 송암은 학봉에게서 이 일화를 직접 듣고 기억해 두었다가 후에 기록으로 남겼을 가능성이 크다.

또 앞서 논의했던 무능한 경상우병사 조대곤과 학봉의 만남을 묘사하는 장면도 위와 같은 맥락에서 이해하면 된다. 즉 송암이 학봉과 조대곤의 만남을 직접 목격하지는 않았지만 두 사람의 만남을 구체적으로 묘사할 수 있었던 것은 서로 상반되는 송암의 학봉에 대한 이미지와 송암의 무능한 관군 장수에 대한 이미지에 의해 사실적으로 기술이 가능하였던 것으로 보인다.

다음 장면도 한 번 살펴볼 필요가 있다. 송암의 〈용사일기〉는 제명에 '~日記'라고 되어 있지만 제명과는 달리 일기체처럼 년·월·일을 기재하고 있지 않다. 하지만 전체 내용 중 중요한 사건을 중심으로 작자인 송암은 일자를 기재하는데 송암이 학봉을 만나는 장면에서 그 일자가 처음 나타난다.

오월 초나흘 공은 함양에 이르렀다. 군수 이각(李覺)은 공관에 우두커니 앉아 있고 단지 늙은 아전 몇 사람이 뜰 아래 보일 따름이었다. 전 현령 조종도(趙宗道)와 전 직장(直長) 이로(李魯)가 기약없이 모이니 공은 우연히 서로 만남을 못내 기뻐해 말하기를 "이것은 하늘이 나를 도와주심이다"라고 하였다.[17]

이 장면에서 작자는 자신을 3인칭으로 객관화하고 있으며 학봉 또한 객관화하여 기술하고 있다. 하지만 송암은 학봉의 속내를 전지적 작가시점을 통하여 노출하고 있다. 학봉은 송암과의 만남을 매우 기뻐하고 있으며 송암은 구체적인 일자까지 언급하면서 이 장면을 놓치지 않고 기술하고 있다.

위의 장면에서 문제가 되는 것은 첫째 송암의 〈용사일기〉는 작자가 직접 목격하지 않았던 사실에 대해서도 기술하고 있다는 점이다. 작자가 직접 목격하지 않았던 사실에 대한 사실을 기술한다는 것, 특히 주인공의 개인적인 일화까지를 목격하지 않고 기술한다는 것은 주인공의 진술에 의존해 그대로 기술한다는 것을 의미한다. 이것은 작자와 주인공이 그만큼 친밀하다는 의미이기도 하다. 이렇게 되면 송암이 스스로 견지하는 3인칭 시점의 객관성은 매우 무디어질 수밖에 없다. 둘째 작자는 주인공의 심리상태를 매우 상세하게 묘사하고 있다.

17 　五月 初四日 公至咸陽 郡守李覺 坐嘯公館 只有老吏數人 見於庭 前縣令趙宗道前直長李魯 不期而會 公避逅相遇 喜不自勝曰 是天贊我也; 李魯, 『龍蛇日記』, 五.

이것은 단순히 3인칭의 시점을 뛰어넘는 전지적 시점에서의 기술이라고 볼 수 있다.

논의의 진전을 위해서 다음도 한 번 살펴볼 필요가 있다.

송암의 〈용사일기〉는 다른 전쟁실기보다 더 여러 가지 갈등이 많이 등장하는데 그 중 가장 첨예한 갈등은 바로 경상우도의 대표적 의병장인 망우당 곽재우와 무능한 관군의 대표격인 김수와의 갈등이다.

곽재우와 김수는 서로 격문과 장계를 통해 상대방에 대한 적대감을 드러내고 있는데, 송암은 〈용사일기〉에 이러한 사실을 매우 상세히 기술하고 있다. 이러한 갈등은 곽재우의 후견인을 자처하는 학봉의 중재로 표면적으로 해소된다.

무능한 관군에 대한 의병장의 비우호적인 감정은 다른 전쟁실기에서도 쉽게 발견된다. 하지만 송암의 〈용사일기〉에 상당한 분량을 할애하며 특히 특정인물 사이의 갈등이 구체적으로 기술하고 있는 사실은 매우 흥미롭다. 이것은 작자인 송암에게서 그 이유를 찾으면 될 것이다.

신묘년 여름에 합천사람인 전 현감 문덕수(文德粹)는 나이 팔십(八十)에 가까우나 시국을 내다보고 근심과 통분함을 참지 못하여 감사(監司) 김수에게 글을 올려, 변장(邊將)과 수령들이 모진 형벌과 가렴주구로 나라의 근본을 뽑는다고 극론하니, 김수가 크게 화를 내어 병사 신할(申硈)과 더불어 그를 호강(豪强)이라고 장계하였다. 그 때 합천군수 전현룡(田見龍)은 그 사갈(蛇蝎)과 같은 독과 바다와 같은 욕심 때문에 백성들이 견디지 못하고 고을이 장차 빌 판인데 또한 덕수를 심히 미워하고 반드시 무거운 죄에 몰아넣으려 하여 수의하는 일에 찬성하니 대저 현룡은 수와 동년생이었다. 덕수를 삼가(三嘉)에 옮겨 가두고 화가 장차 예측하기 어려우므로 그의 생질되는 이로(李魯)는 그의 원통함을 조정에 고소하기 위하여 서울에 올라가서 돌아오지 않았고[18]

그 이유는 송암이 바로 무능한 관군의 대표격인 김수와 전현룡과의 갈등 때문이다. 송암과 김수·전현룡과의 갈등은 임진왜란이 일어나기 1년 전인 1591년부터 이미 있었던 것이다. 하지만 실제로 임진왜란 발발 이후 송암의 〈용사일기〉에는 송암과 김수·전현룡 간의 갈등은 기술되고 있지 않다.

다만 송암을 대신한 대리인들이 김수·전현룡과 대리전을 치르고 있는 것이다. 그리고 그 선봉에 있었던 이는 바로 곽재우인 것이다. 하지만 여기서 또 새로운 사실이 밝혀진다. 김수가 곽재우를 무계하여 올린 장계에서 이런 내용을 찾을 수 있다.

---

18 辛卯夏 陜川人前縣監文德粹 年近八十 目睹時事 不在憂憤 上書于監司金睟 極陳邊將守令嚴刑剝害 先拔邦本云云 睟大怒 與兵使申砬 以豪强狀啓 時陜川守全見龍 蛇蝎之毒 谿壑之慾 民不堪命 邑將空虛 亦甚疾之 必欲陷于大罪 替而成之 盖與睟同年也 移囚三嘉 禍將不測 甥姪李魯 欲告寃于朝 戾京未還; 李魯,『龍蛇日記』, 五.

> 재우는 곧 전 직장(直長) 이로(李魯)의 사위이고, 로(魯)는 전 현감 문덕수(文德粹)의 삼촌질인데 덕수가 신에게 글을 올려 도주(道主)·곤수(閫帥)·수령(守令)·변장(邊將)을 모두 비난하였기에 신이 병사(兵使) 신할(申硈)과 더불어 장계를 올려 죄 주기를 청하였기 때문에 덕수가 신을 원망하게 되었고, 재우가 남의 부촉(附囑)함을 듣고서 이와 같이 불쾌한 짓을 한다.[19]

곽재우는 송암의 사위이고, 송암은 문덕수의 조카라는 내용과 함께 곽재우가 남의 부촉함을 듣고서 이와 같은 일을 한다는 내용이다. 김수와 가장 극명한 대립상을 보여주었던 곽재우가 바로 송암의 사위라는 사실과, 곽재우와 김수의 갈등 사이에 이것을 부추기는 다른 사람이 있다는 내용이다.

곽재우와 김수가 갈등의 겪는 사이에 경상우도 사족 사이에 돌던 통문에 이런 내용도 언급된다.

> 격문을 곽에게 전하여 사사로운 감정을 마음대로 풀고자 함은 김경눌이 이로로 더불어 틈이 생긴 지 오래이기 때문입니다. 여러 해를 두고 노를 엿보았으나 그 틈을 타지 못하였는데, 마침 이때를 당하여 마음먹은 일을 성취할 수 있다고 기뻐하였을 것인데, 문득 먼

---

19 再祐卽前直長李魯之女壻 魯卽前縣監文德粹之三寸姪也 德粹獻書於臣 歷詆道主閫帥守令邊將 臣與兵使申硈 狀啓請罪 故臣爲德粹所怨 再祐聽人所囑 爲此不軌; 李魯, 『龍蛇日記』, 二十八.

저 격문을 보고 혼잣말로, "곽재우의 첩은 이로의 딸이다. 노를 죽임은 이때다"라고 하며 노를 음주(陰嗾)한 괴수로 삼고, 곽으로 사주(使嗾)당한 사람으로 삼으니[20]

위의 내용은 경상우도 사족들이 작성한 것으로 갈등의 당사자들이 직접 작성한 내용이 아니기에 상당히 객관성을 담보로 하는 자료이다. 위의 내용을 살펴보면 김수의 부하인 김경눌은 송암과 오래전부터 원한이 있었으며 김경눌은 곽재우와 김수가 갈등이 있음을 이용하여 곽재우를 제거함으로써 송암 또한 제거하려 한다는 내용이다. 즉 표면에는 김수와 망우당의 갈등만이 드러나고 있지만 그 이면을 살펴보면 김수와 송암 간의 갈등 또는 김경눌과 송암 간의 갈등이 숨겨져 있다는 것이다.

송암은 작품 내에서 가능한 자신을 드러내지 않고, 3인칭의 입장을 견지하면서 객관적인 입장에서 김수와 망우당의 갈등을 기술하고 있는 듯 보이지만 사실상 자신의 갈등을 망우당에게 그대로 투영시켜 김수와 대리전을 펼치고 있으며 자신의 입장을 작품을 통해 피력하고 있는 것이다.

송암의 〈용사일기〉에는 학봉의 입장에서 본 인물평이 등장하는데, 이 인물평에서는 호불호(好不好)가 매우 명확하게 나타나고 있음이 확

---

20 傳檄於郭 欲逞私憾者 金景訥與李魯有隙久矣 窺魯多年 未乘其隙 適逢此時 喜行胸臆 忽見前檄 心語口曰 郭妾李女也 殺魯者其在此乎 以魯爲陰嗾之魁 以郭爲見嗾之人; 李魯, 『龍蛇日記』, 三十三.

인된다. 하지만 이 역시 실상은 송암의 입장에서 본 인물평이라 유추할 수 있다. 송암의 〈용사일기〉에 등장하는 인물 중에서 학봉의 입장에서 좋은 평가를 받는 인물은 작자인 송암과 송암의 사위인 곽재우 정도이다. 특히 학봉의 뛰어난 사적 못지않게 곽재우의 인물됨이나 전공, 훌륭한 인품 등이 자주 거론된다. 이것은 작자인 송암의 의도된 계산으로써 자신의 대리인으로서 김수와 대립하고 있는 곽재우에 대한 배려이며 곽재우의 행동에 정당성을 부여하기 위함으로 생각한다.

지금까지의 논의를 정리하면, 송암 〈용사일기〉는 작자와 주인공이 불일치하는 특이한 전쟁실기로 작자와 주인공의 불일치가 반드시 작자의 기술 대상에 대한 객관적 시각 확보를 의미하는 것이 아니다. 즉 작자와 주인공이 매우 친밀한 경우 주인공의 의도에 의해 작품의 기술방향에 영향을 미칠 수도 있고 또한 반대로 작자의 기술의도에 의해 주인공이나 작중 인물들의 언행이 작자에 의해 취사선택되어 부각되어 나타난다. 작자의 숨겨진 견해는 작중 인물들의 거듭되거나 부각되는 언행을 통해 자연스럽게 노출된다.

또 송암의 〈용사일기〉는 송암이 학봉을 사적을 3인칭의 입장에서 매우 객관적으로 기술하고 있는 것처럼 보이지만 사실상 전지적 입장에서 작자의 집필의도에 의해 철저히 계산된 기술을 하고 있다는 점에서 매우 이채롭고 흥미로운 작품이다.

4. 서술 시점(時點)에 대한 논의

전쟁실기 중 대부분이 일기체 형식을 빌어 전쟁의 체험을 기술하고 있다. 송암의 〈용사일기〉는 그 제명(題名)에도 불구하고 일기체 형식을 취하지 않고 인물 중심의 사적에 따라 전쟁실기를 기술하고 있다. 일반적으로 일기체 형식의 전쟁실기가 끝나는 시점은 작자가 집필을 중단하는 시기인데 반해, 인물중심의 전쟁실기의 결말은 주로 주인공과 관련된 결정적 사건에 의해 종결될 때가 많다. 인물중심의 전쟁실기 중 대표적인 작품들이 포로실기에서 찾을 수 있는데 포로실기의 경우 주인공이 포로생활을 마치고 생환하는 것이 작품 내에서 중요한 사건이며 결말과 그 맥을 같이 하고 있다. 송암 〈용사일기〉의 경우 포로실기군에 해당하지 않으며 작품 내에서 극적인 장면 또한 드물다. 결국 송암 〈용사일기〉는 주인공인 학봉의 죽음이 결말과 연관되어 있으며 작자와 주인공이 서로 일치하지 않는 특성으로 인해 주인공의 죽음을 기술할 수 있는 것이다. 그 결말을 알고 기술한다는 점에서 송암의 〈용사일기〉를 비롯한 인물중심의 전쟁실기는 매일 매일의 일상을 기록하는 일기체 형식의 전쟁실기와는 큰 차이를 지니고 있다.

지금부터는 일반적인 전쟁실기와는 서술 시점(時點)에서 차이가 있는 송암의 〈용사일기〉에 대하여 논의한다.[21]

---

21 이에 대한 논의는 최재호「戰爭實記의 새로운 분류방법 모색 試論」(경북대학교 퇴계연구소, 2010.2) III장 2절 '敍述時點에 따른 分類'를 그 이론적 배경으로 하여 기술하겠다.

현재 문학작품에 관한 연구 경향을 보면 작품을 쓴 시점에 대한 문제에 대해서는 그리 중요하지 않게 생각하였다. 넓은 의미에서 '담론'이 주목을 받긴 했지만 고전문학 내에서는 작품을 쓴 시기에 대해서는 그리 주목을 받지 못한 것이 사실이다. 하지만 허구가 아닌 자신의 생체험을 그대로 기술하고 있는 전쟁실기에서는 그 작품이 정확히 언제 기술되었는지에 하는 논의는 좀 더 정치하게 필요가 있다.

이것은 전쟁이라는 매일 매일 달라지는 특수한 경험을 현재라는 서술 시점을 기준으로 하여 기록하였는지, 아니면 전쟁 속에서의 특정한 경험을 기억에 의존하여 과거의 한 사건으로써 기술하였는지에 대한 문제이다.[22] 이것은 학계에서 간과하고 있지만 매우 중요한 문제이다. 전자의 경우처럼 일기체와 같은 매일 매일의 기록이라면 그 기록에는 미래가 아닌 과거 또는 현재만이 기록될 수밖에 없으며,[23] 후자의 경우처럼 특정한 사건 이후에 기술되었다면 그 결말, 즉 미래를 충분히 알 수 있기에 그 결말을 향해 기억에 보존된 표상을 중심으로 작자의 자유로운 삶의 방식에 따라 충분히 변형 및 가공이 가능하다는 것을 의미한다.[24] 즉 후자의 경우 작자의 의지에 의해 작품 내에서

---

22 인간은 망각의 동물이기에 시간이 흐름에 따라 기억할 수 있는 양은 급속도로 줄어들고 종국에는 구체적인 사건보다는 그 사건을 통해 느끼게 된 감정 또는 이미지만을 기억하게 된다.
23 S. 채트먼/한용환 옮김, 『이야기와 談論(영화와 소설의 서사구조)』, 고려원, 1990, p.192.
24 李埰衍, 『壬辰倭亂 捕虜實記 硏究』, 박이정, 1995, p.55.

드러냄과 감춤이 충분히 가능할 수 있다는 것이다.[25]

임진왜란 전쟁실기도 사실상 매일 매일 일상의 기록이 일기체 형식으로 기록된 전쟁실기와 전쟁 이후 기억에 의존하여 기술된 전쟁실기로 구분이 충분히 가능하였으나 지금까지 학계에서는 이에 대한 분류가 지금까지 없었다. 하지만 이에 대한 관심은 학계에서 지금부터라도 분명히 가져야 하리라 생각한다.[26]

매일 매일 전쟁의 일상을 기록한 내용과 시간이 지난 후 하나의 사건으로 기억하는 전쟁 중의 일상을 기술한 내용은 서로 다를 수밖에 없다. 매일 매일을 기록하는 경우 인간의 망각이 심하지 않은 상태에서 당시 상황을 비교적 상세히 기록하는 것이고, 시간이 흐른 후의 기술은 기억에 의존하여 그 이미지만을 부각시켜 기술할 수밖에 없기에 동일한 사건에 대한 묘사를 하더라도 서로 다를 수밖에 없다. 이것은 인간이 지니고 있는 기억의 특성에서 기인한다. 사람들의 정신은 보편적이라고 할 수 있지만 기억이란 독특하고 차이를 가지고 있는 개인적인 능력이다. 그래서 기억에 의한 모든 경험은 상당히 주관적일

---

25 吹霜煦露 寒暑筆端(이미 얼어 붙은 것과 이슬에 적셔진 것을 입김으로 녹이고 말리려는 것과 같은, 즉 추움과 더움을 붓으로 조작하는 것):기억을 바탕으로 한 글쓰기는 시간이 지난 이후에 작성하면 歪曲이 가능하다는 뜻이다.; 劉勰 지음, 최동호 역편, 『文心雕龍』, 민음사, 1994, p.211.

26 전쟁실기가 史實을 기반으로 둔 다는 점에서 '史'의 성격이 매우 강한데, 魏晉南北朝시대의 문예비평가인 劉勰도 역사서술에 있어 역사와 역사서술 실제 기록 時點의 차이를 강력히 경계하고 있다.; 劉勰 지음, 최동호 역편, 『文心雕龍』, 민음사, 1994, pp.208~209의 내용을 최재호, 「戰爭實記의 새로운 분류방법 모색 試論」, 경북대학교 퇴계연구소, 2010, p.252에서 재인용.

수밖에 없으며, 같은 시간·같은 공간·같은 경험을 공유한 사람들 일지라도 개인마다 특정한 사건에 대하여 기억하는 것은 서로 다를 수밖에 없다.[27] 또한 일기체 형식의 전쟁실기는 현재의 일상을 기록하기에 미래를 예측할 수가 없어 플롯의 전개가 어려워 보이는데 반해, 특정한 사건이 마무리 된 후 기억에 의존하여 이미지를 기술되는 전쟁실기는 그 사건의 시작뿐 아니라 그 결말까지도 알고 기술을 시작한다. 거기에 작자의 사상이나 감정이 충분히 개입할 여지가 있다. 즉 이러한 문학들은 대표적 서사물인 소설처럼 플롯의 전개가 충분히 가능할 수 있는 것이다.[28]

---

27 전자가 매일 매일의 일상에 대한 내용을, 현장성과 현재성을 기반으로 하여 기록하였다면, 후자는 사건에 대한 내용보다는 사건을 통해 얻게 된 기억된 이미지(image)만이 작자에 의해 감정이나 사상에 의해 정제된 후 기술될 수밖에 없는 것이다. 사실 일상의 기록형식 또한, 100% 현장성과 현재성을 바탕으로 한 사실성을 담보할 수는 절대 없다. 그것은 사건이 일어난 시기와 그것을 실제 서술하는 시간 사이의 間隙이 분명히 존재하고 있으며 그 간극을 통해 작자의 감정이나 사상이 개입할 여지가 충분히 있다. 기억의 기술은 화자가 위치하고 있는 현재의 시간(담론의 시간)과 보통 과거시제를 취하는 행위들이 일어나는 시간, 즉 이야기의 시간이 존재하고 있으며, 이 경우 작자의 감정이나 사상이 배제되어 나타나기는 매우 어렵다. 하지만 분명한 사실은 일상에 대한 기록과 기억에 의존한 기술 사이에는 망각이라는 장애물이 하나가 더 존재하고 있으며 또한 충분한 시간의 간극은 작자의 감정이나 사상이 개입할 여지를 더 만들 수 있다는 사실을 간과해서는 안 된다.; 최재호,「戰爭實記의 새로운 분류방법 모색 試論」, 경북대학교 퇴계연구소, 2010, p.253.
28 일상에 대한 기록은 플롯이 없는 것처럼 보이지만, 플롯이 없는 것이 아니라 펼쳐나가는 것(displaying)이라 할 수 있으며, 기억에 대한 기록은 사건의 결말을 알고 진행하기에 플롯을 풀어낼 수가 있는 것(unraveling)으로, 둘 다 문학성을 내재하고 있다.; 최재호,「戰爭實記의 새로운 분류방법 모색 試論」,

일상에 대한 기록은 년·월·일에 맞추어 기록된 일기체 형식의 전쟁실기를 선호하고, 특정한 사건에 대하여 기억에 의존한 기술은 주로 사건을 중심으로 기술하는 기사체 형식(記事體形式)의 전쟁실기가 많다. 일기체 전쟁실기는 작가의 체험이 종결되는 시점에서 작품이 끝이 나고, 기사체 형식의 전쟁실기는 논리적인 체계와 플롯의 전개가 있기에 뚜렷한 결말이 있다는 점에서 가장 크게 변별된다.

대부분의 기사체 전쟁실기는 대부분 기억에 의존한 기술로, 실제 행위의 시간과 서술되는 시점이 서로 다름을 확인하였다. 하지만 일기체 형식의 전쟁실기는 행위의 시간과 서술되는 시간이 일치하는 경우도 있지만, 행위의 시간과 서술되는 시간 사이의 간극이 있는 작품 또한 발견할 수 있다. 이런 점에서 송암의 〈용사일기〉는 매우 독특한 작품이라 할 수 있다.

송암 〈용사일기〉의 경우 학봉의 사적을 중심으로 기술되었으며 학봉의 사후 4년 뒤에 기술된 전쟁실기이므로 기억에 의존하여 기술된 전쟁실기로 분류하는 것에는 이견이 없을 것이다. 비록 제명으로 인해 일기체 전쟁실기로 오인할 수 있지만 시종(始終)이 명확하다는 점에서 기사체 형식의 전쟁실기로 분류하는 편이 옳을 것이다. 하지만 송암 〈용사일기〉의 경우 몇몇 장면에서 일기체 형식도 드러나고 있어 매우 독특하다. 이러한 예는 기술의 형식이 반드시 서술 시점(時點)과 일치하지는 않는다는 것을 보여주는 것이다.

경북대학교 퇴계연구소, 2010, p.253..

기억에 의존하여 기술된 전쟁실기의 경우 과거에 경험한 사실을 이후에 다시 떠올리며 이를 재조합하여 기술하는 경우가 대부분이다. 그렇다면 기억에 의존하여 기술한 송암의 〈용사일기〉 중 몇몇 장면에서 일기체 형식을 빌어 명확한 일자가 드러내는 이유와 그 의미에 대하여 논의할 필요가 있다.

기억에 의존한 전쟁실기에서 일기체 형식을 빌어오는 가장 큰 이유는 기술 방식에 있어서 기사체 형식으로 과거를 기술하고 있지만 작품 속에서 명확한 시간을 노출시킴으로써 독자들에게 당시의 현장감이나 기술의 사실성을 전달시키고자 함이다. 즉 기억에 의존한 기술은 사실 행위나 사건의 흐름이 중심이 되기 때문에 일상을 기록하는 일기체처럼 시간의 순차성은 사실 중요하지 않다. 그럼에도 기억에 의존한 기술에서 일기체 형식을 취하는 것은 일기체 형식을 취함으로써 사건이나 행위 또는 주제에 대하여 사실성과 현장감을 확보할 수 있으며, 이것을 통해 독자들과의 경험의 공유, 감정의 교감, 호응 등을 이끌어 낼 수 있기 때문이다.

송암의 〈용사일기〉에서 일기체 형식이 나타나는 장면은 학봉이 송암을 처음 만나는 장면, 학봉이 경상좌도로 부임했다가 경상우도로 오게 되면서 송암과 재회하는 장면, 학봉이 다시 경상우도에서 경상좌도로 가게 되는 장면, 학봉이 중병을 앓기 시작하는 장면, 학봉이 진몰하는 장면 등으로 사실상 많지는 않다. 하지만 이렇게 일기체 형식을 빌어 기술하는 것은 이 장면들이 작품 내에서 차지하는 중요성 및 그 위상 때문이다. 그러면 이러한 장면들이 어떻게 선정되는가에 대해서도 검토할 필요가 있다.

일기체 형식의 전쟁실기의 경우 매일 매일의 일상을 기록하다 보니 그날 일어났던 사건이 지니고 있는 중요도를 판단한다거나 하루 동안 일어난 일들 중에서 기술에 있어서의 우선순위를 정하기가 사실상 어렵다. 그것은 매일 매일의 일상은 각기 다른 시·공간이라는 배경을 가지고 있으며 주인공에게 매일 다른 경험을 제공하기 때문이다. 즉 일상의 하나하나의 사건 모두가 일기체 전쟁실기의 중요한 소재가 될 수밖에 없는 것이다. 하지만 기억에 의한 기술은 과거를 기술하는 것이기에 사건의 결말과 사건이 지니는 의미 및 중요성을 알 수 있으며 이것으로 인해 기술에 있어서의 우선순위가 생길 수 있는 것이다.

사건의 중요성에 대한 판단과 기술의 우선순위에 대한 결정은 온전히 작자의 몫이기에 작자의 의지에 의해 작품 내에서 플롯이 자연스럽게 생기고 작자의 사상이나 감정은 작품 속에 투영되기가 매우 용이하다.

작자의 사상이나 감정이 작품 속에 투영된다는 것은 작자가 작품에서 알리고 싶은 부분은 충분히 드러낼 수도 있고 반대로 작자가 감추고 싶은 부분은 쉽게 드러내지 않을 수도 있다는 것을 의미하는데 이것은 작품을 작자의 의도대로 재단할 수 있다는 뜻이다.

송암 〈용사일기〉의 경우 학봉의 사후 약 4년 뒤에 기술되었다. 이러하다 보니 주인공이 생각하는 사건의 중요도 및 사건이 지니고 있는 의미, 기술의 우선순위에 있어 실제 작품의 주인공인 학봉의 영향력이 개입할 여지가 전혀 없다. 이 자리를 대신하는 사람이 바로 작자인 송암이다.

학봉의 사후에 기술되다 보니 아무리 상세하게 기술한다 하더라도 학봉 생전의 현장감이나 사실성은 온전히 전달하지 못하는 한계가 있다. 송암은 우선 학봉의 뛰어난 사적을 후대에 전한다는 작자의식을 바탕으로 학봉의 뛰어난 업적과 학봉의 인품이 돋보일 수 있는 여러 사건들을 중심으로 기술의 우선순위를 부여하였을 것이다. 그 장면 속에 송암은 자신의 감정을 이입할 수도 있을 것이다.[29] 또한 작자의 친소관계(親疎關係)와 이해관계(利害關係) 등도 작품을 전개할 때 중요한 고려사항이 될 것이다. 송암의 〈용사일기〉에는 이러한 장면이 쉽게 포착된다. 대표적인 경우가 곽재우를 내세워 김수에 대한 반감을 표현하거나, 자신의 개인적인 생각을 작품 속에서 기술하거나 또는 학봉이나 곽재우의 업적을 자주 칭송하는 것 등이다.[30]

송암의 〈용사일기〉는 과거를 기억하면서 기술된 전쟁실기로서 지니

---

29 가장 대표적인 장면이 학봉과 송암이 만나는 장면으로 송암은 이 장면에서 전지적 작가시점을 활용하여 학봉의 송암에 대한 절대적인 호감을 표현하고 있다.

30 이 밖에도 영남 3대 의병장인 김면, 정인홍, 곽재우를 호칭할 때 김면의 경우 대부분 '김대장'으로 호칭하고 있으며, 정인홍의 경우 반대로 '정인홍'이라고 호칭하는 경우가 많았으며, 곽재우의 경우 송암의 사위인데도 불구하고 '곽대장', '곽재우'라는 호칭을 골고루 사용하고 있었다. 이를 통해 송암의 親疎關係를 어느 정도 엿볼 수 있다. 송암 〈용사일기〉 내에서 송암의 남명학과 동문들과의 친소관계는 매우 독특하게 나타나는데 이것은 송암 〈용사일기〉가 기술된 시기 및 퇴계학파와의 교류 등 여러 政治史와도 관련된 흥미로운 주제인데 이에 대한 논의는 다음으로 미루도록 하겠다.

는 문학적 의미는 다음과 같다. 작자는 작품 내에서의 사건의 중요도 및 기술의 우선순위를 작자의 의도대로 정할 수 있으며 이것은 자연스러운 플롯의 형성으로 이어지고 그 플롯 내에 작자의 감정이나 사상은 충분히 녹아들 수 있다.

5. 결론

송암의 〈용사일기〉는 학봉의 참모로 임진왜란을 경험한 전쟁실기로서 인물의 사적을 중심으로 기술된 매우 독특한 전쟁실기이다.

지금까지의 논의를 정리하면, 첫째 송암의 〈용사일기〉는 학봉의 사적을 자세히 기록한 전쟁실기로 학봉의 가문과 관력, 업적 그리고 죽음 순으로 자세히 기술되어 있다. 기존의 전쟁실기가 주로 전쟁의 일상을 기록한 일기체 형식이나 주요한 사건을 중심으로 한 기사체 형식인데 비해 인물 중심의 전쟁실기라는 점에서 송암의 〈용사일기〉가 지니는 학계에서의 의미는 매우 크다

둘째 송암의 〈용사일기〉는 작품 속의 주인공과 작자가 일치하지 않는다는 점에서 독특한 전쟁실기로 구분할 수 있다. 주인공과 작자가 일치하지 않는다는 점에서 작자가 매우 객관적인 시각을 가지고 작품을 기술했으리라 추정할 수 있지만 오히려 작자는 전지적 입장에서 작자의 집필의도에 따라 기술하였다는 점에서 흥미로운 작품이다.

셋째 송암 〈용사일기〉는 현재라는 시점을 기준으로 기술되지 않고 과

거의 사실을 기술하고 있는데 이것은 작자가 작품 내에서의 사건의 중요도 및 기술의 우선순위를 정할 수 있다는 것을 의미하며 이것은 플롯의 형성과 작품 내에서의 작자의식의 투영으로 까지 이어질 수 있다.

인물의 사적을 중심으로 기술하고 작자와 주인공이 서로 불일치하며 과거의 사실을 기록한다는 점에서 송암의 〈용사일기〉가 당대 전쟁실기와는 상당한 차이가 있다. 하지만 임병양란 이후 기술되었던 또다른 의미의 전쟁실기류와 송암의 〈용사일기〉는 매우 유사하다. 임병양란 이후의 전쟁실기류는 어지러운 신분질서 및 흔들리는 성리학적 세계관 속에서 선조들의 업적을 현창하여 가문의 드러내기 위해서 후손들에 의해서 경쟁적으로 기술되었다. 임병양란 이후의 전쟁실기류가 임병양란 당시 활약한 인물들의 사적을 중심으로 기술되었다는 점, 작자와 주인공이 불일치 한다는 점, 후손들에 의해 선조의 사적들이 나중에 기술되었다는 점에서 송암의 〈용사일기〉와 닮아 있다. 또한 실제로 송암 〈용사일기〉는 임병양란 이후 등장하는 전쟁실기류에서 차록되는 경우가 상당히 많았다. 이런 의미에서 송암 〈용사일기〉는 임병양란 이후 등장하는 전쟁실기류의 전범(典範)이지 않았을까 조심스럽게 생각해본다.

송암 〈용사일기〉의 경우 객관성 확보에 대한 문제나 작자의 지나친 감정개입 등의 문제가 없진 않지만 당대 전쟁실기류와는 확연히 차이가 있고 임병양란 이후 전쟁실기류와 유사하다는 점에서 전쟁실기 문학사에서 차지하는 위치는 남다르다 할 수 있다.

6

정탁 〈龍蛇日記〉의 소재와 기술 방법

1. 서론

1592년 4월부터 1598년까지 왜(倭)가 조선(朝鮮)을 침략한 임진왜란[1] 당시 전쟁의 피해를 가장 많이 입은 지역은 바로 영남지역이었다. 영남지역 중 특히 경상우도민들은 재지사족을 중심으로 상하가 서로 단결하여 국난을 슬기롭게 극복하였는데, 그 중심에는 남명학파 문인들이 있었다.

남명학파 문인들의 당시 활약상은 전쟁실기라는 문학 장르를 통해 후대에 알려지게 되었으며, 그들은 자신이 겪은 전쟁의 주된 체험을

---

[1] 학계의 관례에 따라 1592년에 일어난 임진왜란과 1597년에 일어난 정유재란을 따로 분리하여 이르지 않고, 통칭하여 임진왜란이라 하도록 하겠다.

호종실기, 종군실기, 피란실기 등으로 다양하게 표출하였다.[2]

이 중에서 임금이나 왕세자의 몽진을 수행하면서 기술한 호종실기는 그 경험의 특수성으로 인해 전체 전쟁실기에서 차지하는 양이 매우 적을 수밖에 없다.

이 가운데 약포(藥圃) 정탁(鄭琢)의 〈용사일기〉는 남명학파 전쟁실기 중 유일한 호종실기라 할 수 있다.

약포는 임진왜란 당시 대가(大駕)와 학가(鶴駕)를 호종한 대표적인 남명학파 문인 중 한 명으로, 특히 왕세자인 광해군을 호종하던 정황을 〈용사일기〉·〈피란행록(避亂行錄)〉에 자세히 기록하였다.

지금까지 임진왜란 전쟁실기에 대한 연구는 주로 사학계를 중심으로 이루어졌으나 약포의 〈용사일기〉는 그 관심의 대상에서도 벗어나 있었다. 필자는 이 글에서 비록 범박하기는 하지만 문학적 차원에서 〈용사일기〉에 접근하였다. 이러한 시도는 〈용사일기〉가 사료(史料)로서의 가치뿐만 아니라 문학연구의 자료로서 가치 또한 높기 때문이다.

구체적인 논의는 다음과 같이 진행한다.

첫째, 약포 정탁의 임진왜란 당시 활약상을 살펴보고, 〈용사일기〉의 체제와 내용을 간략히 소개한다.

---

2 전쟁실기를 보통 작가의 주된 체험을 중심으로, 호종실기·종군실기·피란실기·포로실기로 나누고 있는데, 남명학파 문인들의 실기에서는 포로실기를 발견할 수 없다. 그 이유는 경상우도의 의병 활동이 임진왜란 초기부터 이루어져 被虜의 경험이 타 지역보다 드물다는 것과 경상우도민의 강인한 기질에서 찾을 수 있다.

둘째, 〈용사일기〉의 소재에 대하여 논의한다. 전쟁실기의 소재는 각 경험주체가 지니고 있는 경험의 차이에 의해서 변별성을 가지게 되는데, 약포의 〈용사일기〉를 구성하고 있는 주된 소재가 무엇인지를 고구해 보고자 한다. 또한 전쟁실기에 공통적으로 드러나는 소재인 전쟁의 참상과 갈등의 양상이 작품 속에서 어떻게 기술되는지도 살펴보겠다.

셋째, 전쟁실기는 기술 의도(意圖), 기술을 시작한 시점(時點), 기술하는 주체가 피기술(彼記述)되는 객체를 보는 인식(認識) 태도에 따라 크게 인물 중심, 배경 중심, 사건 중심의 전쟁실기로 분류하기도 한다. 이 글에서는 이를 활용하여 약포 〈용사일기〉가 어느 범주에 속하는 전쟁실기 인지를 살펴보고, 그 기술방법에 관해서 구체적으로 논의하고 이를 통해 〈용사일기〉가 지니고 있는 의의를 논의할 것이다.

2. 약포 〈龍蛇日記〉의 체제와 내용

임진왜란 당시 남명학파 문인들은 관료로서, 또는 의병으로서 '누란지위(累卵之危)'의 국가를 구하는 데 최선을 다하였다. 특히 대다수의 남명학파 문인들이 의병으로 활동을 하였는데, 그 이유는 남명학파 문인들이 관직에 많이 진출하지 않았기 때문이다.

의병으로 활약한 문인들의 수에 비해 상대적으로 적긴 하지만 관료의 입장에서 임진왜란을 극복하고자 한 남명학파 문인들을 확인할 수 있는데. 그 대표적인 인물이 바로 약포 정탁이다.

정탁은 본관이 청주, 자는 자정(子精), 호는 약포(藥圃) 또는 백곡(栢谷)이다. 약포는 중종 21년(1526) 10월 경북 예천에서 현감 정원로(鄭元老)의 증손이자 증현감(贈縣監) 정이충(鄭以忠)의 둘째 아들로 출생하였다. 15세에 작은아버지 삼가현감(三嘉縣監) 정이흥(鄭以興)에게 수학하였으며, 17세 때 퇴계 문하에 출입하고, 36세 때 진주의 교수로 있으면서 남명에게도 집지(執持)하였다.[3]

42세에 홍문관 부수찬·부교리·교리를 지냈으며, 50세에 도승지를 거쳐 54세에 한성부판윤을 역임하였다. 58세에 공조판서를 맡은 이래로 예조·형조·이조·병조판서를 두루 역임하고 64세에 우찬성겸지경연춘추관사(右贊成兼知慶筵春秋館事)에 올랐다.

약포는 임진왜란이 발발할 당시 67세로 의정부 우찬성겸지경연춘추관사내의원부제조(右贊成兼知經筵春秋館事內醫院副題調)로 있었는데, 분조가 되었을 때 학가를 호종하였다.

그 후 이천, 성천, 용강, 영변 등으로 피란하다가 평양이 탈환된 뒤

---

3 약포 정탁의 「年譜」에서는 남명으로부터 壁立千仞의 기상을 배웠다고 기록되어 있으며, 黃汝一이 쓴 「行狀」, 鄭薀이 쓴 「墓誌銘」에서 퇴계, 남명 선생에게 받은 감화를 '퇴계는 溫柔敦厚한 인품의 소유자였고, 남명은 直裁果剛한 인품의 소유자였는데, 정탁은 두 名賢을 스승으로 하여 안으로는 굳건한 心地를 지니고 밖으로는 溫雅한 기상을 견지하면서도 필요에 따라서는 강의한 節義를 실천하는 외유내강한 인품을 얻었다'고 설명하고 있다.; 金洛進, 「藥圃 鄭琢의 程朱學 수용 양상」, 『南冥學研究』 제24집, 慶尙大學校 慶南文化研究院 南冥學研究所, 2007, p.86.

대가를 정주에서 배알하였다. 1594년에 동궁을 모시고 전주, 공주, 홍주 등을 왕래하면서 기민(飢民)을 진휼하는 데 심혈을 다했고, 8월에 동궁을 모시고 돌아와 다시 비변사에 나아갔다. 또한 곽재우·김덕령 등을 천거하여 전란 중에 공을 세우게 하였으며, 1595년(70세) 2월에는 의정부 우의정에 올랐다가 6월에 체직되어 지중추부사가 되었다. 1597년 정유재란 시에는 72세의 노령으로 남쪽 지방으로 몸소 가서 인심을 안정시키고자 하였으나 선조의 만류로 실행하지 못했다. 이 해 3월에는 옥중의 이순신을 극력 신구(伸救)하여 죽음을 면하게 하였다. 74세이던 1599년에 병으로 귀향하였다가 이듬해에 좌의정에 올랐으나 곧 판중추부사로 옮겼으며, 78세에 영중추부사로 치사(致仕)하였다. 79세에 호종삼등공신에 녹훈되고 서원부원군에 봉해졌다. 80세인 1605년 9월 19일에 예천군 고평(高坪)에서 서거하였으며 이후 위성공신 일등(衛聖功臣一等)에 추록되고 영의정에 추증되었다.[4]

약포는 당시 학가를 수행하면서 취집한 당시의 정황 및 관련 자료들을 〈용만문견록(龍灣聞見錄)〉·〈용사잡록(龍蛇雜錄)〉·〈임진기록(壬辰記錄)〉·〈용사일기(龍蛇日記)〉에 기록하였다.

이러한 기록정신은 남명학파 특유의 실용정신에서 기인한다.

〈용만문견록〉은 약포가 용만(龍灣; 義州의 옛 명칭)에 도착한 후 명나라 경략(經略) 송응창(宋應昌)에서부터 유격장(遊擊將)에 이르기까지 명나라 장수들을 접대한 사실을 기록하였다. 〈용만견문록〉 서문(序文)을 보

4　鄭琢, 『藥圃先生文集』, 「年譜」 참조.

면, 명나라 장수들을 전별하고 위로했던 사실은 모두 장계로 왕에게 올렸으며, 기타 사항과 주고받은 말을 한 권으로 기록한다고 하였다. 원군으로 온 중국 장사(將士)들의 말과 사적이 다 국가의 흥망과 관련된 것이기에 기록한다는 저술의식도 확인할 수 있다. 내용을 살펴보면, 명은 임진년 12월 송응창을 경략으로, 이여송을 동정제독(東征提督)으로 삼아 4만 3천여 명의 병력을 파견하였는데, 〈용만견문록〉은 경략 병부우시랑(兵部右侍郎) 송응창, 중군도독부도독(中軍都督府都督) 이여송, 중군좌부장도독첨사(中軍左副將都督僉事) 양원정(楊元定), 통령계부이영거병유격도지휘(統領薊府二營車兵游擊都指揮) 척금(戚金), 방수강구관전부부총병(防守江口寬奠府副摠兵) 동양정(佟養正), 운량요동관둔도사도지휘(運糧遼東管屯都司都指揮) 장삼외(張三畏), 밀운영령병도사도지휘(密雲營領兵都司都指揮) 방시휘(方時輝), 상공(相公) 호환(胡煥) 등 8명과의 대화를 주로 기록하였다. 먼저 각 인물의 자(字)와 호(號), 그리고 출생지를 기록한 후 저자와의 대화를 기록하였으며, 각 인물의 품성과 공과를 서술하였다. 또한 이외 조선 접반사들의 상황도 자세히 기록되어 있어서, 임란 중 명군과의 관계를 확인할 수 있는 좋은 자료이다. 〈용만문견록〉은 『약포집』 권6 잡저(雜著)에 실려 있으며, 『약포집』은 사주쌍변광각(四周雙邊匡廓)·세로[從] 21.3cm·가로[橫] 16cm·유계(有界)·매면 10행 매행 20자, 상하이엽화문어미(上下二葉花紋語尾)로 되어 있다.[5]

---

[5] 최재호, 『南冥學派의 壬辰倭亂 戰爭實記 硏究』, 경북대학교 국어국문학과 박사학위 논문, 2011, p.64.

〈용사잡록〉은 약포의 친필로 되어있으며 그 내용은 임진왜란 때 신하들이 국왕에게 올린 상소문, 국왕 선조와의 문답 내용, 명나라와 일본 측 인물들과 주고받은 서신이나 외교 관련 문서 등으로 묶여 있다. '잡록'이라는 제명처럼 약포는 당시의 근거기록을 기술하지 않고 취집(聚集)하였는데, 상소문(上疏文)이나 차자(箚子)·서신(書信) 중 상당수는 다른 책에서는 찾을 수 없기에 임진왜란 연구에 있어 매우 중요하다. 특히 〈용사잡록〉에는 1593년 7월 명나라의 1차 원병 주력부대가 철수 시 양국이 협의한 내용, 일본 장수인 가토 기요마사(加藤淸正)가 조선 측에 보낸 서신, 토요토미 히데요시(豊臣秀吉)가 명나라에 보낸 서신 등이 있다. 이 밖에 류성룡과 권율이 국왕에 보고한 내용, 정인홍의 상소문, 비변사가 임진왜란 중 충신·효자·열녀의 공적 사항을 조사하기 위해 경상감영과 전라감영으로부터 받은 보고서도 포함되어 있는데, 보고서에는 임진왜란 초기 경상도와 전라도 지역의 의병 활동 상황이 기록되어 있어, 매우 유용한 자료로 평가받고 있다. 〈용사잡록〉은 『약포선조유묵(藥圃先祖遺墨)』에 실려 있다. 『약포선조유묵』은 1권으로 되어 있으며, 세로 33.9cm·가로 28.4cm이고, 총 20면으로 되어 있으며 행자(行字)수는 일정하지 않다. 보물 494-4호로 지정되어 있다.[6]

〈임진기록〉은 약포의 친필로 되어 있으며, 임진왜란 3년차인 1594년의 기록을 중심으로 임진왜란 당시와 임진왜란 직후의 기록이 일

---

6 최재호, 『南冥學派의 壬辰倭亂 戰爭實記 硏究』, 경북대학교 국어국문학과 박사학위 논문, 2011, pp.64~65.

부 수록되어 있다. 주로 전쟁 수행과 관련된 사항이 기록되어 있으며, 명과의 외교 관계 기록도 다수 포함돼 있다. 〈임진기록〉은 일기 형식을 빌고 있지만, 일기보다는 전쟁 중 장수들이 조정에 보고한 보고서나 명나라 측의 각종 문서 등을 그대로 옮겨 싣고 있다. 특히 도원수 권율, 삼도수군통제사 이순신의 장계 등이 원문 그대로 수록되어 있어 사료로서의 가치 또한 높다. 이 밖에 이여송이 1593년 1월 벽제관에서의 패배를 변명하는 문서와 이에 대한 명나라 병부의 입장도 문서 형식으로 실려 있다. 〈임진기록〉은 2책으로 되어 있으며 규격은 27.4cm×28.1cm로 행자(行字) 수는 일정하지 않다. 보물 494-6호로 지정되어 있다.[7]

마지막으로 〈용사일기〉는 임진왜란 당시 선조의 몽진과 왕세자인 광해군을 호종한 경험을 기술한 전쟁실기이다. 앞의 기록들이 단순한 공문서의 취집이라면, 〈용사일기〉는 전쟁실기에 해당한다. 약포는 선조가 의주로 몽진길에 오르자 이를 호종하였다. 대가가 개성을 거쳐 평양·영변으로 이동하였을 때 영변에서 분조가 논의되어 대가는 의주로 향하고, 학가는 강계로 향하게 되었다. 이때 동궁을 호종하며 이천, 성천, 용강, 영변 등을 전전하며 쓴 전쟁실기가 바로 〈용사일기〉이다.

전쟁실기를 작자가 경험한 주된 체험을 중심으로 호종실기·종군실기·피란실기 등으로 분류하는 것이 일반적인데, 호종은 매우 특수한

---

[7] 최재호, 『南冥學派의 壬辰倭亂 戰爭實記 硏究』, 경북대학교 국어국문학과 박사학위 논문, 2011, p.65.

경험이다 보니 호종실기로 분류할 수 있는 작품이 그리 많지 않다. 임진왜란 당시 호종실기로 분류할 수 있는 작품은 약포의 〈용사일기〉를 비롯하여, 운천(雲川) 김용의 〈호종일기(扈從日記)〉, 양호당(養浩堂) 이덕열의 〈양호당일기(養浩堂日記)〉, 죽계(竹溪) 조응록의 〈죽계일기(竹溪日記)〉 정도에 불과하다. 타 호종실기와 〈용사일기〉와의 비교는 뒤에서 다루도록 하겠다.

임진왜란 몽진 초기 분조에서 학가의 역할은 단순히 나뉜 조정을 의미하는 것이 아니라, '권섭국사(權攝國事)'를 주도하는 실질적인 정부였으며 '분비변사(分備邊詞)'라는 당상회의(堂上會議)를 통해 중요한 군국기무(軍國機務)를 의정(議定)하였다는 사실을 간과해서는 안된다. 그러하기에 〈용사일기〉가 지니는 의미가 더욱 크다.[8]

분조 당시 조정은 명나라로 선조에게 망명을 권유하는 신하들과 투쟁을 통해 국토를 회복하자는 신하들로 양분되어 있었다. 전자에 해당하는 신하들은 선조를 따라 대가를 호종하였고, 후자에 해당하는 신하들은 광해군을 따라 학가를 호종하였다.

학가를 수행하던 분조신(分朝臣)들은 살펴보면, 우찬성이던 약포를 비롯하여, 영의정 최흥원(崔興源), 호조판서 윤자신(尹自新), 우의정 유홍(兪泓), 좌찬성 최황(崔滉), 전(前)호조판서 최준(崔濬), 형조판서 이헌국(李憲國), 부제학 심충겸(沈忠謙) 등이 포함되어 있어 학가가 지니는 의미를

---

8 孫鍾聲,「壬辰倭亂時 分朝에 관한 硏究」, 成均館大學校 大學院 史學專攻 博士學位論文, 1992, pp.25~26.

가늠할 수 있다.[9]

당시 학가를 수행하던 인물들은 크게 두 종류로 나눌 수 있는데, 첫 번째 부류는 대가를 떠나 자발적으로 학가를 수행하는 인물들로 이들의 당인관계는 서인(西人)과 훗날 대북(大北), 즉 남명학파 문인들이 주류를 이루었다. 서인으로 분류될 수 있는 인물은 유홍, 심충겸, 황신(黃愼), 이귀(李貴) 등이고 후일은 대북계열은 유자신, 조정(趙挺), 이상의(李尙毅), 홍혼(洪渾), 이순인(李純仁) 등이 있었다. 최황의 경우 서인이지만 남명학파 문인임을 자처하였다.[10]

자발적으로 학가를 수행하던 이들의 성향은 실록에서도 잘 드러난다.

> (가) 선조 25년 6월 12일 3번째 기사 (선조실록)
>
> 우의정 兪泓, 좌찬성 崔滉이 치계하였다.
>
> "신들은 어제 內殿을 扈從하여 지금 德川에 머물고 있습니다마는 왜적의 기세가 어떠한지를 몰라 걱정이 그지없습니다. 지금 국가의 큰 계책은 두어 가지에 불과하니 평양을 굳게 지키면서 명나라 병사를 기다리는 것이 제일 상책입니다. 그러나 君父가 어찌 적병을 친히 방어하겠습니까? 상께서 만약 영변으로 어가를 옮기고자 하신다면 安州와의 거리가 큰 길로 하루 길이지만 성안에 백성들이

---

9   孫鍾聲,「壬辰倭亂時 分朝에 관한 硏究」, 成均館大學校 大學院 史學專攻 博士學位論文, 1992, pp.26~27.

10 孫鍾聲,「壬辰倭亂時 分朝에 관한 硏究」, 成均館大學校 大學院 史學專攻 博士學位論文, 1992, pp.29~30.

이미 비어있으니 오래 머무실 곳이 못 됩니다. 만약 江界로 가신다면 狄踰嶺이 비록 험준하기는 하지만 역시 믿을 수 없습니다. 북방에 野人들이 있으니 시기를 틈타 몰래 발동함이 없다고 어찌 보장할 수 있겠습니까. 식량도 부족하니 웅거하여 지키기가 어렵습니다. 만약 遼東으로 건너갈 계획이 있으시다면 先王의 강토를 잃는 것이니 嗣守하는 뜻이 아닙니다. 덕천에서 价川까지는 험준한 고개가 많은데 內殿께서 영변에 도착하신 뒤에 北道로 옮기게 될 경우가 생기면 겨우 갔다가 갑자기 되돌아와야 하니 한갓 옥체만 수고로이 할 뿐이어서 손해만 있고 유익함은 없을 것입니다. 그러므로 신들은 그대로 이곳에 머물러 있으면서 聖上의 명을 기다리겠습니다."[11]

(나) 선조 25년 12월 13일 1번째 기사 (선조실록)

右贊成 崔滉이 아뢰기를, "국가가 망하게 되었는데 한쪽 모퉁이에 편안히 있으면서 상하가 즐거워하고 단지 중국 군사만 믿고 있습니다. 전하께서는 大內에 깊이 계시면서 한결같이 걱정만 하고 여러 신하들에게 나라 일을 맡기고 계십니다. 그래서 내리는 모든 公事

---

11 『宣祖實錄』, 宣祖 二十五年 六月 十二日條, "右議政兪泓 左贊成崔滉馳啓曰 臣等 昨日扈內殿 今留于德川第 未知賊勢如何 憂悶罔極 今者國家大計 不過數策 堅守 平壤 以待天兵 此最上策 然君父豈爲親禦敵兵 自上如欲移蹕寧邊 去安州大路 只一日程 而城內人民已空 非可久駐之處 若向江界 狄踰雖峻, 亦不可恃 北有野 人 乘時竊發 安保必無 糧餉亦少 據守爲難 如有渡遼之計 恐失先王之土地 甚非 所以嗣守之義 自德川至价川 多有峻嶺 內殿至寧邊之後 若有遷北之事 纔往遽還 徒勞玉體 有損無益 臣等當仍留此地 以待聖命"

제6장 _ 정탁 〈龍蛇日記〉의 소재와 기술 방법 **551**

에 단지 '啓' 자만 찍어 내리십니다. 바라건대 전하께서는 날로 부지런히 신하들을 접견하시어 여러 사람의 뜻을 살피시고 여러 사람의 계책을 채택하소서."

하니, 상이 이르기를,

"모든 공사는 비변사에 내리면 비변사가 자세히 살핀다. 내가 친히 보더라도 무슨 일을 하겠는가? 근래에는 氣候가 편치 못하여 접견을 하지 못하였다. 오늘 비변사 당상 모두를 인견하겠는데 경이 와서 아뢰니 매우 가상하다. 나중에는 의견이 있으면 와서 아뢰라."[12]

(가)는 당시 학가를 호종하고 있던 좌찬성 최황이 임진년 6월 12일에 우의정 유홍과 함께 평양을 지키는 것이 상책이라는 내용의 장계를 선조에게 올리는 장면이다. 즉 평양을 지키면서 명의 원군을 기다리며 옥체를 보존하라는 내용이다.

(나)또한 최황이 임진년 12월 13일에 선조를 알현하고 올린 계책으로, 명군만을 너무 의존하지 말고, 관료들의 계책에도 귀를 기울여 달라는 내용이다.

이들은 주전론자(主戰論者)들로 학가를 수행하면서 선무(宣撫) 및 소

---

12 『宣祖實錄』, 宣祖 二十五年 十二月 十三日條, "右贊成崔滉啓曰 國破家亡 偸安一隅 上下恬憘 只待天兵 殿下深居大內 一向憂惱 付國事於群下 凡干出入公事 只踏啓字而下 伏願殿下 日勤三接 察群情採群策 上曰 凡公事 下備邊司 備邊司又爲詳察 予雖親見 何爲 近因氣不平 未得接見 今日備邊司堂上全數引見 卿委來啓達 至爲可嘉 後有所懷 亦爲來啓"

모(招募) 역할을 주도하게 된다.

두 번째 부류는 선조의 명에 의해 광해군을 보좌하기 위하여 학가를 호종하였는데, 당시 영의정이던 최흥원, 호조참판 윤자신 등이 여기에 해당한다. 이들은 광해군을 보필하면서 주전론자들로만 구성되어 있는 학가가 자칫 잘못된 결정을 하지는 않는지를 견제하는 것 또한 중요한 임무였다.

약포는 분조에서 중요한 역할을 수행하는데, 약포는 주전론자였기에 자발적으로 분조에 가담했지만, 선조의 입장에서는 최흥원(崔興源), 윤자신과 함께 광해군을 보좌해줄 것을 기대하였다. 약포는 선조의 바람처럼 실제로 특유의 유연성을 발휘하여 두 세력을 아우르면서 왕세자를 성실히 보좌하였다.

학가는 민심을 잃은 선조를 대신하여 민심을 추스르는 한편, 관군 및 의병들의 구심점 역할을 하였고, 이들의 활약을 바탕으로 조선은 전세를 역전할 수 있었다. 즉 학가를 수행하던 호종신들의 역할은 임진왜란 전란사에서 매우 지대하였으며, 그 중심에는 주전파(主戰派)와 선조의 근신(近臣)을 하나로 묶은 약포의 숨은 노력이 있었다.

약포는 당시의 상황들을 놓치지 않고 〈용사일기〉에 기록한 것이다.

〈용사일기〉의 서지사항을 살펴보면, 약포의 친필 초본으로 상하 2책으로 되어 있다. 각각 그 표지의 좌변(左邊)에 '龍蛇日記 上(용사일기 상)', '龍蛇日記 下(용사일기 하)'라는 주제목을 쓰고 그 우견(右肩)에 각각 '遺墨(유묵)'이라고 부제하였다. 상·하 각각 세로 25cm·가로 29cm, 두께는 약 0.7cm이다. 그 내면을 조사해 보면 상권 첫째 장은 그 전면(前面)

이, 하권 끝장은 그 후면(後面)이 각각 결락되어 있는데 면수는 상(上)이 117면, 하(下)가 113면 총230면이다. 매행 17자 내외로 상의 제23면까지는 행서(行書), 그 이후는 초서(草書)로 쓰여 있어서 행수(行數)·자수(字數) 및 서체(書體)가 모두 일정하지는 않다.[13]

기록된 기간은 앞의 부분이 결락되었지만 1592년 4월 30일 도성을 떠나는 시기부터 시작되었음을 추정할 수 있다. 그 이유는 〈피란행록〉에 기술된 내용 때문이다. 〈피란행록〉은 〈용사일기〉를 저본으로 하여 제작된 작품이다.

〈피란행록〉은 1592년 4월 30일 서울을 떠나 몽진을 시작하는 날부터 왕세자를 호종하던 시기인 1593년 정월 28일까지의 기록으로 되어 있다. 일자 상으로 〈용사일기〉보다 총 91일 간의 사적이 더 기록되어 있다. 하지만 〈용사일기〉보다 사실의 기록이 훨씬 적고, 첨부된 문서가 매우 소략하거나 없는 경우가 많기에 〈용사일기〉가 나온 이후 중요한 부분만을 따로 옮겨 놓은 것이 〈피란행록〉으로 추정한다. 즉 지금 남아 있는 〈용사일기〉의 시초(始初) 기록 75일과 최종기록 16일 부분이 결락되기 이전에 〈피란행록〉이 작성된 것으로 보인다.

실제 〈용사일기〉는 1592년 7월 17일부터 1593년 정월 12일까지 총 172일간의 기록으로, 해당일의 기사는 없고 날짜만 기록되어 있기도 하다.

일기의 구성을 보면, 매일 간지와 기상을 표시하고, 매일 일어난 주

---

13 李渭應 譯註, 『藥圃 龍蛇日記』, 釜山大 韓日文化硏究所, 1962, pp.3~4.

요 사실을 간략하게 기술한 다음[14], 줄을 바꿔 '附(부)' 자를 써 놓고, 장계(狀啓), 치보(馳報), 교서(敎書), 비망기(備忘記), 칙유(勅諭), 헌책(獻策) 등을 수록하였다. 주된 내용은 매일 매일의 기사 내용이 아니라 부에 기록되어 있는 각종 장계, 치보, 교서 등이다.[15] 이러한 공문서의 취집이 가능했던 것은 약포의 학가에서 차지하는 위치 때문이었다. 약포는 학가의 비변사에서 중요한 역할을 수행하였고 이 당시 취집한 공문서는 부기되었던 것이다.

3. 호종을 소재로 한 공적 기록

〈용사일기〉의 내용은 크게 작자인 약포의 개인적인 생활사, 왕실의 몽진 기록, 임진왜란 당시 전황 및 국정 운영으로 나눌 수 있다.[16]

---

14 『용사일기』의 主文은 每月, 日, 干支 밑에 (大)風, (大)雪, (大·夜·陰·微)雨 등 당일의 기상을 표시하고, 이어서 그 날에 일어난 주요 사실을 간략하게 기록해 놓았다.; 李渭應 譯註, 『藥圃 龍蛇日記』, 釜山大 韓日文化硏究所, 1962, pp.4~5.
15 附記文에는 勅書 1건, 敎書 1건, 狀啓 57건, 馳報 13건, 傳通 1건, 復命書 1건, 奏文 2건, 朝啓:1건, 檄書 3건, 狀啓를 보고 抄錄한 글 1건, 引用文 1건, 備忘記 1건, 開諭文 1건, 牌文 3건, 獻策文 2건, 布告文 1건, 告示文 1건, 朝報 1건, 書簡文 1건 등 총94건의 공적문서가 실려 있다.
16 왕실을 소재로 한 내용이나 국정 운영 전반에 대한 내용은 專制王政에서는 동일한 내용일 수 있으나 임진왜란 이라는 특수한 상황과 이로 인해 蒙塵이라는 특별한 경험이 등장한다는 점에서 세분하였다.

실제 〈용사일기〉 총 172일간의 기록을 분석해 보면, 이 중에서 약포 자신의 사적인 내용을 담고 있는 일자는 겨우 11일에 불과하다.[17] 가시적으로도 사적인 기록이 11일로 매우 적을 뿐 아니라 기록 내용 역시 매우 간략하게 기술되어 있다.[18]

〈용사일기〉는 크게 일기체 형식의 주문(主文)과 여러 자료들을 첨부한 부기문(附記文)으로 구성되어 있는데, 주문의 내용은 간략하게 기술했으며, 부기문의 자료들을 남기는데 많은 노력을 할애하였다.

약포는 선조와 왕세자를 최측근에서 호종하였으며, 특히 분조 당시에는 비변사의 업무를 수행하였기에 전국에서 올라오는 다양한 장계를 통하여 국사 전반을 조망할 수 있었다. 이로 인해 〈용사일기〉는 주문과 부기문이라는 독특한 형태의 체재로 기술할 수 있었다.

약포가 호종하면서 겪게 되는 전쟁체험은 사적 체험이기보다는 왕실과 국가의 부침(浮沈)과 관련된 공적(公的) 체험이기에 공적인 내용 중심으로 〈용사일기〉를 기술할 수밖에 없었다. 즉 11일의 사적인 기록을 제외하고는 왕실의 몽진에 대한 기록, 당시 전황 및 국정 운영 등 대부분 공적인 내용으로 채워져 있다.

17　壬辰年 七月 二十日條, 七月 二十二日條, 七月 二十七日條, 八月 四日條, 八月 五日條, 十月 十三一條, 十一月 二十四日條, 十一月 二十八日條, 十二月 十日條, 十二月 十一日條, 癸巳年 一月 三日條 등 총11개의 條가 약포의 사적인 기록이다.
18　〈용사일기〉에서 약포의 개인적인 기록의 내용을 살펴보면 아는 사람이 약포를 찾아오거나, 친척이나 친구에게 편지나 글을 받은 내용, 자신이 살던 거처를 옮기는 내용, 아는 사람의 근황을 듣는 내용, 아들의 근황에 대한 내용, 조상의 제사에 대한 내용 등으로 매우 간략하게 내용을 적고 있다.

먼저 〈용사일기〉의 공적인 내용들은 어떠한 지 자세히 살펴보겠다.

〈용사일기〉의 시초 결락 이후 처음 등장하는 일자는 임진년(1592) 7월 17일조(條)인데, 이날의 기록은 부기문만 남아 있다. 부기문에는 임진왜란 전체의 전황이 기술되어 있는데, 그 내용은 순변사 이일(李鎰)이 상주와 충주에서 패한 이후 오합지졸을 거느리고 있어 일본을 막을 수 없다는 내용[19], 각 고을의 수령들이 전쟁을 도망가거나 개전 초에 사망하여 고을이 적의 수중에 있다는 내용을 담고 있다.[20]

7월 23일의 부기문은 선조가 있는 행재소로 보내는 장계인데, 수령이 없는 고을의 폐해와 백성들의 고통, 수령이 없는 고을에 임시로 수령을 임명하였다는 내용, 수령이 없는 곳에 빨리 수령을 임명하여야 한다는 건의를 싣고 있다.[21] 이것으로 볼 때 분조 당시 행차소, 즉 학가는 단순히 전쟁의 상황을 행재소에 알리는 역할을 수행한 것이 아

---

19 鄭琢, 『龍蛇日記』, 壬辰年 七月 十七日條 附記文; 聞李鎰之兵 僅烏合六七百人 云 孤弱之兵 難犯大敵叱分不喩 ; 밑줄 친 부분은 이두식 표현. 이후 각주에서 밑줄친 부분은 이두식 표현을 의미한다.

20 鄭琢, 『龍蛇日記』, 壬辰年 七月 十七日條 附記文; 金化金城兩邑守令 自變初遠遁 不知去處, 此外 如永興德原 陣亡己久 淮陽府使 亦爲倭賊所殺 麻田郡守不知去處 或云從其父 北道入去云 其他如忠州安東等大處 亦爲久空 如此郡邑 委之賊手 無人收捨 極爲可慮爲白乎矣.

21 鄭琢, 『龍蛇日記』, 壬辰年 七月二十三日條 附記文, 狀啓; 近觀各道形勢爲白乎矣 各邑守令 或陣亡 或棄邑 或身死 無罪無倖之邑 民皆散亂無統 殺掠攻刦 擧爲盜賊 當今之策 各官守令 隨闕塡差 使之經理邑務 召聚民兵 乃是急務而 行在所遙遠 聲聞未易通達而 東宮行次殷置 傍近要緊等守令外 其他諸邑守令 這這除差似爲未安 不得隨闕充差 以此諸邑空曠處極多 討賊了無頭緖 誠非細慮是白齊

니라, 실질적인 인사권을 행사하고 있음을 확인할 수 있다.[22]

7월 27일의 부기문 역시 2통의 장계로 이루어져 있는데, 첫 번째 장계에서는 7월 23일의 장계와 마찬가지로 임진왜란의 전체 전황을 바탕으로 조정이 취해야 할 전략을 제시하고 있다.

> 北道는 곧 우리의 王業을 이룬 곳이라 臣等의 過計로는 먼저 北方으로 進出하여 南北의 軍兵을 抄發해서 鐵嶺의 험준한 곳에 據點을 두고 賊을 막아 끊으면서 江原·慶尙에 令을 내리고 京畿·忠淸·全羅와 通한다면 공을 이룰 수 있다고 생각합니다.[23]

7월 27일 부기문 중 두 번째 장계에서는 전라도 지역의 의병 정보, 개성과 경성의 정보, 황해도의 민정(民情), 함경도의 적정(敵情)을 보고하고 있다.

> 全羅道 義兵將軍 管下의 沈秀가 軍中에서 와서 그간의 事情을 자세히 들으니, 金千鎰 의병장과 兵使 崔遠이 거느린 군사가 지금 江華에 있는데, 접전을 할 날은 아직 결정하지못했다고 합니다. 前 부

---

22 7월 23일 이후에도 7월 28일, 8월 10일, 8월 19일, 9월 21일, 9월 27일, 10월 25일, 11월 11일의 부기문을 살펴보면 전황의 급박성으로 인해 먼저 관료의 인사를 실시한 후, 행재소에 그 내용을 보고하는 내용이 발견된다.
23 鄭琢, 『龍蛇日記』, 壬辰年 七月二十七日條 附記文, 狀啓 1.; 北道乃興王之地 臣等過計 莫若先出北方 抄發南北之兵 擁截鐵嶺之險 號令於江原慶尙 以通京畿忠淸全羅 遮幾收效

사 高敬命과 前 提督 趙憲도 역시 義兵을 거느리고 올라와 먼저 호서와 호남에 있는 적을 공격하고 있으니 (중략) 개성부와 경성을 연달아 정탐해보니, 이전보다는 적의 기세가 다소 약해졌다고 합니다. (중략) 몰래 들으니 황해의 민정은 全道의 백성들과 오랫동안 함락된 城이 殺虐의 고통을 견디지 못하여 모두 奮起하려고 생각하고 있어, 주위에 의탁할 만한 將領之官이 없어서 날마다 이러한 인물이 오기를 바라고 있다고 합니다. (중략) 함경도의 최근 적군 소식은 陽德縣監이 金貴榮·黃庭彧의 書狀을 급히 올려 보냈습니다.[24]

7월 28일 부기문 중 2번째 장계에서는 왕세자의 이동으로 인해 백성들이 기뻐하는 모습과 의병들이 곳곳에서 승리하는 모습, 지방관 임명을 건의하는 모습이 보인다.

行次가 伊川에 머무니 경기지방 백성들이 기뻐하며 따르고 조정의 氣脉이 널리 각도에 전해졌으며 獻級과 의병을 일으킨다는 馳報가 속속 들어오니 국운회복의 희망이 보입니다. (중략) 李時言으로

---

24 鄭琢, 『龍蛇日記』, 壬辰年 七月二十七日條 附記文, 狀啓 2.; 全羅道義兵將管下 沈秀 □來自軍中爲白去乙 □間曲折詳細探問爲白乎矣 金千鎰義兵及兵使豈崔遠 所領之軍方在江華 接戰日期時□決定爲白乎旀 前府使高敬命 前提督趙憲亦率 義兵上來 而先擊湖西湖南之賊,(중략)開城府 及 京城連次偵探則賊勢視前消滅是 如爲白良置,(중략)竊聞黃海民情 一道之民 久陷城乎 不敢殺虐之苦 皆思軍奮起 而顧無將領之官 可以依歸 日夜遇望是如爲白去乙 欲送一員重將爲白乎矣,(중략) 咸鏡道近來聲息殷 陽德縣監馳與金貴榮黃廷彧書狀上送爲白遣

黃海防禦使로 삼고 沈友正으로 巡按官을 삼아 軍兵과 軍糧을 調達 補給케하여 황해지방의 賊을 무찔러 백성들의 소망에 보답해야 합니다.[25]

이 밖에도 학가에서는 군량확보에 대한 내용 등을 건의하는 등 매우 거시적인 안목으로 임진왜란 당시 정국을 대가를 대신하여 이끌어 나갔으며, 그 중심에는 약포가 있었고 또한 이러한 기록들을 놓치지 않고 부기문에 기록하였다.

兵을 일으킬 때 군량이 가장 중요한데, 다른 도는 兵火의 禍亂을 크게 입었지만, 충청도와 전라도 양도는 보존된 곳이 있고, 또한 흉년이 들지 않았으니, 만약 빨리 수확하지 않으면, 해가 바뀌고 곡식이 귀하게 되면 조치할 도리가 없을 것이니, 이를 소관하는 戶曹에 빨리 명하여 곡식을 모으는 조목을 마련하여 거행하는 것이 便當할 듯 생각하여 禀합니다.[26]

---

25 鄭琢, 『龍蛇日記』, 壬辰年 七月二十八日條 附記文, 狀啓 2.; 行次留住伊川 畿甸之民 歡悅歸附 朝廷氣脉旁通於諸道 獻級日至 各起義兵 馳報相續 頗有恢復之望爲白如乎,(중략)以李時言爲黃海防禦使 以沈友正爲巡按官 使之調給兵糧 剿除黃海之賊 慰答民生爲白齊
26 鄭琢, 『龍蛇日記』, 壬辰年 十月初七日條 附記文, 狀啓.; 兵興之際 粮餉最重 而他道 則尤被兵燹之禍 只忠淸全羅兩道稍有保存之地 且不至失稔 若不趁時收合 至於歲飜穀貴 則措置無路 亟命該曹 募粟節目磨鍊擧行 似爲便當爲白乎去 妄料爲白昆

지금까지 약포의 〈용사일기〉s에 기록된 공적인 기록 중 국사, 특히 국정 운영에 대한 내용을 간략히 살펴보았다. 분조되어 있는 조정에서 왕세자를 모시고 있는 상황의 특수성으로 인해 장계들이 행차소를 거친 이후에 선조가 있는 행재소에 올라갈 수밖에 없는데 약포는 이 급박한 순간에도 그 장계들을 놓치지 않고 자신의 실기에 기록하고 있다.

장계가 행재소에 올라가기 전에 행차소를 먼저 거쳤다는 것은 행재소가 이미 조정의 기능을 상실하였음을 의미한다. 약포는 장계가 행차소를 올라올 때마다 왕세자에게 미리 품하여 그 내용을 확인하였고, 장계를 다시 봉하여 행재소로 올리면서 선조가 올바른 결정을 할 수 있도록 행차소 내의 비변사의 견해를 개진하였다. 약포의 이러한 행동은 단순히 왕세자를 호종하는 신하의 성격을 넘어선 선조가 기대한 왕세자의 후견인으로서의 역할에 더 가깝다고 하겠다.

약포는 분조에서 장계를 정리하고 분석하여 선조가 바른 결심을 할 수 있도록 하는 역할을 수행하였다. 약포는 노령에도 불구하고 적절하면서도 과단성 있는 제안과 획기적인 인사정책을 제시했는데 이것이 가능한 이유는 약포에게 임진왜란 전체를 조망하는 거시적 안목과 현실적 감각이 있었기 때문이다. 이러한 안목은 남명 조식으로부터 이어지는 현실인식과 천인벽립(千仞壁立)의 기상에서 그 연원을 찾을 수 있다.

다음은 〈용사일기〉에 기술되어 있는 왕실의 몽진 기록 및 왕실과 관련된 내용들을 살펴본다.

〈용사일기〉와 모본(母本) 논쟁이 있는 〈피란행록〉의 경우 실기가 처음 시작된 날이 임진년 4월 30일로, 이 날은 선조의 몽진이 시작되는 날이기도 하다.

〈용사일기〉에서 누락된 4월 30일에서 7월 16일까지의 기록은 주로 선조의 몽진기록이 그 중심을 이루고 있으며, 주문(主文)을 중심으로 그 내용이 기술되어 있으며, 7월 17일 이후의 내용은 주로 분조된 이후의 기록으로 부기문(附記文)을 중심으로 국정운영에 대한 내용이 그 중심에 있다. 그러면 〈용사일기〉에서 왕실과 관련된 내용이 어떻게 기술되었는지를 확인해보자.

임진년 7월 27일 행차소의 빈청(賓廳)에서 선조에게 올리는 장계에 "臣 등이 듣기로 兩司가 저희들이 왕세자를 모시고, 江界를 버리고 危地에 들어간 것이 잘못이라고 하며, 이를 주장한 사람을 찾아 관직을 삭탈한다고 하니 臣 등은 待罪하옵니다."[27]라고 기술된 부분이 있다. 이것은 행차소가 결정한 왕세자의 몽진 행로가 옳았음을 주장하는 부분이다. 분조 이후 왕세자의 행로[28]와 행동은 조선의 성패(成敗)와 관련된 일이므로 선조를 비롯한 모든 이들의 관심사였다. 그러므로 몽진과 왕실에 관련한 기록은 앞에서 논의한 국정 운영에 대한 기

---

27 鄭琢, 『龍蛇日記』, 壬辰年 七月二十七日條 附記文, 狀啓.; 臣等聞兩司 以臣等扈王世子 去江界入危地 爲非 摘發首倡者 削奪官職云 臣等 待罪
28 8월 9일의 일기에 "왕세자의 행차가 成川으로 이주한 사유는 이미 장계로 올렸습니다" 라고 기술되어 있는 것으로 보아 왕세자의 행로는 중요한 보고사항임을 확인할 수 있다.

록과 더불어 〈용사일기〉를 지탱하는 두 개의 큰 소재라고 하겠다.

8월 16일에는 "왕세자께서 대문 밖에 나가셔서 장사들에게 음식을 주어 위로하시다"[29]라는 내용이 보이고 이와 비슷한 내용은 8월 18일, 10월 25일, 12월 7일의 기록에서도 찾을 수 있는데, 약포는 개인사보다는 왕세자의 행동을 기술하는 것에 우선순위로 두었음을 확인할 수 있는 대목이다.[30]

12월 4일부터 계사년 1월 1일까지는 왕세자의 건강에 관한 내용을 중심으로 기록되어 있다. 12월 4일에 "왕세자께서 병환이 나셨다."[31]라는 기록을 시작으로 하여 12월 16일에는 "이날 왕세자에게 반진(瘢疹)이 나타나기 시작하시다"[32]는 기록, 12월 18일에는 왕세자가 아프기 시작한 내력과 그 증상, 치료법까지가 담긴 장계를 부기문에 기록하고 있다.

장계 1통이 온전히 왕세자의 건강과 관련된 내용으로 되어 있고 그 장계를 약포가 직접 작성했다는 것은 약포가 내의원부제조(內醫院副提調)의 역할을 충실히 하고 있다는 것을 보여주는 동시에, 선조를 비롯한 조정 전체가 왕세자의 건강을 염려하고 관심을 가지고 있음을 의미하는 것이다.

---

29 鄭琢, 『龍蛇日記』, 壬辰年 八月十六日條.; 王世子 出大文外 犒慰將士
30 8월 29일의 기록에는 전란 중에도 왕세자를 위해 書筵이 진행되는 내용이 있는데, 전란 중에도 왕세자를 위해 서연을 중단하지 않은 것은 당시 왕세자에게 기대하는 바가 매우 크다는 것을 보여주는 부분이다.
31 鄭琢, 『龍蛇日記』, 壬辰年 十二月初四日條.; 王世子違攝事
32 鄭琢, 『龍蛇日記』, 壬辰年 十二月十六日條.; 王世子瘢疹始刑

12월 20일의 부기문과 같은 날 작성한 장계초(狀啓草) 역시 왕세자의 건강에 관련된 내용을 주를 이루고, 이날 올린 장계 역시 왕세자의 건강에 대한 내용이며 장계 속에 약포가 직접 왕세자의 건강을 관리하는 모습이 드러나 있다.[33] 12월 20일의 계초에도 왕세자의 건강에 관한 내용을 중심으로 기술되어 있으며 12월 25일의 부기문에도 당시 영의정인 최흥원의 장계와 약포가 중심이 되어 작성한 내의원 장계초 2통이 기록되어 있는데 이 역시 왕세자의 건강에 관한 내용이다. 흥미로운 사실은 최흥원의 장계와 2통의 장계초는 장계를 올리는 주체만 다를 뿐 내용은 거의 유사하다는 것이다. 당시 행차소의 관료들은 왕세자의 건강에 대하여 지대한 관심을 가졌을 뿐만 아니라 경쟁적으로 선조에게 왕세자의 근황을 보고하였던 것이다. 계사년(1593) 1월 1일 왕세자가 회복하였다는 장계를 끝으로 왕세자의 건강을 중심으로 한 내용은 등장하지 않는다.[34]

33　동궁의 癍疹 증세는 本月 十八日에 이미 馳啓하였는데 體候가 煩熱이 나시고 목안이 아프다고 하셔서 內醫院提調 鄭○이 醫官과 더불어 서로 상의해서 藥을 드리니 煩熱症과 痰이 끓는 증세가 점점 차도가 있어 덜해지시고 부드러운 밥과 미음을 날마다 자주 드리니, 먼저 癍紅이 덜하게 되어 증세가 순조로워 날로 평복되어 가십니다.; 鄭琢, 『龍蛇日記』, 壬辰年 十二月二十日條, 附記文, 狀啓 ; 東宮癍疹症候殷 本月十八日 曾己馳 啓爲白在果 氣候煩熱 咽喉爛痛 內醫院提調鄭○與醫官等 商議進藥 熱勢痰症 漸至差歇 軟飯米飮逐日頻進 先發癍紅 亦至消歇 症勢尤順 日向平復爲白齊

34　같은 시기에 왕세자빈 또한 왕세자와 같은 증상을 앓고 있었지만 1월 1일의 장계에 왕세자빈의 건강악화를 잠시 언급하고 그 이후에는 왕세자빈의 호전 정도가 전혀 등장하지 않는다.

지금까지 왕실의 몽진 기록 및 왕실과 관련된 내용들을 살펴보았다. 하지만 좀 더 세밀하게 그 내용을 확인하다보면 왕실과 관련된 내용은 주로 왕세자의 신변에 대한 내용임을 확인할 수 있었다.

국정운영의 분야를 기술하는 부분에서 약포가 서인과 대북세력을 아우르는 노숙한 관료로서 관용의 모습을 보여주었다면, 왕세자와 관련된 부분을 기술할 때는 왕세자의 후견인으로서 모습이 잘 드러난다.

약포는 왕세자 중심의 왕실의 가족사를 세밀히 기록하고 있는데, 이것은 미시적 관찰력과 세심함이 있어야 가능한 일이기도 하다.[35] 약포는 거시적 안목과 미시적 관찰력을 동시에 활용하면서 국정운영과 왕실이라는 소재로 공적 실기인 〈용사일기〉를 기술하였다.

지금부터는 〈용사일기〉에 나타나는 전쟁의 참상과 갈등의 양상이 어떻게 묘사되는지를 살펴보겠다. 기본적으로 전쟁실기는 전쟁의 참상이 주된 소재로 등장하거나, 집단 또는 갈등의 양상이 작품 속에서 자연스레 드러난다. 〈용사일기〉는 호종이라는 특수한 상황을 다루고 있어 일반적인 전쟁실기와는 차이가 있겠지만 전쟁의 참상이나, 갈등에 대한 내용이 묘사되었으리라는 추정 하에 이를 찾아 타 전쟁실기와의 차이를 고구하고자 한다

종군을 소재로 한 전쟁실기는 전투의 참혹한 면을 중심으로 전쟁의 참상을, 피란을 소재로 한 전쟁실기는 피란생활의 비참함을, 포로

---

35 거시적인 안목 및 노숙한 관료로서의 모습은 남명의 모습과 닮아있으며, 미시적 관찰력 및 왕세자의 후견이로서의 모습은 남명과 함께 사림을 양분하였던 퇴계의 모습과 닮아있음을 확인할 수 있다.

의 경험을 바탕으로 한 전쟁실기는 포로생활의 고달픔과 향수를 중심으로 전쟁의 참상을 묘사하였다. 그렇다면 전시에 호종이라는 특수한 경험을 다룬 전쟁실기에서는 전쟁의 참상이 어떻게 묘사되는지를 살펴 볼 필요가 있다.

〈용사일기〉는 약포 개인이 겪은 전쟁의 참상은 그리 많이 드러나지 않는다. 약포 개인이 겪은 참상을 기록해 놓은 부분을 살펴보면 임진년 7월 18일의 기록에서 "이 날에 찹쌀 한 되를 이흠재(李欽哉)에게 빌어와서 종 막동(莫同)에게 부탁하여 때 묻고 더러운 것을 세탁(洗濯)하다."[36]라는 부분을 찾을 수 있다. 당시 내의원부제조라는 중책에도 전시에 찹쌀 한 되 융통하기 힘든 현실을 엿볼 수 있는 장면이다. 같은 해 10월 21의 기록에 "호종관료(扈從官僚)에게 처음으로 요미(料米)를 나누어 주다"라는 내용 또한 찾을 수 있다.

〈용사일기〉에서 결락된 부분인 4월 20일부터 7월 16일 까지의 내용 중 초숙무찬(草宿無餐), 풍찬로숙(風餐露宿)한 경험이 〈피란행록〉에서는 기술되어 있는데, 7월 17일 이후의 기록에는 행차소가 안정을 되찾은 시기이기 때문에 작자가 개인적으로 겪은 전쟁의 참상은 거의 드러나지 않는다. 오히려 왕실의 참상에 그 초점이 맞추어져 있음을 확인할 수 있다.

그 대표적인 경우가 임진년 10월 2일의 기록이다. 이날은 선조가 왕

---

36 鄭琢, 『龍蛇日記』, 壬辰年 七月 十八日條.; 是日 乞膠未一升於李欽哉 付奴莫同 澣濯垢汚

세자에게 국사를 권섭(權攝)시키는 매우 중요한 결심을 결행하는 날로, 이 날의 정황은 선조가 왕세자에게 보낸 '敎王世子權攝國事書(교왕세자권섭국사서)'에서 확인할 수 있다. '교왕세자권섭국사서'는 선조가 왕세자인 광해군에게 공식적으로 국사를 전담하게 한다는 교서이다. 약포는 '교왕세자권섭국사서'를 부기문에 실어, 왜란으로 인한 왕실의 참상을 기록으로 남겨놓았다.

내 장차 어디로 돌아 갈 것인가?
이러한 난리를 만나 국란(國亂)이 끝나지 않는데 너에게 군국(軍國)의 권을 맡기게 되는구나.
다행히 부탁할 사람을 얻어 조종(祖宗) 유업(遺業)을 회복하기 바랄 뿐이다.
돌이켜보면 내 소망(所望)이 진실로 두터우며 생각하면 네 책임(責任)이 또한 크다.
(중략)
이에 세자(世子)를 명(命)하여 국사(國事)를 권섭(權攝)하게 하노니, 상벌(賞罰)과 제배(除拜)는 편한데로 스스로 판단하되, 관작(官爵)은 사사로이 하지 말 것이며, 상벌(賞罰)은 정당한데서 나오게 함이 옳다.
(중략)
우리나라에 경사(慶事)가 있게 된다면 곧 너 아니고 누구이겠으며, 낙양(洛陽)에 계신 능침(陵寢)에 신(神)이 계신다면 너를 두고 장차 어디 가겠는가?

부로(父老)의 눈물이 비록 조상 생각에서 나왔다 해도, 가뭄에 무지개 바라는 듯 하는 그 소망(所望)은 마침내 이루어질 것이다.

아, 임금 탄 수레가 옛날 서울의 위의(威儀)를 갖추고, 하늘과 땅이 다시 동궁(東宮)을 이룩하여 산과 바다의 상서(祥瑞)를 연다면, 부자(父子)가 다시 만나 즐길 것을…….

극진한 말 다하기 어려우나, 큰 공을 세우길 기대하겠다. 그래서 여기에 교시(敎示)하노니, 생각컨대, 너는 마땅히 내 맘 알 것이라 생각한다.[37]

선조가 왕세자에게 보낸 '교왕세자권섭국사서'는 이중적인 의미를 지니고 있다. 하나는 선조가 아들인 광해군에게 국사를 전담하게 하는 공적인 교서의 성격을 지니고 있으며, 다른 하나는 아버지가 아직 어린 아들에게 보내는 사적 간찰(簡札)의 성격을 지니고 있다.

'교왕세자권섭국사서'의 내용은 표면상으로는 왕세자가 수행해야 할 공식적인 책무를 세세히 언급하면서 국왕으로서의 권위를 잃지 않으려는 선조의 이성적인 면을 확인할 수 있다. 하지만 그 이면에는 국가의 중임(重任)을 어쩔 수 없이 아들에게 맡겨야 하는 능력 없는 아버지

37　鄭琢, 『龍蛇日記』, 壬辰年 九月十二日條 附記文, 敎王世子權攝國事書.; 予將曷歸 値此兵戈之會 亂靡有定 畀爾軍國之權 幸因付託之得人 冀復 祖宗之遺業 顧予望之良厚 (중략) 玆命 世子 權攝國事 賞罰除拜便宜自斷 官爵母及昵私 賞罰要出於正 (중략) 慶昌獲覿 卽當誰居 洛陽之園陵 有神何將之 父老垂涕雖於念於霜露 願終副於雲霓 於戲鸞輿整舊都之威儀 乾坤再造震宮 開山海之祥瑞 父子重歡 難罄至言 行建丕績 故玆敎示 想宜知悉

로서의 감성적인 부분이 드러난다. 임진왜란이라는 큰 사건은 국왕으로서의 선조의 모습뿐만 아니라 아버지로서의 선조의 모습까지 자연스럽게 노출시키고 있는 것이다.

권섭은 권력의 중심축이 이동하는 국사이기도 하지만, 종실(宗室)의 입장에서 보면 중요한 가족사이기도 하다. 특히 당시 자연스런 권력의 이양이 아닌, 전란이 가지고 온 참상이라고 할 수 있고 약포는 이를 놓치지 않고 기록으로 남겨놓았다.

〈용사일기〉에서는 이 밖에도 임진년 9월 2일에 선왕들의 왕릉이 왜적에 의해 파헤쳐 졌다는 내용을 싣고 있다.[38]

왜적에 의해 선왕의 능이 유린당한 것은 국가와 왕실의 입장에서 참상이자 치욕이었다. 약포 또한 이러한 사실을 인지하고 이에 대한 내용을 매우 비중 있게 다루었고 9월 12일의 부기문 또한 능의 훼손 규모와 이에 대한 대비책으로 채워져 있다.

〈용사일기〉는 앞에서 언급했듯이 약포 개인보다는 왕실의 참상에 비중을 두고 기술하고 있음을 확인하였다.

---

38 지금 京畿觀察使 沈岱의 書狀과 廣州牧使 朴宣과 楊洲牧使 高彦伯의 牒들을 보니, 各陵의 變故를 겪은 곳을, 대체의 狀況을 갖춰 記錄했으나, 모두 親히 奉審했다는 말이 있습니다. 이 사실은 傳聞만 한 것 같은데, 사건이 극히 중대하여 同 서장을 政院으로 봉해 보내 轉啓하도록 하십시오. 烏山都正 鉉이 奉審하고 돌아온 후에 다시 啓聞하겠습니다.; 鄭琢, 『龍蛇日記』, 壬辰年 九月初九日 條 附記文, 狀啓.; 今見京畿觀察使沈岱書狀 廣州牧使朴宣襄州牧使高彦伯牒呈 各陵經變之處 大槩具錄爲白乎矣 皆無親自奉審之語 似出傳聞爲白良置 事極重大同書狀 政院以封送轉 啓爲白在果 烏山都正鉉 奉審回還後 更良啓聞

극히 일부분이기 하지만 임진년 10월 25일의 기록은 민간인들의 참상이 기술되어 있다. "왕세자께서 발행하시다. 이 날 큰 바람이 불었는데, 사대부 피란자들이 도보로 짐을 들고 지고하여 도로에서 넘어지는 자가 많아 그 수를 헤아릴 수 없으니, 보는 자들이 저도 모르게 눈물을 흘렸다."[39] 이 내용은 임진년 10월 25일 주문에 기술되어 있는데, 왕세자를 자발적으로 호종하던 사대부들의 고초를 매우 사실적으로 묘사하고 있다. 약포는 '見者不覺出涕(견자불각출체)'라는 부분에서 당시의 상황을 잘 표현하고 있다.

지금까지 〈용사일기〉에 묘사되어 있는 전쟁의 참상을 살펴보았는데, 왕실의 전쟁 참상을 주로 드러내고 있다.

약포는 〈용사일기〉에서 개인이 경험한 전쟁의 참상을 가능한 기술하지 않았다. 즉 약포는 작자의 개인사를 기술한 주문보다는 공문서를 실어놓은 부기문을 많이 기재하여 작자가 경험한 전쟁의 참상을 잘 드러내지 않았다.[40] 또한 참상의 피해 주체를 왕실로 한정하였다

다음은 〈용사일기〉에 나타나는 갈등의 양상에 대하여 확인하겠다.

---

39 鄭琢, 『龍蛇日記』, 壬辰年 十月二十五日條.; 王世子發行 是日大風 士大夫避亂者 或多徒步携擔 顚躓道路者不知其數 見者不覺出涕

40 공문서에서 전쟁의 참상이 기록되어 있지 않는 것은 아니지만, 공문서의 특성상 정확한 수치나 사건에 대한 始終을 중심으로 객관적 사실 위주로 기술하고 있기 때문에 전쟁의 참상이 文面을 통해 독자들의 감성을 자극하기에는 한계가 있다. 물론 약포가 聚集한 공문서 중에서 檄文이나 의병들 간의 通文에서 전쟁의 참상이나 감정의 개입이 드러나기는 하지만 이것 역시 작자 자신이 직접 기술한 글이 아니라 다른 사람의 글을 간접적으로 기술하였다는 점에서 독자가 체감하는 전쟁의 참혹상은 반감될 수밖에 없다.

'인간이 생각할 수 있는 가장 큰 갈등이 바로 전쟁이다.'라는 명구처럼 전쟁은 모든 갈등의 총체이면서 전쟁으로 인해 여러 가지 다양한 갈등이 배태되기도 하는데 이러다보니 전쟁실기에서 갈등이 자연스레 드러나는데 〈용사일기〉에서 갈등이 어떻게 기술되고 있는지 살펴보겠다.

〈용사일기〉가 본격적으로 시작되는 임진년 7월 18일의 기록에서부터 갈등의 모습이 등장한다. 7월 18일의 주문에 "대소관원(大小官員)이 모두 당초에 이 방향으로 동궁 행차를 모시고 오자고 건의한 사람을 탓하여 추궁하다"[41]라는 기록을 찾을 수 있다. 이것은 왕세자의 몽진 행로가 문제가 되자 관료들이 서로 그 책임을 상대 당파에게 전가하려는 모습을 기술한 것이다.[42] 이것은 당시 사분오열된 최고위층의 모습을 적나라하게 보여주는 부분이다.

이 밖에도 관군의 장수가 향병(鄕兵)보다도 못하다는 기록, 9월 15일의 무능한 관료가 많지만 시세가 급박하여 차마 해직(解職)하지 못한다는 기록 역시 관료들 간의 갈등이 드러나는 부분이다. 특히 11월 20일에 사헌부에서 유영길, 곽영, 김수, 류성룡, 홍여순, 이홍로, 송언

---

41   鄭琢, 『龍蛇日記』, 壬辰年 七月 十八日條.; 大小官員 歸咎當初建議者
42   7월 25일에 "사람이 행재소에서 왔는데, 이 사람으로부터 대간이 당초에 동궁께서 동로로 행차하실 것을 건의한 사람을 論劾한다고 하는 말을 듣다"; 鄭琢, 『龍蛇日記』, 壬辰年 七月 二十五日條.; 有人來者 大朝 因聞臺諫論□當初請往東路建議之人云.
    7월 27일의 기록에서도 왕세자를 모시고 있는 인물들 즉, 서인과 북인을 중심으로 왕세자의 몽진행로를 정당화하는 기록을 찾을 수 있다.

신 등을 탄핵한 내용, 우의정 유홍에 대한 탄핵과 유홍을 탄핵한 홍혼에 대한 재탄핵에 대한 기록은 당시 붕당 간의 갈등을 극명하게 보여주는 대목이다.[43] 당시 관료들 간의 갈등의 원인은 붕당 간의 이익, 개인적 친소(親疎), 이기주의(利己主義), 책임 전가 등 매우 다양함을 확인할 수 있다.

약포 또한 권력의 중심에 있었지만 지배층 간의 갈등을 가감 없이 〈용사일기〉에서 기술하였다.

무력한 지배층들 간의 갈등은 새로운 형태의 갈등을 배태했는데, 임진년 8월 1일에는 '서몽린(徐夢麟)의 난', 9월 6일의 '국경인(鞠景仁)의 난'에 관한 기록이 그 것이다. 이는 지배층과 피지배층 간의 갈등이 변란(變亂)의 형태로 표출된 것이다.

'서몽린의 난'은 〈용사일기〉에 자세히 기록되어 있지 않지만 비첩(秘牒)을 따로 올려 보고 하였으며, '국경인의 난' 또한 두 명의 왕자가 난적의 손에 의해 왜적에 넘겨졌다는 점에서 치욕적인 사건이었다.

피지배층의 지배층에 대한 분노 및 갈등의 양상은 11월 8일의 이귀(李貴)의 헌책문(獻策文)에서 잘 드러난다. 이귀는 왜란 당시 공조좌랑으로서 삼도소모관(三道召募官)의 역할을 수행했다. 이귀는 직접 현장에서 벌어지고 있는 피지배층과 지배층의 갈등을 드러내고, 그 해결책을 왕세자에게 조목조목 주달하면서 왕세자의 행동을 냉철히 비판하

---

43 鄭琢, 『龍蛇日記』, 壬辰年 十一月 二十日條, 附記文, 朝報.

였다.⁴⁴

이귀는 당시 소모관의 역할을 수행한 관료로서, 지배층의 의식보다는 피지배층의 생각을 헌책문을 통해서 표출했다. 헌책문의 내용이 다소 과격하지만 약포는 가감 없이 이를 기록하였다.⁴⁵

피지배층의 지배층에 대한 불신과 불만보다 더 우려되는 갈등이 임진년 9월 3일의 기록에서 발견되는데, 그것은 바로 선조와 조신(朝臣) 간의 갈등이다. 선조는 논공행상에만 신경을 쓰는 조신들의 행태를 아쉬워하며, 관료들이 역졸들에게 작패(作悖)를 부리는 행동을 비망기를 통하여 경계하고 있다.⁴⁶

44　이귀는 헌책문에서 5가지 문제점을 비판하고 있다.
　　첫째, 관료들의 무능을 꾸짖고 있다. 전황에 대해서는 관심이 없고, 자신의 안위만을 생각하고 있는 관료들의 문제점을 거론하면서 시정방안을 함께 제시하였다.
　　둘째, 관군은 쓸모가 없으며, 의병은 정예하여 의병이 관군들과 같이 합동작전을 하려하지 않는다고 왕세자에게 보고 하였다. 당시 의병들이 관군을 얼마나 불신하고 있음을 확인할 수 있는 부분이다.
　　셋째, 빈궁과 함께 피란에만 신경을 쓰고 있는 왕세자를 질책하고 있다. 이귀는 지배층이 위엄과 희생을 보여주지 않으면 피지배층들은 지배층을 따르지 않는다는 경고를 왕세자에게 하고 있는 것이다.
　　넷째, 국론의 분열을 조장하고 있는 朝臣들에 대한 원망을 하고 있다. 국론을 통일해야 할 조신들이 붕당을 만든 것을 우려하였다.
　　다섯째, 왕세자에게 조정의 문제점을 찾아내고 정확한 명령, 과감한 결단, 용기 있고, 실제적인 행동을 보여 주지 못한다고 준열하게 꾸짖고 있다.
45　11월 17일에 부기되어 있는 李叔樑의 禮安倡義錄 책문에서도 무능한 관료에 대한 피지배층의 不信을 확인할 수 있다.
46　비망기를 賓廳에 내리시기를 "이즈음 備邊司가 오직 軍功을 打算하여 高下만 논의하고, 지휘하여 조치하고 전략을 세워서 決策하는 일로서는 高下를 따지

선조의 조신들에 대한 불신은 최고지배층 간의 갈등으로 전쟁의 성패와도 직결된다는 점에서 매우 심각한 문제이다. 당시 중국으로의 망명을 고려한 선조는 조신들의 신뢰를 많이 잃고 있었다. 이러한 시기에 선조 또한 조신들을 신뢰하지 못하고 있었으며 이러한 상황 역시 약포는 놓치지 않고 기술하였다.

전란 초기의 조선은 관료 사이의 갈등, 피지배층의 지배층에 대한 불신, 최고 지배자의 조신에 대한 불신 등 여러 가지 갈등의 양상이 혼재되어 있던 시기였다. 이 밖에도 명나라 장수 간의 갈등, 가짜 의병의 등장으로 인한 피지배층 간의 갈등, 관군과 의병 간의 갈등 양상 등 다양한 양상을 약포는 하나도 놓치지 않고 〈용사일기〉에서 기술하고 있다.

전쟁실기의 작자는 자신이 경험한 내용을 위주로 작품을 기술하다 보니 갈등의 양상 또한 상당히 제한적이다. 종군실기의 경우 왜적과의 갈등, 피란실기의 경우 피란민 간의 갈등 또는 환경과의 갈등, 종군실기 중 의병 실기는 왜적과의 갈등 또는 관군과의 갈등 양상이 주

는 일이 없으니, 어찌 옳지 못한 일이 아닌가? (중략) 듣건대, 연로의 각 驛에 왕래하는 상하 관원이 역졸들을 몹시 학대하고, 作悖하여 그 고통을 감당하지 못하며, 혹은 螺角을 불리고 步從을 세우기까지 하니 지금이 어느 때라고 감히 이와 같은 짓을 하는가? 마땅이 조사 처리해서 훗날 곤란한 지경에 이르지 않도록 하여야 한다. (하략)"; 鄭琢, 『龍蛇日記』, 壬辰年 九月 初三日, 附記文, 行在所備忘記.; 備忘記傳于賓廳 日近者 備邊司惟爲打算軍功 磨鍊高下而已 未有以指揮措置運籌決策 無奈不可 (중략) 仄聞一路 各驛 往來上下人 侵虐驛卒 多般作弊 不堪其苦 或至於吹螺角立步從 此何時而敢如是乎 似當糾察處 毋致後日窘乏之事 (하략)

로 드러난다. 약포는 갈등의 제 양상을 빠짐없이 기술하고 있지만 다른 전쟁실기와는 달리 자신의 감정이나 견해는 완전히 배제하고 그 갈등 양상 자체만을 객관적으로 나열하고 있다. 이것은 작자의 기술 의도와도 관계있는 부분인데 이에 대한 논의는 다음 절에서 하도록 하겠다.

지금까지 〈용사일기〉의 소재에 대하여 논의하였는데, 〈용사일기〉의 소재는 왕실의 몽진기록과 국사에 대한 내용이 주를 이루고 있음을 확인하였다. 또한 전쟁의 참상이 드러나는 부분 역시 왕실과 관계된 내용이었다. 갈등의 양상은 작자가 경험한 제한적인 갈등이 아닌 당시의 모든 갈등이 기술되고 있음을 확인하였다.

4. 시·공간 배경 중심의 객관적 시각에서의 기술

전쟁실기를 분류하는 방법 중 가장 일반적인 방법은 작자의 체험 방식에 따라 종군실기, 포로실기, 피란실기, 호종실기로 구분하는 방법이다. 필자는 전쟁실기 분류하는 방법으로 하나의 시안(試案)을 제시한 적이 있는데,[47] 그 분류방법에 맞추어 〈용사일기〉를 분석하고 그 기술방법에 대하여 논의하겠다.

〈용사일기〉는 약포의 개인적인 전쟁의 경험보다는 왕실 또는 국정 운영에 대한 내용이 주를 이루고 있으며, 공적 문서에 대한 기록에 더

주안을 두었다. 즉 〈용사일기〉는 작가의 의지[隨意]에 따라 기술되었지만, 기술의 목적은 실용에 두고 있는 공적(公的) 실기로 보아야 한다.

---

47 전쟁실기를 분류를 위해 새로이 3가지 기준을 제시하며 분류를 시도하였다. 첫 번째 전쟁실기 작자들은 어떠한 기술의도를 가지고 전쟁실기를 서술했는지? 두 번째, 전쟁실기가 서술된 時點이 언제인지? 세 번째, 전쟁이라는 소재에 대하여 전쟁실기의 작자는 어떠한 인식태도를 가지고 접근했는지를 기준으로 삼았다.
기술의도는 隨意와 實用이라는 목적 하에 전쟁실기를 분류하였는데, 수의에 의해 기술된 전쟁실기는 포로실기류가 대표적이며, 실용 목적의 실기는 다시 일상을 기록한 편년체 실기와 전쟁 후 기억에 의존하여 기술한 기사체 실기로 양분된다. 기술시점에 따른 분류는 일상을 기록한 실기와 전쟁 또는 사건 이후 기억에 의존한 실기로 구분하였다. 전자가 일상에 대한 내용을 현장성과 사실성을 기반으로 편년체로 기술했다면, 후자는 사건에 대한 내용과 기억된 이미지(image)를 주로 기사체로 기술했다. 작자가 전쟁을 바라보는 인식태도에 따라 전쟁실기를 구분할 수 있는데, 이것은 直觀的 認識(intuitive knowledge) 또는 論理的 認識(logical knowledge)으로 전쟁을 바라보고 그것을 전쟁실기로 기술한다는 것이다. 직관적 인식에 의해 기술된 전쟁실기는 일상을 기술하는 편년체 실기이고, 논리적 인식에 의해 기술된 전쟁실기는 지성에 의한 보편적인 기술이 중심이 된 기사체 실기가 대부분이다.
3가지 기준을 제시하여 전쟁실기를 나누어 보는 順推의 방법을 택하였으나, 전쟁실기를 명확히 분류하기는 힘들다.
3가지 전쟁실기 모두 뚜렷한 차이가 있지만, 포로실기·일상을 기록한 편년체 실기·기억에 의존한 기사체 실기를 서로 비교할 수는 없는데, 포로실기는 작자의 경험을 중심으로, 일상을 기록한 편년체 실기는 기술된 시점이 주된 기준으로, 기사체 실기는 기술의 한 형태를 기준으로 명명되었기 때문이다. 즉 3종류의 실기로 분류하기 위해서는 이를 구분할 수 있는 새로운 기준을 제시해야 한다.
전쟁실기는 문학성을 지닌 서사물로, 서사의 3요소인 인물, 배경, 사건이 조화롭게 어우러져 있다. 위에서 논의한 3종류의 전쟁실기 또한 인물, 배경, 사건의 3가지 요소가 잘 조화되어 문학성이 돋보이는데, 특히 3가지 요소 중 한 가

약포는 당시 국정운영에 있어서 주요정보 수집·관리자 중 한 사람
으로, 부기문(附記文)이라는 특수한 체제를 통해 중요한 사료들을 놓치

지가 중심을 이루고 있으며, 나머지 2가지 요소가 주된 한 가지 요소를 보조
하고 있는 형태이다. 이를 인물, 사건, 배경 중심의 전쟁실기로 명명하고 각 전
쟁실기의 특징을 정리해 보겠다

〈서사의 3요소를 중심으로 분류해 본 전쟁실기〉
인물중심의 전쟁실기
(隨意, 기억의 기술, 직관적 인식)

배경중심의 전쟁실기　　　　　　　　　　사건중심의 전쟁실기
(實用, 일상의 기록, 직관적 인식)　　　　(實用, 기억의 기술, 논리적 인식)

인물중심의 전쟁실기의 특성은 포로실기류에서도 잘 드러나듯이 수의, 회고
의 서술, 직관적 인식에 의한 기록으로 요약할 수 있겠다.
일상을 기록한 편년체 실기는 인물이 시간·공간이라는 배경 속에서 일어나
는 일상을 현장감을 살려 기록하였으며, 매일의 일상을 기록하기에 일정한 플
롯이 없다. 일상의 기록이다 보니 매일 변화되는 배경을 중심으로 기술되고
이를 배경중심의 전쟁실기로 명명하고자 한다.
기사체 실기는 주인공으로 불리어질만한 뚜렷한 인물이 없으며, 배경은 한정
된 시·공간으로 국한하지 않는다. 사건을 중심으로 하기에 紀事本末의 형식
을 주로 취한다. 행위의 시간과 서술의 시간이 차이가 나므로 작자의 의도가
분명히 담긴 작품으로 윤색되기도 하는데, 그 목적은 주로 교훈성에 바탕을
두고 있다.
전쟁실기 작품이 위의 試案처럼 명확히 인물, 배경, 사건중심의 실기로 분류되
지는 않고 그 경계부분에 위치한 경우가 많다.; 최재호, 「戰爭實記의 새로운
분류방법 모색 試論-壬亂 戰爭實記를 中心으로-」, 『퇴계학과 한국문화』 46호,
경북대학교 퇴계연구소, 2010. 참조.

지 않고 기록하였다.

약포는 일상을 기술하는 주문(主文)은 매우 간략하게 기술하고, 공문서가 실려 있는 부기문에 전체 실기의 대부분을 할애하고 있다. 또한 실기가 처음 기술된 날이 몽진이 시작되는 날이라는 점 등으로 보아 〈용사일기〉는 실용에 바탕을 둔 공적 실기로 분류할 수 있다.

다음으로 〈용사일기〉가 기술된 시점(時點)에 대하여는, 기본적으로 편년체의 형식을 취하고 있으며, 매일 매일의 실기 앞에 '八月 初一日 戊子'·'八月 二十八日'·'癸巳年 正月 初一日 辛酉' 등 연월일을 기록하고 가끔 날씨를 추가로 기입할 때도 있다. 약포는 가능한 한 빠지는 일자가 없도록 일상을 기록하고 있으며, 취집한 공문서 또한 그날 일자의 부기문에 싣고 있다. 매일 매일 경험한 내용을 바로 기술하였기에 작자가 전쟁을 체험한 시점과 그 경험을 실제로 기술한 시점과의 간극이 거의 발생하지 않았다. 즉 약포는 편년체를 활용하여 호종이라는 중요한 사실을 현장성과 사실성에 기반을 두고 기술한 것이다.

마지막으로 전쟁실기를 기술하는 주체가 기술하는 대상 즉 전쟁을 바라보는 인식태도에 따라 〈용사일기〉를 살펴보겠다. 작자는 직관적 인식 또는 논리적인식을 통해 전쟁을 바라보는데, 직관적 인식에 의해 기술된 전쟁실기는 일상을 기술하는 편년체 실기에서 주로 나타나고, 논리적 인식에 의해 기술된 전쟁실기는 지성에 의한 보편적인 기술이 중심이 된 기사체 실기에서 주로 드러난다. 〈용사일기〉는 편년체 실기이기 때문에 직관적인식에 의해 희로애락과 같은 작자의 감정이 실기 내에서 드러날 확률이 높다. 하지만 〈용사일기〉에서 약포는 자신의 감정을 전혀 드러내지 않으려는 노력을 하고 있다. 그러나 논리적 인식에 기반으로 하여 기술되었다 라고도 볼 수 없다. 논리적 인식에 의해 기술된 실기들은 작자의 의도, 사상이 가미되어 작자의 의도가 작품 속에서 정제되어 나타나기 때문이다.

즉 〈용사일기〉의 기술주체인 약포는 호종이라는 특수한 상황을 감성(感性) 위주의 직관적 인식을 통해 기술하지도 않았고, 이성(理性)이 기반된 논리적 인식에 맞추어 상황을 분석하고 기술하지도 않았다.

위에 논의한 기준에 따라 〈용사일기〉를 다시 정리해 보겠다.

〈용사일기〉는 기술의도 면에서는 호종의 기록을 남기려는 실용적 목적을 지녔으며, 실제 기술된 시점은 전쟁 경험과 기술 시점이 일치하는 편년체 형식을 택하였다. 이 두 가지만으로 〈용사일기〉를 보면, 〈용사일기〉는 매일 변화하는 시·공간을 배경으로 하는 '배경을 중심으로 한 전쟁실기'로 분류할 수 있다. 하지만 약포가 전쟁을 경험하고 기술하는 인식적인 측면에서는 직관적 인식과 논리적 인식 어느 쪽도 취하고 있지 않다. 바로 이점이 〈용사일기〉가 타 전쟁실기와 가장 변별되는 점이라 하겠다. 즉 〈용사일기〉는 '배경을 중심으로 한 전쟁실기'와는 유사하지만 이와는 다른 특성을 지닌 전쟁실기임이 밝혀졌다.

그러면 〈용사일기〉가 이렇듯 독특한 특성을 가지게 된 배경과 〈용사일기〉의 기술방법에 대하여 좀 더 정치하게 살펴보자.

〈용사일기〉가 타 전쟁실기와는 변별되는 특성을 지니게 된 것은 당시 조선 조정의 위급했던 사세(事勢)에서 찾을 수 있다. 조정은 왜적이 침범한지 보름 만에 몽진이라는 특단의 조치를 하게 된다. 비록 결락되긴 하였지만 〈용사일기〉가 처음 시작되는 임진년 4월 30일의 상황을 실록에서 찾아보면 아래와 같다.

> 선조 25년 4월 30일 1번째 기사 (선조실록)
>
> 새벽에 상이 仁政殿에 나오니 백관들과 人馬 등이 대궐 뜰을 가득 메웠다. 이날 온종일 비가 쏟아졌다. 상과 동궁은 말을 타고 중전 등은 뚜껑 있는 교자를 탔는데 洪濟院에 이르러 비가 심해지자 淑儀 이하는 교자를 버리고 말을 탔다. 궁인들은 모두 통곡하면서 걸어서 따라 갔으며 종친과 호종하는 문무관은 그 수가 1백 명도 되지 않았다. 점심을 碧蹄館에서 먹는데 왕과 왕비의 반찬은 겨우 준비되었으나 동궁은 반찬도 없었다. 병조 판서 金應南이 흙탕물 속을 분주히 뛰어다녔으나 여전히 어찌 해 볼 도리가 없었고, 경기관찰사 權徵은 무릎을 끼고 앉아 눈을 휘둥그레 뜬 채 어찌할 바를 몰랐다.[48]

위의 내용은 『선조실록』 선조 25년 4월 30일의 첫 번째 기사의 전문(全文)이다. 이날은 본격적인 몽진이 시작되는 날인데, 이날 선조를 따라 몽진길에 오른 문무관과 종친의 수가 채 100명이 되지 않았다.

---

48 『宣祖實錄』, 宣祖 二十五年 四月 三十日條; 己未 曉 上已出御仁政殿 百官人馬闐咽於殿庭 是日 大雨終日 上及東宮御馬 中殿御屋轎 淑儀以下到洪濟院 雨甚 舍轎乘馬 宮人皆痛哭步從 宗親 文武扈從者 數不滿百 晝點于碧蹄館 僅備御廚 東宮則闕膳 兵曹判書金應南 親自奔走於泥濘中 猶不能制 京畿觀察使權徵 抱膝瞪目 罔知所措

또한 『선조수정실록』 선조 25년 4월 14일의 27번째 기사에서도 조정의 이복(吏服)과 위사(衛士)들이 뿔뿔이 도망가 승정원 도승지인 이항복이 직접 촛불을 들고 길을 안내하였다는 기록이 있는데, 둘 다 당시 상황이 매우 급박함을 보여준다.

약포는 당시 고령에도 불구하고 선조를 호종하였다. 약포는 급박하게 몽진길에 오르면서 파행적으로 운영될 국정운영을 예견하고, 역사적으로 중요한 이 상황을 기록으로 남겨야 한다는 일념으로 〈용사일기〉를 기술하였으니 그 의의는 매우 크다고 하겠다.

당시 호종의 경험을 기술한 전쟁실기는 〈용사일기〉 외에 운천 김용의 〈호종일기〉, 양호당 이덕열의 〈양호당일기〉, 죽계 조응록의 〈죽계일기〉가 있는데, 〈용사일기〉가 지니는 의의는 다른 작품과 비교했을 때 쉽게 드러난다.

첫째, 임진왜란 당시 호종실기 작자들의 지위 및 활약상을 통해 작품의 의의를 살펴보겠다. 〈용사일기〉의 작자인 약포는 임진왜란 발발 당시 의정부 우찬성겸지경연춘추관사내의원부제조로 선조 및 광해군을 최측근에서 보필한데 반해, 운천은 예문관검열겸춘추관기사관을, 양호당은 사헌부장령, 죽계는 군량사(軍糧使)의 임무를 수행하였다. 더욱이 김용과 이덕열의 경우 임진왜란 발발 시에는 관직에서 잠시 물러나 고향에 있다가 계사년(癸巳年, 1593)이 되어서야 위의 봉직을 행재소에서 제수 받았으며, 조응록은 당시 지방 한직에 있었다. 즉 약포만이 임진왜란 발발 당시 권력의 중심에 있었으며, 이러한 경험요소들이 호종일기가 지니는 특수성을 더 잘 반영하지 않았을까 생각한다.

둘째, 작품에서 드러나는 호종의 기록을 비교해 보겠다. 〈용사일기〉의 경우 임진년 7월 17일부터 시작하여 계사년 정월 12일까지 총172일간의 기록으로 되어 있으나, 결락된 부분을 〈피란행록〉에서 확인할 수 있기에 선조의 몽진 첫날부터의 행적, 즉 호종의 기록이 오롯이 담겨있다. 이 뿐만 아니라 분조된 이후 학가의 행적을 기록하고 있는 유일한 호종실기라는 점에서도 그 의의가 매우 높다.

〈호종일기〉의 경우 계사년 8월 8일부터 동년 12월 25일까지 총 111일간의 호종기록으로 되어 있으며, 분조 이후 다시 대가와 학가와 합쳐진 행재소에서의 당시 상황을 담고 있다.

〈양호당일기〉 중 호종에 대한 기록은 권3『헌부간원기(憲府諫院記)』와 권4『춘추록(春秋錄)』에 남아 있다. 『헌부간원기』는 양호당이 장령으로 임용된 이후 계사년 9월 4일에서 갑오년(甲午年, 1594) 3월 23일까지의 기록으로 명군에 대한 접대와 왜군의 동정, 충청도지역의 반란에 대한 내용이 있다. 『춘추록』은 양호당이 사간겸춘추관편수관(司諫兼春秋館編修官)으로 임용된 갑오년 3월 24일에서 동부승지(同副承旨)로 임명된 4월 13일까지의 기록으로 중앙조정의 전란대처 방안에 대한 논의가 실려 있다.[49]

〈죽계일기〉는 임진년 11월 8일부터 기록되어 있으나 실제 호종에 대한 기록은 계사년 7월 24일 죽계가 세자익위사(世子翊衛司) 사어(司禦)에 임명된 시점으로 볼 수 있으며, 죽계가 요직에 있지 않다보니 행재

---

49 인터넷 서울대학교 규장각(http://e-kyujanggak.snu.ac.kr)에서 인용.

소 전반의 일보다는 자신의 직무수행과 관련된 내용을 주로 기술하고 있다.

임진왜란 당시 호종의 경험을 기록한 4편의 호종실기를 간략히 비교하였는데, 〈용사일기〉가 다른 3편의 호종실기보다 양적으로나 질적으로나 뛰어남을 확인할 수 있었다. 더욱이 〈용사일기〉의 경우 다른 3편의 호종실기와는 달리 몽진 초기의 내용이 담겨 있어서 급박했던 당시 상황을 파악하는데 도움을 준다. 또한 분조라는 특수 상황에서 학가를 수행하는 분조신(分朝臣)의 입장에서 기술된 유일한 호종실기라는 것 또한 〈용사일기〉의 가치가 분명하게 드러나는 점이다.

모든 전쟁실기가 작자의 주된 경험 위주로 기술되다 보니 〈용사일기〉는 다른 호종실기에 비해 거시적이고 공적인 내용 중심으로 기술될 수밖에 없고 이것이 다른 호종실기와 변별되는 점이라 하겠다.

〈용사일기〉는 분조라는 최악의 상태를 통해 그 의의가 더욱 부각된다. 당시 선조가 있던 행재소는 상징적인 상태였고, 왕세자가 있는 행차소가 실질적으로 국정운영을 수행하였다. 행차소가 의정부의 실제적인 기능을 수행하다 보니 각종 공문서를 수집, 관리할 일이 많았으며 행차소에서 벌어지는 여러 일들을 기록할 필요성을 갖게 되었다. 하지만 행차소는 행재소에 비해 공문서의 관리 및 역사의 기록 등의 기능이 미비할 수밖에 없었다. 이러한 상황에서 왕세자를 최측근에서 보좌했던 약포가 선택할 수 있었던 것은 개인적인 사적 실기에 공적인 내용을 부기하여 기록으로 남기는 일이었을 것이다.[50]

실제로 〈용사일기〉는 전쟁 이후 『선조실록』과 『선조수정실록』 편찬 시 왕세자를 호종한 부분의 사료로도 활용되었다.

약포가 〈용사일기〉에서 자신의 감정을 드러내지 않고, 논리적인 판단에 의한 기술도 자제하였다는 것은 〈용사일기〉가 '사서(史書)'에 준하는 공적 실기를 지향한다는 것을 보여주는 부분이다.

약포는 〈용사일기〉에서 대표적인 사서인 『춘추(春秋)』의 기본적인 편찬의식 중 하나인, 기사(記事)의 원칙은 충실히 수행하였지만 성리학적 명분론을 강조하는 정명(正名)이나, 포폄(褒貶)의 원칙을 수행하고 있지는 않다. 이렇게 보면 〈용사일기〉의 기술의식은 '춘추필법(春秋筆法)'의 편찬의식보다는 객관적인 사실을 가감 없이 직필(直筆)하는 '동호지필(董狐之筆)'의 편찬의식에 가깝다고 할 수 있다. 즉 약포는 역사적 사실에 대하여 어떠한 평가도 스스로 내리지 않고, 수집한 사실에 대한 완벽한 기록에만 모든 역량을 할애하였던 것이다.

〈용사일기〉는 간략한 주문과 공문서를 실은 부기문으로 되어 있는데, 간략한 주문에 비해 부기문의 양이 많다는 것은 작자의 저술의도를 엿볼 수 있는 부분이다. 매일의 일상을 중심으로 기술하는 주문이 부기문에 비해 간략하다는 것은 작자의 감정이나 사상을 드러내지 않으려는 하나의 장치로 볼 수 있다.

약포는 철저히 자신의 견해와 감정을 배제한 채 객관적인 관찰자의 관점에서 실기를 작성하였는데, 이것은 사실을 기록은 하되 평가하지

---

50 약포가 처음부터 공문서를 부기할 생각이었는지 분조 이후 공문서를 부기하기로 결정한 것인지를 좀 더 깊은 연구가 있어야 하겠다.

않으려는 '기이불술(記而不述)'의 원칙에 충실하였기 때문이다. 약포의 이러한 기술은 앞에서도 논의되었던 '직관적 인식에 의한 기술', '논리적 인식에 의한 기술'과는 또 다른 '객관적 시각에서의 기술'이라고 할 수 있다.

약포의 공적 실기 지향으로 인해 〈용사일기〉는 객관적 시각에 의해 기술된다. 이로 인해 〈용사일기〉에서 몇 가지 내용상의 특이점이 발견된다.

첫째, 〈용사일기〉에서는 전쟁의 다양한 갈등 양상이 나타난다. 그 양상은 관료들 사이의 갈등, 피지배층의 지배층에 대한 불신, 최고 지배층의 관료에 대한 불신, 관군이 의병들을 바라보는 곱지 않은 시선, 명장(明將) 간의 갈등이 바로 이것이다.

약포가 만약 일정한 계층 또는 계급을 대표하는 관점을 가졌다면, 약포는 자신이 소속된 계층의 가치관으로 갈등을 재단·정리하였을 것이다.[51] 하지만 약포는 어느 한 계층에 편중하지 않고 객관적인 시각에서 〈용사일기〉를 기술하였기에 다양한 갈등의 양상들이 서로 부딪히지 않고 다 포함될 수 있었다.

전쟁실기 대부분이 개인의 경험, 감정 기술에 지면을 할애하는데

---

51 임진왜란 당시 관군과 의병장 사이의 대표적인 갈등이라 할 수 있는, 慶尙監司 金睟와 郭再祐의 갈등을 바라보는 남명학파 출신 의병 李魯, 경상감사의 참모 李擢英, 西人출신의 호남의병장 趙慶南의 시각의 차가 있음을 논의한 적이 있다. 즉 동시대에 일어난 동일한 사안이라도 자신의 처한 입장에 따라 서로 다른 시각을 가지고 있음을 확인하였다.; 최재호, 「壬亂 戰爭實記에 나타난 慶尙右道 義兵의 意識과 視角」, 『南冥學』 제18輯, 社團法人 南冥學硏究院, 2013, pp.25~35.

반해, 〈용사일기〉는 개인적인 경험이나 감정의 표현을 자제하고 있다. 전쟁실기의 작자는 감정의 과잉을 통해 전쟁의 참상이나 갈등의 기술에 치중하는 경향이 있다. 하지만 〈용사일기〉는 감정을 드러내고 있지 않기에 다양한 갈등의 양상을 드러낼 수 있는 것이다. 또한 이러한 특징으로 인하여 〈용사일기〉는 사료로서의 가치 또한 높은 것이다.

둘째, 〈용사일기〉에는 여러 대외관(對外觀)이 나타난다. 8월 17일의 부기문에는 명의 행인사행(行人司行)인 설번(薛藩)의 주문(奏文)과 간자(間者)인 허의후(許儀後)의 조개(條開)가 실려 있다. 약포는 국외 자료의 취집에도 노력하여 공적 실기의 작자로서의 역할을 충실히 수행하였다. 설번과 허의후의 글에는 명나라 입장에서 본 대일관(對日觀)과 대조선관(對朝鮮觀)이 나타난다.

8월 27일의 기록에는 일본의 입장에서 본 대명관(對明觀)과 대조선관(對朝鮮觀)이 드러난다. 국외의 자료들은 매우 객관적일 것처럼 생각되지만, 사실상 매우 편향되고 왜곡된 시각들이 많다. 더욱이 조선을 비하(卑下)하는 불쾌한 내용도 담고 있기도 하다. 하지만 약포는 이러한 자료를 수정 없이 〈용사일기〉에 기록하고 있다. 만약 약포가 객관적인 시각을 지니지 않았더라면 이러한 자료들은 〈용사일기〉에 실리지 못했을 것이다.

흥미로운 것은 조선의 입장에서 바라보는 대일관이 전혀 부기되지 않았다는 점과 조선의 입장에서 바라보는 대명관 또한 감정을 자제한 채, 원론 수준의 호의만이 기술되어 있다는 점이다.[52] 이 두 가지 사실은 약포가 객관적인 시각을 유지 하였다고 보기보다는 사감(私感)

을 드러내지 않으려고 했다고 보는 것이 옳을 것이다. 특히 대명관에서 감정의 자제는 약포 본인이 지니는 정치적 위상과 파급효과를 고려한데서 기인한 것으로 판단된다.

셋째, 〈용사일기〉는 객관성을 담보로 한 거시적 안목으로 실기를 구성하고 있다. 이러한 시각은 개인 중심의 시각이나 특정 붕당을 대표하는 시각과는 확연히 구분된다.[53] 약포는 스스로 국가라는 관찰자의 입장이 되어 임진왜란 당시의 모든 상황을 높은 곳에서 조망하며 전쟁실기를 기술하고 있다. 〈용사일기〉 곳곳에 기록되어 있는 왕실 중심의 참상, 다양한 갈등의 양상들이나 대외관들은 국가라는 관찰자의 입장에서 조망해야 비로소 접근 가능한 현상들이다. 약포는 국가라는 시각을 통해 모든 사실을 거시적으로 바라보며 그것을 객관적으로 기술하려는 태도를 보였다.[54]

---

52 임진왜란 당시 조선의 입장에서 보는 對明觀은 好惡가 혼재되어 있다. 再造之恩의 입장에서 보면 명나라는 분명히 고마운 나라임에 틀림없지만 임진왜란 援軍을 핑계 삼아 조선에서 저지른 悖惡들은 公憤을 일으킬 만 하였다. 약포는 가능한 객관적인 입장을 견지하면서 감정을 배제한 채 명나라와 명군들을 기술하려 하였다. 재미있는 점은 『再造藩邦志』와 같은 전쟁실기에서는 제목과 같이 명에 대한 好意를 중심으로 내용을 기술하고 있으며, 반대로 『孤臺日錄』류의 전쟁실기에서는 명군의 횡포를 매우 사실적으로 기술하고 있음이 확인된다.
53 申炅의 『再造藩邦誌』에서는 西人들의 색채가 잘 드러나 있으며, 文緯의 『茅谿日記』나 鄭慶雲의 『孤臺日錄』에서는 남명학파(북인계열)의 색채가 잘 드러난다.
54 약포 〈용사일기〉의 특징 중 하나는 거시적 안목으로 사건을 바라보고 있지만 그 사건을 기술할 때에는 매우 미시적 기술을 한다는 점이다. 거시적 안목과 미시적 기술이 같이 혼재되어 나타날 수 있는 것은 약포가 철저히 객관성을

약포에 의해 〈용사일기〉가 기술될 수 있었던 이유 중 하나는 남명 조식 이래로 유지되어 온 남명학파 특유의 현실감각과 실용정신에서도 찾을 수 있다.[55]

이상에서 작자인 약포의 기술의도, 기술의 시점, 약포가 전쟁을 바라보는 인식에 의해 〈용사일기〉를 분석해보고, 그 기술방법에 대하여 논의하였다. 그 결과 〈용사일기〉는 '배경을 중심으로 한 전쟁실기'와 유사하지만 객관적인 시각으로 기술하고 있음을 확인하였다. 또한 다른 호종실기와의 비교를 통해 〈용사일기〉가 지니고 있는 작품으로서의 의의를 확인하였다. 마지막으로 약포는 공적 실기 지향함으로써 객관적인 시각으로 기술하였으며 이로 인해 갈등의 제 양상이 모두 기술되고, 다양한 대외관이 부기되었으며, 국가라는 거시적 안목에서 당시 상황을 조망하는 특이점이 발생하게 됨을 확인하였다.

담보로 사건을 바라보고 기술하기 때문이다.

55 약포는 임진왜란 당시 현실에 근거한 時務策을 여러 편 올렸다. 약포의 계책은 대부분 현실인식을 바탕으로 한 실용적인 계책이었으며 이러한 실용성으로 말미암아 전쟁이라는 특수상황을 극복하는데 많은 도움이 되었다. 약포는 또한 전란 중 黨派의 黨利黨略에 얽매이지 않고 객관적이며 공정한 인재의 발굴을 위해 赦免을 건의하거나 과거제의 개혁을 주장하기도 하였다. 이러한 과감하면서도 실용적인 방안들은 남명으로부터 이어진 현실인식에 그 기반에 두고 있다. 또한 時宜를 정확히 판단하는 능력 또한 남명에서 기인한 바가 크다.

5. 결론

약포 정탁의 〈용사일기〉는 임진왜란 당시 선조와 왕세자를 호종한 경험을 기술한 전쟁실기이다. 호종이라는 특수한 경험으로 인해 〈용사일기〉는 일반적인 전쟁실기와는 달리 공적인 성격이 강한 전쟁실기이다. 〈용사일기〉가 지니고 있는 공적 실기로서의 특징을 살펴보았는데, 논의를 정리하면 다음과 같다.

첫째, 〈용사일기〉는 작자의 사적 경험보다는 호종이라는 특수한 경험을 소재로 삼고 있으며, 사적 경험이 중심이 된 주문과 공문서를 기재한 부기문으로 구성된 특이한 체제를 가진 전쟁실기이다.

둘째, 〈용사일기〉의 주된 내용은 왕실과 국정운영이며, 전쟁의 참상 또한 국가의 참상 위주로 기술되고 있음과 다양한 갈등의 양상이 작품 속에서 드러나고 있음을 확인하였다.

셋째, 〈용사일기〉는 타 전쟁실기에서는 찾을 수 없는 독특한 성격의 전쟁실기인데, 이것은 몽진이라는 급박한 상황 속에서 공적 실기 작성에 대한 필요성에 의해 작성되었기 때문이다. 이로 인해 〈용사일기〉는 객관적 시각에 의해, 작품 속에서 갈등의 제 양상 기술, 다양한 대외관의 부기, 거시적 안목에서의 기술이라는 내용상의 특이점이 나타남을 확인하였고, 당시 여타 호종실기보다 공적 성격이 강한 전쟁실기임을 살펴보았다.

약포의 임진왜란 당시의 활약상만큼이나 〈용사일기〉가 지니고 있는 사료로서 또는 문학으로서의 가치가 크다는 것을 확인할 수 있었으며, 이러한 전쟁실기가 약포에 의해 나오게 된 배경에는 남명학파 특유의 현실감각과 실용정신도 한 몫을 하였다.

특히 약포는 전란 중에 부족한 인재의 발굴을 위해 당시 사형되었거나 파면되었던 인물들의 사면을 건의하였는데 이는 약포의 현실적인 정치 감각을 잘 보여주는 대목이기도하다. 대표적인 인물로는 노수신, 정언신, 이산해 등이 있는데, 노수신과 정언신은 기축옥사와 관련되어 있던 인물로 신원을 해 줌으로써 여러 사람들의 호국의지를 장려하였다. 특히 이산해는 몽진을 건의했다가 파면당한 인물인데 약포는 당시 현실상 몽진이라는 결정은 시의(時宜)에 맞는 결정이라고 변호하였으며, 선조에게 주청하여 복직시키기도 한다. 한 명이라도 인재가 필요한 상황에서 선택한 남명학파 현실적이고 실천적인 행동이라고 할 수 있겠다. 이러한 약포의 행동들 남명이 약포의 강직함과 성급함을 고치기 위해 '소'에 비유했다는 이른바 남명 특유의 맞춤식 교육에서 오지 않았을까 생각해 본다.

| 참고문헌 |

제1장

1. 원전자료 및 국역자료

姜沆, 「看羊錄」, 『국역 해행총재』 2, 민족문화추진진회, 1989.

郭再祐, 『忘憂堂全書』, 곽망우당기념사업회, 신흥인쇄소, 1987.

郭再祐(洪瑀欽 譯), 『國譯 忘憂先生文集』, 韓國巫俗博物館出版部, 1996.

郭赾, 「八溪日記」, 『禮谷集』.

郭赾, 「見聞錄」, 『禮谷集』.

權斗文, 『虎口錄』, 權寧植 譯, 정문사, 1992.

權濟, 「壬丁日記」, 『源堂實紀』.

金沔, 『松菴實紀』

金誠一, 『國譯 鶴峯全集』, 學峯先生紀念事業會, 1976.

金守訒, 「亂中雜錄」, 『九峰集』.

金宇顒, 『東岡集』.

金涌, 『雲川全集』, 경인문화사, 1977.

魯認, 「錦溪日記」, 『국역 해행총재』 9, 민족문화추진진회, 1989.

都世純, 「龍蛇日記」, 『巖谷逸稿』.

都世純, 『龍蛇日記』, 새박, 2009.

柳成龍, 『懲毖錄』, 李民樹 譯, 乙酉文化社, 1970.

柳袗(洪在烋 역), 「임진녹」, 『국문학연구』 제7집, 효성여대 국문과, 1983.

文緯, 『茅谿日記』.

朴東亮, 「寄齋史草」, 『국역 대동야승』 13, 민족문화추진회, 1967.

朴明榑, 「黃石山城實跡」, 『知足堂集』.

소재영·장경남 역주, 『임진록』, 고려대학교 민족문화연구소, 1993.

孫起陽, 「公山誌」, 『螯漢集』.

都世純, 「亂中日錄」, 『螯漢集』.

申炅, 『再造藩邦誌』, 민족문화추진회, 1967.

安邦俊(이상익·최영성 역),『隱鋒野史別錄』, 아세아문화사, 1996.
尹國馨,『聞韶漫錄』, 민족문화추진회, 1967.
李肯翊,『練藜室記述』, 민족문화추진회, 1968.
李德懋,『靑莊館全書』, 민족문화추진회, 1979.
李晬光(南晩星 譯),『芝峯類說』, 乙酉文化社. 1975.
李大期,「龍蛇別錄」,『雪壑先生文集』.
李大期,「壬癸日記」,『雪壑先生文集』.
李魯(全圭泰 譯),『龍蛇日記』, 乙酉文化社, 1974.
李魯(李載浩 譯),『龍蛇日記』, 錦江出版社, 1979.
李象靖,『西溪集』.
李舜臣(이석호 역),『亂中日記』, 집문당, 1993.
李擢英(李虎應 譯),『征蠻錄』, 義城文化院, 1992.
李稱,「篁谷先生日記」,『國譯 篁谷先生文集』, 星山廣平李氏篁谷宗文會, 2005.
『壬辰倭亂 關係 文獻叢刊』, 아세아문화사, 1984.
『壬辰倭亂史料叢書』, 국립진주박물관, 2000.
재단법인 민족문화추진회,『고전국역총서 대동야승』 6, 재단법인 민족문화추진회, 1971.
全雨,「壬癸日記」,『睡足堂集』.
鄭慶雲,「孤臺日錄」,『南冥學硏究』 제2집·제3집, 경상대 남명학연구소, 1992·1993.
鄭慶雲,『孤臺日錄』, 태학사, 2009.
鄭逑,『寒岡集』, 韓國文集叢刊 53, 민족문화추진회, 1990.
鄭仁弘,『來庵集』, 亞細亞文化社, 1983.
鄭琢,『藥圃先生文集』.
鄭琢,「龍灣聞見錄」,『藥圃集』.
鄭琢,『龍蛇日記』, 李渭應 譯註, 부산대 한일문화연구소, 1962.
鄭琢,『龍蛇別錄』, 국학진흥원.
鄭琢,『壬辰日記』, 국학진흥원.
鄭好仁,『丁酉避亂記』, 이현석 역, 함평군 향토문화연구회, 1986.

鄭希得,「月峰海上錄」,『국역 해행총재』8, 민족문화추진회, 1989.

趙慶男,「亂中雜錄」,『국역 대동야승』6, 민족문화추진회, 1989.

曹植,『南冥集』(乙酉本).

鄭慶雲,『南冥別集』.

趙靖,『黔澗趙靖先生 壬亂日記』, 영남대학교 민족문화연구소, 1984.

趙宗道,『大笑軒逸稿』, 韓國文集叢刊 47, 민족문화추진회, 1990.

趙翊,「辰巳日記」,『可畦先生文集』.

崔永慶,『守愚堂實紀』, 亞細亞文化社, 1982.

『德川師友淵源錄』

孔子,『春秋』

司馬遷,『史記』

2. 단행본

경상대학교 남명학연구소,『남명집』, 한길사, 2001.

慶尙北道史編纂委員會,「倭寇의 侵略과 慶北」,『慶尙北道史』上卷, 경상북도, 1983.

고령대가야박물관·영남대학교 민족문화연구소,『松庵 金沔과 壬亂義兵』, 고령대가
　　　　야박물관·영남대학교 민족문화연구소, 2005.

郭忘憂堂記念事業會,『망우당 곽재우 연구』, 郭忘憂堂記念事業會, 1988.

丘仁煥·尹在天·張伯逸,『隨筆文學論』, 開文社, 1973.

金康植,『壬辰倭亂과 慶尙右道의 義兵活動』, 민족문화 학술총서 24, 혜안, 2001.

김경남,『서사문학의 전쟁소재와 그 의미』, 보고사, 2007.

金斗鍾,『韓國古印刷技術史』, 探究堂, 1973.

김명준,『임진왜란과 김성일』, 백산서당, 2005.

金承璨,『韓國古典思想論』, 第一文化社, 1983.

金容德,『韓國傳記文學論』, 民族文化社, 1987.

金麟煥,『龍蛇日記論考-松巖李魯 記錄의 問題點 辯正』, 한국정경사, 1977.

金麟煥,『龍蛇日記辨訛錄』, 한국정경사, 1977.

김태준 外,『임진왜란과 한국문학』, 민음사, 1992.

金弘,『韓國의 軍制史』, 학연문화사, 2001.

金洪哲,『戰爭論』, 民音社, 1991.

남명학연구원 엮음,『남명학파 연구의 신지평』, 남명학연구총서 2, 예문서원, 2008.

남명학연구원 엮음,『내암 정인홍』, 남명학연구총서 4, 예문서원, 2010.

동국대학교 한국문학연구소 편,『전쟁의 기억, 역사와 문학』상, 도서출판 월인, 2005.

동국대학교 한국문학연구소 편,『전쟁의 기억, 역사와 문학』하, 도서출판 월인, 2005.

柳基龍,『韓國 記錄文學 硏究』, 螢雪出版社, 1978.

柳鐸一,『韓國文獻學硏究』, 아세아문화사, 1989.

박병련 外,『남명학파와 영남우도의 사림』, 예문서원, 2004.

白琪洙,『美學』, 서울대학교출판부, 1978.

社團法人 南冥學硏究院·慶尙大學校 南冥學硏究所,『南冥學 關聯 文集 解題(Ⅰ) - 南冥 從遊人 및 門人 一部 -』, 圖書出版 述而, 2006.

社團法人 南冥學硏究院·慶尙大學校 南冥學硏究所,『南冥學 關聯 文集 解題(Ⅱ) - 南冥 門人 一部 및 南冥 私淑人 一部 -』, 圖書出版 述而, 2008.

社團法人 南冥學硏究院·慶尙大學校 南冥學硏究所,『南冥學 關聯 文集 解題(Ⅲ) - 南冥 私淑人 一部 -』, 圖書出版 述而, 2008.

蘇在英,『壬丙兩亂과 文學意識』, 韓國硏究院, 1980.

손영식·조남호,『남명 조식의 철학사상연구』, 서울대학교출판부, 2002.

신병주,『남명학파와 화담학파 연구』, 일지사, 2000.

신태수,『하층영웅소설의 역사적 성격』, 아세아문화사, 1995.

吳二煥,『南冥學派硏究』, 南冥學硏究院出版部, 2000.

陸軍本部,『韓國軍制史』상, 寶晉齋印刷社, 1968.

이동근,『조선후기「傳」文學 硏究』, 태학사, 1991.

이상필,『남명학파의 형성과 전개』, 와우출판사, 2005.

李樹健,『嶺南學派의 形成과 展開』, 一潮閣, 1995.

이우경,『한국의 일기문학』, 집문당, 1995.

이장희,『곽재우 연구』, 양영각, 1993.

이장희,『(개정판) 곽재우 연구』, 한국학술정보, 2005.

이장희, 『임진왜란사 연구』, 아세아문화사, 2007.
李埰衍, 『壬辰倭亂 捕虜 實記 硏究』, 도서출판 박이정, 1995.
壬亂護國嶺南忠義團保存會, 『壬辰嶺南義兵史』, (사)임란호국영남충의단보존회, 2001.
임철호, 『壬辰錄 硏究』, 정음사, 1986.
장경남, 『임진왜란의 문학적 형상화』, 아세아문화사, 2000.
張德順, 『國文學通論』, 신구문화사, 1960.
張德順, 『韓國隨筆文學史』, 새문사, 1984.
張炳玉, 『壬辰戰亂을 通해 본 義兵鬪爭史』, 도서출판 항원, 1991.
전재강, 『남명과 한강의 만남』, 보고사, 2010.
鄭羽洛, 『남명학파 문학의 철학적 접근』, 도서출판 박이정, 1998.
鄭羽洛, 『남명과 이야기』, 景仁文化社, 2007.
鄭羽洛, 『남명과 퇴계사이』, 景仁文化社, 2008.
鄭羽洛, 『남명학파의 문학적 상상력』, 도서출판 역락, 2009.
鄭震英, 『조선시대 향촌사회사』, 한길사, 1998.
趙東一, 『韓國小說의 理論』, 지식산업사, 1977.
趙東一, 『한국문학통사』 3, 지식산업사, 1994.
趙東一, 『한국문학의 갈래이론』, 집문당, 1992.
千惠鳳, 『韓國書誌學』, 민음사, 1999.
崔孝軾, 『임진왜란기 영남의병 연구』, 국학자료원, 2003.
崔孝軾, 『임란기 경상좌도의 의병항쟁』, 국학자료원, 2004.
퇴계연구소 編, 『퇴계학맥의 지역적 전개』, 보고사, 2004.
한기욱, 『병법삼십육계 4』, 고려원, 1996.
韓明基, 『임진왜란과 한중관계』, 역사비평사, 2001.
허권수, 『남명 조식』, 지식산업사, 2001.
黃浿江, 『韓國敍事文學硏究』, 檀大出版部, 1972.
黃浿江, 『壬辰倭亂과 實記文學』, 一志社, 1992.

3. 발표 자료집

고령문화원,『송암선생 일대기』.
경북대학교 영남문화연구원,『朝鮮時代 日記類 資料와 士大夫의 日常』, 2009.
경북대학교 영남문화연구원,『조선시대 사원일기』, 2009.
남명학연구원,『남명학과 의병 활동 조사·연구』(1), 사단법인 남명학연구원, 2008.
남명학연구원,『남명학과 의병 활동 조사·연구』(2), 사단법인 남명학연구원, 2009.
남명학연구원,『남명학과 의병 활동 조사·연구』(3), 사단법인 남명학연구원, 2010.
남명학연구원,『『고대일록』과 임진왜란』, 사단법인 남명학연구원, 2009.

4. 논문

權仁浩,「朝鮮中期 士林派의 社會政治思想 硏究」, 成均館大學校 大學院 博士學位論文, 1990.
金康植,「義兵長 金沔 軍의 慶尙右道에서의 位置」, 釜山大學校 大學院 碩士學位論文, 1991.
金明植,「看羊錄 硏究 -戰爭文學的 觀點에서」, 서울大學校 大學院 碩士學位論文, 1981.
金世潤,「朝鮮後期 私撰史書 硏究」, 西江大學校 大學院 博士學位論文, 1992.
金鍾泰,「黔澗 趙靖의 辰巳日錄 硏究」, 成均館大學校 大學院 漢文學科 碩士學位論文, 2009.
金弘,「壬辰倭亂의 軍事史的 硏究」, 慶北大學校 大學院 博士學位論文, 1992.
신동흔,「역사인물담의 현실대응방식 연구」, 서울大學校 大學院 博士學位論文, 1993.
申炳周,「朝鮮中期 處士型 士林의 學風 硏究 - 南冥學派와 花潭學派를 중심으로 -」, 서울大學校 大學院 博士學位論文, 1999.
신태수,「임진록 작품군의 등장인물 성격 연구」, 慶北大學校 大學院 博士學位 論文, 1992.
李東根,「「壬亂戰爭文學」 硏究」, 서울大學校 大學院 碩士學位論文, 1983.
李東根,「朝鮮後期 實存人物의 '私傳' 硏究」, 서울大學校 大學院 博士學位論文, 1989.

李埰衍,「壬辰倭亂 捕虜實記文學 研究」, 釜山大學校 大學院 博士學位 論文, 1993.

이상미,「기억과 기록의 遊覽 - 본인의 작품을 중심으로」, 中央大學校 大學院 碩士學位論文, 2008.

李雨卿,「朝鮮朝「日記文學」研究」, 梨花女子大學校 大學院 國語國文學科 博士學位論文, 1989.

張英姬,「『亂中雜錄』의 形成過程과 人物敍事의 樣相」, 成均館大學校 大學院 博士學位論文, 2003.

高錫珪,「來庵 鄭仁弘의 의병 활동」,『南冥學研究』第2輯, 경상대학교 남명학연구소, 1992.

權仁浩,「東岡 金宇顒의 學問과 思想研究」,『南冥學研究論叢』 2, 南冥學研究院, 1992.

權仁浩,「守愚堂 崔永慶의 生涯와 學問思想 研究」,『南冥學研究論叢』 3, 南冥學研究院, 1995.

權仁浩,「來庵 鄭仁弘의 至治主義의 學問傾向性과 改革思想」,『南冥學研究論叢』 6, 南冥學研究院, 1998.

權泰乙,「養眞堂의 黔澗精神」,『상주문화』, 상주문화원, 2006.

金康植,「망우당 곽재우의 의병 활동과 정치적 역할」,『南冥學 研究』第1輯, 경상대학교 남명학연구소, 1991.

金康植,「松菴 金沔의 義兵活動」,『南冥學研究』第2輯, 경상대학교 남명학연구소, 1992.

金康植,「壬辰倭亂 義兵活動과 性格」,『釜山史學』 17, 釜山大學校 史學科, 1993.

金康植,「壬辰倭亂 義兵의 性格變化」,『釜山史學』 19, 釜山大學校 史學科, 1995.

金康植,「忘憂堂 郭再祐의 義兵運動과 政治的 役割」,『南冥學研究』第5輯, 경상대학교 남명학연구소, 1995.

金康植,「16세기 남명학파의 의리 인식과 곽재우의 의병운동」,『부산사학』 40·41, 부산대학교 사학회, 2001.

金敬洙,「壬辰倭亂 關聯 民間日記 鄭慶雲의『孤臺日錄』研究」,『國史館論叢 第92輯』, 1999.

金敬洙, 「孤臺 鄭慶雲의 『孤臺日錄』과 의병 활동」, 『남명학파 의병 활동 조사·연구』 1, 社團法人 南冥學硏究院, 2008.

金圻彬, 「睡隱姜沆硏究 - 愛國思想과 文學世界」, 『民族文化』 13집, 民族文化推進會, 1990.

金大幸, 「敍事와 小說의 거리」, 『韓國敍事文學史의 硏究』(敬山史在東博士還甲紀念論叢), 1995.

金德珍, 「濯溪 全致遠과 雪壑 李大期의 義兵活動」, 『南冥學硏究』 第2輯, 경상대학교 남명학연구소, 1992.

金用淑, 「王朝社會와 實記文學」, 『韓國文學硏究入門』, 지식산업사, 1982.

김윤곤, 「곽재우의 의병 활동」, 『역사학보』 33, 역사학회, 1967.

김윤곤, 「곽재우의 의병 활동」, 『민족문화연구총서』, 영남대학교 민족문화연구소, 2001.

金侖禹, 「鄭慶雲과 『孤臺日錄』」, 『南冥學硏究』 第2輯, 경상대학교 남명학연구소, 1992.

김종철, 「서사문학사에서 본 초기소설의 성립문제」, 『고소설연구논총』, 다곡 김수봉선생 회갑기념 간행위원회, 1988.

金泰俊, 「임진왜란과 국외체험의 실기문학」, 『임진왜란과 한국문학』, 민음사, 1992.

김해영, 「곽재우의 의병 활동 사적에 대한 일고찰」, 『慶南文化硏究』 17, 慶尙大學校 慶南文化硏究所, 1995.

노영구, 「전쟁과 일상 - 『고대일록』을 통한 임진왜란 이해」, 『역사와 현실』 64, 한국역사연구회, 2007.

羅鐘宇, 「嶺·湖南 義兵活動의 比較檢討」, 『慶南文化硏究』 14, 慶尙大學校 慶南文化硏究所, 1992.

柳基龍, 「記錄文學의 作品的 限界設定」, 『語文學』 29집, 韓國語文學會, 1973.

柳基龍, 「國文學 硏究에서 망각지대로 남은 記錄文學」, 『國語國文學』 100호, 1988.

박병련, 「『고대일록』에 나타난 정치사회적 상황과 의병 활동의 실상」, 『南冥學硏究論叢』 15, 2010.

사재명, 「남명교육과 학파의 계승」, 『교육철학』 18집, 2001

설석규,「茅谿 文緯의 현실대응 자세와 의병 활동」,『진주문화』17, 진주교육대학교 부설 진주문화권 연구소, 2003.
설석규,「宣祖代 政局과 李山海의 정치적 역할」,『退溪學과 韓國文化』第46號, 경북대학교 퇴계연구소, 2010.
설석규,「정경운의 현실인식과『고대일록』의 성격」,『南冥學研究論叢』15, 2010.
蘇在英,「壬亂被擄들의 捕虜體驗」,『旅行과 體驗의 文學』, 民族文化文庫刊行會, 1985.
蘇在英,「壬辰倭亂과 小說文學」,『임진왜란과 한국문학』, 민음사, 1992.
申炳周,「남명 조식의 학풍과 남명 문인의 활동」,『南冥學研究論叢』3, 南冥學研究院出版部, 1995.
申炳周,「朝鮮中期 南冥學派의 활동과 그 역사적 의미」,『朝鮮時代史學報』35, 1999.
申炳周,「16세기 남명 조식의 사상 형성과 현실 대응」,『한국사상사학』31, 한국사상사학회, 2008.
申炳周,「『고대일록』을 통해서 본 정경운의 영원한 스승, 정인홍」,『南冥學研究論叢』15, 南冥學研究院出版部, 2010.
신선희,「17세기 필기류와 몽유록의 대비연구」,『韓國古典研究』7輯, 한국고전연구학회, 2001.
梁在淵,「月峯海上錄 解題」,『國會圖書館報』3권 1호, 1966년 1-2 합병호, 1966.
오용원,「16세기 후반함양 士族의 전쟁 체험과 현실 극복」,『南冥學研究論叢』15, 2010.
吳二煥,「南冥學 研究의 意義」,『慶南文化研究』11, 慶尙大學校 慶南文化研究所, 1988.
吳二煥,「『山海師友淵源錄』의 編纂」,『次山安晉吾博士回甲紀念 東洋學論叢』, 同刊行 委員會, 1990.
吳二煥,「『山海師友淵源錄』의 出版」,『南冥學研究論叢』2, 南冥學研究院, 1992.
吳二煥,「南冥學 關係 研究文獻 目錄」,『南冥學研究』3, 慶尙大學校 南冥學研究所, 1993.
유종호,「문학속에 굴절된 전쟁경험」,『季刊 思想』봄호, 1990.
李南姬,「慶尙右道의 義兵活動과 實錄記事」,『慶南文化研究』14, 慶尙大學校 慶南

文化硏究所, 1992.
李東根, 「임진왜란과 문학적 대응」, 『冠嶽語文硏究』 第20輯, 서울대학교 국어국문학과, 1995.
李相弼, 「壬亂時 在朝 南冥 門人의 活動」, 『南冥學硏究』 第2輯, 경상대학교 남명학연구소, 1992.
李相弼, 「壬亂 倡義人脈 小考」, 『慶南文化硏究』 17, 慶尙大學校 慶南文化硏究所, 1995.
李樹健, 「南冥學派 義兵活動의 역사적 意義」, 『南冥學硏究』 第2輯, 경상대학교 남명학연구소, 1992.
李樹健, 「망우당 곽재우 의병 활동의 사회·경제적 기반」, 『南冥學硏究』 第5輯, 경상대학교 남명학연구소, 1995.
李乙浩, 「看羊錄 解題」, 『國會圖書館報』 21호, 1966.
李乙浩, 「丁酉避亂記 解題」, 『湖南文化硏究』 5집, 전남대 湖南文化硏究所, 1973.
李章熙, 「忘憂堂 郭再祐의 義兵活動」, 『南冥學硏究』 第2輯, 경상대학교 남명학연구소, 1992.
李埰衍, 「看羊錄의 실기문학적 特徵」, 『한국문학논총』 13집, 한국문학회, 1992.
李埰衍, 「壬亂 實記의 創作動因과 性格」, 『睡蓮語文論集』 20집, 부산여대 국어교육과, 1992.
李埰衍, 「實記의 文學的 特徵」, 『韓國文學論叢』 15집, 韓國文學會, 1994.
林昌淳, 「錦溪日記 解題」, 『國會圖書館報』 78호, 1971.
尹炳奭, 「海上錄 解題」, 『海行摠載』 卷8, 民族文化推進會, 1967.
張庚男, 「임란 실기문학 〈임진녹〉 연구」, 『숭실어문』 제10집, 숭실어문연구회, 1993.
張庚男, 「壬亂 實記의 文學的 特性 考察」, 『숭실어문』 제11집, 숭실어문연구회, 1994.
張庚男, 「壬亂 實記文學의 장르적 性格 연구」, 『국어국문학』 116호, 국어국문학회, 1996.
張庚男, 「壬亂 實記文學의 敍述特徵 硏究」, 『숭실어문』 제13집, 숭실어문연구회, 1997.
張庚男, 「壬·丙 兩亂과 17세기 小說史」, 『우리文學硏究』 21집, 우리문학회, 2007.
鄭羽洛, 「天命問題와 관련한 南冥의 現實主義的 世界觀」, 『南冥學硏究』 第3輯, 경

상대학교 남명학연구소, 1993.

鄭羽洛, 「南冥文學에서의 現實主義 形成背景에 관한 硏究」, 『韓國의 哲學』 24, 慶北大學校 退溪硏究所, 1996.

鄭羽洛, 「南冥 曺植과 南冥學派」, 『東方漢文學』 第17輯, 1999.

鄭羽洛, 「說話에 나타난 南冥形象의 樣相과 意味(1)」, 『南冥學研究論叢』 第7輯, 南冥學研究院出版部, 1999.

鄭羽洛, 「金宇顒의 事物認識方法과 그 精神構圖의 特性」, 『한국사상과 문학』 7집, 한국사상문화학회, 2000.

鄭羽洛, 「西溪 金聃壽의 戰爭體驗과 그 文學的 對應」, 『嶺南學』 제10호, 慶北大學校 嶺南學研究院, 2006.

鄭羽洛, 「聱漢 孫起陽의 文學認識과 文學的 形象化 方式」, 『어문학』 제102집, 한국어문학회, 2008.

鄭羽洛, 「『고대일록』에 나타난 서술의식과 위기의 일상」, 『退溪學과 韓國文化』 제44號, 경북대학교 퇴계연구소, 2009.

鄭震英, 「16~17세기 재지사족의 향촌 지배와 그 성격」, 『민족문화논총』 10, 영남대 민족문화연구소, 1989.

鄭震英, 「大笑軒 趙宗道와 存齋 郭𡧦의 義兵活動」, 『南冥學研究』 第2輯, 경상대학교 남명학연구소, 1992.

정해영, 「임진왜란 시기 경상도 사족의 전쟁체험」, 『역사와 현실』 64, 한국역사연구회, 2007.

趙湲來, 「明軍의 出兵과 壬亂戰局의 推移」, 『韓國史論』 22집, 國史編纂委員會, 1992.

채휘균, 「남명학파의 형성과 문인 활동」, 『교육철학』 15집, 1999.

崔完基, 「南冥 曺植 北人 性理學」, 『韓國性理學의 脈』, 느티나무, 1989.

최봉영, 「조선시대 유교문화」, 『한국문화총서』 2, 사계절, 1997.

崔永禧, 「壬辰倭亂에 대한 몇 가지 意見」, 『南冥學研究』 第7輯, 南冥學研究所, 1997.

崔宰豪, 「戰爭實記의 새로운 분류방법 모색 試論-壬亂 戰爭實記를 中心으로-」, 『퇴계학과 한국문화』 46호, 경북대학교 퇴계연구소, 2010.

崔宰豪, 「松巖『龍蛇日記』의 문학적 특성 논의」, 『퇴계학과 유교문화』 48호, 경북대학교 퇴계연구소, 2011.

崔孝軾,「임란기 학봉 김성일의 구국활동」,『新羅文化』제23輯, 2002.

崔孝軾,「임란기 망우당 곽재우의 의병항전」,『신라문화』제24집, 동국대학교 신라 문화연구소, 2004.

한명기,「『고대일록』에 나타난 明軍의 모습」,『南冥學研究論叢』 15, 南冥學研究院 出版部, 2010.

한문종,「壬辰倭亂 직전의 국내정세와 韓日關係」,『인문과학연구』제21집, 강원대 학교 인문과학연구소, 2009.

한상규,「南冥 曺植 敎育思想에서의 敬義 工夫論」,『南冥學研究論叢』제십이輯, 남 명학연구원, 2003.

黃浿江,「壬辰倭亂과 實記文學」,『壬辰倭亂과 韓國文學』, 민음사, 1992.

許捲洙,「竹牖 吳澐에 대한 小考」,『南冥學研究』제2輯, 경상대학교 남명학연구소, 1992.

5. 웹사이트 및 전산자료

국가지식포털(http://www.knowledge.go.kr): 주요 고전적 및 인물 검색

국립경상대 남명학연구소(http://www.nongae.gsnu.ac.kr/~nammyoung/): 남명 관련 자료

국립국어원(http://www.korean.go.kr) : 표준어국어대사전 활용

국립중앙도서관(http://www.nl.go.kr) : 한국고전적종합목록시스템 활용

국사편찬위원회(http://www.history.go.kr):『宣祖實錄』,『宣祖修正實錄』,『承政院日 記』 자료

국회도서관(http://www.nanet.go.kr): 주요 자료 검색

규장각한국학연구원(http://www.e-kyujanggak.snu.ac.kr): 古文書 자료

경남일보(http://www.gnnews.co.kr): 남명 문인 검색

경북대학교 영남문화연구원(http://www.ynculture.or.kr): 조선시대 일기자료 검색

경상대학교 도서관 문천각 남명학고문헌시스템(http://www.nmh.gnu.ac.kr): 남명 문인 자료

사단법인 남명학연구원(http://www.nammyung.org): 남명 문인 자료 수집
영남대학교 민족문화연구소(http://www.ynmin.net): 경상도 지역 문인 자료 수집
한국고전번역원(http://www.itkc.or.kr): 다수의 元典 자료 및 國譯자료 수집
한국국학진흥원(http://www.koreastudy.or.kr): 경상도 지역 문인들의 자료 수집
한국학중앙연구원(http://www.aks.ac.kr): 한국역대인물종합정보시스템 활용

6. 국외 논저
아르놀트 하우저(백낙청 옮김), 『문학과 예술의 사회사』 1~4, 창작과 비평사, 1997.
Karl Von Clausewitz(김범수 옮김), 『Vom Kriege(전쟁론)』, 도서출판 갈무리, 2006.
S. 채트먼(한용환 옮김), 『이야기와 談論(영화와 소설의 서사구조)』, 고려원, 1990.
Wihelm Dithey(김병욱 외 옮김), 『문학과 체험』, 우리문화사, 1991.
劉勰(최동호 역편), 『文心雕龍』, 민음사, 1994.

제2장

1. 원전자료 및 국역자료
曹植, 『南冥集』(乙酉本).
『西溪集』
『凌虛集』
『宣祖實錄』
『南冥學 關聯 文集 解題』

2. 논문
김낙진, 「남명학의 현대적 응용을 위한 검토」, 『南冥學』 제21집, 남명학연구원, 2016.
김영숙, 「남명의 실천 사상이 유아교육과정에 주는 함의」, 『南冥學硏究』 제34집, 2012.
사재명, 「조선 중기 남명학파의 교육(自得 강조의 계승)」, 『敎育學硏究』 제40권 2호, 2002.

사재명,「조선중기 남명의 교육이론 계승」,『南冥學研究論叢』第十一輯, 2002.
사재명,「朝鮮中期 南冥學派의 教育運動」,『南冥學研究』제14집, 2002.
사재명,「남명 조식 교육의 계승 - 실천성의 강조」,『南冥學研究』제19집, 2005.
설석규,「宣祖代 政局과 李山海의 정치적 역할」,『退溪學과 韓國文化』第46號, 경북대학교 퇴계연구소, 2010.
신차균 등 3인,『교육철학 및 교육사의 이해』, 학지사, 2013.
유재봉,「세속 대학에서의 인성교육」,『신앙과 학문』19권 3호, 2014.
李樹健,「南冥學派 義兵活動의 역사적 意義」,『南冥學研究』第2輯, 경상대학교 남명학연구소, 1992.
이배용,「대학교육에서 인성교육과 인문학」,『대학교육』, 2008.
李相弼,「壬亂時 在朝 南冥 門人의 活動」,『南冥學研究』第2輯, 경상대학교 남명학연구소, 1992.
이선홍,「병영문화를 개선하는 군 인성교육 프로그램 연구」,『군사논단』80집, 한국군사학회, 2014.
이창환, 이남인, 염재철,「인성교육의 회고와 전망」,『인문논총』39집, 서울대학교 인문학연구원, 1988.
정낙찬,「남명 교육방법론의 현대 교육적 의미」,『南冥學研究論叢』第十一輯, 2002.
정우락,「남명 조식의 '물' 인식과 인문정신」,『嶺南學』제26호, 경북대학교 영남문화연구원, 2014.
채휘균,「남명을 통해 본 일상(日常)의 교육적 의미」,『교육철학』제41집, 2010.
崔完基,「南冥 曹植 北人 性理學」,『韓國性理學의 脈』.
최재호,「郭再祐 宜寧 倡義의 含意」,『軍史』第96號, 2015.

제3장

1. 원전자료 및 국역자료

郭再祐(洪瑀欽 譯),『國譯 忘憂先生文集』, 韓國巫俗博物館出版部, 1996.
郭赾,「八溪日記」,『禮谷集』.

郭䞭,「見聞錄」,『禮谷集』.
權濟,「壬丁日記」,『源堂實紀』.
金守訒,「亂中雜錄」,『九峰集』.
文緯,『茅谿日記』.
朴明榑,「黃石山城實跡」,『知足堂集』.
李大期,「龍蛇別錄」,『雪壑先生文集』.
李大期,「壬癸日記」,『雪壑先生文集』.
李魯(全圭泰 譯),『龍蛇日記』, 乙酉文化社, 1974.
李魯(李載浩 譯),『龍蛇日記』, 錦江出版社, 1979.
李擢英(李虎應 譯),『征蠻錄』, 義城文化院, 1992.
李偁,「篁谷先生日記」,『國譯 篁谷先生文集』, 星山廣平李氏篁谷宗文會, 2005.
全雨,「壬癸日記」,『睡足堂集』.
鄭慶雲,「孤臺日錄」,『南冥學研究』제2집·제3집, 경상대 남명학연구소, 1992·1993.
鄭慶雲,『孤臺日錄』, 태학사, 2009.
趙慶男,「亂中雜錄」,『국역 대동야승』6, 민족문화추진회, 1989.
趙靖,『黔澗趙靖先生 壬亂日記』, 영남대학교 민족문화연구소, 1984.
趙翊,「辰巳日記」,『可畦先生文集』.
『德川師友淵源錄』

2. 단행본

경상대학교 남명학연구소,『남명집』, 한길사, 2001.
金康植,『壬辰倭亂과 慶尙右道의 義兵活動』, 민족문화 학술총서 24, 혜안, 2001.
박병련 外,『남명학파와 영남우도의 사림』, 예문서원, 2004.
社團法人 南冥學硏究院·慶尙大學校 南冥學硏究所,『南冥學 關聯 文集 解題(Ⅰ) - 南冥 從遊人 및 門人 一部 -』, 圖書出版 述而, 2006.
社團法人 南冥學硏究院·慶尙大學校 南冥學硏究所,『南冥學 關聯 文集 解題(Ⅱ) - 南冥 門人 一部 및 南冥 私淑人 一部 -』, 圖書出版 述而, 2008.
社團法人 南冥學硏究院·慶尙大學校 南冥學硏究所,『南冥學 關聯 文集 解題(Ⅲ) -

南冥 私淑人 一部 -』, 圖書出版 述而, 2008.
李埰衍, 『壬辰倭亂 捕虜 實記 硏究』, 도서출판 박이정, 1995.
장경남, 『임진왜란의 문학적 형상화』, 아세아문화사, 2000.
장병옥, 『임진전란을 통하여 본 의병항쟁사』, 도서출판 한원, 1999.
鄭羽洛, 『남명학파 문학의 철학적 접근』, 도서출판 박이정, 1998.
鄭羽洛, 『남명학파의 문학적 상상력』, 도서출판 역락, 2009.
韓明基, 『임진왜란과 한중관계』, 역사비평사, 2001.

3. 논문

金康植, 「義兵長 金沔 軍의 慶尙右道에서의 位置」, 釜山大學校 大學院 碩士學位論文, 1991.
金康植, 「망우당 곽재우의 의병 활동과 정치적 역할」, 『南冥學 硏究』 第1輯, 경상대학교 남명학연구소, 1991.
金敬洙, 「孤臺 鄭慶雲의 『孤臺日錄』과 의병 활동」, 『남명학파 의병 활동 조사·연구』1, 社團法人 南冥學硏究院, 2008.
金侖禹, 「鄭慶雲과 『孤臺日錄』」, 『南冥學硏究』 第2輯, 경상대학교 남명학연구소, 1992.
金鍾泰, 「黔澗 趙靖의 辰巳日錄 硏究」, 成均館大學校 大學院 漢文學科 碩士學位論文, 2009.
노영구, 「전쟁과 일상 - 『고대일록』을 통한 임진왜란 이해」, 『역사와 현실』 64, 한국역사연구회, 2007.
박병련, 「『고대일록』에 나타난 정치사회적 상황과 의병 활동의 실상」, 『南冥學硏究論叢』 15, 2010.
사재명, 「남명교육과 학파의 계승」, 『교육철학』 18집, 2001
설석규, 「茅谿 文緯의 현실대응 자세와 의병 활동」, 『진주문화』 17, 진주교육대학교 부설 진주문화권 연구소, 2003.
설석규, 「宣祖代 政局과 李山海의 정치적 역할」, 『退溪學과 韓國文化』 第46號, 경북대학교 퇴계연구소, 2010.

설석규,「정경운의 현실인식과 『고대일록』의 성격」,『南冥學硏究論叢』15, 2010.
申炳周,「『고대일록』을 통해서 본 정경운의 영원한 스승, 정인홍-」,『南冥學硏究論叢』15, 南冥學硏究院出版部, 2010.
오용원,「16세기 후반함양 士族의 전쟁 체험과 현실 극복」,『南冥學硏究論叢』15, 2010.
李相弼,「壬亂 倡義人脈 小考」,『慶南文化硏究』17, 慶尙大學校 慶南文化硏究所, 1995.
李樹健,「南冥學派 義兵活動의 역사적 意義」,『南冥學硏究』第2輯, 경상대학교 남명학연구소, 1992.
李埰衍,「壬亂 實記의 創作動因과 性格」,『睡蓮語文論集』20집, 부산여대 국어교육과, 1992.
張庚男,「壬亂 實記의 文學的 特性 考察」,『숭실어문』제11집, 숭실어문연구회, 1994.
鄭羽洛,「南冥文學에서의 現實主義 形成背景에 관한 硏究」,『韓國의 哲學』24, 慶北大學校 退溪硏究所, 1996.
鄭羽洛,「『고대일록』에 나타난 서술의식과 위기의 일상」,『退溪學과 韓國文化』第44號, 경북대학교 퇴계연구소, 2009.
崔宰豪,「戰爭實記의 새로운 분류방법 모색 試論-壬亂 戰爭實記를 중심으로-」,『퇴계학과 한국문화』46호, 경북대학교 퇴계연구소, 2010.
崔宰豪,「松嚴『龍蛇日記』의 문학적 특성 논의」,『퇴계학과 유교문화』48호, 경북대학교 퇴계연구소, 2011.
崔宰豪,「南冥學派의 壬辰倭亂 戰爭實記 硏究」, 慶北大學校 大學院 國語國文學科 博士學位論文, 2011.
한명기,「『고대일록』에 나타난 明軍의 모습」,『南冥學硏究論叢』15, 南冥學硏究院出版部, 2010.

제4장

1. 원문자료 및 국역자료

『宣祖實錄』

『宣祖修正實錄』

李瀷,『星湖僿說』

柳成龍,『懲毖錄』

趙慶男,『亂中雜錄』

郭再祐,『忘憂堂集』

李肯翊,『練藜室記述』

李魯,『龍蛇日記』

2. 단행본

김성우,『조선중기 국가와 사족』, 역사비평사, 2001.

김시덕,『그들이 본 임진왜란』, 학고재, 2012.

루이스 프로이스, 정성화·양윤선 옮김,『임진난의 기록(루이스 프로이스가 본 임진왜란)』, 살림, 2008.

이수건,『嶺南學派의 形成과 展開』, 一潮閣, 1995.

이장희,『곽재우 연구』, 양영각, 1993.

이장희,『(개정판) 곽재우 연구』, 한국학술정보, 2005.

이장희,『임진왜란사 연구』, 아세아문화사, 2007.

임란호국영남충의단보존회,『壬辰嶺南義兵史』, (사)임란호국영남충의단보존회, 2001.

최효식,『임진왜란기 영남의병 연구』, 국학자료원, 2003.

3. 논문

강문식,「實錄을 通해 본 南冥學派의 義兵 活動」,『남명학파 의병 활동 조사·연구』(I), 南冥學硏究院, 2009.

김강식,「16세기 남명학파의 의리 인식과 곽재우의 의병운동」,『부산사학 40·41』, 부산대학교 사학회, 2001.

김강식, 「망우당 곽재우의 의병 활동과 정치적 역할」, 『남명학연구』 제1집, 경상대학교 남명학연구소, 1991.

김강식, 「임진왜란 시기 경상우도의 의병운동」, 『壬辰倭亂7周甲紀念 壬辰亂硏究叢書』 2, 社團法人 壬辰亂精神文化宣揚會, 2013.

김윤곤, 「곽재우의 의병 활동」, 『민족문화연구총서』, 영남대학교 민족문화연구소, 2001.

김윤곤, 「곽재우의 의병 활동」, 『역사학보』 33, 역사학회, 1967.

김해영, 「곽재우의 의병 활동 사적에 대한 일고찰」, 『경남문화연구』 17호, 경상대학교 경남문화연구소, 1995.

박병련, 「忘憂堂 郭再祐의 정치사회적 기반과 의병 활동」, 『남명학파 의병 활동 조사·연구』 (I), 南冥學硏究院, 2009.

박재광, 「임진왜란기 朝·明·日 삼국의 무기체계와 교류」, 『壬辰倭亂7周甲紀念 壬辰亂硏究叢書』 4, 社團法人 壬辰亂精神文化宣揚會, 2013.

이남희, 「경상우도의 의병 활동과 실록기사」, 『남명학연구』 제2집, 경상대학교 남명학연구소, 1992.

이수건, 「남명학파 의병 활동의 역사적 의의」, 『남명학연구』 제2집, 경상대학교 남명학연구소, 1992.

이수건, 「망우당 곽재우 의병 활동의 사회·경제적 기반」, 『남명학연구』 제5집, 경상대학교 남명학연구소, 1995.

이왕무, 「임진왜란기 조총의 전래와 제조」, 『壬辰倭亂7周甲紀念 壬辰亂硏究叢書』 4, 社團法人 壬辰亂精神文化宣揚會, 2013.

이장희, 「망우당 곽재우의 의병 활동」, 『남명학연구』 제2집, 경상대학교 남명학연구소, 1992.

정해은, 「임진왜란 초기 경상도 수령의 동향과 의병 지원 활동」, 『朝鮮時代史學報』 70, 朝鮮時代史學會, 2014.

정해은, 「임진왜란기 조선이 접한 短兵器와 『武藝諸譜』의 간행」, 『壬辰倭亂7周甲紀念 壬辰亂硏究叢書』 4, 社團法人 壬辰亂精神文化宣揚會, 2013.

최소자, 「壬辰亂時 明의 派兵에 대한 論考(一)」, 『壬辰倭亂7周甲紀念 壬辰亂硏究叢

書』4, 社團法人 壬辰亂精神文化宣揚會, 2013.
최재호,「南冥學派의 壬辰倭亂 戰爭實記 硏究」, 경북대학교 국어국문학과 박사학위 논문, 2011.
최재호,「壬亂 戰爭實記에 나타난 慶尙右道 義兵의 意識과 視角」,『남명학』18, 남명학연구원, 2013.
최재호,「松巖『龍蛇日記』의 문학적 특성 논의」,『退溪學과 儒敎文化』48호, 경북대학교 퇴계연구소, 2011.
최재호,「전쟁실기의 새로운 분류방법 모색 試論」,『退溪學과 韓國文化』46호, 경북대학교 퇴계연구소, 2010.
최효식,「임란기 망우당 곽재우의 의병항전」,『신라문화』제24집, 동국대학교 신라문화연구소, 2004.
허태구,「金誠一 招諭 활동의 배경과 경상우도 義兵 봉기의 함의」,『南冥學硏究』제41집, 경상대학교 남명학연구소, 2014.
久保田正志,「임진란 시기 동양 삼국의 무기체계」,『壬辰倭亂7周甲紀念 壬辰亂硏究叢書』1, 社團法人 壬辰亂精神文化宣揚會, 2013.

제5장

1. 원문자료 및 국역자료

李魯,『龍蛇日記』
韓日文化硏究所,『譯註 龍蛇日記』, 부산대학교 한일문화연구소, 1960.

2. 단행본

S. 채트먼(한용환 옮김),『이야기와 談論(영화와 소설의 서사구조)』, 고려원, 1990.
李埰衍,『壬辰倭亂 捕虜實記 硏究』, 박이정, 1995.
劉勰(최동호 역편),『文心雕龍』, 민음사, 1994.

3. 논문

최재호, 「戰爭實記의 새로운 분류방법 모색 試論 -壬亂 戰爭實記를 中心으로-」, 『퇴계학과 한국문화』 46호, 경북대학교 퇴계연구소, 2010.
黃浿江, 「壬辰倭亂과 實記文學」, 『壬辰倭亂과 韓國文學』, 민음사, 1992.

제6장

1. 원문자료 및 국역자료

鄭琢, 『藥圃先生文集』.
鄭琢, 『龍灣聞見錄』, 『藥圃集』.
鄭琢, 『龍蛇日記』, 李渭應 譯註, 부산대 한일문화연구소, 1962.
鄭琢, 『龍蛇別錄』, 국학진흥원.
鄭琢, 『壬辰日記』, 국학진흥원.
孔子, 『春秋』
司馬遷, 『史記』

2. 단행본

경상대학교 남명학연구소, 『남명집』, 한길사, 2001.
社團法人 南冥學研究院·慶尙大學校 南冥學研究所, 『南冥學 關聯 文集 解題(Ⅰ) - 南冥 從遊人 및 門人 一部 -』, 圖書出版 述而, 2006.
社團法人 南冥學研究院·慶尙大學校 南冥學研究所, 『南冥學 關聯 文集 解題(Ⅱ) - 南冥 門人 一部 및 南冥 私淑人 一部 -』, 圖書出版 述而, 2008.
社團法人 南冥學研究院·慶尙大學校 南冥學研究所, 『南冥學 關聯 文集 解題(Ⅲ) - 南冥 私淑人 一部 -』, 圖書出版 述而, 2008.
장경남, 『임진왜란의 문학적 형상화』, 아세아문화사, 2000.
鄭羽洛, 『남명학과 문학의 철학적 접근』, 도서출판 박이정, 1998.
黃浿江, 『壬辰倭亂과 實記文學』, 一志社, 1992.

3. 논문

金洛進, 「藥圃 鄭琢의 程朱學 수용 양상」, 『南冥學硏究』 제24집, 慶尙大學校 慶南文化硏究院 南冥學硏究所, 2007.

孫鍾聲, 「壬辰倭亂時 分朝에 관한 硏究」, 成均館大學校 大學院 史學專攻 博士學位論文, 1992.

張庚男, 「壬亂 實記의 文學的 特性 考察」, 『숭실어문』 제11집, 숭실어문연구회, 1994.

鄭羽洛, 「『고대일록』에 나타난 서술의식과 위기의 일상」, 『退溪學과 韓國文化』 第44號, 경북대학교 퇴계연구소, 2009.

崔宰豪, 「戰爭實記의 새로운 분류방법 모색 試論-壬亂 戰爭實記를 中心으로-」, 『퇴계학과 한국문화』 46호, 경북대학교 퇴계연구소, 2010.

崔宰豪, 「松嚴『龍蛇日記』의 문학적 특성 논의」, 『퇴계학과 유교문화』 48호, 경북대학교 퇴계연구소, 2011.

崔宰豪, 「壬亂 戰爭實記에 나타난 慶尙右道 義兵의 意識과 視角」, 『南冥學』 第18輯, 社團法人 南冥學硏究院, 2013.

崔宰豪, 「南冥學派의 壬辰倭亂 戰爭實記 硏究」, 慶北大學校 國語國文學科 博士學位論文, 2011.

4. 웹사이트 및 전산자료

국립경상대 남명학 연구소(http://www.nongae.gsnu.ac.kr/~nammyoung/)

국사편찬위원회(http://www.history.go.kr): 『宣祖實錄』, 『宣祖修正實錄』, 『承政院日記』 자료

경상대학교 도서관 문천각 남명학고문헌시스템(http://www.nmh.gnu.ac.kr)

사단법인 남명학연구원(http://www.nammyung.org)

| 찾아보기 |

【ㄱ】

가사 90
가족애 80
가토 기요마사(加藤淸正) 274, 547
가휴(可畦) ☞ 조익
각담실지 37
갈촌 ☞ 이숙(李潚)
감수재 ☞ 박여량
감호 ☞ 여대로
강목체 형식 161
개령 전투 113, 174
개인중심적 시각 260, 318
거창 435
검간(黔澗) ☞ 조정
〈견문록(見聞錄)〉 66, 97, 103, 134, 142, 150, 167
〈경상순영록〉 437
경상우도 16, 28, 72, 76, 93, 216, 258, 274, 288, 297, 313, 411, 462
경상좌도 462, 488
경상하도 185
〈경신잠〉 35
경의 93
경의검 34
경의(敬義) 사상 22, 30, 80, 377

경의 정신 72, 97
고경명 185, 479
고니시 유키나가(小西行長) 497
고담 ☞ 이순인
고대 ☞ 정경운
〈고대일록〉 20, 126, 201, 219, 262, 416, 445
〈고대일록〉「별록」 278, 288
고령 57
고사 ☞ 문덕수
곽수지 334
곽율 28, 66, 97, 106, 126, 131, 134, 142, 150, 167, 183, 195, 397, 417, 446
곽재우 57, 59, 72, 73, 78, 112, 217, 274, 293, 303, 392, 402, 405, 458, 526, 528, 545
관군 58
관군과 의병 간의 갈등 202, 291, 431, 469
관료 22, 319, 543
관료 실기 97, 122, 130, 144, 257, 320
관물찰리 94
관물찰물 94
관물찰세 94

관민연합체제 66
구민의식(救民意識) 443
구봉(九峰) ☞ 김수인
『구봉집(九峰集)』 116
국가중심적 시각 260, 318
국경인의 난 154, 572
국군사사직 52
국담 ☞ 박수춘
군자소인론(君子小人論) 316, 455
권율 58, 547
권제(權濟) 106, 173, 183
근왕병 86
기사본말체 25
기사체 326, 510, 535
기이부술(記而不述)의 원칙 164
〈기재사초(寄齋史草)〉 333
기전체(紀傳體) 160
기축옥사 40, 311, 320, 383
김담수 82, 378
김덕령 302, 545
김면 59, 73, 77, 113, 194, 211, 217, 394, 402, 467, 479
김성일 54, 59, 66, 88, 120, 176, 211, 217, 313, 441, 466, 491, 508
김성일과 관군의 갈등 429
김수 57, 464, 471, 528
김수인 106, 116, 177
김우옹 34, 49, 387

〈김원성전〉 92
김해(金垓) 334
김홍미 51, 389
김효원 29

【ㄴ】

나고야성(名護屋城) 462
낙동강 66, 491
〈난중잡록(亂中雜錄)〉 74, 106, 116, 121, 146, 177, 201, 437, 491
남명(南冥) 16, 26, 32, 94, 170, 217, 229, 316, 353, 474, 544
남명학파 16, 31, 76, 91, 297, 319
남명학파와 서인 간의 갈등 298
남명학파 의병장 74
내암(萊庵) ☞ 정인홍
노사상 78, 269
노사예 78
노수신 60
노순 58
노저 ☞ 이양원
농포 ☞ 정문부
능허자 ☞ 박민

【ㄷ】

단성 108
대가(大駕) 호종 60, 542
대명관(對明觀) 165, 586

대일관(對日觀) 165, 586
대조선관(對朝鮮觀) 165, 586
〈덕천사우연원록〉 29, 72, 74, 402
덕계 ☞ 오건
도명기세 32
도물사인 94
도세순 87, 123, 207, 220, 232, 252, 293
동강 ☞ 김우옹
동호지필(董狐之筆) 163, 584

【ㄹ】

류덕룡(柳德龍) 86, 382
류성룡(柳成龍) 176, 206, 495, 547

【ㅁ】

망우당(忘憂堂) ☞ 곽재우
명군(明軍) 304, 338, 449
모계(茅谿) ☞ 문위
〈모계일기(茅谿日記)〉 20, 106, 112, 121, 174, 184, 416
목민관 65, 72, 134, 144, 170
몽유록 90
몽진 44, 53, 59, 385
문경 176
문덕수 27
문암 ☞ 정인기
문위(文緯) 20, 106, 112, 174, 184

문학사적 조류 92
미숭산 57
민본주의(民本主義) 401
〈민암부(民巖賦)〉 94, 229
민요 90

【ㅂ】

박명부 106, 117, 178, 342
박민(朴敏) 85, 381
박사겸 58
박사제 58
박수춘 78
박여량 77, 269
박정번 77
반구자득 32
반궁체험(反躬體驗) 32, 37, 324
반민 485
〈방어기무칠조(防禦機務七條)〉 50, 388
복재 ☞ 이도자
복합 실기(複合 實記) 125, 262, 337, 445
봉곡 ☞ 조이천
봉공(奉公) 383, 404, 409
부왜(附倭) 225, 246, 377, 423
부왜민(附倭民) 485

【ㅅ】

사건 중심 전쟁실기 120
사물(事物) 95, 426

사숙인 *26*
사환일기(仕宦日記) *330*
삼가(三嘉) *86, 382*
삼익재 ☞ 이천배
상무의식 *320*
상무정신 *37*
상인 *31*
상제예절 *84*
상주 *176, 220*
서계 ☞ 김담수
서몽린의 난 *154, 572*
서애(西厓) ☞ 류성룡(柳成龍)
〈서정일록(西征日錄)〉 *334*
석담 ☞ 이윤우
석성현감 *68*
〈선양정임란일기(善養亭壬亂日記)〉 *334*
선조 *132, 140, 148, 301, 449*
『선조수정실록(宣祖修正實錄)』 *45, 73, 162, 402, 581*
『선조실록(宣祖實錄)』 *44, 73, 162, 402, 465, 580*
설학 ☞ 이대기
『설학선생문집(雪壑先生文集)』 *110, 118*
성극당 ☞ 김홍미
성산성 전투 *113*
성성자 *32, 34*
성인(聖人) *357*
성주 *88, 123, 232*

성호 ☞ 이익
성혼(成渾) *212*
소모관 *155*
소모사 *378, 482*
소모어사 *55*
소모유사 *269, 313*
손엽(孫曄) *334*
손천우(孫天祐) *379*
송암(松菴) ☞ 김면
송암(松巖) ☞ 이로
송응창(宋應昌) *132*
송인 *29*
송재(松齋) ☞ 조계명
〈쇄미록(瑣尾錄)〉 *74, 415*
쇄소(灑掃) *362*
수족당(睡足堂) ☞ 전우
『수족당집(睡足堂集)』 *111*
순수문학 *92*
순수의병제 *66*
순위격식 *95, 158, 324, 427, 470, 473*
순찰사(巡察使) *295*
숭문(崇文)과 호무(好武) *392*
식암 ☞ 황섬
신각 *53*
신립(申砬) *497*
〈신명사도(神明舍圖)〉 *52, 93, 303, 389*
신지제 *71, 400*
실용문 *92*

【ㅇ】

아계 ☞ 이산해
악견산성 58
악록 ☞ 허성
안방준(安邦俊) 334
안집사 482
암곡(巖谷) ☞ 도세순
『암곡일고(巖谷逸稿)』 123
애민(愛民) 401, 409
애민의식 69
약포 ☞ 정탁
양날의 검 484
〈양호당일기(養浩堂日記)〉 549
여대로 59, 393
『연려실기술』 74, 403
영무성 ☞ 하응도
예곡 ☞ 곽율
『예곡집』 103
오건 36
오봉 ☞ 신지제
오희문 74, 415
왜노(倭奴) 307
〈용만문견록〉 97, 101, 132, 145
〈용문몽유록(龍門夢遊錄)〉 342
〈용사난중일기(龍蛇亂中日記)〉 123
〈용사별록(龍蛇別錄)〉 106, 110, 117, 121, 173, 417
〈용사일기(龍蛇日記)〉 20, 73, 97, 100, 106, 120, 123, 131, 139, 145, 160, 173, 189, 210, 232, 293, 326, 334, 429, 463, 491
〈용사잡록(龍蛇雜錄)〉 97, 102, 133
우계(迂溪) ☞ 노사상
우계(牛溪) ☞ 성혼
우국충정 91
원당(源堂) ☞ 권제(權濟)
『원당실기(源堂實紀)』 108
원종공신 54
월간 ☞ 이전
월담 ☞ 최황
월정 ☞ 윤근수
위기지학 84
위성공신 545
유격전 499
유근이급원(由近以及遠) 363
유대수 29
유영순 55, 391
육예(六藝) 373
윤근수 64, 396
윤두수 91, 296
윤탁 58
율기(律己) 409
〈은봉야사별록(隱峰野史別錄)〉 334
〈을묘사직소(乙卯辭職疎)〉 37, 51, 94, 388
응대(應待) 362

의령 *492*
의병 *22, 319, 408, 543*
의병 실기 *105, 122, 178, 186, 320, 420*
의병장(義兵將) *188*
의(義)와 절(節) *227*
의주(義州) *132*
이광우 *81, 377*
이기분대론(理氣分對論) *316, 455*
이담(李曇) *54, 390*
이대기 *66, 106, 109, 117, 173, 184, 195, 417*
이도자 *85, 381*
이로(李魯) *20, 73, 106 120, 173, 189, 210, 293, 428, 463, 491*
이몽학의 난 *68*
이산해 *47, 60, 92, 386*
이숙(李潚) *56, 392*
이순신 *545*
이순인 *29, 63, 395*
이양원 *53, 91*
이여송 *103, 132, 546*
이요 *29*
이욱 *56, 391*
이윤우 *86*
이익 *31*
이전 *78*
이정암 *334*
이제신 *29*

이종용 *77*
이천경 *84, 380*
이천배 *84, 380*
이칭(李偁) *67, 97, 126, 134, 143, 150, 169, 326, 397, 446*
이탁영 *74, 199, 415*
이혼 *53*
인성교육 *355*
일기체 *121, 321, 534*
일신당(日新堂) ☞ 이천경
〈임계사실기문록(壬癸事實記聞錄)〉 *118*
〈임계일기(壬癸日記)〉 *106, 110, 121, 173, 184, 417*
〈임란일기(壬亂日記)〉 *20, 21, 106, 113, 115, 121, 175, 184, 189, 196, 198, 201, 210*
〈임정일기(壬丁日記)〉 *106, 108, 121, 173, 183, 417*
〈임진기록(壬辰記錄)〉 *97, 103, 134, 146, 547*
〈임진왜란일기〉 ☞ 〈임란일기(壬亂日記)〉
〈임진일록(壬辰日錄)〉 *334*

【ㅈ】

자득론(自得論) *170*
자조이지정(自粗以至精) *363*
장계 *141*
재전제자 *26, 29, 65, 75, 84, 106,*

384, 396, 404, 418
재지사족 16, 231
전우(全雨) 106, 111, 174
전유룡(田有龍) 81, 377
전재민 22, 76, 79, 257, 319, 414
전재민 실기(戰災民 實記) 122, 232, 258
전재민으로서 선조를 바라보는 입장 304
전쟁실기의 생성배경 93
전쟁의 삼중성 30
전쟁일기 25
전치원 66
정경운 20, 87, 126
정구(鄭逑) 36, 56, 59, 69, 76, 84, 176, 217, 357, 399
정기룡 57
〈정만록(征蠻錄)〉 74, 199, 415, 434
정묘호란 86
정문부 71, 91, 400
정사성 334
정암진 전투 491
정언신 60
정유재란 16, 273
정인기 84, 380
정인홍 33, 58, 73, 76, 113, 194, 211, 217, 263, 294, 402, 441, 479, 547
정철 297

정탁(鄭琢) 20, 29, 60, 97, 130, 139, 145, 160, 326, 332, 394
정희맹 334
조경남 73, 201, 415
조계명 57, 393
조계장 58
조이천 27
조익 106, 115, 177
조정 20, 78, 106, 113, 175, 184, 189, 196, 210
조헌 185, 479
졸암 ☞ 유영순
종군 188, 565
종군실기 17, 105, 189, 201, 420, 508
종군 체험 114
종유인 26
주의 31
죽각 ☞ 이광우
〈죽계일기(竹溪日記)〉 549
지봉 ☞ 이종용
지족당 ☞ 박명부
『지족당집(知足堂集)』 119
지행합일(知行合一) 167
직전제자 26, 29, 74, 84, 106, 403, 417
〈진사일기(辰巳日記)〉 106, 115, 121, 177
진주 492
진주성 56, 392
진주성 전투 466, 474

진퇴지절(進退之節) 362

【ㅊ】

찰리시 91
찰세시 91
찰형시 91
참모로서 종군한 경험 210
창의(倡義) 27, 74, 84, 93, 172, 263, 377
창의일기(倡義日記) 330
〈천군전〉 35, 93
천인벽립(千仞壁立) 211, 327, 561
천인합일(天人合一) 357
체찰사 296
초료당 ☞ 류덕룡
초유사(招諭使) 59, 482, 519
최경회 85
최영경 41
최현 91
최황(崔滉) 60, 395
춘추대의(春秋大義) 정신 287
춘추필법(春秋筆法) 227
출처관 40
충과 의 81, 85
충신(忠信) 82
충효예열 168
충효예절 104
치용실천 32, 324

【ㅋ】

클라우제비츠(Clausewitz, Karl Von) 15, 30, 95

【ㅌ】

토요토미 히데요시(豊臣秀吉) 461, 494, 547
퇴계(退溪) 176, 217, 544
퇴계학파 28, 31

【ㅍ】

팔계 ☞ 이욱
〈팔계일기(八溪日記)〉 66, 106, 108, 121, 126, 172, 183, 195, 446
〈팔조소〉 65
편년체 25, 160, 326, 578
평양 전투 304
포로실기 416
피란 84, 263
피란민 485
피란실기(避亂實記) 241, 260
피란 체험 114
〈피란행록(避亂行錄)〉 97, 100, 542, 562

【ㅎ】

하응도 68, 398
하학이상달(下學以上達) 363
학가(鶴駕) 호종 60, 63, 542

학봉(鶴峯) ☞ 김성일
학봉김선생용사사적(鶴峯金先生龍蛇事蹟) 189
『학봉전집』 491
학암 ☞ 박정번
한강(寒岡) ☞ 정구(鄭逑)
한천 ☞ 이담(李曇)
함안 269
함창 176
해월헌 ☞ 황여일
행재소 162, 583
행차소 162, 583
향병(鄕兵) 408
〈향병일기(鄕兵日記)〉 334
향촌중심적 시각 318
향토수호의식(鄕土守護意識) 443
허성 29, 54, 390
현실인식 95
현실주의적 성향 95
현실주의적 태도 97
형산강 전투 109
호국정신 443
호성공신 65, 396
〈호재진사일록(浩齋辰巳日錄)〉 334
호종 144
호종실기(扈從實記) 332, 542
〈호종일기(扈從日記)〉 333, 549
화왕산성 58, 59, 78, 274, 394

황곡(篁谷) ☞ 이칭(李偁)
〈황곡선생일기(篁谷先生日記)〉 97, 104, 126, 134, 143, 150, 169, 326, 446
황석산성 274
〈황석산성실적(黃石山城實跡)〉 106, 117, 121, 178, 342, 418
황섬(黃暹) 65, 396
황여일 58, 393
황윤길 54, 120, 508
효와 예 81, 85
효제(孝悌) 82, 367
효, 충, 의 408